世界传世藏书

世界枭雄大传

刘宇庚◎主编

线装书局

图书在版编目（CIP）数据

帝王雄主／刘宇庚主编.－－北京：线装书局，
2012.10
（世界枭雄大传）
ISBN 978-7-5120-0616-4

Ⅰ.①帝…　Ⅱ.①刘…　Ⅲ.①帝王－生平事迹－世界
Ⅳ.① K817

中国版本图书馆 CIP 数据核字（2012）第 204463 号

帝王雄主

主　　编：刘宇庚

责任编辑：高晓彬

封面设计：博雅圣轩藏书馆
　　　　　　Boyashengxuan Cangshuguan

出版发行：线装书局

地　　址：北京市西城区鼓楼西大街 41 号（100009）
　　　　　　电话：010-64045283
　　　　　　网址：www.xzhbc.com

印　　刷：北京彩虹伟业印刷有限公司

字　　数：1360 千字

开　　本：710×1040 毫米　1/16

印　　张：112

彩　　插：8

版　　次：2012 年 10 月第 1 版第 1 次印刷

印　　数：1-3000 套

书　　号：ISBN 978-7-5120-0616-4

定　　价：598.00 元（全四卷）

ISBN 978-7-5120-0616-4

起于卑微，龙飞九五，这不是神话。他们的经历，是血与火凝结而成的。权力的巅峰筑就于艰难坎坷之中，筑就于尸山血海之上；数千年历史长河，星辰璀璨，几多帝王，几多感慨，他们或是一个王朝的开创者，或是将国运推向高峰的守成者，一个个鲜活的人物业现在人们的面前。

罗马帝国的过渡人——恺撒大帝

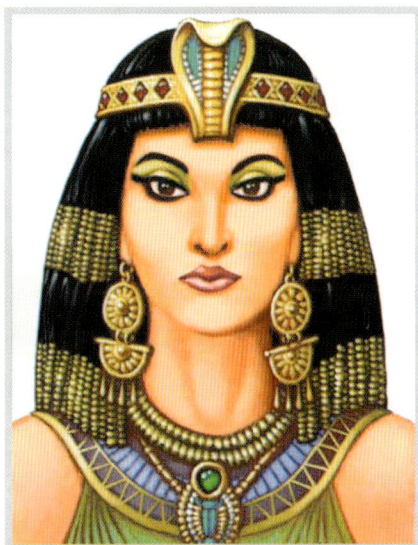

埃及艳后——克娄帕特拉

唤醒俄罗斯帝国的伟人——彼得大帝

震惊世界的一代"军事巨人"——拿破仑

　　据说，那些不善于研究历史的人，肯定会重蹈历史的覆辙；相反，如果一个时代的领袖们能比他们的前任对未来看得更远，那是因为他们比他们的前人更高瞻远瞩。他们的个性、品格、特殊经历，他们所面对的事态与困境，以及摆脱困境的策略、斗争与过程，无不生动、鲜活地跃然纸上。

铁血铸功亦铸怨——俾斯麦

一生独特的"角斗士"——戴高乐

"才子"政客——丘吉尔

亚洲的"曼德拉"——金大中

政坛领袖

政坛领袖们的经历、磨难是我们常人没有经历的，他们内心深处的思想转变更是我们不可触及的地方，但是，他们的雄才大略，却较常人更能推动这个社会的发展；他们的经历展示给人的是一种不同的风采。透过枭雄人物的经历，我们每一个常人都能从中获益匪浅，做出一番非同寻常的业绩来。

德国统一总理——科尔

苏共最后一任总书记——戈尔巴乔夫

创造奇迹的"铁娘子"——撒切尔夫人

俄罗斯"铁腕总统"——普京

　　世界大地，风云变幻，一个个枭雄斗士，令人关注。什么叫霸气，什么叫令对手拜服，他们用语言和行动证明了一切；他们以自己的才干和人格魅力，为自己确立了空前牢固的权威地位。他们的权威地位是如此神圣、牢固，以致于在人们的观念世界中，一代斗士成为不可替代的领袖。

巴勒斯坦民族之魂——阿拉法特

以色列的"恺撒"——沙龙

沙漠枭雄——萨达姆

恐怖大亨——本·拉登

一代斗士

在纷繁复杂的国际政治舞台上，那些更多地充盈在我们视线的，往往是那些曾经或此刻依然保持浓厚战斗精神的人物，又往往因强悍或者刚烈的特殊性格成为人们关注的焦点。……他们在与对手的抗衡中，淋漓尽致地彰显着个人"魅力"，他们自己也因所处的特殊位置而备受瞩目。

利比亚折翅的枭雄——卡扎菲

一个令美国很不爽的人——内贾德

掐美七寸的反美强人——查韦斯

古巴反美斗士——卡斯特罗

在战场上，他们挥动千军，驰骋沙场，威风凛凛。因此，人们总是把他们与铁血冷酷联系在一起，而对他们的常人之情则关注不多。其实，许多威名赫赫的将师，他们也有常人一样的生活，在勇猛无畏的另一面却有着水一样的柔情，在刚毅果敢的背后却有着温情的一面，他们既有令人瞩目的战场上的冲锋陷阵，也有丰富多彩的个人生活。

二战中的传奇战将——巴顿

保卫大英帝国的元帅——蒙哥马利

二战胜利之神——朱可夫

指挥魔鬼之师的"沙漠之狐"——隆美尔

前 言

枭者,凶猛之谓。多类于无情,但却心慕仁义,胸怀天下。枭雄者,襟包四海,以壮志扫河山,宁使我负天下人,心无障碍,视时势而行仁义,故不彻底。

他们是历史上一个特殊的群体,他们亦正亦邪,有野心更有手腕。他们是乱世闯出的英雄,又是独霸一方的猛士,他们身上有英雄的一面,又有奸雄的一面,正是因为这种独特性,才吸引着人们去关注。

他们如何取得大权?他们所向无敌的力量从何而来?什么样的动机、长处和特点,驱使他们勇闯无人企及之处?他们如何在关键时刻于战场中展现自己的能力?如何改变自己的人生与其追随者或臣民的命运,甚至如何改变世界历史?……这些,都能引起读者的极大兴趣。

历史是一面镜子,从这面镜子中我们可以看出生活的五彩斑斓来,看出历史人物内心深处的智慧,历代枭雄人物的经历、磨难是我们常人没有经历的,他们内心深处的思想转变更是我们不可触及的地方,但是,历代枭雄人物的文治武功,多少较常人更能推动这个社会的发展。

《世界枭雄大传》这套丛书是在探究枭雄人物内心深处的思想转变后,结合他们所建立的"功业",从各个不同方面展示了枭雄人物的"人格魅力",展示了枭雄人物的思想与情怀。全书力图将世界历史上那些曾经叱咤风云的枭雄汇聚一堂,他们的传奇,他们的智谋,他们打拼江山的坎坷与故事,都是当下读者尤其是文史爱好者极希望了解的内容,也是本书所要呈现的最大亮点。本套丛书材料翔实,含有大量珍稀历史图片,对各位枭雄一生的刻画力透纸背。在你阅读这部传记的时候,就能够体会到每个枭雄的一生中都充满狡诈、狠辣、卑鄙、厚黑、鬼智……人的每一步行动都在书写自己的历史。枭雄人物的经历展示给人的是一种不同的风采、一种不同的历史。

古人云"以人为鉴,可以知得失,以史为鉴,可以知兴替。"希望通过本书读者可以看到一个个不同于以往的枭雄,对这些人有进一步的认识。

世界枭雄大传

帝王雄主

线装书局

卷首语

　　世界数千年历史长河,星辰璀璨,几多风流人物,几多传奇帝王名垂千古。他们或是一个王朝的开创者,或是将国运推向高峰的守成者,一个个鲜活的人物出现在人们的面前。起于卑微,龙飞九五,这不是神话。他们的经历,是血与火凝结而成的。权力的巅峰筑就于艰难坎坷之中,筑就于尸山血海之上。抚卷长叹,几多帝王,几多感慨。

　　给我20年,还你一个奇迹般的俄罗斯。我不生气!决不生气!俄国最需要的是海域。——彼得一世

　　广兴公议,万机决于公众;公卿与武家同心,以至于庶民,使各遂其志,人心不倦;破旧来的陋习,立基于天地之公理正气。——明治天皇登基誓言

　　人生的光荣,不在永不失败,而在于能够屡败屡起。——拿破仑

　　我宁愿在一个小渔村里面当首领,也不愿平庸地走进罗马;我来到了,我看见了,我胜利了;突如其来的死是最好的死法。——恺撒

　　看,我的主啊!凭着上帝的荣耀,我已经用我的双手握住英格兰了,英格兰是我的了。凡是我的东西,也就是你们的东西。——威廉一世

　　把世界当作自己的故乡。——亚历山大大帝

　　什么叫霸气,什么叫令对手拜服,大帝用语言和行动证明了一切。……这一句句振聋发聩的名言,这一个个令人敬仰的帝王雄主,以自己的才干和人格魅力,为自己确立了空前牢固的权威地位。他的权威地位是如此神圣、牢固,以至于在人们的观念世界中,雄主成为不可替代的领袖。

　　英雄创造历史,还是奴隶创造历史是历来的争论。但帝王是属于"英雄"之列无疑。在世界历史的进程中,帝王雄主确实影响和改变着世界。

　　本卷收集了在世界历史上卓有建树的帝王,在内容的编排上,编者尽量突出故事性、知识性和趣味性,在对每个帝王政治生涯、历史功绩、征战历程的介绍以外,也注重对其生活、家庭、情感、轶事的描述,从而把一个帝王的多样性与丰富性,以一种立体的方式呈现在读者眼前。

目　录

世界传世藏书·世界枭雄大传

帝王雄主卷

世界传世藏书·

世界枭雄大传

·帝王雄主卷·

世界传世藏书·

世界枭雄大传

·帝王雄主卷·

古犹太王国的缔造者

——大卫

人物档案

简　　历:大卫,男,犹太人,古以色列国第二代国王。在他取得辉煌成就的一生之中,大卫与周围诸王不断争战,与部族分裂做斗争,也与自己家族内部的争权倾轧做斗争。他克服了一切阻碍,终于成为永垂青史的古犹太王国的缔造者。

生卒年月:不详。

安葬之地:不详。

性格特征:充满自信、个性顽强,却又难过情关。

历史功过:在公元前 1000 年左右建立统一的以色列王国,定都耶路撒冷。多年来犹太人恢复故国故都的期望都以大卫为中心。

名家点评:大卫以王权为神,作为统治的工具,对人类宗教史特别是西方宗教史产生重大影响。大卫是《圣经》中最复杂、最引人注目的人物,是仅次于摩西的犹太人领袖。

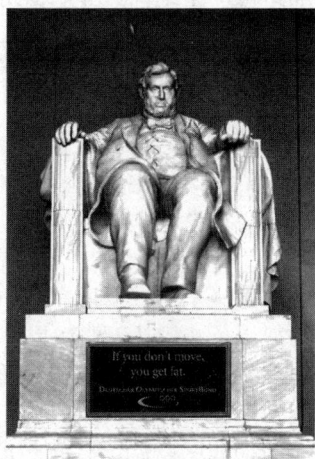

苦难源长

　　公元前 12 世纪初,摩西把犹太人带到了迦南的门口,但他自己却未能进入迦南便去世了。摩西的继承人约书亚是一个意志坚定、足智多谋的领袖,在他的指挥下,犹太人又经过 7 年征战,逐个击破了迦南境内林立的土邦,攻陷了一座又一座城池,杀死了 31 名土王,征服了除沿海地区和耶路撒冷等少数几个地方的迦南全境。接下来,约书亚把迦南从南到北平均分给 12 个以色列部落。犹太人终于又回到了他们魂牵梦绕的"迦南故土"。从此时起,直到公元 135 年被罗马人逐出巴勒斯坦,犹太人在这里连续生活了 1000 年;也正是从此时起,他们的命运才同这片土地紧密地连在了一起。

　　征服和定居是一个漫长的过程。回到迦南的犹太人,逐渐向当地居民学会了农业生产技术,开始从一个游牧或者半游牧的民族转变为一个定居的民族。以色

1

列人与迦南的各部落混居杂处,甚至通婚融合,"以色列人住在迦南人中间,娶他们的女儿为妻,将自己的女儿嫁给他们的儿子,并侍奉他们的神"。在这个过程中,一个新的犹太民族逐渐形成了。

迦南的伯利恒有一个人带着妻子和两个儿子,为逃避饥荒,千里迢迢到摩押去寄居。这个犹太人名叫以利米勒,妻子名叫拿俄米。以利米勒辛勤劳作,但不幸的是,突如其来的疾病过早地夺走了他的生命,剩下孤儿寡母三人在这片异国的土地上艰辛度日。拿俄米将两个孩子抚养成人之后,让他们都娶邻近的摩押人的女子为妻,本打算在这寄居的国土上同友好的异国人共度一生。然而,从父亲那里继承来的虚弱体质使他们为疾病所困,不久两人先后死去。拿俄米悲痛至极,决定回到老家去了结余生。但她又不愿连累儿媳,于是将她们召至面前,让她们自己做出抉择。基连的遗孀俄珥巴不愿离开娘家,与拿俄米热情话别后,就留在摩押。而玛伦的遗孀路得却拒绝离开举目无亲的老婆婆,因为她觉得照顾年老体弱的婆婆是自己义不容辞的责任。于是婆媳二人历尽艰辛返回伯利恒。由此,我们可以看出路得那颗崇高而又善良的心。无论是后来的大卫还是万人敬仰的耶稣,都从其先辈那里继承了这一优良品德。

当拿俄米和路得抵达伯利恒之时,正是收获季节,由于无钱购买食物,路得只得靠去田里捡麦粒来维持生计。有一天,路得捡麦粒捡到了大财主波阿斯的田里。波阿斯听说是自己亲戚的儿媳,便想故意多给她一些照顾,但又不想使她感到不好意思。

第二天一早,波阿斯就告诉收割麦子的人不要割得太干净,多留一些麦粒在地里。路得干了一整天,到晚上回家时才发现她捡的麦粒多得拿也拿不动了。

她把一切经过告诉婆母拿俄米。拿俄米听了很高兴,她觉得自己来日不多了,希望波阿斯能娶路得为妻,这样路得今后一辈子就能有一个幸福的家庭了。

一切都如愿以偿。首先是波阿斯赎回了原来属于以利米勒的田地。(根据摩西制定的另一条律例,为了防止高利贷者剥夺农民的土地,波阿斯作为以利米勒的亲戚,有权这样做。)其次,在长老们的见证下,他向路得求婚,要求路得嫁给他。路得答应了他,拿俄米也搬去同住,直到她死去。

路得后来生下一个儿子,起名叫俄备得。俄备得生下耶西,耶西生大卫。大卫后来就继扫罗之后,在撒母耳的手下被立为王,最终统一以色列各部,建立了第一个繁荣强大的古犹太王国。关于大卫曾祖母路得的故事,《旧约圣经·路得记》中讲得既详细又生动。

扫罗称王

犹太人本来只有士师主政,但随着形势的发展,百姓开始不满足于此,一致要求立王。士师撒母耳(意为法官,是犹太人早期的宗教首领)别无他法,只得勉强顺从他们。《圣经》中写道,撒母耳告诉信徒们说,他们很快就会成为国王的臣民,而这个国王将拿走他们的儿子、女儿、货物、财产……他将为自己的纵欲享乐而使用他们。

百姓却不肯听从他的话,他们异口同声地说:"我们一定要立一个王来治理我们,就像列国那样,统领我们争战……”的确,从当时的生存环境来看,为使以色列人在反抗敌人的斗争中生存下来,需要一个强大的中央当权者。但从伦理上讲,很难理解被认为由上帝单独统治的人民还会有一位至高无上的统治者。结果是采取一个折中的办法:国王具有充分的行使权,特别是战争期间,但他要服从道德标准。这就使得以色列王经常被召唤去听候先知的指令,先知则被认为是在执行神的旨意,这在公元前11世纪的整个世界上是独一无二的。

当时多数人都是这样想的,他们只向往着想象中的帝国的光荣,却没有想到将要为此付出的代价。

撒母耳开始寻找一个合适的犹太王位候选人。在便雅悯部落的基比亚村,他找到了一个名叫扫罗的孩子,撒母耳一看到他,就知道这孩子将被挑选出来做犹太人的统治者。尽管扫罗本人听得此话时大吃一惊,并且力图逃避。但在极其严厉的士师面前,他只得听天由命,甘愿接受做国王所需的一切训练。

国王的首要职责是带兵打仗。自此以后,扫罗作为军队统帅打了许多仗,跟老对手腓力斯丁人打,跟亚扪人打,跟亚玛力人和未完全征服过来的迦南各部落打。

撒母耳一直坚持要扫罗绝对地、毋庸置疑地服从耶和华的意志,而这对于一个喜欢自由行动且又执掌了以色列政权的年轻人来说,是难于做到的。年轻人的任性加人类固有的享乐性使得他不愿事事循规蹈矩。军队打胜仗时往往有一大堆战利品,撒母耳坚持大部分战利品上缴给圣幕做祭祀用,而扫罗则主张一部分要归他自己和士兵们享用。他要享受国王的权威所能给他带来的好处。

最终,不可避免的事情发生了。

在击败亚玛力人的首领亚甲之后,扫罗决定适当奖励军队,所以他把亚甲王的牛羊悄悄留下来,而没有按常规上交给祭司。而更为糟糕的是,他没有把亚甲王杀掉,而依照当时的犹太法律,应当杀死所有俘虏。因为这些保留违背了耶和华的意志,撒母耳听到之后便前来问罪。

扫罗没有忏悔,而是多方辩解。他说,之所以把牛羊留下来,为的是养肥了再杀来做祭品。撒母耳知道扫罗是不打算忏悔的,便指责他耍两面派,不老实,并警告他说,这种可耻行为的后果将使他不再适合当犹太人民的国王。扫罗这时才慌了,连连请求赦免,可是撒母耳不理他,转身要走。扫罗一把扯住他,扯断了他的外袍的衣襟。撒母耳回到拉玛,扫罗回到基比亚,两人从此心存芥蒂。扫罗的故事原本与大卫是没有直接关系的,但是正是他的这种叛逆行为催就了大卫的出现。如果没有扫罗王,我们就会对年少的大卫知之甚少,也不会从随后的一系列故事中感受到大卫品质中那高尚的部分。

初征建功

撒母耳回来之后,便以秉承耶和华意志为名,开始寻访更合适的王位继承人。这回他决心找一个肯听老人言,不像扫罗那样独立行动的人。

他查问了几个年轻人的情况,有人向他提到一个名叫大卫的人,是住在伯利恒的耶西的儿子,路得与波阿斯的曾孙。这孩子是一个羊倌,在本村以勇敢著称。有一次,一头狮子攻击他的羊群;另一次,一头熊攻击他的羊群,但两次都是大卫独立杀死了猛兽，救出了羊群。另外，他还能歌善舞，竖琴也弹得不错。在他长日孤单放羊的时候，常常自己编词，自己作曲，自己演唱。他所创作的"诗篇"非常有名，四面八方的人都来听他唱。

于是撒母耳来到伯利恒寻访大卫。在耶西家中，他见到了刚刚牧羊归来的大卫。

撒母耳见他红光满面、眉清目秀、容貌俊美，果然与人们所说的差不多，于是就表示愿立他为王。

撒母耳按宗教仪式，用角里的膏油，膏了大卫。从这日起，以色列的人民都听说了大卫的故事，认为选这样一位勇敢的人为王实为全民族之福。

只有一个人不像其他人那样对年轻的大卫有好感，这个人就是扫罗。他一直感到不安，他知道撒母耳的指责是无可辩解的，违背耶和华的训示是很大的罪过，其后果是难以想象的。因此他整天提心吊胆，害怕大卫占去他的王位。他希望能有机会除掉这个讨厌的对手。他终日郁郁寡欢，愁眉苦脸。他的一个臣仆建议让大卫来给他弹琴驱魔，他同意了。扫罗见到大卫，听见他的琴声，确实心情要舒畅些。但他却无法借口除掉他，因为大卫已经成为人们关注的焦点，没有十分令人信服的理由和恰当的手段，就想除掉大卫是难以服众人心的，犹太的全体人民都在看着他俩的一举一动。

但腓力斯丁人给扫罗创造了机会，他们又挑起了与以色列人的战争。以色列人在以拉谷安营御敌，腓力斯丁人在远离一片山谷的以弗大悯安营对峙。率领腓力斯丁人的是一个名叫歌利亚的巨人。他身高 3 米，头戴铜盔，身披铠甲，甲重 57 公斤，腿上有铜护膝，肩负铜戟，枪杆粗如织布的机轴，铁枪头重 7 公斤。歌利亚每天早晚两次，趾高气扬地在双方阵地之间走来走去，问犹太人谁敢出阵跟他对打。他拿着一把 7 尺长剑，狠狠地挥舞着，他骂犹太人是胆小鬼，还有其他种种难听的辱骂。他还龇牙嘲笑犹太人，尽管大家都觉得很难堪，但无一人敢出来对敌。

这样一天接着一天，一个星期接着一个星期，还是没有人敢出阵。

扫罗感到非常的恼怒，莫名的烦忧。家中的大卫，外面的歌利亚都已让他大失颜面，于是他整天整星期都坐在帐幕里沉思，跟谁也不说话，别人问话他也不答。他手下的将军们开始担心起来，害怕他失去理智。于是又有人建议用大卫的美妙的歌声和竖琴声来为统帅解忧。这个主意的确不错，大卫的歌声让扫罗感动得掉了泪，他把忧虑丢在一边，感到心情也好多了。

但歌声却感动不了歌利亚，他依然每天在外面继续他的辱骂。奇怪的是，扫罗依然按兵不动，也未离开帐幕一步。腓力斯丁人纷纷跑出兵营，跟在歌利亚身后一齐大笑犹太人的怯懦。

这时，大卫恰巧又来到了兵营。

大卫的三个哥哥都在军中服役，犹太士兵是自带粮食自己做饭吃。当歌利亚骂阵时，大卫并不在扫罗身边，他又回到了父亲身边牧羊。这天，耶西的三个儿子捎信给父亲要粮食。耶西就叫大卫送一袋玉米到前方去。大卫一到兵营就听到大家都在谈论那可怕的巨人，似乎他一个人就使整个犹太军队不敢动。

年少的大卫对此感到颇为费解，他不大理解为什么大伙儿对一个与普通人一样的人会那样畏惧。他所相信的是耶和华的威力和正义，拥有这二者的人应是战无不胜的。

大卫提出愿意出阵杀敌,无需一兵一卒相助。将士们认为他那样做既狂妄又愚蠢,但大卫坚持己见。大家见他如此坚决,也就不再阻拦,于是纷纷表示愿意奉献自己的铠甲,可大卫说用不着,他不需要剑、矛、盾之类兵器,他只需要耶和华的道义支持。

他跑到河岸边拾了几块光亮的圆卵石,带着他的弹弓,跳出壕沟。

腓力斯丁人看到一个小孩子要跟有他两人高的巨人来相斗,感到很可笑,便唤出他们的英雄。歌利亚看见大卫满脸稚气,年纪轻轻,不过是个牧羊娃娃,根本看不起他,大笑着对大卫道:

"娃娃,是不是以色列人都死光了,叫一个娃娃出来迎战?你要来送死就过来吧,我要将你的肉撕得粉碎,抛给空中的飞鸟、田野的走兽吃。"

大卫对歌利亚说:"你来攻击我,是靠刀枪和剑。我攻击你是靠万能的耶和华,我们的上帝。今天上帝把你交在我的手里,我必然要斩你的头,将你碎尸万段……"

歌利亚一听,气得挥舞着巨剑就冲了过来,大卫非但不让,而且还对着歌利亚猛跑,边跑边从牧羊袋里摸出一块小卵石,搭在弹弓上,对着歌利亚的眼睛打了出去。那石子如同流星一般,飞将出去,正中歌利亚眼睛。歌利亚大叫一声,晃了两晃,仆倒在地,大卫闪电般地扑了过去,踏在巨人身上,抓起长剑奋力一挥,割下他的头,血淋淋地提在手中。

腓力斯丁人惊呆了,谁也没想到上前帮歌利亚一把,等到回过神来,巨人已经气绝身亡。树倒猢狲散,腓力斯丁人四处溃散,以色列人呐喊着,追杀过去,杀得腓力斯丁人七零八落,大败而逃。大卫这一勇敢的行为不但挽救了当时的犹太军队,而且千百年来成了雕塑大师的生动题材和人们对勇敢进行歌颂的经典史例。现珍藏于佛罗伦萨巴吉博物馆、佛罗伦萨学院以及罗马包葛斯美术馆的大卫像就是关于杀死歌利亚的情景。意大利画家吉多雷尼的一幅有歌利亚首级的大卫像在1985年以200万英镑的高价出售。

大卫提着歌利亚的人头来见扫罗,众百姓和臣仆们无不喜悦。其中最高兴的就是扫罗的儿子约拿单。他和这位来自伯利恒的青年羊倌一见如故,两人结盟为兄弟。约拿单从身上脱下外袍,给大卫穿上,又将战衣、刀、弓、腰带全都给了他。

当扫罗和大卫率以色列全军从战场凯旋时,全城的百姓都出来庆贺,人们击磬打鼓,唱歌跳舞,迎接他们。人们同声唱着"扫罗杀敌千千!大卫杀敌万万!"的歌来赞扬大卫。扫罗听了之后非常生气,气哼哼地说:"这是歌颂谁?将千千归我,将万万归大卫,只剩下王位没有归他了。"

逐鹿迦南

常言道:狡兔死,走狗烹;飞鸟尽,良弓藏。对权力的争夺已使扫罗忘记大卫在关键时候的鼎力相助。儿子约拿单与大卫的挚交已让他心烦不已,更糟的是,女儿米甲也爱上了这位英俊的红发少年。而扫罗却难容这颗眼中钉,欲除之而后快,便对大卫说,如果他能杀死100个腓力斯丁人,就可以娶他的女儿。以1对100,在靠以体力战斗的古代简直是不可思议的,这明显是让大卫去送死。然而扫罗这一毒辣的阴谋未能得逞,大卫不但完成了这一任务,而且还多杀了100。尽管《圣经》从未告诉我们神奇的大卫是如何做到这一点的,但人们从不怀疑它的真实性。身为国王的扫罗不得不兑现承诺,两个对头成了翁婿。

扫罗的老毛病——神经质比以前更严重了。对于这种心理上的疾病,医生们除了建议听听音乐之外,别无他法:大卫又被召进了扫罗的帐幕里。谁知演奏才进行几个音符,扫罗忽然狂怒起来,拿起长矛,对着大卫就是一枪。大卫连忙跳起来躲闪,这才得以幸免。

当夜,大卫跑回家里,妻子米甲对他说:"你今夜若不逃去,明日必然被害!"

这时,扫罗派来的人已经堵在了门口,准备天亮动手。聪明的米甲将大卫从窗子缒下去,让大卫逃走了。

大卫逃到拉玛来见撒母耳,撒母耳领他到拿约去居住。扫罗听说大卫逃到拿约,就派人去捉拿。去的人在拿约看见一班先知正在受到上帝耶和华的启示而说话,撒母耳站在其中协助他们,于是去的人也受感说话了。有人将这事告诉扫罗,扫罗又派人去,他们也受感说话。第三次派人去,情况还是如此。

看来别人去都受感化,现在只得由扫罗本人亲自走一趟了。扫罗动身前往拿约去捉大卫,上帝的灵也感应到了他,使他一边走,一边说话,直走到拿约,在撒母耳面前还是受感说话不止。他赤身裸体在那里整整躺卧了一天一夜,最后也无功而返。

大卫从拿约来到约拿单那里,对他说:"我在你父亲面前究竟犯了什么罪?他竟然如此追索我的性命?"

约拿单与大卫情同手足,爱大卫如同自己的生命,他答应替大卫在扫罗面前求情。结果扫罗非但不允,反而勃然大怒,要杀约拿单。还是随从们拦住了他的手,约拿单才捡了条命。他对所发生的一切深感惶恐,告诉大卫赶快逃走。坦白地说,善良的大卫是无意与扫罗争夺王位的。但扫罗始终把他的存在视为潜在的威胁,只要他还拥有铲除对方的力量和时机,他是不会善罢甘休的。

在这种情况下,大卫只有逃进沙漠,躲在一个名叫亚杜兰的山洞里。在这个洞里慢慢地聚集了许多不满者和受苦者,这些人通常被称为亚杜兰人。沙漠的生活是非常单调的,为了消磨时间,大卫写了好几首诗,《旧约》的"诗篇"一卷里就录载了这些诗。"诗篇"与真正的历史毫不相关,但却是优美的文学作品,表现了犹太民族的古老的理想。比起《旧约》中那些专门记录国外战争和国内动乱的纯历史书卷来,"诗篇"的内容是更动人也更富于哲理。

回过头来再讲大卫。他正处在一种非常困难和尴尬的境地。从名义上来说,他是犹太人的国王,因为撒母耳在亚甲事件后已废黜了扫罗,为大卫行了膏油礼以继王位。但是人们跟不上这种飞快的政治变化,他们仍然含糊地承认扫罗为王,而把大卫看作是只有在扫罗死之后才能继位的候补者,就如同中国的皇太子。

可惜实权就是90%的法律。不管扫罗真正的名分是什么,却继续住在国王的帐幕里,周围有侍卫和随从。他是一支武装齐全、随时待命的军队的统帅。而大卫,在法律面前不过是一个逃亡者。他住在旷野的山洞里,不能在附近任何一个城乡露面,否则即有被捕之虞。在逃往挪伯时,祭司亚希米勒因帮他而遭到扫罗的迫害,全家男女老幼除儿子亚比亚外都被杀死。在迦特王亚吉那里,大卫装疯卖傻才避过耳目。尽管后来大卫成为犹太人心目中无可争议的领袖,可当时他确实是个无家可归、让人怜悯和同情的流浪者。

此时的扫罗,简直快要疯了,在他心中不除掉大卫连觉都睡不安稳。一次,他率3000名精兵追赶大卫,天黑行至野羊洞,扫罗就走进这个山洞过夜,而洞的深处恰恰隐藏着大卫和他的追随者。

追随者们对大卫说:"看啊,扫罗一个人进来了。他落到你的手里了! 要捉要杀,全凭你,快动手,别让他跑了!"

洞里很黑。半夜时,大卫爬到睡熟的扫罗那里,割下他一段衣襟,同时回手拦住自己的追随者,不准人害他。第二天早晨扫罗毫无察觉地离开时,大卫叫着他的名字追上去,把那块衣襟给他看,并对他说:"扫罗王啊,看看这个,再想想我可能干什么以及我没有干的是什么。你昨晚是在我的掌握之中,我本来可以很容易地杀死你,但是我饶了你,尽管你一直在迫害我!"

就是傻瓜也看得出大卫的宽宏大量,不过扫罗像丧失了理智的疯子,毫无悔意。所以他虽然咕咕哝哝地表示歉意并撤回了他的士兵,却并没有邀请大卫回到宫廷去。

以后不久,撒母耳逝世,大卫和扫罗在葬礼上相会,但两人没有和好。局面就这样维持了好长一段时间。没有上帝相助的扫罗总是那么不走运,在无休止地抓捕大卫的过程中,他又再度处在由大卫生杀予夺的境地。

晚年的扫罗看上去更像是一位朴实的犹太农夫,他不喜欢城市,不愿住在屋子里,只要有可能,他就去沙漠消磨日子。有一次,他和表亲押尼珥元帅离开帐幕去旷野享受安宁。天气很热,扫罗在一块悬岩下睡着了,押尼珥也睡在主人身边。而此时大卫就在南边的哈基拉山地里逃难。他看到了这一切,便悄悄地从山顶上沿着陡坡爬下,来到岩石边,拿起了押尼珥的剑与盾,又回到山顶上,然后叫道:"啊,押尼珥! 押尼珥!"押尼珥被叫醒后,大卫就斥责他玩忽职守,身负保护国王之重任,竟然让过路的陌生人偷走武器,好一个忠实的臣仆! 如此等等。

为内心苦恼所煎熬的扫罗,不得不承认大卫的宽宏大量,因为大卫又一次饶了他的性命。他止不住声泪俱下:"大卫,你比我正直。因为我以恶待你,你却以善报我。今天我又落在你的手里,你却不肯杀我,如果一个人遇上了仇敌,怎么会平安无事地让他走呢? 愿耶和华赐福于你! 我很理解,你必将成为以色列王,以色列国必将在你手里坚不可摧。现在我只求你,将来不剪除我的后裔,不泯灭我的名。"

于是大卫发誓,要永远善待扫罗和他的后裔。扫罗道歉之后,希望大卫与他一道回去。于是大卫收拾随身之物,回到宫廷。

可是这样的时间并不长。扫罗的脾气越来越坏,过了几个星期就故态复萌。大卫出入宫廷,又无安全保证了。此时的大卫诚然可以坚持自己的唯一真正行过涂油礼的犹太统治者的权力,不过他知道扫罗寿数已尽,他不想给这个可怜的老人增加新的痛苦。他又离开了,从此再也没有见过自己的老对头。

重续姻缘

大卫这次来到了位于边界的洗革拉,这个地方归迦特王亚吉。他在这里的生活异常的艰辛。

但大卫有一种吸引人的本领,总有一帮爱冒险的年轻小伙子愿意跟他当兵或当随从,谋求发财。就这样,大卫有一段时期在旷野中聚集了不下400名志愿兵。这个数目现在听起来不算很大,因为我们习惯于百万大军,但在公元前11世纪,400人就是一支强大的军队了。大卫成为差不多整个地区的无可争议的统治者了。他保护邻近的农民,使他们免受盗贼之害。但他那到处躲藏的日子是相当艰苦的。有一次,大卫率部下来到巴兰的旷野,听说大富翁拿八正在迦密剪羊毛,便派出10人到迦密去找拿八,想让他赞助点东西。

大卫的使者向拿八说明来意之后,立在那里等着他的答复。殊不知,拿八是个有名的吝啬鬼,性情又相当粗暴。他沉吟了半晌后,才开口说:"大卫?他是谁?我从来没有听说过!如今这地方到处都是逃亡的奴隶!别看我杀牛宰羊,那是为剪羊毛的雇工们预备的。饼子和水嘛,也不能白白丢给那些来历不明的人!"

大卫的部下碰了这么个钉子,只好回去,原原本本地把这些汇报给大卫。大卫一听,火冒三丈,立刻下令:"挎上刀!"他吩咐留下200人看守辎重,其余的200人跟他前去杀拿八全族。

且说拿八顶走了大卫的部下以后,有一个仆人见势不妙,便跑去向拿八的妻子亚比该报告说:"大卫派人来向我们的主人致意,他们平时日夜保护我们的牧羊。现在他想为他所付出的劳动讨得一点回报,但我们吝啬的主人却把人家给损了一顿。我担心这样做会给我们主人和全家惹来杀身之祸。"

亚比该跟她丈夫不一样,她是一位美丽而又聪明能干的女子。听仆人这么一说,她立刻准备好一大堆好吃的东西——200块饼,两皮囊葡萄酒,5只烤羊,17公斤烤穗子,200块无花果饼……她吩咐把这些食品整整齐齐驮在驴背上,然后对仆人说:"你们在前头走,我跟在后面。"

临走时,她没有跟丈夫打招呼,她认为这事得暂时瞒着他,等过后再慢慢跟他讲。亚比该骑在驴背上,沿着弯弯曲曲的山间小路往前走着。突然,前面烟尘滚滚,一大群全副武装的人朝她迎面疾驰而来。

大卫边走边想,怒不可遏:"我过去为什么要在荒郊野外替这家伙保护财产,使他得享平安呢?难道现在他就这样酬劳我吗?我要在天亮以前杀他满门!"

亚比该看见了大卫,立刻翻身下驴,匍匐跪倒在大卫脚下,向他谢罪:"我的主啊,请听我说!罪过由我来承当吧。请你不要生拿八那个蠢货的气。他是个名副其实的笨蛋。你的仆人来时,我不在场。上帝一直不让你向敌人报仇雪恨。我指着永生之主向你发誓,那些企图谋害你的仇敌都要和拿八一样遭到恶报。请收下我献给你的礼物,分给你的部下吧。也请你饶恕我的过错。上帝要使你和你的子孙后代为王。你为上帝而战,上帝会保佑你安全无恙,就像一个忠诚的卫士保护价值连城的宝库一样。至于你的仇敌,他们早晚要被抛弃。我主若不杀无辜,不报私仇,那么等上帝保佑我主称心如意登基坐殿成为以色列王的时候,我主就不会感到心里不安或者良心有愧。我主啊,当你荣华富贵的时候,求你别忘了婢女!"

听了这番言语,大卫深受启发,他对亚比该说:"感谢上帝,他差你来见我!我为你的真知灼见和果敢行动而感谢你,亏得你今天拦住,使我不杀无辜不报私仇。上帝不允许我伤害你。实话实说吧,如果你晚来一步,拿八家的人在天亮以前都得死光!"

大卫听了如此谦卑的赞词之后,怒气顿消,欣然接受了送来的礼物,和蔼地对她说:"回家吧,尽管放心,我不会辜负你的期望。"

亚比该回到家里,见拿八正在享受盛宴。堪与王侯家媲美的饮食让拿八喝得醺醺欲醉,忘乎所以,所以亚比该当晚没有把刚才的事告诉他。等到次日早晨他神志清醒之时,听完亚比该的述说,惊得目瞪口呆,当即中风瘫痪,十来天后就一命呜呼了。

大卫听说拿八死了,深有感触地说:"赞美上帝啊,拿八污辱我,上帝替我报了仇,又使仆人让我满身清净。他死了活该。"

随后,大卫派人去向亚比该求婚。仆人奉命来到迦密,见到亚比该,对她说:"大卫派我们来接你去做他的妻子。"

听了这话,亚比该匍匐在地说:"我是他的使女,情愿洗他仆人的脚。"说罢立刻动身,骑上毛驴,在 5 名使女的护送下,随仆人来见大卫,从此便做了他的妻子。早期犹太人的婚姻是比较自由和随便的,大卫先前曾娶了耶斯列人亚希暖,现在又娶了亚比该,于是有了两个妻子。至于早年跟大卫结婚的米甲,在他走后,扫罗就将她改嫁给帕提了。

大卫登基

这桩新的婚姻,丝毫也解决不了大卫的困难。他虽有一点势力,但还不足以威震四方。就如同现代社会中的小人物一样,总是入不敷出。最后,大卫这个在几年前还被腓力斯丁人视为瘟神的人,现在为了生存,几乎被迫为腓力斯丁人去卖命。

事情是这样的,腓利斯丁人决定再次同犹太人交战,与他们订有盟约的亚吉王将去助战。而臣属于亚吉王的大卫理应派兵参加。

大卫接到命令之后,不知如何是好,只得含糊答应了。他想尽量拖延时间,但最后还是把队伍开到腓力斯丁人的兵营去。幸好腓力斯丁人的统帅认为让这样一支队伍助战很不可靠,让他们回家。

回到洗革拉,大卫发现亚玛力人趁他们不在时抢劫了这个村子。大卫跟踪追击,打败他们,杀得只留下 400 人才住手。

当扫罗得知腓力斯丁人即将入侵的消息时,他陷入了绝望之中,感到末日降临。他对自己以及全家的前途感到绝望。但是这位久经沙场的老战士有一个勇敢的灵魂,他不愿示弱,也不愿逃避。第二天一早,扫罗在基列波山向腓力斯丁人发起攻击,但在强大的敌人面前却无能为力。不到中午,他的军队被全歼,他的儿子约拿单、麦基舒亚和亚比拿达都被杀死。兵败之后,扫罗本人用自己的剑穿胸而死。他宁肯自杀也不愿落入敌人手中。

腓力斯丁人找到了他的尸体,割下首级传示全国,以图激起人民欢呼胜利的高潮。他们把盾、矛、铠甲送到异教的亚斯地录庙里和从其他战争中获得的战利品一起陈列,又把扫罗和他三个儿子的尸身钉在伯珊的城墙上。基列雅比的居民听到这一消息,便决定救回那曾经为他们解除围攻城之厄运者的尸身,他们在黑夜潜入伯珊,取回国王和三个儿子的尸身,秘密地埋葬于本村神圣的柽柳树下。

　　基列波山上的这场战争的结果是以一种奇特的方式传到大卫耳中的。有一个腓力斯丁人，以为把扫罗的死讯带给大卫，会得到这位新国王的欢心，就骑着快马奔驰到洗革拉。他把扫罗和他几个儿子一齐被杀的经过描述了一番，并谎称是自己亲手杀死了他们，以图邀功请赏。

　　他没有得到他所期望的奖赏。大卫下令把此人吊死，然后深切地悼念已故君主扫罗和他最亲密的朋友约拿单。如往常一样，他用音乐和诗歌去寄托哀思。他写了一首哀歌。他在歌中这样写道：

　　以色列啊，你尊荣者在山上被杀，大英雄何以死亡……

　　以色列的女子啊，当为扫罗哭号……

　　我兄约拿单哪，我为你悲伤……

　　英雄何竟仆倒，战具何竟灭没！

　　接着他又禁食了一段时间。他如此这般地表达了自己的哀悼和思念之情，让国人都知道他的深切悲痛。然后他着手接受王位。他先来到希伯仑山，在那里犹太部落全体成员迎接了他们的新君主。大卫正式行了涂油礼，登基为王。

犹太之王

　　扫罗之死，使大卫从一个逃亡者和亚吉王的依附者一跃成为一个独立自主的国王。此时，他30岁，正值风华正茂的年纪，但他面临的局面也是非常棘手的。

　　首先遇到的是权力争夺。扫罗手下的大将尼珥的儿子押尼珥和扫罗的其他重臣要立扫罗的儿子伊施波设为以色列王，与大卫争夺王权。随之而来的是历时7年半的战争，大卫得到他的将领约甲等人的帮助，逐渐占了上风。此时的大卫除了证明自己是一位勇敢和足智多谋的军事指挥官以外，现在又显露出他的政治家才干。他通过与押尼珥达成协议，使伊施波设和押尼珥反目，随后击败伊施波设但并未杀他，建立了对整个以色列12支派的统治。

　　其次，是腓力斯丁人的问题。犹太人打了几百年仗都不能摆脱这个长存的威胁。他们似乎有极强的韧性，好几次看来差不多要完蛋了，但过不了几年，他们又重新具备挑战犹太人的能力。他们善于打仗，两军相遇，总是他们赢得多。所以以前犹太人每年都被迫向这个可恨的邻邦进贡。大卫登基之后，同腓力斯丁人协议停战，得到了和平。

以色列大卫军刀

　　大约公元前1001年，在基本上击败了伊施波设，统治以色列各支派之后，大卫决定把首都从希伯仑迁到耶路撒冷。耶路撒冷在古代几乎是一座无法攻破的城堡，此时还在一个迦南部落耶布斯人的手中。该城位于南北干线的中心，连接外约旦和海岸之间的道路。此地降水充沛、地形险要，是个易守难攻的地方。面对如此地形，大卫运用出奇制胜的战术，派约甲带领突击部队凿开一条由山脊东边攀上去的通道，直插城中，夺取了这座城市，并将它作为自己的首都。耶路撒冷地处迦南的中心，当时还没有与哪一个以色列支派联系在一起，因此，它能够成为整个民族的圣地，而没有引起哪一个部落的妒忌。大卫将首都建立在耶路撒冷后，修筑了一道城墙，在城墙内建造了一座宫殿，后来人们把这座宫殿称为"大卫城"。但这引起腓力斯丁人的不满。他们决定进攻这位昔日的盟友。现在的大卫可不是以前的逃难者了，他已拥有强大的军队作为后盾。于是他诱使敌人深入到犹太的地域，然后两次打败他们。第二次战斗是决定性的。大卫通过耶路撒冷西南的森林发起进攻，因为在那里，大卫的兵力占有非常的优势。由于熟悉地形，并不受重型装备的拖累，大卫他们击溃了腓力斯丁人，建立起的统治区从山区一直到沿海平原，把腓力斯丁人赶到了加沙与阿十杜德间很狭窄的地带。

大卫对前妻米甲一往情深，想要回她。而此时的米甲已不是帕提的妻子，她又改嫁给了帕提的兄弟帕铁。帕铁迫于王族势力，不敢不把米甲送还大卫，但他对公主实在是情深意厚。送亲的队伍出发时，帕铁跟在爱妻后面，一边走，一边哭，不知不觉跟到巴户琳。担任护送的押尼珥怕他一直跟到王宫有失体统，便对他说："你回去吧！"帕铁只好跟米甲依依告别，忍气吞声，自个儿回家去了。

米甲公主来到大卫王身边，昔年初婚的夫妻又破镜重圆了。

这件事办完后，大卫开始计划建造一座圣殿以替代圣幕。自从犹太人把约柜从腓力斯丁人那里夺回来之后，这座圣物就一直立在基列耶琳村的亚比拿家，现在应该把它立在新首都的一个合适的地方了。对昔日在沙漠中的漂泊者来说，有一座圣幕就够了，可是现在犹太人已有了一个强大的国家，可以提供一座供奉耶和华的圣殿的，人们感到建造这样一座建筑物是全国的责任。

首要的是把约柜运到耶路撒冷。大卫带领大军东行去迎接约柜。祭司把它装上车，亚比拿的一个名叫乌撒的儿子驾车。行进途中，车子突陷一道车辙中，牛失前蹄，约柜倾斜。乌撒下意识地伸手去扶往约柜，免得它倒下来。但他立刻被杀死了，因为根据古犹太律例，世俗的人是无权触摸约柜的，只有祭司才能这样做。

大卫率领的迎圣行列停止前进，乌撒被埋葬，约柜被运到迦特人俄别以东家里，在那里放了3个月。然后大卫带领全部人马回去，约柜再一次被搬上车，这一回安全抵达了耶路撒冷。他以隆重的仪式将耶和华约柜迎进城里，并修建了一所供奉耶和华的临时建筑，里面搜集了许多当时各部落的圣物。大卫王计划建立一座永久的圣殿，但这一工程直到他的儿子所罗门在位期间才完成。

约柜进城那天，以色列人齐来庆贺，街上鼓乐喧天，热闹非凡。米甲从窗户里向外观看，看见大卫在长街上手舞足蹈，觉得有损其形象，一股厌恶的情绪油然而生。在这举国欢腾的日子里，大卫王亲自向臣民们散发食品，然后回宫向全家人祝福。米甲出来迎接他。"以色列之王今天真荣耀啊！"她嘲讽道，"在朝臣和婢女面前，你活像个耍把戏的傻瓜。"

大卫听了很不高兴，针锋相对地回答说："你把我看得非常渺小，可是我作为以色列子民的领袖，他们却偏偏把我看得相当伟大！"听了此话，米甲公主熄灭了爱情的火焰，终身不育。她自视高傲而轻看了大卫。

"圣事"已定，剩下的就是扩展疆土，巩固王国了。大卫开始连年对外用兵，通过与南面的腓力斯丁人、以东人、摩押人和亚扪人以及北方的迦南人打仗，逐渐巩固了自己的王国。他占领了大马色（即大马士革），迫使亚兰向他进贡，并使以色列的势力扩展到伯拉河（即幼发拉底河）流域。在数年的征战中，他不但发展了约书亚的游击战术,而且对军队进行整编,建立包括正规的职业部队、后备部队和外国雇佣军在内的军事力量。大卫确定了他地域辽阔的王国的边界,成了威风显赫的以色列王。

大卫在很多方面是一个善良的人。他仁慈、英明、和气,即使对敌人也是如此。他对扫罗的唯一活下来的孙子(约拿单的儿子)非常宽容,把这个双腿俱瘸的可怜孩子收为养子,跟他一起住在耶路撒冷的宫殿里,直到他死的那一天。

从世俗观点来看,大卫已取得了很大的成就,在人民心目中也拥有了很高的威信。但是高位赋予他的无限权力也使他逐渐骄横,刚愎自用。例如在处理一名犯法的军官时,他就未能做到没有偏见和坚持原则。他自己的侄儿约押杀死了押尼珥将军,大卫只是厚葬押尼珥了事,约押未被绳之以法。可是当伊施波设手下的两人把其主人杀死并带着他的头来见大卫时,大卫立即处死了他们,想以此教育臣民应忠诚于自己的主人。

尽管大卫此时已位高权重,成了人们心中的"圣人"。但他也跟普通人一样,有着人类共同的弱点。

一天黄昏,大卫在王宫的平顶上乘凉,看到远处一个女人,容貌漂亮,便想娶她为妻。但是一打听,才知道这个妇人名叫拔示巴,已经嫁给赫人乌利亚为妻了。乌利亚是约押部下的一名军官,正在前线服役。作为一国之君的大卫本来不应该对正在前线替自己作战的属下的妻子存在非分之想,可他还是将这个女人接进宫来与其同住。当拔示巴发现自己怀了孕时,国王差人把乌利亚从前线请回王宫殷勤款待,赐以礼物,然后打发他回家同妻子睡觉,想以此掩藏真相。而这位正直的雇佣军勇士考虑到正在前线厮杀的士兵,拒绝与妻子同床共枕。于是大卫又使了一个非同寻常的诡计,要他带了一封信给约押。在这封信中,大卫告诉约押把乌利亚放在最前线,使他容易被敌人杀死。

干这样一件冷酷谋杀的事对约押来说算不了什么。他不去警告乌利亚,相反却奉承了乌利亚几句,说他勇敢善战,所以才把他放在最危险的岗位上。乌利亚全信无疑,高高兴兴地当了先锋官。进攻一开始,大卫的计划实现了。乌利亚向前冲锋,约押一声令下,所有士兵都后撤,只留下乌利亚一人,遂被敌人杀死。他的妻子拔示巴成为寡妇,不久就嫁给了大卫。

大卫以为耶路撒冷的人民不会知道他干的坏事,但他错了。前线士兵把事情告诉了他们的亲属。这个国家不大,消息传得快,不久所有犹太人民都知道,他们的国王觊觎有夫之妇,先杀其夫,再占其妇。

当然,国王毕竟是国王,到这时候还是有很多人认为大卫不会做错事,其他人则怕讲出真话会被捕坐牢甚至处死。但是也有人要仗义执言。

先知拿单听说此事之后,便来到大卫的宫廷,告诉他刚刚听到一个故事,希望大卫也能听一听。大卫表示有兴趣听,拿单便讲道:

"从前,有一个富人和一个穷人互为邻居。富人有很多只羊,穷人只有一只小羊羔。穷人非常爱他的小羊,把它当作自己的孩子一样,他自己吃什么,也给小羊吃什么,天冷了就把小羊抱在怀里,不会让它挨冻。有一天,富人要招待穷人,本来可以杀他自己的一只羊,可却去偷窃邻居的小羊来招待客人。"

大卫听了这件事,非常愤怒,对拿单说,这是他所知道的最不像话的罪行,一定要严办——那丢了羊的穷人要得到 7 倍的赔偿,犯罪坏蛋要立即处死。

"你就是那样的人!"拿单指着大卫说,"你借亚扪人的刀,杀害赫人乌利亚,又娶了他的妻子,你做这件事,必然遭到报应!"

"我有罪呀!"这时大卫后悔了,但是已经来不及了。

"你本人不会死,"拿单对国王说,"可你同拔示巴所生的孩子必将暴死,来为他的父母赎罪。"

果然,拿单走后不久,拔示巴所生的孩子就病倒了。大卫悔恨不已,把圣土撒在自己的头上,以表示忏悔,他还七天七夜不吃不喝。可是第八天,孩子还是死了。大卫认为是自己杀了亲生儿子,心里十分难过,表示愿意苦行赎罪,将功补过。此后不久,拔示巴又生一子,名叫所罗门,大卫大喜,答应指定此儿为王位继承者。

父子相争

大卫一生多子,在与扫罗王的 7 年争斗中,他的 6 个妻子给他生了 6 个儿子,在耶路撒冷时,他又得了 11 个儿子。在诸多王子中,有一个叫暗嫩的,爱上了同父异母的妹妹他玛——押沙龙的亲胞妹。暗嫩以装病让他玛烤饼吃为机,把他玛强奸了。押沙龙知道以后,愤怒之至,在设宴招待诸王子的宴会上将暗嫩杀死。大卫既对暗嫩不满,也气愤于押沙龙私自杀暗嫩后畏罪潜逃。押沙龙远走异国他乡,几年以后,大卫爱子心切,终于在约押将军的调和下,父子重新和好。但大卫的宽宏大量却未赢得押沙龙的丝毫感激之情。

王子押沙龙为基述国公主玛迦所生。他长得威武英俊,仪表堂堂,在以色列人中谁也没有他长得漂亮,是个有名的美男子。他的头发又密又长,以致不得不每年剪下一次,不然就太重了,每次剪下来的头发有两公斤。他有三子一女,全都生活在花团锦簇之中。

这位王子有车有马有卫队。他每天早晨起来站在城门口,遇有外地来京告状的人,便主动打招呼,问其家乡住址。等对方讲完以后,他往往这样对人家说:"你看,明明是你这方面有理嘛。可惜国王没有设立州法官,有理无处说啊。"接着他还会加上一句:"若是我能当一名审判官就好了,那时不管谁来诉讼,我都会秉公断案。"如果有人向他跪拜,他就过去一把拉住抱过来亲吻。押沙龙对每个前来告状的人都是如此,从而赢得许多人的爱戴。

由于大卫的统治日益专横,赋税也越来越多,忍冤受苦的人不少。4 年之后,押沙龙认为追随他的人已为数不少,就对父王大卫说:"陛下,我流亡国外时曾许下心愿,说有朝一日我能回到耶路撒冷,一定到希伯仑烧香献祭。请允许我到希伯仑去还愿吧。"

"那你就安心去吧!"大卫王说。

于是押沙龙从耶路撒冷带着 200 名随从来到希伯仑,他早已不愿意再在大卫王的控制之下了。一离开耶路撒冷,他就宣布自己为王。与此同时,他还特地派人到基罗请来大卫王的谋士亚希多弗。同时又派人到各处散布说:"当你们听到吹号声的时候,就呼喊'押沙龙在希伯仑做王喽!'"

一时间,全国各地都知道押沙龙做王了。叛逆的声势越来越大,消息传到耶路撒冷,大卫起初不相信这是真的。直到押沙龙的军队逼近首都时,他才在一片慌乱中对臣仆们说:"如果我们想逃脱押沙龙的话,就得赶快离开这里! 不然的话,他会把我们斩尽杀绝的!"

于是,在朝臣们的陪同下,大卫携家带口撤离耶路撒冷,只留下 10 名妃嫔看守王宫。大卫率众离开京城,渡过汲沦溪,哭喊着向旷野逃跑。大卫蒙着头、光着脚,登上橄榄山。这时有人向他报告说,亚希多弗也随押沙龙叛变了。

大卫派户筛回去,诈归押沙龙,从中破坏亚希多弗的计谋。

当朝臣们簇拥着大卫到达巴户琳的时候,一个叫示每的人当面咒骂大卫:"滚蛋吧,你这凶手,你这罪犯! 你夺了扫罗的王国,杀了那么多人。现在上帝要惩罚你啦。他把王位交给了你的儿子押沙龙。你这凶手完蛋啦!"

在大卫身旁的约押的兄弟亚比筛说:"国王陛下,怎么能让这只野狗咒骂你呢?让我过去砍下他的狗头!"

"算了吧,"大卫王对约押和他的兄弟亚比筛说,"我的亲儿子尚且要索取我的性命,何况别人,由他骂去吧。"

大卫一行继续往前走,示每紧追上了山坡,边走边骂,还边扔石头,向他们身上吐唾沫。大卫和随从们一直没有理他。他们来到约旦河边,实在走不动了,就坐下来休息。

且说户筛奉大卫之命回到耶路撒冷,刚好押沙龙也到了。户筛迎着押沙龙欢呼道:"陛下万岁! 陛下万岁!"

"户筛,你对大卫王的忠诚何在?"押沙龙问他,"你为什么不跟他去呢?"

"我哪能去呢?"户筛说,"我只追随上帝和人民选定的人,所以我要留在你身边。我过去侍候你父亲,现在我要侍候你啦!"

押沙龙转身向亚希多弗问道:"我们已经来到这里,你看下一步怎么办呢?"

亚希多弗说:"去跟王妃睡觉吧,她们留在这里看守宫殿,这样举国臣民都会知道,你和你父亲已成了势不两立的仇敌,手下人就会更加坚定地跟着你了。"

于是他们特意在王宫的平顶搭起一座帐篷,押沙龙当众与王妃们同床共枕。

亚希多弗不仅是个谋士,而且还会打仗。他给押沙龙出谋划策,提出由他选出12000 精兵趁夜追杀大卫。只要杀掉他一人,其余的就会像新娘归顺新郎一样聚拢到押沙龙的身边,这个主意得到不少人的赞同。押沙龙又把户筛找来,问他亚希多弗的计划是否可行。户筛说那是个馊主意,因为大卫久经沙场,他一定不会和部下一起过夜,准是藏在山洞里或在别人无法找到的地方,如果晚上去抓他,不仅会扑空,还会使战局逆转。他向押沙龙建议道:"动员全体以色列人,由你亲自带领上战场,进行无孔不入的全面围剿。如果他逃进一座城,那我们就带着绳子,把那座城拉下山谷!"

户筛的建议博得满堂喝彩,都说这比亚希多弗的主意强多了。亚希多弗气得骑上驴跑回家,上吊缢死了。押沙龙的作战计划确定以后,户筛秘密派人给大卫送信,要他赶紧渡过约旦河。

正在河边歇息的大卫接到报告,不顾疲劳,立刻率众连夜渡河。天亮以前,全部人马登上彼岸。当押沙龙率领人马抢渡约旦河的时候,大卫早已到了玛哈念。大卫一行到达玛哈念的时候,巴西莱等三人前来迎接,他们带来食品送给大卫和他的随行人员。经过旷野长途跋涉,这行人又饥又渴,这些食品无疑是雪中送炭。风卷残云般地饱餐了一顿后,大卫把他的部下组织起来,分成三个纵队,由约押等三人各带一队,准备迎敌。大卫对部下说:"我也要跟你们一同上战场。"

"你千万不要去,"部下们劝阻道,"我们其余的人生死存亡,敌人都不在乎。可你一个人比我们万人还重要,他们要的就是你。你最好是在城里随时策应我们。"

大卫同意了。他站在城门旁,目送自己的部下出发,并对他们说:"看在我的面上,你们不要伤害押沙龙。"这就是大卫最令人钦佩的品格之一,他不会伤害要害他的人,即使是当年扫罗无情地追捕他,并竭尽全力要杀掉他时,大卫也没有抬手反抗。现在他的儿子又公开反叛,并且要诛杀他,他也同样不愿让押沙龙受到伤害。

两军在以法莲大森林里相遇,残酷地厮杀了一天,夺去了几千人的生命。到傍晚,押沙龙的军队被击溃了。押沙龙骑着一匹骡子飞快地逃跑,突然碰见几个大卫的士兵。他吓了一跳,猛一挺身,头发挂在一棵大橡树枝上,不想这平时令人羡慕的又密又长的头发竟如乱麻一般地绞在树杈上,难解难分。而那骡子却不停蹄,任凭树杈把主人从背上倒揪回去,吊在半空中。大卫士兵见状,知道国王曾经要求宽待押沙龙,所以没有杀他,而是跑回去报告将军约押。而约押就没有那么多的清规戒律了,他带了3根长矛跑到押沙龙动弹不得地挂在半空中的地方,对准他的胸膛连掷三枪,然后把尸体扔在橡树下的一个坑里。

押沙龙的死讯传到大卫的耳朵里,他顿时大哭起来:"我儿押沙龙啊,我儿押沙龙啊,我恨不得替你死,押沙龙啊,我儿,我儿!"大卫确实悲痛不已。

战事结束,大卫率众归来,回渡约旦河的时候,看见示每领着1000人等在渡口上。看见大卫,示每赶上来匍匐跪倒在他的面前,声音颤抖地说:"陛下,饶了我吧!那天你离开耶路撒冷的时候,我冒犯了你,求你别跟我一般见识。王啊,我已知罪了,这就是今天我从北方支派中第一个来迎接陛下的原因。"

约押的兄弟亚比筛说道:"应该把示每处死,因为他咒骂了英明的大王。"

不料大卫却说:"谁要你来多嘴!我是以色列的国王,我今天不允许处死一个以色列人。"随后他转向示每:"我保证不处死你。"

在迎接国王渡河的人们中,有位白发苍苍的老翁,他就是在玛哈念犒劳大卫的巴西莱。大卫对他说:"跟我到耶路撒冷去,我要好好照顾你老人家。"

不料巴西莱却回答说:"我老了,不能成为陛下的累赘。我只跟你过了约旦河,再往前送几步,我就回去了。我要去父母坟前以终天年。我只求让我儿子舍旱侍候在你身边,你可以随意待他。"

大卫王回答说:"我把他带在身边,一定让他心满意足,你要我做什么都行。"

黄昏岁月

大卫决定普查全国的人数,前后共花了9个月零20天时间,普查的结果是,共有成年男子70万人。在清点百姓人数之后,以色列就发生了一次瘟疫,共死了7万人。据说是耶和华降罪于大卫的这次行为。大卫感到自己犯了罪孽,就在耶路撒冷城外筑了一座祭坛向上帝祈祷。

随着时间的无情流逝,大卫一天比一天衰老,他总觉得身上发冷,盖上毛毡也暖和不过来。臣仆们就建议找一个少女来陪睡取暖,最后找到了一个名叫亚比煞的漂亮少女来照顾国王。亚比煞体贴入微,十分周到。

押沙龙死后,在活着的诸王子中,亚多尼雅的年龄最大,他也是一个英俊潇洒的美男子。大卫对他也很宠爱,随便他怎么样,大卫从不说他半个不字。然而他却迫不及待想当国王,擅自搞了一套战车、骑兵和50名私人卫队。他找将军约押和祭司亚比亚他,密谋起事。这两个人都支持他,但是祭司撒督和先知拿单等人,以及侍卫长比拿雅和王宫卫队,都不站在他一边。

有一天,亚多尼雅在隐罗水泉附近烧香献祭,并邀请诸位王子和朝廷大臣前来赴宴,把上述那些不站他一边的人排除在外。于是先知拿单与拔示巴约好去见大卫王,敦促他立即立所罗门为王,因为亚多尼雅已经在预谋叛变了。大卫王便召见撒督、拿单和比拿雅,对他们说:"你们会同朝臣们一起,让我的儿子所罗门骑上我的骡子,把他护送到基训泉。在那里,撒督和拿单要立他作以色列王。他将接续我做王,因为他是我为国家选中的统治者"。

于是撒督、拿单、比拿雅和王宫卫队把所罗门扶上大卫王的骡子,护送着他来到基训泉。撒督从约木石圣幕里带来一只盛满圣油的角来涂所罗门。这时号角齐鸣,众人欢呼:"所罗门王万岁。"

亚多尼雅和宾客们一听都吓坏了,宾客们各奔东西。亚多尼雅知道自己没有弟弟所罗门精明,只好向他求和了。所罗门宽恕了他。紧接着,所罗门又率军打败了腓力斯丁人的入侵,进一步巩固了他的王位。

衰老的大卫没注意到这些事,他坐在宫殿里的一个黑暗角落,喃喃自语地怀念那个敢于与父亲打仗而被杀的儿子押沙龙。仁慈的上帝终于结束了大卫的病痛,结束了这个古犹太王国缔造者伟大而又光辉的一生。大卫把以色列人由一个松散的部落联邦变成一个统一的国家。他击败了他的人民的敌人,给人民赢得了广大的领地,并为他们建立起一个在该地区起支配作用的强权。他组建了一支有战斗力的部队,建立起一套行政体制,并创立了一个能长久保留住自己的文化与宗教传统的实体。大卫是一名统帅、战士、国王、国家的缔造者和诗人,同时他也是有人类弱点的活生生的人。

大卫的性格也永远为后人传颂。他的宽宏大量是了不起的,这充分体现在他对扫罗和伊施波设,对押尼珥和示每以及其他人的态度上。他十分虔诚,笃信宗教,而且感情强烈,他还是一位艺术家,能做歌赋诗,还唱歌跳舞,当众表演。他对扫罗等人的死所做的哀悼证明他长于辞令,感情真挚。他不仅能弹竖琴,还会演奏其他几种乐器。

艺术让大卫获得了永生。中世纪和文艺复兴时期艺术家(包括维罗丘、米开朗琪罗、卡拉瓦齐、伦勃朗等)的塑造和绘画,使人们对大卫有了更加直观的认识和理解。有关大卫的最著名的现代作品,有美国诗人约翰·贝里曼的诗篇,有英国画家斯坦利·斯宾塞的两幅大卫像等。可以说,大卫一直是艺术的一个永恒主题。

大卫所创建的王国在他和所罗门统治时期空前强盛和繁荣。或许正是因为如此,千百年来,尽管犹太民族在历史上一次次遭受灾难,犹太人流散于世界各地,但他们心中一直都不会忘记,他们曾有过自己的国家,因此他们也应重建自己的国家。或许正是大卫这位先驱者给他们以精神动力,终于在两千年后建成了今日的以色列国。大卫是《圣经》中最复杂、最引人注目的人物,是仅次于摩西的犹太人领袖。

锡安雄狮
——所罗门

人物档案

简　　历：所罗门是古代以色列王国第三任国王。他在取得不凡业绩、拥有别人艳羡的幸福之后，即贪图享乐、私欲如壑，最终不免遭受惩罚。他在自己造的潘多拉盒子打开之前就死去了，而一切惩罚都由他的子孙来承担。

生卒年月：公元前 1000 年 ~ 公元前 930 年。

安葬之地：不详。

性格特征：虽然智慧过人，但却欠缺了一种坚定之情及断臂之志，就道德操守而言，他是优柔寡断的。

历史功过：所罗门登基，继承了父亲大卫的广阔土地版图，并且完成了当年他父亲大卫未能完成的建殿大业。

名家点评：他的财富和其智慧一样举世闻名。《便西拉智训》说："在以色列之主上帝的名义之下，你（所罗门）搜集银子和金子，如同锡和铅之一样。"

剪灭政敌

中国古代三国时，魏文帝曹丕欲害弟弟曹植，令其七步之内须成一诗，否则要其性命。而文思敏捷的曹植未到七步，便吟出了千古传诵的华章《七步诗》。曹丕听了，杀戮之念顿消，曹植以其奇才逃过了杀身之厄。在此之前约 1200 年，即公元前 10 世纪上半叶，在亚洲另一端的巴勒斯坦，情形正好相反，聪颖的弟弟要杀哥哥，那哥哥的命运又如何呢？

所罗门诞生于约公元前 993 年，是拔示巴为大卫所生的第 4 个儿子。约公元前 973 年，大卫晏驾，所罗门正式继位，那年，他 20 岁。之前，在见习王政的那两年里，他总觉得自己地位不稳，如同一棵小树，哥哥亚多尼雅念念不忘要把他连根拔起，折为两段。元帅约押、祭司亚比亚他也是他的政敌。那一帮人常使他寝不安枕。现在，他既已全权在握，就得尽快"扬眉剑出鞘"，刈杀异己。

所罗门剑下的第一个亡魂就是他的哥哥、俊美的亚多尼雅。有一天,亚多尼雅找到所罗门的母亲拔示巴,说:"您知道这国家本应是归我的,所有的以色列人也都希望我做王。不料,王国最终归了您的儿子、我的兄弟。因为他继承王位是耶和华的意志,我也无话可说。现在我有一件事求您,希望您不要推辞。"

拔示巴机警地答:"有什么事,你说吧。"

亚多尼雅:"我求您请所罗门王将书念的女子亚比煞赐我为妻,我知道他一向不拒绝您的要求。"

拔示巴:"好吧,我会把你的意思告诉他。"

拔示巴一直对亚多尼雅抱有歉疚之心——因为在从他手中抢走王位的事变中,她起了重要作用——此时又觉得他的要求并不过分,儿子应该不会拒绝。于是,她便去了所罗门处,把亚多尼雅的意思告诉他。所罗门大喜:亚多尼雅啊,我正愁着难以罗织你的死罪,你却自己送命来,真乃耶和华助我!原来,按当时以色列的习俗,老王死后,唯有新王可纳其妃嫔,而亚比煞似乎是大卫的一名妃子。所以,亚多尼雅犯了大忌,露了篡位的意图,自然该杀。然而,亚比煞事实上只是为大卫王暖身,不曾与他交合,因而算不得他的妃嫔。这一点,拔示巴是知道的,所以她敢为亚多尼雅转陈心意,所罗门也十分清楚。但是所罗门杀兄心切,焉能懵然以对命运女神的媚眼?于是,他佯怒道:"为什么单单为他求书念的女子亚比煞呢?您也可以为他求整个国家啊……亚多尼雅说这话是自己送命,如果我不杀他,就让耶和华重重地惩罚我吧!耶和华立我为王,使我坐在父亲大卫的位子上,履行他的诺言为我建立家室。现在我以永生的耶和华的名义发誓:亚多尼雅今日必被杀死。"

派谁去"行凶"呢?所罗门选定耶何耶大的儿子比拿雅。(这比拿雅可真是了得,他曾在雪地里杀死一头狮子,也曾持木棍与一使长枪的埃及人格斗,并最终击杀之。他长期在大卫手下做卫队长,统率大卫勇猛善战的基利提人和比利提人卫士,直到大卫驾崩。)得到命令后,比拿雅找到亚多尼雅,把他杀了。

所罗门想杀反对他的祭司亚比亚他,但亚比亚他抬约柜多年,杀他就是冒犯耶和华。所罗门敬畏上帝,因此不敢杀他,就对他说:"你回归自己的田地去吧!你本是该死的,但因你在我父亲面前抬过主耶和华的约柜,又与我父亲同受一切苦难,所以我今日不将你杀死。"亚比亚他走后,真心拥护所罗门的撒督便成为唯一的大祭司。

现在,所罗门政治航道上的最后一块大暗礁是元帅约押。闻知亚多尼雅被杀,约押仓促间无法召集忠勇战士做抵抗,便逃进祭拜耶和华的帐幕,抓住祭坛的一角。约押这样做有什么目的呢?原来那个时候,在以色列,根据摩西律例,无意杀人者都可到耶和华的祭坛旁避难。祭坛的四角上有祭司用指头抹上的公牛血,是更为神圣的所在,抓住一角通常可保平安。所罗门得知后命令比拿雅:"你去把他杀死。"比拿雅到账幕,对约押说:"国王命令你出来!"约押答:"我不出来,我要死在这儿。"听了比拿雅的回报,所罗门仍不改杀戮的决心,说:"既然他说他要死在那里,你就成全他,之后把他埋了。这样,他以前杀人的罪孽就和我的家族没了干系,而完全归到他自己的头上。他未得到我父亲大卫的许可,就杀了两个比他更义更好的人——以色列元帅尼珥的儿子押尼珥和犹太元帅益帖的儿子亚玛撒。因此,杀戮这两人的罪过必归到他和他的子孙的头上。"比拿雅于是又去帐幕,在那里手刃约押,所罗门即让他接任元帅。

约押手扶祭坛时,所罗门为什么还敢差人杀他呢? 因为,他认定这个避难者数次妄杀无辜,罪迹昭彰,必不受耶和华庇护。而约押平日里官高位重,威风八面,国人多有趋奉者,危难时竟无人相助,也真可怜。

下一步,所罗门还想革谁的命呢? 如前所述,扫罗族人示每在大卫落难时诅咒他,有落井下石之恶,后来虽得大卫宽宥,所罗门却不愿意放他。但是,如果不加虚饰地直接杀他,百姓就会嘀咕:新王不爱他的父亲,因为他不遵行他父亲的誓言。所罗门决心干得漂亮,杀得巧妙。于是,他把示每召来,说:"你只能在耶路撒冷建造房屋居住,不可以到别的地方去。你应记住,你哪一天涉过汲沦溪(流经耶路撒冷的一小河,当时,它的西岸是耶路撒冷的东界),哪一天就会死。"

示每:"很好! 您怎么说,您的仆人我就怎么做。"

3 年之后,示每的两个仆人逃到迦特(巴勒斯坦南部沿海平原上的一城市),示每知道后,许是一时情急,或是认为所罗门可能已忘了对他的警戒,即便还记住,也未必真就加斧钺于他,或以为可瞒过国王,便骑上驴子,偷偷往迦特去,找回二仆后即赶回耶路撒冷。孰料,他的这一冒险行为立即为所罗门知晓。原来,所罗门为杀示每,一直派人监视他的一举一动,示每对此竟一点也不知道。猎人要捉住狡猾的狐狸,除了要比狐狸更狡猾,还得有很大的耐心,为了使示每仆倒在他滴血的剑下,所罗门表现出不同寻常的忍耐。示每一回城,所罗门就把他召去,声色俱厉地说:"我难道不曾警告过你,你应记住'你哪一天出耶路撒冷到别处去,哪一天必死'吗? 你当时也答我:'很好,我必听从您的话。'前几天你为什么不顾我的警告出城到迦特去? 你这是自寻死路!"

示每无言以对。所罗门又说:"你对我父亲大卫做了什么恶事,你自己心里也知道,耶和华必然把你的罪恶归到你的头上;而我,必依然受耶和华的祝福,我的子孙也将世世代代为王。"示每于是被杀。

把朝中的异己分子或者杀掉或者放逐以后,所罗门对全国的控制大大加强了,他睡觉也安稳了。

智慧之王

所罗门自幼聪颖过人,深得大卫王喜爱。晚年的大卫王不把王位传给年纪最大的、英俊的儿子亚多尼雅(在此之前,大卫的长子暗嫩、次子但以利、三子押沙龙都已做了亡人,亚多尼雅本是老四),而偏偏选定所罗门在他百年之后继承王位,一个重要原因即是:他十分看重接班人的才能、智慧。

《旧约圣经》对"所罗门为何有那么大的智慧?"解释得颇为有趣。它说:坐了王位后,有一日所罗门王去基遍(距耶路撒冷约 8 公里)献祭,晚上就留住那里,并做了一个梦:

耶和华问他:"你要我赐你什么? 你可以提出来。"

所罗门说:"我的上帝耶和华啊,如今您使仆人我接替我父亲做了王,但我年纪还小,而您的人民又多得无法计量,辖制他们,我很觉头痛。所以,我求您赐我智慧,使我可以判断是非、管理您的人民。"

耶和华喜道："你不为自己求寿、求富，也不求灭绝你仇敌的性命，单向我求智慧，我很欢喜。我就应允你所求的，赐予你聪明智慧。你的智慧必超过所有前人，任何后人的智慧不会超过你。"

所罗门究竟有多大智慧？《旧约圣经》说："上帝赐给所罗门极大的聪明智慧和广大的心，如同海沙不可测量；所罗门的智慧超过东方人和埃及人的一切智慧；他的智慧胜过万人……他的智慧的名声传扬在四周的列国。"《圣经后典》中的《便西拉智训》也说："所罗门，你是何等聪明啊！当你年轻的时候，你的智慧如同奔流不息的尼罗河。你的影响波及全世界，你的格言和谜语有口皆碑。你名扬各地，人们为着和平而热爱你。世上各国的人交口称赞你的歌曲、格言、比喻和智慧话。"

据说，所罗门知识极其渊博。他对许多植物（比如黎巴嫩的香柏木、墙上长的牛膝草）、飞禽走兽、昆虫鱼类的性状等都有研究。有些书甚至记载说，他能通鸟语，还能驾驭风及鬼怪精灵。许多人都记得"渔夫和魔鬼"的故事，那个被渔夫从古瓶中放出的魔鬼，就自称是所罗门王把他封入那瓶的。

大卫的文学才华也遗传给了所罗门。据说他一生共作3000句箴言、1500首诗歌和《雅歌》。

关于所罗门的智慧，流传最广的是他智断"二妇争子案"的故事。

一天，所罗门正在宫中审判院里，一妇女怀抱婴儿，急急慌慌地进来，随即，另一女子哭号着赶到。喘息甫定，紧抱婴孩的那妇女便说："王啊，我和这不知耻的妇人同住在一间房里，前不久，我生了这个男孩。3天后，这妇人也生了个男孩。昨天夜里，不知怎么地，她把自己的孩子压死了！（所罗门和他的诸臣仆均一蹙眉）她就起来，摸着黑，趁我睡得正香，偷偷地从我身边把我儿抱过去，而把她的死孩子放在我的床上。天亮的时候，我起来给孩子喂奶，却发现身边是她的死孩子，就要她还我儿。她却耍赖不肯，我就抢了跑来。"后至的妇人赶紧道："王啊，不是这样的！死孩子才是她的，这活孩子是我的。您看这孩子的眼、鼻和他的小嘴，不是长得和我一模一样吗？"先到的女子便着急："王啊，全国的百姓都知道您有智慧的名声，求您仔细看啊，这孩子难道不更像我？"诸臣仆抱过那婴儿，看来瞅去，只觉得他既像这女子，又像那妇人，竟面面相觑，做不了判断。

所罗门王眉头一锁，随即展开，对一妇女说："你和她吵个不停，这孩子又哭又闹，实在让我心烦。你们不就争这孩子吗？我有一个很公平的办法，把这孩子劈成两半，一半给你，一半给她，怎么样啊？"那女子一脸漠然，眼里还露出几丝喜悦，道："这样很好，这孩子也不归她，也不归我，要劈就劈吧。"另个妇人急忙道："不！不！我求您把这孩子给她吧，万不可伤了他的小命！"所罗门即正色道："这婴儿是这妇人的！她真正疼爱他，所以不忍心他被杀。"

所罗门"智慧之王"的名声越来越响亮，以至于"天下列王都差人来听他的智慧话"。由此可见，在所罗门时代，国与国之间往来已有一定规模。

建筑圣殿

大卫为王时，虽未开始建筑圣殿，却准备了不少建殿的材料。他曾告诉所罗门："我在困难之中为耶和华圣殿备了金子1万他连得（古代货币重量单位，各地有所不同,1 他连得最重为 61.2 公斤,最轻为 30 公斤),白银 100 万他连得,铜和铁不计其数,也准备了许多木料、石料。"翦灭政敌后,出于对父亲的爱和对耶和华的虔信,所罗门加快了筹建圣殿的步伐。一天,所罗门把各支派的长老传了来,向他们宣称:修建圣殿所需金、银、铜、铁、珠宝、木料,大致皆已备齐,但敬神是大家的事,因此也欢迎他们随意捐献。当他发现建殿所需之香柏木还不够时,他就写信给推罗(腓尼基人所建的一个城邦国家,在今黎巴嫩)国王希拉姆一世,因为他知道推罗境内的黎巴嫩山地盛产此物。信中说:"我求你从黎巴嫩运些香柏木、松木、檀香木到我这儿来,请让你的仆人为我砍伐树木,我的仆人也将与你的仆人一起工作,我必将照你定的标准,给你的仆人付工资,至于你,我每年付给小麦 2 万歌珥(计量液体时,1 歌珥约等于 132 升;计量固体时,约等于 0.6 立方米),橄榄油 20 歌珥。"所罗门素知推罗工匠技艺高超,故又在信中请希拉姆在技术上援助他,派来"善用金、银、铜、铁和紫色、朱红色、蓝色线、并精于雕刻之工的巧匠"。

希拉姆欣然答应,他在回信中说:"现在我打发一个手巧又聪明的人到你那儿,他善用金、银、铜、铁等物和各色线与细麻制造东西,并精于雕刻,又能想出各样的巧工,请你差遣他做工。我的仆人必将木料从黎巴嫩山地运到海里,扎成筏子,浮海运到你所指定的地方,在那里拆开,你就可以收取。你也要成全我的心愿,将食物送来。"这是两王间达成的第一笔交易,后来,随着两国经贸关系的发展,推罗和以色列成为盟国。

所罗门大喜,即挑选出 3 万男丁轮流到黎巴嫩山地去,"坎坎伐檀兮,置之河之干兮"。每月去 1 万,其余 2 万在家。后来,所罗门又发现石料不够,就征发 15 万人服苦役,8 万人在山上挥汗采石,7 万人在路上奔走搬运。为修耶和华圣殿,国内国外均忙成一片。

所罗门坐王位后第 4 年(即公元前 970 年)的希伯来历 2 月,眼见材料、人工均已备齐,所罗门即下令开工建造圣殿。这一修就是 7 年半,至公元前 963 年希伯来历 7 月,圣殿竣工。

所罗门为耶和华建造的这座圣殿(即第一圣殿,后人也称所罗门圣殿),一共存在了 300 多年,于公元前 6 世纪被毁。近 3000 年的无情岁月,早已使其灰飞烟灭,踪迹全无。然而,借助古人对它的记载,我们仍可对它作大致的描述。

圣殿傲立于耶路撒冷的摩利亚山上,其基本的建筑风格是埃及式的,而内部装潢则兼具巴比伦和亚述的情调。它坐西朝东,其主体部分由东向西,先后是门廊、外殿、内殿(又称至圣所),共长 60 肘(1 肘约等于 53 厘米),约为雅典人祭祀雅典娜的帕特农神庙的一半长;宽 20 肘、高 30 肘,大约有现在四五层楼高。

门廊长 10 肘,之前(以下均以东为"前",以西为"后")有两根青铜柱,右边的名叫雅斤,左边的唤作波阿斯,柱上均刻有美丽的百合花。雅斤柱的右前方有一铜海("海"是盛涤罪仪式用水的大盆),由 12 只头朝外、尾朝内的铜牛驮着,可容水 2000 罢特(1 罢特约等于 22 升),也就是说,其容量与 1 万 2 千多只 8 磅水瓶相当。波阿斯的左前方有一祭坛,用以烧炙祭品。

门廊之后是外殿,长 40 肘,是圣殿的最大部分。其四壁、地面均由香柏木遮蔽,不露一点石头,匠人在墙上雕了名唤基路伯的可爱小天使、棕榈树和鲜花图案,使之成为一个像伊甸园的地方,以讨上帝欢悦。

内殿在外殿的后面,是一个长、宽、高均20肘的正方体房间,内殿的地面比外殿高10肘,所以,自外殿到内殿,需"更上一层楼"。内殿的四壁上没有窗户,室内光线较暗(因耶和华喜欢住黑暗的地方),有两个孪生兄弟般的基路伯:橄榄木质,表面镶金,向东而立,均高10肘;各生两翼,每翼5肘;四翼展开,外面的两翼尖正好轻触左右两壁,中间的两翼相接,之下放着最神圣的物——约柜。它是在圣殿竣工后,由所罗门率领以色列的族长、长老、各支派的首领热热闹闹从大卫城迎来的。约柜之前有一焚香的祭坛,12个放无酵饼的桌子,10个烛台以及其他的礼拜用品,都由黄金铸造。无疑,内殿是整个所罗门圣殿的心脏。

把约柜迎入圣殿的那一天,所罗门站在黄金祭坛前,向天举手,向耶和华祷告:"耶和华——以色列的上帝啊,天上地下没有神可比您的……您曾对我父亲大卫说'你的子孙如果谨慎自己的行为,在我面前行事像你所行的一样,我就使他们不断地坐以色列的国位',现在求您应验这话……

"上帝果真住在地上吗?看哪,天和天上的天尚且不足您居住的,何况我所建的这殿呢?唯求耶和华——我的上帝垂顾仆人的祷告祈求,俯听仆人在您面前的祈祷呼吁,您仆人和您的以色列民在异地向此处祈祷的时候,求您也在天上您的居所垂听。

"有人若得罪邻居,别人叫他起誓,他就到这殿来,在您的坛前发誓,求您在天上垂听,判断他的善恶。如果他是恶人,请您照他的罪行惩罚他,如果他是义人,请照他行的义赏赐他。

"您的以色列民若得罪您,败在仇敌面前,又归向您,承认您的名并在这殿里祈求祷告,求您在天上垂听,赦免他们的罪,使他们保住您赐他们列祖之地。

"您的民若得罪您,您惩罚他们,使天不下雨,降旱灾于他们。他们若向此处祷告、忏悔愿意远离他们的罪,求您在天上垂听,赦免您仆人以色列民的罪,给他们指示当行的善道,并且降雨在您赐给他们维持生计的地上。

"国中若有饥荒、瘟疫、干风、霉烂、蝗虫、毛虫,或有仇敌入寇,围困城邑,无论遇到什么灾祸疾病,您的以色列民或是众人或是一人,自觉有罪,向这殿举手,无论祈求什么,祷告什么,求您在天上您的居所垂听,并照各人的行为待他们,使他们在您赐给我们列祖之地上一生一世敬畏您。

"若有外邦人,闻知您的大名从远方而来,并向这殿祈祷,求您在天上您的居所垂听,照着他们所祈求的而行,使天下万民都像您的以色列民一样敬畏您,又使他们知道这殿是为您修建的。

"您的民若奉您的差遣,无论去什么地方与仇敌争战,他们向这殿祷告时,求您在天上垂听他们的祷告祈求使他们得胜。

"您的民若得罪您,您向他们发怒,使他们被掳到仇敌之地。有朝一日,他们若在仇敌之地悔起罪来,回心转意,尽心尽性归服您,又向这殿祷告,求您在天上您的居所垂听他们的祷告祈求,饶恕他们,使他们得到仇敌的怜悯。

"愿您的眼目看顾仆人,听您的以色列民的祈求,无论何时何地向您祈求,愿您垂听。"

向上帝祈祷完毕,所罗门回转身来,对众人说:"耶和华是应该称颂的!因为他照着一切他所应许的赐平安给他的民以色列人,他借他仆人摩西应许赐福的话,一句都没有落空。愿耶和华——我们的上帝与我们同在,像与我们的祖先同在一样,不撇下我们,使我们的心归向他,遵行他的道,谨守他吩咐我们祖先的诫命、律例、典章。我在耶和华面前祈求,愿耶和华——我们的上帝昼夜垂念,每日与他的仆人、他的以色列民申冤,使地上的万民都知道耶和华是其他神无法比拟的。你们当向耶和华——我们的上帝存诚实的心,遵行他的律例,谨守他的诫命,永永远远像今天一样。"

之后,所罗门同众人一起向耶和华献祭。据说,那一天共有2万2千头牛,12万只羊在圣殿"捐躯",它们的脂油连圣殿前的大铜坛都盛不下,一些人就在院地里向耶和华献祭。

据说,所罗门建圣殿,仅黄金就花费了18.8万他连得、白银101.7万他连得,这数字过于庞大,近乎神话。据史家考证,可信数字是:黄金5000他连得,白银1万他连得。

以色列人虽为圣殿受了劳役之苦,蚀财之厄,但当眼见它高高矗立,大伙儿多年的梦想终得成真,许多人不由得喜极而泣。而后来被迫为所罗门建宫室时,自始至终,他们的嘴巴老是撅得高高的。

圣殿完工后,所罗门不体恤以色列人的意愿,让他们休养生息,相反的,令他们鼓足干劲,再接再厉,为他建一座美轮美奂的王宫。于是,又一拨的征发苦力,又一轮的苛捐杂税,13年后,即公元前949年,王宫全部建成。

所罗门的王宫中共有7座建筑。最大最奢华的一座名曰黎巴嫩林宫,因宫中木材均自黎巴嫩运来而得名,其长达100肘,宽达50肘,高30肘,远比圣殿雄伟、壮观;内有香柏木巨柱共3行,每行15根;有3层窗户;其墙全以巨石砌成,这些石头均为正方体,每边约长4.5米,宫殿四壁,全为亚述式装潢,其中雕刻绘画,皆精致无匹。又有一座名唤柱子的走廊,是来王宫打官司的人的候审室。紧挨着它的是审判院,其中设有审判的座位,又有一座是所罗门的寝宫,还有一座是所罗门的一个妻子——埃及法老斯门的女儿的寝宫。

盛极一时

王宫和圣殿的建造共费时20年,耗用了巨大的人、财、物力,若我们知道当时的以色列仅是个人口不多的蕞尔小国,必然会对它竟能完成如此浩大的工程而深感惊异。确实,如此规模宏大的圣殿和王宫,也只有在所罗门王时期,靠他的专制王权和巨大财富才能完成。

所罗门的专制后面再说,他的财富和其智慧一样举世闻名。那么,他的财富从何而来呢?不是从地里辛辛苦苦刨出来的,而是通过费尽巧思地做生意赚来的。

所罗门是个有商业头脑的精明国王,有只对金钱的气息特别敏感的鼻子和一双总能发现藏宝之地的利眼。他敏锐认识到以色列正处于埃及——两河流域、小亚细亚——阿拉伯半岛南端等重要国际贸易通道的交汇处,地理位置极佳。他决心利用这一点做大文章。

可巧的是,所罗门那时又喜得贵人相助。

古代腓尼基人以善于航海和经商闻名遐迩。前文已述,所罗门的好友、推罗国王希拉姆一世曾与他达成协议,推罗帮助以色列修建耶和华圣殿,以香柏木换取以色列的麦子和橄榄油。刚开始,所罗门尚能履约,但后来因国力单薄,渐不能支。然而,圣殿如箭在弦,不可不修,香柏木又是不可或缺的建材。于是,他一咬牙,把北部加利利20座城邑割让给了希拉姆。孰料,希拉姆视察之后,对新的疆土十分不满意,他对所罗门说:"我的老兄,你给我的是什么城邑啊?"

从这件事,希拉姆得出教训:南邻以色列的贫穷对自己是不利的,如果它能繁荣则会有利于自己更加发达。于是,当所罗门请他帮助自己发展商业时,他欣然答允,之后便派遣许多造船工和水手帮助以色列人在红海亚喀巴湾之滨的以旬·珈别制造船只和在海上弄帆行船,还鼓励本国商人到以色列贸易。推罗商人过去到阿拉伯半岛诸国、东非各国做生意,总是取道埃及。现在,希拉姆要求他们改经以色列。

南方,斯芬克斯也对所罗门露出了笑靥。埃及第21王朝法老斯门于国势衰微之际,想与所罗门友好,便把一个女儿嫁给所罗门为妻,并把之前从迦南人手中夺得的城邑基色作为女儿的陪嫁物送给所罗门。基色临地中海,距耶路撒冷不远,对所罗门经略行商、航海事业十分重要,因此为他垂涎已久。斯门和希拉姆一世的相助,对所罗门创业来说,可称"人和"。

天时不如地利,地利不如人和,地利、人和已得,所罗门扪心自问:我有什么理由不振作精神,发挥才智,轰轰烈烈干一场,大大方方迎财神进门来呢?

不久后,一幅壮丽的"行商图"在近东展开:所罗门的船队由腓尼基水手指引,在红海和阿拉伯海上劈波斩浪。它们或满载本国购进或欲卖的物品,或为收取运费,替别国"跑腿"。它们遍访红海诸港,更曾远航至俄斐(位于印度洋西岸的索马里,一说在印度的西海岸)。它们往往一出去就是两三年,待到回来时,它们总是满载金银、木材,以及珍珠、象牙、孔雀、猿猴等稀有之物。而那时候,海港里总是一片欢腾。所罗门多把这些舶来品卖到外国去,以赚取可观利润。所罗门又利用地缘优势,大搞中间贸易,比如:埃及(或加帕多加,小亚细亚一地)多产骏马以及优质马车,所罗门便差人以每马50舍客勒(重量和货币单位,1舍客勒最重为16.66克,最轻为8.33克),每车100舍客勒的定价大批购来,除留用一部分,主要用来装备军队外,其余的加价售给外国人。受国王的鼓励和鼓舞,国人纷纷"下海",重商狂飙席卷以色列。见"熙熙攘攘,为利来往"的行商渐多,所罗门王便命官员在大道上、城镇里设立关卡,向他们收费,以充实府库。

到了统治后期,所罗门不再是先前那个割城抵债的穷汉子,而成了大大的阔佬。那么,他到底有多阔呢?

有人说:"所罗门聚积在耶路撒冷的银子,简直和街上的石头一样多。"

《便西拉智训》也说:"在以色列之主上帝的名义之下,你(所罗门)搜集银子和金子,如同锡和铅之一样。"

《圣经》上记载:"所罗门每年所得的金子共有666他连得(这一数目尚不包括商人、阿拉伯诸王、总督们对他不定期的贡奉),他用金子制作大金盾(挡牌)200面,每面用黄金600舍客勒,小金盾300面,每面用金子3弥那(重量和货币单位,1弥那最重为1.05公斤,最轻为0.5公斤),都放在黎巴嫩林宫里。他用象牙制造一个宝座,用精金包裹……所罗门王一切的饮器都是金子的。黎巴嫩林宫里的一切器皿都是精金的。所罗门年间,银子算不了什么。"当时的所罗门真正是极尽荣华富贵的盛世之主。

所罗门不仅生财有道,政治上也驭术很高,把以色列这匹烈马治理得服服帖帖。他把全国按地域,而不是按支派,划分为 12 个行政区,从而削弱了各支派中长老的势力;每区设一名总督(内齐弗),他们都由他直接委派任命,向他负责,并轮流承担王室的

耶路撒冷犹太教圣迹哭墙又称西墙

食物供给,王室每日需:细面 30 歌珥、粗面 60 歌珥、肥牛 10 只、草场的牛 20 只、羊 100 只,还有鹿、羚羊、狍子以及肥禽。中央政府中,新设宰相一职,先知拿单的儿子亚撒利雅是第一任,又在众祭司之上设祭司长,忠心耿耿的撒督是第一任;所罗门还时不时派遣钦差大臣到各地巡视。以色列百姓分明地感到了自己身上的国王的铁箍在缩紧。

所罗门即位之初,以色列就丧失了部分大卫王南征北战得来的疆土,然而,他对此并不介意,认为失去一些荒僻贫瘠之地对于他和他的国家并无大碍。他所真正看重者,犹太、以色列两地也。不过,为了稳固王位、保护商旅、击灭来犯之敌寇,他也较为重视国防建设。在耶路撒冷,他加高加固了城墙,充实兵器库,要使它成为金城汤池;从埃及法老手中得到残破的基色后,他下令重建其城防(如今,基色的部分城防遗址已被发掘出来);另外,他还加固或兴修下伯加仑(位于耶路撒冷以北的交通要道上)、巴拉(其址不详)、达莫("在荒野中",其址不详)的卫墙。

所罗门还花大力气发展起了一支"快速反应部队"——骑兵。当时,在他麾下,有战马 4000 匹、骑兵 12 000 人、战车 1400 辆。

这支军事力量,平心而论,并不强大,用之攻城略地尤其是攻打强敌,自然显得势单力薄。然而,用来防御外敌,对于以色列这样一个小国却是绰绰有余了。

那时,以色列的周边环境出奇的好。曾让以色列人心惊胆战的亚述王国在遭到阿拉米亚人的连续进攻后,正陷于四分五裂,自然无力西进;它的西南邻居、昔日的近东霸主埃及在第 21、22 王朝的统治下,也如薄山之夕阳。许是怕以色列军来侵犯,法老还主动向所罗门伸出橄榄枝,和亲于他呢。那么,是不是以色列当时就完全没有强邻呢?否!那时有这么一个国家,它紧挨着以色列,也恰值鼎盛时期,正如一蛮汉,浑身有使不完的力,并且喜于对外用兵。它曾挥兵奔袭塞浦路斯,也曾数次扬帆远征非洲,又强迫两个邻国接受它的保护,按它的意志行事。幸好,它恰是以色列的盟国——推罗,它的国王是所罗门的好友。至于其他邻国,都十分弱小,自顾尚且不暇,哪有心思打以色列的主意?

由于国力强盛,名声远播,所罗门又得耶和华赐福,碰到了一桩非同寻常的艳遇。

在阿拉伯半岛的西南角上,有一个国家叫作示巴(在现在的也门一带)。它南濒印度洋,西临红海。其经济中,航海业较为发达,国人多有在海上讨生活者。以前,他们在红海、阿拉伯海、西印度洋上鲜有竞争对手,其国民日子倒也过得滋润,

其国王更是财源广进。所罗门做王的时候,有腓尼基水手相助,以色列人兴高采烈地南下,闯入示巴人的"势力范围",因为他们驾的是一种名叫他施的大船,装载量大、行驶安全,加上腓尼基人的驾船技艺远近闻名,许多示巴人的老客户便转雇以色列船只载货,示巴的航海业因此遭受重创。

陆上,两国之间的龃龉乃至冲突也急剧增加。大卫拓疆后,示巴的商人要走陆路到埃及、小亚细亚、两河流域做生意,就必须经过以色列人的地盘。两国既在海上有冲突,在陆上打交道又岂能相敬相爱、互谅互让?示巴人赖以维持生计的航海和商业都被人家卡住了脖子,其女王——据说生得十分美艳——心里焉能不着急?深思熟虑后,她拿定主意:以参详所罗门智慧为名,亲自前往耶路撒冷解决两国的贸易冲突。对示巴女王来说,这是不折不扣的"文化搭台,经济唱戏",不同寻常的是,她把戏台搭在了别国的京都。

跟随她到以色列的人很多,又有骆驼驮着香料、宝石和许多黄金。在耶路撒冷城,她很可能秘密地同所罗门进行了贸易谈判。最后,她胜利了,她"一切所要所求的,所罗门王都送给她,另外照自己的厚意馈送她"。所罗门的厚礼中就有对她的国家商业上的让步。

众人面前,她向所罗门提出各种刁钻古怪的问题,所罗门果然聪明过人,很轻松地将问题一一解答,示巴女王见他名不虚传,果然大有智慧,顿生爱慕之心,又见他的华美宫室、席上的珍馐美味、分列而坐的群臣、垂手侍立两旁的仆人、他的臣仆们身着的华丽衣饰以及他在耶和华圣殿所献的燔祭,更佩服得无以复加,就对他说:"我在本国里所听到的关于你的事和你的智慧的传闻看来全是真的!我原本不信那些话,现在我来亲眼见了、亲耳听了,才知道别人所告诉我的还不到实情的一半。你的智慧和你的福分超过那些传闻所说的。你的臣子、你的仆人常侍立在你面前有机会听你说智慧的话,他们真有福啊!耶和华——你的上帝是应当称颂的!他喜爱你,使你坐以色列的国位;因为他永远爱以色列,所以立你做王,使你秉公行义。"示巴女王当下把120他连得的黄金和许多宝石香料送给所罗门。

女王赞叹所罗门的富有,更爱慕他的智慧,所罗门也为她的美色所迷醉,两情相悦,便有了那么一段风流韵事。据说,后来,女王为所罗门生了个儿子,名叫米涅利克。

洪水袭国

法王路易十四曾说:"我死之后,哪管洪水滔天!"意思是:我要尽情享乐,不怕作恶,我死之后,即使上帝因我的恶又发一次大洪水,淹死我的后代及无数无辜的人,那对我有什么影响呢?地下的所罗门若知道他那么说,必懊恼自己早生了两三千年,以致不能与那聪明的法国人结为知己、剪烛而谈。

所罗门坐王位后不久,以东(位于死海以南、亚喀巴湾以北)、米甸(位于亚喀巴湾以东的阿拉伯半岛西北部)、大马士革等地就发生叛乱。

在以东作乱的是其太子哈达。大卫征讨四方的时候,曾在死海附近杀以东人1.8万人,之后,派元帅约押留守那地。不知为何,约押在以东大开杀戒,仅住了6个月,就几乎把以东男子,不论老幼,斩尽杀绝。哈达那时还小,由他父亲的几个忠实仆人保护着逃到埃及,后受到埃及法老的庇护,还被王后认作义子。得知大卫王和约押故去的消息后,他就返回以东举起叛旗并成功复国。由于强烈的报复心理作祟,哈达做王后,以虐杀掠来的以色列人为乐。

类似的情况发生在米甸。此前,约押率以色列军队灭亡米甸后,米甸太子亚达先逃至巴兰旷野(在西奈半岛上),住了一段时间后,又逃至埃及。法老待他很好,不仅给他粮食、房屋、田地,还将王后的妹妹嫁给他。大卫王和约押死后,他即不顾法老的好意挽留回到米甸,做了米甸王。

北部更加不安宁,大卫的敌人琐巴(亚兰人建立的一个城邦国家)国王哈大底谢的军官利逊在大马士革自立为王,但这个犹太人敌人的敌人仍是犹太人的敌人。

对三地的独立,所罗门抱听之任之的态度,甚至在得知哈达对犹太人犯下的暴行后也没有令千乘万骑横扫以东,这就引发他的一些臣民的低声抱怨。而后来,因为他的统治的苛暴化,私下里诅咒他的人就如滚雪球般迅速增加。

所罗门确实太有福了。他的英明神武的父亲大卫跃马持枪、驰骋沙场,为他打下偌大偌好的江山,他的财富也如海潮般滚滚奔来,势不可当。他的生活确如他的名字"和平安宁"。然而,太幸福的生活正如一潭死水。水不流动,时间一久,就会变黑、发臭,会滋生蚊蝇。安乐的境遇只会削弱人的上进心,腐蚀人的意志,使他慵懒、怠惰,使他耽于享受。同时,所罗门把整个国家牢牢地攥在手里,只要他高兴,他完全可以为了自己或其宠妃一时的欢愉而使万家人哭泣。既然"绝对的权力导致绝对的腐败",那么,他的骄奢、他的苛政又有什么值得大惊小怪的呢?

据记载,所罗门有王后700人,妃嫔300人。但史家认为:这两个数字太骇人,正确数目应是王后30人,妃80人。这些女子住在所罗门富丽堂皇的王宫里,享受着"只应天上有,人间不曾闻"的奢华生活,并千方百计要得到他的宠爱。她们中有摩押人(散居在以色列各地)、亚扪人(多数住在约旦河东岸),也有来自以东、西顿(腓尼基人建立的城邦国家之一,位于地中海东岸,推罗以北)的,还有埃及公主。那时候,近东各部落、各民族都有自己信奉的神祇,嫁到耶路撒冷后,那些异邦女子整天嚷嚷要要所罗门为她们建造祭拜自己的神的殿堂。为了维持与他国的友好关系、确保四境平安,更为了讨取那些女子的欢心,让她们的乡愁稍减,所罗门就真的为她们修起了祭坛。以色列人很不高兴他这样做,后来,当听说他冷落了耶和华圣殿,又不理国事,而是整天陪着他的爱妃或宠后,呆在异族邪神如亚斯他禄、米勒公的神堂里,他们变得怒不可遏。熔岩在地下四处奔突,它即将毁灭所罗门的王国。

以色列为首的北方10支派的分离情绪也在加快蔓延。所罗门统治时期,国家的绝大多数的税收从北方抽取,但在政治上,所罗门本人属于南方的犹大支派,他的朝廷命官也多出自南方的犹大、便雅悯两支派。北方人见自己的羊毛白白地被剪,缴纳的钱也如扔进水里,不见什么回报,怎能不气恼,怎能不想分离?但是,要想成就"大业",得有一个领头的人。俗话说得好:蛇无头不行,鸟无头不飞。那么,由谁来做这分离运动的头、将来北方10支的王呢?最后,他们选择了耶罗波安。

耶罗波安是北方以法莲支派的人,他的父亲是所罗门的臣仆尼八,母亲叫洗鲁阿,据说曾做过妓女,他本人是所罗门的一位监工。一天,他在耶路撒冷城外遇见了先知亚希雅。看见先知居然穿了件新衣服,耶罗波安不由得惊奇地瞪大了眼睛,因为他知道:先知往往很穷,也从不在意衣着,因此他们通常以破旧衣服裹身。接着,让他更为惊诧的事发生了,先知竟把那袭好衣服脱下来,撕成 12 片!先知对他说:"你可以拿 10 片。耶和华——以色列的上帝如此说'我必将国从所罗门手里夺回,将 10 个支派赐给你。因为他离弃我,敬拜西顿人的女神亚斯他禄、摩押人的神基抹、亚扪人的神米勒公,没有遵从我的道,行我眼中的正事,守我的律例典章,像他父亲大卫一样。但我不从他手里将全国夺回,是因为我所挑选的仆人大卫谨守我的戒命律例……我挑选你做王治理以色列,你若听从我的一切吩咐,遵行我的道,行我眼中的正事,谨守我的律例戒命,我就与你同在,为你立坚固的家,像我为大卫所立的一样,将以色列人赐给你'。"

这件事很快传到所罗门的耳朵里,他即下令捕杀耶罗波安。后者仓皇外逃至埃及,得到埃及第 22 王朝法老示撒的庇护。示撒为什么要与所罗门作对,庇护他的敌人呢?因为,示撒时常为所罗门王国的强盛而提心吊胆:说不定哪一天,犹太人大军就会在尼罗河三角洲上纵马扬鞭、为所欲为。他下定决心要么搞垮以色列(因为,"弱邻无忧"对任何一国都是亘古不变的真理),要么争得其统治者的亲善。为此,凡有所罗门的敌人逃来,他都优待有加(耶罗波安也不例外),他指望这些人能有朝一日"打回老家去",那必将有利于埃及。后来的史实证明,他的指望没有落空。

公元前 930 年,在坐了 43 年王位后,所罗门死在耶路撒冷,时年 63 岁。据说本来有一《所罗门记》对他的晚年生活、他的死有详细的记载,可惜它早已散佚。

他刚死,耶罗波安就受法老示撒的差遣回到以色列,在以法莲支派中煽动叛乱。他深知它是北方 10 支中的"老大",其余 9 支派总唯其马首是瞻,争取到它,就等于争取到整个北方。以色列的长老们毕竟不愿看到国家分裂,他们想再给所罗门的继位者一个机会。

坐所罗门位置的是他的儿子罗波安,这是个"愚蠢有余、聪明不足"的年轻人。像所罗门那样睿智的人安排这么个蠢儿子做接班人,或许是因为他是长子,或许是缘于所罗门尤其宠爱他母亲——亚扪女子拿玛,而更大的可能是——除了他,所罗门没有儿子。称王之时,罗波安年 16 岁。

耶罗波安和以色列人找到罗波安,对他说:"你父亲使我们负重轭,做苦工。现在求您使我们做的苦工、负的重轭轻松些,我们就侍奉您。"显然,这个条件提得并不高。

罗波安一时不知如何答对,就说:"你们暂且回去,第三天再来见我。"

众人于是散去,罗波安找来一些老年人,他们侍奉所罗门多年,颇有见识。他把情况一说,他们就劝他用好话安抚众人。罗波安又找来他的要好朋友,他们和他年纪差不多,也是年轻气盛,他们则说不可纵容老百姓。第三天,耶罗波安和以色列人如约来见罗波安,听他的答复。且看罗波安是怎样答复:"我父亲使你们负很重的轭,我必使你们负更重的轭!我父亲用鞭子责打你们,我更要用蝎子鞭责打你们!"以色列人失望地离开,嗣后就发动了叛乱,他们用石头砸死了罗波安的掌苦役的官亚多尼兰,罗波安吓得落荒而逃。

后来,北方 10 支派推举耶罗波安为国王,国名以色列,首都撒马利亚,南方的犹大、便雅悯仍尊罗波安为王,国名犹太,首都仍为耶路撒冷。统一的犹太国家一分为二,它的分裂预示着古代犹太国家的灭亡,丧钟已经为它鸣响!公元前 721 年,以色列王国为亚述帝国所灭;135 年后,即公元前 586 年,犹太王国为新巴比伦王国所灭。

埃及最伟大的法老

——拉美西斯二世

人物档案

简　历:拉美西斯二世,古埃及第十九王朝法老,其执政时期是埃及新王国最后的强盛年代。

生卒年月:前1314年~前1237年。

安葬之地:帝王谷。

性格特征:他在西方人眼里是一个铁石心肠的暴君,奴役着希伯来奴隶直到他被摩西击败。

历史功过:拉美西斯二世经过多年战争,巩固了埃及在巴勒斯坦和南叙利亚的统治。拉美西斯二世还发动了对利比亚和努比亚的战争。拉美西斯二世大兴土木,在埃及和努比亚到处建筑或扩建庙宇宫殿,其中尤以卡纳克的阿蒙神庙多柱厅和拉美西斯庙最为知名。

名家点评:人们歌颂着拉美西斯二世的传奇,历史学家们则不无权威地尊称他为拉美西斯大帝,并公认他是古埃及历史上最负盛名的法老。

军人后代

公元前1306年,拉美西斯一世荣登埃及王位,拉开了拉美西斯一脉统治埃及的序幕。之所以这样说,是因为拉美西斯家族并非出自王族。这还要上溯到新王国时代的第十八王朝晚期。

当图坦卡蒙无嗣而终后,埃及王位便落在了军人手中。并非王族后裔的军人豪利赫布,和他那同样出身军人的前任法老一样,为了树立自己在埃及上下的威信,极力恢复埃及古老的宗教传统,而这传统正是被阿蒙霍特普四世所推翻的。阿蒙霍特普四世自登基之后,为了防止阿蒙主神祭司权力的日益膨胀给他的权威造成影响,他废除埃及传统的多神信仰体制,转而推出全能之神——太阳神阿吞,而且把自己的名字也改为有着"效力于阿吞神"意义的埃赫那吞,从而创造了一神信仰制。

这引起了埃及人民的极大恐慌。这样的国家旧事,倒给了不具备王族血统的豪利赫布等人以机会。他们一面重新将众神的光辉洒向埃及大地,以恢复传统信仰而使自己的法老之位合法化;另一方面则出兵教训那些胆敢投靠赫梯帝国的努比亚、迦南等属地,维护了埃及边疆的稳定。

一切都布置妥当了,可已至暮年的豪利赫布仍然膝下无子,为了避免身后的王位之争,他封手下得力大臣,同样出身军人的拉美西斯为"全国上下的世袭王子",即拉美西斯一世。可喜的是,拉美西斯一世有一个儿子,名为塞提。后来,塞提一世按传统继承了父亲的王位,那一年是公元前1305年,而当时,塞提一世的儿子,即后来成为埃及历史上最伟大法老的拉美西斯二世,年已9岁。

小拉美西斯出生于尼罗河三角洲的阿瓦利斯,这里东临埃及的附属地区黎凡特,北依地中海,海陆交通便利,往来经商者络绎不绝。拉美西斯的母亲图雅亦出自将门,她父亲统领着双轮战车队,作战极其勇猛。就这样,小拉美西斯生下来便有着丰富的军事细胞。塞提一世即位之初,便封拉美西斯为"年长法老之子",以此确保王位在拉美西斯家族间承袭。少年拉美西斯已深谙书写和阅读要领,对埃及神学、历史和文学等领域颇有涉猎。同时,他不忘加强身体锻炼,在射箭和驾驭战车上也毫不逊色。10岁的拉美西斯,已官至军队统领。15岁时,身为联合执政王子的他已开始随父出征。他和埃及军队先是到西边的利比亚平ated;次年又兵发叙利亚,再一次将阿莫尔握入埃及掌中,同时他们还攻下战略要地卡迭什。不过,当埃及军队班师回国时,阿莫尔和卡迭什重新依附于赫梯帝国,这在拉美西斯心里埋下了日后兴兵讨伐的种子。

塞提一世惧怕拉美西斯一脉后继无人,尽管拉美西斯尚未成年,这位父王却早早命他娶妻生子。于是,年仅15岁的王子娶了两位正妻,其中一位就是他一生中最为宠爱的涅菲尔塔丽。到拉美西斯25岁继承王位时,他已有了5个儿子和好几个女儿。

当拉美西斯22岁时,他率军南下努比亚镇压叛乱。两军阵前,他亲自驾驭双轮战车冲锋陷阵,所向披靡。他和他父亲一样,早早地将儿子们带临战场,此时,他那两个4岁和5岁的幼子正仔细听着战场上的兵器碰撞声、厮杀声和惨叫声。紧接着,拉美西斯挥师北上,剿灭一直横行于地中海上的海盗。

在军事征服方面,拉美西斯已驾轻就熟,而作为一个合格的法老所应具备的另一项技能——建筑,他也并未忽略。不打仗时,拉美西斯经常到阿斯旺的采石场去,那里出产的花岗岩是法老们修筑神庙和陵墓的上好材料。

公元前1290年,塞提一世与世长辞,25岁的拉美西斯继承王位,成为埃及第十九王朝的第三任法老拉美西斯二世。之后,拉美西斯扶着父王的灵柩来到尼罗河上游西岸的"帝王谷",将父亲下葬。之后,他在阿蒙的圣城底比斯主持了祭拜阿蒙神的欧拜节,这也是他作为法老的最重要的宗教职责。人们将卡尔纳克神庙里的阿蒙神像搬上装饰华丽的大船,在祭司和大臣们的簇拥下,拉美西斯二世一行在尼罗河逆流而上,最后到达目的地卢克索神庙。在那里,人们全身心地投入到典礼与庆祝活动中,场面蔚为壮观,并且一直持续了23天。之后,神像被原路送回。在此期间,拉美西斯二世还完成了一项人事任命。

在埃及,唯一能与法老相比肩的职位就只有阿蒙神大祭司了。当年埃赫那吞之所以采取一神制,就是为了消除阿蒙神大祭司对其权位的威胁。如今,拉美西斯

捕猎水鸟的壁画

二世却另有他法。当阿蒙神谕选取大祭司的结果公布时,原本志在必得的底比斯祭司推荐人选败下阵来,一位同样来自底比斯的小人物被神选中。拉美西斯二世面无表情,但那些渴望权势的底比斯祭司们却明白了一件事情:他们面前的这位年轻国王绝不是好对付的人,他不会让旁人插手国家的人事任命。

在埃及,法老不仅仅是国王,他还是众神与埃及人民之间的中间人,甚至后者会更突出一些。当法老们不断忙于建造神庙以祈求诸神赐福于埃及时,他们的大部分日常朝政就主要由大臣办理。一般来说,这样的大臣有两个,一个管辖上埃及,驻在底比斯;另一个则在孟斐斯,治理下埃及,那里是卜塔神的圣地。大臣们终日为地方上的公共秩序、治安、征税、分配土地等事务缠身,他们必须树立自己的威信,必须保证办事公平公正、一丝不苟,正如法老在选拔大臣时所言:"你们的差事应该是像苦胆一样的滋味儿,因为它绝非易事。"而在精力充沛的拉美西斯二世手下工作,大臣们还时常被叫到法老面前商议国家大事。那么,这些国家重臣出自哪个阶层呢?

在大臣之下,各级官员以金字塔式排列开来。上有高级财政官员、粮仓总督,然后是各省级政务的监督官员,再往下便是各地方官员。他们管理着埃及各地的财产分配情况,以及各地的税收。当采矿业迅速发展起来时,埃及国内财力大增。此外,还有各附属国的贡赋。不过,埃及尚没有货币,他们依照一套完备的易货系统在国内外开展贸易往来。

从以上体系可发现,神庙和军队全然不在官员治下,它们直属法老管辖。

北征赫梯

即位第四年夏,拉美西斯二世率军北上入侵叙利亚。此次,他一心要将叙利亚牢牢控制住,不让其再有脱离埃及重归赫梯帝国之举。同时,他也很清楚,一旦埃及军队入侵叙利亚,那么势必牵动赫梯帝国,这也就达到了他与赫梯帝国一决雌雄的目的。

赫梯帝国素以双轮战车为其制胜法宝，这种双轮战车载三人，一人驾驶，另两人分别持矛和盾，可攻可防，并且车身宽大结实，冲力十足。相比之下，埃及的双轮战车要轻便一些，车上仅有两人，一人驾驶，一人持标枪拿弓箭，在远距离攻击敌人方面要更具优势。

拉美西斯二世的军队一路兵不血刃，顺利通过迦南，来到一向态度摇摆的阿莫尔。此时，面对埃及大军压境的阿莫尔首领班特史那，又一次地屈膝投降。可埃及军队刚一离开阿莫尔，他又故伎重演，急忙向老主子赫梯国王穆瓦塔利什解释，他归顺埃及实乃形势所迫，为权宜之计。为表达对赫梯的一片忠心，他立即宣布绝不向埃及进贡。即便如此，拉美西斯二世的初衷还是实现了，穆瓦塔利什面对埃及人的公然挑衅，决定出兵迎战。

穆瓦塔利什在整个帝国境内征兵，集结起 3.7 万士兵，2500 辆双轮战车。而拉美西斯二世也不甘示弱，他手下军队再加上被掳来的海盗，共计 2 万人，还有 200 辆战车。拉美西斯二世把军队分为四个部分，以四大主神的名字命名，分别为阿蒙、卜塔、拉和塞特。即位第五年，拉美西斯二世率部向赫梯帝国在叙利亚的军事重镇卡迭什进发。

为取得战争完胜，拉斯西斯二世决定对赫梯军队形成南北夹击之势，他率主力部队从陆路北上，而分出一支部队从地中海北上然后转而进攻卡迭什。可令拉美西斯二世意想不到的是，他居然中了穆瓦塔利什的计。

当埃及大军来到离卡迭什仅有几英里之逼的奥龙特河谷时，他们抓获了两个混入军队的贝都因牧民。贝都因牧民老实回答了法老的提问，他们说赫梯人不敢与法老军队正面交锋，所以把军队隐藏在离此地往北 193 千米的阿拜罗。拉美西斯二世信以为真，即刻率阿蒙队先行渡过奥龙特河，来到卡迭什城外扎营。恰在此时，埃及士兵抓到了两个赫梯探子，从他们口中，拉美西斯二世得知赫梯大军就在卡迭什城的另一边。这时候，法老才得知上当，原来，那两个贝都因牧民是穆瓦塔利什派来迷惑拉美西斯二世的。本以为取卡迭什城已如探囊取物，哪知却身陷敌军包围圈。法老急忙命令后续部队速成速跟上来，另一边，他禁不住怒火中烧，大声斥责手下将领竟然对中计之事一无所知，并声称要治他们的失职之罪。而此时的赫梯军队已过奥龙特河，他们对正在赶往卡迭什与法老会师的拉队发动突然袭击。当他们强势将拉队拦腰斩断后，迅速回师北上冲向拉美西斯二世所在的阿蒙队。当赫梯人的战车碾过猝不及防的埃及人的营地时，轰隆隆的声音打断了法老的军事会议。很显然，阿蒙队已是孤军一支，且防线已破。值此千钧一发之时，拉美西斯二世飞身跳上战车，命贴身侍卫跟随其后，飞也似的杀入赫梯人阵中，几进几出，越战越勇。赫梯人本来以为胜负已见分晓，于是纷纷抢夺战利品，结果被拉美西斯二世的奋力拼杀小挫了一下。但后者毕竟势单力薄，时间一长难免抵挡不住。就在此时，从地中海袭击卡迭什尾部的埃及部队及时赶到，双方合力将赫梯军队逼退。当赫梯人退至奥龙特河边时，又迎面碰上了埃及的拉队。拉队见报仇雪恨的机会来了，便狠狠地给了敌军一击。时至傍晚，双方停战。清点伤亡人数，穆瓦塔利什的两个兄弟，他的大臣以及几个军事指挥官，都已战死。此外，他还被埃及军队掳去了许多战车。但埃及军队在士兵伤亡上要更多一些，赫梯人的两次突袭使拉美西斯二世至少丧失了一个支队的实力。但当夜，埃及主力部队赶到。

第二天，双方的主力部队阵前对峙。经过将近一天的激战，双方仍难分胜负。穆瓦塔利什首先提出议和，并得到埃及方面的肯定答复。拉美西斯二世认为赫梯人此举是战败的表现，当他率领埃及军队凯旋时，穆瓦塔利什又重新独占了卡迭什。

虽然赫梯人夺去了拉美西斯二世的胜利果实，但这丝毫不妨碍法老宣扬自己神通无边完胜赫梯帝国的辉煌战绩。他命人将此次卡迭什之战的全部经过雕刻在埃及各大神庙的墙壁上，于是，从阿布·辛拜勒神庙到卡尔纳克神庙、卢克索神庙、阿拜多斯的神庙以及拉美西斯神庙，法老用形象的浮雕告诉他的臣民，他独自一人取得了卡迭什会战的胜利。他似乎嫌这还不够深刻，他又命人创作了两首史诗以颂扬这场胜利。就这样，在古代世界的战争记录中，再也没有比拉美西斯二世的卡迭什之战更完备的历史记录了。

不过，穆瓦塔利什也没有高兴多长时间，很快赫梯帝国的厄运接踵而至。先是东面的亚述国开始不断骚扰赫梯帝国，然后，穆瓦塔利什去世，但他并没有指定王位继承人。当年幼的墨西利斯三世登上王位时，他时时感到来自其伯父哈图西利斯这位军事领导人的威胁。于是，新任国王不敢离开国土半步，深恐哈图西利斯趁他不在时发动政变而篡夺王位。这两个令赫梯国王感到碍手碍脚的因素，倒给了拉美西斯二世以最大限度的可乘之机。

拉美西斯二世先是重新征服了黎凡特，而后他又御驾亲征卡迭什以北地区。公元前1281年，埃及军队直捣叙利亚北部地区。一路行军打仗，拉美西斯二世的气势无人能敌，酣战之至，于围攻达波城时，竟至不披挂铠甲就率队攻城。虽然拉美西斯二世逢战必胜，但他所攻下的城池每每在他离开后又归顺赫梯帝国，尤其是叙利亚北部地区，甚至连派驻埃及军队也无济于事。拉美西斯二世似乎意识到自己在做无用功了，因为接下来的文献记载中并没有提及战事的延续。

至于赫梯帝国那边，叔侄两个的矛盾最终在赫梯帝国后院燃起战火，并终以伯父取胜并谋得王位、侄子流亡在外而结束。但事情并未就此了结，墨西利斯为夺回王位，万般无奈来到埃及，请求拉美西斯二世发兵时伐哈图西利斯。而那位伯父自然不会坐以待毙，他仔细分析了自己的处境：东面有亚述危机尚未解除；南面的埃及人随时可能发兵；墨西利斯在国内仍有不小的号召力，一旦他与埃及人联合，将陷自己于危境。哈图西利斯反复权衡利弊，最终决定与拉美西斯坐到议和的谈判桌前。

约公元前1270年冬，在埃及首都比—拉美西斯，来自埃及和赫梯帝国的六名特使共同拟定出两国的和平协议。埃及不再争夺阿莫尔和卡迭什的控制权，但获得地中海东部海岸向北直到扰加利特的所有港口的使用权，这使埃及牢牢控制了叙利亚西部海岸。同时，两国还签订了互不侵犯条约，指出当任何一国受到其他国家的侵略时，另一国要出兵增援。此外，两国特使还就引渡逃犯问题达成了协议。协议规定除重要人物外的逃犯归国后可被赦免。这样，该条款就把墨西利斯排除在外。

当雕刻有和平协议条文的银制书板被送到比—拉美西斯时，法老同样命人把协议条款全部雕刻在拉美西斯神庙和卡尔纳克神庙的墙壁上。就这样，拉美西斯通过外交途径签订了颇具现代感的和平条约。这项和约是现存史料记载中最早的国际军事和约，它与卡迭什会战一起，向世人展示了拉美西斯二世非凡的文治武功。

拉美西斯

随着埃及与赫梯帝国成为友好邻邦，两国经济文化交流日益频繁，这时候，埃及新都比—拉美西斯便越来越多地穿梭着来自亚、非两洲的人，他们目睹这个古老国度的崭新首都如此宏伟、如此繁华，禁不住将对它的无限赞美带到他们去往的任何地方。而这，对于拉美西斯二世来说，无异于又一次尊崇。

公元前1286年，拉美西斯二世为首都选址。他很清楚阿蒙神大祭司在职权上对法老造成的理论威胁，于是，他想到把自己的政治范围迁到北方，这样便与阿斯旺地区的阿蒙神大祭司势力范围疏远开来。当他把目光盯在尼罗河三角洲东部的阿瓦利斯时，故乡的亲切感及父亲在阿瓦利斯的夏宫都令他很有归属感，于是，他确定在阿瓦利斯建造都城，并给首都起名为"拉美西斯之家"。当然，作为一个伟大的法老，他不可能仅思考到这些。作为海陆交通要道，阿瓦利斯已然成为埃及与亚洲国家进行商贸交流的中心地带，能够将政治中心与商业中心合而为一，拉美西斯二世何乐而不为。不过，拉美西斯二世还有一个盘算。阿瓦利斯东临埃及边境，是外族入侵的必经之地，一旦法老镇守于此，对胆敢犯边的侵略者来说，不啻一个极有分量的警告与震慑。拉美西斯二世的魄力可见一斑。

新都建成，尼罗河为其呈上新鲜的鱼虾，还令其周边沃野庄稼丰收，让其粮仓内的粮食堆积如山。埃及内外的人们，南面的努比亚人，西北面的叙利亚和巴勒斯坦人，西面的利比亚人，嗅到这里的奢华气息，纷纷入住于此，尽情享受着拉美西斯二世赐予他们的幸福生活。

当20世纪的现代人把这座沉睡地下几千年的埃及首都挖掘出来时，人们发现它毫不逊色于比它历史悠久的底比斯和孟斐斯两个古埃及首都。当考古学家们捧着古老埃及留存下来的莎草纸文献，流连于这座占地30多平方千米的昔日华都，寻找那"令人目眩的镶嵌着绿松石和天青石的厅堂"，以及那"装饰华丽的晾台"时，他们耳边响起古埃及竖琴、笛子和锣鼓的奏乐声，眼前那些"穿戴节日盛装的年轻人，一丝不乱的头发上抹着香气扑鼻的发油，他们站在门边，手里捧着青青草木"。皇宫和四下里的房屋都笼罩着绚烂的色彩，衬托出城内阿蒙神、太阳神拉、塞特和卜塔神庙的威仪。

与这半边的金碧辉煌相比，城的另一半是规划严整的战略基地，其内军事训练场、兵器作坊、马厩等应有尽有。几千年后，那些躺在地上或倒在高台上的赫梯人的箭矢、长矛和铸盾的模具，仍默默讲述着埃及与赫梯帝国交战与和谈的经过。

还有一个发现让考古学家们大吃了一惊。那是一个15米多长的金属冶炼厂，其规模之大，以及旁边堆积的金属残渣和废弃物，都向人们展示着古埃及的金属生产能力规模之巨大，这足以令与其同时代的国度相形见绌。正是具备了这种生产能力，拉美西斯二世这个有着武士血统的埃及法老才不惧任何民族的挑衅，随时准备让入侵者尝尝他那装备精良的军队的厉害。

如果说比—拉美西斯展现了拉美西斯二世在建筑方面的综合实力，那么，阿布辛拜勒等神庙则足以代表拉美西斯二世在神庙建造方面的天才，同时它们也承载了超越其本身的意义。

雕刻不朽

历届埃及法老都会在刚一即位就忙着建造自己的陵墓和神庙。当然也为埃及主神建造庙宇，或者在前代法老所建神庙的基础上加以改造抑或添加，这一点在卡尔纳克神庙建筑群和卢克索神庙的不断更新上展现得淋漓尽致。

还是塞提一世在位时，拉美西斯便来到卡尔纳克神庙群，为父王监督建造那座著名的多柱式大厅。这座大厅位于阿蒙神庙里，早在阿蒙霍特普二世在位时就开始兴建，但正是拉美西斯二世使它最终完成。建成后的多柱式大厅占地5500多平方米，厅内支撑有134根巨型石柱，最醒目的要算那两排重达12吨的石柱，它们撑起大厅中部的整个大厅的最高处。在他即位后，拉美西斯二世把那座大厅改名为"权力执掌者拉美西斯二世"，并且在其内外墙壁上陆续雕刻他的事迹，诸如他的加冕典礼、卡迭什之战以及那份伟大的与赫梯帝国的和平协议。

在卢克索神庙，拉美西斯二世在入口内增建了一个有72根石柱的柱廊和一个巨大的拱门。其中，拱门的墙壁上雕刻有卡迭什之战的场景。

尼罗河畔的柱子

当然，拉美西斯二世绝不会忘记把他的形象烙印在如此重要的神庙里。他在卡尔纳克的阿蒙神庙东面开出一个入口，入口两侧立起他的巨型雕像。此举意在使那些无权进入神庙的百姓将对神的祈求说与他这个中保，他将代为传达。卢克索神庙的那条他自己建造的柱廊入口处，也不例外地矗立起了他的6座巨大雕像。两旁还有两座高耸的方尖碑，其中的一座于19世纪30年代被法国人立在了巴黎的协和广场，用来纪念拿破仑曾对埃及发动的征服战争。

除了以上这些，拉美西斯二世还命令工匠们修建了众多的石碑、雕像等，并且在建筑物上精雕细刻，将自己的名字、铭文以及丰功伟绩广泛刻记，这不仅彰显了自己的权力和与神看齐的地位，而且传达了他希冀达于不朽的心愿。为追求建筑数量，他或者将古老建筑物修复后以自己的名字命名，或者将古老建筑拆散为原材料以节省工时。深谙就地取材之道的拉美西斯二世唯恐后世的法老如法炮制，于是,他改用凹雕手法装饰他的神庙。不仅如此,他还时常亲临现场指挥工匠的工作,到采石场挑选上好的石材。

如果说拉美西斯二世在卡尔纳克和卢克索神庙里的建筑,还只是锦上添花之作,那么,建造阿布·辛拜勒神庙则纯属拉美西斯二世独家手笔。

正如拉美西斯二世远离底比斯建都一样,他为自己一生中最伟大的神庙选址在努比亚地区的阿布·辛拜勒。这里不再属于阿蒙神大祭司的势力范围,他可以把自己的形象提升到与众神相比肩的高度,从而树立一种超越法老职限的权威。而这种权威,还可起到震慑努比亚人的政治作用,使那些时有反叛之心的努比亚臣民不敢轻易造次。

阿布·辛拜勒神庙由山崖开凿而成,正面首先看到的是四尊山岩雕凿而成的拉美西斯二世坐像,高约20米,其膝边还围绕着妻子儿女们的小雕像。巨像身后的塔门长为36米,高达32米。再往里,便是纵深达60米的长方形厅堂。大厅两侧,8尊化身奥里西斯神的拉美西斯二世雕像对称排列,守护着通往后面的神庙圣坛的道路。圣坛上,太阳神拉、拉美西斯二世、创世之神阿蒙、黑暗之神塞特四尊雕像并排端坐。拉美西斯二世如此将自己的雕像置于主神之列,在埃及可谓首开先河;他口口声声说此庙为太阳神拉而建,实则却是用来标榜他与神平起平坐的地位。与他的大胆之举相得益彰的是发生在这座神庙的一种奇怪现象。

每到2月21日拉美西斯二世的生日和10月21日他的加冕日时,阳光便透过长长的厅堂,直洒在拉美西斯二世的雕像上。这一奇观令埃及人立即给他们的法老以"太阳骄子"的敬称。但令现代人不解的是,当阿布·辛拜勒神庙因阿斯旺大坝工程而动迁后,阳光照射法老雕像的两个日子都推迟了一天。这成为这座神庙及其主人的一个未解之谜。

阿布·辛拜勒神庙在任何方面都可算得上是艺术瑰宝,但它却命运多舛,先是在建成后不久经历一场地震,后来渐遭废弃以至被沙土所埋。直到19世纪初被重新发掘出来,可好景不长,1960年,又因埃及的阿斯旺大坝的修建而面临灭顶之灾。不过,在联合国教科文组织的倡议下,世界各国专家齐聚埃及,动用了两千多名工人,将神庙切割成两千多块并依次编号,然后按照神庙原来的方位,将神庙在新址重新拼合而成。这一工程自1964年开始,直到1968年才结束。不过令人惋惜和无可奈何的是,原先阳光照耀法老雕像的日期却延迟了一天。

除了这座伟大的神庙,拉美西斯二世又在努比亚的主要战略基地建起了数座神庙。当然,它们的圣坛上与众神并列的依旧是拉美西斯二世。法老如此不知疲倦地向努比亚人以及所有世人神化他的形象,的确收效甚佳,因为努比亚人于他在位期间再也没有叛乱过。

纵观拉美西斯二世建筑行为,从埃及北部的尼罗河三角洲到南面的努比亚地区,无论是都城还是神庙,其个人形象频繁地被那些雕像、壁画、铭文所神化,他的事迹一遍遍地刻记在那些建筑物上,翻来覆去地呈现给世人。拉美西斯二世已经成功地收获了埃及人像对待众神一样给予他的尊崇。

不仅如此,他那被雕刻的形象还将永世长存,达于不朽。

法老后宫

"当你步履轻盈地走过我身旁,我一下子爱上了你。"这是拉美西斯二世在涅菲尔塔丽陵墓的石碑上铭刻下的文字,表达了法老对她的炽烈爱情。

拉美西斯二世一生至少有 8 位王后和难以计数的王妃,她们为他生了大约 100个儿女。单看这些数字,就能想象出拉美西斯二世的生活颇具传奇色彩。在他的后宫中,他最爱涅菲尔塔丽。这位王后并非出自王族,她在拉美西斯二世还是王子时就被塞提一世选中,成为尚未成年的王子之妻。在埃及,法老们倾向于娶王家公主为后,因为埃及是按照母系来制定家谱的,王后身份高贵则法老之位就愈加合法化、愈加稳固。同样,在后宫中间,她们也是依照各自出身高贵与否来排列等级的。这些对于涅菲尔塔丽来说,并没有产生负面影响。

法老自与涅菲尔塔丽一见钟情后,便自始至终给了她后宫中最高的待遇。他不断授予她各种头衔,诸如"上下埃及的女主人""伟大的王后",以此来确保她在埃及的政治地位。他还不忘授予她神权,用"神的母亲"和"神的妻子"的圣名来向人们展示她半神的身份。于是,当两人时常形影不离地出现在国事场合和宗教仪式中时,这些头衔便给漂亮的王后罩上令人瞩目的光环;而当两人一如各种建筑物上雕刻的那样相依相偎时,法老又会情不自禁地说出那些"倾国倾城""温婉甜心"之类的昵称。

在拉美西斯二世即位前,涅菲尔塔丽就让他尝到了做父亲的滋味儿,他们的长子阿穆霍温墨夫出生了,只可惜这位长子没能等到继承王位便撒手西去了。后来,涅菲尔塔丽又给拉美西斯生了 5 个儿女,但这些儿女像他们的兄长一样,都在父王之前去世了。那个时代埃及人的平均寿命只有 40 多岁,像拉美西斯二世这样活到90 多岁,着实罕见。

涅菲尔塔丽在王后的位子上坐了 20 多年,从未受到过法老的冷落或者臣民的不敬。当拉美西斯二世在上下埃及以及各行省出巡时,时常伴随他左右的便是涅菲尔塔丽。当埃及与赫梯帝国正式签订和平协议时,又是这位王后代表埃及后宫与赫梯帝国王后互致信函予以问候:"我的姐妹,我已收到你的来信,愿太阳神和风暴神带给你快乐;愿太阳神赐予我们两国以和平,使两国国王义结金兰。我将永远视你——赫梯王后——为好姐妹,永远珍惜我们的情义。"

在拉美西斯二世的后宫里,还有几位外族公主,其中最为有名的当属那位赫梯公主玛特浩妮洁茹。玛特浩妮洁茹是赫梯国王哈图西利斯的长女,她嫁给拉美西斯二世纯粹是为了巩固两国友好关系。当她初到埃及时,得到了拉美西斯二世的宠爱,她的形象与国王的一起被雕刻在各大神庙上。但没过多久,她的形象便再也没有出现在埃及建筑物上。

不朽传奇

公元前 1224 年,拉美西斯二世走完了他辉煌的 90 多年的生命历程,他在位近67 年,使埃及进入发展的黄金时代。而拉美西斯二世本人,也在埃及人民心中树立了不朽的传奇,他是人民心目中的伟大国王、百战百胜的将军、无往不利的外交家、多产而永不知疲倦的建筑家和万众敬仰的神。他不遗余力地四处塑造自己的神圣形象,得到臣民的爱戴,令敌人畏惧。如今,当他的遗体被做成木乃伊,双手交叉于胸前,躺进黎巴嫩雪松木棺椁中,他将一如这个古老民族的神话所描述的那样,到冥界化身为神,继续统治那里的世界。

帮助拉美西斯二世完成人神转化的继承人,是他的第 13 个儿子美楞普塔。此前,他已经有 12 个具备王位继承权的儿子去世,美楞普塔虽荣登王位,但已是年过花甲。当美楞普塔护送父亲的棺椁前往底比斯以西的国王谷时,一路上埃及百姓无不洒泪,他们沿着尼罗河列队向法老致敬,目送载着法老灵柩的船队离去。到达拉美西斯二

巨大的狮身人面像

世的陵墓时,美楞普塔带领祭司和官员们抬着父王的棺椁以及众多随葬珍宝,举着火把穿过通往墓室的走廊。当一切仪式完成后,他们退出墓室,并将地面所有的脚印擦去,然后将墓穴入口封死,好让拉美西斯二世永享安定。然而几十年后,盗墓者却光顾了他的陵墓,他们偷走了法老的陪葬物品。这引起了祭司们的极大恐慌,他们唯恐盗墓者在法老的木乃伊上搜寻宝物,于是,他们不停地将法老的木乃伊搬来搬去。直到公元前 1000 年左右,拉美西斯二世的木乃伊才在尹哈比王后的陵墓中定居下来。这是一处极其隐蔽的场所,位于德尔巴哈里南部的一处悬崖底下,陪着法老的还有其他 40 多具隐藏至此的法老木乃伊。虽然这些木乃伊的确安享了 2800 多年的太平日子,但最后他们仍被发掘出来并公之于世。

1871 年,一个盗墓者无意间发现了法老沉睡的墓穴。10 年后这个秘密被泄露,当考古学家们来到这儿,并打开法老棺椁时,他们看到拉美西斯二世那独特的淡红色头发,以及他出众的身高,足有 1.76 米,比他同时代人要高出 10 厘米。当法老这不朽的遗体于 1886 年 6 月入驻开罗埃及博物馆时,越来越多的现代人从世界各地走来,竞相观瞻法老的圣容。时隔几千年,拉美西斯二世仍向世人展示着他不朽的传奇,一次次将人们送往他饱经岁月侵蚀的王宫和神庙群遗址间。人们歌颂着拉美西斯二世的传奇,历史学家们则不无权威地尊称他为拉美西斯大帝,并公认他是古埃及历史上最负盛名的法老。

睿智大度波斯王

——居鲁士

人物档案

简　　历：居鲁士是古代波斯帝国的缔造者,是古代世界一个杰出的军事领袖和政治家。

生卒年月：约公元前590或580年~公元前529。

安葬之地：故都帕赛波利斯。

性格特征：豁达大度、宽容开明。

历史功过：居鲁士开创的帝国持续了大约200年,直到被亚历山大大帝征服为止。

居鲁士在巴比伦推行宽容政策,尊重巴比伦的宗教和传统,释放以前被掳到巴比伦的犹太人。

名家点评：人类历史上皇帝万万千,但能称大帝的却寥寥无几,而居鲁士就是其中之一。古波斯帝国百余年的辉煌都和这个名字有关。

身世离奇

居鲁士是古代波斯的一位卓越的军事领袖和政治家,他缔造了波斯帝阳。居鲁士在古代世界声名显赫,波斯人称他为“父亲”,希腊各城邦称他为“主人”,犹太人有感于他的恩惠,称他为“涂圣油的王”。

居鲁士出身于世代为王的阿黑门尼德氏族,祖父居鲁士一世曾统领波斯属土的西部,父亲冈比西则兼并了东部,势力渐大。小时的居鲁士聪明伶俐,才智过人。

居鲁士虽然出生在王族,但是他的身世却颇为离奇。据说,距波斯不远的米底国的国王阿斯提亚格斯,有个女儿名叫曼丹妮。一个晚上,米底王梦见曼丹妮身上发出一股洪水,不仅淹没了其都城阿克巴塔纳,而且泛滥整个亚洲。米底王深感不祥,找来占梦僧,该僧说圣上之女将危及国家。于是,他害怕将曼丹妮嫁给本国的贵族,会危及自己的王位,就把她下嫁给了属邦波斯的冈比西。后来,米底王又梦见曼丹妮身上长出一枝葡萄藤,这枝长藤荫蔽了整个亚洲。阿斯提亚格斯又请来占梦僧,其预言他女儿的后裔将会取代他而成为国王。这时曼丹妮出嫁尚不足一年,米底王派人召回已经怀孕的女儿,严加监视。不久,曼丹妮产下一个男婴,即居鲁士。阿斯提亚格斯担心居鲁士长大后取代他统治亚洲,于是命令亲近的大臣哈尔帕哥斯将婴儿带回家杀死。哈尔帕哥斯不愿亲手杀死婴儿,将其交给国王的牧人去办。那个牧人的妻子恰巧当时刚产下一个死婴,于是这对夫妇就把居鲁士替换下来,由哈尔帕哥斯用死婴去复命。这样,小居鲁士居然绝处逢生。

当居鲁士10岁时,他已是村子里顽皮淘气的孩子之王。有一天,在游戏中他被群孩选举为国王,他似国王一般发号施令。有一个孩子拒绝服从命令,居鲁士命令"卫士"把他鞭打了一顿。结果,事情上告到了米底王那里。经过询问,米底王阿斯提亚格斯居然认出了自己的外孙,在惩处了大臣哈尔帕哥斯以后,米底王又找来了占梦僧,让他预测居鲁士的未来。那个僧侣说,这个孩子既已在游戏中当了国王,以后就不会第二次再做国王了。米底王闻听此言后,才暗中松了一口气。这样,小居鲁士又被送到了波斯部落,重新回到了母亲的身边。

在父母的呵护下,居鲁士迅速成长。在阿黑门尼德氏族,居鲁士在同辈人中最为勇敢,也最有声望。这时候的波斯受米底王国的统治,居鲁士长大以后,决心摆脱这种奴役的统治,建立起属于自己民族的波斯国家。

居鲁士把波斯人民引上了反抗之路。他们起义以后,米底王派兵来征讨。一直被奴役的波斯人这时迸发出满腔的怒火,很快把征讨军打败了。

得知战败消息的米底王怒不可遏,他把都城里的米底人不分男女老幼,一律武装起来,然后亲自率军迎战。但是大势已去,无法抵挡波斯人的进攻,他的军队被歼灭了,自己也成了居鲁士的俘虏。波斯人现在耀武扬威地进入了阿克巴塔纳,米底王国就此寿终正寝。推翻米底人的奴役统治后,居鲁士建立了波斯人的国家,自己成为国王,他的王朝以阿黑门尼德命名。

东征西伐

推翻米底王国以后,居鲁士凭借波斯民族新兴的锐气,组建了波斯军队,分为步兵和骑兵两种。此时的居鲁士仗恃自己的军队,开始谋求对外扩张,以进一步巩固波斯的统治。

居鲁士统一波斯以后,最初东亚的阿富汗和中亚的游牧部落对波斯尚不构成威胁,因而他把主要力量用于西进。首先,居鲁士迫使原来归属于米底王国的亚述、亚美尼亚和小亚细亚东部承认波斯的统治。其次,进一步控制小亚细亚和叙利亚。这个时期,小亚细亚的吕底亚是个较强的国家,乘米底败亡之际正欲向东扩张领土,其军队在国王克诺伊索斯带领下已渡过小亚细亚北部的哈利斯河(今克孜勒河)。居鲁士得到消息后,立即率军队出伊朗高原,前往小亚细亚迎战。双方经过数次激烈的战斗,最后,居鲁士的军队击溃了吕底亚的骑兵。波斯士兵随后包围了城池,并发起多次强攻,后来从城后悬崖夜袭,攻破了萨迪斯城,生俘了国王克诺伊索斯。

消灭吕底亚王国以后,居鲁士把扩张的矛头指向了小亚细亚沿岸的各希腊城邦。他采取孤立分化、各个击破的战略,或用武力,或行贿赂,先后使各城邦臣服。

在波斯帝国的西部既安,小亚细亚也被征服后,居鲁士又瞄准了东部的巴比伦。

约公元前544年,居鲁士亲率军队前往征伐。在沿途扫荡了东部游牧民族以后,居鲁士等待时机夺取巴比伦。此时的巴比伦城经国王尼布甲尼撒二世的大力经营,已是古代设防最坚固的城市。面对固若金汤的城防,居鲁士非常清楚,如果强攻将付出巨大的代价。因而他经过考虑后,决定暂时先不攻城,等待时机进行智取。

这时,巴比伦的国王是那波尼德。他的父亲原是两河流域北部哈朗月神庙的祭司,因为崇奉月亮之神辛,为之大建庙宇,强迫加沙、埃及边境、地中海沿岸、叙利亚直到波斯湾的百姓为此纳税和服劳役,引起了人们的普遍不满。他又将乌尔、埃利都等各城邦的神像移入巴比伦城内,此举原为加强巴比伦城的至尊地位,但却受到巴比伦祭司的猜疑。更激起乌尔等城的反对,进而导致百姓怨怼,僧侣嫉恨,人心尽失。于是,这时,巴比伦的贵族显要遂暗通波斯密谋反叛,把那波尼德抓起并投进了监狱。居鲁士见时机已经成熟,遂于公元前539年春发兵两河。10月初,波斯军队在底格里斯河西岸的奥庇斯大败巴比伦军队。10月13日,居鲁士的军队进入巴比伦城,未遇任何抵抗。那波尼德也被俘虏。两河流域的历史至此掀开了新的一页。这个地区从此与伊朗高原密切联系在一起,一直延续了若干世纪。

宽容怀柔

居鲁士不仅是一位杰出的军事领袖,而且是一位卓越的政治家。他充分地利用了当时对波斯有利的形势,发挥自己的才干,使波斯成为一个西起爱琴海和地中海沿岸,东抵今锡尔河的大帝国。居鲁士建立帝国的手段不是专靠武力征服,相反,他往往表示出宽容大度,实施怀柔的政策。

米底人的统治被推翻以后,居鲁士善待米底国王,也没有使米底人成为波斯人的奴隶,而是把他们看作与波斯人处于平等地位的统治部族。这样,居鲁士也就扩大了波斯帝国的基础,有利于国家的巩固。

对吕底亚国王克诺伊索斯和巴比伦末代国王那波尼德,居鲁士也相当宽厚。那波尼德去世时,居鲁士还亲自表示悼念。他对被征服地区的居民采取怀柔政策,尊重被征服地区的习俗和宗教信仰。他不以外来征服者的姿态出现,而以本土的合法的君主自居。他采用了阿卡德古代习用的称号——"予居鲁士,世界之王、伟大之王、正统之王、苏美尔与阿卡德之王、天下四方之王"。

居鲁士征服巴比伦之后,继续保持巴比伦作为帝国都城的地位,并让巴比伦神庙祭司集团和工商业奴隶主继续其商业贸易与高利贷活动,因而赢得了他们的支持。对于其他被征服地区的居民,只是表示臣服交纳赋税,居鲁士也不过分干涉他们的宗教信仰和生活习俗。在新年节,居鲁士还依照巴比伦的习俗礼拜马都克神像,亲握神像之手,表示他是巴比伦正统的新王。他又下令把那波尼德掳到巴比伦城的其他各城邦的神像都送还原地。这些措施的实行获得了巴比伦僧侣的欢迎和拥戴。

一代君主

在居鲁士统治晚期,让他深感不安的是帝国东北边境草原上的游牧民族。他们分布的区域十分广阔,而且具有很强的战斗力。其中的马萨革泰人是中亚草原上一个游牧部落联盟,首领是一个女王,名叫托米丽斯。

由于马萨革泰等游牧民族经常骚扰帝国边境,居鲁士决定亲领军队前去征讨。公元前529年,居鲁士率军向马萨革泰人展开进攻。在深入一天路程之后,他故意将军队后撤,只在前方营中留少数老弱士兵。马萨革泰人不知是计,前锋抵达偷袭了营地后,就地庆功饮酒,然后埋头大睡。居鲁士指挥军队趁夜杀了个回马枪,马萨革泰人死亡甚众,大部分被俘,其中包括女王托米丽斯的儿子。女王之子在被松绑后,趁人不备抽出裤腿里的匕首自戕而死。

女王为报仇,引诱居鲁士率军深入草原腹地,然后倾全体部众围攻波斯军。双方展开了激战,打得难分胜负。居鲁士在这次战斗中身先士卒,勇猛拼杀,最后身负重伤,三天后死于营中。居鲁士戎马一生,最后战死在抗击侵略的疆场。他的尸体在战斗结束后被运回波斯,后来埋葬于故都帕赛波利斯。

居鲁士是古代世界一个杰出的军事领袖和政治家。经过十几年的奋勇征战,他从伊朗高原的一个小邦之君成为疆域空前的波斯帝国的君王。他一生为人豁达大度,宽容开明,因而在古代许许多多的君王中,声誉独好。他开创的帝国延续了200年之久,直到被亚历山大大帝征服。

铁血大帝

——大流士一世

人物档案

简　　历：大流士一世,波斯皇帝,继位不到一年的时间里,以各个击破的策略,先后打了十八次大战役,铲除了八大割据势力的首领,偌大的波斯帝国重归一统。

生卒年月：公元前 558 ~ 公元前 486 年。

安葬之地：不详。

性格特征：他性格暴虐,据说还有癫痫病,为巩固帝位,他杀死了自己的亲兄弟巴尔狄亚。

历史功过：他建立的发达的水陆交通制度,大大加强了古代诸文明之间的交流,使世界的联系更紧密了。大流士一世不愧为影响了世界历史进程的帝王。

名家点评：作为一个文治武功都很出色的帝王,大流士不是历史上第一位所向无敌的征服者,但他是第一位具有世界眼光的统治者。他的全部政策的着力点就是将广大土地上风采各异的诸文化纳入一个有效运转的系统,他对各被征服文明的同化是渐进而有力的。

王位之争

公元前550年,自称"世界之王"的居鲁士征服米底王国,建立阿契美尼德王朝。紧接着,他将两河流域、小亚细亚和叙利亚等地都收归己有,又东进中亚征服索格迪亚纳和巴克特里亚等区域。这样,一个拥有辽阔疆域的波斯帝国便诞生了。可是,当这位波斯帝国开国之主再一次离开首都苏萨,前去西北部攻打游牧部落马萨格泰人时,他战死了,那一年是公元前529年。

居鲁士的儿子冈比西斯继承王位,与父王有所不同的是,这位新王暴躁无比,且滥杀无辜,曾亲手射死亲信的儿子。公元前525年,冈比西斯南下征服埃及,之后进攻努比亚,但以失败告终,这使他变得越发的疯狂。他还因为一个梦而派人把自己的亲弟弟巴尔迪亚杀害了。在梦中,他那位波斯人中唯一能拉开努比亚强弓的弟弟,头顶着天,坐在国王的宝座上号令群臣。

正当冈比西斯在埃及大开杀戒时,不想他的后院真的起火了。他有一个掌管家务的玛戈僧下人,名叫高莫达,按古希腊历史学家希罗多德的记载,高莫达还有一个弟弟,名叫巴尔迪亚。高莫达的弟弟不仅与国王的弟弟同名,而且长相也几无差别,唯一不同的是,他曾因犯罪而被居鲁士削去了耳朵。公元前522年3月,高莫达在波斯首都艾克巴塔纳起事。他利用波斯人民反对残暴的冈比西斯之机,宣称国王的亲弟弟巴尔迪亚继承王位,罢黜冈比西斯,并且免除波斯人民3年的赋税和兵役。高莫达的新政策深得民心,他立即得到绝大多数的米底人、波斯人、巴比伦人和亚述人的拥戴。受此影响,波斯帝国各地短时间内冒出不少自立为王者。偌大的波斯帝国面临分崩离析。

冈比西斯闻听此事,急急招来当初被他派去杀弟弟的亲信普莱克萨司佩斯。后者确信已将巴尔迪亚杀死并埋掉了,他认为现在登上王位的巴尔迪亚定是旁人冒充的。于是,他劝国王派人探听虚实。当冈比西斯知道真相以后,他后悔自己当初不该杀死兄弟,悲痛之下,他决定杀向京城。可就在他飞身上马时,他的佩刀脱鞘,刺伤了他的大腿。他一下子想起了早先的一个神谕:他将死于埃及。刀伤与神谕的吻合,让他跌下马来。不久,冈比西斯死了,身后无嗣。临死前,他将他的波斯贵族亲信们叫到榻前,郑重要求他们为帝国除奸。

此时,摆在众人面前最棘手的事情,便是要先确认高莫达及其弟巴尔迪亚的身份,因为老百姓都相信现在统治他们的国王就是冈比西斯的亲兄弟。普莱克萨司佩斯的儿子欧坦涅斯心生妙计,他见巴尔迪亚从不召见波斯贵族,也不离开皇宫一步,于是,他派人送信给女儿即巴尔迪亚的王妃,告诉她趁巴尔迪亚熟睡之际,看看他有无耳朵。结果,这个新任国王当真没有耳朵。欧坦涅斯立即秘密会见几个可靠的波斯贵族,他们是哥比亚斯、阿斯派辛涅、美伽帕佐斯、印坦佛列涅、绪达涅斯,以及曾在冈比西斯手下任万人不死军总指挥的大流士。当然,大流士的父亲希斯塔斯佩斯乃是冈比西斯的堂兄弟,所以,大流士也属于阿契美尼德家族。七个人凑在一起,各抒己见,最后大家一致通过大流士的建议,潜进京城杀死高莫达兄弟。

此时的高莫达兄弟也正处心积虑地笼络先朝元老重臣,普莱克萨司佩斯即在其列。当普莱克萨司佩斯作为先王的第一亲信,被高莫达强迫当众申明新国王的确是居鲁士之子时,站在高高宫墙上的他,竟将他如何受命杀害真正的巴尔迪亚,以及现任的所谓国王其实是玛戈僧的事实大声宣布出来。然后,他跳下城墙,自杀身亡。东窗事发,高莫达兄弟二人惶惶如丧家之犬,逃往米底,龟缩在西伽耶湖瓦提堡。但他们终究没有躲过大流士七人的讨伐。公元前522年9月,大流士等七人将高莫达兄弟诛杀,一并处死所有支持高莫达的玛戈僧。

贼子已除,欧坦涅斯又将六位除恶功臣集中起来,讨论由谁当政的问题。欧坦涅斯主张权力交给全体波斯人民;美伽帕佐斯则宣扬寡头政治,由少部分优秀人士共同主政;而大流士则力陈独裁的益处。他认为无论是人民主政还是寡头政治,最终都会在经历争权夺利的流血冲突后推出一个独裁君主,与其兜圈子,不如直截了当推行独裁统治。最终,大流士的主张通过。那么,这位君主由谁出任呢?欧坦涅斯当场表示不参加竞选,但他提出要求——他和他的子孙们不受制于新任国王。此外,七人还一致决定未来国王需在这七人的家族中挑选王后,并且七人可以随意进出王宫。意见达成,六人相约次日骑马于郊外会合,届时最先嘶鸣的战马的主人便是波斯帝国的国王。

回到家中的大流士,叫来聪明伶俐的马夫,询问如何让其战马首先鸣叫起来。马夫计上心来,当晚,他将一匹雌马拴在城外,令其与大流士的战马交配。第二天,当六位功臣骑马出城时,大流士的战马一眼看见"情人",顿时大叫起来。巧合的是,这时候本来万里无云的天空突然电闪雷鸣起来。五位功臣眼见天意如此,赶忙跪在大流士面前,口称国王。

公元前522年,28岁的大流士登基,成为波斯帝国的第三任国王,史称大流士一世。

大流士执政以后,仍面临着波斯各地叛乱的威胁。大流士研究国内形势,发现叛乱虽多,但叛军之间各自为政,互不牵连。大流士立即发现有利战机,他决定采取各个击破的战术。首先,他兵发埃兰,旋即俘虏这个南部地区的叛军统帅。紧接着,他亲率大军包围巴比伦城。

巴比伦人早有准备,在巴比伦王尼晋图·贝尔的带领下,城内军民储存了大量食物,把城墙加高加厚,在大流士军队的进攻下,这座城池愈发显得固若金汤。巴比伦城久攻不下,转眼已是围城的第20个月了。一天,美伽帕佐斯之子佐匹罗斯突然满面鲜血地来见大流士。大流士一见之下,大惊失色。只见眼前爱将的耳朵和鼻子都没有了,鲜血

大流士一世率领仆从和侍卫进入苏萨王宫的接待室

流了一脸,头发也被剃光了。大流士忙问凶手是谁,佐匹罗斯就将自己的苦肉计策说与了国王。他告诉大流士,他将带伤进入巴比伦城,第十日时,请国王派1000名士兵埋伏在赛弥勒米斯门;过七天后,另遣2000名士兵来到尼尼微门外;再过20天后,调4000人马等在伽勒迪门外。如此这般之后,等到他进城第57天时,请国王迅速全线攻城,因为到时候他会打开城门,接应波斯大军进城。

佐匹罗斯带伤逃往巴比伦城,他向所有碰到的巴比伦人控诉大流士给他带来的身体上和名誉上的伤害。看着这位波斯人中的佼佼者落得如此下场,所有巴比伦人都替他鸣不平;巴比伦王尼晋图·贝尔更是配给了他一支军队。到了佐匹罗斯进城的第10天,他率领自己的军队杀向赛弥勒米斯门,全歼那里的1000名波斯士兵。到了第17天,他又在尼尼微门外大获全胜。同样,第37天时,他率兵消灭了伽勒迪门外的4000波斯人马。三度出击,三次完胜,佐匹罗斯带兵的能力在巴

比伦人间有口皆碑。巴比伦王大喜之下,委任佐匹罗斯统率全军,并将巴比伦城的城门钥匙交给了他。

正如佐匹罗斯事先所言,大流士定期攻城,佐匹罗斯大开城门引波斯军进入巴比伦城。巴比伦人做梦也没有想到,他们自视坚不可摧的城池就这样被波斯人占领了。就这样,大流士用了一年的时间,先后作战19次,剿灭了各地叛乱,生擒叛军头目9名。波斯帝国幸免于分裂大难,大流士可谓劳苦功高。当他巡行帝国各地,面对大好河山重归一统时,不由生出许多感慨来。于是,他决定将自己力挽狂澜的平叛功绩永垂青史。公元前520年9月,当大流士巡行至刻耳曼沙以东30千米处的贝希斯敦时,他发现此地正处于巴比伦与艾克巴塔纳之间的贸易交通要道,扎格洛斯山脉绵延至此,于村头伸出峭壁来。大流士见状,命人在峭壁上凿刻浮雕;而且,他还命人用波斯文、埃兰文和巴比伦文刻记铭文,来记载他如何取得王位以及自继位以来的文治武功,这就是闻名于世的《贝希斯敦铭文》。浮雕位于铭文上方,其中,大流士脚踩高莫达,左手挽弓,右手指向立于闪耀圣光的太阳圆盘中的光明与幸福之神阿胡拉·玛兹达,眼睛朝向前方的9名胳膊被反绑的叛首,仿佛在训斥他们有悖尊神的信条,同时也昭示了自己作为尊神代言人的身份地位。大流士此举,向世人宣布了他继承王位乃尊神所授,上承天意;而他铲平内乱,安定四方,下顺民心。

实施改革

叛乱平息了,波斯帝国稳定了,但如何统治这样一个民族多、疆域广的帝国,如何使各行省不再有反叛之心,如何令帝国各地经济趋于平衡,如何改组原来由波斯贵族掌控的统治机构,如何组建一支能适应新形势下作战的强大军队,这一切都迫在眉睫。因此,自公元前518年起,大流士先后推出各项改革政策。

大流士早就发现帝国制度不统一的问题,因之而造成的各部落独立以及觊觎帝国王位的情形也已经发生。所以改革之初,他强势取消帝国内部尚俘的部落制度,在全国范围内建立20多个行省。行省高官为总督、将军和收税官,三人通常由大流士从波斯贵族中任命,分管行政、军事和征收赋税,三权分立,互相牵制,彼此监督,各自直接向皇帝汇报工作。当然,大流士在大力加强中央专制集权时,并没有忘记争取各地民心。在各行省中,当地贵族也可以在行省中担当要职,而且,在大权集中归属中央的原则下,地方上也可以采取一定程度上的自治政策。这些,都顺应了各地发展的实际情形及风土人情,收获了民心。但大流士并没有忘记两年来的帝国动乱情形,为根除地方腐败势力,他给三位行省高官各派一名副手追随左右,名为辅佐工作,实为国王的密探。行省高官的一言一行,尽在大流士的掌控之中。如此加固地方统治之后,大流士唯恐不够深入。他不时委任高官代表自己巡视各行省,俨然钦差大臣出巡。钦差所到之地,一旦发现作奸犯科者,必严惩不贷,最严厉的便是生生剥下犯官人皮,铺陈在其座椅上,令继任者如坐针毡,再不敢动犯上之念。如此铁腕施政,倘若没有严格的法律提供佐据,恐怕也难孚众望。

大流士参照《汉穆拉比法典》,颁布了一套新的法典,直到后来的塞琉古王国时期仍在使用。同时,大流士还在中央设立最高法院,于各地方行省设置地方法院,融入"国王的意旨即为法律"的观念,从中央到地方罩上一张严酷的大网。不过,大流士仍允许各自治行省传统法律发挥作用,比如,巴比伦行省仍沿用《汉穆拉比法典》,埃及法律也变更不大,而犹太地区则继续保留了《摩西五经》。

仅施严政还不够,大流士开始磨砺他的军事利器。为了将军队牢牢控制在国王手中,大流士亲任国家军队的最高统帅,并且从军队中的波斯人中精挑细选出1万步兵、1000骑兵和1000标枪手,组成一支专门保护国王及王室成员的近卫军。这支近卫军始终为1.2万名士兵,若有人员伤亡则立即补足,于是近卫军亦得名"不死队"。大流士以下的军事高官便是军区长官。大流士在全国范围内设立5个军区,5个军区长官向上直属国王管辖,向下则各自统辖几个行省的将军。大流士还刻意突出波斯贵族对于军队的领导地位,全军上下,只要是关键军团,大多由波斯人组成。至于军队调动,国王之外无一人有此特权。大流士还亲自确定各行省驻军的数量及各兵种的规模;同样,他还规定帝国各行省的兵役数额,逢战争而招募军队时,则以此数额为准。军队改革之后,波斯帝国陆军以装备精良、步兵和骑兵配合作战的创新战法而令敌军闻风丧胆。陆军之外,大流士还建起一支拥有600艘至1000艘战船的海上舰队,对希腊在地中海的海上霸权构成巨大威胁。为了展示国王对军队的绝对统治,大流士规定每年都要检阅车队,除边远地区驻军由国王的钦差大臣代为检阅外,其余驻军则均由国王亲自检阅。有了庞大而强有力的军队支撑,大流士在后来的拓疆战役中再无后顾之忧。

这幅图片表现的是一场战争的缩影。图中,一名古希腊士兵用盾牌护着自己,正举刀向一名倒地的波斯士兵的头部砍去。

在确保了国王对整个波斯帝国的绝对统治之后,大流士开始调整税收制度,他亲自制定出各行省的缴税标准。除必须缴纳一定数量的金银外,各行省还依据其资源特点而向帝国输入一定数量的实物贡赋。

大量的金银和物资源源不断地流入国库,大流士喜不自胜。他从巴比伦、埃及和腓尼基等地调来众多能工巧匠,建造华丽的宫殿。很快,帝国境内的苏萨、艾克巴塔纳、巴比伦和波斯波利斯四大首都,宫殿林立,雄伟壮观,一年四季常可看到大流士的銮驾轮流驻跸。而与这些宫殿相得益彰的,便是从各地送来的仅供皇帝食用的珍馐佳肴,以及大流士那新颁布的一套宫廷规矩。每每皇帝上朝,群臣跪于阶外,隔着那层帷幔依稀看到他们的帝王身着绛红色长袍、头戴金皇冠、腰系金丝带、手握黄金权杖,端坐于金台上,其身后侍从高举华盖、羽扇;威严之至,令群臣不敢走近,虽有帷幔遮挡,仍唯恐粗鄙呼吸冲撞了眼前圣主。

波斯帝国的征税权通常包租给富商们。这些征税人往往一次性向国库上缴足够税额，然后串通地方官吏，巧立多项征税名目，如此获得的金钱物资比国王规定数额高出多倍。这样一来，波斯省以外的黎民百姓苦不堪言，经常因不能按时按量交纳捐税而抵押土地，甚至卖儿卖女，一时间，百姓与奴隶地位不相上下。不仅这些，百姓们还要承受国家规定的各种劳役，比如修建宫殿、驿道等。在这种重压之下，虽然帝国中央财政收入增加，但帝国内部的阶级矛盾却日益严重。

当大流士不断在四个首都号令天下时，他深为自己拥有地大物博的帝国而自豪；但他更愿意把帝国各地的距离拉近，以利于更迅捷地传达圣谕和调动军队。于是，他命令广修驿道。修建好的驿道，因其长短不一，沿途设置数量不同的驿站，驿站内有旅馆，信差随时待命，以接应传达政令的上游信差。如此站站传承，直至政令下达到目的地。驿道沿途还有军队把守，以保证交通安全。在所有驿道中，有两条颇值一提，一条西起巴比伦城，向东穿过伊朗高原，通过巴克特里亚抵达印度河流域；而另一条则是所有驿道中最长也是最著名的一条，有"御道"美誉，它东起首都苏萨，西至爱琴海东岸，全长 2400 千米，途中每隔 20 千米即有一驿站。每逢大流士在苏萨下达命令，信差便策马疾驰，继而站站相承，日夜兼程，到达爱琴海东岸时刚好七日。当然，奔驰在这条道路上的信差，并不只传送帝王的政令和文件，他们还不时为大流士运送故乡的水以及爱琴海的鲜鱼。难怪那些希腊人不无艳羡地说："瞧啊，波斯国王远在巴比伦，却能吃上爱琴海刚捞上来的鲜鱼。"三百多年以后，当中国西汉的张骞出使西域时，这条"皇道"便成了丝绸之路的东段部分。

有了这些驿道，波斯帝国境内各行省间往来便利，全国性的商业贸易繁荣发展。陆路交通发展起来了，大流士把眼光又放在了开发水路交通上。

公元前 518 年，大流士命令开凿从尼罗河到红海之间的运河，大大带动了埃及和西亚之间的商贸往来。

公元前 516 年，大流士派遣希腊人斯吉拉刻斯自印度河南下，探索印度河口到埃及的海上航线。船队自印度河进入印度洋，然后向西过波斯湾，绕过阿拉伯半岛，最终到达埃及的苏伊士港。这次航行开拓了波斯和印度之间的海上贸易，据说，波斯的水稻和孔雀即是此时自印度传入的。

两条水道的开通，使大流士成为第一个沟通印度洋和大西洋的帝王。但随着全国各地贸易往来的频繁发展，大流士看到帝国内流通着各种地方货币，度量衡也不统一，这无疑是行省间的贸易往来和经济沟通的一大瓶颈。于是，大流士下令统一货币和度量衡。他统一铸造三类货币：金币、银币和铜币。经过货币改革，帝国财政牢牢控制在了国王手里。

除以上改革措施外，大流士还利用宗教来巩固帝国统治。他将琐罗亚斯德教即拜火教定为国教，因为大流士声称自己是接受该教最高神阿胡拉·玛兹达的意旨做诸王之王的；而且阿胡拉·玛兹达代表着善良和光明，他始终与代表着黑暗与丑恶的恶神阿利曼做斗争并且总是获胜。所以，大流士借该教号召人们听从阿胡拉·玛兹达的教诲，全心向善，真心顺从他这个神选出的人间代表。尽管定了国教，大流士却没有禁止地方宗教的存在，也没有迫害异教徒。

经过一系列大刀阔斧的改革，波斯帝国进入稳定发展的阶段，而随着国力增强，大流士开始把目光转向对外扩张上。

远征兵败

公元前517年，大流士出兵印度，征服印度河下游的兴都库什等地，并在被征服地建立行省。之后，大流士又命令军队北上进攻塞卡人。塞卡人战败逃亡，一直被波斯军队追赶到多瑙河畔，此后，塞卡人再不敢轻易南下侵犯波斯边境。

东征完毕，大流士又开始西进黑海沿岸。公元前513年，他御驾亲征，率70万大军越过博斯普鲁斯海峡，直扑黑海北岸的斯基泰。途中，他攻占色雷斯，然后渡过伊丝特河。大流士本想拆掉河上的桥，使斯基泰人不能向色雷斯和希腊方向逃跑。但最终他没有这样做，只是让来自爱奥尼亚的希腊僭主们率各自的军队驻守在桥侧。临行前，大流士告诉他们，60日之后，他们便可自行离开。

波斯大军压境，斯基泰人赶忙邀请邻近部落首领商讨对敌之策。斯基泰人提出与友邻各邦结成联盟一致御敌的建议，在一阵讨论之后，撒尔马特人、盖罗诺斯人和部狄诺人决定帮助斯基泰人对付波斯人。考虑到大流士兵多将广，不能与其硬碰硬，于是，斯基泰人决定使用坚壁清野、诱敌深入的游击战术。他们将部落中人以及所有能带走的物资都转移进大山之中，然后把地面的所有田地、村庄烧毁。当熟悉地形的斯基泰人不时出现在大流士的大队人马面前时，后者便不停追赶，而斯基泰人趁势逃走，不予抵抗。就这样，波斯大军长驱直入，阵线越拉越长，70万大军的粮草供应渐成问题。对此，大流士一筹莫展，而且大军粮草已呈不济之势。恰在此时，斯基泰人送来几样礼品给大流士。它们分别是鸟、老鼠、青蛙各一只以及箭矢五支。大流士一看之下，立即向部下说这是斯基泰人向他投降的表示。他解释道：老鼠代表了土地，青蛙生活在水里，而送箭矢则表明缴械，连起来就是斯基泰人欲向波斯国王奉献水和土缴械投降。大流士这种解释似有道理，不过，他的部将哥庇亚斯的说法却与他大相径庭。哥庇亚斯认为这是斯基泰人在向波斯人示威：倘若波斯人不能像鸟儿般插翅飞离，抑或如老鼠般钻入地里，再或者似青蛙那样逃入水中，那么，你们将葬身斯基泰人的乱箭之下。大流士略做思忖，觉得有理，最终不得不下令撤军。斯基泰人闻讯立即追赶，虽然没有碰到波斯军队，但他们却提前来到了伊丝特河的桥畔。大流士万万没想到，当初曾认为只有斯基泰人才会从此处逃跑，而今日却成为自己撤军回波斯的必由之路，并且，这必由之路眼前正欲陷于敌军之手。斯基泰人劝希腊僭主们拆掉这座桥。此时，当初大流士与希腊僭主们的60天之约已过，所以，希腊人之间就是否拆桥产生了分歧。米利都僭主西斯提亚欧坚持不拆桥，而切耳松内索僭主弥提亚德则建议拆桥。不过，最终西斯提亚欧的主张获得通过，大流士及其军队得以顺利过桥。

虽然出征斯基泰失利，但大流士仍攻占了色雷斯和黑海海峡，他任命美伽帕佐斯为色雷斯地区总督，率领8万军队驻防于此。这样，大流士建立了他在欧洲的据点，锋芒直指南面的希腊各城邦。而此时的波斯帝国版图，东接印度河流域，西北至欧洲的色雷斯，西南至非洲的利比亚，南依波斯湾和阿拉伯沙漠，北达咸海和高加索山脉。大流士统治下的波斯帝国，一跃而为古代世界中第一个横跨亚、非、欧三大洲的庞大帝国。

平定叛乱

欧坦涅斯代替美伽帕佐斯出任色雷斯总督,他出兵攻占了赫拉斯庞特海峡南北的许多海上要地。这样,从黑海到爱琴海的所有交通和贸易重地,比如分处博斯普鲁斯海峡两岸的拜占庭和卡尔赛敦,赫拉斯庞特海峡在爱琴海出口处的列木诺斯岛和音布罗斯岛,还有安塔多洛斯港。此时,波斯军队已完全扼住了自黑海北岸南下到希腊的粮食运输线。同时,在海上商贸方面,黑海地区一直是爱奥尼亚各希腊城邦的重要贸易伙伴,穴流士此举无疑控制了爱奥尼亚的海上经济命脉;这时候,已归顺波斯帝国的腓尼基人也屡屡与希腊人抢夺控制权。形势所迫,希腊城邦不得不采取措施来保护自己的利益。公元前500年,被波斯帝国统治已达50年之久的小亚细亚希腊城市发动叛乱,以米利都为首,他们罢免大流士派去的行省总督,纷纷自立。

列奥尼达在温泉关

此时的米利都僭主是西斯提亚欧的女婿阿利斯塔哥拉,因为西斯提亚欧已被大流士召到苏萨,他一直想回到米利都,所以盼望米利都人叛乱而趁机回归。所以,他悄悄送密信给阿利斯塔哥拉,支持女婿立即起兵造反。阿利斯塔哥拉为拉拢希腊百姓,主动放弃僭主职位,在米利都建立起民主政体,并强制爱奥尼亚各地僭主予以仿效。之后,他前往一直以陆军强悍而闻名全希腊的斯巴达,意欲寻得援助。他先向斯巴达王刻利奥美尼陈说爱奥尼亚正面临着灭顶之灾,又说波斯人是多么的不堪一击,并夸耀了一番波斯帝国如何地大物博,言下之意,一旦打败波斯帝国,便可富甲天下。他讲完后,刻利奥美尼问他征讨波斯的路上要花多长时间,后者回答三个月,斯巴达王立即说:"我们的军队不会走这么远作战的。"于是,碰了一鼻子灰的阿利斯塔哥拉只得败兴而归。

向斯巴达求助无门,阿利斯塔哥拉又来到雅典。此时的雅典在刻莱赛尼兹的带领下,也已脱离僭主的统治,享受着民主的平等。原来的雅典僭主西匹亚斯流亡在外,他想回到雅典重新当政,于是,便去小亚细亚求见吕底亚的波斯总督阿塔佛列涅,请求波斯人发兵帮助他回国执政。阿塔佛列涅要求雅典人接回西匹亚斯,但遭到拒绝。就在这个关键时刻,阿利斯塔哥拉前来雅典求援,自然是有求必应。

面对雅典人,阿利斯塔哥拉又重复了一遍曾经对斯巴达王的游说之辞,然后又强调米利都人与雅典人同为希腊人,如今同胞有难,恳请雅典人发兵援助。在得到雅典人的肯定答复后,阿利斯塔哥拉立即返回米利都。公元前499年,爱奥尼亚人和雅典人、艾莱特利亚人在以弗所举兵,攻向吕底亚的总督所在地萨迪斯。一开始,战事进行得很顺利,吕底亚总督阿塔佛列涅率军退至萨迪斯卫城,居高临下与起义军对峙。这时,起义军点燃了房屋,火势蔓延开来,竟殃及库伯勒女神庙。在熊熊大火中,吕底亚守军奋力突围,跑至城外,与前来追赶的起义军展开肉搏战。有道是穷寇勿追,此时的吕底亚守军背水一战,竟将起义军打得落花流水。起义军不敌撤退,至以弗所时,与弗里吉亚的波斯增援军队交战,起义军大败,艾莱特利亚统帅战死,艾莱特利亚人和雅典人分别逃回家园,只剩下爱奥尼亚人孤军奋战。

虽然身处逆境,爱奥尼亚人却越战越勇,他们一边向北攻占赫拉斯庞特海峡和拜占庭,一边鼓动小亚细亚南部的卡里阿斯和塞浦路斯岛起兵反抗波斯统治,并收效良好。

当与爱奥尼亚的战况传到大流士那里时,他火冒三丈,向阿胡拉·玛兹达祈求,请神允许他报复胆敢出兵侵犯波斯的雅典人。而且,他命令身边侍从,每逢他吃饭时,都要连续三遍提醒他不要忘记雅典人加于他的耻辱。然后,大流士在苏萨做战略部署。他派道里赛斯率军夺回赫拉斯庞特海峡的控制权,令其成功后挥师南下征服卡里阿斯人;对于塞浦路斯岛叛乱,大流士派出两路人马,陆军由阿耳提庇欧率领,自西里西亚渡海南下进攻塞浦路斯岛的北方城市萨拉弥斯,同时,腓尼基的波斯海军从海路出发协助陆军。

接到大流士的命令,波斯军队南北全线出动。北面的道里赛斯五天内连续攻克五座城市,这五座城市由北向南部分控制了赫拉斯庞特海峡南岸的海上交通线路。然后,道里赛斯将继续扩大赫拉斯庞特海峡控制权的任务交给继任者绪马伊斯,自己率兵南下卡里阿斯平叛。绪马伊斯又征服了特洛伊等地,但不久即病死。

在卡里阿斯,道里赛斯率领的波斯军队大败叛军,杀死敌军过万,自己也损失两千余人。赶来增援的米利都人与卡里阿斯人兵合一处,结果又被波斯军队打败。即便如此,卡里阿斯人仍坚持作战,他们在波斯军队往东面爱琴海沿岸城市佩达索斯行军的路上设伏,一举歼灭道里赛斯军队,道里赛斯也英勇战死。

就在道里赛斯大军消灭叛军的同时,塞浦路斯岛上也打响了战斗。阿耳提庇欧率陆军在萨拉弥斯登陆,与岛上叛军交战;同时,腓尼基的波斯海军与前来增援的爱奥尼亚海军也加入战团。最后,波斯陆军战胜,但主帅牺牲;波斯海军却大败。接下来,波斯军队重整旗鼓,最终用了五个月终于消灭了塞浦路斯岛的叛乱势力。

公元前494年,波斯大军最后总攻的时刻终于到了。波斯陆军在米利都城郊外排开阵势,海军的600艘战舰则密布于拉德湾,与米利都的300多艘战舰对峙。波斯统帅找来流亡在外的原爱奥尼亚僭主们,命令他们给起义军内的各城邦将士写信,让他们早日归降波斯帝国,以获得大流士国王的宽恕;如果他们坚持与波斯为敌,那么后果只有被杀,他们的家人也将被卖为奴隶。波斯统帅如此做法,虽然没能立即奏效,但接下来却起到了至关重要的作用。

当波斯海军发起总攻时,作为米利都舰队主力的撒摩斯人和列斯堡人望风而逃,仅留下米利都人和凯厄斯人奋力抵抗,终因寡不敌众而溃退。公元前494年11月,波斯军队攻入米利都城,对城内男性大肆屠杀,其余人等则被送回帝国中心卖做奴隶。历时六年之久的爱奥尼亚叛乱终于烟消云散,而那位伺机恢复政权的西斯提亚欧,则在后来的起事中被杀。就这样,爱琴海东部沿岸岛屿又重归波斯帝国辖内,爱琴海和黑海的海上控制权也落到了大流士的手里。

不过,大流士的侍从仍然每逢国王用餐时,连续三次地提醒他希腊人的存在。爱奥尼亚叛乱虽已平定,但大流士已酝酿好对希腊发动战争。

希波战争

公元前492年,为了教训胆敢出兵帮助爱奥尼亚叛乱的雅典人和艾莱特利亚人,大流士派哥比亚斯之子马铎尼奥斯率军从陆路进攻希腊本土,同时,波斯海军也协同前往。马铎尼奥斯先攻下赫拉斯庞特海峡要塞切耳松内索,那里的僭主弥提亚德曾在大流士出征斯基泰时主张拆掉伊丝特河上的桥,所以,当波斯大军来到时,他慌忙逃向雅典。就在波斯陆军乘胜攻打色雷斯的部利齐人时,波斯海军也不甘落后,他们攻占了马其顿的撒索斯岛。可是,同陆军因与部利齐人苦战而伤亡不菲一样,波斯海军南下时突然遭遇飓风,以致300多艘战船和2万多名士兵葬身海底。战事无法继续,波斯人第一次征服希腊的行动以失败告终。

强攻不行,大流士改智取。这次,他展开外交攻势,离间希腊城邦间的关系。他派人游走于小亚细亚沿海的希腊城邦间,大肆宣扬很多希腊城邦已经向他俯首称臣.就连雅典人的邻居俄基纳人也不例外。受此蛊惑,雅典人伙同斯巴达人兵发俄基纳岛,生擒那些投靠波斯人的俄基纳贵族,并将其囚禁于雅典。后来,俄基纳人要求释放被扣人质,却屡遭拒绝,于是,雅典人和俄基纳人之间的战争便持续不绝起来。

睹此情景,大流士甚是高兴。他立即派米底人达提斯顶替马铎尼奥斯任陆军总指挥,阿塔佛列涅之子小阿塔佛列涅任海军统帅,领600艘战舰,从南面先行攻打艾莱特利亚。

波斯海军自撒摩斯岛摆桨启航,穿过伊卡利亚岛,不费吹灰之力便攻克了那刻索斯岛。波斯海军一边巩固这个直接面向希腊本土的军事基地,一边向艾莱特利亚所在的尤卑亚岛前进。与艾莱特利亚人的战斗持续了六天时间,最终波斯军队获胜,将艾莱特利亚幸存者尽皆运回波斯本土卖为奴隶。

现在,波斯人只剩下雅典一个打击对象了。这次,该波斯陆军出场了。公元前490年9月,雅典东北部的马拉松平原上来了不计其数的波斯士兵,马拉松旁边那月牙形的海湾也挤满了波斯人的战船,从战船上仍不时地走下一批批的波斯军人,搬下一批批的物资。

眼见波斯大军压境,雅典军营里气氛煞是凝重。毕竟敌我力量相差悬殊,雅典举国之兵也不过一万有余,而波斯军队却达几十万之众。雅典人派出长跑健将斐利匹德斯飞奔斯巴达求援,但斯巴达人正在举行宗教祭祀,不能参战,只能等到祭祀结束后方可发兵。这一消息令雅典人顿感绝望,他们已不能再等,因为时间拖得越长，波斯方面来的军队就越多。雅典大营里开始了紧张的投票活动，10位将军组成的军事委员会以及雅典军政长官必须尽快表决出作战与否。结果，10位将军的投票是5∶5，人们的目光一下子聚集到军政长官卡里马什身上。卡里马什这时候犹豫不决起来，因为他这一票将决定着雅典乃至希腊的命运。在强大的波斯帝国面前，一念之差，即有可能亡国，所以，他不得不考虑再三。这时候，十将军之一的弥提亚德走到卡里马什身边，语气坚定地说道：“现在你掌握着整个雅典的命运，是让你的同胞沦为波斯人的奴隶，抑或让我们通过战斗为雅典赢得自由，同时也让你英名不朽，这一切全看你如何决定了。现在，倘若我们不马上投入战斗，波斯军队会越来越庞大，而我们军队里的软弱派会越来越多地投奔到对方的营地里。我始终坚信，波斯人不是雅典健儿的对手，胜利一定是我们的！”闻听此言，卡里马什顾虑顿消，决定立即开战。而弥提亚德这位出生于雅典古老家族的军事家，在这关键时刻显示了超越常人的勇气和镇定。由于他曾经跟随大流士攻打斯基泰人，所以对波斯军队及其作战方式有所了解。他告诉雅典人，虽然波斯军队人多势众，但士兵大多是从各行省强制征募来的，兵团之间协同作战能力不佳，而且斗志不高，很容易全线崩溃。此外，波斯人虽有箭雨攻势，但其箭矢有钩而并不锋利，希腊步兵有盔甲防护即可安全。相反，波斯步兵方阵只有第一排有盾牌保护，一旦前排被击破，则希腊重装步兵方阵的长矛可轻取之。所以，波斯军队并不是看上去的那么可怕。

弥提亚德给雅典人吃了定心丸，大家一致推举他担任作战总指挥。总指挥一声令下，雅典人走下山间的营地，到平原处排列战阵。就在此时，忽然来了一支援军。原来，这是一支来报恩的军队，他们是曾被雅典人出兵援助过的浦拉泰亚人。虽援军仅有1000人，但不啻雪中送炭。

大流士一世时期的王宫遗址

两军阵前，弥提亚德开始排兵布阵。他清楚波斯人善用从两翼包抄的战术，所以，他有意从雅典的中央方阵中抽调兵力，向左右两翼延伸，与外围的泥沼地相接。见雅典人终于露面，波斯将领达提斯也列开阵式。波斯军中路为重装步兵方阵，以十行纵深铺开，左右两翼围以重装步兵和弓箭手组成的混合方阵，侧后方则是波斯骑兵。达提斯布阵刚刚结束，雅典军队已发起冲锋，而且他们愈跑愈快。当雅典人跑进300米射程时，达提斯命令放箭。霎时，波斯弓箭手几轮排射，箭如雨下，但几乎全被雅典人的盔甲挡开；而且，雅典人此时已飞速冲到波斯阵前，他们的长矛已齐刷刷刺向波斯人。双方立时陷入近身肉搏战中。弥提亚德意料之中的事发生了,波斯阵前持有盾牌的"十人队"队长每人要抵挡住数十杆长矛的猛刺,不一会儿,便全部牺牲。这样,后面没有盔甲保护的轻装步兵便直接暴露在雅典重装兵步的长矛之下。当波斯步兵用弯刀奋力拨开面前密集如林的长矛时,往往顾此失彼,以致身中数矛而亡。这种情形下,波斯两翼渐渐不支。此时,侧后的波斯骑兵也失去原有功效,因为雅典人的两翼扩张到泥沼地,使波斯骑兵无法包抄。相较这两翼及骑兵的失利,波斯方阵的中路渐占上风。那些久经沙场的波斯老兵一度击溃雅典人的中央阵线,怎奈,此时已方两翼溃退,中路立即被雅典人从两侧合围起来,而且对方已退却的中路方阵又冲了回来。如此三面夹击,波斯方面再无取胜的可能。

战局已定,达提斯下令全线撤退。波斯人纷纷向海边的战舰奔逃,落在后面的皆被乘胜追击的雅典人杀死。到了海边,雅典人试图烧毁波斯战船,这一举动立即引发波斯士兵的奋力抵抗。雅典人开始大量伤亡,卡里马什和另外两位将军也在此时阵亡。当波斯人终于乘船离开时,马拉松平原上留下了他们6400名同胞的尸体,海边也燃烧着7艘波斯战船。而雅典人,则仅损失了192人。虽然波斯军队的损失对于整个波斯帝国来说可谓不值一提,但马拉松一战充分暴露了波斯方阵在希腊密集阵面前的劣势。

马拉松战役

波斯人逃跑了,弥提亚德叫来斐利匹德斯,命令他火速把雅典人得胜的消息传回雅典。当斐利匹德斯以最快速度从马拉松跑到雅典中央广场时,他大声喊道:"我们取胜了,大家为此而欢呼吧!"说完倒地而亡。为了纪念他及马拉松战役的胜利,希腊人于1896年在雅典举办的第一届现代奥林匹克运动会上增设了马拉松赛跑项目。

当马拉松战役失败的消息传回波斯宫廷时,大流士认为只有自己亲征希腊才能彻底摧毁对方。于是,他在帝国上下发起总动员,四处招兵买马,重新装备军队,制造船只,囤积粮草。就在他准备西征时,公元前486年,埃及人发动叛乱,且声势浩大。大流士决定亲自前往埃及平叛,但他还是未能如愿,因为病魔夺去了他的生命。公元前485年,伟大的波斯帝国君主、诸王之王大流士一世病逝。他未竟的事业,后来由其儿子、波斯帝国第四代国王薛西斯一世继续下去,希波战争仍以波斯帝国败北而告终。

太阳神"阿蒙之子"

——亚历山大大帝

人物档案

简　历：亚历山大大帝，古代马其顿国王，亚历山大帝国皇帝。世界古代史上著名的军事家和政治家。他足智多谋，在担任马其顿国王的短短13年中，以其雄才大略，东征西讨，先是确立了在全希腊的统治地位，后又灭亡了波斯帝国。

生卒年月：公元前356~前323年6月10日。

安葬之地：亚历山大陵墓。

性格特征：他举止自信，积极活跃，做任何事都充满热情。同时，遇到需要谨慎处理的紧急情况时他还能冷静、镇定、考虑周到，深思熟虑，目光远大。

历史功过：建立了一个西起希腊、马其顿，东到印度横河流域，南临尼罗河第一瀑布，北至药杀水的以巴比伦为首都的庞大帝国，促进了东西方文化的交流和经济的发展。

名家点评：亚历山大大帝是古代世界最著名的征服者。

王子建功

马其顿王国位于希腊北部，公元前4世纪，当这个山地王国悄然崛起时，希腊的辉煌时代已经过去。

公元前5世纪，雅典首席将军伯利克里通过一系列改革措施，振兴了雅典，把希腊推向了繁荣的顶峰。但是，雅典与斯巴达人长期残酷的战争使它日益衰亡。希腊诸邦之间谁也无力统一希腊，而战乱却日甚一日。与此同时，城邦内的阶级矛盾也日益激化，经济出现了萧条。在亚洲，波斯的触角也伸进了巴尔干半岛，干预着诸城邦的内部事务。希腊富有民主的传统，而人们却开始怀疑民主的价值，对自己的体制丧失了信心，对于专制统治的优点他们开始发掘并加以颂扬。总之，历史在此呼唤一个勇猛专横但又不乏圣明的专政者出现,统一希腊,使希腊文明能够远播四方,恩泽世界。马其顿,随着历史的潮汐,开始繁荣强盛,威胁着整个希腊。

马其顿王国出现了几个圣明的国王,亚历山大的父亲菲力浦二世便是其中之一。

菲力浦二世是一个雄才大略的军事领袖,他在即位以前,曾经在当时最强的希腊城邦底比斯作人质。在那里,他受益匪浅,不仅熟悉了希腊的形势,并且从底比斯军事家艾巴密朗达那里学得了"方阵"战术。他做了君主之后,便招募马其顿的牧民和农民,仿照底比斯的军事体制组织了一支强大的军队;这支军队是步兵与骑兵混合的纵队,而当时希腊各邦尚未有骑兵。菲力浦也着手改革了币制,施行"双金制",银本位币与金本位币并用。当时,银币雄霸希腊世界,金币为波斯所采用,而菲力浦则使银币与金币并行,降低了金币的价格,极大地刺激了马其顿经济的发展。

最初,菲力浦率军向东北开疆辟地,一直打到达达尼尔海峡和多瑙河下游一带,接着他便挥兵南下,来征服整个希腊。此时,重新成为希腊各邦雄长的雅典内部分裂成两派,一派以雄辩家伊索克拉底为首,主张联合马其顿,重新发动全希腊对波斯的战争,以雪国耻,同时以战争来解救希腊,使其摆脱内部的贫困,经济的危机和民气的不振,走出衰亡的穷途。另一派以大演说家德谟斯提尼为首,坚决主张制止马其顿的扩张,以保卫希腊各邦的独立与自由。

"如果你自己不能持有武器,那么就应该与持有武器的人为友"——这是菲力浦的雅典拥护者的言论;菲力浦也给予了他的支持者不少帮助,他不吝金钱,他曾说:"驴子驮去黄金,驮回牢固的城堡。"的确,他的外交政策被历史证明十分有效。

"马其顿人的狡猾阴谋毋庸置疑,菲力浦的唯一目的是掠夺希腊,夺走它的财宝和繁荣,它的自由和独立,……"德谟斯提尼发表了多次演说,号召为祖国的独立反对马其顿而战,为保障民主制反对马其顿王的军事独裁而战,其演说汇集成集,即《斥菲力浦》。其言铿锵有力,令人感叹不已。然而这些慷慨激昂的言辞,竟成了希腊城邦政治的最后挽歌。

公元前338年,菲力浦二世在喀罗尼亚一举击溃雅典与底比斯的联军,结束了希腊半岛上城邦林立的局面,此后,希腊诸邦虽然保持了其旧有的政治组织,但在军事和外交上则须听命于马其顿。

喀罗尼亚一役举足轻重,被视为马其顿统一希腊半岛之起点。而在此辉煌的战果中,年轻的马其顿王子亚历山大功不可没。此时他年仅18岁。率军在左翼一举击溃了著名的底比斯神圣兵团,初次显示了他杰出的军事天赋和身先士卒、骁勇善战的卓绝品质。

毫无疑问,亚历山大独特的个人品质、出众的智力、敏锐的判断和随机应变的才能较多地得益于他的青少年生活,而他的青少年生活及其出生则富有传奇色彩和神秘雾纱。

亚历山大的母亲是希腊——城邦的公主,她性情刚烈,坦率直露。传说菲力浦与这位奥林匹阿斯公主一见钟情,不久即结为伉俪。第二年夏,即公元前356年,亚历山大在马其顿首府派拉降生了。

大凡伟大人物,因其卓尔不群,多为附会的征兆和传说所环绕,亚历山大也不例外。

传说菲力浦婚后不久就梦见他放了一块封蜡在他妻子的子宫上,醒后他不得其解,便邀当时的大占卜师阿里斯坦解梦。阿里斯坦则说:"封蜡只能放在实处,王后已身怀六甲,若日后得子,其禀性必符封蜡上所印图形。"菲力浦说封蜡上是一头狮子,阿里斯坦就恭维说:"王子必如狮子般猛迅,可成就霸业。"

古代还流传另一种传说。亚历山大降生之夜,小亚细亚的以弗所城的阿耳特弥耳(月亮与狩猎之神)神庙失火,居民忙于救火,而一位历史学家却袖手旁观。尔后发表议论说:"女神忙于迎接伟大的亚历山大,庙宇被焚,她也会置之不顾,我等凡人救火何用之有?"神庙的冲天火光中,以弗所城的巴比伦祭司们四处奔逃,声言大难即将临头,亚细亚不久将沦于他手。

传说虽为附会,但年幼的亚历山大也确实不寻常,常有非凡之举。他承袭了父母的诸多禀性,母亲奥林匹阿斯性如烈火,耽于幻想;亚历山大从她身上继承了丰富瑰奇的想象力,神秘莫测和反复无常的恶劣脾气,他一生正如其母,狂妄自大,唯我独尊;父亲菲力浦头脑冷静,讲求实际,善于解决实际问题,且富有远见卓识,亚历山大也继承了他父亲的诸多优点,而且表现得比其父更为出色。

亚历山大幼时腿脚敏捷,善于奔跑,有人就问他是否愿意在奥林匹克竞技场上较量一番,而目空一切的亚历山大说:"是的,假如我的对手都是国王的话。"

还有一次,亚历山大与父亲在平川上试马,有匹骏马布斯法鲁斯,性情极野,很难驾驭,无人敢骑,亚历山大却与父亲打赌试骑。他奔向布斯法鲁斯,扭住马头,飞身跃上马背,策马疾驰而去,惊得众人瞠目结舌。当他以合乎规律的姿势驰骋,继而兴高采烈地驰回时,人们不禁大声呼喊,菲力浦高兴得泪流满面,他亲吻着儿子说:"我的孩子,去寻找一个配得上你自己的王国吧,马其顿这个小水塘盛不下你啊!"

亚历山大青少年时期的许多事迹都体现了他的机智勇敢,桀骜不驯,凭借这些品质,他足以成为一个伟大的君主。但亚历山大更有超凡出众之处,他有探索新知的兴趣,有追求理想并付诸实现的热情。一次远征中,亚历山大负责接待波斯使臣,他友善的态度和有节制的提问令使臣心悦诚服。他没有询问波斯帝国的新鲜事和波斯贵族的豪奢,而是问起该国道路的长度和波斯国王的用兵才能和胆略,还询问了波斯的政治体制和传统,他知道自己需要知道什么。一位使臣最后惊讶说:"这个孩子才真是一个伟大的君主,而我们的国王只不过徒有钱财罢了。"

生于王族,亚历山大无可避免地习染了不少宫廷环境的观点和习惯,但他热爱荷马史诗,《伊利亚特》中的阿客琉斯是他崇拜的英雄,据说他在睡时始终把荷马史诗与剑置于枕下。他受到良好的教育,尤其是从师于亚里士多德。亚里士多德担任亚历山大的教师历时数年,有三年时间二人朝夕相处。受亚里士多德的熏陶,亚历山大培养了广泛的兴趣,在医学、自然现象、地理学以及珍稀植物等方面颇感兴趣。他常说,他最尊崇的是亚里士多德,他爱亚里士多德甚于自己的父亲,因为后者仅仅生育了他,而前者却教会他怎样做高贵的人。

亚里士多德对亚历山大的影响主要在热爱知识,尊重文化这方面。远征东方期间,亚历山大还命人返回希腊为其运来许多书籍。他赞助了亚里士多德在雅典的研究工作,派了众多人员供其支配,有打猎的、捕鱼的、养蜂的、喂鸟的等等,分布在希腊和亚洲各个地区。这样为亚里士多德建成了一个规模可观的生物实验室，他还曾下令为亚里士多德征集法律政制资料，为其提供费用。

然而，师生二人的思想、作为、性格情趣却无共同之处，亚历山大曾被亚里士多德灌输非希腊人皆为奴隶的思想，而亚历山大在征服东方期间，则力图谋求各民族平等相处社会理想的实现。

关于亚历山大个人的品质，无论现代或古代历史作品中，都曾有过且至今还有种种分歧的看法。有的过于夸大，有的则轻视失当。然而亚历山大具有大智大慧，具有意志力和坚毅的精神，则无可置疑。波里比阿曾说："此子才智异常，无可争辩。"

亚历山大身材适中，相貌英俊，体型像竞技者，著名的雕刻家吕西玻斯曾为他塑像。从仿制于罗马时代的大理石像看，这位年轻的马其顿王子眼神温柔明澈，脖颈稍向左倾，恬静淡然，透着文雅儒静的书卷气息，你很难与其一生征伐苦战相联系。或许历史的伟大之处就是这样蕴藏在极其深刻的平凡之中。

年轻盟主

喀罗尼亚一役，希腊联军三分之二沦为俘虏，千人战死于沙场，其余则溃散，此后，希腊诸城邦任何反对马其顿的图谋，皆是不足道的了。于此危急存亡之秋，希腊人采取了紧急措施——解放矿场、作坊和农场中做苦役的奴隶，但也于事无补。德谟斯提尼流亡异地，反马其顿党土崩瓦解。

希腊的惨败，缘于马其顿的战术和物资上的优越性，也缘于希腊内部不和及德谟斯提尼的政纲不合时宜。德谟斯提尼的理想是希腊往昔的民主理想，而它在当时已失去了巩固的社会经济的根基，反马其顿党经济上脆弱，人数较少，难以持久抗战。

的确，从前希腊人的爱好自由的精神已如青烟般消散，伟大的政治问题已成为过去，希腊人优秀于蛮族的民族自豪感和战斗精神也一并消失。其时一切都可以买卖于市场，往昔雅典人的关心社会事业，爱国主义，勇敢刚毅，自我牺牲，都换上了唯一的欲望：不纳税、不服兵役，而接受国家的援助。肆无忌惮的利己主义、个人主义已破坏了往昔雅典出色的城邦统一。

国力的衰败，民众的失和与战场上的惨败终于在喀罗尼亚摧毁了希腊人的信心。而被德谟斯提尼斥为蛮人、僭主、暴君的菲力浦二世，则以胜利者的威仪，召集希腊诸邦代表，在科林斯召开了全希腊会议。会议的第一件大事是全面和平，并规定以后希腊结盟的原则。尔后用隆重的言辞宣布私产的神圣不可侵犯，严禁任何以革命为目的重分土地，取消债务，解放奴隶。改组后的希腊联盟与马其顿订立攻守同盟，将组织联军，共同声讨波斯。

科林斯会议标志着东方希腊化（接受希腊影响）的历史新阶段，以马其顿为首的侵略集团形成了。马其顿与希腊的军界、商界中的人士，更是特别地热衷于去争夺东方的巨大财富。

一时间，许多奇谈传说和诗歌幻想，以东方及其秩序、信仰和财富为主题产生出来。

然而，远征波斯的重担似乎并不在菲力浦二世身上，而须由其子亚历山大来承担。公元前336年，菲力浦在其女儿结婚时遇刺身亡。

女儿大婚之日，全希腊王胄贵族云集于马其顿埃加的大剧院里。典礼于清晨开始，长长的仪仗队吹着号角开道前往大剧院，其后是高擎12个奥林匹斯山神像的男人，而菲力浦的雕像也作为第13名神祇尾随其后，不祥之兆似乎已经出现。

菲力浦二世一身素装，顶冠华贵无比，气宇轩昂地走了进来，眉宇间透着凛然的神圣和难抑的喜悦。而此时，一马其顿贵族突然冲出人群，拔剑刺向菲力浦，菲力浦及侍卫尚未回过神来，惊慌中已被一剑刺中，这位力图改变世界的君王，即刻倒于血泊之中。

刺杀菲力浦的阴谋，是一种带有政治性的举动，策划者就是不满菲力浦的极权政治的马其顿贵族，据说波斯王也参预此事。但可悲的是，亚历山大的母亲、菲力浦的弃妇奥林匹阿斯也插手其中，从遭受遗弃那刻起，这位刚烈女子就决意报复自己曾经深爱的男人。

或许仅仅是巧合，喀罗尼亚大战之后，菲

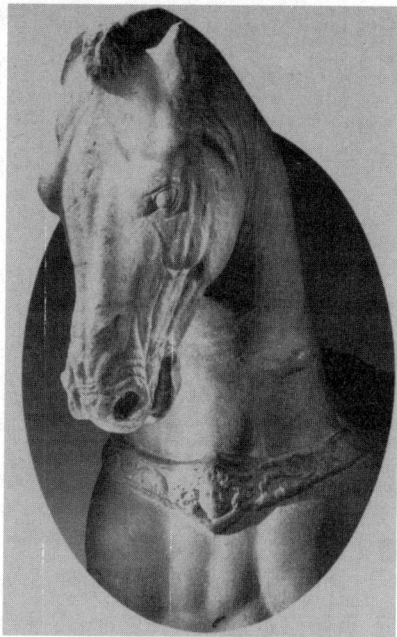

亚历山大的战马

力浦纵酒大醉，在战死的雅典及其盟军的尸首之间举行歌舞饮宴，国王以醉声反复唱道："德谟斯提尼，德谟斯提尼的儿子，提议吧，提议啊！"雅典演讲家狄马德斯当时也陷身为俘虏，看见菲力浦，看见菲力浦的行动便惶恐起来，向他喊道："王啊，你在扮演太尔西提斯的角色啊，可是命运已经决定了你做阿伽门农的悲剧角色了。"太尔西提斯是史诗《伊利亚特》中的丑角，阿伽门农是埃斯库伦斯悲剧的角色，他为其妻所暗杀。酒醒之后，菲力浦回想前事，不禁惶惶然，而两年之后，他果然遭到妻子的报复。

菲力浦死于非命之后，当时的历史学家瑟奥庞波斯评价他说："总而言之，欧洲还从未出现过像菲力浦这样的伟人。"但无论如何，亚历山大以后东征西讨的无比辉煌，他是无法分享的了。

父王被刺后，亚历山大赢得了军队的效忠，从而也赢得了全马其顿，在一片欢呼声中，他被拥戴为马其顿国王。即位后，他便处死了刺杀菲力浦的凶手。这一年，亚历山大年方20岁。

自菲力浦死后，反马其顿情绪在希腊又高涨起来。在雅典方面，反马其顿的民主党抬头了，德谟斯提尼卷土重来，恢复了昔日威信。他穿着盛装，头戴花环，向神作谢恩献祭。然而，反马其顿还未组织起来反抗之时，亚历山大已出现在希腊。亚历山大进兵科林斯，在重兵压境的情况下，同盟大会又一次召开，这位尚显稚嫩但又英姿焕发的国王，挥剑跃马成为远征波斯的领导者。

远征波斯的意图，亚历山大与其父差异很大，他的初衷不仅仅是掠夺财富，他要实现自己一统天下的梦想,他要永久地占据控制整个波斯,甚至他们知道的整个世界。为此,他为远征波斯做了两年准备,扫荡了北部和西部,以便在他真正远征之时,他的后方马其顿及其侧翼能确保无虞。另外,他带来一批科学家和作家到亚细亚做了一番考察,他需要真正了解自己的敌国。

扫荡西部和北部,亚历山大着力于把他的军队锤炼成忠诚无比、所向无敌的一支铁军。他挥师北上,从今天的保加利亚多瑙河,穿越莽莽森林,爬越崇山峻岭,迎受野蛮部落的袭击。亚历山大懂得威慑的力量。他向所到之处的土著炫耀武力,令其震服。其后,他又渡河到现今罗马尼亚,降服了那里的部落,随之挥师北指,入侵南斯拉夫故土。

亚历山大离国之后,反马其顿势力重新勃兴,波斯也不惜金钱予以物资帮助。谣传亚历山大战死,这更加速了各地起义。底比斯率先发难,伯罗奔尼撒若干城市闻风而动,雅典乘机进行征伐,宣布独立……

风云诡谲莫测,亚历山大便火速回师,在十四天内直逼底比斯城(也称忒拜城)。他先礼后兵,让全底比斯人后悔思过,当他们拒绝后,便猛攻底比斯,最终把它焚为焦土,城中仅保存庙宇和诗人品达一家而已。亚历山大警告全希腊:背叛科林斯盟约,定葬身火海;而保存庙宇和诗人品达一家,为了表明自己对希腊文化的尊重和崇仰,也是为了有别于恣意破坏希腊寺庙的波斯侵略者。

毁灭希腊古城底比斯确是一桩滔天罪行,但其比较于以后亚历山大的杀戮劫掠,就黯然逊色许多。然而,古往今来,一、二城池被毁司空见惯,亚历山大较之于其他武力滥施者,却能显其仁慈。纵观其征略一生,总的来说,他对城池、居民一般还是给予了人道待遇。

伊索格拉底这样评价底比斯的毁灭:"底比斯,我们的邻邦底比斯,在一天之内被逐出希腊心脏之外,让他们自受其猖狂的政策的惩罚吧。但是他们之所以盲从和无知,不是由于他们自己的过失,而是神的过失!"

正是由于火与血,宽恕和宽容,亚历山大恩威兼施,迅速平息了叛乱,尔后,向波斯进军,列入了亚历山大的日程之内。

勇胜波斯

公元前334年,亚历山大立即准备征伐波斯。

亚历山大是义无反顾的。出师前,他把所有的地产、收入、奴隶、畜羊分赠友人,假若他一旦出师未捷,纵使其祖国马其顿能够接纳他,他充其量也仅是一衰败贵族而已。而亚历山大则抱着必胜的信心和毅然的决断,他的一个战友问他还有什么留给自己,亚历山大淡然一笑,回答说:"希望!"

他的战友受了他的热情和远征的决心的感动,也效法君主,一时,全军上下喧腾,士气高涨,同仇敌忾。

出征前两年的西征北战,经过长途行军,攻城陷地,亚历山大的军队已训练有素,骁勇善战。这表明亚历山大并不是一个不顾后果的投机冒险家,他总是缜密地制定和严谨地执行自己的计划。

亚历山大的军队是一支职业军队,由服役并训练多年的马其顿贵族和健壮的农民组织。这支军队在当时别具特色。一是亚历山大善于组建骑兵,他赋予骑兵以横扫千军之勇,使其成为手中一支正规的突击利器,这是其创新之举;其次,亚历山大在一切军事行动中,不论是对阵战,还是可能只有一支小分队参加的小规模遭遇战,他都能够将骑兵、步兵和轻装部队联合运用其中。亚历山大认真从事,善于随机应变,他说:"战术就是思考。"

他的战术是:大队骑兵按兵不动,先静观动态,伺敌军阵线上出现突破口后,便向缺口发起猛攻,并以侧翼包抄敌军。他常用右翼兵力作为突击力量。

亚历山大的著名战斗方阵由 9000 名马其顿步兵组成。每行 16 人,256 人为一个作战单位。严格的训练与严明的纪律是方阵的突出特点:每两人之间必须留有3 英尺的间隔,因为如果军队过于密集,遇到坑洼不平的地面或敌人突然冲锋时,不可避免的会有一大片人摔倒而相互践踏。而这种方阵则是灵活多变,容易调动。战斗方阵一般为矩形,但也可变化为正方形和其他形状。阿里安关于亚历山大的文章曾如此记载:

"亚历山大先命令步兵挺矛直立,然后接既定的讯号,士兵俯身做投掷状,长矛密集,时而向左,时而向右。接着他命令方阵快速前进,先奔向右翼,接着奔向左翼,多次以极快速度调动队形,最后使方阵化作楔形向左朝敌军冲去,敌军被亚历山大阵势的快速变化吓呆,结果无力抵挡,败阵而走。"

此种阵法一则可减少士兵伤亡;二者可利用心理战术迫使敌军不战自降。

亚历山大的军队装备精良,士兵皆戴青铜盔,穿胸铠,着胫甲(护腿),步兵配备盾牌、战剑和长矛,骑兵配备短剑、短梭标和小圆盾牌。远征波斯的军队共有 3万步兵、5 千多骑兵,戎装整齐,军纪严明。

出征前夕,据说天上出现了很多不祥之兆,特别是木制的俄尔甫斯神像(希腊神话中的竖琴手,演技出众,其所奏音乐可感动鸟兽木石)出了汗,这件事令众人惊骇。大占卜师阿里斯坦宣称这是因为亚历山大此行创业维艰,需要诗人为之挥汗讴歌。

战争的时机选择得十分适宜,波斯君主大流士三世优柔寡断,朝纲不振,波斯帝国处于深重的内部危机之中,濒临崩溃。西部地区与希腊诸邦多有往来,他们痛感波斯的羁绊,准备依附希腊人了。他们视马其顿为救世主,解救他们于波斯的压迫。此时波斯帝国的存在依赖于武力,而武力所维系的,经不起武力的冲击,况且波斯军队的战术装备并不高,许多方面都抱守残缺,它的农民军非常厌战,军事纪律也十分松懈。而更为可怕的是,倨傲的波斯将领大多轻视亚历山大的军事才能。

亚历山大统率马其顿、希腊军队渡过赫勒斯滂海峡(今达达尼尔海峡),登上了亚洲大陆,船至中流时,他命令向诸神献祭,登陆后又设坛献祭宙斯,雅典娜和赫丘力士,以谢"保佑"。

亚历山大善于用一些非常之举使其行动"神化"、合法化,善于以此宣扬他的正义、勇敢,以达到赢得支持振奋军心的目的。踏上亚细亚土地后,他派中年将领帕米尼欧率主力部队直赴格兰尼库斯河,迎击波斯军队,而他本人则与一些部属直捣特洛伊城。

特洛伊城萦绕着无数的神话传说,也遗留着往昔战争的残痕。900 多年前,阿伽门农曾率希腊大军由此入攻亚细亚,为希腊人赢得了骄傲和自豪。而亚历山大则自称是史诗中神勇战将阿基里斯的后裔,此时,他是否会是第二个阿伽门农呢?他要瞻仰特洛伊城的伟姿,要在希腊人的心里唤起千百次自豪的回忆。

特洛伊这座历史名城接受了亚历山大谦恭的巡视,在此,亚历山大把油涂在阿基里斯的墓碑上,然后按照习俗,在墓前裸身与其伙伴赛跑,以显承续伟业慷慨情怀。尔后,他向阿基里斯献上了花环。牺牲献在了雅典娜的祭坛上,酒水洒在了英雄们的墓前,亚历山大默默地屹立着,向他的祖先和英烈们默许心事。祈祷他们能帮他完成伟业。望着色彩斑斓的花环,亚历山大不禁热泪盈眶,他也许在想900年后,是否会有人在他的墓前献祭;他也许感知了自己正在开创一项惊天动地的事业,向神奇的特洛伊,向他所崇仰的英雄们诉说自己的到来。

公元前334年5月,瞻仰了特洛伊城之后,亚历山大立即返回军中挺进格兰尼库斯河。格兰尼库斯河河岸陡峭峻立,河床狭窄,水流湍急,它的岸边,一场血战爆发了。

波斯军中有位将军名叫门农,很有才干。率领着精锐的希腊雇佣军,他深明情势,主张实行焦土政策,避免与亚历山大正面交锋,以期诱其深入波斯内陆,再伺机歼灭。然而,历史并没有成全这位独具慧目的将军,他遭到了同僚们的嘲笑。

波斯骑兵聚集在河岸边沿,后面是步兵,自负的波斯将军们希望马上阵斩亚历山大。

亚历山大观察了对方的阵势,唇角不禁泛起一丝冷笑,敌军骑兵紧临河岸,没有回旋的余地、冲锋的可能,也不可能有凌厉的攻势。亚历山大即下令列队迎敌。

战术家帕米尼欧素以谨慎著称,劝阻亚历山大说:"尊敬的王,此时天色已晚,不宜发起进攻,我军在如蝗如雨般的飞矢和梭标下渡河作战必定血染清波。"帕米尼欧的担心确实有其道理。

波斯骑兵

此时,西边红霞满天,夕阳已沉,暮色正笼盖四野,而亚历山大战意已决,他不容许敌军有修正阵形的机会,便挥剑调动兵力。他望着愕然的帕米尼欧说:"在这条蛇般的小溪面前,我们踟蹰不前,这将是赫勒斯滂的耻辱!"

在亚历山大眼里,格兰尼库斯河在其大军的铁蹄之下,可轻跃而过。

帕米尼欧指挥左翼,亚历山大指挥右翼,剑拔弩张,列阵于河岸,两军隔河默默相持着。都不敢轻举妄动,突然,亚历山大举剑冲锋,希腊军排山倒海般扑向对岸。

激流汹涌呜咽,浪头朝士兵山岳般地压下,溺水者难以计数;梭标如滂沱大雨,铺天盖地,惨叫声令人心颤;一些士兵爬上对岸后陷于泥淖,无力自拔,而得以登岸的则遭到了猛烈的攻击。

亚历山大率先登岸,率部奋然迎敌,他头戴闪光的头盔,盔冠两侧的白羽毛迎风飘展,厚厚的亚麻布铠甲早已血迹斑斑。乱军之中,他成为围攻的主要目标,一支梭标射穿了他的胸铠结，尔后，两位波斯将军策马向他疾冲而来。亚历山大勒马迎战，拼杀之中，长矛折断，他唯能拔剑抵挡。两马交错的一瞬，对方战斧劈向亚历山大头部，他俯身躲闪，头盔被砍落在地，危急时刻，他的总角之交克雷图斯策马救驾，一矛刺穿了敌胸，亚历山大则把另一名波斯将军刺落马下。

待马其顿的方阵渡过河来，敌势已微，波斯军在马其顿骑兵的冲杀之下开始溃败。暮色下沉之时，格兰尼库斯河畔则响起了马其顿士兵的欢呼。

此役，亚历山大的亲兵马队仅损失24人，亚历山大命著名雕刻家吕西波斯为他们雕塑了24尊铜像，竖立在希腊以志纪念，而两个被俘的希腊雇佣军则被戴上镣铐押回马其顿，在荒凉地区从事垦田。

次日，亚历山大埋葬了阵亡将士，并颁布法令免除死者双亲子女的税收。他看望了受伤战士，勉励他们应为自己的战功而自豪。对于敌军尸体他也下令认真掩埋，然后，向雅典人赠送了三面盾牌作礼品，而他送给母亲的，仅是波斯人的面具和一件紫色单袍。

格兰尼库斯河一战，对于亚历山大来说有决定性的意义，他赢得了全军将士的崇拜和希腊后方的热情支持。对于未来，这位青年将领也雄心满怀。

在中亚细亚沿岸有大量的希腊城邦，他们受到了波斯的专制统治。而现在，亚历山大则以解放者的身份来到了这里，亚历山大宣称此行为了恢复民主政权。在他的号召下，以弗所等诸多的城邦走到了他的阵营中，而在米勒图斯等地的抵抗则不堪亚历山大一击。

他进入了卡里亚地区后，当地土著女王阿达表示希望收他为义子，亚历山大十分高兴地赞同了这个意见。通过继嗣方式，他可以宣布自己为这些野蛮人的君主。

亚历山大知道应怎样维持全军高涨的士气。

他也拥有自己的一支舰队。这支舰队原由一些雅典的战船组成，它们是雅典的抵押品，亚历山大以此舰队来确保那座紫罗兰花环绕的古城不会背叛自己。而现在，他要解散它了。他知道自己的海军同敌人相比处于明显劣势，远征初捷之后，他不愿海军的一次失败影响全军士气，那种影响要比吃败仗本身的影响大得多。解散海军后，他便进入了小亚细亚腹地，在那里他任命了"野蛮人"当两个省的地方总督，初步显示了亚历山大对各民族一视同仁的宽阔胸怀。

公元前333年春，亚历山大抵达戈尔迪乌姆，在这座城市的卫城上有一辆四轮战车。这辆车据说是神话中的皇帝戈尔迪乌姆的战车。车辕上用山茱萸皮打了一个绳扣。传说谁要能解开这个绳扣，就能够统治亚细亚。亚历山大参观了这辆战车，他惊叹于制造战车的技艺，但为了解开绳扣费了不少心思。经过仔细观察，他发现绳的两端都巧妙地藏在结中。于是他拔剑劈开绳扣，绳扣在利刃下断开。亚历山大扔了剑，手舞足蹈，大声喊到"我解开了，我解开了"。

当天夜里，骤然电闪雷鸣，狂风大作，占卜师认为这是上天示兆诣神的意愿将得以满足。占卜之后，亚历山大及其将士欢呼雀跃。而是夜，波斯名将门农的死讯传来，不久前大流士派门农统领海军，计划袭击希腊。而今，一切皆成泡影，亚历山大兴奋不已，便设宴痛饮。

偶有闲暇，亚历山大便在军中安排竞技，进行文学、音乐比赛，十分关心将士的休息娱乐，而他也或挽弓习射，或驱战车格斗，晚饭时他常召见厨师和面包师，问明是否已做好开晚饭的准备工作。

黄昏时,亚历山大则常与朋友们共进晚餐,一同饮酒叙旧,戎马倥偬中,他身负征略重任,与朋友们的关系难免日渐疏远。所以,他便借此来重温旧谊。

经过不时的修整和兵员补充,马其顿士气更为旺盛,其所到之处,攻无不克,战无不胜。不久,亚历山大率部队进入土耳其的奇里乞亚平原。

时值酷暑,天气十分炎热。有天,汗流浃背的亚历山大纵身跳进清凉的基得努斯河中畅游了一番。结果得了病,时而发冷,时而发烧,医生菲利普是亚历山大的朋友,他为亚历山大配了剂药方,用于逼便去实,而就在此时,亚历山大收到从大曼送来的帕米尼欧的亲笔信,信中要他提防菲利普,信中说大流士已说服菲利普害死亚历山大,答应赏以重金,并把一个女儿许配于他。亚历山大把信压在枕下秘不示人。当菲利普带着药进来时,亚历山大把信拿给他让他念。

菲利普颇感蹊跷,在亚历山大含笑的目光中打开了信,而亚历山大则不紧不忙地打开药包,就水冲服。

菲利普读着读着,脸色由青变白,汗珠顺着脸颊滴下,他嗓音颤抖,手指几乎捏不住信纸了。终于,他再也无法看下去,惶恐地向亚历山大望去。

亚历山大绝不相信自己的密友会对自己怀有二心,他信任菲利普,服了药,他就看着他惊恐不已的朋友。

两人的目光相遇了,一双眼充满了惊惧,另一双眼则充满了信赖。菲利普惊愕地张开了嘴巴,亚历山大露出了欣慰的笑容。

没多久,亚历山大便已康复,但风传说他需要很长时间才能痊愈,这无疑是诱使大流士进入奇里乞亚平原的一部分,因为该区地形不利波斯军展开阵形。

秋天,亚历山大离开奇里乞亚。但当他获悉大流士进入奇里乞亚时,便立即回师,在当年即公元前333年10月底抵达伊苏斯,当大流士隔品那洛斯河驻扎,两军进行了第二次交锋。

这是一场大会战,波斯国王大流士亲率号称60万的大军参战,亚历山大仅有5000多骑兵,不足3万的步兵先锋参战,二者实力相差悬殊,伊苏斯会战充分体现了亚历山大灵活用兵的杰出才能,是历史上著名的一次以少胜多的战役。

为了赢得战场上的胜利,亚历山大召开军事会议,对敌我军情做了认真的分析。他认为,敌人唯一的有利条件是兵多,但都部署在这块狭窄的地形中,不易机动;而马其顿军则占有开阔地,不受地形限制;波斯军长期沉浸在舒适享乐的环境中,战斗力不强;而马其顿军则拥有一批有才干的将领和欧洲最勇敢善战的士兵。同时,亚历山大也认识到了此役的艰巨性,将与之交锋的是波斯各地区征集的精锐部队,因此,亚历山大指出不利条件后,还针对大流士已有准备,并把大军迂回到马其顿军队背后摆开阵势这一情况作了周密的部署。根据右翼靠山、左翼临海、正面是开阔的这一战场的地形特点,亚历山大把兵力中的主力骑兵摆在左右翼,方阵放在中央,其余骑兵为左翼,并令左翼的帕米尼欧死守海岸,以防波斯军从侧翼包抄。

大流士三世则把他的大部分骑兵部署在靠海的右翼,把另一部分骑兵放在左翼靠山的地方,后又因地形狭窄,骑兵施展不开,又将其左翼骑兵的大部调到右翼,大流士本人则坐镇大军的中央。

亚历山大观察到波斯骑兵几乎都部署在沿海左翼,便立即调整自己的部署,调右翼一部分兵力从方阵背后悄悄转移到左翼,从中央抽调两支部队加强右翼,并命右翼分为两段,形同叉状,一股面对波斯主力和大流士本人,一股朝向占据马其顿后方一些小山的敌军。

暗中调整妥当后,亚历山大遂率部队前进,开始速度很慢以保持队形,进入敌军射程之内后,亚历山大立即率随身部队向敌军扑去,力图尽快进入混战状态。

厮杀异常激烈,冠提斯在描述此景时写道:"亚历山大既是指挥官,又身先士卒,因为大流士趾高气扬地立在战车上,所以其前面景象奇特:朋友们奋身护卫,而敌方凶狠地袭击他。当大流士的兄弟奥克撒拉斯看见亚历山大扑向其兄长时,便率骑兵横在战车前面。奥克撒拉斯身材高大,勇冠三军,冲向他的人一一被砍翻马下。"

"马其顿人簇拥着亚历山大高声呐喊,互相激励,突然出现在阵前,接着是一片令人目不忍睹的惨景,大流士战车四周僵卧着一些高级将领,他们死的光荣,全都脸向地,伤口都在前身。……马其顿人的伤亡也很惨重,无数人悲壮战死,亚历山大本人也股上中剑,这时大流士战车上的马匹受伤狂奔,大流士几欲跌下。"最终,大流士担心丧命,拨转战车落荒而逃。

大流士的败逃极大地影响了波斯军的斗志,结果波斯军全线溃败,被歼十万余人。亚历山大则全力追击。

亚历山大返回伊苏斯后,发现部下已为他收拾了大流士的大帐,帐内陈设华丽,珠宝珍玩琳琅满目,亚历山大立即脱下铠甲走向浴室,他边走边说:"让咱们在大流士的浴室中洗去战斗中的汗水吧!"他的一位朋友答道:"不对,应该说是你亚历山大的浴室,因为被征服者的财产属于征服者。"

浴室中,水管、水罐、首饰盒都是造型优美的金制品,香料和膏脂的香味氤氲蒸腾。亚历山大对于东方的豪奢有了深刻的认识。

大流士的母亲、妻子和两个女儿都沦为俘虏,亚历山大知道这消息后,就说:"我的敌手是大流士,敌手只有大流士一人而已,她们本是无辜的,要依照旧时的生活供应她们。"

数年之后,亚历山大为使自己的统治合法化,同大流士的一个女儿结婚。大流士的妻子是极其出众的美人,但亚历山大从未动过非分之想,与大流士之女结合是他第二次娶妻,在这之前他曾同一伊朗贵族之女罗克桑结婚。他的两桩婚姻都是政治交易。另据古文献记载,亚历山大从未有过情妇,他也许无暇接近女色。

胜利次日,亚历山大抚慰了将士,设坛向诸神谢恩,并举行隆重的仪式埋葬阵亡将士。

自亚历山大越过赫勒斯滂以后,历时仅一年半,他赢了两次对波斯的对阵战,驱逐了中亚细亚沿岸的波斯驻军,统辖了小亚细亚,也收复了无数山区部落。为了促进经济繁荣,亚历山大也开始从事公共建筑的建设工作,他重建了以弗所的阿尔特弥耳神庙,他出生当夜这所神庙曾被焚毁。

此外,亚历山大恢复了大多数城邦的民主政体,出征时,他的身份是马其顿国王,科林斯同盟盟主,他以此身份进入了小亚细亚,与此同时,他还是沿海诸希腊城邦的同盟者,一土著女王的义子。

摧毁推罗

推罗城是腓尼基海岸的重要海港,当时最繁荣的商业中心,同时也是波斯舰队最重要的海军基地。

波斯虽然在亚洲大陆连连战败,但其海军却完好无损,依然称雄爱琴海。这支精良的舰队若与希腊反马其顿力量联合起来,亚历山大的运输线就有被切断的危险。那样,兵员补充困难,物资无法补给,马其顿军在亚细亚的战果可能将一举丧失,且有被歼之险。

亚历山大已意识到当时处境的不容乐观,伊苏斯会战绝没有令波斯屈服,当务之急是歼灭波斯海军,巩固自己的后方,保障自己的运输线,而他没有海军。

但亚历山大深信,如果他攻下腓尼基诸城,如果他占领了波斯海军的大本营和基地,那么,波斯舰队就成了海上游魂,水手就会弃船投奔。他的这个推论果然应验了。当马其顿军沿海岸推进时,一个个城市闻风而降,而推罗城例外。

推罗城自有它骄傲和自信之处。新巴比伦王国国王尼布甲尼撒曾率大军围攻推罗,但它坚守城池达十三年之久。它是一个小岛,远离大陆一英里半,城墙由石头砌成,高深坚固,而推罗人尚拥有强大的海军,拥有当时新奇先进的作战器械。

摧毁推罗城,成了亚历山大最辉煌的战绩。

亚历山大兵临城下,推罗人便使出了缓兵之计,派使节献城投降,并希望亚历山大能帮助他们拓展大陆。看了降表,亚历山大说:"非常感谢你们的诚意,愿我们能够共享和平的幸福。"他接着和颜悦色地对使节说自己非常想到岛上观光,并去祭祀岛上闪米特族玛尔克特神的圣祠,此神在希腊被认为是赫克里斯,是亚历山大的祖先。"我们都非常崇拜他,只有用虔诚隆重的祭奠,我们才能表达对他的热爱。"

但推罗人拒绝了亚历山大进驻城内。这样,假降的骗局也被揭穿,战争便不可避免地发生了。

据说,大战之前有许多预兆,亚历山大声称他梦见赫克里斯引导他进了城,大占卜师阿里斯坦便说这意味着这场攻城战要付出很大的代价,因为赫克里斯的成就是用力气取得的。而又据说不少推罗人梦见太阳神阿波罗要离开他们到亚历山大那边去,于是他们就把阿波罗的塑像钉在座垫上面,就好像阿波罗是一个叛逃未遂的投敌者。

亚历山大下令修筑一道从陆地通向小岛的宽200英尺的长堤。他亲自参加了劳动,不失时机地发表鼓动性讲话,并以重金嘉奖干活出色的人。起初,筑堤工程十分顺利,但当长堤延伸到岛城附近时,水深已达18英尺,推罗人从城上袭击筑堤士兵,而且,长堤还不时遭到推罗人战舰的攻击。

马其顿士兵在堤上筑起两座塔楼,外面包上皮革以抵挡推罗人的火箭,楼内安装石弩射击敌舰,在枪林箭雨中,长堤缓慢地向前延伸。

一天,大风从海面吹向海岸,推罗人便划出了一艘火船。宽大的船舱和甲板上满载干柴、树脂和硫磺。两根桅杆的桁端悬挂着装满了燃料的大锅。船的负载使船尾下沉,船首高翘。火船接近长堤时被火把点燃,风助火势,直袭塔楼。由于桅杆被火烧坏,大锅中的易燃品便全部倾出,洒在长堤和塔楼之上,瞬时间,塔楼浓烟滚滚,烈焰四窜,马其顿士兵纷纷跳海逃生。

长堤被毁,亚历山大立即命令另筑一道长堤,较之原来要宽得多,上面筑起了更多的塔楼。这道长堤后来被泥污壅塞,所以现在建在推罗城旧址上黎巴嫩苏尔城已是大陆的一部分。

此时,面对推罗人的战舰,亚历山大也须组建自己的舰队与之抗衡。他在腓尼基其他城市及塞浦路斯收降了近200艘战舰。接着,为了建造更多的船只,他带军入山采集雪松作船料。

亚历山大青年时代的老师雷西马楚斯也参加了这次远征,因为年迈体衰,差点掉队丧命,亚历山大冒死把他救了出来。当时天色已晚,雷西马楚斯远远落在了队伍后面,亚历山大不愿他只身落伍,便与他同行,两人沿着陡峭的山路前进。是夜寒冷异常,林中远处尽是敌人的篝火,亚历山大悄悄摸到最边的一堆篝火旁,用矛刺倒了两个敌人,抓起了一根燃烧的树枝返回到他那一小队人中。接着他们点起大堆的篝火,故意大声喧哗,利用疑兵之计吓跑了敌人。这些忠于友情与袍泽患难与共的小事和他的骁勇善战一样,使亚历山大深得人心,赢得了全军战士的衷心拥护。

亚历山大组建了一支庞大的舰队,浩浩荡荡地向推罗进发。推罗人见之大惊,便紧闭城门,拒不出战,并封锁了附近的两个塔口。同时全城人倾城而出加固城防,面向堤岸的城墙最后竟达150英尺。这段城墙全由巨石掺和胶泥筑成。竣工之后,他们又把一些大石块推进浅海,以阻止船只靠近城墙。

马其顿人用小艇搬运巨石,推罗人就派人潜水割断船锚的缆绳。最后,马其顿人不得不用铁链代替缆绳,并用起重器扫清航路。

经过多日拼抢,马其顿人终于扫清了道路,靠城墙搭起了多座浮桥,亚历山大便下令攻城。

接到攻城命令,早已愤怒的马其顿士兵潮水般涌向城墙,当他们还未来得及架起云梯,墙上便撒下了一面面大网,被套进去撒进深海。得以登城的,又被推罗人用叫作铁蒺藜的兵器拽下城去。亚历山大派遣士兵用大撞锤撞击城门,推罗人就把锋利的镰刀绑在长竿上割断撞锤的绳索。推罗人在城上架起了大铁锅,把沙子烧得滚烫,向城下倒,并把烧红的大铁块投向马其顿的船只和士兵。一些马其顿人被俘,推罗人就把他们推向城头,当众杀死,尸体抛进大海。

这场围攻战历时七个月,马其顿人使用了大撞锤、攻城塔、云梯、穿城螺旋锥等所有的攻城器械,终于击塌了推罗城的一段城墙。亚历山大立即命令战舰朝两个港口疾驶,并调一些战舰在浅水处向城内投掷梭镖,开弓射箭。于是推罗人四面受敌,无路可退。接着,亚历山大又命从另一些船上搭起浮桥,由艾德米图斯率全身披挂的马其顿步兵攀登城墙,亚历山大也在士卒之中。艾德米图斯第一个登上城头,当他向他的部下欢呼时,被一矛刺中,壮烈牺牲。

推罗城终于被攻陷了。

亚历山大下了屠杀令,登时,推罗城内哭声震天,有八千多推罗人被杀,幸存者有3万余人,也全被掠卖为奴。

推罗一战,亚历山大的手段无所不用其极,犯下了滔天罪行,他必须攻占推罗,否则他就无法实现向埃及进军的下一步计划。当亚历山大决心实现其目标时,他可以不择手段,虽然他的目标究竟有多大,在当时他也不清楚。

但有一点可以明确,亚历山大的目标并不在掠夺,一个新型社会正在他头脑中酝酿,这些可从他在小亚细亚的行政安排上可以看出:他希望各个民族、各个种族都成为他王国中平等的一员。

围攻推罗期间,亚历山大收到了大流士的一封信,大流士提出了和谈,表示愿意割让幼发拉底河以西领土,赔款一万塔兰特(1塔兰特约等于现今1800美元),并愿送嫁一个女儿给亚历山大。亚历山大与其友人商议此事时,帕米居欧说:"如果我是亚历山大,就会接受这些条件,结束战争。"亚历山大回答道:"假如我是帕米尼欧,一定会这样做。"他告诫他的友人说:"只有真正结束的战争才会带来和平。"会后,亚历山大傲慢地给大流士回信说:作为全亚洲的统治者,当我有希望取得全部波斯时,我不希望只得到它的一部分。

历史杰作

在天涯出现了您美丽的形象
您,这活的阿顿神,生命的开始呀!
当您从东方的天边升起时
您将您的美丽普施于大地
您是这样的仁慈,这样的闪耀
黎明时,您从天边升起
您,阿顿神,在白天照耀着
您赶跑了黑暗,放出光芒
上下埃及每天都在欢乐
人们苏醒了,站起来了
这是您,使他们站起来的

公元前332年11月,亚历山大以阿顿神的形象出现在埃及,他驱逐了波斯人,把埃及人从暴政统治之下解放出来。马其顿军队享受到了王师之尊,被恭恭敬敬地迎进了埃及。

希腊与埃及在此很早以前就互通有无,亲密往来,有不少希腊人迁居埃及,在这里,两种原本不同的文化逐渐融合。埃及的文化古老灿烂,希腊文化在当时占尽风流。埃及人在保持着矜持的自尊心同时,仰慕希腊文化的辉煌和伟大,希腊人对埃及那古朴悠久的文化充满了尊敬,尤其对埃及的宗教倍感神秘,既敬且畏。在所有的存在物中,文化则具有相对较长的恒久性和凝聚力,在彼此仰慕之中,尊重与和睦则集中体现了它无以比拟的力量。

于是,亚历山大在这里找到了他最重要的东西——统治帝国的新思想。在他埃及充分感到了希腊文化的地位之重要,影响之巨大,使他更确信了希腊文化的优越性。武力可以暂时维持一个帝国的完整,但无法阻止一个帝国最终破碎分裂的局面出现。唯有人们普遍接受或乐于接受的政治体制,繁荣兴盛的经济贸易,公正理性的法律规范,充满活力且具有无穷魅力的文学艺术,基本一致且善于应变协调的思想观念,甚至相似或因相互影响而趋同的生活方式,才能真正使一个帝国永葆青春,疆土永固且不断开拓。

我们无法确切地说亚历山大此时的思想已臻于完善成熟,但至少可以从历史的痕迹中看到,他循着这样的思维去做了。他大兴土木建成了亚历山大港即亚历山大里亚,这座港口在今天依然是世界最大最繁忙港口之一,古希腊文化在此,像太阳神阿蒙一般,光芒辐射四散,他朝拜了在锡瓦绿洲的阿蒙神谕宣示所,被祭司们认作阿蒙的儿子,在埃及取得了与法老同样的合法地位,并得到了埃及人的认同,尤其突出的是,他信任埃及本土人,委之以重任,以其宽宏大量赢得了埃及人的尊重。

亚历山大里亚是亚历山大的杰作,建址于一个叫拉科德的乡村附近,在尼罗河西端的河口以西。由于地中海海流的冲击,这个港口没有泥沙的淤塞。亚历山大之所以能够在短时间选定港址,得益于本人的博学和他随侍在左右的一批科学家。

在亚洲,亚历山大建立了不少城市,也多以其名命名,但其中大多是在原城址上加以整饬或扩建,在原来的居民中加入了一些殖民者,且移居者主要是年老体衰或负伤的士兵。这些"新"城也大多位于战略要地,军事意义尤为重要,而亚历山大港则完全是从无到有,且具有多重作用,它既是继推罗城之后地中海沿岸的商业中心,且是联系东西方的洲际桥梁,另外,它也在后来成为一个大行政中心。

亚历山大港中聚集了许多希腊与马其顿士兵,以及一些希腊移民。在这里,他们把希腊的习俗、法律、艺术和生活方式带给了周围的蛮荒世界,使埃及在此后的希腊主义时代成为尤为重要突出的区域。这座城市,建构、成熟、体现着亚历山大的治国方略。

一座高400英尺的灯塔曾守护着这座港口,被誉为世界七大奇景之一。

在兴建亚历山大港期间,亚历山大向利比亚沙漠中的绿洲——锡瓦进行了朝拜,在锡瓦,矗立着宙斯——阿蒙的神谕宣示所,希腊认为它仅次于提佛的阿波罗神谕宣示所。

有关横穿沙漠的旅行,阿里安根据他所收集的史实写道:"他们迷了路,连最好的向导也不知路在何方。这时,他们发现两大毒蛇,这两条蛇发出骇人的声音,向前爬行;笃信神兆的亚历山大便命令向导跟着两条蛇走……"但无论如何,亚历山大终于到达了锡瓦绿洲。

锡瓦祭司们欢迎了他,在他们看来,一个外国人到达锡瓦绝非凡举。公元前6世纪波斯冈比西斯吞灭埃及之后,就亲率大军奔赴锡瓦,企图摧毁令他厌烦的神庙,但在浩瀚的大沙漠,全军覆没,无一生还。事隔两个世纪,亚历山大却比较顺利地到了锡瓦,但那些僧侣们欢迎亚历山大的一个重要原因还在于他们欣赏他的慷慨,只要这些僧侣有所暗示,亚历山大就会把大批的奴隶,肥沃的耕地和无数的珍宝赠给他们。几千年来,贪婪已成为这些历来坐享其成的僧侣们的特征。

神庙富丽堂皇,前所未有。整座大庙犹如一个金石堆成的坚固城堡,全部用黄金涂漆、庙内的甬道路面是银漆的,所有的门道都镀着纯金,建筑十分宽大,一切装饰都是经久不变的。阿蒙神像是名贵的玉石经能工巧匠之手雕凿而成,高大雄伟,庙宇高不可攀,黎明时分,它的光芒像太阳一样直射人面。有一个御座由黄金和名石砌成,庙的正面则竖着许多黄金铸就的旗杆。

亚历山大在由衷的赞叹中被祭司引进了神庙,他单独在庙内领受了神谕,出来后,他仅仅说:"神的意旨与我的意旨完全相同。"其余的一切则讳莫如深,后世不得而知。

在这里,亚历山大成为埃及王权的合法继承人,他被祭司们看作阿蒙的儿子。

埃及的哲学家普萨蒙也给予了亚历山大很大的影响,亚历山大接受了这样的教诲:无论何时、何地、何种情况下,王权与统治都是神的赐予,那么全人类都应服从于神的统治。亚历山大则把这则教诲演化为:神的确是全人类的共有之父。但对于那些人类中最高尚、最优秀的人,他将特别地变成自己的化身。而这最优秀的人,每一个民族都可能出现。

在埃及期间,亚历山大思考了许多,他深知,胜利肯定会带来和平。而和平又令他深思,因为在战场内外同"野蛮人"的接触中,他相信所有人的本质都是相同的。他这样总结说:"人们应该把所有好人都视为自己的同族,只有坏人才是异族。"

亚历山大大大帝铜像

至今,埃及人民依然敬仰亚历山大这位英雄。埃及现代史学家阿·费克里这样写道:"那时,马其顿英雄之星,亚历山大开始在世界地平线高高地升起……他无疑是伟大的将领,或许可称为古代最伟大的人。他的伟大之处,不仅在于他军事上的勇武,也在于他闻名于世的博学与宽宏气量……他受到了埃及人的欢迎,他曾是埃及人的解放者,把他们从可恨的波斯人手中解放出来……他临终只有一个希望,他忘掉了母亲,忘掉了他的家,也忘掉了他的帝国和他所有的一切。他想到的只是那块绿洲……与埃及人亚历山大有着同样情感的根脉。"

波斯灭亡

居鲁士是波斯帝国的开国大帝,公元前550年,他推翻米底帝国而据有其地;公元前546年,他攻陷两河流域的吕底亚帝国首府萨底斯,掳走其王;8年之后,他又占领迦勒底帝国的首都巴比伦;其子冈比西斯在公元前525年征服埃及;大流士一世东拓疆土至印度河流域,建立庞大的海军,向西与希腊争锋,这个武功赫赫的帝国曾囊括伊朗高原、两河流域、小亚细亚、叙利亚、巴勒斯坦、埃及以及色雷斯。在古西洋史、古西亚史上,在两个多世纪中,它声名远扬,威震四邦,有着难以言述的风流与辉煌。

但是,穷兵黩武与横征暴掠,民族间隙与阶级矛盾,使这个庞大帝国在亚历山大的兵锋之下气喘吁吁,捉襟见肘,亡国之日渐渐迫近。

公元前331年春天,亚历山大在埃及补充了兵员物资之后,便引兵东侵,深入到了波斯帝国腹地。

在底格里斯河河畔,发生了一次月全食,这在马其顿军中引起了极大的恐慌。为了消除疑虑,亚历山大祭祀了月亮、太阳和大地,并请占卜师阿里斯坦卜测。经过一番忙乱,阿里斯坦郑重宣称:献祭的牺牲预示本月可获大胜。

是月,两军果然在高米加拉对阵。

大流士在全帝国广征新兵,添造战车,组织了一支号称百万的大军(主力步兵约八万,骑兵约一万五千)。他选择高米加拉作为战场,是为了避免伊苏斯会战时因地形狭小而引发的失利。为了使带大弯刀的战车有更大的用武之地,他甚至命人铲平了一些山丘。

大流士一直认为对手会突然袭击,也确实有人力劝亚历山大这样办。但是亚历山大扎好营盘后就下令让士兵吃饭睡觉,而他本人则与阿里斯坦德一起在营帐前举行某种神秘的宗教仪式祭祀费尔神。与此同时,帕米尼欧和一些久经沙场的军官们眺望着整个平原上敌军的篝火,倾听从敌营中传出如海潮般的喧声,看来似乎很清楚他们要想在白天击退敌人是不可能的,因此,一等亚历山大祭祀完毕,他们就催促他趁黑夜策马向敌人发起攻击,但亚历山大拒绝了这个建议,他认为在夜袭中会造成混乱和危险,自己军队的精锐优势难以发挥。他最后用幽默的口气对他们说:"我不想偷取我的胜利。"说罢便上床睡觉去了。

翌晨,亚历山大还酣睡未起,军官们只好自作主张下令让士兵吃早饭。最后,迫于形势危急,帕米尼欧只好走进亚历山大的官帐,几次直呼其名唤他醒来。他看到亚历山大睡意未消,急得直跺脚,他大声向亚历山大大喊道:"我们全军将士的生命和全希腊的前途都在今天决定,而你却好像已经打了胜仗一样。"亚历山大闻言却笑了,反问道:"亲爱的朋友,你不认为胜利已经属于我们了吗?我们无须再四处打大流士了,他送上了门,我们不应该睡个安稳觉吗?"

前两日,亚历山大已认真侦察了敌军,知道敌方军队不仅有精锐的中亚骑兵和印度象队,还配置了二百辆装备着锋利刀轮的战车,这种战车具有极大的杀伤力。在一次战前军事会议上,他特别强调了这次作战和过去作战的不同之处:不是为了夺取叙利亚、腓尼基,也不是为了占领埃及,而是要在此解决整个亚洲的主权问题。他要求每个人都必须从全军的安危着想,需要安静时,要做到鸦雀无声;需要搏斗时,要喊出惊天动地的喊声,全军上下都要机敏地服从命令,该进则进,该止则止,互相呼应,紧密协同。会后,亚历山大又进一步对战场和大流士的军事部署做了全面的侦察,掌握了波斯军队的阵形配置情况:两翼是骑兵,中央是一线步兵,二线全部是步兵,中央前方是象队,左翼前方配置了一百五十辆刀轮战车,右翼前方配置了五十辆战车,主力在左翼,大流士位于中央。他针对波斯军的布阵特点,把自己的兵力作了严谨的部署:以步兵为主力,把密集的方阵置于正中,两翼配置轻装骑兵,在第一线背后两翼外侧设一条后备线,正好与第一线成斜角。如果第一线被敌军包围,后备线即迂回到侧翼进入迎击;如果敌军想绕过侧翼进攻,后备线则直接攻击敌军侧翼;如果敌人不这样打,后备线就向内旋转,以增强正面的兵力。在第一线中央方阵前面,他还精心地埋伏了一些优秀的弓弩手和一支标枪队,以打击波斯的战象和战车。从整个部署来看,马其顿军队的阵形为一空心大方阵,具有较大的机动性。后备线可以面对任何方面,各处都可以构成正面。

这天是公元前 331 年 10 月 1 日,一切准备就绪后,亚历山大跨上战马布斯法鲁斯,把长矛换到左手,举起右手祈祷诸神给希腊人和马其顿人以庇护和力量。在行列中骑着马的阿里斯坦身披大斗篷,头戴金冠,他用手指点着亚历山大头顶上飞翔的雄鹰,此鹰随即直向敌阵飞去,这一情景使马其顿人勇气倍增。

大战旋即启幕,为了摆脱波斯战车和战象的冲击,率右翼向右前方斜角推进。大流士担心亚历山大右翼越过平坦开阔的战场,使战车丧失作用,遂命令其左翼前排迅疾绕过亚历山大右翼,企图迫使亚历山大停止前进。亚历山大即派出部分兵力阻击波斯军迂回,并将其击退。当右翼骑兵与波斯军正进行混战时,大流士指挥他的刀轮战车,全力扑向马其顿方阵。但列于马其顿阵前的梭镖手和其他轻装部队刺杀了一些战马,还把另一些骑手拉下马来;冲到马其顿人主战线的战车则发现马其顿人遵照指示分开放他们进去。此时亚历山大已率右翼击退了波斯军左翼的反突击,接着他调上了整个方阵,直冲大流士的步兵方阵。

大流士被这凶猛的攻势吓破了胆,拨转马头,溜之大吉。马其顿的右翼战斗方酣,其左翼也发生了恶战。由于亚历山大向大流士方向猛烈冲击,使马其顿军的左右翼之间形成了一道缺口,波斯将军梅沙乌斯乘机涌进这道缺口,但被马其顿的后备部队顶住,帕米尼欧也迅速向准备追击大流士的亚历山大请援,亚历山大旋即回师,与波斯骑兵展开了激烈的拼杀。战斗异常激烈,亚历山大有 60 名亲兵横尸沙场,其好友赫斐斯申等人也都负了伤,但大流士逃跑的消息传来,令波斯军士气大落,皆无心恋战,夺路落荒而逃,于是波斯军全线溃败。

亚历山大举行了隆重的祝捷仪式和祭神仪式,以金钱和财产犒赏诸将士,并自诩为亚细亚之主。高加米拉决战,使波斯人元气大伤,一蹶不振,亚历山大便乘胜进军,直逼古都巴比伦。

尚未抵达巴比伦,帕米尼欧在高加米拉战役中的劲敌梅沙乌斯便率军投降。亚历山大尽其一切可能安抚了他们,任命梅沙乌斯当了地方总督,但为了相互牵制,数名马其顿军官则担任了军事和经济方面的职务。对于宗教建筑,亚历山大则命令一一重建,那些庙宇包括马德克庙宇,均毁于波斯人之手。

富庶的波斯行政首都苏萨成为亚历山大的下一个进攻目标。几乎未经什么战斗,苏萨便沦陷,苏萨城经历几代君主苦心经营,储存了五万多塔兰特的金币和金块。城中陈列着一罐罐尼罗河水和多瑙河水,它们象征着伟大统治者的权力无所不在,现今也皆成为战利品。在这里,亚历山大进行了休整,为庆祝胜利举行了祭神大典、火炬赛跑和竞技。

接着,波斯首都珀塞波利斯也被势如破竹的马其顿军攻占,日期为公元前330年2月。亚历山大在此掠走的珍宝不计其数,另外还有贵重的家具和紫色染料。而被掠走的金币和金块共达 126,000 塔兰特。亚历山大利用掠来的金币和金块,铸成雅典的通行货币。并投入市场流通,他并且大兴土木,建设了许多庞大的公益设施。

而在这里,马其顿军人的豪华奢侈更突出地显现着,亚历山大对部下赏赐十分丰厚,其母奥林匹阿斯也抱怨说,这种大方,简直等于待朋友以君王之礼。一个士兵的战靴上带的是银马刺,另一个居然从埃及用骆驼运来浴用爽身粉,还有一些人竟然不用橄榄油而用贵重的"没药"洗澡。亚历山大也察觉到了这些倾向,便告诉士兵们说:"靠艰苦取胜的征服者比那些被艰苦所征的人睡得更要稳。同波斯人比较,应当懂得奢侈是一种耻辱。艰苦节俭才是一种美德,因为征服的目的是为了避免被征服者的覆辙。"

波利斯王宫是波斯皇帝的得意之作,它雄伟宏大,气势磅礴,其中藏着无数的珍宝和文物,可惜已变化一片焦土,它被亚历山大一把火烧掉。

有这样一件著名轶事,在一次宫里的宴会上,宾客如云,将军满座,妇女也参加了。其中有一个女人叫泰丝,是亚历山大部将普托拉米的女儿,痛饮之余,这个名不见经传的女人说走遍了亚细亚,如果能在薛西斯(波斯国王)的皇宫放上一把火,当子孙谈起时,会说一个随亚历山大征战的女人给予波斯人的惩罚比全体将士所给予的还要重,这样真是太有意思了。她的话引起了一片疯狂的喝彩。亚历山大头戴花环,兴奋地亲自为其开道,于是全体人手持火把把波利斯王宫焚为焦土。

但这不是事实。实际上,只是亚历山大蓄意所为。当王宫在熊熊大火中即将完全倾倒时,亚历山大又下令救火。他之所以有这样戏剧性的举动,是为了向所有的世人宣告:波斯帝国已在火光中灰飞烟灭,人类未来的命运之幕,即将由亚历山大揭开。

悲剧梦想

英雄或伟大人物的许多方面都可以用一个词来概括:孤独。

他们属于一个时代,但他们却往往超越他们的时代,因为他们是本时代的领导者,下一个时代的开创者;他们属于一个群体,但他们的诸多思想、行为与其所处群体的规范、氛围往往有所抵触,甚至背道而驰。因为他们必须身体力行地搜集整理新的事物,而他们也往往率先须领悟它们;他们代表着灿烂辉煌的前景,是生命、生活和世界伟大之处的发现者、创造者。但这些非凡之处,虽甚渺茫,或须经艰苦卓绝的奋斗才可能有所发现,便常被作为无稽之谈、狂妄之想、如此种种,英雄们与平凡人,包括他们的追随者便无可避免地存在着间隙和距离。这些距离正是他们之所以成为英雄,史碑留名的原因,但这段距离也可能造成不解、误会、反对和阴谋的实现。为了拯救自己的事业,英雄不得不使用果敢的手段,而反对者为了自己的尊严、利益、甚至一己之见,也大多当仁不让。于是,悲剧便常在亲人、挚友、领导者与追随者之间发生。

亚历山大在追击大流士远涉波斯腹地以及后来远征中亚途中,这种类似的悲剧发生了好多起,他的战友、士兵开始不满,马其顿人与希腊人认为他开始背弃自己的民族和祖国。

亚历山大曾扬言要直捣世界尽头,他的梦想是征服整个世界,按照自己的思想缔造起一个伟大的帝国。杀戮与掠夺,仅是他实现梦想的必要手段中的一部分,安逸享乐,既非他追寻的目的也非他追寻的最终理想。而这些,却被他的大多数部下当作乐事和生存的唯一目的,贻误军机、不服命令经常发生,抗议反对、哗变、背叛、嗜杀的阴谋也时时出现。虽然亚历山大以坚韧无比的精神和能力达到了自己的目的,但那段岁月,毕竟成为他短暂一生中最艰难的一段。

当大流士搜集残兵逃到米地亚王国古都埃克巴塔时,亚历山大便立即向那里进发。当他到达该城,大流士已于 5 天前逃之夭夭。

亚历山大没有马上去追击大流士,而是停驻在了埃克巴塔纳。在这里,他与他的将领之间发生了争执。这里是他们那代人所知道的东方最远的地方,许多人进军到此之后可能要问:亚历山大现在还要往前走吗?战争还未结束吗?

满足感和厌战情绪在军中高涨起来,亚历山大在这个都城度过了平静的几个星期之后,便解散了他的希腊盟军,这样做有其妙处,它意味着大希腊复仇战争已告结束。在和希腊城市打交道时,科林斯同盟军依然是有用的工具,但是亚历山大与希腊人在战争中的特殊伙伴关系已不复存在。从此,浩荡前进的将是亚历山大的帝国大军而不再是同盟军。亚历山大给每个士兵发了薪饷并且犒赏一份礼物,言明他们可以回家,还可以留下来以个人名义重新入伍,不少希腊士兵选择了后者。

当亚历山大命令帕米尼欧率军向米地亚地区出发时,遭到了拒绝。帕米尼欧在埃克巴塔纳按兵不动,他认为亚历山大已使不少地区臣服,可以就地收兵。在他身上,集中体现了马其顿人对亚历山大的不满,最终的结果是帕米尼欧被解除了兵权,不久,又因其子叛乱被株连处死。

在德黑兰附近的拉格伊,波斯总督、大流士的弟弟必修斯扣留了大流士,获此信息,亚历山大立即率部向拉格伊进军。

在一个清晨,亚历山大和极少数部下冲入了敌人在达格罕的营地。该地一片混乱,丢弃的财宝金银到处都是,满载妇女、儿童的四轮马车被军队遗弃,歪歪斜斜到处都是。必修斯刺杀了大流士后仓促逃走了。

在一辆四轮马车上,奄奄一息的大流士被发现了,他遍体伤痕,一个马其顿士兵给他端了一点水喝,他让人告诉亚历山大,说他感激亚历山大仁慈地对待他的家小,言毕身亡。

亚历山大将自己的战袍盖在了大流士身上,并下令将他的遗体以君主之礼安葬。数月之后,必修斯被俘,受到了审判,被以屠杀罪、杀害亲属罪等罪名判以死刑,在两棵树上,他被分尸惨死。

在迎击必修斯期间,令亚历山大费神的不是波斯人,而是他的军队,他需要时时向部下做鼓励工作,以保持其命令得以贯彻和起码的士气,需要时时警惕军队的哗变,阻止所有阻碍他前进的思想发展,而同时,为了在所征服地区维持有效的统治,笼络当地人的民心,他要时时注意自己的政策是否正确可行,尽其可能消除亚细亚人的敌对情绪。

有人说,亚历山大的军队征服了亚细亚人的身体,而他们的灵魂则是被亚历山大用衣着赢得的,在某些场合,尤其是隆重盛大的公共仪式上,亚历山大经常穿着波斯服装,他这样做是为了提高亚细亚人的民族精神,逐步消除希腊人和马其顿人的自傲心理,以便使亚细亚人能够和睦相处,共同生活在一个国度之中。但是由此谣言四起,说亚历山大已沉湎于东方的奢华享乐之中,已彻头彻尾地腐化堕落。这一切,严重地离间了亚历山大与其所率军队的亲密关系。

在出发追击必修斯之前,亚历山大着手组织了一次对里海的考察,这次行为遭到了部下们的反对,亚历山大首次面对了一次真正的叛军。

必修斯自封为大皇帝后,亚历山大原计划循直接向东追击,但是由于他的侧翼发生了一起武装叛乱,他被迫引兵向南,进入德朗金纳:在此地他得悉,菲洛塔斯正在策划一个阴谋,菲洛塔斯是帕米尼欧的儿子,也是亚历山大孩提时代的朋友,他专横恣肆,不可一世。过去,马其顿国王与贵族们交往时不拘形迹,二者几乎都是平起平坐的,而此时亚历山大成为万人敬仰的至尊,马其顿贵族便极为不满,形成了以菲洛塔斯为核心的反对派,菲洛塔斯指使人实施武装叛乱的计划,被几名青年军官发觉,于是菲洛塔斯被捕,不久他与父亲帕米尼欧都被处死,亚历山大也充分流露出了他的铁腕手段和刚愎自用。

在东伊朗,亚历山大遭到了他有生以来最顽强最长的抵抗,一场被伊朗民族主义悄悄点燃的游击战争等待着他,疾病、伤亡、哗变、伏击和暗杀屡有发生。

亚历山大占领了巴克特里亚之后,立刻向奥克苏斯河进军追击必修斯,在关键时刻,塞萨利亚人骑兵哗变了,这支精锐部队原隶属于帕米尼欧,在高米加拉及整个远征中战功赫赫。指挥者的被诛杀,征战无了期带来的渺茫感,使他们背弃了亚历山大。别无选择,亚历山大只好将他们调回希腊老家。

处境相当危急,身在遥远的亚细亚,而军队士气不振,一支精锐又离他而去,此时,整个远征军的成败系千钧于一发,甚至可能全军覆没,是否向西回师,功亏一篑而返呢?

决不退缩也是亚历山大的一个特性,他认为应从危难之中找到生的希望。他开始在亚细亚人中征募新兵,大量东方人有史以来被补充进欧洲军队中。

这是一场独特的试验。如果这种种族间的合作能成功,如果这些东方人的部队的确能够效忠且勇敢善战,那么就能说明朝大同世界又迈出了最重要的一步。在不久的将来,肯定会发展出震撼世界的民族融合模式。

斯波塔门斯是索格吉安那部落的杰出领袖,他勇敢刚毅,极富才干,在公元前329~328两年间,领导了抵抗亚历山大的游击战争。他的军队得到了附近居民的积极支持,他采取游击战术,避开亚历山大的主力部队,袭击他的零星部队。亚历山大对此无可奈何。

在索格吉安那,酷暑行军、战斗和叛变、负伤和患病,使亚历山大的军队疲于应付,士兵们的精神濒于崩溃。为了松弛紧张的神经,调整士兵们的情绪,亚历山大经常举行大宴会,他本人很少喝酒,而在马拉坎达的一次欢宴上,他却喝醉了。

席间,一名亚细亚青年唱起小曲讥讽了败阵于斯安塔门斯的军官,使席间气氛开始紧张起来。一些人呵斥他停止哼唱,而亚历山大却喊着让他继续唱下去。亚历山大童年时代的朋友克雷图斯伸出双手,提醒说就是这双手在格兰尼库斯河救过他的命,并说亚历山大是靠了马其顿才有了今天的荣耀,不应当目中无人,要尊重马其顿人。他还说,那些战死疆场的马其顿人比起嘲笑他们的人强十倍。宴会上紧跟着响起一片欢呼声。亚历山大转身指着那些马其顿人对两个希腊人说:"在这群野兽中,你们不觉得是神的后代吗?"言毕抓起一个苹果打中克雷图斯,接着又找他的长剑。

克雷图斯被人推出门外又返回大厅,背诵着欧罗庇得斯悲剧中的一句话:"苍天啊!希腊出现了一个多么邪恶的政府!"亚历山大从一名卫士手中夺过长矛,一掷结束了他童年伙伴的生命。

这不仅是一桩罪行,而且是个人的大悲剧。一连三天,亚历山大闭门不出,拒绝饮食,口中喊着克雷图斯和他姐姐兰妮丝的名字。兰妮丝曾经带养过亚历山大。

众人便出来努力使亚历山大恢复正常的健康状态。为此,占卜师说这件事是酒神狄俄尼索斯出于愤怒杀死了克雷图斯,雄辩家阿非卡楚斯一进亚历山大的门就喊道:"瞧,这就是亚历山大,全世界都注视着的亚历山大。但他就像个奴隶似的在哭泣,难道你不知道宙斯的两旁有正义和法律,就是为了说明世界之主所做的一切都符合法律和正义吗?"

尽管有嫉妒,争吵甚至阴谋和反叛,但远征依然进展顺利,凭借自己的天才和高压手段,亚历山大仍牢固地控制着他的军队。

在中亚期间,亚历山大娶了一个部落首领的女儿罗克珊。罗克珊美丽动人,婀娜多姿,与亚历山大一见钟情。虽然,这场婚姻有不少的政治色彩,但也一时在军中传为佳话。亚历山大也劝说马其顿士兵效仿,娶当地女子为妻,这也是他结束在此的游击战争的举措之一。

曾有人提议尊亚历山大为神。在那无成熟宗教的时代,一些显要人物与神并列司空见惯,亚历山大也有意如此。面对敌人,可以兵来将挡,水来土掩;面对士兵哗变,可调邻近部队换防;而面对一群不大可靠的军官,亚历山大该如何呢?他决心摒弃其间的伙伴关系,以神化自己的方法来结束人们半心半意的支持和可能出现的阴谋。他认为,时代要求他必须正式成为一个专制君主。但最终亚历山大放弃了这种做法,因为有人公开表示了反对,其中有亚里士多德的侄儿卡里斯塞尼。

随后不久,皇室的年轻侍从人员就策划杀害亚历山大。阴谋被发现后,这些人供认是卡里斯塞尼唆使,于是,卡里斯塞尼及其党羽统统被处死。这件事,亚历山大从未得到亚里士多德的宽恕,也使许多读书人对亚历山大采取了敌视态度。他们也着手把亚历山大塑造为人们所熟悉的形象:起初非常好,但后来却成了一个杀人如麻的暴君。亚历山大在历史上的本来面目也被掩盖了。

面对历史,我们可以发现:亚历山大既非魔鬼,也非神祇,而是一个兼有严重缺陷和崇高美德的人,是一个有着局限和矛盾的人。那个时代,是一个征服的时代,亚历山大作为征服者,冷酷无情,战绩辉煌,而又极端残忍;但继征战杀戮之后又极为宽容。他到每处几乎都要杀戮,但是许多异族人,也多把他当作伟大的解放者,随着征服的胜利,民族融合也将成为他整个帝国的驱动力和聚合力。

兵息印度

大军威慑、无情屠杀、堡垒封锁、离间收买,运用了种种手段,亚历山大终于征服了中亚,公元前327年,他率军向印度进发。

亚历山大对印度所知甚少,据他所知,印度是世界的最南端和最东端,征服了印度,他那"直捣世界尽头"的狂想便实现了。

据说酒神狄俄尼索斯和赫克里斯二神曾到过印度,这对亚历山大的冒险起了极大的支配作用。另外,他还了解到波斯帝国曾一度延伸到印度,而波斯帝国现在已属于他亚历山大,他必须一睹这个帝国的各个角落。

他所率军队约有35000人左右,后来又有来自帝国各地的援兵赶来。在印度,亚历山大实行的是血腥的屠杀政策,中亚的游击战争令他吃尽苦头,使他相信只有血流成河才会换来屈服,只有不折不扣的恐怖政策才会令该地人民闻风而降。

但印度是一个有着悠久历史文化的国度,当时,已有系统的政治、文化、宗教;印度人民有着不屈不挠的斗争精神和英勇善战的品性。虽然,在征服印度时亚历山大占据了印度河流域的广大地区,但印度人民从未真正屈服过。抵抗和起义行动接踵不断,当亚历山大逝世之后,印度首先从其帝国中脱离出来,重新恢复了原状。

当时,印度西北不存在统一的国家,诸邦林立,彼此敌对。塔克拉苏与波鲁斯王国是两个较强大的王国,彼此也是仇敌。亚历山大尚在中亚苦战时,塔克拉苏的头领塔克西尔斯就派特使觐见亚历山大,献塔克拉苏城给马其顿人,企图利用亚历山大攻灭死敌波鲁斯,尔后坐收渔利。

亚历山大在越过兴都库什山后,就立刻实行了惨绝人寰的大屠杀,整个整个的部落被消灭,他的凶残令一些部落风闻他大兵临近,马上焚城逃走。

占领阿诺什是亚历山大在印度的突出战绩。阿诺什遗址直到1926年才被找到,该地山势险峻,易守难攻,城堡建在一条名叫帕尔—萨的山脊上。

帕尔—萨是由两个陡峭的山脊组成,主峰高7100英尺,5000英尺的峭壁直下印度河;另一条山脊高8270英尺,也有同样的悬崖峭壁,两条山脊成直角接合在一块,接合处是一块800英尺高的锥形巨岩,名叫巴尔—萨。阿诺什在希腊语中是鸟儿也飞不到的地方,为攻克该城,马其顿士兵用了四天时间在巴尔—萨峰下堆了一座山丘才得以成功。

海达斯帕斯战役在印度有着重大影响,经过此役,亚历山大征服了波鲁斯王国,俘获了国王波鲁斯。这次战役,也是亚历山大所进行的最后一次对阵战,是最后一次大战役。

公元前327年6月,两军在海达斯珀斯对岸列阵。波鲁斯身材魁梧高大,飒爽英武,他有二百多头战象,几百辆刀轮战车,步兵数量众多,但骑兵却占劣势,他在沿岸严密设防,决心阻止亚历山大过河。

河宽水深,强渡极难成功。亚历山大让兵分数路,沿河向不同方向移动,自己也率一部人马来回活动。这样,既可以破坏敌方的物资供应,侦察较好的渡河点,又能诱使波鲁斯到处设防,分散兵力。与此同时,亚历山大审慎选择渡河时机。如果白天渡河,敌人的战象会吓惊马匹,使其落水。基于此,亚历山大决定夜间偷渡,为了使偷渡成功,亚历山大带领部分骑兵高喊冲锋口号,沿河岸来回奔跑。久而久之,敌军习以为常,放松了警惕。亚历山大见敌人中计,便把部队带到事先选好的渡河点,在沿河各处都设置了岗哨,各岗哨处于高度警备状态,彼此保持联络。

一切就绪之后,亚历山大指挥部队到处点起篝火,喧嚷不止,如此一连几宿,连波鲁斯都麻痹大意了。一天夜晚,大雨倾盆,亚历山大调度好部队之后,自己带领五千骑兵率先抢渡。

过河后,亚历山大的人即与波鲁斯的儿子率领的两千军队遭遇。经一番激战,波鲁斯的儿子被杀,所部被歼。这使波鲁斯举棋不定,他须迎击亚历山大,还须阻挡欲在他大本营处渡河的其他马其顿人。波鲁斯决定留下一些战象迎敌,自己率余部迎击亚历山大。

波鲁斯选择了一块沙地作为战场。在4英里长的地段上摆开了他的百余只战象,战象间部署了步兵,步兵和战象构成了波鲁斯的中军,两翼各有两千名骑兵,左右两翼则各有百余辆战车。

当亚历山大逼近敌人时，却下令部队原地休息，他则研究起对方阵式。他没有象队，骑兵也无力与战象对阵。他决定采取的最佳策略是，先攻击波鲁斯的另一部分军队，再从背后攻打象阵。为此，中军他布置为步兵，并嘱咐当敌人骑兵被打垮后再投入战斗。然后在两翼则集中了他的全部骑兵，由他指挥。

波鲁斯看到亚历山大的调兵布阵，就调整自己的阵式，把

亚历山大远征波斯

所有骑兵都调到两翼去迎战亚历山大。亚历山大在这一瞬间做出反应命令两翼骑兵出击。由于马其顿骑兵攻势凌厉，势不可挡，波鲁斯的骑兵慌忙向象队靠拢，结果造成混乱。马其顿步兵趁机便向象队投掷武器，大象受伤后横冲直撞，踏伤了己方的不少骑兵。

这时亚历山大命令步兵把盾牌靠在一起发起攻击，而他和他的骑兵则包围住整个战线把敌人围在其中。

海达斯帕斯之战激战了 8 个小时，波鲁斯抵挡不住，只好投降。他勒住了战象，下来步行走向亚历山大，态度异常庄重。亚历山大十分赞赏波鲁斯的气概，问他希望受到怎样的对待，波鲁斯回答说："像一位国王那样。"当亚历山大问他还有何话说，他说一切都已包括在那句答话之中了。

这场战役，使亚历山大对印度有了新的认识，惊诧于印度人的才干和斗志。为此，他擢升塔克西尔斯由总督变为一个独立的国王，波鲁斯仍旧统治原来的王国。这样，两个印度藩王也和解了。亚历山大希望这个以他为宗主国的自由联盟能够产生影响，之后，他继续东征。

广袤的印度和它众多的人口，酷热和热带季风，无休止的行军作战，使马其顿士兵难以忍受，他们拒绝再向前进军。

亚历山大把军官们召集起来发表了热情洋溢的演说，让他们想到他们正在创造一个繁荣的世界性国家，而且最终的胜利就在眼前。但他的演说迎来的是一片沉默。一个名叫克依努斯的军官站起来鼓足勇气说："从家乡同来的伙伴现在还有几人呢？我们无数的战友已战死疆场，我们这些幸存者现在也筋疲力尽，我们没有别的心愿，只希望能够活着回到故土，能够见到我们日思夜想的亲人。"克依努斯的话引起一阵经久不息的欢呼声，有的甚至泪流满面。

一切都无可挽回。

几天之后，亚历山大宣布回国。

为了纪念这次远征，高大的纪念碑被树立起来，希腊诸神的祭坛也一座座树立起来，巨型的盔甲、马具散放四处，亚历山大知道，他将永远不会再踏上这片土

地了。

归途艰险

回国的路线是由亚历山大选定的。

他的许多努力未能说服他的军队,回家是一种迫切难抑的渴望。亚历山大所能做的,只是依顺广大官兵们的要求。没有人想废黜他,因为只有他才能使每个人回到自己的家。横穿印度的计划功亏一篑,闲步地球最东端的梦想也无法实现,于是,亚历山大便以退为进,把归国路线定为:顺印度河直下到大洋,取海道沿伊朗海岸进入波斯湾。

这并非一条直接回国的捷径,而是一条一路激战不已,伤亡惨重甚至几乎全军覆没的艰险路途。

亚历山大欲勘察印度河水系,了解帝国东南部的情况。在海达斯皮斯,他兴建了两座城市,建造了一支拥有近千艘战船的舰队,尼俄楚斯被任命为舰队的统帅,亚历山大的总计划是扫清行路途中的一切障碍,以期尽快到达大洋。骑兵、步兵、弓箭手和其他轻装部队乘舰启航,克拉特鲁斯与赫斐斯申各率大部人马,分别行在左右两岸。

公元前 326 年 11 月的一个黎明,舰队启航,行军阵容极其壮观,船只首尾相接蜿蜒数里,旌旗招展,鼓声与船夫的呼号声直冲云霄;两岸,辎重车、驮马队不见首尾。回家,激动着每一个士兵的心,他们欢欣鼓舞,热泪滚滚。

围观的印度人也激动异常。面对着异国军队的庞大阵容,他们唱起了歌,跳起了舞,直至舰队消失在印度河的滚滚清波之中。

前行不久,为了镇压已有异心的印度人,亚历山大立即夷平了一座有 5 万人口的城镇,把一个部落斩尽杀绝,逃难的人被逐进丛林和沙漠。

在马勒镇,亚历山大遇到了顽强抵抗。马勒镇人以其勇敢善战闻名于整个印度,誓死保卫城池,而亚历山大欲把马勒镇作为自己的一个军事据点,也欲以攻克马勒镇来威慑整个印度。

但城高池深,攻城的次次冲锋受挫,亚历山大便愤怒地夺过一架云梯亲自登城,身后只跟了三名侍卫。双方战士都为之震惊,当马其顿人意识到统帅处境危急后,便潮水般拥向城墙。云梯一架架塔起,但由于人多体重,不少云梯被压折,城头上的飞矢、礌石雨点般地飞下。

亚历山大不顾一切地登上城头,与围攻的敌人展开拼杀战。他的三名侍卫一名被杀,另两名也负伤多处,但誓死护卫亚历山大。此时一箭穿透了亚历山大胸铠,卡在肋骨之间,鲜血顿时染满战袍,他跪倒在地,背靠墙上,挥剑拼杀,随即又几处受伤,数次差点晕倒。

他视死如归的英雄气概极大地鼓舞了马其顿人,士兵们都奋不顾身地爬上城头,浴血奋战。马勒镇终被攻克,城中的所有士卒、居民皆遭杀戮。

亚历山大的伤势非常严重,手术后,他的身体一直难以恢复。于是,他死去的谣言传开了,在军中造成了极大的不安,士兵也开始为自己的命运未卜而惶恐不已。缺少亚历山大,便无人有能力率全军克敌制胜,越过千山万水和无垠沙漠返回故土。亚历山大颁下手谕安抚军心,说明了病情,并表示不久将与众将士聚首,同归故里。但很少有人相信手谕的真实,甚至当他的座船驶回军中时,他们还半信半疑,认为船上可能是亚历山大的尸体。

巨舰缓缓驶进众船之中,亚历山大在船头挥手向士兵们致意,他的出现引起了经久不息的欢呼,士兵们欢呼雀跃,高兴得手舞足蹈。在欢呼声中,亚历山大舍船上马驰回营帐,士兵们一拥而上,把他围在其中,争相伸手抚摸他,以证明亚历山大的确活着,无数的花环投向亚历山大,他的赞歌也随之在大营中飘荡起来。

最后,亚历山大又重新顺流而下,一路上他攻城略地,修建城池,沿途的印度人或逃或降,无不屈从,但一些婆罗门教人却对亚历山大视若不见。

在塔克拉苏时,婆罗门就对亚历山大充满了敌意,甚至敢于当面冒犯。一个婆罗门僧侣看到亚历山大走近他时,便跺着脚说:“你亚历山大脚下有一片土地,我的脚下也同样有一片土地。”当有人说亚历山大是神时,那些僧侣便说:“那么,我也是神。”

在归途中有这样一个传说,生动地描述了亚历山大与婆罗门的一次交往。

有十个印度哲学家,人称裸身智者。他们被俘后,亚历山大决定出道难题来验证他们的聪颖,并且说答错者立即处死,他选了其中一个老者作为裁判。

亚历山大开始提问了,10 个婆罗门泰然自若,似乎胸有成竹。他问第一个人说:“生者与死者,哪一个多?”答曰:“生者多,因死者已不复存在。”第二个问题是:“大兽生于海中还是陆地?”答曰:“陆上产大兽,因为海只是大地的一部分。”第三个人被问哪种动物最狡猾,他回答说:“人尚未发现的动物。”第四个被问你为什么要煽动士兵造反?答曰:“我希望他或是活下去或是体面地死去。”第五个被问道,昼与夜何者久些?答曰:“昼长,但就一日而言。”亚历山大甚表惊讶,他们便说对于难题应以深奥的答案选之。接下去,亚历山大问下一个人:一个人怎样才能真正被人敬爱。印度人回答说:“他必须非常威严但又不使人畏惧。”第七个被问:一个人怎样才能成为神,他答道:“为他人之所不能为。”亚历山大问下一个人:生与死,哪一个更艰难?此人答道:“是生,因其将忍受更多苦难。”问最后一个人的问题是:人活多久最为适宜,答曰:“活到死亡比生命看起来更称心如意。”

然后,亚历山大转向那个裁判人,令他做出判决,那个老者说依他看,回答得一个比一个糟。亚历山大更是惊讶,最后将这些高深莫测的智者全都打发走,并以礼物相赠。

是年七月,亚历山大到达了印度河三角洲。此时,印度洋也遥遥在望。亚历山大认为他已到达了地球的最南端。在此,他也曾扬帆驶入印度洋,想弄清楚是否还有陆地存在。盛大的祭祀活动也如期举行,亚历山大祈请诸神能保佑他的舰队平安驶入底格里斯河和幼发拉底河。随后,亚历山大在三角洲大兴土木,修建城池,筑造码头,疏浚港口,设置要塞,这些将成为日后帝国贸易的最东南据点。

关于如何返回美索不达米亚,亚历山大则兵分两路,尼俄楚斯率领舰队走海道,他本人率万余名士兵走陆路,沿途为舰队供应给养。就这样,亚历山大先期而行,率军穿越了伽德马西亚和卡曼尼亚沙漠。最终,两军在公元前 324 年初会师于巴比伦境内的奥皮斯城。舰队一路顺风,无甚困扰。而亚历山大在沙漠中却历尽艰辛。

行军伊始,亚历山大尚能按原计划沿海岸打井和建立粮食供应点,甚至又建了一座亚历山大城。但不久,他自己的供应便已耗尽,士兵们便划开加封的粮袋,擅自动用了粮食,为此,亚历山大也只好网开一面。在泰罗山,军队不得不穿越200英里的浩瀚沙漠。沙漠中酷热难耐,只好夜间行军。

一路上,亚历山大与广大士兵同甘共苦,他下马徒步行军,当有人专门为他送上一点水时,他或立即拒绝或当众把水泼在地上。行至沙漠中心,因粮食已尽,驮运物资的牲口被杀掉,笨重的辎重车也被砸碎。整个军队疲惫不堪,无数的伤病员倒在了路边。

到达奥皮斯时,亚历山大的军队已所剩无几,随军的妇女、儿童幸存者屈指可数。但是,到达奥皮斯时,他们倍感自豪与骄傲,一路腥风血雨,如今终到尽头。

海陆两队军队会师后,在奥皮斯举行了盛大的阅兵仪式,音乐和竞技比赛也持续了多日。尔后,大军向波斯本部进发,后来抵达巴比伦。

此次归国行军的历史意义也十分伟大。尼俄楚布斯探出了一条尚未为人知的海岸,并在东西方间开创了一条航道,直接为以后的东西方贸易开了通途。两军会师标志着亚历山大的10年远征结束,经过浴血奋战,亚历山大建立了一个前所未有的庞大帝国,它的版图,西起希腊,马其顿,东到印度河流域,南临尼罗河第一瀑布,北至药杀水(今锡尔河),首都则定在巴比伦。

逝者如斯

对于艺术品,自然所造就的残缺可以成就一种美,维纳斯的断臂并未减损这精妙绝伦之作的丰韵,相反,她在人们的想象中却生长着无与伦比的玉手,紧握着世人们由衷的赞美。毫无疑问,伟大人物也应是历史造就的艺术品,生命的短暂迅忽,也无疑是他们天然的残缺,而这种残缺,留给世人的是悲叹、感慨和无以弥补的遗憾。历史固然不会有太多的完美以不失其多彩多姿,它也不会满足人们主观的某种愿望和祈求,但它的残缺所造成的损失却完全有理由令人扼腕痛惜。

公元前323年6月10日,亚历山大病逝,时年仅33岁。

他是历史长河中一块峻嶙突出的岩石,汹涌的河水在他身上溅出了美丽的壮观景象,他冷铁般的气质和至死燃烧的热情汇入水流,泅进史册,沉积在人们仰望的心中。这一块巨岩,它本可能激起更多的壮丽和惊叹,而在疟疾的侵袭下,轰然倒塌。

若天假以年,我们纵然难以想象出他所创立的帝国的所有繁盛,但起码可以想见这个帝国会日益巩固,各种体制将逐步完善把众多的民族、种族维系在一个国度中,而不至于像历史上的事实那样分崩离析,火烧萧墙;和平也会较长久地在地中海世界给人民带来安定、团结和幸福;西班牙、意大利半岛、小亚细亚、印度、埃及甚至更多的地区将会更加紧密地联系着,人类前进的步伐在那里也可能会更快一些,甚至波及我们的现在。

然而,历史总是水波不兴,镇静自若地掐灭一个个假设,让我们带着叹息来缅怀叱咤风云的英雄人物。

在波斯古都帕萨尔加德的一片荒岭蔓草中,耸立着居鲁士的陵墓。当亚历山大披着征尘拜谒它时,他看到的是一片零乱和凄凉,墓碑横斜在地,坟头的野草在风中抖瑟,原本陈列般严整的林木已七零八落,有的被连根挖走,有的被拦腰砍断,有的则被野火烧焦。亚历山大跃下马背,一步步走向这位昔日雄豪的安息地,碎瓦砾石中,他的脚步愈来愈沉重。居鲁士,也曾挥刀跃马,踩过一道道城池,踏过一团团血洼,也曾把一个帝国搁在剑下;而今,清风冷月,残垣断壁之中便是他的所在。亚历山大所曾仰慕的先辈正在向他诉说一种悲凉之情,这种沧桑巨变的悲怆也随着舞草鸣兽汲进他的心头,亚历山大左手按剑,神色肃穆地在居鲁士的墓碑前站住了。

墓碑上刻着:"人啊,不论你是谁,也不论你来自何处(因为我知道你终归要来的),我,居鲁士,是波斯帝国的缔造者,不要吝惜这一方供我葬身的土地吧!"

逝水流年中,煊赫一世的君主帝王也有这般真实的无奈,亚历山大解剑向居鲁士深深鞠首,在他弯腰的一瞬间,他会想些什么呢?二千多年后的今天我们能否看到他眼中的感伤和忧郁?

回到营中,亚历山大即拨款修葺陵墓,并下令由工匠阿里斯特布鲁斯负责守护。

从远征归来到亚历山大病死,这近两年期间,他竭心极虑地建设着帝国,当他刚刚归来时,迎接他的是混乱的局面,许多希腊人,马其顿人和蛮人的高官辜负了他的信任,亚历山大的儿时伙伴哈帕鲁斯被任命为帝国金库总管,而他于亚历山大在印度浴血征战之时却席卷了大量的财宝逃回希腊,埃及的财务总监贪赃枉法,移居亚细亚的希腊人、马其顿人为争取返回家乡而不时作乱;更多的地方长官则热衷于割据称雄,面对这种局面,亚历山大痛心疾首,无数战士浴血拼杀换来的业绩正被蛀空,他果断地下令拘捕作奸犯科的官员。

但在整治河山的过程中,亚历山大也错杀了许多无辜,他急于清理那些贪官污吏而不惜大动干戈,一些人因轻微的罪行也遭到了极刑,一些人则受到莫须有的罪名的指控而死于他的刀下。十年的征战已使亚历山大对死视作平常之事,一个人的生命在他眼中变得极其轻微,他希望按自己的理想来实现整个帝国的繁荣,不愿任何有违自己意愿的事情发生,暴戾已成为他的最大敌人,自信,狂妄,嗜权在他身上暴露无遗。

身先士卒,战无不胜为亚历山大赢得部下的崇拜。人们对他敬畏不已。而此时滥杀的无情又使人对他充满了憎恨,许多人对自己的命运未卜深感不安和不满。

印度哲学家卡兰努斯曾率先投奔了亚历山大,对亚历山大的思想曾有过深刻的影响,在公元前324年春,他对亚历山大的许多做法表示了不满,并要求火葬,他说:"一个人对自己笃信的事物产生了怀疑时,对自己寄予厚望的事物无可挽回的失望时,生命还有什么存

亚历山大征服欧亚大陆

在的意义，我不如此时死去。"

亚历山大对此感到震惊，便苦口婆心地劝说卡兰努斯，他说："你没理由就此去死，这个世界有充分的理由挽留你，对于过去的事因为操之过急而有失法度，我负有责任，并以愧悔的心情向你道歉，请你原谅我，因为这一切都源于我对这个国家的美好要求。"卡兰努斯对他的劝说无动于衷，他告诉亚历山大说："尊贵的人，我恳求你堆起高高的柴垛，用火把它引燃，火焰中我能找到最好的归宿"。

火葬在苏萨的一个广场举行，亚历山大安排了一列全副武装人马的行进式，卡兰努斯头戴着印度式的花环，坐在轿子上。送葬的印度人唱着圣歌送别，当队列行进到柴堆前，卡兰努斯对亚历山大说："我很快就会在巴比伦与你相见。"

随之卡兰努斯神情庄重地走上柴垛，他环顾了一周后便吩咐点火，登时火舌四起，浸了油的干柴熊熊燃烧，卡兰努斯渐渐地湮没在烈焰和浓烟之中，一时间，号角齐鸣，士兵们挥戈举盾发出战斗时的呐喊，大象也长声嘶叫。

卡兰努斯的自焚在一定程度上体现出人们思想上的分歧。确实，当时各类思想政见纷纭涌现，希腊人、马其顿人要求取得征服者的身份，享有奴役他族的特权；其他蛮族要求各个民族平等相处，或要求独立自治；不少军官沉溺于享乐之中；驻扎异地的士兵迫切希望能回家与妻儿团聚。如此种种离心力，使亚历山大举步维艰，他迫切的希望能有一种思想或理想，最大限度地把帝国的各个部分紧紧团结起来。他时常穿着波斯服装出现在盛大场合，以便维护波斯人的自尊和自信；他采取了波斯的行政体制。也许在众心不一的情境中专制不可或缺，亚历山大开始乐意接受人们奉他为神明的行为。

种族间联姻，是亚历山大力图融帝国为一体的重要方式，在巴克特拉他曾娶巴克珊为妻，现在，他又娶了大流士的女儿巴尔赛茵。异族通婚获得了官方的赞许和支持。

亚历山大与巴尔赛茵结婚时，他在苏萨安排了一次盛大国宴，参加国宴的有同时结婚的千对新人，每对新人都是异族通婚，这个盛况空前的婚礼是按波斯风俗举行的，新郎成排而坐，宴席后，新娘走进来各自坐在新郎的身旁，然后从亚历山大开始，每个新郎握住新娘左手亲吻，亚历山大给每对新人都赏赐了彩礼，而且对那些多年来与外族女子有永久或短暂结合的希腊、马其顿士兵，也一一馈赠了礼品。

总之，在亚历山大的苦心经营下，一个多民族的帝国日显雏形，各民族的联系和融合日益加深。在行政机构中成千上万的蛮人被委以大小官职，有的甚至占据要职，军队也由多民族组成；各个地区的贸易往来逐渐恢复且更显频繁。很明显，这是一种新的姿态，这是实现一个大同世界的理想，数百年来彼此敌对仇视的人们将共同开创新的生活。

但是，新思想一时并不能为大多数人所理解，在马其顿官兵当中，种族的优越感和征服者的狂妄已根深蒂固，他们认为应当成为他族的主人而不应是朋友。当这种思想遭到批评时，他们便公开流露出怀旧情绪，认为像菲力蒲那样才是马其顿的英主。不久，在底格里斯河畔，一部分马其顿士兵哗变，亚历山大对此颁令让年老和受伤的士兵回乡，然而军中的年轻人也坚决要求回乡，并挑起了叛乱。

亚历山大下令逮捕了首恶分子，随后他召集了马其顿士兵，登上讲坛。

他说："我对你们的行为感到羞耻，你们正在抛弃我们十几年来从事的事业，伟大的菲力浦为我们指明了方向,是他唤醒了马其顿人的自尊,并领导我们走出了希腊半岛,在整个世界中为马其顿人争了光荣,我们的王国难道无法超越山之阻隔?我们难道只有在故土上才能创造幸福的生活?难道马其顿人仅有狭隘自私的思想,只愿自己独享神的恩惠,而无力把明媚的日子带给每一个人,无论他是希腊人,还是埃及人,波斯人?菲力浦已经告诉我们,我们十几年也正循着他的指引而去战斗,整个世界才是马其顿人的家,我们必须跨越国界,跨越达达尼尔海峡,让世界的每个角落都充满快乐和幸福,让马其顿人无论走到那里都会得到感激和颂扬!为此,我们要用公正、无私、勇敢、慈善来回答世界。一个曾经弱小的民族能够支撑起整个世界,十几年来,无数的马其顿人,神的最优秀的子民,为了这个光荣神圣的使命,把鲜血洒在地中海之中,把尸骨抛在了印度河畔。他们死得其所,因为他们开创的是前所未有的伟业。现在,这项事业我们已经完成了一半,我们已经把亚细亚人、埃及人、腓尼基人、印度人都团结在身旁,使他们为我们的事业添砖加瓦。亲爱的战友们!你们应当明白:真正的主人会拥有宽宏大度的美德,会用微笑和友善的手获得别人尊重和服务,并使一切都合情合理,奴仆们没有怨言,朋友们没有间隙,而你们……"

"是的,你们可以走,我决不阻拦,你们可以回到你们的家,去做儿子,丈夫,去享受安逸但卑微琐碎的生活。走吧!当你们回到家乡时,你们可以高兴地告诉家人:我们抛弃了祖国的前途,抛弃了国王,抛弃了流血和艰辛,连同责任、使命和一切崇高都抛弃了。是的,你们可以愉快地诉说一切,是的,你们可以回去了。"

一片死寂,已经放下武器、卸下衣甲的马其顿士兵万分沮丧,目送亚历山大走下讲坛,走进自己的营帐。

三天之后,士兵们聚在亚历山大的帐前请求宽恕,亚历山大欣然迎接,士兵们说:"伟大的亚历山大,你不应把外人当作至亲的朋友。"亚历山大释然一笑:"至亲的朋友,你们都是。"

恩仇泯于一笑之间,9000人参加的盛宴中,希腊人、马其顿人、米提亚人、波斯人、其他各族人等欢聚一堂。

制订计划,举行会议是亚历山大每天生活的一个日程,在他的计划中包括又一个远征方案。但是当一切方兴未艾,亚历山大却在日夜操劳中走到了生命的尽头。

他偶发寒热竟缠绵不愈,最终卧床不起,疟疾,成为这位战无不胜的英雄的克星。他的士兵时刻关注着他的病情,一日,他高烧不止,几乎昏迷,广大士兵知道后不顾阻拦闯入宫中,在亚历山大的床前热泪滚滚。此时,亚历山大已无法言语,他强力支撑着向来者挥手致意,皇家日志详细记述了亚历山大的患病情况,结尾写道:"越二日,薄暮,君薨,天意也。"这时是公元前323年6月10日,亚历山大大帝年仅33岁,在位12年又8个月。

随后不久,帝国分裂,三足鼎立,马其顿仍为一国;将军塞卢库斯占据了亚细亚,普托拉米(托勒密)则开创了埃及托勒密王朝。

以佛法立国治世的古印度帝王

——阿育王

人物档案

简　　历:阿育王,是印度孔雀王朝的第三代君主,频头沙罗王之子,是印度历史上最伟大的一位君王。

生卒年月:约前304年~前232年。

安葬之地:不详。

性格特征:宽容、慷慨,倡导非暴力主义。

历史功过:他一生的业绩可以明显分成两个部分,前半生是"黑阿育王"时代,主要是经过奋斗坐稳王位和通过武力基本统一了印度,后半生是"白阿育王"时代,在全国努力推广佛教,终于促成了这一世界性宗教的繁荣。

名家点评:阿育王的知名度在印度帝王中是无与伦比的,他对历史的影响同样也可居印度帝王之首。

阿育降生

说起阿育王,我们首先便会想起他的降生。这其中夹杂着许多非常有趣的故事。

据佛教传说,佛祖释迦牟尼当年在摩揭陀国的竹林精舍居住时,有一次到王舍城里乞食(早期佛教规定,出家僧人均必须以乞食为生),半路上遇到两位小孩正在玩土,其中一位名叫德胜,属最高等级即婆罗门家庭的孩子,另一位名叫无胜,是第二等级即刹帝利家庭的孩子。这两位小孩用土垒成一座城池,城中又用土作了许多房舍和仓库,仓库里存放着面粉,当然这些面粉也是用沙土代替的。当时,释迦牟尼佛身披袈裟,满面红光,由众多弟子环拥着,向这边走来。两位孩子一看,十分欢喜,想要给佛布施些食物,可手头什么也没有。那位名叫德胜的孩子情急之下,便从他们正在玩耍的仓库中取出一把当作面粉的沙土,布施给佛。无胜在旁边一看,赶紧也取出一把沙土,布施给佛。佛的弟子们一看,急忙上来阻拦。谁知佛却拿起吃饭的钵接住了两位小孩的布施。弟子们正在诧异之时,佛的脸上已泛起了慈祥的微笑。贴身弟子阿难莫名其妙,便上前合掌问佛道:"世尊,您从来不会无

85

缘而笑,您此刻这般微笑,不知包含有何种深妙之缘?"释迦牟尼佛以沉稳的语气,严肃地回答说:"是的,我从来都不会无缘而笑。阿难呀,你看这两位小孩,竟然想到以土布施,这也是难能可贵的福德啊。我涅槃百年之后,这位小孩将在姓孔雀的王族中降生,继承王位,成为转轮王(即伟大的国王),建都于华氏城(即现在印度的巴特那),号为阿育。那位随后以土布施的孩子则成为阿育王的第一辅相(即宰相),协助阿育王治理国家。到那时,阿育王还会建起八万四千座塔,珍藏我的舍利(即佛的遗骨)。"说完,佛便将两位小孩布施的沙土寄给阿难,让他用牛粪拌和沙土,涂在佛刚才走过的地方。阿难一一照办。随后,佛还告诉弟子们摩揭陀国阿阇世王之后的历代国王名字,一直说到华氏城的频头沙罗王,也就是阿育的父亲。

公元前4世纪后期,希腊的亚历山大远征东方,侵占了印度河流域。那时,印度正值难陀王朝统治。民族的危机使人民对腐败无能的难陀王达那产生了普遍的厌恶情绪。不久,亚历山大退回到西亚的巴比伦城,将印度河流域交给其手下将领统治。这时,印度人民在不断反抗外来入侵的过程中,发现了一位杰出的青年领袖,此人名叫旃陀罗笈多。据公元3世纪罗马史学家贾斯廷说,旃陀罗笈多出身寒微。印度的资料则说他的祖母是驯养孔雀的,属于贱民等级。他本人也是在孔雀驯养者以及其他牧人和猎人中间长大的。据说他还在幼童时,在印度西北的旁遮普遇见了亚历山大,由于言语冒昧,触怒了

阿育王石柱

这位不可一世的君主,这位皇帝下令杀死他,幸亏他逃得快才幸免于难。这时,在他躲藏的地方,有一位名叫乔底利耶的婆罗门,慧眼识珠,认为旃陀罗笈多来日必有作为,便毅然抛弃了自己的家宅与他做伴。乔底利耶利用他在地下发现的宝藏为旃陀罗笈多募集了一群绿林豪杰,于公元前324年推翻了难陀王朝的统治,建立了孔雀王朝,然后进军西部,与亚历山大留在印度的地方长官们展开了激烈的战斗,最终夺回了印度河流域的大片国土。战败一方的塞琉古将自己的女儿嫁给了旃陀罗笈多,并派使节麦伽斯梯尼来到孔雀王朝的宫廷,而他得到的回报则是旃陀罗笈多赠来的五百头大象。

旃陀罗笈多晚年皈衣耆那教,在耆那教圣者巴德拉巴胡等人的陪同下,到迈索尔附近以耆那教的传统方式,绝食而死。其子频头沙罗于公元前297年继承王位。

频头沙罗也是一位很有作为的国王,他继承父志,发扬国威,东征西讨,将孔雀王朝的版图又扩大了许多。希腊人称其为阿米特罗查泰斯,意为"摧毁敌人者"。

据说他是一位有广泛兴趣的人,曾与叙利亚的塞琉古国王安泰奥卡斯一世有过接触,并要求对方给他送来一些甜酒、无花果干和一位哲学家。他与西方的希腊人保持友好的关系,促进了国内的稳定和与西方文化的交流。频头沙罗踌躇满志之时,自然忘不了营造宫殿,广招美女。

那时,詹波城(今巴迦尔普尔附近,为古代印度的六大城市之一)有一位婆罗门,生下一位女子。此女天生丽质,姿色盖世。长到十几岁时,遇到一位看相的,相师对她父亲说,此女将来会做皇后,将生两个孩子,第一子作转轮王,统领天下,第二子出家为僧,证得正道。这位婆罗门一听,十分高兴。为了实现相师的预言,求得富贵荣华,他便带着这位女儿,沿恒河而上,来到当时孔雀帝国的首都华氏城。尽管是绝代佳人,尽管王室时常在民间选美进宫,可因缘不巧,前来他这里求婚的都是些富商大贾,连王室的边都没沾上。这位婆罗门不死心,他一一拒绝了对方的求婚,然后亲自去打探王室的情况。当时,频头沙罗已立了长子苏深摩为太子,太子年方二十,英俊潇洒,前途无量。于是,这位婆罗门便开始在心中盘算,如何将女儿嫁给这位王子。恰在这时,他又遇到了那位相师,相师告诉他,尽管你的女儿与苏深摩年龄相仿,但你未来的外孙将与苏深摩是兄弟关系。婆罗门一听,心想,难道要将女儿嫁给年过半百的频头沙罗不成?

这一天,宫中差役听说城中来了一位倾国倾城的佳丽,便前来征选,一见果然有沉鱼落雁、闭月羞花之相,便立即将其纳入后宫,从此,这位婆罗门女便成了频头沙罗王的一位妃子。相师的预言总算兑现了一半。谁知进宫以后,宫女们大为嫉妒,她们心想,这么漂亮的女子,国王见了,一定会倾心爱重,如此一来,必然会轻薄疏远她们。于是,她们想了一个办法,让这位婆罗门女学习只有贱民才从事的职业——剃须。这一天,国王要求剃须,宫女们便让这位婆罗门女脱去华贵的服饰,为国王剃须。国王有个习惯,每当剃须之时,都会美美地睡上一觉,今日也不例外。当国王醒来之后,对着镜子一照,发现那散乱的胡须已剃得干干净净,心中非常高兴,便问这位剃须女:"你有何需求,随你开口,我一定会满足你的。"这位婆罗门女想了半天,终于红着脸十分害羞地说:"妾唯愿与大王共享床上之乐。"

频头沙罗王一听,甚感意外。定睛一看,发现这位女子还真有些姿色,可身为国王,怎能同贱民共相娱乐呢? 于是国王说:"我是刹帝利,身为一国之主,而你却出身贱民,仅仅是个剃须师,我怎能同你作那种事情呢?"这位女子连忙回答说:"大王,小女并非剃须师,而是一位婆罗门家的女子,刚刚入宫,如今是您的嫔妃呀。"国王一听,又是一惊,便问:"那么是谁让你作剃须这种下贱事情的呢?"这位婆罗门女便将事情的经过一五一十地讲了一遍。国王听后,大为恼火,将教唆此事的几位宫女打入冷宫,命人为这位婆罗门女装饰打扮,沐浴之后,赐寝一宵。谁知这一寝竟使年老的国王青春焕发,精神为之大振。国王一高兴,便宣布将其立为第一夫人。

频头沙罗王与第一夫人日夜厮守,纵情行乐,不久,夫人便身怀六甲,十月过后,终于生下一子,这便是本文要讲述的阿育王。

"阿育",意为无忧。据南朝梁代扶南(今柬埔寨)来华僧人僧伽婆罗翻译的印度佛典《阿育王经》上说,此子诞生后,国王忧虑尽除,故名此儿为阿育。又据西晋时期安息(今伊朗)来华三藏法师安法钦译的印度佛典《阿育王传》说,夫人生下此子后，再也没有忧患了，故为儿取名阿育。与此说接近，还有一种传说，南朝齐代僧人僧佑所著的《释伽谱》引《杂阿含经》说，国王将这位婆罗门女立为第一夫人后，"恒相娱乐，乃便怀体，月满生子。生时安稳，母无忧恼，过七日后，立字名无忧。"总之，不论对频头沙罗王来说，还是对那位婆罗门女来说，生下王子阿育，在当时是被看成一件吉祥如意的事情的。不久，这位夫人又生下一子，取名叫宿大多，意即除忧。从此，这位婆罗门女真正过上了无忧无虑的生活。

可是，随着阿育王子一天天长大，第一夫人那种舒适安逸的生活却逐渐被打破了。原来，阿育王子不但越长越丑陋，而且全身皮肤黝黑粗糙，加之本性狂放，鲁莽野蛮，宫廷上下，无不讨厌。更可怕的是，作为生身之父的频头沙罗王对这位王子也十分厌恶，这样一来，不但阿育王子屡遭不公，常受排挤，而且第一夫人的日子也越来越不好过了。不久，频头沙罗又重立了一位美女做皇后，阿育的母亲则备受冷遇。

那时，印度占相之术十分发达，首都华氏城经常聚集着大批技艺高超的相师。频头沙罗王对此也特别热衷，他经常请一些相师入宫，为他占相算命。这一天，频头沙罗王听说城中来了一位名叫宾陵伽婆蹉的相师，相术超群，十分灵验，便下了一道圣旨，召这位相师入宫。相师入宫后，频头沙罗王便让相师把他所关心的事情一一占算了一番。这时，太子苏深摩来拜见父王，频头沙罗便向相师介绍说，这是太子，未来的国王。相师一看，面带迟疑之情。频头沙罗对相师的这一表情十分在意，心想，莫非自己对王位继承人的精心挑选还会有什么差错？频头沙罗越想心中越忐忑不安，他觉得这事非同小可，一定要问个水落石出。

于是，这一天频头沙罗王又把宾陵伽婆蹉叫到王宫，极其严肃地对他说："大师，寡人已年逾古稀，恐怕在世之日也不会太长了。寡人这一生嫔妃成群，所生之子也是不少，可未来之世，到底由谁来继承大业，我尚未最后拿定主意。您的相术十分灵验，就请你给诸王子们相相面，看谁有王者之相，也好让寡人有个参考。"

宾陵伽婆蹉一听，心中十分恐慌。他知道，王位继承之事非同儿戏，说到国王的心上，或许可获重赏，可一旦不符合国王的旨意，他一气之下还不得杀了自己。尽管相师十分为难，可国王既有此令，何人胆敢违抗，于是，相师只好让国王把所有王子都叫到金殿所在的金地园。

频头沙罗王同宾陵伽婆蹉坐在金殿上面，各位王子陆续来到殿前参拜。这时，在阿育王子那边，昔日的第一夫人正在劝说阿育去金地园参加占相活动。阿育对母亲说："父王那么讨厌我，今日他们是在看王者之相，我去还有什么意思呢？"阿育之母始终相信十几年前那位相师的预言，相信她的大儿子阿育终究会做国王的，所以，她对阿育说："不管怎么说，你今天只管去就行了。"无奈，阿育只好遵从母命。临行时，阿育再三嘱咐母亲不要忘了派人送饭给他，因为尽管他也是王子，但因父王嫌弃，宫中的佳肴已多年都没有享受了。

阿育王子告别母亲，匆匆向城外的金地园赶去。临出城时，遇见了年轻的宰相罗提掘多。罗提掘多问他要去什么地方。阿育便将大王在金地园为诸王子看相以测身后谁能继承王位之事向宰相说了一遍。罗提掘多一听，感到十分惊异，心想，阿育毕竟还是一位王子，怎么连一头象都没有，于是，他便将自己乘坐的一匹老象交给阿育，让他骑着这头老象前去金地园。阿育谢过宰相，跨上这匹老象，摇摇晃晃地向前走去。

到了金地园,拜过父王,阿育看见诸位兄弟早已在园子里置办了华丽的座位,此刻业已各自落座。他们身后都有一群仆役侍卫,而他们的坐骑则是既年轻又纯正而且十分肥壮的大象。与他们相比,阿育则显得寒酸多了。阿育对此也不在乎,他牵着这头老象,来到园子中的一块草坪上,席地而坐,而心里却充满了惆怅。

可就在阿育王子闷闷不乐地走出金殿之时,宾陵伽婆蹉的心中却涌起了一阵惊奇。原来,他发现只有阿育独具王者之气,将来必当作王。他差点叫出声来,可突然想到国王最不喜欢的就是这位王子,若预言阿育将来作王,国王肯定会杀了自己。于是当国王命令他正式开始占相时,他便回答说:"大王诸子不愧龙子龙孙,个个相貌非凡,自有一副逸群之气,为他们占相真是难煞贫道了。这样吧,我还是从今日之因缘别相入手,尽力观察,但愿能圆满大王的愿望。当然,这样观察就说不出王子的名字了,还请大王恩准。"频头沙罗对这位相师十分敬仰,便同意了相师的意见。

这时,诸王子们已开始各自用餐。阿育的母亲派人送来奶酪、粳米饭和饮水,以瓦器盛之。可诸王子均用金银美玉作餐具,吃的是奇珍异味,喝的是美酒佳酿。阿育心中愤愤不平,可也无法,只好以酪和米,大口大口地吃了起来,渴了则拿起清水壶,仰头痛饮,犹如享用上等的美酒一样。

相师放眼向园中一看,心里顿时有了主意。"大王,以贫道来看,在坐王子中谁若有第一乘,此人便堪为王。"

国王一听,急忙向园中望去,但见个个坐象膘肥体壮,高大魁梧,除了阿育乘坐的那头衰老赢弱的老象明显逊色之外,他真不明白到底谁的坐象才算得上第一乘。于是,他又对相师说:"大师,请你再仔细观察一下,可否说得更明确一点。"

"若第一座者,必当作王。"相师随口便答了出来。

频头沙罗睁大双眼,向园中扫了一圈,他还是看不出来,因为除了阿育王子席地而坐之外,其他王子的座具都十分考究。没办法,国王又让相师再占一次。

"第一餐器盛第一饮食者,堪受王业。"相师说完,趁国王察看思考之机,起身合掌,拜别而去。

国王还没弄明白,王子们倒先争执起来。他们有的说自己的象骑是第一乘,有的说自己的座具是第一座,有的说自己以第一器皿盛第一饮食,饮第一琼浆。阿育王子心想,相师不说名字,莫非苏深摩没有继承王位的福分?那相师说的第一乘、第一座、第一器、第一食,第一饮到底指的是什么呢?阿育灵机一动,恍然大悟,他觉得相师所言肯定指他自己,因为他骑的象是老宿之象,堪为诸象之首,他以大地为座具,岂非第一座具;他以瓦器为餐具,而瓦以大地合成,何种质地的器具可比;他以印度产量最高、食用最普及的粳米和以奶酪为食,当然可视为第一食;他以水为饮,而各种酿制加工的饮品无不以水为前提,更何况水为生命之源,取之方便而用之不尽,所以,以水为饮即可称之为第一饮。

当阿育王从金地园回到家中,发现那位占相大师正在与母亲说话。原来,那位相师坚信阿育将来会做国王,便前来向其母报喜,并借机讨好。阿育回到家里,把自己的看法向相师讲了起来。其母连忙拦住,然后转过身对相师说:"感谢大师慧眼神算,只是阿育历来不讨国王喜欢,为了您也为了我母子的安全,请您千万不要把此事透露出去。鉴于国王很可能还要再请您明确占相谁可作王,所以,您还是立即离开这里,等阿育将来真的作了国王,您再回来,到那时,我们母子再来报答你的恩情不迟。"相师点头同意,当天便离开华氏城,隐姓埋名,远走他乡。

阿育母子多年来一直被忧愁紧锁的脸颊上终于绽开了一丝微笑,当年詹波城那位相师的预言经宾陵伽婆蹉的再次占相,显得更加可靠了。阿育母子的忧愁一下子便除去了一大半。

不久,阿育将来作王的议论便在宫廷中秘密传开了。频头沙罗王听到之后,大为恼火,他立即发了一道圣旨,派了一帮凶神恶煞的武将,带阿育王子入宫觐见。阿育母子被这突如其来的变故一下子惊呆了。

锋芒初露

自从金地园那次占相活动之后,频头沙罗王一直闷闷不乐。这也难怪,他一心一意挑选的苏深摩王子没有得到相师的明确印证,而那位丑陋、卑俗、狂野的阿育却被视为最具王者之相。

多少年来,频头沙罗为了苏深摩能继承将来的大业,不知倾注了多少心血,而对这位阿育,除了没有剥夺其王子的身份外,他又何曾给予过父亲的关怀与爱护呢?这些年来,他四处征战,把孔雀王朝的版图又扩大了许多,阿育王子也就是在父王节节胜利的凯歌声中被遗忘得干干净净。的确,阿育王子太不让父亲喜欢了。父王既然嫌弃,宫廷上下谁还会向他靠拢。如此一来,阿育不但深受兄弟姐妹的排挤,而且也被朝中大臣们所疏远。他只好与母亲及弟弟宿大多住在一座简陋的房屋中,生活日用十分朴素,日子过得冷冷清清。尽管这样,阿育那种倔强狂野的性格却始终没有改变,他不但生性残忍,易怒好动,而且放荡不羁,蛮横无理,经常惹是生非,弄得平常百姓之家对其也是避之不及。当然,对频头沙罗王来说,百姓之好恶并不要紧,关键在于他本人的确不喜欢这个丑陋的儿子。如果说以前他的这种厌恶心理并未引起他的任何注意,那么,自从这次占相活动之后,这位年迈的国王始感到问题的严重。虽说阿育也是自己的亲生儿子,可十几年来他对阿育的嫌弃已使二人之间积怨甚深,不但父子关系名存实亡,而且相互之间还产生了一道很深的鸿沟。万一阿育真的继承了王位,昔日得宠的大臣们的死活事小,自己的其他儿女的生死事大。频头沙罗王越想越害怕,最后,他终于得出了这样的结论,横下一条心,置阿育于死地,以除后患。

那时,北方雪山地区的尼泊尔一再反叛朝廷,频头沙罗王派去平叛的部队每次都是全军覆没,就连领兵的大将也没有一个能生还的。孔雀王朝虽在其他地方屡获胜利,可对于北方和南方部分地区常常束手无策,特别是北方的尼泊尔和旦叉始罗(今克什米尔),南方的羯陵伽和邬阇衍那,更令孔雀王朝的兵将们谈虎色变,因为,他们都认为,到这些地方作战,无异于去送死。频头沙罗王本来已放弃了征服这些地区的想法。可这时为了尽早除掉阿育,他又想起了尼泊尔,那里的山民既凶悍强硬,又足智多谋,几次血腥厮杀,曾令他胆战心惊。他想来想去,决定借尼泊尔人之手,除掉阿育。阿育被带进王宫,原来就是为了这个。

几天后,阿育领兵北上,直驱尼泊尔。此时,适至隆冬季节,尼泊尔地区大雪覆地，寒风呼啸，这些来自温暖的恒河平原上的士兵们个个冻得浑身发抖，他们真不理解，为什么国王偏偏在这个时候派他们来尼泊尔打仗，更何况所给的人数少得出奇，加之粮草短缺，兵器不足，大家心中都怀着一股怨恨之气。可阿育已顾不得这些，他想："如此寒冷的地域，如果扎营于一地，不用尼泊尔人来围攻，光这寒风就足以冻死我们了。"于是，他命令部队来往穿梭，在运动中伺机作战，如此一来，竟弄得尼泊尔人捉摸不定，疲于应付，屡吃败仗。阿育的凶残不但令兵士们唯命是从，不敢有丝毫的懈怠，而且也令尼泊尔人闻风丧胆。没有多久，整个尼泊尔便被征服了，从此，阿育的威名远播四方。

消息传到华氏城，宫廷内外顿时沉浸在一片胜利的喜悦之中，人们张灯结彩，彻夜狂欢，店铺中多年积压的陈酒都被一抢而空。这的确是一个出乎意料的胜利。在人们的欢呼声中，频头沙罗王的眉头却紧紧地锁在了一起。

不久，又有一道圣旨传下，令阿育王子领兵远征几千里之外的旦叉始罗。这一次，频头沙罗王分给的兵士不但数量很少，而且全是些临时雇来的老弱病残的百姓。更令人不解的是，作战必需的兵器和粮草竟一点都不给。对于国王的这种奇怪决定，宫廷上下无不窃笑。可阿育母亲的心里却十分清楚，国王是想让阿育送死。临行前，母亲望着那支散乱的队伍，紧握着儿子的手，说："儿啊，今日一别，万水相隔，千山相阻，不知还有没有重逢之日。旦叉始罗人以强悍善战闻名于世，加之那里山水环绕，易守难攻，唉，父王怎么如此狠心哪！"说着，已是泪如泉涌。阿育"啪"的一声折断了手中那条长长的兵杖，脸上的青筋暴溢在外，双眼射出道道凶狠的光芒，他紧握双拳，对母亲说："儿坚信置之死地而后生，儿一定会回来的！"说完，扭头就走，步伐依然是那么的强劲有力。

从华氏城到旦叉始罗，绵绵数千里。一路上，阿育王子想尽各种办法招兵买马，可当人们听说是去遥远的旦叉始罗，谁还愿与他同往。所以，虽然队伍稍有扩充和加强，但要征服旦叉始罗还只是呓人说梦。然而，福人自有天相，谁知旦叉始罗人还没见到这支松松垮垮的队伍，一听阿育王子的名字，竟不战而降。史载："国中人民闻阿恕伽（即阿育——笔者注）来，自然归伏，庄严城池，平治道路，个个持瓶，盛满中物，以花覆上，名为吉瓶，以现伏相。"他们以这种独特的方法表示归伏，就像后世战争中以举白旗为降一样。不光如此，旦叉始罗人还派代表到城外几十公里处亲自迎接阿育王子，对他说："我不叛于王，亦不叛王子，唯逆王边诸恶臣耳。"（《阿育王传》卷1）阿育一听，大喜，这不光是因为不费一兵一卒旦叉始罗就归顺调伏，而且因为旦叉始罗人同他一样，也恨朝中的那帮奸邪之臣。

频头沙罗王没有实现置阿育于死地的计划，但却意外地得到大片的疆土，这又使他不禁暗暗欢喜，由占相活动带来的忧愁一下子便散去了许多，除掉阿育的心思也慢慢地淡化起来。看来，这位老国王最感兴趣的还是扩疆掠土，他一高兴，便又发了一道圣旨，让阿育王子再去征服法沙国。法沙国内有两位猛将，力能平山。他们听说阿育来伐，对其国王说："我二人力大无比，阿育丑儿算得了什么，千万不要称臣归降，我等为大王做主。"可这位大王早已为阿育的恶名所吓倒，何况又听说阿育将会成为转轮圣王，统治整个南阎浮提大地（指整个南亚地区），所以，还是效仿旦叉始罗，乖乖地归附了。那两位猛将后来也死心塌地地归顺阿育，使阿育王子如虎添翼，势力更加壮大，他乘胜出击，不断征伐，"如是乃至平此天下至于海际"

(《释迦谱》卷5)。

阿育王子没有战死沙场，他的赫赫战功为他带来了无人可比的威望，频头沙罗王只好任命他作邬阇衍那的总督。这样，既能使阿育得到安慰，也好使他远离京师，而频头沙罗那里也有机会对苏深摩的继位问题再作周密安排。

邬阇衍那位于印度次大陆的西南方，南邻纳尔马达河，北有文迪亚山脉与恒河平原相隔，西面是一望无际的马尔瓦高原和广袤无边的沙漠。它的东面则是连绵千里、沟壑纵横的德干高原。这是一片偏僻而富饶的山地，早在佛陀时代，它便是十六大国中阿槃底的首都，以后逐渐成为四强之一，与另外三强即憍萨罗国、摩揭陀国和跋蹉国常有战争。邬阇衍那人英勇顽强，在印度古代史上建树甚多。当阿育王子坐镇这里时，邬阇衍那人慑于阿育的威名，表现出难得的恭顺和友好。阿育王子在此一住就是三年。在此期间(前278～275)，阿育娶当地一位长者的女儿戴蛮为妻，过上了美满温馨的生活。戴蛮姿色盖世，而且非常温柔，对阿育王子体贴入微，境内百姓调顺归附，手下将士亦无二心，这般称心如意的生活，使阿育多年倍遭排挤的冤屈得到一丝慰藉。一年后，戴蛮生下一子，取名摩哂陀，这便是后来漂洋过海把佛教首次传播到斯里兰卡的南传佛教始祖。

再说华氏城方面，频头沙罗王正在通过各种办法来树立太子苏深摩的威望。然而，或许是天意难违，这位自幼娇惯自负的太子总难让父王感到放心。可不是嘛，这位太子长得虽是一表人才，但文不能文，武不能武，只精于两种事情，一是讨好父王，二是寻欢作乐。有父王的支持，他把朝中大臣们根本不看在眼里，如此一来，逐渐引起宰相罗提掘多的不满。

按佛教传说，罗提掘多就是列国时代在王舍城一小道上玩泥土的两位孩童之一，名叫无胜。那位名叫德胜的小孩以土为面供养佛陀之后，无胜也学着他的样子，以土供佛，因此善根，今生获得身居宰相要职的果报，而那位德胜就是现在的阿育王子。也许罗提掘多前世就与阿育有缘，所以他与太子苏深摩迟早是要决裂的，出人意料的是，二人决裂的导火线竟是罗提掘多那业已脱去乌发的秃头。

事情是这样的，罗提掘多自从担任宰相之职后，头顶上原来稀疏的头发逐渐脱得一干二净，可他足智多谋，依然深得老国王的重用。一些对他心怀妒嫉的大臣们常常私下以秃头进行侮辱，以解心头之恨，天长日久，宰相的秃头似乎成了一个无法弥补的短处。不过，这种拿不到桌面上的"口实"，只能是那些卑俗无能之辈在阴暗中聊以自慰的儿戏，可那位傲慢的太子苏深摩竟常常以此公开取笑罗提掘多，弄得宰相心里好不舒服。

这一天，罗提掘多乘车出城，正好在城门口遇见苏深摩的车队要进城，双方车夫们都自恃其主位高，所以互不相让。当罗提掘多得知对方是太子的车辆时，急忙命车夫让道于太子，可太子哪肯罢休，他冲下车来，对着宰相大发雷霆。罗提掘多忍气吞声，苏深摩却愈加放肆，他竟以宰相的秃头为笑料，极尽嘲弄，大肆奚落，尤其令罗提掘多难以忍受的是，苏深摩竟伸手在他光秃的头上拍拍打打，而太子手下的一伙人则在一旁哈哈大笑。罗提掘多此时在想什么呢？史载："是时，大臣思惟说言：其今以手拍我，若作王时，当以刀害我。宜作方便，令其后时不得为王。"
(《阿育王经》卷1)

此后，罗提掘多以宰相的身份，在诸大臣中频频活动，以种种合适而巧妙的办法,也就是《阿育王经》中所说的"方便",拉拢诸大臣,挑拨他们与苏深摩之间的关系。与此同时,罗提掘多又选定阿育作盟友,暗中与阿育取得联系,结成同盟,以图大业。此后,罗提掘多以相师的预言为借口,向大臣们宣传阿育继位乃上天之意,不可违抗,尽早依附阿育乃是明智之举。这些大臣虽多奸佞之辈,但迷信相师的态度及明哲保身的处世原则使他们很快便接受了罗提掘多的意见,这样一来,太子苏深摩的灭顶之灾便是迟早的事了。

频头沙罗王似乎预感到事情的不妙。为了锻炼并提高苏深摩的威望,加强太子手中的兵权,老国王命令苏深摩率大军征伐旦叉始罗。其实,旦叉始罗自从阿育王子的那次远征之后,基本上是平安无事的,间或有不满情绪的爆发,也都是因为"王所遣大臣在我国者为治无道,愿欲废之",并"不为斗争,亦不与彼大王相嫌"(《阿育王经》卷1)。频头沙罗王以为旦叉始罗人软弱可欺,于是声称旦叉始罗又要反叛,给予苏深摩大批将士和众多精良的兵器以及充足的物资,目的是为了给苏深摩一个建功立业的机会。

苏深摩与父王一样,以为旦叉始罗不堪一击,谁知大军一到旦叉始罗,便遭到迎头痛击,经过数十日长途跋涉的将士们疲惫不堪,战斗力大减。旦叉始罗人因为朝廷的无端征讨而义愤填膺,他们齐心协力,顽强作战,弄得苏深摩犹如掉进泥潭之中,进不得,退也不得。消息传到首都华氏城,年迈的国王忧心如焚,茶饭不思,寝不能寐,不几日竟一病不起。

频头沙罗王预感自己将不久人世,为防止意外,他只好命令阿育替代苏深摩,这一方面好使阿育滞身遥远的边疆,另一方面也好让苏深摩从中脱身,并立即返回京师,以便承接王位。此时的阿育正在邬阇衍那,接到圣旨之后,他立即率领一支精悍的部队,全副武装,开拔出城,向西挺进。

恰在这时,忽然从华氏城来了一位密使,要求面见阿育王子。阿育莫名其妙,立即召见。原来,此人是宰相罗提掘多派来的信使。罗提掘多在信中说,国王病危,欲传位于太子,你若西进,即中调虎离山之计,请你立即调转兵锋,东进京师,以接大位,兵贵神速,万勿迟疑!阿育沉思良久,只好豁出一条性命,领兵东进,直指京师。

阿育一到京师,便同罗提掘多密商大计,制定出一套严密的夺位计划。可计划还未实施,国王听说阿育违抗圣旨,领兵进京,便立即诏其入宫问罪。阿育毫无准备,吓出一身冷汗。幸亏罗提掘多急中生智,"便以黄物涂阿恕伽身,以罗叉汁洗,盛而弃之,诈称阿恕伽得吐血病不任征伐"。(《阿育王传》卷1)频头沙罗王一见面色枯黄的阿育,口吐黑血,一脸的痛苦,便信以为真。这一关总算躲过了,但夜长梦多,罗提掘多连夜行动,联合几位大臣,作了周密安排。几天后,阿育派兵包围王宫。这时的频头沙罗王已病入膏肓,卧床不起。阿育王子由大臣们精心打扮了一番,昔日的丑陋之相顿时消失了许多。罗提掘多等大臣环拥着阿育王子来到频头沙罗王的床前。跪拜问安之后,罗提掘多开口说道:"大王龙体有恙,需安心调护。可国中不能一日无主,阿育乃大王亲生之子,请您授其王位,以传国政,待苏深摩回来后,我们再把王位还给他。"频头沙罗一听,大怒不已,他强撑起身,以颤抖的声音吼道:"你们……你们……反了!"

大臣们纷纷回答道:"大王,这是天意啊。"这时,阿育站起身来,大声说道:"我若真有福德之力，可如法为王的话，上天将即时赐我天冠。"话音刚落，只见一顶天冠从空飘来，正好落在阿育的头顶上。众人顿时齐声欢呼。频头沙罗王扑通一声倒在床上，嘴里还艰难地骂道："你们……你们玩的什么把戏，你们……你们眼里还有我这个国王吗？"然而，已没有任何人能听到他的责骂和呻吟了。这位风云一时的老国王气愤已极，口吐鲜血，一命呜呼。大臣们立即拥立阿育为王。阿育也不推辞，宣布正式即位，封罗提掘多为第一辅相，其他有功人员也一一论功行赏。这一年是公元前275年，阿育整整21岁。

可即位还没有几天，太子苏深摩便率大军直逼京师。

灌顶登基

太子苏深摩在旦叉始罗进退两难之际，忽接父王诏书，令其火速赶回京师，准备继承王位。苏深摩如释重负，他立即撤兵南下，越过印度河，再沿恒河一路东进，几十天后便抵达拘尸那迦城，这里离首都华氏城已很近了。

谁知就在这时，首都方面忽然传来消息，说频头沙罗王突然病逝，阿育王子业已继承王位。苏深摩一听，怒火中烧，立即率领数万将士，星夜奔驰，次日中午，便抵达华氏城外。

面对如此严峻的局面，阿育这位只知疆场驰骋、不谙宫廷争夺的新国王真不知如何是好。何况他刚刚即位不久，而过去又一直被排挤在宫廷政治之外，所以对一切都感到十分陌生，十分棘手。这时，宰相罗提掘多却胸有成竹地对他说："大王不必担心，只要依我之言，保您安然无恙，至于王位，还是非您莫属啊。"一向刁横自负的阿育，这时只好言听计从。

按罗提掘多的安排，由阿育最信任的二员猛将分守南门和西门，罗提掘多守北门。阿育在几名卫士的环护下来到华氏城东门城楼上。一上城楼，但见东门两侧整整齐齐地站立着十几排长长的队伍，他们个个全副武装，面容严肃，一动不动。阿育心中暗自惊叹："宰相治军也有一套啊，这些士兵不但纪律严明，军威振奋，就连个头也一模一样，甚至长相也差不了多少，有这样的军队，还

佛教圣地——尼泊尔佛教兰毗尼

怕什么。"阿育知道，苏深摩从西北方向赶来，首先进攻的当是西门和北门，根据华氏城的特点，东门受攻的可能性最小。阿育坐在城楼上，忧虑不安的心情一下子平静了许多。

一会儿，便有军士来报，说苏深摩攻西门未克，撤去。又过了一会儿，守卫南门的那位猛将也派人来报，说苏深摩攻南门未克，撤去。阿育一听，十分高兴。谁知没多久，太子苏深摩却领兵直驱东门城下。阿育王大吃一惊，急忙命令士兵准备

战斗，可那些士兵竟毫无反应。他再次大声叫喊，士兵依然不听他的。阿育大惊失色，心想一定是罗提掘多背叛了他，倒向了太子苏深摩，从而设下了这个圈套。他真后悔自己怎么就这样轻信了罗提掘多。忽然，他想起罗提掘多等大臣当初在父王面前说过的话，即待苏深摩回来后，他们再拥立苏深摩为王。这么说，自己只是一时的补缺国王了。可为了这补缺国王，他如今恐怕连性命都难保了。

　　这时，有一亲信急急匆匆地赶来，在阿育耳边叽咕了一阵，阿育听后，气得脸色铁青，连一句话都说不出来。原来这位亲信说的是北门那边的情况。北门是由宰相亲自把守的。罗提掘多原以为太子苏深摩会首先攻北门，那么，他就可首先与太子会面，以便为太子进谏。没想到太子却先攻西门，再攻南门。罗提掘多正在担心：太子如果不来北门与他会面，而是直驱东门，那么，他的计谋能否实现？忽有兵士来报，说太子正向北门进发。罗提掘多一听，露出了阴险而神秘的微笑。

　　罗提掘多不慌不忙，他只带了两名卫士，便走出了城门外，静等苏深摩的到来。苏深摩一到，先是一惊，既而大喜，因为，这分明是宰相在迎接他嘛。二人相见后，罗提掘多对苏深摩说："太子想必已知道京师的变故。唉，太子从来都不离开京城，没想到这第一次外出竟发生了这么大的事情。我们几位大臣都向老国王表示过，待你回来后，就将王位还给你。可如今阿育既在位上，一切都得听从他的。臣子们又有何法。事到如今，只有除掉阿育，才能夺回王位啊。北门由我把守，随时向你敞开，请您留下部分兵士与臣共守，然后直驱东门，阿育此时正在那里。那里的守兵都是臣的部下，不会听从阿育的，请您当机立断，切莫迟疑。"苏深摩一听，大喜过望，他立即留下大部分队伍由罗提掘多亲自指挥，自己亲率数千名将士直驱东门城下。

　　阿育得知这一情况后，肺都要气炸了。此时，黄昏已近，城下一片朦胧。阿育立即命令随身卫士们火速集合自己的队伍，以便趁黄昏再作最后的努力。可还未等卫士们走远，忽然传来一阵兵器的撞击声。放眼望去，只见城楼下那些士兵手中的武器全都丢在地上，如今个个赤手空拳，依然整整齐齐地站在那里。苏深摩骑在象上，一边向城门跟前移动，一边向两边的士兵招手。忽然从城门下走出一头威武而华丽的大象，大象背上骑着一名全副武装的大将。只见他手举长刀，向苏深摩迎面走去。因天色黄昏，加上是从城楼上望下看，所以，阿育并看不清此人的面孔，但从那副举动来看，分明是要阻止苏深摩入城。不过，这头大象虽然威武，但似乎有些笨拙，那位大将也是勇气有余而灵活不足，倒像是一个机器人。阿育心中依然充满了焦虑。

　　且说苏深摩自从在北门听了罗提掘多的进谏之后，内心欢喜不已。来到东门城下，又见两排士兵果然如罗提掘多所言，不但不听从阿育的指挥，而且全都放下了武器，排列两旁，欢迎他入城。正走着，发现阿育骑着一头白象从城内出来。他见阿育虽然手举长刀，但那副木呆的样子分明反映了阿育内心的惶恐。他想，两兵相接勇者胜，阿育已无勇可言，怎能胜我。于是，他扬鞭策象，冲向前去，举刀就砍。就在这关键时刻，只听扑通一声，苏深摩连人带象一下子便从地平线上消失了。紧接着，只见那头白象前面，一股浓烟升起，一种焦臭的气味随之飘向城楼。阿育正在莫名其妙之时，只听一串哈哈大笑之声传来。原来是罗提掘多狂笑着朝他走来。

　　"大王，苏深摩太子上来了！"罗提掘多依然大笑不已。

"什么？苏深摩他……？"阿育又大吃一惊。

"怎么，还未嗅到那浓烈的焦煳气味？"罗提掘多显得十分得意。

阿育王依然莫名其妙。于是，罗提掘多便将他如何设计火烧苏深摩的经过向阿育王仔细地汇报了一遍。原来，自从阿育即位之后，罗提掘多便知道苏深摩肯定会率军攻城，所以，他分析了当时形势后，便派两名猛将严守南门和西门，自己独当北门。而在东门下则令能工巧匠制作了百名与人一样大小的木制武士俑，个个威风凛凛，几乎与真人无异。又制作了可以起动的白色大象，大象上固定着一位木制军俑，面相与阿育王一模一样。当苏深摩向城内走来时，开动白象的机关，白象便端直朝前走出。事先又在白象要停下的地方挖下一个深坑，里面放着特制的无烟木炭，上面蒙上粪草和燥土。当苏深摩兵临城下时，坑中的炭火业已熊熊燃烧。可怜苏深摩还未看清白象上的阿育是否真人时，便陷进火坑，连同大象活活地被烧死。

苏深摩一死，他手下的大将贤勇便乖乖地缴械投降。次日，贤勇便领着数千士兵剃度出家，作了和尚，其他士兵或被阿育收编，或是遣返回乡。阿育王即位后最强劲的一个对手就这样被消灭了。此后，阿育又重赏有功之臣，对罗提掘多更加信任和重用，在此人的帮助下，阿育王的统治得到不断加强。

阿育王二十多年来一直遭受排挤和冷遇，如今成为一国之主，多年的压抑一下子得到纾解，于是他立即命人在华氏城中修建了许多园林，从全国选来一千多名美女，日夜同这些美女在一起寻欢作乐。他以邬摩天女为本尊，大肆供养祭拜，并依此而放纵淫乐，所以，国人都称其为"迦摩阿育"，意即爱欲阿育王。

然而，不到两年，频头沙罗王的另外六个儿子相继在王舍城、鸯伽城等地称王。这六个王子虽然不像他们的兄长苏深摩那样具备太子的身份，但他们并不愿这位丑陋的弟弟独享王权，于是都各自拉起了一支队伍。可惜他们各怀野心，相互猜忌，并未形成一支统一的力量，所以，很快就被阿育王各个击破，六位兄长兵败被杀，他们原来占据的城市也受到严重的毁坏。

兄弟之间大开杀戒，又唤醒阿育王那一度被爱欲掩藏起来的疯狂野性。此后，他的脾气变得越来越暴躁，也越来越傲慢。藏传佛教史料对此有非常形象的记述。多罗那他著于17世纪初的《印度佛教史》中说，阿育王由此"嗔暴转增，若不做刑罚等事心就不坦然，饭也吃不下去。早晨命令作了杀戮、捆打等刑罚，然后才心安理得地进餐"。阿育王的暴虐与傲慢引起宫廷上下的不满。这些不满情绪便逐渐地表现了出来。阿育王感觉最明显的就是宫女们对他的冷淡和大臣们对他的轻蔑。对此，阿育王是不会容忍的。

转眼间又到了第二年的秋天，这是华氏城最美的季节。阿育王在宫廷中玩得腻烦了，便带了大批嫔妃，到郊外的一处园林游乐。园内清新幽雅，景色迷人。嫔妃们个个雍容华贵，体态婀娜。阿育王一高兴，就变得鲁莽粗野起来，宫女们表面上只得强颜欢笑，可内心却是怨气冲天。中午时分，阿育王终于折腾够了，便在园内一宝殿内呼呼大睡起来。宫女们总算有了一个相对自由的空隙，她们跑出殿外，漫步园中，尽情地欣赏那品种繁多的奇花异草。

忽然，宫女们的嬉笑之声停了下来。原来她们看到了一颗长满奇花的树木。这种树非常珍贵，据说谁若能得到一株，他的忧愁即可消除，不知是因为那奇妙的花朵可以卖钱获财，还是因为那花令人赏心悦目，总之，人们给它取了一非常吉祥的名字，叫"阿育"，即无忧的意思。这种阿育树与阿育王的名字完全相同，所以深受阿育王的喜爱。由于此树十分稀有，这座偌大的园林也才只有这一棵，所以阿育王令园丁们对它格外养护。按说这种无忧之树正可为宫女们消愁解闷，可在阿育王那里受了一肚子委屈的宫女们，见了阿育树好似见了阿育王一样，内心的怨恨一下子便迸发了出来，于是，她们便把对阿育王的恨全发泄在阿育树上，大家一齐动手，不消片刻，就把一树的奇花全都折了下来，树上的绿叶和枝条也被毁坏得七零八落。

宫女们刚发泄完毕，一时被怨恨冲昏了的头脑便清醒了过来，恐惧顿时袭上心头，只可惜为时已晚。阿育王早就怀疑宫女们对他无情，特别是他满身粗糙的皮肤，更为这种怀疑添上了一把妒火。所以，当阿育王一觉醒来，发现他那心爱的无忧树被宫女们毁坏时，顿时怒火大发，暴跳如雷，他一把抽出随身佩带的钢刀，当场便砍倒了两位宫女，其他宫女见状，吓得四下逃窜。阿育王紧追上去接连砍倒了几位，可心中的怒气依然没有消散。他随即下令，让手下人取来许多竹帘，用竹帘将每个宫女层层裹住，然后堆放在阿育树周围。尽管宫女们不停地哀号求饶，可阿育王还是一把火点燃了这些竹帘。大火越烧越旺，宫女们徒劳无益的挣扎平添了几分惨烈之像，临终前的哀鸣更是撕心裂肺，惊天动地。可怜这些青春少女不一会儿便舍弃了娇嫩的姿容，舍弃了永不再来的生命。阿育王望着那滚滚的浓烟，脸带狰狞，狂笑不已。

对于阿育王这一残酷之举，宫廷中一些大臣们颇有微词。这些大臣都是频头沙罗王在世时进入宫廷的老臣。那时候，阿育虽为王子，可受父王嫌弃，身无半点职权，大臣们谁能把他瞧在眼里，相反，阿育王子倒是想方设法巴结这些大臣们。后来，因为太子苏深摩横行霸道，得罪了一些大臣。特别是宰相罗提掘多。于是，他们私下联合起来，拥立阿育为王，目的就是为了抑制苏深摩。在他们看来，阿育之所以能够即位称王，完全是他们的功劳，所以当阿育耽于酒色，享受王者的福乐之时，这些大臣们并不只是尽情享受阿育给他们的赏赐，而且还对阿育的施政指手画脚，说三道四，这便引起了阿育的极大反感。阿育心想，这些大臣们自恃有功，太不知趣了，不给他们点颜色看，以后何以统治辽阔的疆土。

这一天，阿育王在某林园中设宴招待朝中大臣。大臣们开怀畅饮，笑语如潮。突然，阿育王命令停止用餐和言谈，可许多人酒兴正浓，对于阿育的命令置若罔闻。直到阿育三番传令，嘈杂的宴席才肃静下来。阿育王通过这一测试，明明白白地看出，大臣对他是相当轻视的。阿育心中大为不快，他要再试试他们是否真的醉了。阿育站起身来，指着旁边一处花坛对大臣们说："把这些花都给我折下来，然后拿到那边去，将那片棘刺树围护起来。"大臣一听，心中好笑："莫非大王喝醉了，从来都是以棘护花，没有听说以花护棘的。"席间发出一片嘀嘀咕咕的声音，没有一个人去执行国王的命令。

阿育大怒，把刚才的命令又重复了一遍。罗提掘多觉得不妙，急忙起身离席，折了一大堆鲜花，插在棘刺树的周围。阿育王又向其他大臣喝道："你们怎么不去折花护棘？快快给我去！"大臣们回答说："大王，臣等没听说过以花护棘的道理，应当以棘护花才对呀。"阿育心想，他们并没有醉，纯粹是轻慢本王。他又问："那罗提掘多为什么这样做呢?"大臣们回答说:"罗提掘多不识此理,必会贻笑他人的。"阿育心想,大臣们说罗提掘多不识此理,其实就是说本王不识此理;说罗提掘多贻笑他人,其实就是说本王贻笑他人。岂有此理,他们也太放肆了。阿育怒目圆睁,大声吼道:"先王有令,轻君者杀,你们都犯了轻君之罪,来人啊!"

这时,早已隐藏在四周的将士们一拥而上,将上百名大臣全都拉了出去,除罗提掘多外,没有一个逃脱杀头的下场。自此以后,阿育王便以杀戮为能事,稍不如意,就钢刀相见,不知有多少人惨死在他手中。宫廷上下,血腥弥漫,一片恐怖。国人皆称其为"旃陀阿育",意为暴恶的阿育王。

罗提掘多向阿育王进谏说:"大王身为一国之主,尊贵无比,而杀戮之事原系贱民所为,大王不宜直接参与。依臣之见,还是设一专门机构,任用专门人员,审察有罪之人,行施杀戮之职。如此,既能避免百姓对大王的怨恨,也能更有效地惩治犯罪,还请大王三思。"

阿育王觉得此言有理,于是就下了一道敕令,在全国各地征召杀戮能手,以为酷吏。那时,在遥远的边陲山区,有一个村庄,村中有一织匠,以织布为生,此人生了一个儿子,名叫耆梨。耆梨生性残暴,能行不仁,为人极恶。时常"手则携钢,脚则顿机,涂毒草叶虫兽,触者无不即死","恒骂父母,家中男女悉皆拍打,乃至一切众生无不杀害"。因此,周围人都称他叫"旃陀耆梨",意即暴恶的耆梨。在暴恶方面,此人与阿育王完全一样,所以,都获得了"旃陀"的臭名。

朝廷派来的使者听说此人后,便找到这个山村,召见了耆梨,问他说:"阿育大王想找一位杀戮能手,专治有罪之人,不知你能否胜任此事?"耆梨一听,冷笑道:"杀尽全世界的人我都能行,何况区区一个孔雀王朝。在下除了杀人之外,别无兴趣,请您放心,此事一定会干好的。"使者向阿育王做了汇报,阿育王一听,大为高兴,立即命令使者将此人带来。使者又来到这个村子,召耆梨入京。耆梨让使者稍候,过了片刻,才出来同使者出发。使者问他何故来迟。耆梨回答说:"我告知父母要去为国王行杀戮之事,父母不同意,我就杀了他们,所以迟到片刻。"使者一听,吓出了一身冷汗。

一到京城,阿育王立即召见了这位天下有名的恶棍。耆梨对阿育王说:"杀人之事太简单了。不过,为了杀得有趣,杀得愉快,杀得轻松,还请国王允许我建造一个牢狱,并定下规矩,凡进入者,一概杀之,任何人均不得再出。"阿育王满口答应。于是,耆梨便在王宫北面选了一处地方,建起一座高大雄伟的房舍。从外观来看,哪像牢狱,简直就是一座美丽的宫殿。雕梁画栋,红墙碧瓦,白色的大理石台阶映衬在红花绿草之间,自由飞旋的小鸟在屋宇上空欢快地鸣叫,清风吹来,绿叶婆娑,鲜花飘香。在这美丽的房屋里边,耆梨却设置了各式各样的刑具和专门杀人的各种洞穴、台板、刑架等,极为恐怖。

这一天,罗提掘多乘着象车路过这里,发现这座美丽的建筑,不禁下车观看,才知道是新任酷吏耆梨的任职所在。他问耆梨:"你这个衙门还真不错,可与王宫媲美了。"耆梨说:"不瞒宰相,这并非衙门,而是地狱,因其外观美丽,人见人爱,所以我叫它爱乐狱。国王有令,凡入者一律处死,所以,不令其华丽可爱,谁还愿意进去呢?宰相大人可愿进去看看?"罗提掘多一听,愤然离去。他原是想限制阿育王滥杀无辜,所以才建议由国家成立专门机构,专治有罪之人,可如今这个耆梨却是不论有罪无罪,凡上当误入者,格杀勿论。设置这样的爱乐狱,难道不是一场灾难吗?谁有力量能阻止这种野蛮暴行呢?

爱乐狱对外开放第一天,耆梨便杀死了数百名无辜的百姓。虽然被判有罪的人也送到这里处死,但绝大多数死难者还是为其外表迷惑而误入其中的人。可惜这个爱乐狱中只进不出,所以,许多人并不知它的真实情况,于是,误入其中者仍然每日不断。

阿育王对内血腥镇压,对外继续征伐,朝廷上下,无不慑服,所辖境界也不断扩大,阿育王盛气凌人,不可一世,便于公元前 271 年,举行灌顶大典,正式登基称帝,从此成为阿育皇帝,但历史上仍习惯称其为阿育王。

皈依佛门

耆梨以爱乐狱屠杀无辜,死者无数,可他还觉得不过瘾,总是想方设法改造狱中的设置。这一天,耆梨外出抓人,路过华氏城外的鸡雀寺,突然听到里面传来阵阵诵经之声。耆梨对佛法毫无兴趣,可他万万没有想到,佛经中竟也讲有关地狱的事情,于是,他就驻足细听,这一听,对他的启发极大。

原来,耆梨并不是听到佛经而有悔罪之心,而是有一位比丘在念诵《恶婴愚经》,其中讲到六道中的地狱道的情况,言及镬汤、炉炭、刀山、剑树等种种苦事,谓"喜镬汤者以碓捣之,喜碓臼者以镬煮之"以及"在地狱中吞大铁丸,融铜灌口"等等。耆梨一听,暗想,那个爱乐狱也应该这样,于是,他回去后立即如法炮制,增添了铁镬、石碓、刀山、剑树等刑具。另一则资料则说,鸡雀寺中的一个比丘得知耆梨以杀人为业,便起了慈悲之心,前去教化,为其讲述杀人作恶将来也要下地狱的道理,其中讲到地狱中的各种痛苦,耆梨听后不但没有反省,反而依经文所讲地狱之状,改造他的爱乐狱。

公元前 265 年,爱乐狱中不幸误入了一个年青的和尚。此人名"海",人称海比丘。说起他的来历,还得从 20 年前讲起。那时,舍卫城有一对夫妻,以经商为生,一次,夫妻相伴到海中去探宝,不久在海上生了一个儿子,便为其起名叫"海"。他们在海上奔波劳作,一晃就是 12 年。于是二人领着孩子回到大陆,但不幸遇到盗贼,惨遭杀害,财物被抢,唯有儿子海得以幸免。海经此打击,又一无所有,便出家为僧,那时,印度僧人都是"一钵千家饭,孤身万里游",即以云游乞讨为生。海比丘辗转乞食,四方云游,八年后来到华氏城。这一天,海比丘行脚途经爱乐狱,见其华丽雄伟,以为是富人之家,便前去乞食,从而误入耆梨的圈套。

耆梨对海比丘说:"你如今进入狱中,必受死罪,这是国王的命令,谁也不能例外。"比丘一听,大哭不已。耆梨不耐烦地说:"不就是死嘛,还哭什么?"比丘说:"我并非怕死而哭,而是因为害怕失去了善利而哭。因为我自八年前出家以来,虽到处参学,精诚修持,但至今依然没有证得道法。人身难得,佛法难遇,所以我才哭啊!"

耆梨觉得此人是进入爱乐狱的所有人中最特殊的一位,因为其他人都是怕死而哭,而他却是因为尚未证道而哭。可事先业已立下的规矩怎能例外。这位比丘求耆梨允许他再活一月,以便再作精进,争取证道,然后赴死。耆梨不允,比丘又将期限缩小，如是经过再三哀求，耆梨只允许他再活七天，七天过后，就让他上铁镬受煮。

海比丘知道自己的死期不远，所以勇猛精进，坐禅息心，可直到第七天还未证得道法。恰在这时，阿育王宫中的一位宫女与一男子偷偷说了几句情话，阿育王一怒之下，便将这位宫女和男子送往爱乐狱惩办。耆梨将这位宫女放入石臼中，以碓捣之，一位白皙秀丽的女子瞬间便眼睛脱出，血肉模糊。海比丘看了这副惨象，心中顿时大悟。《阿育王传》中记述海比丘的证道感想如下："呜呼！大悲所言诚谛，说色危脆，犹如聚沫不坚，速朽无有暂停，端正容貌今安所在？好颜薄皮亦俱败坏。怪哉，生死，婴愚所乐！"海比丘由此看透了人身和人生，从而获得须陀洹果，由此再进一步思考悟道，第七天的后半夜又获得了阿罗汉果，从而最终证得正果。

我们再来看证果之后海比丘的境界。《阿育王经》卷1中说："旃陀耆利柯（即耆梨）语比丘言：'是夜已过，明相已现，受苦时至，汝应知之。'比丘答言：'我今不知汝之所说——是夜已过，明相已现，唯能自知无明（佛教认为痛苦最根本的原因）夜过，智慧日现。我以智慧日光见一切世间皆无有实，是故我今欲以佛法摄诸世间。……我今此身，随汝意作。'"

耆梨一点也听不懂，他只知杀戮，便双手抓起比丘，嗵的一声扔进铁镬之中。铁镬中盛满浓血屎尿等污秽之物，镬下架起大火，烧了起来。海比丘双手合十，双目微闭。耆梨则在一旁疯狂地嚎叫。可是，柴烧完了，镬还没有热起来。耆梨怪罪烧火者不力，一杖将其打死，自己亲自拿来大堆柴火，可柴用尽了，镬还是没热。他又将屋椽拿来烧，可水还是不热不冷。《阿育王经》中则说是火始终无法点燃。不管怎么说，反正是出现了奇迹。耆梨接开镬盖一看，只见海比丘双膝盘坐，双手合掌，端坐在莲花座上。耆梨大吃一惊，急忙上奏阿育王。

阿育王一听，甚感奇怪，便亲自前来查看。这时，海比丘又现出了几种神通，使阿育王惊叹万分，他不禁肃然起敬，合掌说道："你的身躯与常人无异，而你的神力却胜过人力，你到底是谁，你的法术到底是怎么回事，你若告诉我，我就做你的弟子。"

于是，海比丘便将佛法如何维妙、佛陀如何伟大以及他怎么做了佛的弟子，怎么证道等向阿育王详细地叙说一遍。阿育王听后，虽然没有真正理解，但觉得还是很有道理的，加之刚才在兴头上已答应如果对方告知这些底细，就做人家的弟子，所以，这时他便合十再拜，以师相称。海比丘趁机对阿育王说："您今生为王，佛陀早已预言，不光如此，佛陀还预言您将建造84000座塔，在世界上广泛传播佛法。佛的预言一定不会错的。"阿育王又是一惊，他原以为自己为王只是他出世前后两位相师的预言，原来佛陀早在二百多年前就为他作了预记。他急忙询问佛陀预言的情况，海比丘便将二百年前两位孩童如何以土施佛从而得佛预记，将在今生分别为王和宰相的事完整地叙说了一遍。阿育王一听，大喜不已。

这时，海比丘趁间隙逃出爱乐狱。阿育王回过神来，也跟着要出去，可耆梨却是严守规矩，毫不留情，他拦住阿育王，合十言道："大王，您应当知道，我已奉您之命主此地狱，凡是入者，不论何人，盖不能出。"阿育王冷笑道："难道你还要杀我吗？"耆梨严肃地说："是的，您当初并没有说您可以例外呀。"阿育王一听，知道耆梨是动真的，至此，他才知道事情的严重。幸亏两名卫士走来，阿育王闪身躲在后面,对耆梨说:"我当初也没有说你可以例外。我问你,咱俩谁先进来?"耆梨依然冷静地回答道:"大王,是我先进来的。"阿育王便说:"那好,就先处死你吧。"耆梨点头同意,于是狱卒们便将耆梨放置胶舍中烧死。随后,阿育王又命令将整个爱乐狱烧毁。

从此以后,海比丘便成为阿育王宫中的常客,每次入宫,都受到阿育王的盛情款待。海比丘知道不依国主则法事难立的道理,所以,通过他八年云游四方的经验,以巧妙的方式向阿育王循序渐进地揭示佛法的奥秘。阿育王对佛教逐渐有了兴趣。当然,这时他尚未明白佛法的根本,而只是把佛法当成法术与神通,并利用这种神通为自己服务。不管怎么说,阿育王自从亲近佛法以后,昔日的暴恶逐渐得到一些收敛。据汉文资料讲,阿育王便是在此时皈依海比丘的。据说阿育王还对海比丘诵了一首皈依的偈子,其中最后四句是:"我庄严此地,以种种佛塔,其白如珂雪,如佛之所说。"这四句反映了阿育王当时皈依佛教的心态,即遵奉佛陀当年的预言,在世界上建立佛塔。一个暴君怎么会变得如此尊敬佛陀呢? 一个重要的原因恐怕是海比丘讲述的佛陀当年预言的阿育王因缘果报之事,正好贴合了阿育王的心理。因为阿育王是通过一项宫廷政变,杀死合法的王位继承人以后才登上王位的。尽管已有两个相师曾预言其必做国王,但相师在民众当中的号召力、影响力远不及佛教,更何况相师并未说明阿育为何可以做王,而海比丘所讲的故事正好通过佛陀的金口弥补了这一缺憾,即所谓种瓜得瓜,种豆得豆,今世为王乃前世所修因缘,这便与君权神授差不多了,阿育王怎能不感激佛陀呢? 由于海比丘讲述的佛陀预言故事除了以土布施、受报为王之外,还有为王之时兴建佛塔、广播佛法的内容,为了维护佛陀预言的权威性,阿育王广建佛塔就是很自然的事了。看来,阿育王不光是残暴蛮横,他还是一个聪明机灵的人。

佛陀曾为阿育王授记的消息一传出,便在华氏城引起了极大反响。人们对阿育王的看法发生了急遽的变化,不光老百姓的归服心理大增,就是那些上层政敌们也纷纷打消了与阿育作对的念头。宫女们对阿育王崇拜不已,阿育王一高兴,满身粗糙的皮肤也奇迹般地消褪下去,阿育王对佛教的感激之情进一步增加。于是他来到鸡雀寺,向寺中的上座耶舍长老表达了他要兴建84000座佛塔的心愿。耶舍长老对此大加赞叹。二人又商讨了建塔的一些事宜,包括如何取得佛陀舍利,如何在一日当中的某一时刻同时动工等等。

就在建塔的各项工作正在积极筹备之时,从南方传来消息,说羯陵伽联合南方十几个国家反叛朝廷。更严重的是,这个歧视佛教崇信外道的国家,对阿育王的前世因缘果报之说大肆批驳,说这是阿育王愚弄人民的一种卑鄙伎俩。阿育王一听,火冒三丈,急忙派人南下,打探详细情况,建塔的热情顿时冷落了下来。

羯陵伽位于印度次大陆东南部的东高止山与孟加拉湾之间,北起马亨纳底河,南抵哥达瓦里河,相当于现在的奥里萨省。此地南北狭长,地势平坦,为南北印度之间的天然通道,地理位置十分重要。传说远古时候,奥特拉族有一个名叫羯陵伽的人在此建国,遂号羯陵伽国。后来雅利安人进入这个地区,建立起雅利安人的王国,但羯陵伽的名字却一直延续了下来。"羯陵伽"意为"相斗战时国",斗战成为此国的一个传统,所以,该国在南印度一直处于霸主的地位。孔雀王朝建立后,由于不断扩张,在中印度逐渐出现了一个空前统一的大国。羯陵伽被迫北向称臣纳贡,南部十几个小国更是直接委国于孔雀王朝,再也不听从羯陵伽的摆布了。阿育王即位后,进一步强化对南方的统治,羯陵伽在经济和政治方面所受到的压力进一步增加,自古相传的好斗情绪便日益高涨起来。如今,阿育王又宣布皈依佛法,还要在全印广建佛塔,如此更使这个崇信外道的国家深感不安,因为佛法一旦在此地推广,他们在南部印度赖以统治的精神支柱就会被摧垮。于是,羯陵伽国王实行全民动员,裹挟南部诸小国,公开反叛孔雀王朝。

据南下密探回来报告说,羯陵伽有精锐步兵 6 万,骑兵 1000,象军 700,加上南部各小国的力量,总数在 20 万人左右,如果再算上临时征集来的百姓,那数目就更大了。阿育王犹豫起来,说打吧,羯陵伽人兵强马壮,必是一场恶战,何况他刚皈依佛法不到两年,怎好大开杀戒;说不打吧,羯陵伽扼守南北通道,为南印的霸主,羯陵伽一反,先王在南印苦心经营的成果将全部丧失,不仅如此,若坐视羯陵伽反叛,西印、东印各国也会蠢蠢欲动,而羯陵伽一旦强大,必然还会向北扩张,到那时,统一全印的大业不但实现不了,而且连孔雀朝廷本身恐怕也难保了。阿育王越想越害怕,最后终于做出决定,南下征讨。

公元前 263 年,阿育王率领大军,一路南下,越过了马亨纳底河。羯陵伽人民同仇敌忾,拼死抵抗,双方展开了激烈的厮杀。一时间,硝烟弥漫,火光冲天,尸横遍野,血流成河,凄厉的哀号震天动地,血淋淋的屠刀寒光四射,座座房舍被毁坏,道道高墙被拆除,阿育王的大军终于攻破首都弹多补罗,杀红了眼的士兵们见人就杀,见房就烧,一座美丽的古城被彻底摧毁,羯陵伽遭到完全失败。据《阿育王摩崖法敕》第 13 章记载:"天佑慈祥王(指阿育王)于灌顶九年,打败了强敌羯陵伽国。当此战争,在该国杀了十几万兵,从该国掳来十五万俘虏,此外受伤病死的又有数十万人。"从这些记载可以看出这场战争的残酷。

硝烟慢慢散去,南印度再次划归孔雀帝国的版图之内,阿育王也逐渐从战时状态中回复过来。拭去钢刀上的血迹,阿育王又来到鸡雀寺。上座耶舍听说阿育王在南印的暴行之后,内心强烈地震撼了。面对这个沾满几十万生灵鲜血的刽子手,他真不明白,这个曾经以土施佛获国主之报的人,怎么又种下了如此深重的恶业,耶舍不禁长叹道:"地狱中又多了一位候补者,众生的业障难消啊。"自从这次事件之后,耶舍意识到,要使阿育王护持佛法,就必须使其真心皈依佛法,而要使其真心皈依佛法,就必须让其真正领会佛法。过去以各种神通进行慑服、诱化的方法是有重大缺陷的。但耶舍也明白,自己虽为上座,但只长于神通,要真正教化阿育王,自己是无法胜任的。于是,耶舍想到了摩偷罗国的优波笈多。

事情还得一步一步地来。阿育王正热心建塔,这也不是什么坏事,耶舍便全力协助。据说释迦牟尼佛当年涅槃之后,八国分其舍利,各建一塔供养。阿育王首先将王舍城阿阇世王所建佛塔中的四升舍利取出,接着又依次掘开其他各塔,取出所藏舍利。据说阿育王取了七座塔后,又到第八座塔中去取。此塔位于罗摩村中,是最初建的一座。可当阿育王要掘塔时,有一龙王出面阻止,执意要保留此塔,继续供养。阿育王觉得此塔乃世间最早的佛塔,守护得十分精细,也便同意留下。又据《释迦谱》卷 5 中说,阿育王在此也获得了一部分舍利,这么说,最初所建八座佛塔中的舍利都取到了。

取得佛舍利后,阿育王回到华氏城,命人制造了 84000 金箧,每个金箧都用各种珍宝装饰起来,一个宝箧中放一枚舍利。另外又令人制造了84000宝瓮,84000宝盖和84000匹彩绸。每瓮装一宝箧,再用彩绸包扎起来。然后组成一支庞大的队伍,分送舍利到全国各地。凡是有一亿人口的地方就建造一塔。在分送舍利的过程中出现了一个小插曲。传说西北部的旦叉始罗号称其有人口36亿,所以要求给他们36箧。使者上报阿育王。阿育王心想,旦叉始罗哪里有这么多人,存心是想给他们多建佛塔。可若给了他们,其他地方也多要的话,舍利就不足以布满全国了。于是,他想了一个绝招,传令下去,说旦叉始罗人太多,须除去35亿,唯留一亿。旦叉始罗人一听,回奏国王说,他们宁愿只要一枚舍利,也不愿大王再开杀戒,以造恶业。阿育王接受了他们的要求,接着又发了一道命令,以后凡人口越过一亿的地方,也只给一枚舍利,凡不足一亿的地方则一律不给舍利。

处理完这些杂务之后,阿育王来到鸡雀寺,请求上座耶舍再解决他最后一个问题,这就是如何在同一时间各地同时动工。据说耶舍答应以手遮日,各地发现有手障日时,即举行开工大典。据西方学者推测,阿育王这次大规模的建塔活动,很可能是在精于天象的人业已预测到的一次日食时同时开工的(参见渥德尔著《印度佛都史》P245)。而《释迦谱》则记述到,耶舍得知阿育王欲某日同时动工,便通知他,可以十五天后的月蚀为信号,各地同时动工。关于一时建塔的事,历史上还留下许多神奇的传说,这里就不一一介绍了。阿育王建造的这些塔,后世就称其为阿育王塔。这些塔大多数都很小,后来有些塔又经过进一步扩建,规模才不断增大。中国僧人法显、玄奘等人在印度旅行时,就曾看到许多阿育王塔,并在他们的游记中做了准确的描述。这些佛塔后来相继湮没,今天的山奇古塔恐怕是印度唯一留存的一座阿育王塔。传说这些塔分布在全世界的范围内,那么在中国当然也有。《广弘明集》卷15举出中国17座阿育王塔,《法苑珠林》卷38则举出21座。陕西扶风法门寺和浙江宁波阿育王寺的阿育王塔,最为有名,相延至今,香火不绝。

阿育王之所以要建这么多的佛塔,根据有关史料,主要有以下原因。其一是尊奉佛陀的预言,以维护其完整性和权威性。因为佛陀的预言对阿育王维护王权是极有利的。其二,《释迦谱》说,阿育王杀了84000夫人,应堕地狱,一位名叫消散的比丘前来度化。阿育王问,杀84000夫人的罪孽能否救赎。消散比丘告诉他,为每个夫人各建一塔,内藏佛舍利,这样就可消除罪过。其三,《释迦谱》又说,阿育王皈依佛法后,问一法师,他过去杀了那么多无辜的百姓,今修何善可免恶报。法师告知其"唯有起塔,供养众僧,赦诸徒囚,赈济贫乏"。阿育王又问何处可以起塔,法师便以神力左手掩日,日光即成84000道,散照大地,所照之处,皆可起塔。其四,《阿育王传》卷7记载,太史占相,说"王有衰相","王问太史,云何禳却。太史答言:唯有修福,可得禳却。王时即造84000塔,作诸功德"。其五,全印度基本上已经统一,再不需战争征服他人,以佛法教理特别是伦理思想诱导社会,维护统一,稳固统治就显得十分重要。建塔就是推广佛教、实行佛法教化的一个重要手段。上述五种原因可以分为两类,一是为了维护自己的统治,二是为了救赎自己的罪孽,前者是为现实的利益服务,后者是为精神的和来世的生活服务。

阿育王对佛教的信仰经过了一个很长的过程,第一阶段为海比丘的神通所慑服,从而接近佛教;第二阶段发现可以利用佛教证明其王权的合理性,故而支持佛教;第三阶段在原有宗教或其他迷信思想及佛教学说的初步影响下,认为自己的血腥屠杀会遭到报应,为了赎罪而开始修持佛法;第四个阶段,由供僧、建塔等外在的修持活动转向对佛教义理的认识,因赞赏佛教理论,从而成为一名真正的佛教徒;第五阶段,随着对佛教认识的不断深入,对佛教的信仰变得虔诚而稳固,为了给自己积累更多的福德,也为了维护其对辽阔疆域的统治,故大力弘扬佛教。第六阶段,迷信佛教,走向极端。

根据以上所述,阿育王建造佛塔时,尚未专一地、虔诚地信仰佛教,由此转向对佛法义理的认识是在长老优波笈多的教化下实现的。

据几种主要的汉文资料记载,阿育王建造了八万四千佛塔之后,率领群臣,来到鸡雀寺拜见耶舍长老。阿育王问耶舍,这个世界上还有没有像他这样得到佛陀授记的人。耶舍告诉他,佛当年在西北印度说法之后,来到摩偷罗国对阿难说,佛灭后摩偷罗国有长者名为笈多,其子名优波笈多。此人长相虽丑,但教化众生的本事与佛相差不远。佛当时还指着不远处的一座青山对阿难说,这山名叫优留慢荼山,山上将建起一座寺院,名叫那罗拔利寺,优波笈多将住锡此寺,教化众生。阿育王又问:"那位优波笈多尊者现在出世了没有?"耶舍回答说:"不但业已出世,而且证得了阿罗汉果,现在正在那罗拔利寺开示佛法,许多人都在那里获得了解脱。"

阿育王一听,立即派人备车并集合三军,准备前往摩偷罗拜见优波笈多。这时,宰相罗提掘多建议道:"此国隘小,您率领这么多的人马,让对方如何招待。还不如派使者请优波笈多来这里见面。"阿育王回答说:"我虽为一国之主,但尚未证得金刚之心,怎能委屈如佛之人呢?"

却说优波笈多得知阿育王要率众前来时,为了避免打扰大众,急忙派人禀告,要求亲自前去见王。阿育王只好答应。于是,优波笈多派人将几艘船合在一起,形成一个巨大的长舫,领着上千名弟子,自恒河顺流而下,直达华氏城。

优波笈多的船舫一到,就有人跑去皇宫向阿育王报告。阿育王十分高兴,立即脱去佩戴的价值千金的璎珞将其赏给这位报告的人。然后传令击鼓,集合宫廷上下,大声宣告道:"凡欲得大富大贵者,欲生天国者,欲求解脱者,欲见如来者,都准备好自己的供品,我们一同迎接优波笈多去吧!"众人纷纷附和。阿育王又令人清扫巷陌,庄严城郭,随后领着众人,带着各种名贵的梵香,以伎乐仪仗为前导,浩浩荡荡,开出城外。

快到河边,远远看见优波笈多仁立船头,弟子们相拥在两边,犹如半月一样,十分庄严。阿育王急忙从象座上下来,快步来到河边,扶优波笈多上岸,对他合十言道:"我业已消灭了一切怨敌,获得了整个天下,可这样的欢喜也比不上今天见到尊者的喜悦啊!为什么呢,因为见到尊者,就等于见到了佛。"

说着,阿育王诗兴大发,随口就是一首偈子出来:"佛虽入寂灭,尊者补处生。慧日已潜没,尊者继大明。今应垂教授,我当随顺行。"阿育王不但对优波笈多大加赞颂,而且明确要求他垂示教诲,并表示一定遵循奉行。优波笈多也以偈说道:"谨慎恐惧莫放逸,王位富贵难可保。一切皆当归迁灭,世间无有常住者。三宝难遭汝值遇,恒常供养莫休废。"就是说,王位虽然高贵,但又很难维护,所以一定要小心谨慎。而这就必须按佛法行事,而佛法又是什么呢?佛法的关键就是"无常",要深刻领悟无常之法,达到"有常"的妙乐境界,就必须皈依佛、法、僧三宝。皈依三宝是二千多年来所有佛教派别都一致认可的必经的入教途径。所以,我们看优波笈多的偈子,是先从世俗王权难保说起,而落脚点却是要阿育王皈依佛门,供养三宝。优波笈多接着对阿育王说:"佛把正法嘱咐于你,也嘱咐于我,我们可要携手合作,好好护持。"阿育王一边点头,一边领着优波笈多坐上象车。大队人马随即又返回城中。

优波笈多对佛法义理业已融会贯通,又极善于因材施教,随机说法,加之辩才无碍,神通广大,所以,几个月后,阿育王便对佛教有了很深的理解。于是,公元前262年的一天,阿育王正式加入教团,从此成为一位真正的优婆塞,即四众(四类佛弟子)中的男居士信徒。从此,国人又称他为"达摩阿育",意即佛法阿育王或正法阿育王,而他自己则自称为"德瓦南皮亚·皮亚达亚"。"德瓦南皮亚"意为"诸神宠爱的人";"皮亚达亚"意为"容貌和蔼可亲的人"。二者合在一起,一般译为"天佑慈祥王",或"天亲仁颜大王""天宠慈颜王"。

广播佛法

阿育王皈依佛门之后,逐渐对自己昔日的残暴行为表示反省,特别是对两年前发生的羯陵伽战争更为后悔。

公元前259年,阿育王令人将自己的忏悔刻在一块巨石上,以昭告天下。其中说:"从羯陵伽国被占以后,天佑王就热心信奉佛法,喜爱佛法,并且推行佛法敕令。这就是天佑王对征服羯陵伽国忏悔的表示。因为征服最难征服的强国,有许多的生灵被屠杀而惨死,或者被俘虏,所以,天佑王总是感觉到痛苦悲伤。天佑王尤其感觉到悲痛悔恨的事,就是在羯陵伽国内居住的沙门、婆罗门和其他宗派的信徒们,以及向来是遵从长者、父母、恩师、亲戚、朋友、知己、同事和善待奴仆而素有坚固信心的居士们,也因战争遭受了屠杀的惨事,或者遭受了与至亲和妻子生离死别的痛苦事情。即使自己本身侥幸得以免去战死,而他的至亲、密友遭到了不幸而惨死,活得因此悲伤而成疾病,也是天佑王最感觉到痛苦悲伤的事情。以上各种人们所遭受的厄运和惨事,都是天佑王所最感觉到悲伤痛恨的地方。……天佑王到现在仍是感觉到悲痛悔恨而来不及的。"(《阿育王法敕》第13章)。

这篇法敕被认为是阿育王一生的转折点,即政治上,从血腥统治到仁德统治;个人修养上,从粗野狂暴到温和仁慈。从此,他认为,"根据佛法得来的胜利,才是真正高尚的胜利",因为"这个佛法的胜利,既是关于今生的福利,又是关于来世的福利,所以希望世人把一切的爱好变为对佛法的爱好"。为了把佛法推广到帝国的每一个角落,阿育王采取了一系列措施,规模最大的当数巡礼佛迹、广布法敕和组织传教。

据《阿育王经》卷2记载,阿育王完成了分散舍利、建塔供养这件事之后,对优波笈多呈上一偈,其曰:"我今已供养,世尊舍利像,处处广起塔,珍宝来庄严,唯不能出家,专修于梵行。"优波笈多答复说:"修行在于心诚,出家不出家关键在个人的因缘。既然佛授记您今生为王,那么,您今生就不会有出家的因缘。佛说您将以转轮圣王的身份护持佛法,所以,您还有更伟大的使命要做。"这话正好说到了阿育王的心上。他对佛教的确产生了一定的信仰,并看准了佛教在教化人民、巩固统治方面的重要作用,但要他出家清修,他是做不到的。

　　不久，阿育王便向优波笈多提议，说他想巡礼佛陀当年生活过的地方，并修建一些纪念性标志，以教化众生，一心向佛。优波笈多说："佛陀当年说法，足迹遍布整个阎浮提大地，要实现这样的巡礼，是相当耗时的，您政务缠身，能抽出时间吗？"阿育王说："巡礼佛迹就是目前的头等政事。"于是，优波笈多便作为向导，领着阿育王及其随身相伴的大批人马，开始了世界历史上第一次有组织的佛迹巡礼活动。

　　这次巡礼活动从华氏城出发，第一站就是佛陀诞生地尼泊尔的蓝毗尼园，最后一站则是佛陀涅槃的拘尸那迦城婆罗双树林。整个巡礼过程是非常仔细的，各种史料对此均做了不厌其烦地记述。仅以佛陀少年时代的生活地迦毗罗卫城为例，他们就去了抱菩萨（释迦牟尼未成佛以前的称呼）示净饭王处、示诸释天祠处、诸相师相菩萨处、阿斯陀仙相菩萨必作佛处、婆阇婆提养菩萨处、菩萨学书处、菩萨骑象处、菩萨学乘马处、菩萨乘车处、菩萨学射箭处、菩萨休息处、菩萨转石轮处、菩萨与彩女娱乐处、菩萨见老、病、死、生悲痛处、菩萨阎浮树下修禅定处、菩萨入初禅处、菩萨夜半出家出城门处、菩萨脱宝冠并遣马车匿还处等等。每到一处，优波笈多都详细介绍了其中的故事，然后阿育王便虔诚礼拜，慷慨布施，并命人修建标志。

　　离开佛陀故乡后，他们按佛陀当年出家求法的路线，依次朝拜，包括佛陀当年随外道学习、行外道之法的地方也都去了。佛陀成道后的遗迹更是他们巡礼的重点。在所有巡礼过的地方，阿育王都做了标志。对此，《阿育王经》卷2是这样说的："我欲于佛行、住、坐、卧处悉皆供养，又欲作相令未来众生知佛如来行、住、坐、卧所在之处。""作相"就是制作可视性的东西，在历史实物无存或破损的地方重新树立起有相标记。这多少有点类似现代的作为文物保护标志的石碑，但现代的石碑形制单一，阿育王所做的标记都是形式各异，有的是佛足印形，有的是与佛有关的物品形，有的是种植有关的树木，有的是佛的某种相好，如卐字形，有的则是表示佛法的记号如法轮、菩提树和莲花等等。在所有这些标志中，最著名的要算佛塔，特别是四大处佛塔，雄伟壮观，为后世巡礼佛迹者必至之处。它们是迦毗罗卫国蓝毗尼园的生处塔、摩揭陀国伽耶城菩提树下的成道塔、婆罗奈国鹿野苑的转法轮塔、拘尸那伽国跋提河边的涅槃塔。

　　阿育王对佛陀遗迹进行标记可称为历史上第一次有组织的佛陀遗迹普查活动，其规模之大，空前绝后。后世佛教徒巡礼佛陀遗迹主要就是根据阿育王时代确定的标记来进行的。那么，阿育王对佛陀遗迹的确定又是根据什么呢？史料上只说是听从优波笈多的指定。那优波笈多又是根据什么呢？史料对此没有说明。按我们分析，佛涅槃后，佛教徒为了表示对佛陀的怀念和敬仰，常在佛陀生活过的地方凭吊，从而形成许多朝拜点，但由于时间久远，传说纷纭，对于佛迹的认定也很不统一，其中不免夹杂了许多非真实的成分。尽管如此，这种自发的、零散的纪念活动的确把许多佛陀遗迹确定并延续了下来，优波笈多就是在前人的基础上对佛陀遗迹做了一次全面彻底的清理和重新认定。

　　这次清理肯定也把相当多非真实的佛陀遗迹包纳进来。历史上，佛陀主要在恒河两岸活动，多数学者并不认为佛陀曾去过西北印度和南印度等遥远的地方。但阿育王这次确定下来的佛迹却北起兴都库什山，南到斯里兰卡，遍布整个南亚地区。非真实的佛陀遗迹的大量出现，在当时来说是不可避免的。因为，佛教在不断传播过程中，佛陀的人格与学识得以不断地升华甚至神化，对佛陀的敬仰之情不断增加,而制作佛像的习惯尚未产生,所以,对佛陀遗迹的崇拜便成为当时佛教的一种主要崇拜方式。从这一历史背景来看,大量非真实佛陀遗迹的出现就成了一种必然的宗教文化现象。自从阿育王这次全面普查标记之后,南亚次大陆的佛迹基本上统一肯定下来,后世虽还有增加,但大体上都是这时确定并相传下来的。玄奘到印度巡礼时之所以能见到那么多的佛迹,主要应归功于阿育王的这次普查活动。

阿育王为推广佛教、实施佛法治世而开展的又一项重要活动就是广布法敕。这一活动最早是从公元前261年开始的。大约于公元前245年结束,前后延续近20年。

作为统治全印的一个大帝国,正式颁布皇上的谕旨到帝国全境,这并不是什么新奇的事情。但向帝国全境颁行佛法敕令,却从未有过。尤其特殊的是阿育王颁行佛法敕令的决心。为了使佛法治世这种全新的政策达到最大限度的普及,而且保证在他身后还能继续执行,阿育王在他领土内一切重要地点将他推行佛法治世的敕令雕刻在各种形式的石面上。这就是闻名世界的"阿育王法敕"。

这种法敕分布范围极广,几乎遍及整个南亚次大陆。法显、玄奘在印度各地经常看到的石柱,即为法敕刻文的一种形式。可惜后来逐渐湮没,以至世无知者。直到1356年,伊斯兰教徒菲罗兹夏尔在距德里160多公里及60公里处各发现一根石柱,遂将其移至德里,再到百年前为英国人霍尔所注意,并于印度、尼泊尔、阿富汗等地又有发现。后经普林斯苦心研读,至1837年始得确认为阿育王法敕。这在学术界被视为印度古代史研究中最大的发现。根据现有的发现,法敕刻文分为大崖、小摩崖各7所、石柱10根、石窟刻铭及石板等5种。除小摩崖法敕中有阿育王的名字外,其他皆刻以"天佑慈祥王"的名字。

法敕的主要内容并不是关于佛教的深奥义理,而是直接与现实生活有关的教戒及依据佛教理论而来的生活准则、道德观念等。试引一法敕如下(《阿育王法敕》第9章):

天佑慈祥王诏告如下:

百姓在有病的时候、嫁娶的时候、生男育女的时候以及出行的时候,好作各种祈祷。在这些时候,男子也做许多的祈祷,尤其是妇女们在这些时候更做许多细小而且精细的祈祷。这种祈祷虽然是不可不做的事,但是这种祈祷只有小的果实,相反的,若是专心作那种佛法的祈祷,总会有大的果实。在那些佛法的祈祷里面,包括下面的事项:善待奴仆、尊敬师长、不杀生命、布施沙门和婆罗门等等。祈祷上述的和其他类似的事项,就叫作佛法的祈祷。所以,身为父亲、儿子、丈夫、兄弟、主客、亲戚、朋友和邻居的人,都应当互相宣誓说:"这是善事,我们直到达到目的为止始终应当做这种佛法的祈祷,并且达到目的之后,仍应做这种祈祷。"这是因为在佛法祈祷之外的祈祷都是靠不住的。它们或许能产生福果,也或许产生不了福果。即使能产生福果,它也只是关于今生的。而佛法的祈祷,其成功并无时间的限制。假使在今生不能达到目的,在后世也能发生无限的功德。而如果既能达到今生的目的,也能达到后世的成功,那就有两种收获了。也就是说,根据佛法的祈祷,在今生可以获得收获,在后世也能发生无限的功德。

在其他几道法敕中,阿育王还说:

"朕在朕领土以内不许屠杀任何生物作祭祀的牺牲品,也不许当作宴会的用料,原因是天佑慈祥王在宴会上看见了许多的过失错误。因此天佑慈祥王认为不用屠杀生物,也可以做出很美满的筵席。"

"法是美妙的,但法是什么呢?它是少恶、多善、慈悲、慷慨、真诚、洁净。"

"一个人往往只看到他作了什么善事,而看不到他作了什么恶事。虽然恶事难以看到,但这是必须看到的,如果它是粗暴、残忍、愤怒、骄傲、嫉妒,那么就叫作堕恶道。让我不要因此缘故而屈服吧。那是应当坚决看清的:这是为了此世的利益,或者毋宁说这是为了来世的利益。"

"为善不易,所以无论何人开始去做善事,就是开始去做不容易的事。朕做了许多善行,因此叫朕的诸皇子、皇孙和皇曾孙们直到宇宙成为劫灰为止,以朕为法,做一切好事。做了这样的事就是作了善事。相反即使让人推卸一部分善行,就算作了恶,作恶实在是太容易了。"

"普通的俗人,因为有种种的贪欲和享乐的关系,所以他们不能够做到十分圆满的制欲和清净的行为,甚至一部分也不能做到。这样的俗人即便做出广大的钱财布施,其内心仍然缺少制欲和清净、报恩和诚实,那么,他还是一种有漏的俗人。"

除了直接针对广大普通老百姓的法敕外,还有对各级政府官员特别是地方官员的训示性法敕。如:"灌顶后十三年朕命令下列事项:无论在国内任何地方,所有的各级收税官员、司法官员和地方长官等,应为了佛法教敕而外出巡示一次,就像为了他本身的政务一样。所教的就是'顺从父母是善行;对朋友、知己、亲族和婆罗门、沙门布施是善行;不屠杀生物是善行;节欲和储蓄是善行'。再者,大臣会议对于税收官员,也须命令他们根据理由和证件办理事务。"

再如:"天佑王用诏书告诉在塔舍离市的高级都市司法官员们:……所有的人们都是朕的孩子,所以,正如朕一心希望所有子孙们都获得今生和来世幸福一样,朕也一心希望所有人都能获得这样的幸福。卿等在执行这种意旨过程中虽有个别的成功,但并未达到全面的完成。卿等平素虽然办得很好,但仍须注意以下的事项:就是关于治民之事,往往将囚犯监禁入狱受着痛苦,……卿等务必本着判断正确的精神去裁判方可。凡根据嫉妒、愤怒、不正、轻率、懈怠、懒惰、困惫等性情的人,判事常有错误,所以,卿等应当希望:'不愿这些恶劣性情的错误发生于我。'这个佛法敕令的目的,就是为了让都市高级司法官员们无论何时不可令人民受到无理的困苦,不可使他们蒙受无理的劳役以使其能够专心于他的本职工作。"

通过佛法教化对边疆地区推行怀柔政策,是法敕的又一重要目的。有一道法敕中说:"只有下列事项才是朕所希望于边区人民的,这就是专心一意地叫他们不要因为朕而产生恐怖,并且要他们信赖于朕,进而由朕这里接受幸福而不受任何苦恼。又叫他们了解,大凡朕所能忍耐于他们的都会忍耐,并让他们知道,他们若能根据朕的佛法敕令实行佛法,就能得到今生和来世的福利安宁。"

这种佛法怀柔的对象涉及非常遥远的地区。据一道法敕中说:"天佑王认为根据佛法而得来的胜利才是真正高尚的胜利。这种胜利天佑王已经屡次在领土以内获得,并且在相距六百由旬的边疆地区也获得了。在这些地区有希腊国王安泰奥卡斯(叙利亚的),还有另外四个国王,名叫达拉马耶(即埃及的托勒密二世)、安迪基尼(即马其顿的安迪俄那)、马伽(西勒尼的马伽斯)和阿里伽沙达罗(伊庇鲁斯的亚历山大);在南印有科陀,番地亚,直到泰拉巴尼(斯里兰卡);同样,在天佑王版图以内，在希腊人和伊朗人之间，在拿巴加斯和拿巴波提斯人之间，在波杰斯和比丁尼加斯人之间，在案达罗人与派拉达人之间，到处都听从着天佑王的佛法敕令。就是在天佑王的使臣没有达到的地方，他们也都不但听从着天佑王的佛法的实践、制度、规则和佛法的教敕，而且是永久地听从着。由此得到的胜利，不论是在何处得到的，其根本性质都是快乐的胜利。这种快乐才是根据佛法而得到的快乐。"

为了配合佛法敕令的实施，公元前 258 年，阿育王设立了一个新的机构——"护法院"，置"佛法官员"，总管全国的佛教事务，特别是树立佛法，宣扬佛法，并在希腊人、伊朗人、犍陀罗人、罗斯拙伽人、比丁尼伽人以及所有其他西方邻邦人中间，专心作佛教信徒的福利事业。他们还负责在主仆之间、婆罗门和富人、穷人和老人之间作佛教的福利事业，以扫除实行大法的障碍。佛法官员还要关心囚犯利益，检查世人是否皈依佛法、信奉佛法，是否专心布施等等。

与此同时，阿育王还下了一道敕令，以检查并督促各地法敕的执行情况。敕令中规定，各级政府机构均要指派一些不暴躁、不恶劣而且和气的高级司法官员，根据佛法敕令检查普通的法官们，看他们是否如法办理。这种检查规定每 5 年举行一次。为了同样的目的，太守、皇太子应当指定出巡的随员们出去检查，每三年最少出巡一次。由此可以看出，阿育王的佛法治世是有一套严密而完整的制度的，这在整个人类历史上，可说是一个创举，对印度后世的历史文化与民族传统产生了很大的影响。

阿育王推广佛法的另一重大举措是结集佛典、组织传教。

据《善见律毗婆沙》卷 2 记载，阿育王当时在鸡雀寺每天供养上万僧人，许多非佛教徒也混杂其中，天长日久，戒律有了松懈，教义有了分歧，内部争论不断，弄得一般信徒无所适从，不但阻碍了教团宗教生活的正常进行，也影响了佛法在全社会的教化作用。于是，阿育王从全国搜选精通佛教戒律的高僧共一千人，聚集华氏城，以目犍连子帝须为上座，举行结集，这就是佛教历史上的第三次佛典结集。

"结集"又称"集法藏"，意为会诵、合诵之意，即僧人们聚集一起，对佛陀学说进行会诵，经过讨论、甄别、审核后，用文字确定

阿育王传播佛教图

下来。佛陀在世时，直接由佛陀为弟子们释疑、指导，至佛陀入灭后，为防止佛陀遗教散失，确立正统教权，故有必要将佛陀的说法结集起来。在阿育王之前，已有过两次结集。第一次结集是在佛陀入灭当年，在阿阇世王的护持下，于摩揭陀国王舍城郊外七叶窟举行，以摩诃迦叶为上首，共有五百人参加，故称"五百结集"。第二次结集是在佛陀入灭后一百年左右在毗舍离城举行，以耶舍为上首，共有七百人参加，故称"七百结集"。

目犍连子帝须是阿育王之子摩哂陀的师父。据传说,他是大梵天帝须自梵天下降后在目犍连婆罗门家的托生,16 岁时出家,后得私伽婆的付法,成为护持律藏的第五祖,深受众僧敬仰。阿育王拜其为师,后又劝自己的儿子摩哂陀随帝须出家学法。不久,帝须栖隐深山,摩哂陀则成为护持律藏的第六祖。可为了净化僧团,统一说教,阿育王又请帝须复出,主持这一次佛典结集活动。

阿育王举行的这次佛典结集,其范围包括经、律、论三藏。会上,目犍连子帝须对外道的各种异说进行了批驳,历时九个月,终于完成了对佛教经典的重新整理工作,并编成一部《论事》,对不同派别之间相互争论的问题做了详细的整理,正反面的论点各五百条,合计一千条,逐一刊定是非,在佛门产生了深远影响。

结集完成之后,阿育王从参加结集的高僧中精选了十几位年富力强、学有成就的僧人,分成九批,分别派往四方传播佛教。其中,末田地携带《蛇喻经》到西北部的罽宾和犍陀罗传教;摩诃提婆携带《天使经》到南印度的摩醯婆罗陀罗地区传教;勒弃多携带《无始相应经》到南印度婆那婆私地区传教;昙无德携带《火聚喻经》到印度西部的阿波兰多迦地区传教;摩诃昙无德携带《大那罗陀伽叶本生经》到印度西南部的摩诃勒陀地区传教;摩诃勒弃多携带《迦罗罗摩经》到阿富汗以西的臾那世界传教;末示摩携带《转法轮经》到喜马拉雅山一带传教;须那迦和郁多罗携带《梵网经》到金地即今东南亚缅甸等地传教;王子摩哂陀和郁帝夜、参波楼、拔陀等人携带《小象迹喻经》,到斯里兰卡传教。上述传教人员各自率领一个佛教使团,所带经典除上面列出者外,恐怕还有一些。各使团的传教工作均取得了巨大的成功,特别是派往斯里兰卡和西北部的几个使团的传教工作,对后世印度佛教的向外传播格局产生了直接的影响。赴斯里兰卡的使团首领摩哂陀被视为该国佛教之祖,派往犍陀罗和罽宾的末田地则被视为开创那里的佛教与文化的先驱。

这次传教活动是佛教史上第一次由国家出面组织的传教活动,就其规模来说,则是历史上最大的一次。如此宏伟的使团战略,在人类文化史上留下了辉煌的一笔。从此之后,佛教不但在印度南部、西部、北部最终站稳脚跟,而且传播到印度以外的地区,至此,佛教才真正开始了国际化的过程。所以说,佛教作为世界三大宗教之一,其原因除了佛教本身的理论体系能普遍适应其他国家和地区民众的需要外,与阿育王的这次大规模传教活动有很大的关系。

阿育王为推广佛教还做了许许多多的事情,并留下了很多有趣的故事,限于篇幅,就无法一一介绍了。

孤苦离世

自从阿育王大力提倡佛教之后,外道异说受到沉重打击,势力迅速衰减,佛教实际上已成为孔雀帝国的国教,这个庞大的帝国终于在意识形态上取得了高度的统一,这恐怕也是印度史上思想最统一的时期。

不过佛教以外的学说并没有就此销声匿迹。这些学派中势力最大的要算婆罗门教和耆那教,它们不甘心孔雀帝国对佛教的独尊政策,总是千方百计地发展自己的势力。这两个学派中的确也潜藏着一些很有学识的高人,他们的说教得到一部分人的拥护。基于这种情况,已变得非常宽容的阿育王只好调整他的宗教政策。

于是，他又发了一道敕令，承认其他教派的存在，但要求它们必须停止对佛教的攻击。敕令说："天佑王通过布施和荣誉来尊重一切教派，但各教派价值的提高主要还取决于他们自己的行为，这就是谨防自己的语言，不要自夸自己而没有关系的攻击别人的宗派。即使有关系，也要做得缓和一些，反之，不但伤害了别人的宗派，更损害了自己的宗派。所以，团结，就像信奉和研究佛法一样，是难得的善道。"

这个敕令原是想推行一种佛法为主、诸派共存的宗教政策。对其他教派的尊重实际上也只是维护佛教正常发展的一种手段。可谁知这敕令一出，反而为各教派提供了与佛教进行斗争的有利条件，外道学说得到进一步传播，甚至连宫廷中的一些要员也对其产生了同情心理。阿育王的同胞弟弟宿大多就是其中的一员。

公元前245年秋，阿育王命人在全国许多重要地点竖立刻有法敕的石柱，再次表示了他推行佛法的坚定信念。可当阿育王御驾出巡返回华氏城，听说弟弟宿大多在宫廷上下大肆诋毁佛法。阿育王十分生气，按过去的脾气，他非严惩这个弟弟不可，可阿育王自信奉佛法后，性情已变得非常和善，他要以理服人，于是他决定从弟弟入手，教化所有诋毁佛法的人。

这一天，阿育王把弟弟宿大多叫到跟前，问道："你为什么信敬外道，诋毁佛法？"宿大多回答道："任何教法都是为求得最终的解脱，可出家沙门没有一个得解脱的。"阿育王依然心平气和地问："你怎么知道出家沙门没有获得解脱呢？"宿大多说："佛教僧人不修苦行，生活优裕，这怎么能解脱呢？"

宿大多对阿育王直言不讳。接着，他便将自己如何产生这种看法的经过讲了一遍。原来，有一次宿大多曾与阿育王一同外出游玩，在一座山中看见一位婆罗门五热炙身，正在精诚修炼苦行。宿大多为其行为所感动，便独自上前礼拜，问这位仙人道："大德住在这里多长时间了？"仙人回答说："整整12年没有离开这里。"宿大多又问："您平日吃的是什么呢？"仙人答："以树木充饥。"宿大多再问："您平时穿什么衣服？"答曰："结茅为衣。"宿大多复问："卧处如何？"仙人答道："以草铺地。"宿大多对这位仙人产生了敬仰之情，急忙俯身再拜。然后又问道："您目前感到最痛苦的事情是什么？"仙人回答说："经12年精勤苦修，现只剩下一苦未除。这就是每当看见附近的雄鹿和雌鹿交合之时，欲火升腾直烧我心，苦不堪言。"宿大多一听，深感意外，他想，一个如此精诚苦修的仙人都没有排除欲念，那些佛门弟子不修苦行，生活优裕，怎么会见欲而不动心呢？看来佛门的说教是骗人的。他们欺骗王兄，让他多作功德，其实都是为了自己的享乐。

阿育王听了弟弟的述说，真不知如何来教化他。

这一天，阿育王在宫中沐浴，守候在外的侍卫拿起阿育王脱下的皇冠皇袍对宿大多说："阿育一死，您就可以继承大位，今天先试试这套皇服如何。"宿大多经不住侍卫们的劝说，便将阿育的皇冠、皇袍披戴身上，坐上王位。这时，阿育王突然走了出来，看到宿大多那副样子，愤怒地说："我还没死，你就作王了，来人啊，拉下去斩了。"大臣们急忙上前进谏说："大王，宿大多虽犯死罪，但谅他是您的弟弟，还请大王手下留情。"阿育王犹豫了一会儿，便说："好吧，给他七天时间，然后斩首，鉴于他是我弟弟，临死前这七天就让他真正当当国王吧。"

于是，宿大多被安排在一座雄伟华丽的宫殿之中，头戴皇冠，身穿皇袍，臣民每日朝拜，美女时时伴随，歌舞不断，妙乐不绝，美酒佳肴随其享用。不过，负责监管和斩杀死囚的狱卒却随时站在门口,他们面目狰狞,手执大刀,每过一天,都要对宿大多说,离执行死刑还有多少天。七天过后,大臣们脱下宿大多身上的皇冠皇袍,带着宿大多去见阿育王。

阿育王问宿大多:"七日来你作为国王,各种伎乐都欣赏够了吧?"宿大多回答说:"如果我看到色,听到了声,此刻就能回答您的问题了。"阿育王反问道:"你身为国王,百种伎乐,任意享用,无数臣子日日请安,怎么说不见不闻呢?"宿大多鼻子一酸,泪水不禁流了下来。他对阿育王说:"一个行将就木的人还有什么雅兴欣赏美女和歌舞? 还有什么心思享用美味佳肴? 刽子手们执刀站在门口,报时的铃声时时响起,死橛已钉在我的心上,每时每刻都淹没在恐怖的海洋中,世俗的享用还有什么意义?"

望着宿大多那副忧伤的样子,阿育王叹了口气说:"你于七日中想着今生死去的痛苦,所以虽有极妙的五欲可享,但却毫无兴趣。出家比丘们天天都想着死亡之苦,他们怎么会产生欲心而起烦恼呢? 何况他们不但想着自己多少世的死亡之苦,而且想着地狱之苦、饿鬼之苦、畜生之苦,不但想着死亡之苦,而且想着生老病苦、爱别离苦、求不得苦以及其他数不清的痛苦。六道轮回中没有一个地方没有苦的,也没有一个地方不是无常变换而不可执着的。无常之火烧世间,譬如空村无居民。佛弟子常做此观,怎么会烦恼呢? 他们深乐解脱法,不贪于五欲,心境如莲花,处水而不著,而你对他们却横加指责。"

阿育王通过各种方法向宿大多解释佛法的微妙,宿大多有了这七天的亲身体会,很快便对佛法产生了虔诚的敬仰之心。他当即表示,自己虽死到临头,但也要皈依三宝,赞叹佛法。阿育王一听,走向前去,双手搂着弟弟的脖子说:"弟弟受惊了,我不会杀你的,我只是为了让你体会佛法啊。"原来,阿育王假装沐浴,并告诉大臣们把皇冠皇袍给宿大多穿上,还安排大臣们在他要处死宿大多时进谏暂缓。宿大多不知这些,但却因此体会到悟得苦谛后不著五欲的精神境界。

此后,宿大多又去鸡雀寺随耶舍长老学法,对佛教的认识进一步加深,于是便要求出家为僧。耶舍不敢收纳,宿大多只好请求阿育王同意。阿育王得知弟弟的想法后,内心十分悲痛。想起自己过去受嫌弃时弟弟与他相伴不离的情景,他实在不忍心弟弟离他而去。阿育王目前最亲近的只有两人,一位是儿子鸠那罗,另一位便是弟弟宿大多,他也只有这一个亲弟弟。过去,他还有许多同父异母兄弟,可几乎全让他杀了。为此他曾不止一次地忏悔过。如今他已年过半百,身体每况愈下,对亲人的渴望比以往更加强烈。

阿育王对宿大多说:"宿大多啊,你不要有这种念头,出家之人形服粗弊,饮食假人,眠卧树下,四海为家。你只需要制心,不必出家。"宿大多说:"大王,我今日出家不是因为生气,不是为了摆脱怨家,也不是为其他企图,我只是为了解脱生生死死的苦难才出家修行。"接着,宿大多将自己作的一首偈子呈给阿育王。阿育王一看,原来是:"生死为悬绳,有人则恒动,在上必复堕,和合必分离。"阿育王禁不住泪流满面。

宿大多在宫廷内先体验了一下佛教出家人的乞食之法,然后便到遥远的地方出家修行去了。临行前,阿育王再三叮咛,要弟弟务必随时回来看他。

兄弟二人一别就是六年。第六年宿大多回来看望皇兄。阿育王送其一偈,其曰:"无复亲友爱,如鸟飞虚空。我今悲啼泣,由汝今舍我。"宿大多回赠一偈,嘱其善自珍重,然后又远走他乡,消失于茫茫人海之中。不久,宿大多在东部边疆地区不幸染病,头上长满了疮。阿育王知道后,急忙派医生前去诊治。病情稍微好转,宿大多便将医生遣回,自己又继续在边疆地区孤苦清修。

这时,东印度奔那伐弹那地区耆那教大兴,他们攻击阿育王的佛法敕令,大肆侮辱佛陀,有的竟画作佛陀形象,让佛陀跪拜其双足。随着这股毁佛之风的蔓延,当地的分离主义势力也日益猖獗。阿育王知道此事后,决定杀一儆百,派人将画佛拜足者全部杀死。可这并没有阻止得住那股毁佛运动的发展。于是阿育王盛怒之下便命令将该地所有的耆那教徒一律处死,并规定凡能在该地取得一耆那教徒首级者,奖金钱一枚。

恰在这时,宿大多云游到奔那伐弹那,更不巧的是,他的病又犯了,什么也吃不成,只能以牛奶充饥,所以便专找牛多的地方云游行乞。这一天,他来到一户养牛人家,因天色已晚,便在牛棚住下。那时,由于宿大多长满头疮,多日未曾剃发,加之衣服破烂肮脏,与耆那教徒的外形完全一样。这位养牛人家以为他是耆那教徒,为了得到阿育王的一枚金钱,便合伙杀了宿大多,将其首级拿到华氏城。分发赏金的朝廷官员觉得面熟,那位医生则一眼认出是宿大多的首级。阿育王闻知此事,震惊万分,难以自持,竟当场昏倒在地。众人急忙以冷水洒其面部,过了一会儿,才逐渐苏醒过来。然而任凭他老泪如雨,弟弟的性命是永远也挽救不回了。

经过这个打击之后,阿育王一下子又衰老了许多。多年来的仁德统治虽然为帝国带来了一时的稳定与祥和,但也为一部分奸邪之辈提供了兴风作浪的良好土壤。宿大多惨死不久,阿育王又遭到一次更大的打击。

这一天晚上,天气闷热难耐,阿育王与皇后帝失罗叉又在宫内一高楼上乘凉歇息。皓月当空,万籁俱寂,阿育王望着遥远的西北方,又想起了远在旦叉始罗的儿子鸠那罗。这种思念的焦灼,不知折磨他多少次了,因为儿子离开他已两年多了,自从弟弟宿大多于一年前冤死之后,他便只剩下鸠那罗这一个亲人了。当然,阿育王还有几个儿子,但有的早已出家,数十年云游在外,他已淡忘了。有的则是娇生惯养,不信佛法,与他素有隔膜,彼此之间积怨很深,已无一点亲情可言。

鸠那罗是阿育王与莲花夫人所生的儿子。此儿相貌端正,清秀机灵,特别是一双水灵灵的大眼睛极为漂亮。阿育王以为这是他护持佛法、传播佛教的果报,便为其起名叫法增(或作法益)。又因为此儿的双眼与雪山中最漂亮的鸠那罗鸟眼相似,就为其另取一名叫鸠那罗。阿育王非常喜欢这个儿子,时常带在身边,细心照料,百般呵护,生怕出现一点差错。《阿育王息坏目因缘经》中说,阿育王对此子"最所敬爱,随时赡养,不令有失。王恒遣候,探察内伺,知子吉祥,然后乃食。躬抱法益,欣弄终日,情慜爱感,寤寐无厌"。鸠那罗不但英俊潇洒,而且心地善良,性格温和,与父亲一样喜爱佛法。长大之后,娶妻金鬘。金鬘贤惠温柔,清纯可爱。小两口恩恩爱爱,深得众人敬仰。阿育王立其为太子,准备将来把皇位传付于他。

鸠那罗长大之后,阿育王后宫中又来了一位美女名叫帝失罗叉。此女不光长相漂亮,而且极有心计,很快便讨得阿育王的喜欢。公元前240年,也就是阿育王去世前5年,皇后善无续病逝,帝失罗叉被立为皇后。可阿育王已年过半百,身体不佳,难以满足帝失罗叉的生理要求。为此,帝失罗叉常常唉声叹气,前年还曾因为阿育王全心爱护菩提树使她受到冷落,便心生嫉妒,派人以烫水浇灌菩提树,差点将此树毁掉。后因见阿育王对菩提树的枯萎万分悲伤,更加影响了夫妻间的感情,所以才停止了暗中破坏的行为。

帝失罗叉既不喜爱佛法,也不愿作善行。无事则生非,不久,她竟将情欲投向鸠那罗,以至"昼夜伺捕,欲与私能",慨叹"我当何日,果其所愿"。机会终于来了,据《阿育王经》卷3记载:"帝失罗叉向鸠那罗所,见其独坐,爱其眼故,抱鸠那罗,而作是言:'猛火炽盛,烧于山野,淫欲逼我,亦复如是。汝今与我,宜相爱乐。'鸠那罗闻是语已,以手覆面,而说偈言:'此语不和善,塞耳不欲闻。云何以母道,与子有欲想。非法欲不断,是为恶趣门。'帝失罗叉嗔恚而言:'汝不从我,不久之间必当灭汝。'鸠那罗复偈答言:'愿守净法死,不受淫欲生。破坏天人道,贤智所诃责。'帝失罗叉从是已后,常求其短。"可惜阿育王对此竟毫无觉察。

不久,西北印度的旦叉始罗发生了骚乱。大臣们建议派鸠那罗率军远征。阿育王大怒道:"你们怎么想让我的穷胎之子远征,你们的舌头怎么不断掉呢?有谁再敢提鸠那罗的名字,我非亲自杀了他不可。"然而,阿育王有心亲征,可身体衰弱,实难经受长途跋涉。后来,一大臣冒死进谏,终于说服了阿育王。临行前,阿育王举行了规模宏大的送别仪式,他与儿子同坐一车,抑制不住满腹的别离愁情。

其实,旦叉始罗的局势并没有想象的那么严重。原来,国王派往那里的大臣为治无道,旦叉始罗人要求将其撤换。鸠那罗乃仁慈之辈,自然满口答应,于是,旦叉始罗人民对鸠那罗十分感激,双方关系非常融洽。就这样,一箭未发,旦叉始罗的问题就解决了。

与此同时,在华氏城方面,阿育王得了一种怪病,全身毛孔溢出恶秽之物,找遍了天下名医,可就是治不好。帝失罗叉想了一个办法,他派人把全国得这种病的人都召集起来,把他们杀死进行解剖,发现是一种虫子在作怪。然后又试了几种草药,终于以大蒜杀死了这种虫子。于是,她便给阿育王服用大蒜,还真的治好了这种病。阿育王非常高兴。便对皇后说:"你要什么东西,朕就给你什么东西。"皇后一听,便说:"臣妾什么都不要,只想为王七日,好体会一下您做国王的滋味。"阿育王便同意了。

于是,帝失罗叉便以国王的名义,给旦叉始罗写了一个诏书,说鸠那罗犯了重罪特处其剜眼之刑,并削其所有职权,赶出旦叉始罗城,望立即执行,不得违抗。那时,国王诏书下发要以国王的齿印为凭。帝失罗叉待阿育王熟睡之后欲印诏书。可说来奇怪,阿育王竟很难熟睡,动辄惊醒。皇后问他为何突然醒来。阿育王说,他做噩梦,梦见二个鹫鸟欲挑鸠那罗的眼睛。皇后一听,大吃一惊。可阿育王说完之后又睡了过去。皇后又去印封诏书,阿育王再次惊醒,如此连续多次,每次阿育王惊醒后都说他作了有关鸠那罗的噩梦,而皇后在一旁却不断给他宽心。最后,他还是睡着了,皇后阴谋得逞,诏书很快抵达旦叉始罗。

然而,旦叉始罗人十分爱戴鸠那罗。他们认为,王子诸根调顺,无有娇慢,仁慈博爱,恒怀悲愍,是天下难得的善人。于是,他们烧掉诏书,杀死来使,众人云集一起,手握兵器,发誓宁愿遭受刑罚,也不忍心挑去王子的双眼。可鸠那罗却表示要坚决服从王命,于是他找来专门从事杀戮之职的真陀罗来执行此刑。真陀罗一见鸠那罗,大惊道:"宁愿挑我双眼,也不能损坏了这么美丽的眼睛啊。"后来,鸠那罗竟以出金万两的悬赏寻求剜眼之人,终于来了一个"人面十八丑"的恶魔剜去了鸠那罗的双眼。

鸠那罗的妻子金鬟夫人听说丈夫双眼被剜,急忙来到丈夫的营地,看见丈夫满面血迹的惨相,不禁号啕大哭,悲痛欲绝。按照诏书,鸠那罗如今已是没有任何权力的一介平民,而且必须离开部队所在的旦叉始罗城。可无论是鸠那罗,还是金鬟夫人,自幼在名门望族家庭中长大,一直靠人服侍,不堪任何苦力,也没有任何谋生的技艺,如此流落在外,将何以为生。幸亏鸠那罗能弹一手好琴,于是夫妻二人你弹我唱,相依为命,离开旦叉始罗城,沿街卖唱,乞讨为生。如此辗转流浪,几个月后回到了首都华氏城。二人来到皇宫门外,守门人见他们是乞丐,喝令其滚开。他们如实说明了自己的身份,可对方哪里相信。这也难怪,几个月的颠沛流离,风餐露宿,他们已是面容憔悴,满身污迹,昔日的风姿早已荡然无存了。二人无法,只好来到宫门外的马棚中暂住下来。

此时的阿育王虽然医好了那种奇怪的病变,但对爱子的思念却折磨得他坐卧不宁,茶饭不思。他曾下了一诏书,让儿子处理好旦叉始罗的事情后就火速返回,可几十天过去了,还是没有鸠那罗的影子。

这一天晚上,阿育王与皇后帝失罗又登上高楼。刚坐了一会儿,便隐隐听到远处有幽幽的琴声传来。这琴声是那么的哀婉惆惘,是那么的低沉凄迷,它直渗人心,荡气回肠。阿育王那忧愁烦闷的心情一下子便与这琴声合拍了。琴声似乎越来越大,越来越近,阿育王听得更加真切,更加投入。一会儿,又有悲怆的歌声伴着阵阵琴弦吟唱。那歌声由男女二重之音组成,时而男音低回颤抖,如泣如诉;时而女声婉转清越,缠绵悱恻,似乎饱含着倾诉不尽的苦难与惆怅,埋藏着道不完的辛酸与冤屈。阿育王实在经受不了这袭人魂魄的歌声,他自感内心如大海一样翻腾,头脑一阵发昏,就什么也不知道了。

当阿育王苏醒过来时,已是第二天的上午。明媚的阳光透过窗户照射进来,形成几道迷人的光柱,清凉的晨风吹拂在华丽的幔幕上,为宽敞亮丽的宫殿增添了几分轻柔和谐的氛围。阿育王似乎忘掉了昨夜的伤感,脸上禁不住露出了慈祥的微笑。

帝失罗又急忙过来为阿育王穿戴衣帽。盥洗之后,二人走出殿外,在御花园中随意漫步起来。突然,宫门外传来一阵琴声,接着又有男女之声伴琴而唱。阿育王这次听得清清楚楚,他肯定,这琴声正是昨夜琴声的再奏,这歌声也正是昨夜歌声的再起。阿育王实在摆脱不了这琴声的诱惑,他停下脚步,伫立园中,静静地倾听起来。听着听着,阿育王不禁皱起了眉头。"这琴声怎么这么熟悉?"阿育王自言自语道。帝失罗又急忙接过话题说:"大王,还不是那些卖唱的穷汉,我们回宫歇息吧。"阿育王摆摆手说:"莫非这是鸠那罗在弹琴歌唱?"帝失罗又强掩着内心的恐惧,急忙否定道:"这怎么可能哩,王子正统率千军万马,坐镇旦叉始罗城,那里处处金莲,遍地银叶,美女清丽,山川秀美,太子要尽情享受,怎么会这么快就回来呢?"

阿育王长叹一声,只好随帝失罗又回到宫中。自从阿育王推行佛法治世策略以来,孔雀王朝的统治的确稳定了许多,朝中的政事也变得简单多了。阿育王回宫之后,很快便处理完当日的几件朝政,然后又禁不住想起了那凄凉哀婉的琴声,并由这琴声想起了他那英俊可爱的儿子鸠那罗。昔日与爱子在一起的欢快情景——

浮现在眼前。阿育王一阵高兴,一阵伤感,两行老泪不知什么时候已流到嘴边。一会儿,那凄切的琴声又缓缓地弹起,悲凉的歌声也随之在王宫上空回荡。阿育王仔细听了一会儿,心想:"这不是我的鸠那罗又是谁呢?如果是他,为何又不来见我呢?"阿育王实在耐不住了,他立即派人前去查看。

王差来到宫外,寻声望去,只见远处一座马棚前面围着一大堆人。走到近旁,只听那女声唱道:"同室相煎,情将何堪?"又听男声唱道:"再莫诉冤,只因业缘。"一阵琴声过后,又传出清脆而幽怨的女声:"人生无常,美色如幻。"紧随女声之后的,又是那激越的男声:"千古一帝,何日涅槃?"

王差拨开人群一看,原来是一位失去双眼的瞎子和一位憔悴忧伤的女子在那里弹琴歌唱。王差返回王宫如实向阿育王作了禀报。阿育王一听,想起自己曾做梦梦见鸠那罗被鹜鸟啄去双眼,所以,对街上这对卖唱者的真实身份更为怀疑,他让王差再去仔细打问,若是鸠那罗,就立即请进宫内。

"走吧,走吧,让我们走向净土,再不受这迷幻世界的污染;走吧,走吧,让我们走向永恒,再不受这无常世界的摆布……"卖唱人的歌声时断时续,悠扬的琴声依然在空中袅袅回旋。王差斥散人群,问卖唱人:"你是谁家的孩子,你叫什么名字?"卖唱人弹起琴弦,用他的歌声将自己的身世和遭遇诉说一遍。王差听后,大吃一惊,原来他们正是阿育王的爱子鸠那罗和其妻子金鬘。王差急忙恭敬施礼,然后带他们向王宫走去。

身处王宫的阿育王,听着外面那如泣如诉的歌声,内心焦灼不安。《阿育王经》卷4对阿育王此刻心思的刻画非常精细:"我所闻声似鸠那罗,而声清妙复兼悲怨。闻此声故令我心乱,如像失子而闻子声,其心回遑。"而当王差领着鸠那罗夫妻二人来到他的面前时,他却一点都不认识了:"是时,使人将鸠那罗及其妇至宫中。时,阿育王见鸠那罗风日曝露,以草弊帛杂为衣裳,形容改易,不复可识。时,阿育王心生疑惑,而语之:'汝是鸠那罗不?'答言:'我是。'阿育王闻,闷绝堕地……旁人以水洒王,令其得醒。还至坐处,抱鸠那罗,置其膝上,复抱其颈,啼哭落泪,手拂头面,忆其昔容,而说偈言:'汝端严眼今何所在……?谁无慈悲,坏汝眼目;汝于世间,谁为怨仇?……懊恼心火,今烧我身,譬如霹雳,摧折树木,懊恼之雷,以破我心。'"

这段文字对阿育王当时的悲痛刻画得非常形象生动。接下来,阿育王便一再询问凶手是谁?鸠那罗只说自己前世造业,今世命该如此。后来在阿育王的不断追问之下,鸠那罗便把接到皇诏的事讲了出来。阿育王一对日期,才知道这是皇后帝失罗叉所为。阿育王受不了这突如其来的打击,顿时便气昏过去。

第二天,阿育王亲自护导鸠那罗到菩提树伽蓝瞿沙罗汉处医治,鸠那罗身体稍得恢复。可不久传来帝失罗叉被阿育王以火刑处死的消息。鸠那罗内心十分伤感,病又复发,几天后便告别了人世。

阿育王在极度的忧伤中强撑着衰弱的身躯,继续着孔雀帝国佛法治世的梦想。然而,此时的孔雀帝国已是危机四伏,风雨飘摇。各地反对佛教的异端势力进一步发展起来,而非暴力的政策早已使帝国的军事力量名存实亡。大夏希腊人在西北方虎视眈眈,羯陵伽人在南方蠢蠢欲动,边远各省的分离倾向日益明显,而帝国内部,权臣竞起,尔虞我诈,机构松散,效率低下,依佛法为基础的仁德教化也未能阻止腐败之风的不断蔓延。鸠那罗死后，皇族成员觊觎皇位，相互之间明争暗斗。整个帝国如同阿育王的身体一样随时都有崩溃的可能。

公元前237年，阿育王立鸠那罗的儿子三波提为太子。这时的阿育王虽然还不到花甲之年，但病痛不断，身体业已十分虚弱。太子三波提年纪幼小，根本不能为祖父分担任何忧愁。宰相罗提掘多年近古稀，虽还在位上，但风烛残年，昔日的威力早已丧失殆尽。于是，朝中大臣们各怀野心，他们以各种手段拉拢、利用三波提，这位年仅五六岁的太子纯粹成为他们手中的傀儡。

公元前235年，阿育王病情转重，卧床不起。此时的阿育王一味迷信佛教的神力，把挽救自己和挽救帝国的希望全都寄托在佛教上，所以依然忘不了对佛门的大量布施。其实，阿育王自从亲近佛教以后，他对佛门的布施就一直未断。正式皈依特别是虔诚信仰佛法之后，这种布施的规模更为惊人。据法显和玄奘旅印时看到的石柱铭文记载，阿育王在位时，曾三度以整个帝国的疆土进行布施。这同中国的梁武帝以身布施一样，都是佛教史上别出心裁的布施形式。

据说阿育王皈依佛门之后，曾问优波笈多，佛在世时最大的布施者是谁。优波笈多回答说，佛在世时，长者须达多曾以真金供佛，此为最大布施。阿育心想："一位长者能做如此布施，我身为一国之主，岂可落在其后，于是，他发下誓愿：今生要做总数为百亿两黄金的布施。为了实现这个誓愿，阿育王广建塔庙，举行无遮大会，养护菩提树，结集佛教典籍。如今，他重病不起，预感在世之日不久，便让人把过去的各种布施合计了一下，总共可折合黄金九十六亿两，离百亿两的目标还差四亿。

这一天，阿育王把罗提掘多叫到跟前，十分伤感地对他说："我快不行了，这一生怎么这么短促呢？"说着，禁不住掉下泪来。罗提掘多安慰道："人生无常，难免一死。大王福德深厚，来世定会康健富贵的。"阿育王很艰难地摇摇头说："我并不是因为自己将要命终而难过，也不是因为将要失去帝位而痛楚，我只是因为还没有实现自己昔日的誓愿啊。"罗提掘多知道阿育王是说那百亿黄金布施的事情，便安慰道："大王已完成了九十六亿，只差四亿，据臣所知，目前国库还很充裕，再拿出四亿是不成问题的。"阿育王破涕为笑，对罗提掘多说："你我相伴一生，只有你最了解我了，这事就由你去办吧。"

这时，朝中一些大臣对太子三波提说："阿育王即将命终，他不顾一切地布施，等到你继承皇位之后，国库恐怕就空了。从来国君都以库藏为支撑，您若不阻止他的布施，将来怎么做皇帝啊。"三波提认为言之有理，于是，随同诸朝臣一起，拒绝拨付任何费用。阿育王得知后，十分气愤，诏三波提入宫训示。可三波提在朝臣的扶持下，对其命令置之不理。阿育王万万没有想到，自己的孙子竟如此无情，他更没有想到，当初能呼风唤雨并拥有整个帝国疆土的人今天竟落到这种地步。如今他重病在身，孤苦无助，只能有泪肚里流。没办法，他只好尽其所有让侍者把给他送饭用的金盘布施给佛寺。三波提对此也不满意，便命令用银盘送饭，阿育王又将银盘施舍出去。后来，三波提又相继换成铜盘、铁盘直至瓦盘，阿育王统统施舍出去。最后，大臣们唆使三波提不要再送饭给阿育王。

这一天，侍者偷偷送给阿育王一个庵摩勒果。饥饿中的阿育王连皮也没削便吃了起来。突然，他又想起布施之事，便将吃剩的半个果子留下，对侍者说："你说如今谁是大地的主人?"侍者说:"您为皇帝,当然是大地的主人。"阿育王说:"你在骗我,我如今只是这半个果子的主人。"阿育王不禁潸然泪下,他拿起那半个果子,以微弱的声音对侍者说:"今天我再让你做最后的一件事情,请把这半个果子拿到鸡雀寺,布施给众僧们,就说这是我最后的布施,请他们务必收下。"侍者眼含泪水点了点头。

当鸡雀寺众僧正在饮用庵摩勒汤时,这位曾经威震十方、叱咤风云的阿育王终于在饥饿和病痛的煎熬中默默地离开了人世。

阿育王死后,罗提掘多对继承帝位的三波提说:"阿育大帝临终前已把整个国土布施给了佛门,您如今要做皇帝,只有再把国土赎回来才行啊。"三波提只好从国库中拿出四亿两黄金,交给佛门,以求做个名副其实的皇帝。至此,阿育王百亿黄金布施的梦想总算圆满实现了。不久,鸡雀寺僧人们把阿育王最后布施的那棵庵摩勒果核珍藏起来,建塔供养。玄奘去印度时,还曾看见到这座庵摩勒塔。

狐狸与狮子的化身

——苏 拉

人物档案

简　　历:原名鲁基乌斯·科尔涅利乌斯·苏拉,古罗马统帅,政治家。他生于一个没落的贵族家庭,凭借超群的才智成为独裁统治者,被人称为古罗马共和国的掘墓人。

生卒年月:公元 138 年~公元前 78 年。

安葬之地:马斯广场。

性格特征:冷酷无情,刚毅果断,自信乐观,机敏狡猾。

历史功过:参加朱方达斗争,进攻罗马,争夺到指挥权后率兵东征,同时率兵返回意大利,任独裁官,恢复元老院,推行新政。

风流少年

公元前 138 年,苏拉降生在名闻遐迩的意大利城邦国家罗马。

奇迹在起点时总是那么平淡无味。金发少年苏拉其实血统高贵:他的六世祖曾两任罗马执政官,权倾一时。当时的罗马还是一个处在上升时期的小城邦,世风俭朴,这位前执政官由于被查出拥有超过 10 埃斯的金银餐具而触犯了当时的法律,被毫不留情地赶出了元老院,在蒙受了巨大的耻辱之后郁郁而终,从此家道中落,一蹶不振。苏拉的父亲仍然牢记家族辉煌的过去,他竭力要保持贵族的气度,却总是掩不住囊中羞涩,英雄为之气短。贫贱夫妻百事哀,苏拉幼年见多了父母在生活的重压下口角不断,甚至拳脚相见,从而初识生活艰辛。

在灿烂的往昔与冰冷的现实的双重熏陶下,苏拉长成了一个英俊开朗的金发少年,厌倦了年迈的父亲无穷无尽的唠叨,同时也为方便自己四处寻欢作乐,他搬出了乏味的老宅,在罗马城一个偏僻的角落里赁屋居住。

罗马城位于意大利这只著名长靴的中部,四季温和润泽。台伯河,罗马人的母亲河,从山间蜿蜒而下,据说正是在这河边,罗马城的创始人罗慕洛和他的兄弟被母狼救起,罗马辉煌的历史自此徐徐拉开帷幕,世世代代的罗马战士筚路蓝缕,力图开拓,遂造就了由一个城市统治着横亘欧亚非三洲的大片海外殖民地的不凡业绩。此时的罗马城规模宏大,已超过了西方世界其他所有城市。宽阔清洁的道路构成便利的市内交通网,混凝土的应用使优美的拱形建筑物比比皆是,马尔西亚水道为城市里的居民送来了源源不断的清水,四通八达的驿道从海外诸国为罗马人运来大量的金银币和奢侈品,以供罗马上层社会纵情享用。富人们居住在漂亮豪华的房子里,柱廊和花厅里女眷们悠悠而行。

可是富的尽管富,穷的依旧穷。穷人住宅区里,密密匝匝的木屋高耸摇晃,光线暗淡,一场出人意料的火灾或洪水就会危及他们的生存。苏拉的租屋正好位于富人区和穷人区的交界地,朱门酒肉与路边冻馁尽入眼底。他的楼上就住着一个快乐的解放奴隶,一年四季头上顶着一顶庇利阿斯帽子——这表明他曾是一个奴隶,在他的老主人临终时得到了自由。苏拉喜欢同他说话,每当这时,那个可怜的人总是紧紧捏着那顶滑稽的毡帽,每一句话都忘不了诚惶诚恐地颂扬他那仁慈的已故老主人和眼前这位高贵的、年轻的老爷。

此时的罗马国势日强,俭朴刻苦的社会风气让位于奢侈虚荣的习惯,每一个重大的节日,每一次凯旋式,都要举行大规模的赛会,观赏戏剧、舞蹈、角斗、马车赛,成为罗马人重要的社会活动,无论贫富,概莫能外。年轻的苏拉放纵任情,精力充沛,他倾心文艺,很容易被感动得大笑或流泪,尼维乌斯优美铿锵的拉丁韵文喜剧令他迷醉,普劳乌斯的史诗激起他的万丈雄心。而戏里戏外,说不尽的世态炎凉,人生百态,更激起他对自己身世的慨叹。他机智善谑,嗜好交际娱乐,终日混迹于优伶、小丑和娼妓之中,在这些底层人物中间,感悟社会人生。

在放浪形骸、纵情声色的生活中,苏拉的性格渐渐定型,那是一种对人的彻底鄙视、冷酷无情与刚毅果断、自信乐观、机敏狡狯等多种因素混合而成的复杂品质。这个罗马城里出名的浪子,内心渴望出人头地,那些香车宝马中的上层人物,不过仗着父祖的荫庇才飞黄腾达,论出身,论才能,有几个可与他苏拉匹敌?苏拉明白,自己需要的只是金钱而已,但可遇,不可求。

心智早熟并不妨碍天性快乐的他追花逐月。他举手投足落落大方,一派贵族气度,有着钢铁般的意志和美酒一般芳香四溢的气质,多情又冷酷,尤得女人青睐。因此他先后拥有众多的情妇,周旋其间,令她们时而迷醉,时而痛苦,时而嫉妒,时而悔恨,在经历这些复杂的剧烈的情感后更执着地痴恋着他。

不可小瞧罗马的妇女,或许是罗马历史上伊达拉里亚人习俗的影响,她们的社会地位相当高,婚姻也较自由,可以参与国家公共事务,许多妇女实际上自行管理自己的财产。尤其在经历了无休止的战争后,罗马的许多重要家庭里男性绝迹了,母亲与妻子往往是家庭的支柱,家族财产由妇女来掌管。

苏拉之幸运恰恰系于此,他的情妇之一、罗马城一个富有的名妓在撒手尘寰之际将自己巨大的财产悉数赠予他,苏拉由此得以脱离窘境。雪中送炭不多,锦上添花常有,接着,另一个非常钟爱他的女人,苏拉的继母也将遗产留给他。在金钱即是一切的罗马,苏拉的社会地位迅速改观。他曾纵情讥嘲上流社会的虚伪愚蠢,可是现在他是他们中间的新贵,骏马高车,扬鞭而去。歌犹在耳,他的下流社会的朋友们已经对他肃穆有加。

女人的感性选择就这样决定了未来几十年间的罗马历史。金发少年苏拉从此走上幸运的人生之旅。

崭露峥嵘

这是一个兵连祸结的时代,一个英雄辈出的时代,伟大与卑微并存,诺言与阴谋相伴,生命可以尊贵、恢宏,为万众拥戴,也可以细若草芥,去来无声。战争随时随地发生,屠城比比皆是。所谓的田园风光,所谓的古老传奇,史家忠实的记录使这些浪漫诗篇终于只是想象。

这是政治家、阴谋家、军事家的时代,连年的战争和内乱为一切有野心又有能力的人提供了极好的机会。

盖约·马略就是这样一个才华出众的人,他被人们尊崇为"伟大的",可是当他出生时,他是一个地位卑微的农民的儿子。据说在他小时候曾有七只小鹰落在胸前,人们预言他将七次担任最高行政长官,实际上那只是后人附会而已。他之所以出人头地,身居要职,完全凭自身的努力一步步从基层奋斗到权力顶峰。他所取得的一切都不是什么恩赐,每一件小事都得经过一番奋斗。罗马的政治生活里,主要是世袭的贵族轮流把持政权,出身寒素的马略是匹凌厉的黑马,这种人通常被称为"新人"。

马略参加了对西班牙的战争,因作战勇敢受到提拔,战后步步高升,转入政界后积累起相当的财富,后来甚至还与恺撒(后来名扬青史而那时还是个孩子)的姑母尤里娅结婚,从而得与贵族世家结下密切的关系。但与他自我奋斗的经历相一致,他待人处事有种强硬粗暴的态度,加之他一贯自诩为平民的政治代言人,与元老院的贵族遂成对立之势,给他的仕途不时造成阻碍,在政界陷于困境。

朱古达战争在公元前 111 年爆发,使长于军事的马略找到了新的起点。由于政治腐败,军队涣散,罗马在战争中屡战屡败。马略趁机大作自我宣传,在骑士和贫民支持下,公元前 107 年马略出任执政官,被授予在北非作战的最高指挥权。此前罗马的公民战时为兵,平时为民,缺乏正规训练和统一指挥,而且自备武器,质量难以保证。马略立即着手进行军事改革:取消士兵财产资格限制,改征兵制为募兵制,由国家统一发给武器装备;改进武器设备,改变传统的队形排列,扩大战术单位,提拔那些勇猛作战、积极主动的士兵,从而培养士兵的集体精神和对将领的忠诚,因此马略的士兵开始被称为"马略的骡子"。这种军事上的改革使士兵对将领的忠诚超过对国家的忠心,从而使罗马政治的发展朝着个人独裁的方向发展。

这一次给罗马带来麻烦的是朱古达——地中海对岸,北非的罗马保护国努米底亚王国的一个王子,父亲死后,他抵制罗马人的"分而治之"政策,屠杀境内的意大利居民,从而与罗马处于战争状态。这是一个高明的骑手和天生的军人,在和气亲切的伪装下把他颇有谋略的狡黠和背信弃义行为深深地掩盖起来,由于他在战争前期的赫赫战功,他骄傲地号称沙漠之狮,直到他遇见了马略。

在辽阔的北非,马略和朱古达展开了激战,马略的军事天才得到了充分发挥,他的新军击溃了剽悍的蛮族士兵。但是朱古达本人逃到了东非毛里塔尼亚王国,国王波库斯、他的岳父收留了他。一时间,双方一个亟欲杀之后快,一个坚决不肯露面,形成僵局。罗马人对这场旷日持久又无利可图的战争早已厌倦,他们急切地想结束它,纵然马略作战勇敢,但缺乏耐心的公众要的是一个最后的了结。

结束战争的荣耀这时恰恰落在马略的财政官苏拉头上,他受命说服波库斯出卖朱古达。狡黠的苏拉从蛛丝马迹中看准波库斯其实对他飞扬跋扈的女婿颇有怨言,便乘虚而入,他不相信人与人之间会有忠诚,卸去一切伪装之后,只有自私自利与相互利用的关系。苏拉巧舌如簧,利诱与威胁并用,最后与波库斯合谋俘获了朱古达,从而使战争圆满结束,公众因此分外热情地欢迎这位不战而屈人之兵的英雄。元老院的态度使这种热情更持久,贵族们感到欣慰,这个出身高贵的新星将有力地对抗粗鲁的马略。马略分明感到了一种潜在的压力。久涉官场,马略知道自己不具备个人魅力,但苏拉有,他和蔼可

古罗马士兵

亲,彬彬有礼,做事极为灵活,令马略既羡且怒。

荣誉在马略和苏拉之间埋下了不和的种子。

但苏拉对此恍若不知,嬉笑怒骂依旧,风流韵事不绝于缕,同时对马略忠诚不移,反而使马略为自己的小心眼而惭愧不已,作为补偿,他在二任执政官,抵御日耳曼人入侵的战争中重用苏拉为副将,在三任执政官时举荐他为保民官。苏拉果然很出色,出色得令马略痛苦,不再向他提供立功晋级的机会。

行为偶尔放纵,头脑从来清醒的苏拉早就看出了马略的用意。同时拥有两个盖世英才固然是国家之幸,但既生瑜何生亮,二虎必有高下之争,苏拉不甘心久居人下。他清楚自己的优势:年轻力壮,有谋善断,处事圆滑,拥有一笔巨大的家产,而马略年长他20岁,精力体力已大不如以前,经历虽然丰富一些,韬略尚欠一筹。在他和马略之间,元老院肯定会选择出身贵族的苏拉。苏拉做出决策,转投马略同僚卡图鲁斯麾下,卡图鲁斯懦弱无能,军中大权尽落苏拉之手,他指挥部队征服了阿尔卑斯山区大部分蛮族,绥靖了意大利的北疆,为他自己带来了新的荣誉和权力。

放虎归山,马略眼睁睁地看着羽翼渐丰的苏拉飞黄腾达,但他已经无计可施了。

离开马略,是苏拉仕途的转折点,他摆脱羁绊,开始在政治舞台上独步一时。

公元前93年,苏拉当选行政长官,任满后被元老院任命为基里基亚行省总督。富饶的小亚细亚地区是罗马财税的重要来源,苏拉趁机扩大他在东方的影响,在卡帕多西亚,他成功地扶持当地亲罗马的贵族为王——这块土地成为以后米特拉达特斯战争爆发的重要原因,而那场战争将给苏拉带来荣誉和权力。

从总督任上回国后,一帆风顺的苏拉陷入一系列的麻烦。开始有人控告他勒索盟国,这在贿赂公行的官场本是心照不宣的事,关于行贿受贿者有一句名言:"如果能够替它找到一个买主的话,整个罗马城也可以买得到。"可是一旦有人栽了跟

头,人人都是一副一尘不染的模样,落井下石本是人之常情,却令身处逆境的苏拉痛觉世人凉薄,所谓的友情,所谓的忠诚,到头来只是一场镜花水月的骗局。他不由得想起他那位不幸的六世祖,难道是天妒英才,使历史的悲剧重演吗? 不过,原告后来自知绝难取胜,最多能令苏拉在审判中难堪,权衡利弊,撤销了起诉,苏拉侥幸得脱。

仿佛老天还嫌苏拉的麻烦不多似的,紧接着,他和马略的矛盾又如箭在弦上,一触即发。事情起源于在神庙为苏拉竖立塑像。这令马略怒火中烧,他,一个功勋卓著的老资格将领,无法容忍一个昔日的下属如此猖狂。这时,马略在政治上处于低潮,同时失去了平民和贵族的支持,威望一落千丈,隐居在罗马,静待时机以重出江湖。他痛悔自己出于高傲没有在那场官司中施加影响,及时痛击苏拉,没料到这个自命不凡的后生甫离险境就愉快地接受了这种公开的谄媚,这意味着他将不得不在这样一个一贯凭诡计取胜的小人面前低头,这样的屈辱他绝不肯受。眼见形势变得紧张,两派人马剑拔弩张。

其实苏拉本意不愿再惹麻烦,况且是与这样一个垂垂老矣的昔日明星,他不想被人们认为是一个爱惹麻烦的人。人们虽然不再崇拜马略,但作为一个功高望重的长者,他如果被人冲撞,他们还是愿意谴责那个冒失鬼,借以表现自己丰富的同情心,因此争斗会对苏拉造成不利,他对此非常清楚。而马略自恃雄风犹在,大有不战不休之意,令苏拉挠头不已。

同盟战争适时爆发了,新的战争意味着新的利源。马略不得不含恨隐忍,苏拉大大松了一口气,心里明白决战推迟了。

这场战争爆发于公元前91年,罗马的意大利同盟者发动起义,要求取得罗马公民权,由于同盟者的核心是马尔西人,故又称"马尔西战争"。

自罗马征服意大利并对其实行"分而治之"以来已有二百余年,通过政治法律的影响,经济文化的交流,意大利诸民族逐渐拉丁化、罗马化,意大利人得与罗马人一起经商海外,在外族眼中,他们并无二致。可是罗马人名义上称意大利人为同盟者,实际上把他们当作属民,二者在政治权利、经济利益和社会地位上不可同日而语。意大利人用鲜血和生命与罗马人并肩战斗,开拓了广大的疆土,可是罗马的士兵可以分到土地,罗马的将军飞黄腾达,而他们既无权分地,又不准参与政治决策。在恃强凌弱的罗马官员面前,意大利人上至地方长官,下至平民百姓,既没有人格尊严,也没有人身保障。

意大利同盟者们认为,一切不平等的根源就在于他们没有公民权。但是他们还记得,当罗马和他们一样是意大利诸城邦的一部分时,经常慷慨地将自己的公民权赠给友人,借以扩大自己的统治基础。随着罗马的崛起并征服意大利,作为同盟者的意大利各城邦实际上降到附庸地位,罗马的公民权开始体现出优越性,更带来巨大的物质利益,但这时罗马开始变得吝啬起来,拒绝再给别人公民权。

为取得罗马公民权,意大利人采取了种种手段。开始时偷偷移居罗马城内,在罗马公民普查时混进公民名册,当然,贿赂贪婪的官员也是必不可少的。有的意大利人还把自己的孩子卖给罗马人,以为他们谋得一个好前程。大量存在的地下交易使罗马当局非常恼火,多次限制外来移民,甚至从罗马城驱逐所有的意大利人。这种保守排外的政策激起意大利人的不满,他们团结起来,放弃了秘密手段,理直气壮地向罗马人要求公民权。富有同情心的罗马民主派与他们结合起来,掀起了要求给予意大利人以罗马公民权的民主运动。但反动势力顽固守旧,民主派首领相继罹难。炽热的岩浆在平静的意大利地表下奔腾翻滚,同盟者绝望地拿起武器,以马尔西人为核心,意大利大部分民族团结在一起,组成了秘密的反罗马联盟,相互交换人质,商定同时发动起义。一个偶然事件的火花提前引爆了同盟者战争,同盟者自己组织了一个新的联盟共和国,拥有一支十万人的大军,装备精良,士兵勇猛,由于他们曾随罗马军队出征海外多年,熟悉罗马军事,因此同盟一旦破裂,朋友就成了劲敌。

总的来说,这是一场散漫的战争。敌对双方各个兵团同时在意大利各地进行战斗,时而分散,时而联合。大的战区有两个:北方拉丁语地区,罗马军队的统帅是执政官卢提略,南方战区则由另一执政官路西乌斯·恺撒统帅,双方各配备了一些最著名的将领任副将,其中,马略属于北方战区,苏拉属于南方战区。

卢提略作为一个军事统帅非常不高明,年高资深的马略却不得不受制于他。在托林那河畔,罗马人突遭袭击,损失惨重,指挥官卢提略和他的 8000 名士兵被杀死,尸体顺流而下,下游的马略发觉后急急赶到,已无济于事。运回的尸体在罗马造成了一个悲惨的时期,元老院不得不下令,以后阵亡的人应就地掩埋,以免别人看到惨状不愿当兵。罗马当局任命马略和另一位副将分别指挥北方军队,这位副将也很快被起义军用计谋攻破,兵败身死。

马略踌躇满志,满以为现在该由自己出任最高指挥官职务了。可是元老院并无此意,马略愤而退兵,从而令南方战区苏拉的赫赫战功更有光彩。苏拉战败了素以剽悍著称的马尔西人,使他们遭到了开战以来第一次重大损失,从此不敢再对苏拉采取主动攻势,接着他又重创罗马宿敌萨谟尼特人,成为同盟战争的英雄,跻身最优秀统帅之列。

公元前 88 年,同盟战争已接近尾声,借着刚刚取得的军事胜利,苏拉第一次当选为执政官。另一个执政官克文杜斯。庞培与苏拉是儿女亲家,通过政治联姻,苏拉在罗马城结下了盘根错节的关系网。是犹不足,这一年,年已不惑的苏拉举行了他的第四次、然而也是最重要的一次婚礼,新娘麦特拉是大祭司之女,富有的显贵遗孀,罗马城身价最高的嫁娘。他俩隆重豪华的婚礼给罗马人深刻的印象,在很长一段时间内,是他们茶余饭后津津乐道的谈资。现在,苏拉已结成了牢固的政治联盟,在政治、宗教意义上,都是贵族派的领袖人物,处于罗马政治漩涡的中心。这是苏拉政治生活的第一个高潮,他向世人展示了不仅作为一个军事家而且作为一个政治明星的出色才能。

此时,在小亚细亚又爆发了一场新的对外战争,为了争夺最高指挥权,苏拉和马略将一决雌雄。

进攻罗马

小亚细亚北部的本都是一个希腊化国家,它的国王米特拉达特斯六世毕其一生与罗马争夺小亚霸权,公元前 89 年,他趁着罗马被同盟战争搞得焦头烂额之际,发动了第一次米特拉达特斯战争。

围绕战争的指挥权,马略和苏拉展开了激烈的争夺。马略自恃劳苦功高,志在必得,他认为米特拉达特斯战争很容易而且有利可图,想借此机会重出江湖,再展雄风。但由于他在同盟战争中悻悻而退,此时苏拉的军事天才已成为时人共识,英气逼人,马略对此非常不满。双方再次展开争夺。拥有财产的占上风,何况苏拉正值壮年,在政界已颇有基础。明争暗斗的结果,在元老院的主持下,执政官苏拉通过抽签获得了战争的指挥权。

　　马略并不灰心,趁着苏拉尚未赴任前往小亚细亚的机会,他与保民官卢福斯结盟,由保民官向公民大会提议授权马略指挥战争。

　　为了达到个人目的,马略在意大利新公民中进行宣传鼓动。所谓新公民是同盟战争后的产物,在战场上,罗马人胜利了,而作为放下武器的代价,意大利人相继得到了罗马公民权。但是顽固的胜利者在让步的同时又做了种种局限,使新公民在政治上仍受歧视。马略看到新公民中日渐增长的不满情绪,趁机大做文章,他在同盟战争中明明是对权力分配不满而退兵,现在却美化为不忍对同盟者举起屠刀才不战而退,矛头直指同盟战争的英雄苏拉。他并许诺如果保民官的提案能获通过的话,他就会满足他们的一切要求,俨然以新公民的政治代表自居。这自然令新公民欢欣不已,但引起了旧公民的不满,两派在街头互相辱骂斗殴,冲突不断升级。

　　表决法案的日期已经快到了,由于新公民的人数大大超过旧公民,执政官苏拉和庞培感到十分忧虑,于是借口传统节日来临,宣布休假几天。因为按照习惯,休假期间停止一切公务,他们希望借此拖延表决,赢得时间。

　　保民官不愿意丧失主动权,他命令党羽暗藏短剑,在广场集合,在那里,他发表煽动性演说,谴责执政官出于一己之私利,置公民利益于不顾,以所谓的休假来阻碍公民表决权的行使,号召他们向执政官要求立即停止休假,进行表决。群情义愤,骚动迅速蔓延,罗马城内杀气腾腾。

　　执政官庞培见势不妙,偷偷地跑了。愤怒的人群围住了他的儿子、苏拉的女婿,在混乱中杀死了他。这时苏拉露面了,面色苍白,形容憔悴,他宣布取消休假,人群霎时静了下来。他解释说他只是依照古老的传统行事,希望利用假期让大家冷静下来,弥合他们彼此之间不应有的分歧。他没有提到他女婿小庞培的死,但面容哀婉悲伤,眼中透出无辜受难的表情,善良的人们静默了,他又提到了马略,他所敬重的老上司,由于神意他得到了指挥权,但在目前的情况下他将服从公民表决的结果。为此,他请求他们允许他暂时离开这里,前往马略宅邸,向老师致敬。

　　出于对神意的恐惧,人们暂时忘记了马略的鼓动演说,人群中让开了一条通道,苏拉迅速前往马略家,他的表演天才及时地发挥了作用,仇恨和愤怒在胸中激荡,看上去他却是那么诚恳,那么谦卑,黑色的衣袂在风中飘摇,衬得他无比高贵而苍白。在马略的家宅,他见到了这位老上司,一反刚才的平和,他言辞尖刻,指责马略为了达到自己的目的,大搞阴谋诡计,这损害了马略本人在他心中的形象,更造成罗马人互相詈骂殴斗,罗马人现在既不团结,也无尊严可言,作为执政官他很痛心。为了顾全大局,他愿意取消休假,并将战争指挥权移交给马略,但作为交换,他请他们还给罗马和平与秩序。

　　苏拉的愤怒不是没有道理的,他失去了作为执政官的威严,失去了他最钟爱的女婿,还将失去那场战争的指挥权。马略因此没有介意他的态度,同意平息拥戴者的骚乱。只要能够得到指挥权,马略自信他将以新的辉煌永垂青史。而如果再穷追不舍就会暴露私心,反而引起公众的反感,弄巧成拙。

公民大会如期召开,提案通过了,战争指挥权移交给马略,马略党人用美酒狂欢自己的胜利,参将被派往军营,准备接收部队。这时苏拉早已逃出罗马城,策马扬鞭,赶到兵营所在地诺拉,召开紧急会议。他沉痛地讲述了刚刚发生的事情,他遭到了侮辱,损失惨重,这一切源于米特达特斯战争的指挥权,本来,他可以率领他们征服小亚细亚,那里有无数的黄金、辽阔的土地、众多的可供奴役的人口,可恨马略把这一切都破坏了,无视神意的安排,鼓动暴民骚乱,于是为了罗马的安全,他,他们的统帅苏拉不得不让步,这一下马略的士兵可乐坏了,对付小亚的蛮族是轻而易举的事情,财富和光荣将毫无疑问属于马略的军团。

士兵们随着他的讲述一阵阵地骚动,人群中一个声音在喊:"打到罗马去!"越来越多的激奋的人响应了这个口号,最后变成一股怒潮:"挽救祖国,使她不受暴君统治!"

苏拉大喜,立即率领六个军团向罗马进发。但是他的高级将领除了一个财务官外全都离开了他,逃往罗马。因为他们对率领军队进攻祖国的做法感到不寒而栗,在以后的岁月里,他们将为此付出代价。这是历史上一个至关重要的时刻,第一次罗马军队进攻祖国罗马城,第一次内战发生,第一支选择了忠于它的将领而不是忠于它的祖国的军队出现了。

逃到罗马的将领向罗马人叙述了即将来临的那支军队的详情,马略党人开始紧急备战,罗马当局派出了代表去质问苏拉意图何在,苏拉的军队以排山倒海的声音回答了他:"去挽救祖国,使她不受暴君的统治。"

就这样,这支浩浩荡荡的大军开到罗马城下,逃亡的执政官庞培和他们汇合了,四个兵团的士兵分别占领了各处要塞,苏拉带着其余部队进入城内。罗马城一反平时的繁华景象,人们都躲在家里,怀着恐惧的心情等待不可知的未来。路边民房的屋顶上,有人用投射器袭击苏拉,直到被威胁要烧掉房屋才停止。

可是,苏拉的军队开始动摇。这熟悉的城市、广场、神庙,曾是他们拜神祈福和嬉戏游玩的地方,怒目而视的人群里,多少是他们的父兄好友,那种无声的谴责令他们一时抬不起头来,唤起了他们心中的负罪感。他们和马略匆匆武装起来的部队相遇在城门附近的一个广场上,对方士气高昂,肆意叫骂,苏拉的部队迟疑了,退却开了。这时苏拉夺过一面军旗,冒着生命危险跑在最前面,高呼口号:"赶走暴君,挽救祖国!"

士兵们震惊了,苏拉是他们的灵魂,军旗象征着光荣,此刻因为他们的游移都处在危险的境地。放弃军旗是士兵莫大的耻辱,失去将军就失去了一切希望,于是士兵们迅速地重新排列出整齐的队列,向敌人发起猛烈进攻。苏拉又调来援军,包抄后路,在这些训练有素的士兵面前,马略党人节节后退,他们试图号召平民和奴隶们的帮助,回答他们的是死一般的沉默,在绝望中他们逃离了罗马。

现在罗马城尽在苏拉的掌握之中。在诸神和众人的面前,他处罚了那些在途中掠夺财物的士兵们,以表明这场战斗不是要扬威海外,为的是除暴安良,他尊重罗马人的尊严,并将保护他们的财产。他在全城各地驻扎卫兵,和庞培整夜巡查,安抚受惊的市民,督戒胜利的士兵,这样避免了新的冲突。

黎明的天光带来了罗马城新的一天。苏拉召集人民会议,娓娓而述:他为共和国的情况而忧伤,正因为不满意罗马一些群众受煽动家的支配,才迫不得已兵戈相向。为了避免这种情况再次发生,他建议,以后,一切法案若非元老院同意,不得在人民面前提出;公民表决资格也应以财产划分权力大小;削弱保民官的权力,因为这个职位已变得极端专横。

在富裕的罗马人和环伺的士兵的喝彩声中,苏拉宣布剥夺马略的公民权,悬赏捉拿。这是苏拉开创的另一个先例,从来没有罗马人敢于剥夺另一个罗马公民的公民权,可苏拉做了。

共和国的一个新时期开始了,群众的骚动由争论和斗争发展为谋杀,由谋杀发展为公开的战争,第一支由罗马公民组成的军队把罗马当作敌国侵入。从此以后,党派的纷争要用武力来解决,罗马城常常被进攻,战争带来了无穷无尽的灾难。从此以后,良知或法律,制度或国家,对于暴行都失去了约束力。

十二名罗马政界名人被当作为人民公敌,悬赏捉拿,财产充公。保民官卢福斯被杀,而马略逃跑了。据说他的威仪使追杀他的人心惊胆战,落荒而逃,有关他童年那七只小鹰的预言不胫而走,似乎命中注定他将东山再起,于是地方官觉得害怕,护送他逃离危险区,渡海前往阿非利加,在那里他和他的朋友们重新联合在一起,等待时机,重返罗马。

现在,通过武力进入罗马的苏拉自愿停止武力,开始行使他的执政官权力了。平和的气氛中,罗马城里马略党人的同情者又在谋求使他们被驱逐的朋友们回来,新的阴谋迅速形成,执政官庞培成了牺牲品,他被一群人围住,假装听他演讲的样子把他杀死了。

苏拉开始担心自己的安全,即使在夜间,他忠实的朋友和卫兵也和他寸步不离。这时,到底是留在罗马稳住局势,还是前往小亚迎战外敌,在苏拉的部下中展开了剧烈的争论。苏拉自有打算,罗马城平静的表面下危机四伏,他固然可以大开杀戒以遏制反抗,可留在这里坐吃山空,很快会令士兵们倦怠,不如撤离这个是非之地,到海外去寻求财富和光荣。攘外与安内,必得分别进行,只有通过攘外才能真正安内。

主意已定,苏拉就前往部队驻地,率兵直指小亚细亚。

继任执政官的是秦纳,另一个同盟战争的英雄,他和新公民合作,为了赢得支持,还许诺给奴隶们自由,暴动再次发生。元老院借口秦纳身为执政官却在任期内离开了罗马,因此不适合继续任执政官。秦纳被驱逐出城以后走遍了各同盟城市,鼓动他们跟随他战斗。不同的人们聚合在一起,接受他的统率,一支大部队组成了,驻扎在罗马城外。

潜伏北非的马略等待这样的机会已经很久了,他一听到消息,就带着追随者回航。从船上下来,蓄着长发、衣衫肮脏的马略走入意大利的市镇,在街头向迅速聚拢的人们讲述他的光辉往事,并承诺在选举权的问题上,他一贯并将继续忠实于意大利人的利益。他就这样赢得了喝彩和士兵,秦纳高兴地欢迎他的来临,他们的部队合在一起,驻扎在台伯河边,一个新的政治联盟结成了。

马略出手不凡,首先截断了从海上和河道运输过来的对罗马的粮食供给,接着又闪电般地攻下了罗马城周围的市镇,因为那里有为罗马人储备的谷物,从而取得了陆地物资供应的控制权。在断绝了罗马城一切供应渠道以后,开始进攻罗马城。

罗马城的守卫者在人数方面处于优势,但他们不敢以国家的命运为赌注,全部投入一次单独的战斗。并且,在对方的煽动下,大批大批的奴隶投奔到城外的敌军中去了。粮食已经出现短缺,人心浮动,元老院感到恐慌,不得不派代表议和,被秦纳一口拒绝。

秦纳现在开始藐视他的敌人,他把军队驻扎在敌人射程以内的地方,元老院再一次派代表去议和,这一次不再期望会有什么有利的条件,只恳求秦纳宣誓不要进行屠杀。可是秦纳高傲地拒绝了,马略在他身边,一语不发,从他黝黑的面孔上透出阵阵杀气。元老院接受了他们的一切条件,取消放逐马略和他的朋友的命令,请秦纳和马略入城。

罗马城再一次出现了一支罗马人组成的敌军,人人怀着恐惧的心情迎接他们。一场劫掠开始了,只要他们认为属于敌党的财产,就毫无顾忌地当作战利品霸占。没有任何阻碍,人们都沉默地躲在一边,不做反抗,只图保命。胜利者的矛头对准了那些带头反抗的人,秦纳的同僚、另一个执政官屋大维坐在他的座椅上,穿着官服,等待着死亡,

马略·战胜由森布里、条顿组成的联盟军后归来的场景

他的头颅被割下,高高悬挂在广场上。这是第一次,执政官的头颅被当作战利品示众,屠杀者既不尊敬也不畏惧诸神,既不害怕人们的愤怒也不害怕人们的憎恨,现在他们是胜利者,掌握生杀予夺的权利。元老们和骑士们的头颅也悬挂在那里。这个惊心动魄的习惯自此以后被历次屠杀沿用。

被杀害的人都不许被埋葬,尸体横陈,听凭狗和猛禽撕食。其他的人有的被放逐了,有的被剥夺了财产,有的人被免职了,而所有苏拉的朋友都被处死,至于他本人,则被宣布为公敌,正像他当初对马略和卢福斯所做的那样。这样还不够发泄马略的仇恨,于是他的家宅被夷为平地,他的财产被充公,他的妻子儿女因追杀都逃跑了。

秦纳收容的那些逃亡奴隶沉湎在杀人和抢劫之中,被奴役的耻辱和伤痛使他们在街上为所欲为,那些以前最忠顺的杀的人最多,手段也最毒辣,有些人特别选择他们自己的主人来实施报复。这影响了秦纳的计划,他屡禁不止,终于在一天带了一队亲信士兵,趁这些奴隶休息的当儿把他们包围起来全部杀掉。秦纳给了他们永远的自由与安宁,就是这样履行了他当初的诺言。政治报复造成了罗马前所未有的最血腥地对平民的屠杀。

第二个竞选年度紧接着来临,马略第七次当选为执政官,七只小鹰的预言终于实现了。可是屠杀似乎已是七十一岁的马略最后的疯狂,上任后不过十几天他就在精神错乱的状态下去世了。马略和苏拉的决战因这个人的死亡而告终。他一生

的经历表明,军事上的造诣不一定总会伴随政治上的才能。马略的军事改革开创了罗马军事史的一个新时代,造就了大批优秀将领。但是投身政界后,他的光彩逐渐丧失了。他自己已跻身骑士阶层,并和古老的世家大族联姻,但在政治上又自诩为平民的代表,尤其注重在新公民中发展拥戴力量,这种矛盾造成他的两难境地,一旦贵族和平民的冲突尖锐化,他就会动摇,进而为了自身利益出卖平民利益。这使他在政治运动一开始就得罪了贵族,而最后又得罪了平民,两边都不讨好,威信急剧下跌。苏拉则不然,刚刚步入政坛时他曾依靠平民当上了行政长官,在保民官任上也颇得人心,但苏拉敏锐地发觉,罗马的平民是非常难与合作的,平民内有较富裕的,有一贫如洗的,有无所事事全赖国家每年的谷物补贴的,后来更加上一大批意大利新公民,他们嫉妒旧公民的表决权,旧公民又怨恨他们分享了国家的补贴,所以,平民的分层现象十分突出,内部矛盾重重,把平民作为政治力量基础不仅不牢靠,还吃力不讨好;而贵族人数较少,力量又较强,与苏拉同属一个阶级,操纵要容易得多,因此,苏拉只在一个短时期内和平民进行合作,之后就一直作为贵族派的一员干将,在政界叱咤风云数十载。但他也不是一个极端仇恨平民的政治顽固派,他在历次政治斗争中,看准罗马人乐于分享对外战争带来的经济利益,以对外扩张吸引了大部分罗马人的支持,转移了人们在国内问题上对他政治立场的注意力。所以,苏拉以极为灵活的方式行事,善于进行移形换位,以攘外服务于安内。

从政治上来说,苏拉远比马略要高明许多。同时,米特拉达特斯战争又将证明他也是一个有谋善断的军事天才。

转战亚欧

米特拉达特斯六世出身于本都的米特拉达特斯王族,深爱希腊文明,他是在希腊化世界已处于崩溃的最后时期登上历史舞台的,而罗马正处于崛起的上升时期,因此他的对抗罗马就天生地带有一种历史的悲剧性。

他的父亲米特拉达特斯五世致力于对外扩张,兼并邻邦,国势日盛,并曾在罗马与迦太基的战斗中派遣部队帮助罗马,但他死于宫廷阴谋以后本都就迅速地衰落了。十一岁的米特拉达特斯六世继位时,摄政的是他的母亲拉奥季卡,专横跋扈,竟图谋杀害亲生儿子。米特拉达特斯六世不得不隐匿山林。几年艰辛,磨砺出一个高明的骑手、著名的猎人和天生的战士,见惯了大自然弱肉强食、适者生存,他的心也被冷酷的现实风化得残酷无情。他继承了父亲的对外扩张政策,梦想要在小亚和黑海周围广大的地区建立一个辽阔强大的帝国。

与此同时,罗马趁着本都衰落的机会,在小亚地区迅速扩张势力,建立了小亚细亚和基里基亚行省,当地大大小小的王国大都处于罗马的支配和影响下。小亚地区的财税收入支持了罗马旷日持久的对外战争,因此罗马断断不可能轻易放弃在小亚的特殊权益。

米特拉达特斯六世与罗马不可避免的冲突源于争夺卡帕多西亚。他派人暗害了卡帕多西亚国王、他自己的姐夫,不料自己的盟友、帕提尼亚国王尼科美德乘虚而入,娶了国王遗孀,堂而皇之地驻军卡帕多西亚。米特拉达特斯六世非常恼火,就王位继承问题与帕提尼亚国王展开激烈斗争。双方争执不下,罗马趁机插手其中,在当地贵族中扶持自己亲信继任为王。米特拉达特斯六世隐忍未发,为了寻求新的支持,将自己的女儿嫁给亚美尼亚国王,两国遂结为联盟。经过一段时间的准备,在米特拉达特斯六世唆使之下,公元前93年,亚美尼亚出兵卡帕多西亚,废黜了亲罗马的国王。时任基里基亚总督的苏拉受命出兵干预,挥师东向,进入亚美尼亚,古老的美索不达米亚平原上,第一次出现了罗马军团的铁骑。苏拉一帆风顺地完成了自己的使命后扬长而去。整个过程中,米特拉达特斯六世始终没有援助自己的盟友,避免和罗马军队直接冲突。在罗马军队离开以后,本都军队才大举挺进卡帕多西亚,重新夺取了政权。

这时,在帕提尼亚,米特拉达特斯六世的敌人和前盟友尼科美德去世了,他的弟弟和儿子分别依靠本都和罗马的支持,展开了王位争夺战。罗马派兵遣将,一箭双雕,不仅在卡帕多西亚和帕提尼亚恢复了自己的势力范围,而且纵容帕提尼亚的新王封锁黑海出口,入侵本都国土,大肆抢劫。在交涉无果的情况下,米特拉达特斯六世发动了对罗马及其友国的战争。

当时的罗马,内外矛盾重重,一方面正被意大利同盟者的战争搞得焦头烂额,另一方面为应付庞大的战争经费支出不得不加紧对小亚地区的剥削,小亚细亚居民的不满情绪日益增长,对于本都来说这是一个绝佳的机会。米特拉达特斯六世经过长期的准备,积蓄了雄厚的财力物力,招募了大量军队,在外交上,与小亚及黑海沿岸各蛮族国家建立了友好联盟,与北非的叙利亚、埃及在对抗罗马问题上取得了援助的承诺。所以,米特拉达特斯六世一方面一忍再忍,直到一个无可容忍的地步,另一方面进行了精心准备,选择良机,反击罗马。

双方第一次战役发生在阿姆尼阿斯河畔的一个大平原上。米特拉达特斯六世的几员大将迎战帕提尼亚军队,凭着优良的将才和士兵的勇敢,以少胜多,帕提尼亚军队的物资储备、大量的金钱都被本都取得,给予罗马人沉重的打击和极大的恐慌,而米特拉达特斯六世亲自率领的部队还根本没有投入作战。他优待俘虏,给他们足够的旅费,让他们回家去,这又为他赢得了仁慈的美名。初战告捷后米特拉达特斯分兵三路,击败帕提尼亚和罗马的联军,占领了帕提尼亚领土,恢复当地秩序,进而侵入福里基亚,大军在罗马的亚细亚行省各地迫使罗马军队节节败退。

不堪忍受罗马奴役和掠夺的小亚细亚行省当地居民,把米特拉达特斯六世视作仁义而勇敢的解放者,他们打开城门,把城市的统治权连同被捕的罗马官员一起交给他,在狂欢的气氛中,一场对罗马人和意大利人的集体屠杀开始了,以弗所人、帕加玛人、阿德拉密丁人等等所有被解放的小亚细亚居民都在自己的城市中屠杀所有意大利血统的人,孩子在母亲面前被杀,妻子在丈夫面前死去,老母目睹生气勃勃的儿子在刀下流血,据说大约有八万人被杀。那些绝望的人们最后的避难所是神庙,但尾随而至的刽子手们毫无对神灵的敬畏之心,在落难者还紧紧抱着神像的时候就将他们用力扯开,然后杀死,甚至有些人扯不开,就干脆把手砍掉再杀死。有的人试图从海上凫水而逃,被追上后,大人被杀死,少年和儿童则被活活淹死。压迫愈深重,反抗愈惨烈,罗马人为他们一贯的贪婪付出了沉重的代价。

米特拉达特斯六世为小亚所发生的这一场惨剧而得意,这给了骄傲的罗马人一个教训,又在小亚居民和罗马人之间种下了深深的仇恨,骑虎难下的小亚各城市将不得不跟随米特拉达特斯六世,继续反抗罗马。一切正中米特拉达特斯六世下怀。开战不久，在小亚的罗马军队统帅、前执政官曼尼阿斯·阿克利维乌斯被捕，他对于这场战争的爆发负有责任，在本都和帕提尼亚的冲突中偏袒后者，拒绝本都的申诉。为了谴责他对本都的不公正待遇，米特拉达特斯以惩处罗马人受贿的名义，将熔化了的黄金灌进了他的喉咙。这样，整个小亚细亚除了西南一隅外，尽属米特拉达特斯六世所有。

接着，米特拉达特斯六世将征战的光荣分别给予他的将军们，而他自己则专心于聚集更多军队，源源不断地接济前方。他的儿子占领了马其顿，大将阿基拉斯率领庞大的舰队出现于爱琴海，海陆夹击希腊，雅典发生起义，宣布脱离罗马，其他希腊国家纷纷响应，整个希腊除了伊壁鲁斯以外，全都置于米特拉达特斯六世的控制之下。

公元前87年，经历了一番斗争后夺得战争指挥权的苏拉在伊壁鲁斯登陆，他面前的形势非常严峻，罗马在东方的几乎所有属地都丧失了。苏拉首先在雅典地区与米特拉达特斯六世的骁将阿基拉斯进行了一番较量。

苏拉兵分两路，一路进攻雅典，另一路由他亲自率领向阿基拉斯驻地庇里犹斯发动攻击。庇里犹斯有高大坚固的城墙，用云梯进攻代价太大，苏拉想出了一个用土墩围攻的计划，当土墩建筑得相当高了的时候，他把军事机械推了上去，准备进攻，突然土墩沉了下去，原来是阿基拉斯一直通过城中延伸出的地道在挖掘土墩下面的土，然后运走。罗马人佯装不知，暗地里却派了一些勇敢的战士，向着敌人城墙下面挖过去。挖土的人在地下相遇，潮湿黑暗的地下展开了一场激烈的战斗。在地面上，苏拉命令利用安置在土墩上的撞城机冲击城墙，到最后，城墙的一部分垮下来了，苏拉又在墙角堆了许多易燃物，火势一起便蔓延到全部城墙，有一段城墙垮下来了，守卫的士兵掉了下来，堕入熊熊大火，凄厉的惨叫令人不寒而栗。继续有城墙垮下来，时而东面，时而西面，保卫城墙的士兵们陷入绝望和沮丧之中，每个人脚底下的那块土地随时可能会跟着沉下去，在巨大的意外面前，士兵们不知所措，士气低落。

苏拉一直在他的士兵当中，安排他最勇猛的士兵用云梯攻城。战斗是艰苦的，他设法使他们换班，一队一队地补充登上云梯，持续作战。他用胜利的前景鼓励他们，用失败的耻辱刺激他们，使这些疲劳的人一次次地冲向高高的云梯。而城中的阿基拉斯表现出了更持久的耐性，他调来新的军队，不断督促他们，身处危难的士兵们再一次激起了高度的热忱。这两支勇者之师在烈火飞焰中争斗，相持不下。

为了避免更大的伤亡，苏拉下令退却，继续围困庇里犹斯，而他则把重点转向雅典。雅典已陷入了严重的饥荒，一切可吃的东西都被吃光了，阿基拉斯一次次地保证要运粮食来，苏拉又使他一次次地落了空。先前，根据庇里犹斯城内两个雅典奴隶的情报，苏拉两次突袭了阿基拉斯的运粮队，而后阿基拉斯连自身也难保，雅典彻底绝望了，有些人甚至开始吃人肉。一些不肯俯首就死的人逃了出来，苏拉发现后，命令士兵挖一条深深的壕沟环绕雅典城，防止任何人，无论士兵或是平民逃生。接着，城墙上搭上了高高的云梯，勇猛的罗马士兵开始突破城墙。雅典城衰弱的保卫者一触即溃，罗马士兵冲入城内，发现这已是一个饥饿之城，缺乏营养的居民无力反抗，连逃跑都不可能。苏拉下令，不分士兵平民，无论男女老幼，凡雅典人格杀勿论。这是一次极强者对极弱者的屠杀，被饥饿折磨得奄奄一息的人们束手就死,把死亡视作一种解脱,既然不能求生,就但求速死,他们自动地涌向士兵的刀口,反而令习惯反抗的士兵们心中一时不忍。但苏拉的愤怒不可遏制,他认为雅典人不该和这些蛮族搅和在一起来反对罗马,屠杀是一种惩罚,也是一种警戒,以便使他们在以后顺从。

恐怖降临雅典城。一个晚上之内,雅典城只剩下少数人侥幸逃脱了屠刀。第二天,苏拉在幸存者中处死了一切曾反对过罗马的人,按照他的意愿恢复了雅典的秩序。值得一提的或许是苏拉禁止焚毁城内任何建筑,保存了希腊文明的辉煌成果。史册上常见野蛮的征服者将被征服的城市一把火烧掉,几代几十代人的文化积淀在烈火中灰飞烟灭,仅供征服者一夜狂欢。苏拉毕竟不是行伍出身的一介武夫,他曾醉心于文学的巨大魔力之中,也曾在戏剧舞台上感悟人生,面对雅典城,在作为一个军人的坚硬外表之下,一丝轻柔的怜惜飘逸而出。尽管这已是一座饥饿之城,一座恐怖之城,在他眼中却仍然那么美,美得凄楚,美得沉重。

但庇里犹斯将难逃厄运。罗马士兵乘胜回攻庇里犹斯,苏拉使他们相信这已是辛苦的终点。攻下这座坚固的城市将为他们赢得最大的光荣。于是,阿基拉斯发现罗马士兵像疯了一样不顾一切地冲上来进攻,他大惊失色,下令放弃城墙。士兵攻入城内,作为顽强抵抗的惩罚,庇里犹斯被焚毁,那些著名的建筑物也无一幸免。

米特拉达特斯派来了大量的援兵,阿基拉斯现在掌握有 12 万人,由小亚细亚各部族勇敢的士兵组成,他率领这支大军,屡次向苏拉不足四万的部队挑战。苏拉丝毫不为所动,阿基拉斯摸不着头脑,数次惨败使他对诡秘莫测的苏拉心有余悸,于是他率兵转移。苏拉紧随其后,等待出击的良机。双方相遇在喀罗尼亚平原上,200 多年前,马其顿的腓力二世和他 18 岁的儿子亚历山大在这里打败了希腊诸城邦的联军,少年英雄亚历山大崭露头角,成为马其顿和他个人霸业的起点。这是一个极广阔的平原,纪念阵亡希腊将士的喀罗尼亚狮子碑高高耸立,悲天悯人地注视着这一场新的大战。阿基拉斯由于疏忽犯了一个致命的错误,将军营驻扎在平原上一块岩石丛生的地方。苏拉抓住了这个机会,占据了有利地形,发动进攻。阿基拉斯众多的士兵陷入一个很狭窄的阵地,四周都是围拢过来的罗马士兵,阿基拉斯亲自率兵抵抗,士气高昂,但很快陷入一片混乱,在岩石丛中,既没有地方作战,也没有地方逃跑,他们毫无抵抗地被杀死,有的是被敌人杀死,有的在拥挤和混乱中被自己人踩踏而死。罗马士兵尾随着逃兵冲入敌人军营,大获全胜。

喀罗尼亚战役使阿基拉斯 12 万士兵只剩下一万人,十不余一。而罗马军队仅仅丧失了 15 人,其中有两人后来还回来了。苏拉得到了大量俘虏、武器和战利品。这是一次具有决定意义的战斗,扭转了罗马军队在数量上的不利地位,极大地削弱了米特拉达特斯六世的军事实力,成为双方媾和的前奏。

米特拉达特斯六世本人此时陷于危机之中。他不信任他的小亚细亚的附庸们,认为由于他的战败,这些人迟早会起来反对他转投苏拉的。先下手为强,米特拉达特斯六世举行了一次夜宴,在狂欢的气氛中杀死了所有的客人,加拉西亚的其他小君主和他们的妻室儿女们都先后被杀。他还借口开俄斯城的一只船舰曾在罗得斯海战中冲撞过他的坐船,没收了开俄斯人的财产,占据了他们的城市,最后把开俄斯城的居民全部当作奴隶贩卖了。他的下一个报复目标是以弗所。在那里,本都掠夺者遭到了抵抗。可以说,开俄斯顺从地接受了被灭亡的命运,而以弗所则树立了以抵抗求生存的榜样。阴云密布,人人自危的小亚细亚,一个谋杀米特拉达特斯六世的阴谋秘密形成了,参与的人很多,人心自殊,有人向米特拉达特斯六世告密,于是又一场新的屠杀来临了。天性多疑的米特拉达特斯六世不相信任何人,他认为小亚细亚人既然可以反叛罗马,当然也可以背叛他,必须以屠杀保证忠诚。可以说,是米特拉达特斯六世本人把这些小亚细亚附属者推上了反叛之路,小亚细亚与他的矛盾迅速激化。

紧接着,米特拉达特斯的军队又在奥科美那斯战役中被苏拉战败,米特拉达特斯六世的一个儿子阵亡,只是由于苏拉没有舰队,才免于全军覆灭。如日中天的苏拉在这时得知另一支罗马军队被派来小亚细亚,名义上是进行对米特拉达特斯六世作战,实际却把目标指向苏拉。这不仅没有影响他在士兵中的威信,甚至可以说还有好处,一方面因为他们依旧尊崇他,忠诚于他,为他鸣不平,另一方面士兵们不能容忍另一支罗马军队的存在,这意味着祖国不再承认他们此行是为国征战,甚至可能被认为是反叛之师,他们征战数年,不仅无功,反而有过,更没指望分到土地了。士兵的利益和苏拉的利益达到高度一致。在罗马秦纳和马略为所欲为,宣布他为公敌,他的妻儿费尽周折才到了他的身边,哭诉罗马城中发生的屠杀和掠夺,亲友的不幸皆由自己而来,是男儿孰能无情? 苏拉急于返回罗马,恢复势力。

米特拉达特斯六世趁机向苏拉求和。这对双方都有好处:米特拉达特斯六世自开战以来,起初一帆风顺,但自苏拉出现以后,他的庞大的军队就不断地、迅速地遭到惨败,他在小亚细亚地区的统治越来越不得人心,谋杀他的阴谋在各地时时酝酿,他需要时间进行休整;苏拉心中则充满了复仇的欲望,无心再打下去,他看到罗马在小亚细亚地区的统治不得人心,米特拉达特斯六世虽然残暴但仍不失为一个精明的政治家,在小亚细亚苦心经营已有相当好的基础,两害相权取其轻,小亚人民毫无疑问倾向于米特拉达特斯六世,短时期内罗马不可能战胜他,他和罗马的对立将持续很长时间。趁着此刻占了上风,不如接受他的请求,只要媾和成功,就是他,苏拉的一大功勋。就这样,在双方你情我愿的情况下,公元前 85 年,本都国王米特拉达特斯六世与罗马前执政官苏拉会晤,缔结了和约,第一次米特拉达特斯战争遂宣告结束。那支后来被派来小亚细亚的罗马部队被苏拉的军队团团包围,将领走投无路,只有自杀,士兵全部倒向苏拉一边。本都所占领的小亚细亚领土现在重归罗马所有,亚细亚行省充满了悲哀,苏拉惩罚了那些曾凶残屠杀罗马人而与米特拉达特斯六世结盟的城市,城墙夷为平地,居民贩卖为奴,杀戮那些反抗的平民和奴隶,对于幸存者,也剥夺了他们的一切政治权力,勒令各城市交出罚款和五年的赋税。

满载着仇恨和战利品,苏拉很快离开了东方,在希腊作了短暂停留之后挥师直指罗马。在他身后留下了一个满目疮痍的世界。在不到三年的时间里,他杀死了16 万人,恢复了罗马在希腊、马其顿、亚细亚和其他被米特拉达特斯六世占领的国家的统治权,剥夺了米特拉达特斯六世的舰队。仇恨是一朵不死的花,在适当的时候就会化作利刃刺向敌人的胸膛。各种各样的仇恨如阴霾笼罩着小亚和罗马,挥之不去。

复仇之剑

或许是海风吹来了远方铁与血的气息,罗马开始骚动不安。

秦纳们东奔西走,在新公民中要求支持,征集金钱、士兵和军需品。他们获得了萨谟尼特人的支持,这个英勇善战的民族在同盟战争中惨败于苏拉,痛苦的回忆使他们与苏拉有不共戴天之仇。

在胜利和完全毁灭之间没有任何中间道路。每一个人都清楚地知道苏拉有仇必报,绝不会给敌人留下一点生机。他是第一个进攻自己祖国的罗马人,为达到自己的目的不惜冒天下之大不韪。而在遭遇了被宣告为公敌、财产被充公、房屋被夷平、亲友被杀被逐之后,谁也不敢设想他会做出怎样的反应。空气中的血腥味愈来愈浓,意大利各地,惶惶不安的人们发现了许多"异象",地震发生,神庙被毁,仿佛昭示着即将到来的灾难。接着,秦纳本人在兵变中被杀,更使民主派惶惶不安。

苏拉的人数众多、装备精良、士气高昂的大军在意大利登陆了,这是一支忠诚于将领胜过忠诚于国家的军队,一支久经沙场的胜利之师。苏拉有恃无恐,写信给元老院,用高傲的语气指责罗马当局待他不公,他为国奋战,功勋卓著,到头来名誉扫地,人财两空,为此他将对那些有罪的人复仇。

苏拉的傲慢是有道理的,在他身边,旧羽新知丛聚。除了那些在马略时期被迫逃亡的老苏拉党人和叛变民主派、新近投靠苏拉的人之外,一大批极年轻而富有的政治人物登场了。

首先是庞培。他的父亲野心勃勃,在动荡的年代里是罗马的名将,曾任执政官。受父亲的影响,庞培酷爱军事,17岁时就曾随父出兵,镇压意大利同盟者的起义。此时他凭着父亲生前的权力和影响,招兵买马,组成了一个兵团。在投奔苏拉的途中,这个年轻的将领初试锋芒,锐不可当,冲破了马略部下的封锁,并缴获了大量的战利品。因此,庞培成为苏拉得力的助手和最受器重的一员猛将,由此,庞培开始了他一生的辉煌功业。是年,庞培年仅23岁。另一个值得一提的便是克拉苏。克拉苏的父亲担任过罗马的执政官、监察官以及西班牙总督等职务,在秦纳和马略攻进罗马城以后,他的父亲被宣布为政敌并放逐,不久自杀身死。克拉苏秘密逃出罗马,在西班牙海滨的岩洞里躲避了八个月。当他得知秦纳已死而苏拉正向罗马进军时,立即招募了一支军队,经过一番波折投奔了苏拉。他的财富大大地帮助了苏拉。这些年轻的贵族派之所以投靠苏拉,乃是为了在风云变幻的政治舞台上谋得一个稳定的支点,苏拉的权势已如日中天,足以谋得一个进身之阶。他们野心勃勃,见惯了阴谋欺骗,为了达到目的不惜一切代价,在他们的政治道德中,高贵者就是握有实权者,哪怕在他胜利的道路上铺满冤死者的尸身。

现在苏拉有许多贵族派的支持者了,他的实力大为增强,他任命自己和梅特拉斯为代执政官,引军前进,直逼罗马城而去。公元前83年,新的内战开始了。这一次双方的力量对比完全有利于苏拉。罗马城中,人们知道这回苏拉所打算的不是单纯的处罚、纠正和警告的问题,而是毁灭、死亡的问题,至于执政官们,他们痛恨苏拉,并且比其他人更加害怕苏拉到来,因此他们四处奔波,组织抵抗,表面上仿佛是为了共和国的利益,实际上是为了他们的生存。他们能组织起来的力量是有限的,而且士气低落,执政官西庇阿的军队叛降苏拉,偌大的军营一走而空,只剩下执政官父子俩面面相觑。

这是一次规模巨大的战争。在意大利持续了三年,而在西班牙,甚至苏拉死后还在继续进行。交战双方带着私仇,怀着你死我活的决心,愤怒地冲击,毫不畏惧也不退缩,造成了很大的伤亡。

次年,罗马选出的执政官是二任此职的卡波和马略的侄子小马略——刚刚27岁的一个政治新秀。冬季的严霜薄薄地覆盖着干枯的土地,马蹄踩在上面滴溜溜直打滑,显然这是双方休养的良机。在刀光剑影中厮杀流血的士兵难得地享受了一次清静的假日,而双方的统帅部里,运筹帷幄,一派紧张气氛。到了春天,紧锣密鼓的战斗开始了。对苏拉来说这是一个很不错的春季,梅特拉斯在伊西斯河畔打败了卡波的一支大军,庞培在普勒尼斯特附

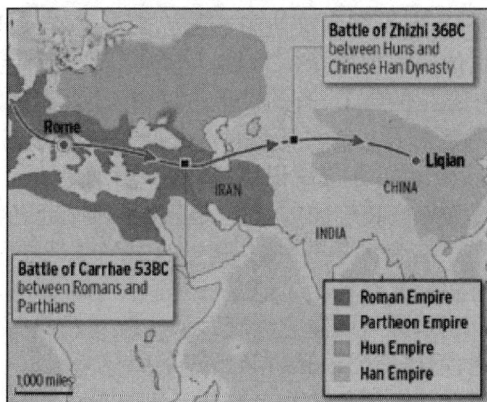

罗马军团移动路线图

近打败了马略,苏拉紧随其后,在普勒尼斯特城下截获了许多俘虏,杀死了其中的萨谟尼特人。苏拉再次表现出了极大的耐性,他对普勒尼斯特城进行包围,想以饥饿使这座城市不战而降。同时,梅特拉斯继续在对卡波军队的作战中取胜,大批士兵叛降。

失败的阴影愈来愈浓重,小马略预感到灾难即将来临。他写信给罗马的大法官,以一些莫须有的借口,除掉了自己的私敌,尸体被抛入波涛滚滚的台伯河。这是小马略对罗马所做的最后一件事情。

这时苏拉派遣部队分头前往罗马。沿途的市镇怀着战栗恐怖的心情举行了盛大的欢迎仪式,没有人知道会发生些什么事。至于罗马,在无数次的激情和血与火的洗礼后她已疲惫,饥饿使罗马人毫无反抗地打开了城门。苏拉进入罗马,初步稳定了局势,那些反对他的人都已逃跑了,他们的财产被没收,进行公开拍卖。

激烈的战斗在罗马以外不断发生。斯波雷敦平原,庞培和克拉苏歼灭卡波部下一个军团的士兵,叛降苏拉的士兵越来越多,卡波无奈逃往阿非利加。双方最后的决战在一个乌云密布的下午发生于罗马附近的科林门外。苏拉亲率一部分士兵从左翼进攻,右翼由年轻的将领克拉苏指挥,结果克拉苏的进攻很成功,而左翼战败逃往城门口。城内的守军见敌人紧随其后跟了过来,赶紧放下城门,疲惫的士兵不得不回过头来,继续作战。罗马城下的战斗持续了一个通宵,到清晨,苏拉彻底打败了民主派的联军。8000多萨谟尼特人俘虏被苏拉用标枪射死,敌军主将的头颅高高地悬挂在普勒尼斯特的城墙上示众。这给了普勒尼斯特人一个信号,因此他们也叛变了,把自己的城市交给了苏拉的将领,小马略在一个地道里自杀身亡。普勒尼斯特的俘虏们被分为三部分在苏拉面前走过,罗马人被饶恕,而普勒尼斯特人和萨谟尼特人一个不留,全被射死。

现在苏拉的将军们以战争、火和屠杀摧残意大利之后，驻扎在各城市里。庞培前往阿非利加去进攻卡波，继而转战西西里。紧随胜利而来的是恐怖。苏拉以胜利者的姿态进入罗马，开始了著名的"公敌宣告"，日复一日地公布"黑名单"，对列入黑名单的"公敌"，捕杀者有赏，告发者有奖，隐匿者必受处罚。元老和骑士们陷入极大的恐慌，人人自危，朝不保夕。谁也不知道自己是否能看见明天的太阳，日复一日，在希望和绝望中苦苦等待自己的末日。苏拉喜欢这样折磨他的猎物，仔细把玩他们的垂死挣扎，等到看厌了，挥挥手令人杀掉，有的被从半空中抛下，活活摔死在苏拉的脚下，有的被拖过城市，任人践踏，有的在他还在走路、说话的时候就被刀剑夺去了生命。每新的一天都有新的惨剧接着上演。有一天，苏拉的士兵抓来了一个少年，苏拉认识他，马略的妻子是少年的姑母，在马略的提携下，他 13 岁就当选为朱庇特神庙的祭司。苏拉杀机刚起，旁边有人劝阻："放了他吧，他还是个孩子呢。"这个侥幸逃生的 18 岁的少年就是以后威震海内外、把罗马的疆土推进到空前广阔的尤利乌斯·恺撒。

血雨腥风洒向意大利。那些曾与马略等人结盟的意大利人也有很多被屠杀、放逐，财产充公。私仇乃是残杀肆掠之因，财富成为招灾惹祸之源，全意大利的法庭现在都在用各种罪名对他们进行惩罚——有的因为指挥过军队，有的因为在军队中服务过，有的因为捐献过金钱，有的因为出谋划策反对过苏拉。款待客人、私人友谊、借贷金钱都被看作是犯罪的行为，常常有人因为对一个有嫌疑的人做了一点好事，甚至仅仅是与有嫌疑的人偶然相遇的旅伴而被捕，株连到了一种无处不在概莫能免的地步。丈夫在妻子面前被杀，儿子死在母亲的怀里。在对个人的控告不能成功的时候，苏拉就对整个城市进行报复，毁掉城市的建筑，用繁重的赋税摧残它们，并在大多数城市里安插了军事殖民团，用忠诚于他的士兵把整个意大利严密包围起来，没收的土地和房屋都分给了他的士兵，从而为自己造成了一个坚固的统治基础，甚至在他死了以后，他们还是拥护他的最坚强的战士。

最后一个宿敌卡波的头颅也被庞培送到了苏拉面前。苏拉的敌人，现在只剩下在遥远的西班牙的一支民主派军队，他派遣梅特拉斯去对付那里的敌人。在罗马，没有任何人、任何事会成为苏拉的障碍，所有的人都默默地承受着罗马新近发生的一切。苏拉镀金的骑士像竖立在讲坛前面，上面刻着铭语："永远幸福的科尔涅利乌斯·苏拉"，以纪念他在对敌人作战中保持不败的辉煌战绩。

喧嚣的台伯河终于宁静下来了，河畔重又出现了来往的小贩，勤劳的洗衣妇。但是有些东西一去不复返了，荣誉和权力在人们心中播下了仇恨的种子，七丘之城罗马迎来了新的一位统治者，一位独裁者。

推行新政

苏拉为自己举行了庄严盛大的凯旋仪式，热闹非凡。人群喧嚣，惊走了在罗马城盘旋觅食的尸鹫，可是只有孩子们是真心高兴的，可不是吗，好久都没有这么痛痛快快地玩了，大人们成天都阴沉个脸，闷都闷死人了。他们哪里知道，这镶金边的军旗上，这锃亮的剑刃上，洒过多少父兄的鲜血，这气宇轩昂的将军，是踩着牺牲者的尸体才一步步爬到今天的高位上。谄媚者也不在少数，鞠躬微笑，点头哈腰，只要能得到权势,国仇家恨算得了什么,人格尊严又是什么东西。

苏拉转而致力于"宪政改革",开始实现他个人的关于国家应该如何重建的梦想。为了这个目的,他从遥远的古代给自己挑选了独裁官的位置。这是罗马共和国早期法律规定在没有执政官的情况下,为了处理紧急状态而设置的临时性官职,任职期限不超过六个月。苏拉认为这种大权独揽的形式将有助于他恢复罗马、意大利的秩序和政府统治,他公开声称,鉴于意大利已被党派斗争和战争弄得四分五裂,他只有长期在这个职位上,才能够对罗马做出最大的贡献。他授意摄政官弗拉库斯向公民大会提交有关提案。罗马人不喜欢他的这种做法,但是他们没有选择的权利和机会,他们只有欢迎这个伪装的选举,作为他们自由的影子和外衣,推选苏拉为专制的主宰,并且没有作何期限,他愿意做多久就是多久。在最后一任独裁官被废弃以后一百二十年,苏拉不仅恢复了这种形式,而且第一次使它成为无限期的,因此他成为集立法、行政、司法、经济、军事诸种大权于一身的名副其实的独裁者。这在实际上已经否定了共和国的基本原则,但是他却竭力维持共和国的形式:他所有的官职和荣誉都是通过公民大会合法授予,所有的议案仍提交公民大会,经批准后方可成为法律,每年仍有执政官和全部原有官职的选举。

为了与他的专制统治相适应,苏拉决定恢复元老院的权力。虽然在以前的政治斗争中,苏拉自己以邪恶对抗邪恶,采取了向罗马进军的赤裸裸的军事行动,从而大大破坏了元老院的权威,但是他决心不让其他人再这样做,可谓只许州官放火,不许百姓点灯。任何提案非经过元老院的审议不得提交公民大会表决。在他为元老院所做的事情当中,最引人注目的是改造法庭。法庭的数量至少增加到七个,每个法庭审理一个专门范围的案件,原由骑士控制的常设刑事法庭的权力收归元老院,确立了审判程序。由于大批的元老在内战和战后的屠杀中死去,他从自己的追随者中选出了 300 名骑士补充进去,从而不仅扩大了元老院的规模,而且扩充了自己在其中的势力。

在有关职官的法令中,他为各个官位规定了一定的资格限制、晋升和其他方面的严格制度,从而使政权成为贵族的禁脔。保民官是罗马的平民经过长时期的斗争才为自己争取到的政治领域的代言人,以与代表贵族利益的元老院抗衡。苏拉认定,必须不断地破坏保民官的权力,保障贵族权益。他自己也曾做过保民官,深知鱼与熊掌不可兼得,要为人民利益说话就必须与贵族阶层为敌,对于大多数出身于贵族的政治家来说,二者之间的矛盾难以调和。许多人争着作保民官,只是为了自己在政治舞台上占有一席之地,为此不惜鼓动平民联合起来反对元老院和罗马当局,成为党争的渊源。因此,苏拉规定,在刑事案件方面,保民官的否决权被废止了,其他方面也进行了限制,而且,规定担任人民保民官职务者以后不得再担任其他重要职务。这样,许多有名望有野心的人,过去对这个职位孜孜以求,现在都裹足不前了。

对于新公民来说,苏拉上台或许并不是一件坏事,他把意大利分为若干自治市区,意大利人出身的新公民保留了原有的权利并且被平均分配到各个部落中去,从而在法律上肯定了同盟者战争以后意大利人所得到的一切权利。

苏拉痛恨向城市贫民廉价配粮制度。这一制度是只在罗马城实行的,因此,所有意大利的流氓、乞丐、无赖都聚集到罗马城来了。一些年轻力壮的人依赖于平价配给粮,整天游手好闲,终了一生,许多生活富足的人也钻空子冒领平价粮,真正善良无助的贫民反而被欺不得食。在他从政的数十年间,正是那些游手好闲之徒被利用在罗马城制造混乱,导致党争化为街头斗殴,进而演化为战争。意大利新公民虎视眈眈,对完全的罗马公民权耿耿于怀,一个很大的原因也在于罗马贫民的经济特权,于是,他按照自己的意愿废除了这个流弊丛生的制度。作为对贫民的补偿,他大兴土木,招募年轻力壮的城市贫民做工,给以报酬,让他们凭双手自己养活自己。城内,到处呈现一片繁忙景象,一处处废墟渐渐消失,新的建筑物一个个拔地而起,万象更新,罗马城重又显出一派恢宏气派。平民靠自己的双手创造了奇迹,靠双手吃饭,这使他们获得了一种前所未有的自豪感;他们不再是寄生于罗马的乞食者,他们是自食其力的罗马人,罗马的一砖一瓦都凝结着他们的汗水。在经历了战乱和屠杀之后,人们别无所求,和平和繁荣是所有人唯一的渴望,重建的喜悦使人们不再计较;按照传统,这些巨大的建筑本应该是由君主来主持建设并且作为君主统治的象征而存在的。

对苏拉满怀感激之情的还有那些被解放的奴隶们。他们的主人被宣布为公敌,苏拉不仅没有将他们出卖,而且在其中选择了一万多名年轻力壮的人为平民,给他们自由和罗马公民权,按照自己的名字,赐这些人姓科尔涅利乌斯。于是在罗马的政治生活中又出现了一支惟苏拉马首是瞻的力量,与苏拉的军队一起,成为苏拉独裁统治的支柱和驯服的工具。

神秘退隐

现在一切都风平浪静了。人们各干其事,对于苏拉本人则怀有一种近乎麻木的恐惧,恭敬地服从他,谄媚成为一种本能。独裁官苏拉有 24 侍从肩上扛着象征权力的斧头走在他车驾的前面,还有一个很大的卫队时刻保护着他的安全。他的气派连古代的国王也要稍稍逊色几分。可是,犹如一支进行曲中止在最高昂的旋律上那样突然,公元前 79 年,苏拉宣布辞职。苏拉是第一个而且是当时唯一一个自愿地把这样广泛的权力不传给他的后人,而传给他所残暴统治的人民的人。他曾为争夺最高权力而含辛茹苦,冒着许多危险,不惜以道德的堕落、社会的动乱、人民的灾难和万千生命的毁灭为代价。而在取得了这个权力之后,又神秘地、自动地放弃了它。

对于他的退隐,人们众说纷纭,或说是他利用独裁手段,完成了旨在恢复贵族共和制的宪政改革之后,所做出的一项还政于民的信义之举,或说是他因改革无望知难而退的明智之举,或说是在一切权力欲望均已满足之后感到厌倦而向往田园生活,还有人说他是困扰于严重的皮肤病所以无法再展宏图,等等。从性情上来说,苏拉本来就喜欢戏剧化的结局,永远出其不意,神秘莫测,难怪人们称他为“一半是狮子,一半是狐狸”。他喜欢在戏剧中揣摩人生,而在人生的大舞台上,又有多少如戏如梦的场面令他或开怀大笑或尴尬难熬,甚至滴下几多英雄泪。戏如人生,人生如戏,到末了,只有他这样的强者,能够摆脱宿命的力量,为自己的人生戏剧设计了这样一个令所有人一时不知所措的结尾,也让好奇的后辈在倾慕他的功绩的同时不断地猜心。史册上独步一时的英雄所在皆是,而能同时辉煌于军界和政坛的却不多见，取得了最高权力之后自愿无条件放弃的则恐怕只有苏拉一个。苏拉一定特别满意这样的结局，若地下有灵，这时他没准又在得意地纵情大笑了。

他的心思如此巧妙，他的勇气也丝毫不弱。在他所进行的内战中，有十万青年死亡，对于他的敌人，他毫不手软，放逐和杀害了 90 名元老、15 名高级官吏、2600名骑士，这些人的财产被没收，尸体被抛弃。不害怕这些人在国内的亲友，不害怕外国的流亡者，不害怕那些城墙被他摧毁，土地、金钱、特权被他一扫而光的城市，现在苏拉居然宣布自己为一个普通公民了。他解散了自己的侍从和带斧头的卫队，闲散地过起了隐居的生活，和几个朋友步行到广场，谈笑风生，安然自若。甚至到这个时候，群众还在以恐惧的心情看着他，没有人敢于向他问好。人真是一个奇怪的动物，苏拉还是残暴的独裁官的时候，他们对他百依百顺，暗地里诅咒他，希望他快点倒台，而一旦苏拉自己心甘情愿地从最高权位上退下来，他们对他的恐怖不但没有减少，反而平白增加了一种无形的压力，他们看到这个杀人如麻的人悠悠然散步在罗马街头时，仿佛看到死亡的威胁近在眼前。这令苏拉非常不高兴，他原本是想重温少年时在平民中那种如鱼得水的感觉的。

可是天下钱买不来、棍棒打不出的是情愿。苏拉对喧闹的罗马越来越没有兴趣了，他索性退隐到普特奥利的乡村别墅中，垂钓水滨，间或涉猎诗文，很遗憾他那长达 22 卷的回忆录没有流传下来，不知是否因为苏拉在文学领域的能力远不如他的军事和政治天才，一向自负的苏拉总算在这件事上力不从心。

在风光如画的普特奥利海滨，苏拉一如既往地纵情酒色，他喜欢那些年轻的透着青春傲气的面容，在其中，他为自己选择了第五任妻子，美丽的范莱莉亚。

新婚的苏拉在一个清晨写下了自己的遗嘱，有一些事必须要处理，有一些话必须要说明，他把遗嘱封好以后，在那个傍晚发起了高烧，当夜就在别墅里死去了。这个人曾抛尸无数，可是自己却安静地、毫无拖延地死在家中的床上，妻子的身边。如果说幸福就是一切得遂人愿的话，那么苏拉无疑就是幸福者中最幸福的，无论在生前还是死后。

苏拉的葬礼与他的身份相称，声势浩大。他的尸体抬在金舆上，游行整个意大利。他生前使用过的旗帜和权标在金舆前面高高举起。骑兵和号兵们紧随其后，从全国各地赶来的苏拉的老兵们自动地组织成一个庞大的送葬队伍。游行队伍最后到达罗马，因为害怕这些悲痛的士兵们，所有的男女祭司都穿着礼服护送遗体，元老院全体成员和高级行政长官、骑士也来参加葬礼。葬礼上，哀乐长鸣，毕毕剥剥的火苗吞噬了苏拉的躯体，只有这无知又无情的火才会毫不畏惧地亲近他，毁灭他。这时人们向苏拉高呼永别了，其中有些人是害怕苏拉的军队和他的遗体，有些人却是真正地怀念他，因为他对于他自己的党羽来说意味着财富和关怀，可是对于他的敌人来说，甚至在他死了以后，还是最可怕的。

苏拉被葬在马斯广场，这在过去，是只有国王才配享有的待遇。

这就是苏拉的结局。他给自己留下了这样的墓志铭：

　　　　"没有一个朋友曾给我多大好处
　　　　也没有一个敌人曾给我多大危害
　　　　——但我加倍回敬了他们！"

没有标榜，没有伪饰，甚至不曾以空白与沉默期许后人的评语。戏已落幕，人将永别,在生命的起点与终点之间经历了爱与恨的挣扎,灵与肉的搏斗,义与利的冲突,苏拉不需要赞美或诅咒,他所做的事情有他自己的理由,他自信得不需要任何谅解或宽恕。

台伯河边,春风依旧。汩汩的河水把一切暴力的痕迹都抹去了,有人说,卑鄙是卑鄙者的通行证,高尚是高尚者的墓志铭。可是,在这人欲横流的尘世里,有多少卑鄙的事是在高尚的名义下做出来的呀!只可惜世人煞费苦心,却总是人算不如天算,荣华富贵转瞬成了水中花,名利原是一场空。只有台伯河,永不停歇地向大海奔流。马略、苏拉、庞培、恺撒,正如这河中泛起的朵朵浪花,随着河流一去不复返,留下来的,是他们作为一个人的苦乐悲欢,甚至这些盖世的英雄也有穷途末路、呼天不灵的时候。而他们既蔑视又利用、既讨好又出卖的人民大众,却以一个群体的形式永远存活,英雄固然伟大,民众却是真正创造历史的人。

苏拉的时代是恐怖的时代。苏拉的独裁是罗马城邦危机渐趋严重后,贵族为克服这一危机而实行的个人军事专政。为了达到个人的目的,他和他的敌人们不惜以内战来解决权力分配中的纠纷,千千万万的青年为此丧失了生命,罗马人对死亡已经麻木不仁了,以至于后来当和平降临时,他们突然发现由于死亡减少,罗马变得拥挤了。对于苏拉,他所实行的恐怖手段使当时人无论在他生前还是死后,都以一种敬畏和恐惧的心情面对他。在有关罗马发展的问题上,苏拉的法案把时钟倒拨,试图恢复贵族寡头政治的统治地位,不但没有解决罗马基本的经济和社会问题,相反,他的独裁和他的其他政治遗产使得形势更加恶化。因此,他的改革是短命的,徒劳的。

苏拉的时代是一个邪恶的时代。没有真正的朋友,没有公正的政治道德,败者为寇胜者王。正如他的墓志铭所言,苏拉玩世不恭,对于人怀有一种彻底的鄙视,后人戏称他为"政治上的唐璜",对于马略和其他人加诸他身上的不公正,他以邪恶对抗邪恶,以更多的屠杀惩罚屠杀,他是第一个把军队用于自己的目的,虽然以后他禁止其他人这样做。这也

古罗马建筑

是苏拉被人们怀着恐怖的心情永远铭记的原因,在其后 30 年间,罗马人不敢再进行大规模的内战。但对于那些在危难中帮助过自己的人,苏拉给予他们超乎想象的财富和关怀,从而为他缔造了一支忠诚的支持力量。

苏拉的时代是一个过渡的时代。在他之前,共和制的危机在政治、经济、军事各方面已表现出来,罗马的将军们致力对外扩张,大大推进了罗马帝国共和国在广阔的外部世界的势力发展,从而又在政界发挥着重要的影响,与元老院的贵族寡头统治产生尖锐的矛盾。马略的军事改革使征兵制为募兵制所代替,忠于将领胜于忠于国家的雇佣军出现了,军人的力量干预国家的政治生活。苏拉是把这种力量

完全用于自己私人目的的第一人,虽然他掌握了独裁权力以后,极力阻止其他人这样做。通过内战、屠杀、掠夺,苏拉建立了个人的独裁专制,但他仍然保持着共和制的外表,起初他进攻罗马使衰落中的元老院受到了决定性的一击,但是日后正是他竭力恢复元老院的权威。这种前后矛盾,只能有一种解释,即苏拉仍局限于共和制的理想,他看到了共和制在统治这样一个辽阔疆域时已力不从心,但他也看到罗马人酷爱自由与共和制,他们不会容忍在最后一位国王被驱逐数百年以后,再造一个新的国王。这种思想深入人心,即便最下层的罗马人也敢于反抗他们所认为的专制。所以他的对策只能是扶持共和制,他以独裁的方式来重建共和制。这种做法明显是逆历史潮流的,客观后果却开启了一个新的时代,这个新时代的政治家们将不再求助于共和制的外壳,不再放弃自己的既得利益。这个新时代的代表就是他的部将庞培、克拉苏与恺撒结成的三头同盟,以军队为后盾,以个人秘密联盟为主要形式,对抗元老院贵族统治,是三头为实现个人独裁而建立的临时结合体,以一种迂回曲折的方式进行从共和制向帝制的缓慢过渡,其后迎来的是共和国的颠覆者、更伟大的独裁者恺撒与他的继承者、共和国最后的埋葬者奥古斯都以及整整一个帝国时代。所以,苏拉本人是其中一个重要的过渡人物,他为后世的独裁者创立了一些先例性的制度,对他们的决策提供了样板,是罗马共和制和帝制交接过程中承上启下的一个重要环节。

死者已矣,生者又扯起敌对的大旗。苏拉重建共和制的失败,马上就被证实了。他以前的一名军官雷必达首先起来反对苏拉有关削弱保民官的法令。而他最得力的两员大将庞培和克拉苏为了自己的利益,联合起来专注于推翻苏拉的制度,一项使他们名利双收的制度。这两人其实都野心勃勃,共同点是家世显赫,具有突出的军事才能,在苏拉从东方回到意大利时几乎同时投靠苏拉,随着苏拉征战数年,累有军功。其中,庞培为了密切与苏拉的关系,抛弃了自己的妻子,与苏拉前妻的女儿结婚,接着,奉命夺取了西西里岛,仅用 40 天又征服了非洲,因此,在公元前 81 年,苏拉为庞培破例举行了凯旋式,被授予"伟大"之称呼。克拉苏的军功也颇出色,在科林斯门附近的决战中,苏拉亲率的左翼战败,而克拉苏的右翼大获全胜,挽回了战局,从此在军事和政治上崭露头角。克拉苏手段灵活,能言善辩,又有大量的金钱可供支配,所以成为当时罗马政治舞台上名噪一时的人物。历史有时表现出惊人的相似性,恰如马略与苏拉那样,荣誉再一次在庞培和苏拉之间埋下了不和的种子。他们明争暗斗,直到死亡首先招走了其中的一个,上一次是马略,而这一次是克拉苏。

毫无疑问,苏拉是一个独特的人物。在制度上,他多有创新,为共和国的崩溃勾勒了最初的轮廓。他的残暴乃是因为那是一个残暴的时代,而出色的谋略过人的勇气为他带来了接二连三的胜利,"幸运者"苏拉从此留名青史。

罗马帝国的过渡人

——恺撒大帝

人物档案

简　　历:恺撒大帝,罗马共和国末期杰出的军事统帅、政治家。他率军占领罗马,打败庞培,集大权于一身,实行独裁统治。制定了《儒略历》。

生卒年月:公元前 102 年 7 月 12 日~公元前 44 年 3 月 15 日。

安葬之地:蒙圣米歇尔。

性格特征:恺撒嗜杀但是不滥杀,绝对不允许别人拂动他的逆鳞。

历史功过:恺撒是罗马帝国的奠基者,故被一些历史学家视为罗马帝国的无冕之皇,有恺撒大帝之称。甚至有历史学家将其视为罗马帝国的第一位皇帝,以其就任终身独裁官的日子为罗马帝国的诞生日。影响所及,有罗马君主以其名字"恺撒"作为皇帝称号;其后之德意志帝国及俄罗斯帝国君主亦以"恺撒"作为皇帝称号。

名家点评:恺撒,这位罗马的终身独裁官,也许是世界上知名度最高的统治者了,他凭借自己的奋斗,一步步走上历史舞台的中心,成为"罗马梦"的成功实践典范。

生在贵族

尤利乌斯·恺撒于公元前 100 年 7 月 12 日出生在罗马的一个贵族家庭中。尤利乌斯家族是罗马最古老的世家之一,他们的始祖是传说中古罗马的缔造者——女神维纳斯之子埃涅阿斯。尽管拥有显耀的贵族地位,尤利乌斯一族的家史上还没有产生过任何功业显赫的人物。罗马的门第在共和国后期,随着新贵的崛起,已经没有先前那样大的作用了。恺撒一家虽然出身显贵,但家境不太富裕,在传统上却是同反对元老院体制的思想观念相联系的并带有浓厚的改革派倾向。

在恺撒的家族成员中,对恺撒影响最大的是他的姑父盖约·马略。盖约·马略是古罗马杰出的军事统帅、著名的政治家。公元前 157 年,马略生于阿尔平努姆城附近采列阿特村一个普通农民的家庭。马略出身低微,少年时代在乡村度过,没有受到正规教育。从青年时期开始,马略即已从戎,历任参将和军队财务官。

公元前 119 年,马略当选为保民官。公元前 115 年,再度竞选公职,勉强当选为最后一名行政长官。任满之后,出任西班牙行省总督。各种职务和经历锻炼了马略的才能,并且使他积累起相当多的财富,得以跻身骑士行列。

公元前 100 年,盖约·马略第六次出任罗马共和国的执政官,这是他自公元前104 年,第二次出任此职以来连任的第五年了。大约也就是在这一年,马略的妻子尤利娅得到了一个侄子。

对于那个时代的罗马人来说,教育大多是在家中进行的,斯蒂罗的拉丁文法学校在恺撒出生后不久的某一年才在罗马首次出现,后来,罗马又陆续建立了一些拉丁修辞学校。在家庭教育中,父母是主要老师。父亲抱起刚刚出生的孩子,也就意味着他要对这个孩子担负起教育的责任了。

恺撒自幼资质聪颖,小小年纪便带有不服输的劲头。恺撒特别爱读关于英雄事迹的诗歌,他崇拜希腊神话中的大力士海列克斯,崇拜自己的祖先埃涅阿斯。

恺撒家有一位精通拉丁文法的老奴,老奴教给他各种知识,天文、地理、几何、算术、法律、音乐、修辞,等等。每天临睡前,恺撒常常会读些书,而奈维乌斯的《年代记》、老伽图的《起源》、波利比乌斯的《罗马史》则是他枕边的良友。

恺撒十分喜爱修辞学,小小年纪便会模仿大人的语气与人进行辩论,尤利娅早已不是他的对手,他便缠着家中有文化的奴隶、来访的亲朋,与他们辩论。父亲担任大法官时,有时带回来一些诉讼词,他也常

恺撒雕像

常拿来朗读一番,和父亲讨论哪一方有理,哪一方的诉讼词写得更好。9 岁的恺撒思路敏捷、口齿清楚,不仅令来往的亲朋吃惊,也令严谨的父亲暗暗称道。

恺撒稍大以后,父亲就带着他出席家庭会议、城邦公众集会,让他听听长辈的言论,让他懂得为人的言行规范。父亲也会带上他出席亲朋好友的宴会,告诉他各种礼仪,让他学习众人的行为规范。

后来,由于马略的提携,恺撒 13 岁时当选为朱比特神的祭司,使他更加有意识地模仿姑父的处世风格。

公元前 184 年,朱比特神的祭司恺撒由姑父马略和姑母优利娅牵线,同执政官、民主派秦纳的女儿克妮莉亚结了婚,由此翻开了他人生的又一页。

初历磨难

恺撒的姑父马略就任罗马执政官后,特别重视军事训练,严肃军事纪律,提高了罗马军队的战斗力。这种战斗力,初次显效于朱古达战争,使这场战争连连取得

胜利。

改革改变了士兵和统帅的关系,使军队变为一支新的政治力量。由此,罗马的军队开始卷入政治纷争,为军阀制度和军事独裁制的出现创造了条件。马略军事改革的另一直接后果便是苏拉的独裁和恺撒的独裁。

恺撒不仅从马略的军事改革中得到了好处,而且也从马略身上学到了很多治军之道。马略治军,注重身体力行,这也是罗马教育的一大特色。马略当兵时不畏艰苦,当了统帅后,依然能和士兵一样过艰难的生活,挖壕沟,建营寨,总也少不了他。马略对待部下赏罚分明,恩威并施,士兵们也乐于服从他。马略治军作战的方法在日后恺撒的身上也有诸多表现。

马略依靠着他的新型军队,平息了8年的朱古达战争,打退了条顿尼人和森布里人的进攻,保卫了意大利。他也因此受到了罗马人的拥护,被誉为"罗慕路斯第二"和"罗马的救星"。

没有过渡没交代,苏拉随着马略的改革而受挫,威望一落千丈,因此苏拉对跟随马略的恺撒攻击也没放过。

苏拉想尽了办法,也不能使年轻的恺

马尔采洛斯剧场

撒屈服,恺撒的倔犟激怒了苏拉,使自己陷入困难而又危险的境地。克妮莉亚的嫁妆被全部没收,恺撒本人也被剥夺了继承父亲遗产的权利。

小家庭失去了所有的经济来源,克妮莉亚也因为父亲的亡故、家族的灾难而倍受打击,她终于病倒了。这时,恺撒家的朋友、苏拉的同党听说苏拉准备逮捕恺撒,连忙赶来通风报信,让恺撒先逃出去避避风头。恺撒忙把病中的妻子托付给母亲,自己连夜逃出了罗马城。

为了躲避苏拉的迫害,恺撒在萨宾尼亚人居住的地方流浪了一段日子。

恺撒父亲的亲戚中有些同苏拉有来往,玛莫库斯·艾米科乌斯和奥列利乌斯·科塔还在苏拉的政府中任着一官半职,奥列利娅一方面向他们提出请求,一方面又去向维司塔(罗马神话中的女神)贞女们乞求。

经过多方斡旋,苏拉迫于无奈,勉强答应了对恺撒的赦免,从而他也发现了恺撒背后那些关系的力量。出于一种精明的预见,他对一些人说:"他们爱保就让他们保他吧,只是别忘了,他们如此热心搭救的这个人有朝一日是会给他们和我所共同支持的贵族事业带来致命打击的。要知道,在这个恺撒身上有好多个马略呀。"其后,他又一次警告权贵们,要提防那个不好好束腰带的男孩儿,因为恺撒的腰带总是束得很松。

有人认为,苏拉之所以说出这样一番话,是得到了神的启示,恺撒的命运、罗马的命运已经被神安排好了。

不管怎么说，苏拉网里的一条小鱼溜了。无论恺撒日后是龙是鱼，到现在为止，他还只是一条小鱼。

不管怎样，恺撒在得到正式的赦免以后，仍然认为离开罗马为好，而且，他已经到了参政的年纪。就是说，显贵出身的青年人应当开始在国家政治事务中来寻找自己的仕途了。于是恺撒动身去亚细亚行省，在那里他很快就成了行政长官克温图斯·米努奇乌斯·提尔穆斯麾下的一名军官。不久他便从这里被派到比提尼亚去见该国的国王尼科美德斯，他的任务是要尼科美德斯向提尔穆斯提供作战急需的舰队。

恺撒回到米努奇乌斯·提尔穆斯这里之后，就参加了攻占米提列涅的战斗，他在战斗中由于表现勇敢而得到橡冠的奖赏。公元前 78 年，他又渡海去奇利奇亚，参加属于苏拉派的执政官普布利乌斯·谢尔维利乌斯·瓦提亚在这里进行的清剿海盗的战争。

公元前 78 年，一个令人震惊的消息传来，权倾一时的苏拉突然病死。随着时光的流逝，民主派的活动又日渐活跃，各派政治势力都在积聚力量，准备在即将来到的新的权

罗马一大胜景——台伯河上的天使大桥和天使古堡，桥的两侧排列着雕像。古堡是罗马庄严、巨大的石制鼓形古堡，今天已经辟为军事博物馆。

力斗争中一展身手。有着敏锐的政治嗅觉的恺撒认定这是他施展个人政治抱负的极好时机，于是他便在公元前 77 年离开军队，暂时结束了他的军营生活，回到罗马，开始以合法方式进行职业政客生涯。恺撒深知，欲成大事，先得民心。为此，他有意识地开始在罗马做争取民心的工作。

他发现苏拉的党羽仍然强有力地控制着罗马的局势。冷静的恺撒没有采取任何过激行动，而是非常慎重地采取旁观的态度，以等时局的变化。

公元前 77 年，恺撒首先拿苏拉派的盖乌斯·科尔涅利乌斯·多拉贝拉开刀，向法庭指控他的勒索罪。

尔后在公元前 76 年，恺撒受人之托，又控告了另一位苏拉派的官员。这个官员曾任希腊的骑兵长官，有贪污和勒索的劣迹。但由于苏拉派的相互袒护，致使这个贪官逍遥法外。

不久，恺撒再次离开罗马到罗德斯岛去听著名的修辞学家阿波罗尼乌斯·毛路的讲课。在他返回的时候，遇到了一件有趣的事情——他的船在途中被海盗截获。海盗们根据衣着和举止认定他是一个显贵的人物，便向他索取一笔数目可观的赎金。恺撒对此毫不在意，甚至指出海盗们把他估计得太低了，说他们至少应该获得多一倍的赎金。当恺撒的同伴为他筹集这笔款项的时候，他自己带着两名奴仆跟海盗们一起生活了 40 天。恺撒获得自由后立即装备了几艘船只，尾随海盗，

穷追不舍,最后终于夺回了赎金,处死了他们。

政坛新秀

公元前 73 年,恺撒回到罗马,经过了这么多次的磨难,恺撒变得更加机智、沉稳和圆滑。城中愈来愈复杂的政治斗争使他不再成为元老院仇恨的焦点。随着时间的推移,罗马的政局在发生着悄悄的但却是深刻的变化。苏拉在世时的政治结构和人事状况正在改变,反苏拉力量开始上升。公元前 68 年,恺撒终于担任了财政官。财政官这一职务十分重要,因为按照惯例,人们只有在担任过财政官这个公职后,才能进入元老院。

恺撒担任财政官后,社交场合更多了。他充分利用自己职务上的影响力,频繁交友。他的温和有礼的作风以及豪奢的交友方式大大有助于扩大他的影响。起初,恺撒的敌人对此并没引起高度重视,认为只要他的财产耗尽,他必然会收敛。但出乎预料的是,恺撒的钱无论如何也不可能枯竭,因为他具有一切贵族出身的青年人的"擅长",即善于借债,并且善于生活在债务里而又不失去生活的欢乐。

这一年,他的姑母、马略的妻子尤利娅去世。尤利娅是位很有政治头脑的女性,她曾经对恺撒思想的发展产生过深刻的影响。鉴于姑母和姑父马略生前反苏拉的政治态度,恺撒觉得有必要把葬礼搞得隆重一些,以此向苏拉派进行政治示威,从而翻过历史的旧案,扩大自己的影响。于是恺撒为姑母举行了隆重的葬礼。在悼词中,恺撒介绍了自己高贵家族的渊源,赞扬了尤利娅和马略。不仅如此,在送葬的时候,他还公然抬出了马略的模拟像,这在当时引起了不小的轰动。因为马略作为苏拉的死敌,他的像过去是被禁止在公开场合出现的,这次出现是自苏拉宣布马略为公敌后的第一次。当时参加葬礼的大多数人对恺撒的举动表示理解和赞许。这次葬礼显示出恺撒锐利的政治斗争锋芒和不断上升的实力。同一年,恺撒的妻子克妮莉亚也去世了。在当时的罗马,按惯例一般对年轻女子是不发表歌颂的演说的,但恺撒却不怕违反习俗,发表了一篇十分动情的演说。

任财政官期满后,恺撒被派到西班牙的长官手下做事。在这里他呆的时间很短,没有什么奇特不凡的经历。但是,有一件事却可以反映出恺撒此时的心情。当时他奉上司之命巡视西班牙各地,在经过加地斯的一座神庙时,他突然看到了马其顿的亚历山大的雕像,于是感慨万千,叹息道:"亚历山大在这个年纪已经征服了全世界,而我到现在却任何一件像样的事情也没有做。"这句话表达出恺撒急于成功的迫切愿望。

恺撒卸任后,从西班牙返回罗马,时隔不久,便结识并爱上了一位姑娘,这位姑娘的名字叫庞培娅,她是当时罗马最显赫的庞培将军的一位远亲,同时也是马略的政敌、已故的苏拉的外孙女。她和苏拉的血缘关系随着苏拉的去世已显得并不重要了,但她和罗马风云人物庞培的亲戚关系,对此时还是个小人物的恺撒来说,是非常重要的。很快恺撒和庞培娅的婚礼便如期举行,时间大概在公元前 67 年。从此,恺撒在自己的言论和行动上都表明他已站在庞培一边了。

恺撒婚后不久,被任命为阿皮亚大道的监督官。这个职务虽然不高,但对急需扩大影响的恺撒来说,还是十分重要的。

恺撒负责的是从罗马到意大利南部的大道,这是一条干线。这条大道利用率很高,几乎所有的罗马成年人每年都要从这条大道上通过多次。恺撒毫不吝惜金钱,他也舍得动用劳力,因此这条道路始终处于最佳状态。因为他意识到如果能把这条路维护的比较成功,他将会得到广泛的赞誉,从而为自己争得新的群众。

在公共事业中,恺撒想尽方法花钱收买人心;在私人生活中,他也是大手大脚地花钱。实际上,恺撒的铺张只不过是那个时代的一个例子罢了。

虽然有人对恺撒开始表露出明显的不满或反对。但这却是恺撒势力渐增的一个后果。经过这些年的努力,耗去大量的财物,恺撒终于给自己增加了声望,振臂一呼就会涌出一批响应的人。没有戎马生涯的艰苦,没有在权力顶峰白热化的钩心斗角,没有辗转流离的颠沛,即使身着华装画服,在花天酒地里纵情声色,也不会出人头地。也许,这一段时光也是恺撒生命中时间延续最长的一段时光了。

罗马一位有政治抱负的富商克拉苏,看出恺撒是一个有政治发展的人,他决意拉拢恺撒,在经济上给予支持。克拉苏与恺撒相互勾结,相互利用,结成了同盟。恺撒利用克拉苏的巨额资财继续收买贫民。他还在卡匹托林恢复了马略的纪念像,以此来博得马略派老兵的支持。公元前62年,恺撒当选为大祭司,还被选为行政长官。

恺撒初战告捷

这种"成绩"是建筑在金钱之上的,可如果认为恺撒因为钱就愿意屈居在克拉苏的羽翼之下,那就大错特错了。恺撒一方面与克拉苏交好,一方面又积极向庞培靠拢。

这几年里,恺撒在进行争取民心和拉拢上层人物等活动的同时,还参与了罗马的一些政治斗争,特别是钩心斗角的肮脏争斗,这对于那些参与者们来说并不光彩,但对恺撒来说,却经受了一定的磨炼。恺撒并不是一个一开始就走运的人,虽然他出身显赫的家庭,但由于政治斗争的反复性,恺撒的家庭背景还会给他带来一些麻烦。他主要是靠自己的奋斗和智慧来生存和发展。可以说,他绝不是轻松地从一个胜利走向另一个胜利,他前进的每一步都带有风险和痛苦。这一段生活经历对他今后的发展无疑是十分重要的。此时他就已经表现出了一些可贵的特点,这就是在困难面前不泄气、不悲观。

初战告捷

公元前59年,恺撒在成功地完成出任西班牙总督使命之后,又回到罗马参加执政官的竞选。他统观全局,左右逢源,见机行事,运用自己的捭阖之术和超群的才智,巧妙地赢得了当时罗马两位最具影响的军政要人庞培、克拉苏的支持,成功地取得了公元前59年罗马执政官之职。

执政官是罗马最高官职,每年举行一次竞选,选出的执政官任期为一年,执政官手中具有无上的军事权和民政权。作为军事大权的代表者,他是罗马军队的总司令,他有权征调军队、任命手下将官和对外领导军事行动。作为民政权的代表者,执政官负责召集元老院和公民大会,担任会议主席,提出议案和主张,并按照元老院和公民大会的决议去布置实施,同时他还负有领导选举官吏职责。

在罗马每年都选出两位执政官,二人职权相同,他们每个人都有对另一个人的反对权。对于一切重要的民政事务他们共同行动。但对于要求单独领导的某些行动来说,就用抽签或和平协议的办法加以解决。如果发动战争,由一人带兵到前线征战,另一人则留在城中。

执政官身边有12个侍从,在执政官执行自己职责时,他们便跟随在他的身边,手里拿着棍束,作为执政官大权的标记。在城界之外,就是作为总司令官的执政官拥有全权的地方,则在棍束中插上斧头,以代表至高无上的权力。这种棍束的谐音便是"法西斯",这就是沿用至今的法西斯的由来。

恺撒的目的不仅仅是为了当执政官,这只是他长远计划的第一步。

他首先提出了极为激进的法案,建议把人们最关心的土地进行重新分配,还要依靠现有的国家实力积极扩张,拓殖广大的殖民地,从而进一步扩大罗马的版图和声望。

按理说,根据罗马的传统规矩,这些建议应由最激进的护民官提出,方才较为合适,现在恺撒以执政官的身份提出,很不适宜。但颇有计谋而又精于权术的恺撒,就是善于抓住每个最敏感、最尖端的问题,来加强和扩大自己的影响,取悦于广泛的民众。

对恺撒的这种超常做法,一些因循守旧但又享有较高声望、手中还握有大权的元老们,无疑感到极度的愤慨。他们纷纷指责恺撒的这种越权行为,试图阻止恺撒提出的法案的实施。

恺撒对于元老们的反对,却大不以为然。他依旧坚持他的主张,以其坚忍的毅力和不屈不挠的精神,来施行他的计划。那些养尊处优、自命不凡的元老们又一次陷入了他的政治圈套。元老们对恺撒的种种激烈做法,无疑给恺撒留下了可供合理反击的口实。于是恺撒大声疾呼,提出强烈抗议,对事态大加渲染,以求民众的支持和拥护。说他的体恤民意的正义之举如何如何受到那些元老们的干涉,说元老们的各种侮辱谩骂及苛刻的行为如何逼得他走投无路,进而最后只有去寻求最具正义感的民众的支持和帮助。他匆匆地走出元老院,急不可耐地来到群众中间,向他们讲解他如何专心致力于民众的目标与利益,借以表现他良好的愿望和无私的勤政。

这一招果然奏效。当他向那些倍受感染的民众征询对他所提出的法案的意见时,他得到的是热烈的欢呼和赞赏。然后他又用温和、诚恳而又不乏煽动性的口吻向民众寻求援助,请求他们帮助他去对付那些声言要以刀和剑来反对他的人们。结果他如愿以偿,得到了民众的这种援助。更叫他兴奋的是,他赢得了当时拥有罗马军政大权的庞培的拥护。庞培甚至宣称他也将用他的剑和盾去对付那些人的剑和盾,以维护正义的权威、德善法律的实施,以及恺撒的生命安全。

然而恺撒对这些并不满足,尽管他现在已成为罗马城中最有影响的代表人物之一。他比谁都清楚自己的处境,他没有卓著的战功、强大军队,没有丰厚的政治资本。

只沉溺于眼前的利益、安于现有处境,那是无能者的短见。恺撒打破了罗马的常规,运用武力修改了原来元老院为他所做的规定,即在他执政官卸任之后到一个不甚重要的行省去任职。恺撒赢得了在他执政官卸任之后担任当时罗马最为重要的高卢行省总督的权利。

公元前58年,恺撒终于如愿以偿。他带着庞培拨给他的4个军团的大军前往高卢,去实现他长期以来积压在心底的野心勃勃的宏伟征战计划。

历时10年的艰苦卓绝的征战终于开始了。

公元前50年代的高卢,分为三个组成部分:山南高卢、纳尔波高卢和山北高卢。山南高卢也叫“长袍高卢”,由于它离罗马较近,交通也比较便利,所以它几乎完全被罗马所同化,因此它的文明程度也较高。山北高卢则称为“长发高卢”或“野蛮高卢”,包括今天的法国、比利时的几乎全部领土,荷兰的一部分,瑞士的一大部分和莱茵河的左岸。

这时的高卢地区并不是一个统一的联合整体,它是由许多情况各异的部族所组成。各部族之间差异也很大,有的比较发达、富有,有的比较落后、贫穷。各部族的巨大差异造成了各种矛盾和冲突,相互的兼并厮杀笼罩着整个的高卢地区。

富饶的物产、肥沃的土地、众多的人口、广阔的地域,成了罗马商人、包税人和军事冒险家炙手可热的追逐目标。

然而一切都得之不易。看似极为容易的事情,一旦付诸实施,许多困难的甚至是难以克服的因素便显现出来。因为拥有高卢地区的是一群勇猛好战的强大民族,他们那种作战方式和作战风格,即便是以善战著称的罗马人也不能不为之心惊胆寒。

此时的山南高卢和纳尔波高卢已被罗马所征服。唯有山北高卢仍在罗马高卢行省的管辖之外。这一地区的高卢人常以凶悍、强暴而闻名于周边地区,并时常骚扰归服于罗马的高卢其他地区。

当公元前58年恺撒到达高卢行省的时候,北部高卢地区正处在动荡不安之中,三个较为强大的部落正在那里进行着激烈的争权斗争。其中爱杜伊人以罗马为靠山,而另外两个较为强大的民族则以北部强大的日耳曼族为靠山,形成了两个敌对的阵营。

为了斗争的需要,谢克瓦尼人不惜采取引狼入室,借刀杀人的办法,把日耳曼人的军队引渡过莱茵河,并在长期的斗争中战胜了爱杜伊人。而谢克瓦尼人在取得胜利的同时,也不得不付出一定的代价,就是把自己的一部分土地割让给帮了他忙的日耳曼人。

随着日耳曼人的突入,厄尔维几人——居住在现在瑞士西部的一个部落也动了起来,这个民族是周边部落中一个比较有实力的强大民族。就勇武方面而言,它要远远超过于高卢的其他民族。因为它离文明和教化较远,那些文明世界的商贩很少到达这里,也没有把那些文明世界中萎靡不振的东西带进来。另外它和日耳曼人较近,天天的作战,使他们在战争中形成了勇武好斗的性格。

这时厄尔维几人中有一个最显赫、最富有的人,叫奥尔及托列克斯。出于篡夺王位的野心,他极力劝诱本国人带着他们所有的钱财,离开自己的领土。他说因为他们的勇武超过所有的人,所以要取得整个高卢的霸权是件极为容易的事情。另外再加上周围环境的闭塞,使厄尔维几人感到自己所立足的这块土地是没有发展前途的。

他们要争得新的空间,呼吸群山之外清新的空气,观赏那开阔的原野壮景和那诱人的富足生活。

于是他们决定移居伽鲁姆那河口。

他们烧毁了所有的市镇、村庄、建筑物,以及一大批带不走的储备粮食。这样便把所有回家的希望断绝干净了。他们带着足够 3 个月的粮食便匆匆上路了。

通往伽鲁姆那河口的共有两条路可供选择,一条是崎岖狭窄但不经过罗马管辖地区的小路,另一条是通过受罗马控制的宽阔平坦的大道。这些自恃强大的厄尔维几人当然要选择大道,因为他们并没有把罗马人放在眼里。

厄尔维几人迁移的消息很快传到了恺撒的耳朵里。恺撒闻讯后火速赶往外高卢,到达与厄尔维几人原先居住地特别近的军事重镇——日内瓦城。

到达日内瓦城后,恺撒丝毫不加停歇,立刻派人拆除了由厄尔维几通往日内瓦城的一座极为重要的桥梁,并率领外高卢唯一的一支仅由 5000 多人组成的军团在日内瓦城布防,下令在高卢行省大规模地征召军队。

厄尔维几人见此情景,便立刻派一使团与恺撒媾和,请求恺撒允许他们经过由罗马管辖的普洛文奇亚地区,并保证他们在途经过程中不会对当地人有任何伤害。

机敏、果敢的恺撒当然不会答应他们的请求,他们的到来对于恺撒来说真是太及时了。恺撒要雪洗这些凶悍的蛮族以前留在罗马军队身上的奇耻大辱,他要为公元前 107 年死于这群蛮族部落手中的罗马执政官卡西乌斯报仇。

然而恺撒不是一介有勇无谋的武夫。他知道凭自己现在手中的 5000 人是无法与这群多达 30 多万的善战民族相抗衡的。他需要的是时间和援军,所以他以含混的办法回答了厄尔维几人的使者,说他要花几天时间考虑一下,如果他们希望得到答复,可以在 4 月 13 日再来。显而易见,恺撒在拖延时间,等待援军的到来和进行开战前的准备工作。

当厄尔维几人的使者第二次走进恺撒大营的时候,恺撒已修筑了一条从列曼努斯湖到犹拉山长达 19 罗里、高达 16 罗尺的城墙和壕堑。等待他们的是恺撒坚定的回绝。

厄尔维几人试图以武力冲破这道防线,但只能是徒劳。没办法,厄尔维几人只能选择另外一条比较窄小而又难以通行的道路。

退避不等于安全,恺撒岂能就此罢休?被他瞄准的目标,休想从他那坚忍而又近于残酷无情的心中逃脱。他把自己的副帅留下来守护他修筑的工事,然后他就到山南高卢去了,并从山南高卢带回了 5 个军团。

这时恺撒接到爱杜依人的求援,因为他们眼下遭受厄尔维几人的侵扰、屠杀和掠夺。于是恺撒率军日夜兼程、不知疲倦的快速尾追这群进犯之敌。他以其迅猛、快速、坚决、果敢的作战风格,率领军队很快追上了敌人。

厄尔维几人万万没想到恺撒会带兵追来,更没想到他们会来得如此之快。正当他们横渡阿拉河并已渡了 3/4 人数时,恺撒率大军赶到,对他们剩下的人进行了奇袭。猝不及防的攻击,使这些身负重荷而未来得及渡河的人遭受了毁灭性打击。他们大多数被杀,剩下的也都四散奔逃,狼狈不堪地躲到最近的森林里。之后他命人在阿拉河上建起了一座桥,带着军队很快渡了过去,继续追击厄尔维几人的队伍。

恺撒的出现,使厄尔维几人大为吃惊。因为他们花了 20 天才渡过的河流,恺撒却只花 1 天就过来了。厄尔维几人深深地感到,出现在他们面前的这伙敌人是支不可轻视的劲旅,尽管他们的人数要比自己少得多。

此后恺撒率军继续尾随他们,下令自己的部下不准向厄尔维几人挑战或应战,只需牵制他们就行了。

时间一天天的过去,恺撒紧追不舍,他们已远离了爱杜依人的城区。天气变得日益寒冷起来,粮草给养也日益匮乏,再加上长途的持续征战,使恺撒陷入了极度的困境之中。艰苦的环境,并没有使恺撒退缩。他那顽强的毅力和骨子里对荣誉的向往使他仍旧焕发出极大的热情。他把他这种崇高的荣誉感、高远的志节和英勇顽强的精神融合在一起,灌输到他手下每个士兵的心田之中,使他们和他一样保持旺盛的斗志。

离例行向士兵分粮的日期仅有两天了。为了解燃眉之急,恺撒不得不改变计划,进军爱杜依邦最大、积储最富足的市镇毕布拉克德,这时恺撒的军队离该市镇仅有 18 罗里。就在前往该市镇的途中,恺撒军队遭到了厄尔维几人的奇袭。恺撒面对突如其来的变故,镇定自若,有条不紊地指挥他的军队迎战厄尔维几人。

当他的卫兵把马牵到他面前时,他坚定地说:"当我在这次战役中获胜的时候,我将骑着这匹马去追杀敌人,但是在目前,还是让我们徒步和敌人去作战吧。"随后他命人把所有的马匹送到很远的地方。

他这样做是想激励大家和他一样同担风险,绝不存逃脱的希望。很快,他们在恺撒的率领下投入到惨烈的战斗当中。

最后,厄尔维几人在恺撒居高临下的凶猛攻势下,败退下来,逃向身后的一座小山,罗马军紧追不舍。常言道:欲速则不达,穷寇莫追。恺撒本想一鼓作气,彻底消灭厄尔维几人。但就在他们即将追上厄尔维几人的残兵败将的时候,他们却遭到厄尔维几人后备留守军的袭击。结果恺撒军陷入了腹背受敌的境地。

这场战斗持续了很长时间,从早晨一直到傍晚。最后厄尔维几人终于抵不住恺撒的军队猛烈进攻,开始退向他们的大本营。这一次恺撒遇到的是更为顽强的抵抗,就是厄尔维几大本营中的妇女儿童也都英勇地投入了这场战斗。战斗直到深夜还在进行。

营垒被攻破了,他们首领的儿子和女儿以及大批士兵都成了恺撒的俘虏。厄尔维几人大约有 1.3 万人得以在这场战斗中逃生。

厄尔维几之役,使恺撒名震高卢、罗马,仅以 2 万多人,竟能把多达 30 多万的善战民族打得丢盔卸甲、溃不成军,不能不说是军事史上的奇迹。

这场战役本来就辉煌无比,恺撒却还要在它的上面锦上添花。他做出了一个在那个年代确确实实称得上极为仁慈和高尚的行为。他把那些侥幸在这场战役中生存下来的大约达 10 万之众的厄尔维几人集合起来,强制他们重新返回被他们放弃的地区和被他们自己焚毁的家园。

恺撒之所以这样做,是因为他担心这块被厄尔维几人废弃的空白地区,很容易被日耳曼人乘虚而入,加以占领。那样的话麻烦就大了。

征服高卢

继厄尔维几战役之后,恺撒又将目标对准了勇猛善战的日耳曼族。

他召集了高卢地区几乎所有公社的领袖。他们不但对恺撒和罗马大加歌颂,而且还跪倒在恺撒——他们这位救世主面前陈述他们的苦衷和他们从日耳曼人那里得到的耻辱,并请求恺撒帮助他们解除这种灾难性的威胁。

然而这种引狼人室反受其害的恶果又能怪谁呢?当初高卢的塞广尼人和阿弗尔尼人为了和爱杜依人争夺高卢霸权,竟不惜重金雇来日耳曼人,由此日耳曼人到高卢来的越来越多。在沉重地打击了爱杜依人之后,他们就厚着脸皮留了下来,并取得了高卢地区的主宰地位。

恺撒对厄尔维几人的胜利,无疑给高卢地区的各公社注入了一针强心剂,使它们原本奄奄一息的肌体又稍稍充满了一点活力。

而他们又都把自己生存下去的希望寄托在恺撒身上。恺撒见此情景大为高兴,在他看来这又是他确立自己在高卢统治地位的大好机会。

于是恺撒顺水推舟,很快与高卢各公社结成联盟,利用他们的支持来消灭与罗马争夺高卢地区的日耳曼人。尽管在此之前罗马曾同日耳曼族首领阿里奥维斯都斯结为盟友。

继给高卢的头目们开过会之后,恺撒便开始了同阿里奥维斯都斯的谈判。倔强、自负而又自恃自己强大的阿里奥斯都斯绝不肯屈尊于恺撒的脚下,他对恺撒的使者回答说,他用武力所征服的那一部分高卢中,没有什么事情用得着恺撒和罗马人来操心。

面对日耳曼人的桀骜不驯,恺撒保持了应有的克制和理智。他又第二次派遣了使者,以一个庞大帝国的身份向日耳曼人下了最后通牒。

这一次阿里奥维斯都斯变得更加粗野无礼,他狂傲地对罗马使者说,他对高卢地区的征服和罗马对高卢的征服并没有什么区别,所以罗马方面没有权利来指责、干涉日耳曼的这种做法。

高卢战争

恺撒闻此,大为恼火。庞大而强盛的罗马和享有威望的伟大的罗马军统帅,当能容得一个蛮夷之邦对他的如此冒犯和不敬?况且这样一个凶悍而又胆大妄为的民族驻足于高卢,无疑会对罗马造成巨大的威胁,而恺撒在实现其长远的大规模的扩张计划,这支蛮族势力也无疑成了强大的难以克服的阻力。恺撒决定要消灭这支日耳曼族的侵略军。

恺撒召集了各个百人队的百夫长。在会上他再一次以自己卓越的军事统率才能和超群的演讲口才赢得了士兵们的拥护,振奋了士兵们的勇气和信心。

他斥责了那些胆小怕事的人,劝他们最好离开他的队伍,因为他不希望看到他的队伍中夹杂他们这样毫无丈夫气概的懦夫。他并且告诉他们,即使他们全都离去,那他也会义无反顾地率领他的嫡系部队——英勇善战的第十军团,去和那些野蛮人交锋。为此,第十军团向他表示了感激之忱和效忠之心,其他军团的士兵也纷纷指责他们的军官。这样一来罗马军队士气大振,恺撒也趁此率领这支群情高昂的军队向阿里奥维斯都斯驻扎的方向进军了。

快速、敏捷是恺撒的特色,他也把这种特色带到军队中来,并把它发扬光大,根植于每个士兵的心里,从而形成了自己这支军队的特色。行军3日,恺撒接到报告:阿里奥维斯都斯率全军去占领塞广尼人最大的储有大批战备物资的军事重镇——维松几阿。于是恺撒率军急急追去,唯恐这个重镇落到日耳曼人的手里。他日夜兼程、风餐露宿,直向维松几阿奔去。

几天的连续快速行军使这支军队疲惫不堪,但恺撒却显示出了旺盛的精力和永不知疲倦的发奋精神。他不仅以身作则,与士兵们共吃同住,共同越山岭、涉泥潭,而且还把自己这种不畏苦劳、坚忍不拔的精神留给每一个士兵,使他们焕发出高昂的斗志。在恺撒的带领下,他们历经艰辛,终于抢先攻占了最有战略意义的军事重镇——维松几阿。随后恺撒在得到充足给养的同时,又开始了对日耳曼人的追击。

很快,两军在今天的阿尔萨斯地区相遇。恺撒的到来,使阿里奥维斯都斯大为吃惊,他绝没有料到罗马人会来追击日耳曼人,既使出于保护罗马在高卢地区的子民的安全,罗马也不敢与日耳曼人相抗争。结果出人意料,罗马人首先向他提出了挑战。

双方一方面谈判,一方面进行小规模的较量,各有胜负。但总体上来说,阿里奥维斯都斯方面总是极力地避免大规模的军事冲突,尽管气盛好战的恺撒想方设法要和日耳曼人进行一场实力的较量。

恺撒通过俘虏得知,日耳曼人对于他的追击感到很突然,这在日耳曼人的心理上产生了消极影响,就连他们的统帅阿里奥维斯都斯也不得不放下那种傲慢的姿态,重新审视自己面前的这个新敌手了。另外,恺撒还了解到,日耳曼人按照传统习惯,请日耳曼圣女对这次战事进行占卜,那个圣女借着观察河水的漩涡、溪流的蜿蜒曲直和河水的溅激之声,做出了日耳曼人在下次出现新月之前不宜出战的预言。

机不可失,时不再来。恺撒率领他的军队向处在沮丧忧惧中的日耳曼军队发动了进攻。

起初,日耳曼人避而不战,后来在罗马军队的一再挑逗激惹之下,终于全线出击,迎战罗马大军。

一场大战在莱茵河西岸5公里的地方展开。战斗是极为激烈而残酷的,双方的实力旗鼓相当。

最后日耳曼军队终于被罗马人击溃,阿里奥维斯都斯带着他的残兵败将狼狈逃窜,而恺撒则率大军乘胜追击,直抵莱茵河畔。在这片广大的战场上,布满了战利品和尸体,只有极少数人得以渡过莱茵河,免于遭受死亡的厄运。这中间就有阿里奥维斯都斯本人,而他的两个妻子在逃跑时死掉了,两个女儿中一个被杀死,另一个则成为阶下囚。

罗马军队取得了辉煌的胜利,尽管付出了较为惨重的代价——但这种代价是以日耳曼人付出8万人的生命这样更为惨重的代价来交换的。

对日耳曼人的决定性胜利,使恺撒在高卢地区名声大震,也确立并巩固了罗马在高卢地区的统治基础。

正当恺撒为自己的胜利而高兴的时候,占据高卢大约1/3领土的比尔吉人又联合其他部族,准备向驻守在高卢地区的罗马军队发动进攻。

恺撒迅即带兵,日夜兼程,向被比尔吉人蹂躏的高卢地区挺进。由于恺撒的高超指挥和罗马军队的机动灵活、英勇善战的作风,很快击败了高卢地区这一最大的民族。敌人的尸体填满了沼泽和深河,罗马军队得以顺利通过。大批部族纷纷投向罗马这一边,于是恺撒趁机又向诺维人发动了进攻。

诺维人生活在密林深处,神出鬼没,时隐时现。正当恺撒军毫无防范之时,一支大约有6万人的诺维人向恺撒尚未扎稳的营寨进行了奇袭。出其不意的进攻,使罗马军队陷入了绝境,罗马骑兵大败,第七和第十二军团被包围,恺撒也身在其中。战斗进行得异常惨烈,恺撒也不得不亲自参加战斗。他从手下的士兵手中夺过盾牌径直冲向前列。他呼喊每一个百人团长的名字,命令他们转入进攻。他左奔右突,始终冲不出包围圈。幸好此时的第十军团从小山顶上冲下来,突破重围,才使恺撒和他的军队免遭大难。结果6万名敌军中生存者不过500人,在他们400名参议员中,生存者不过3人。

到公元前56年,经过浴血奋战,高卢真正成了罗马的统治地区,恺撒取得了辉煌的胜利。

称雄欧洲

恺撒率领罗马军队,通过猛烈攻击的方法,占领了800多座城市,征服了300多个部族,同300万人作战,并消灭了其中的100万人,俘虏了近100万。他攻占和并入罗马版图的土地,其面积达50万平方公里。这位以健康不佳和柔弱闻名的罗马花花公子,竟然抛弃了舒适的贵族生活,和士兵们一起吃着粗糙的食物,忍受着行军作战生活的艰苦。

通过高卢战争,恺撒获得了丰富的军事知识和政治经验。更重要的是,他的兵力、财力和声望大大提高了。他把从高卢掠夺来的大量财富用于公共娱乐、发放粮食、收买拥有公民权的贫民,扩大了自己在平民中的影响;数不清的金钱和数以万计的奴隶源源不断地流入罗马,在罗马市场上,黄金多到按磅出售,而且它的价格比银子还低四分之一,这使他获得了奴隶主们的支持。罗马的骑士们看到从高卢、不列颠流入罗马的大量财富和罗马版图的扩大,更加拥护恺撒。尤为重要的是,他已经拥有了10个久经战火、纪律严明、愿意跟随他到任何地方去战斗的军团。这使他在同自己的政敌斗争中处于优势地位,为他后来实现个人军事独裁奠定了坚实而可靠的基础。恺撒在政治、军事、经济上的崛起,引起以罗马军队统帅庞培为首的保守集团贵族派的嫉恨和反对,进一步激化了恺撒和贵族派之间的矛盾,也使他和庞培之间的裂痕日益扩大,矛盾越来越深。庞培和恺撒都竭力谋求个人独裁,势不两立。恺撒不得不下定决心以武力推翻罗马政府。于是,罗马的一场内战已不可避免。

庞培与元老院勾结起来,要阴谋剥夺恺撒的兵权。然而恺撒对此早有防备,他一面利用罗马的物力与兵力来镇抚高卢,一面又利用从高卢掳夺来的财富控制罗马。当元老院提议取消恺撒的兵权时,曾经勾引恺撒的妻子,现在是恺撒代言人的保民官克罗狄乌斯出来发话了。他指出,为了罗马的安全,有必要保持恺撒与庞培两人的力量均衡,要么同时解除,要么同时保留。

恼羞成怒的庞培与元老院把克罗狄乌斯赶出罗马城,这给了恺撒发动兵变的充足理由。此时庞培又颁布了一道法令,法令的实质是限制高卢总督任期,限他在公元前49年3月任满时立即解职回国。如果他想担任别的行省长官,须等待5年以后方可任职。庞培的这一法令的颁布,引起恺撒的强烈不满,促使恺撒与庞培最后决裂。

恺撒与庞培,一个有从高卢战事中获得的财富、声望和一支久经沙场的军队作资本;另一个有元老院、整个罗马的国库以及除高卢以外的所有行省作后盾,可以用合法政府的名义发号施令。双方都有恃无恐,终于使内战的爆发变成不可避免的事实。

公元前50年,恺撒率军越过阿尔卑斯山,回到意大利边界的拉文那城,顿时恺撒要率领他的全部军队进攻罗马的谣传飞遍了整个城市,罗马的居民极为惊恐。

恺撒与庞培终于兵戎相见,但此时他的绝大部分军队仍留在北高卢,身边仅有1个军团和一些辅助部队以及300名骑兵。然而,庞培在意大利境内共有10个军团,在西班牙有7个军团,还有许多的支队散布在各地。恺撒的战略意图是:用一支精锐的部队,秘密渡过卢比孔河,以迅雷不及掩耳之势,直捣罗马,出奇制胜,一举歼灭庞培。于是,他决定带领自己身边的5000人马在这次战争中首先采取攻势,以先发制人的手段,取得有利的地位。

当恺撒进军的消息传到罗马时,罗马全城呈现出一片惊慌失措的状态。没有人相信恺撒会只率领1个军团和300名骑兵进行远征,人们都认为他是率领着一支庞大的军队杀奔而来。

庞培曾多次说过,他与恺撒的战争是不可避免的,并为此做出了准备。但在恺撒已经越过意大利边境的时候,他才发现自己什么也没有准备好。庞培的手边并没有能够阻挡恺撒的军队,他的主力部队在西班牙。在意大利招募军队需要充足的时间,而恺撒的迅速进军完全打乱了他的计划。庞培深知自己在罗马将无所作为。

显然,这时庞培没有足够抵挡恺撒的兵力,元老们感到罗马城很快就要被攻下来了,开始后悔当初为什么不接受恺撒的建议。恐惧之心终于使他们从党派的愤怒中转向了理智的思考,开始认为恺撒的建议还是十分公平的。于是,有人提出了派使者到恺撒那里议和。经过一番激烈的辩论,通过了一项决议,把最高统帅权交给庞培,理由是谁惹起了这场大祸,就应由谁来了结此事。

对于元老院的推卸责任式的授权,庞培也做出了一个出乎意料的决定,那就是迅速撤离罗马。他说:"只要你们跟着我走,你们就能够保有这些军队,不要想到离开罗马就会惊恐万状,在必要时连意大利也可以离开。"随后,他还补充说,那些想留下来保留他们的财产而不听从指挥的人都应被看作祖国的敌人!

1月17日,庞培离开了罗马,到卡普亚去指挥他的军队,两个执政官跟随左右。其余的长老还处在犹豫不决之中,一起在议事厅度过了十分漫长的一夜。黎明时分,他们也大部分离开了罗马,急匆匆地去追赶庞培,匆忙之中既没有来得及举行战争时应举行的牺牲奉献仪式,也没有来得及把国库带走,甚至个人财产也只带上了一些随身必需品。

恺撒命令里欧率13军团的三个步兵中队向伊古维乌姆推进,自己则带13军团的其余士兵向奥克西莫姆进发。不久,恺撒的军队又迅速穿过了整个皮凯努姆地区,在这些军事行动中几乎没有遇到任何抵抗。这时,12军团也奉命从山北高卢赶到了。

恺撒的军队开到了科尔菲尼乌姆城下,只用了7天时间便攻下了这座城市,活捉了多米提乌斯。随后,恺撒做出了一个有些让人意想不到的举动,就是不加任何伤害地释放了该城的上层人物——元老、骑士、军团司令官——总共50人。尽管被放者中的大多数人又逃回到庞培的身边,但恺撒这一"仁慈"的举动却很快传遍了意大利。

庞培得知科尔菲尼乌姆失守的消息后,就率军经过卡努西乌姆到了布伦狄西乌姆,这里汇集了他新招募的军队。3月17日,庞培的最后一批人马登上了去巴尔干的舰船,原因显然是庞培控制了几乎所有的海上力量。这一优势由来已久,是恺撒所不能匹敌的。

这样,恺撒在短短不到60天的时间里就没有流一滴血地成了整个意大利的主人,而庞培的逃命却引起了人们的极大不满,尤其是庞培的拥护者们。其中,西塞罗的反应最为激烈。尽管还有一些人为庞培辩护,说他渡海是一次十分成功的军事计谋,但事实上,庞培毕竟放弃了他一向苦心经营的老巢,离开了意大利。

庞培在希腊西海岸有一支庞大的舰队,有500只战船和大量轻型警备船,在马其顿有步兵九个军团,斯奇比奥又从叙利亚带来了两个兵团,共有7000骑兵,全部由罗马和意大利训练有素的青年组成。此外还有不计其数的东方的联盟国家和城市派来的辅助军。在这一年的备战申,庞培还亲自参加了步兵和骑兵的种种训练,事事在前,尽管他已经58岁了,他因而得到了士兵们的好评和爱戴。

而恺撒,虽然他手里共有12个军团,但它们的战斗力却参差不齐,许多参加过高卢战争的人早已盼望着退役,从西班牙开来又使士兵们筋疲力尽。最麻烦的是,当恺撒来到布伦狄西姆时,竟没有足够的船只把军队运到隔海相望的巴尔干岛上去。但是,恺撒并没有拖延,他把两万人安排到所有船只上,避开了敌人的舰队,在公元前48年1月5日顺利地登上了埃皮鲁斯沿岩。

得知恺撒已经登陆后,庞培便率军前往,以便使恺撒不能占据希腊西海岸的城市。不过,恺撒的动作十分迅速,在登陆的当天就向欧里库姆城推进,不久便占领了包括该城在内的好几个城市。为了不失去另一个重镇杜尔拉奇乌姆,庞培日夜兼程地率先赶到了那里。不久,恺撒的军队也到了。看到敌人有了在那里驻守过冬的打算,恺撒暗自高兴,因为他要等待意大利军团的到来。

但是,冬天过去了,运送军团的舰船仍不见踪影,主要原因在于庞培的舰队司令玛尔库斯·毕布路斯对全部沿岸做了最严格的警戒与监视。形势对恺撒十分不利。

4月10日,玛尔库斯·安托尼乌斯和富里乌斯·卡列努斯按照恺撒的一再要求终于率领满载军队的舰船离开了布伦狄西乌姆,在恺撒和庞培的视线中,沿着伊里亚行进了,并在离意利苏斯不远的地方成功登陆。尽管庞培作了阻止他们会师的努力,但由于安托尼乌斯的巧妙调度,两支大军还是会合在一处。这样,恺撒手下就有了大约3万步兵和1400名骑兵。

即便如此,庞培手中的兵力还是超过了恺撒兵力一倍。但这并没有动摇恺撒进行决战的决心,他甚至想方设法让庞培接受他的挑战。可庞培自认为处于有利地位,并不急于进攻,而是采取了防御战术,把营地设在一个离海岸不远的高地上。这样,双方都准备打一场阵地战。

恺撒针对庞培兵力集中,部队作战消极的现实,决定先对其进行外围封锁和不断消耗他们的兵力,而后寻机歼敌。

环绕着庞培营寨的是许多高峻而崎岖的山岭,恺撒首先派部队占据了这些山岭,在上面筑起有防御工事的堡垒,然后利用地形筑了一道工事,把堡垒一个接一个地连接起来,用以围困庞培。

恺撒恐怕被敌人舰队在外面反包围,于是在海边造了一条双重的壁垒,一旦遇到两面攻击可坚守作战。但是由于他的工事围起来的这个圈子长达17英里,工程浩大,庞培趁对方工程还未完工,决定进行一次突围。

这种突围和反突围的作战样式,无论就堡垒数目之多,活动范围之广,以及防御工事规模之大,都是罗马战史上没有过的。就军事常规而论,总是强军围困弱军。但在这次,恺撒却用比较弱的兵力包围一支有相当战斗力的军队。庞培的各种物资供应也极为充裕,每天都有大量船只从四面八方赶来,运送给养。但恺撒一方却十分困难,处在极端的窘迫之中。在双方相持中,一个偶然的机会,恺撒的士兵发现了一种叫作"卡拉"的植物根,把这种东西和牛奶混合起来,或者把它做成面包的样子,口感很好,而且"卡拉"数量极多,军队的缺粮现象大大缓解了。在阵地上,庞培部下的人在谈话中取笑恺撒士兵挨饿时,士兵们把这种"面包"扔到他们那边去,使他们大吃一惊。庞培在品尝了这样一片"面包"之后,恐惧地感叹道:"天哪!我们简直是在和一群野兽打仗!"

经过几次反复的较量,双方都受到相当大的损失,但决定性的时刻尚未到来。恺撒佯作撤退,向内地推进,庞培进行了追击。在法萨卢附近的平原上,双方摆开了阵势。

应该说,在法萨卢战役之前,庞培在军事上仍然占据绝对的优势。他共有5万多人,是恺撒兵力的两倍半,骑兵所占的优势尤其明显,恺撒有骑兵1000人,而庞培拥有的骑兵达7000人。在战前的发言中,庞培再次乐观而骄傲地指出了自己在军事实力上的绝对优势,得到了将士们的一致赞同,他们纷纷表示自己一定会作为胜利者返回营地。

为了拉开对方的战线,庞培不主动出击而是列队等待敌方的进攻。恺撒发出了进攻的信号。

当中间的骑兵展开了激烈的战斗的时候,正如恺撒所预料的那样,庞培的骑兵冲破了恺撒骑兵的防线,开始迂回到恺撒的没有得到掩护的右翼。见此情景,恺撒立即向早已安排好的第四线步兵中队发出了战斗的信号,而这一突如其来的打击使庞培的骑兵纷纷溃逃,弓箭手由于得不到掩护而被全部消灭。

右翼的胜利决定了整个战局的发展,为支援它,恺撒又投入了第三线的兵力,于是庞培的军队不得不全部的溃逃。

与庞培不同的是,恺撒决不会就此罢休,虽然天气酷热难当,战士们杀得筋疲力尽,但恺撒仍然命令士兵们继续向敌人的营地推进。

被击溃的军队试图先躲到近郊的山地那边去,然后再去拉里撒。恺撒对他们进行了追击,第二天,他们就投降了。恺撒全部赦免了失败者。就在同一天,恺撒率领几个军团赶到了拉里撒。但庞培已经不在了,他已经日夜兼程地直奔海岸,并设法找到了一艘商船,准备在那里渡海逃亡。

在帕尔撒路斯之战中,庞培方面战死了15000人左右,被俘24000人;恺撒方面还俘获了184面战旗和9个军团的鹰帜。使恺撒十分高兴的是,他的一个不共戴天的敌人路奇乌斯·多米提乌斯·阿埃诺巴尔布斯被杀死在附近的小山上。恺撒方面阵亡的士兵好像还不到200人,使恺撒极为痛心的是,这其中竟有30位战功卓著的百人团长!

这样,法萨卢之战一举结束了巴尔干的战事。

恺撒取得的一系列胜利不仅要归功于士兵们的英勇善战和他的指挥有方,还得到了行省和自治城市上层的支持,不管这种支持是主动的还是被动的。在这一点上,他表现出了十分出色的外交才能。

庞培乘一条小船来到了列斯波斯岛上的密提林,接了他在这里的妻子科尼利亚和一个儿子,又乘船来到海上。他在那边受到暴风雨阻碍,耽搁了两天,给他的船队补充了一些快艇,又来到西里西亚,再从那里赶到塞浦路斯。他在那里得知,在全体安条克人以及在那里经商的罗马公民一致同意之下,人们已经武装起来,阻止他前去避难,还派使者说如果他们去,他们的生命会出现极大的危险。庞培了解了这些情况,放弃逃奔叙利亚的念头,他攫取了包税团体的金钱,又向某些私人借了款子,并在船上贮放了大量供士兵使用的铜币。他武装起2000人,率领他们到达埃及。在那边,正好碰上年幼的国王托勒密同自己的姐姐克里奥帕特拉作战。国王在几个月以前,依靠自己的亲友帮助,把克里奥帕特拉逐出了亚历山大。庞培派人到国王那里去,要求他看在自己和他父亲友谊的面子上,允许自己进入亚历山大,并且以他的力量来庇护遭难的人。但他所派去的那些人在完成了使者的任务之后,开始自由自在地和国王的士兵交谈起来。庞培的使者发现,国王的士兵中有许多人原来就是庞培的部下,他们是从叙利亚庞培的军队中抽调到这里的,于是庞培的使者鼓励他们继续忠诚于庞培。使者的言行引起了国王近臣的警觉,他们担心庞培的到来会引起军队的混乱,同样还可能把恺撒得罪了,于己不利。这些大臣经过商量和密谋,认为杀掉庞培才是上策。于是,他们表面上对庞培的使者作了慷慨大度的许诺,暗中却派一个大胆异常的人去杀死庞培。庞培受到他们十分殷勤有礼的招呼。当庞培转过身去的时候,他马上向庞培刺出第一刀,其余的人跟着他刺。庞培的妻子和朋友们远远地看到了这个情况,放声大哭,举手向天空祈祷神明,对破坏誓言者复仇。随后他们慌忙地航海而去,离开了这个国家。

当恺撒在亚细亚停留了几天之后,听说人们曾在塞浦路斯见到过庞培,便猜想庞培仗着自己和埃及国王的交情,一定是去了埃及。他现在随身带着一个军团和另一个从阿卡亚招来的军团,还有800名骑兵,10艘从罗得岛来的和少数从亚细亚来的军舰。

恺撒一到埃及,埃及人就把庞培的人头献给了他。但是恺撒并没有接受这一可怕的礼物,他转过脸去,落了泪。他对这些见风使舵的家伙的卑劣做法十分反感并斥责了他们。庞培尸体的其他部分被人埋葬在岸上,墓前竖立了一块小小的墓碑,有人在碑上题了这样一个墓志铭:

"对于在神庙中这样富丽豪华的人,这是一个多么可怜的坟墓。"

对于死去的庞培,虽然恺撒失去了表现"仁慈"与"宽大"的机会,但仍然表现出了对他的敬意,下令把帕尔撒路斯战役后被人民从墓座上打倒的庞培像重新树立了起来。

西班牙的战事结束后,恺撒任命盖乌斯·卡尔里那斯为远西班牙行省的总督,随后便踏上了返回罗马的路程。

这次他走的是陆路,并选择了穿过山南高卢的一条道路。在路上他遇到了玛尔库斯·安托尼马斯,这样,他们可以一道回去了。

恺撒凯旋图

公元前45年9月13日,在拉提乌姆,离库路姆不远的恺撒私人庄园拉维卡努斯庄园,他作了一段时间的短暂停留,立下了自己的遗嘱,10月初才回到了罗马。

恺撒回到罗马后,用阿底安的话来说,"人们对他的尊敬和畏惧是空前的",几乎所有的罗马社区、所有的行省和罗马同盟的王国把一切光荣都加到他的身上,以取悦于他。

他头戴着橡树的桂冠,被当作共和国的救星受到崇拜。这是罗马人的一个习惯,一个被人挽救了性命的人常使用这种办法酬谢他的救命恩人。他被宣布为"祖国之父",被选为终身独裁官和为期10年的执政官。他的身体被宣布为神圣不可侵犯的。法令还规定了他应该坐在黄金象牙的宝座上处理公务;批准他在出席一切会议时都可以穿着凯旋者的服装和红色的高筒靴——这种靴子是过去的阿尔巴——隆加的国王穿的。

元老院和人民还决定用国库的钱为恺撒在帕拉提乌姆山上修建一座豪华的宅邸;他历次取得胜利的日子被宣布为罗马城每天都要庆祝的公共节日;最高行政长官在他们的宣誓就职辞上增添了这样的内容:自己绝对不反对恺撒的任何命令。

恺撒被神化的活动也愈演愈烈。祭祀、赛会、公共场所和所有一切神庙都竖起了恺撒的雕像,在克里维努斯神庙里,在卡皮托利乌姆山的众王雕像中,恺撒的巨像与罗马城的保护神和远古的先王并列在一起,它所表达的意义是再清楚不过了。

此外，法律规定，每五年僧侣们和维斯塔的女祭司们要为恺撒的安全举行一次公开的祈祷，祈祝他万寿无疆，许多神庙干脆被宣布为奉献给了恺撒，像奉献给神一样。其中有一个神庙是贡献给恺撒和仁慈女神的，仁慈女神被雕塑成了拍手的样子，这样，当人们对他的权势感到害怕的时候，就可以在这里恳求他的仁慈的爱护了。

不仅在行动上，恺撒在言辞中也时刻不加掩饰地表现出傲慢和对共和国的蔑视，可以说，这是元老们最不能容忍的。他曾经说："共和国什么也不是，只是一个没有形体的空名。"还说："现在人们跟恺撒讲话应当更加谨慎周到一点，应当把他说的话视为法律。"他竟然专横到了这样一种程度，有一次占卜者向他报告牺牲的将士内脏缺少心脏时，他却说："如果我希望如此的话，那么这样的预兆就是更为吉祥的；如果一个动物没有心脏，不应当被视为怪事。"又有一次，当他自己驾车在凯旋式上从保民官的座席前通过时，其中一个名叫庞提乌斯·阿奎拉的保民官没有起立，恺撒感到十分气愤，竟然怒声喊道："喂，保民官阿奎拉，你从我这里恢复共和国去吧！"

总之，恺撒已经自觉不自觉地使自己陷入了一个权力的漩涡当中，不能自拔了。权力即使他得到了满足，使他有一种成功感，又使他开始得意忘形，头脑发热，以至于抛开了一切潜在的危险，继续向着金光闪闪的皇帝宝座迈进，在宝座的四周顿时弥漫起了一股阴森恐怖的杀气。

公元前 44 年 3 月 15 日，在元老院入口前面，阴谋者安排特列波尼乌斯拖住他们害怕的玛尔库斯·安东尼。元老们在向恺撒打招呼时，都从座位上站起来表示尊重。以布鲁图斯为首的阴谋者分成两部分：一些人站在恺撒座椅的后面，另一些人则和图利乌斯·奇姆倍尔一道迎着他走去，为被驱逐的奇姆倍尔兄弟进行恳求。阴谋者一面恳求着，一面陪着恺撒直到他的座位的地方。恺撒坐到座位上之后，表示拒绝他们的请求，而当阴谋者更加执拗地请求时，恺撒便有了不满的表示。于是图利乌斯就用双手抓住了恺撒的外袍从颈部拉了下来——这是动手的信号。卡斯卡第一个用刺刀向恺撒的后脑刺去，但是伤口并不深，卡斯卡因为自己这一犯上的行为而感到手足无措。恺撒转过身去抓住了卡斯卡的刺刀，两个人几乎同时叫了起来。受伤的恺撒用拉丁语叫道："卡斯卡你这坏蛋，在干什么！"而这时卡斯卡则向他的兄弟叫道："兄弟，快来帮忙啊！"元老们吓得既不敢跑也不敢叫，也不敢挺身出来保卫恺撒。所有的阴谋者都抽出刺刀把恺撒围了起来。不管恺撒朝着哪个方向看，他都好像被猎人包围的野兽似的，受到直接刺向他的刺刀的攻击。因为阴谋者约定，所有的阴谋者都要参加刺杀。

恺撒反抗着，但这时他的私生子布鲁图斯也向恺撒的鼠蹊部位刺了一刀。有几位作家记述说，恺撒在反击阴谋者的时候，一面挣扎一面叫，但是当他看到布鲁图斯手里也拿着刀的时候，他用希腊语说了一句："还有你！我的孩子！"然后就用外袍蒙住了头，甘愿挨刺了。也许是杀人的凶手自己把恺撒的尸体推到庞培像的台座那里去的，也许是恺撒的身躯碰巧倒在那里的，台座上溅了很多血。可以认为，庞培亲自向倒在他脚下的、遍体鳞伤并且还在血泊中挣扎的敌人进行了报复。

埃及艳后

——克娄帕特拉

人物档案

简　　历：出生在亚历山城。是埃及国王托勒密十二世的女儿，公元前51年其夫去世，17岁的她成了埃及女王，以其美貌和出众才华先后征服了罗马历史上叱咤风云的恺撒和安东尼，为埃及带来了统一。

生卒年月：公元前69～公元前31年。

安葬之地：不详。

性格特征：聪慧、果断、坚强、美丽迷人、机智、心怀叵测、擅长手腕。

历史功过：她曾使埃及国土一度得到统一，并使罗马得以改观。其设计建造的亚历山大灯塔被称为古代世界第七大奇迹。

名家评点：被称为"埃及艳后"。莎士比亚在《恺撒大帝》中将她描述为"旷世不遇的肉欲妖妇"。但丁在《神曲》中甚至要"恶狠狠"地将这个"荡妇"投到地狱之中。海涅为她写了无数赞美诗篇。

美丽艳后

在一本名为《震惊世界的女人》的书中这样描述克娄帕特拉："她有像青春少女那样的苗条体态；有一双乌黑发亮的大眼睛，高高隆起的鼻子比普通妇女更显得高贵；一头乌黑发亮的长发，衬托出细腻白皙的肌肤，使裸露的肢体如脂似玉；微微翘起的嘴唇，似笑非笑，蕴藏着一种高深莫测的神秘。可以说她既具有东方美女的妖媚，又具有西方美人的丰韵，可谓天姿国色。"

全世界的人们只要一提起"埃及艳后"，马上就会联系到绝色美女这样的词语，就像中国人说的"巫山神女"一样，似乎总带着一些难以言说的香艳味道。从古至今，有多少文人墨客对她的美丽用尽一切华丽的辞藻，大书特书，她先后诱惑了罗马元首恺撒和安东尼，这其间的细节让无数人浮想联翩。"埃及艳后"几乎就成了风流妖冶的同义词。莎士比亚在名作《恺撒大帝》里将她描述成"旷世不遇的肉欲妖妇";海涅为她写了无数赞美的诗篇;大诗人但丁在他著名的《神曲》里甚至"恶狠狠"地将这个"荡妇"投到地狱之中。20 世纪的文学大师萧伯纳称她为"一个任性而不专情的女性"。埃及艳后不仅深得埃及人的喜爱,更是全世界的永恒话题。法国哲学家帕斯卡在《思想录》中这样描绘:"要是克娄帕特拉的鼻子长得短一些,整个世界的面貌就会改变。"而美国著名影星伊丽莎白·泰勒更是在银幕上把埃及艳后演绎得美艳绝伦。

一生充满传奇色彩的"埃及艳后"克娄帕特拉一直被认为是位绝代佳人。然而英国大英博物馆几年前曾经展出了"埃及艳后"艺术品展。这些雕像显示:这位公元前 1 世纪的古埃及统治者貌不出众,绝非现代人心目中的美女形象。

英国博物馆披露"埃及艳后"其实是丑女,引起了全世界的震惊。英国《泰晤士报》曾披露:美丽的古代"埃及艳后"原来是个又矮又胖的丑女人。据说,她个头矮小短粗,不到 5 英尺,身材明显偏胖。她的衣着寒酸,脖子上赘肉明显,牙齿也已经坏到要找牙医的地步。英国国家博物馆推出埃及女王克娄帕特拉的展品展览。展品中有 11 尊女王的雕像,从雕像看,女王不过是个长相一般,脸上轮廓分明,看起来较为严厉的女人。负责此次展览的馆长苏珊·沃克尔博士说:"虚构的故事通常都与事实相距甚远。"

银幕上的"埃及艳后",曾经由索菲亚·罗兰和伊丽莎白·泰勒扮演,她是一个肤色黝黑的美人,她和恺撒之间的感情纠葛,她在自杀前凄美哀怨的眼神,施展的种种魅力,的确有摄人心魄的力量,令无数男人不可阻挡地为她着迷,为她疯狂,让英雄一世的恺撒和安东尼拜倒在她的石榴裙下。在她死后的几千年里,有关她绝世美艳的传奇一代代流传,然而,真实的克娄帕特拉真是一个有着鹰钩鼻、矮胖、满口坏牙的女人吗?那么她又是凭什么俘虏了那个时代两个最强势男人的心呢?

埃及人无疑是艳后美丽形象最坚决的维护者,他们寻找各种证据证明克娄帕特拉的美艳。埃及大学文物学院前院长布鲁菲苏尔说:"克

这也是一幅表现克娄帕特拉的浮雕作品,它出现在埃及的岩洞中。

娄帕特拉的脸部细腻光滑,富有神韵,这是无可辩驳的。她那挺拔的鼻子和端庄的五官在古今世界女王中再也找不到第二个……"埃及文物局局长扎西哈瓦斯博士说:"英国人说克娄帕特拉丑陋和肥胖是毫无根据的,他们应该到埃及卢克索神庙去看一看,这座神庙里有保存完好的克娄帕特拉的浮雕。如果克娄帕特拉像英国学者描述得那样丑陋,那为什么两位罗马将军会不顾一切地爱上她呢?"在埃及人看来,克娄帕特拉充满了美貌和智慧,她不但是一个大美人,一些学者甚至认为她具有比美貌更加出众的智慧,他们认为她"更像是一个女学者而非热情似火的情

人。她的第一语言是希腊语,但她也说拉丁语、希伯来语、亚拉姆语和埃及语"。有位学者说:"尽管克娄帕特拉不像她与罗马将军的爱情故事中所描写得那么漂亮,但我确信她是极聪明的,她应付罗马用的不是美人计。"

实际上,克娄帕特拉17岁的时候就继承父位成为女皇,她统治埃及凭的是聪明智慧和丰厚的文化底蕴。她与罗马将领们相处的三件武器是泼辣、聪慧和温柔,美貌也许并没有文艺作品和传说中那么夸张。"埃及艳后"到底长得什么样,我们很难知道历史的真相,对于她外貌的猜测使全世界的目光一次次聚焦在这个早已离我们远去的女人身上,同时由于她的故事、传奇,那个时代的动荡又被蒙上了一层神秘而迷离的色彩。

公元前331年,亚历山大大帝刚刚征服了埃及,但就像他征服波斯时一样,他不想以平凡的希腊人身份统治埃及。于是,他带领一队人马勇敢地闯进埃及西部浩瀚的大沙漠,仅仅是为了寻找一个传说的圣殿。虽然实际上一无所获,但他宣传说他在沙漠中得到了埃及主神的确认,并由此成为埃及的保护神。

"埃及艳后"是亚历山大麾下战将托勒密的后裔,在亚历山大死后,他的帝国也随之一分为三,托勒密在埃及开创了托勒密王朝。

她出生在亚历山城——一个由亚历山大建立的城市。

少女登基

公元前69年,克娄帕特拉出生在埃及托勒密王朝的皇室。小公主一生下来就非常漂亮,粉嫩嫩的小脸,光滑的皮肤,深深的眼窝,尤其是那高挑笔挺的鼻子,惹得很多人无比怜爱。宫里成长的日子,小公主就像一朵渐渐开放的花朵,她无忧无虑地生活着,从一个天真烂漫的小天使慢慢长大。克娄帕特拉就是亚历山大城里一颗耀眼的明珠。

然而,埃及公主对于克娄帕特拉来说仅仅是一个称呼而已,因为实际上无论是她本人还是她的祖先对这个地处尼罗河上游的国家都知之甚少。这个国家的信仰并不是她的信仰,管辖着这儿的神明也不是她的保护神,她并不是埃及人,而是马其顿人的后裔。这也许是克娄帕特拉一生中最快乐宁静的一段时光,小公主的眼里只有娇艳的鲜花、美丽的首饰、迷人的大海,对于周围的一切,她几乎一无所知。

托勒密王朝的国王把埃及全部土地都视为己有。他以当然的最高土地所有者的身份,把这些土地的一部分收归王室经营,称为"王田";其余的统称为"授田":或赠予神庙(神田),或赐给官员私人(赐田),或分配给军人作为份地。留在国王手中的土地由王田农夫(劳伊)耕种。他们主要采取短期租借的方式取得一块土地,交纳实物佃租,种子由国王提供,收割后必须归还。田里种植的作物品种由国王决定。王田农夫虽不是奴隶,但他们未经许可,不许离开村庄。除耕种土地外,王田农夫还要服必要的劳役,如修堤坝、开运河等。他们还须交纳名目繁多的苛捐杂税,连租带税占一年收成的50%以上。神田和赐田上的耕种者可能也是类似于王田农夫的农民。原神庙的土地开始时大部分转归国王直接管理,但在公元前2世纪,祭司们趁王权削弱又扩大了神田。赐田的数目因人而异,托勒密二世的财务大臣阿波罗尼阿斯在法雍一地就有近7000英亩的土地。军人份地数量不等,一般

163

在3.5英亩到70英亩之间,分布于全国各地。军人的境况比王田农夫稍好一些。平时种地,战时服兵役,以服兵役代租,但仍须交纳各种税收。最初,军人对份地只有使用权,后来份地接近于私产,亲属可以继承。到公元前2世纪末,埃及人开始作为军人领有份地。在埃及,私有地的存在是被允许的,如住宅用地,园圃以及偏远的贫瘠土地,但它们无一能逃脱国王的税收之网。

税收和垄断既是托勒密王朝的经济控制手段,也是国王所有制的重申与体现。托勒密王朝的税收可谓多如牛毛,无孔不入。土地、房屋、园圃、家禽、牲畜、奴隶、人头、财产继承、买卖交易、关卡交通,以及各种物品、各种活动都在纳税之列。即使一个人去打鱼,也要有官员监视以保证25%的鱼作为税收转入国王手中。估计埃及的税收种类在200种以上。这些税除土地税交实物外,大部分以货币纳税。国王有时为了简便,就把税包出去,实行包税制度。托勒密王朝的垄断是多方面的,最主要的是对油料的垄断。政府对油料作物从种植到销售的每一阶段都实行完全的控制。油料必须在当地政府监督下在国家的油坊里加工,然后以固定价格出售。此外,纺织、皮革、矿业、盐业、钱庄,甚至印染、皮毛、香料、化妆品、玻璃、陶器、酿酒等行业也都由国家垄断或控制。这种制度同样适用于托勒密国外的属地。严格的税收制度与垄断经营,使托勒密王朝搜刮到尽可能多的财富。仅垄断专利一项每年收入就达约15000塔兰特。

为扩大商业利益,加强对外贸易,托勒密二世时(公元前282~前249年)凿通了往昔法老开工未竣的连接红海与尼罗河的运河。他还派人开发非洲东海岸,建立了一连串远达索马里的据点,派出海军、卫戍队保证商路的安全。当时的进出口贸易十分活跃。埃及输出谷物、亚麻布、玻璃、奢侈品;地中海的金属、木材、大理石、紫色染料,南阿拉伯和印度的肉桂、药物、香料等都源源不断地流入埃及。

国王把通过税收、垄断、贸易搜刮到的财富,一部分用于维持庞大的政府官僚机构和军队,一部分供应宫廷的消费,还有一部分用来扶植文化事业。托勒密王朝虽以武力开国,却附庸风雅,对文化事业慷慨解囊。都城亚历山大里亚取代雅典成了地中海最大的文化中心,城中有国王兴建的博物园和藏书70万卷的图书馆。优厚的待遇,高贵的社会地位,便利的研究条件吸引了各地的许多学者。亚历山大里亚的学者利用希腊和东方文化的优秀成果,在天文学、地理学、动植物学、物理学、数学、文学、史学上都取得了辉煌的成就,对后世产生了深远的影响。

克娄帕特拉的父亲是托勒密十二世,他是一个平庸甚至软弱的君王,纵情声色,他缺少征服世界的野心,甚至完全没有一个君主对权力强烈掌控的欲望。这个爱吹笛子的国王其实就是罗马当权者的傀儡。但罗马人却并不急于取托勒密而代之,他们宁愿让托勒密把埃及和塞浦路斯的领地传给自己的两个私生子,让他们在各自的领地上过着花天酒地的生活。他们越是放荡不羁,就越能从他们手上榨取财富。罗马的那几位实权派都在暗中等待着托勒密王朝的自我颠覆,他们就将抓住这个机会攫取大权,把这个神奇而富有的国度据为己有。对于这种事情,罗马人一向喜欢赋予它一层神话色彩,在潜移默化中实现自己的计划,而不是开诚布公暴露自己的欲望。托勒密国王就这样被罗马贵族们玩弄于股掌之中。每过几年,他都会被罗马人叫去,然后像一只被吃饱了的猫逗弄够了的小老鼠一样,重新遣返回国。而且,每次回国后,他都必须从传说中的托勒密宝库中取出数额巨大的黄金珠宝贡奉给那些逗弄他的人。只有这样，罗马的元老院才肯承认他的埃及国王地位是合法的。

公元前 59 年，恺撒当上了罗马执政官，不过那时他还有一个重要的竞争对手，那就是克洛狄乌斯。在当时的罗马，克洛狄乌斯具有最高的权势，恺撒也无法和他匹敌。克洛狄乌斯来自罗马古老显赫的贵族家庭，他早年经历和其他罗马贵族类似。埃及国王托勒密十二世的弟弟是塞浦路斯王，塞浦路斯也是埃及领土的一部分，因此他本人也是埃及的大臣。塞浦路斯王年年要向罗马人进贡大量的金银财物，然而贪婪的克洛狄乌斯却并不满足。最终，他将塞浦路斯的王位废黜，并趁机占领了塞浦路斯，扩大了罗马帝国的版图。此时的克洛狄乌斯可谓是一手遮天，恺撒对塞浦路斯王废黜这件事很不满，但他也无力阻止。弟弟的被废黜对埃及国王来说竟然是无关痛痒的一件事，他从未对此表示过任何异议或者激愤。这个爱吹笛子的人甚至还想从国外聚敛更多的财宝用来贿赂恺撒和他的党羽，以求自保，希望他们不要侵犯自己的私人财产。他的软弱使埃及处在极其危险的境地，这时的亚历山大城可谓是山雨欲来风满楼，全城都出现了混乱，城中的权贵、教士、地主和皇宫中的官吏都清醒地意识到，这时鼓动埃及老百姓把他们的国王从王位上赶下去是一件极容易的事。于是托勒密十二世赶紧逃到了罗马。国王的长女贝勒奈西，也就是克娄帕特拉的姐姐由她的追随者推举登上了王位，同时，国王的弟弟塞浦路斯王服毒自尽。

发生这一切时，克娄帕特拉才仅仅 10 岁。美好的童年早早地离她而去，对于眼前发生的一切她感到震惊、不安甚至是痛心。这也促使了克娄帕特拉的早熟，她的家族历史几乎就是用鲜血来书写的。在前后 250 年的时间里，一共有 13 位托勒密国王先后继位，他们都曾经受到过妻子或子女的挟制或迫害。毒药、匕首、毒酒、鲜血这些东西存在于托勒密家族的长久记忆中，给无数人带来了生死浩劫。为了争权夺利，为了享受更奢侈更放纵的生活，他们不惜骨肉相残。生活在皇宫中的人，如果没学会先发制人，就随时有身首异处的危险。年幼的克娄帕特拉过早地接触了权力，接触到了处于政治漩涡中的血腥与丑恶，但这也使她变得坚强，成为一个充满智慧而且作风强硬的少女。随着时间的流逝她愈来愈鄙视自己那个跑到罗马去摇尾乞怜、哀讨王位的父亲，同时也让她对自己的叔父——那个不堪屈辱服毒自尽的塞浦路斯王肃然起敬。而就在这时，克娄帕特拉也受到了缪塞恩的哲学家们的教导，让她清楚地认识到，即使发生了这么多残酷的宫廷斗争，仍然有比王位和黄金更珍贵的东西，那就是国王的荣誉。年仅 10 岁的克娄帕特拉已经知道束缚着她父亲心灵的枷锁其实不名一文。与之相比，毒药反倒更能维护国王的尊严，在困窘时它还是一种能够帮助自己尽快得到解脱的东西。这个观念深深地烙在她的心里，虽然始于童年，却永不磨灭。荣誉和尊严永远高于一切，胜过生命，这就是克娄帕特拉一生铭记的人生格言。

此时的埃及女王贝勒奈西为了寻求支持，派出使团去和罗马人讲和，请求他们的原谅，并希望与罗马人结成同盟。可是罗马人却不买女皇的账，贝勒奈西先后嫁了两个丈夫，期望能够给自己多一些的帮助，然而她最终没能如愿。刻薄而又傲慢的罗马人虽然居住在北方目不能及的地方，却有可能从天而降，到这里来烧杀抢掠，毁灭这里的一切。

罗马人之所以不支持女王贝勒奈西,是因为他们与原来的托勒密国王达成了协议,如果罗马人能帮助他复位,他就会付给他们大笔的财物。这时的罗马帝国,由于在波斯战争中失利而耗尽了钱财,同时罗马政坛也改变了格局,形成了恺撒、克拉苏、庞培三足鼎立之势。他们互相之间钩心斗角,都想独占埃及,尤其是觊觎托勒密家族的黄金珠宝,于是,他们都愿意拉拢支持这位流亡海外却极其富有的老国王。托勒密十二世和罗马人签下了巨额的高利贷债务,答应向罗马人俯首称臣,他还继续向罗马人乞求恢复他的皇位,而渐渐长大的小克娄帕特拉也凭借过人的智慧与胆识开始有了自己的追随者与支持者,她的执政呼声甚至超过了无所作为的姐姐。

罗马人闯进了埃及,用武力护卫着苍老的国王回到自己的王宫。恺撒从高卢回到罗马并依据他颁布的《朱利安法》宣布,这位国王是"罗马人民的同盟者和朋友"。很快,他收回了自己的王冠和权杖,并且将自己的女儿贝勒奈西以重罪处死。看着姐姐的人头落地,克娄帕特拉的心头一颤,同时她知道,自己的机会终于来了。

三年之后,也就是公元前 51 年,声名狼藉的托勒密国王去世,年仅 17 岁的克娄帕特拉与其 15 岁的幼弟托勒密十三世一同登基为王。新一代的埃及女王诞生了。

女王被废

虽然登上了王位,克娄帕特拉的日子也并不好过。相反,她更是进入了阴谋与斗争的漩涡中心。除了已经被处死的姐姐贝勒奈西外,克娄帕特拉还有一个十三岁的妹妹阿尔西诺伊和一个年纪更小的弟弟。即使同是皇家骨血,这几个亲兄弟姐妹实际却是最大的敌人,他们代表了不同的派系,有各自的势力和支持者,一旦某个权力集团掌权,其他的几个就很可能受到压制、流放,甚至是谋杀。围绕着王位,这些集团之间展开了激烈的争斗。按照古埃及法老的习俗,共同继承王位的克娄帕特拉和她年仅 10 岁的弟弟托勒密应该结为夫妻。这也是托密勒十二世为了保全王室的和平与稳定所立下的遗嘱,他还委托罗马人做他遗嘱的执行人。他希望罗马的元老院像神明一样庇护着希腊人,庇护着这个富有但弱小的国家。这也是托密勒十二世一生的统治哲学,那就是,不惜用埃及皇帝的权力为代价来换取罗马人的支持与保护。

然而事实上,克娄帕特拉和他的弟弟并没有完婚,他们俩甚至可以说是水火不相容,在大事小事上争论不已,年幼的托密勒十三世刚愎自用却又缺乏智慧与才干。这时候,年轻的格内奥斯·庞培奥斯出现了。在克娄帕特拉刚刚即位时,有一批罗马人在埃及驻扎作为护卫队,这些人主要由凯尔特人和日耳曼人为主,他们完全是一群散兵游勇,士气低落,毫无军纪可言。这些人在埃及娶妻生子,建立了自己的家庭,根本无心作战,只是想躲在埃及,逃避被派到波斯战场送死。不仅如此,他们为了抵抗服役,还杀死了罗马总督的儿子,这使罗马的统治者们大为恼火。罗马人的颜面尽失,让长期处于屈辱地位的埃及人很是得意,克娄帕特拉却表现得很理智,她把这些罗马叛军绑起来交给他们的总督处理。然而,罗马高官却并没有怎么处置这些叛军,而是把他们又押送给埃及女王,他们要告诫克娄帕特拉:即使是叛军,也只有罗马的官员才有权力和资格逮捕和处置他们,女王把他们绑起来关押是越权的行为。过了一段时间,另一队罗马人踏上了埃及的土地,这就是著名的格内奥斯·庞培奥斯,罗马长老庞培的儿子。这是在亚历山大发生的一场残酷的争夺权力的斗争,格内奥斯·庞培面对的将是声名远扬的恺撒。很多人都在支持庞培,克娄帕特拉也一样,她积极地为庞培打开进入亚历山大港的通道,还给他送船只和财物,年轻而英俊的庞培给克娄帕特拉留下了很好的印象,她甚至幻想着庞培战胜恺撒成为罗马的统治者,之后就可以给予自己极大的支持。那时的克娄帕特拉还没有见过真正的恺撒,显然,她完全低估了恺撒无与伦比的才干。

这幅出自罗马庞培古城的彩色壁画,形象地反映了古罗马时期贵族们的生活状况。

　　克娄帕特拉对庞培的盲目信任和支持反而成了她的众多反对者出击的一个极好的理由。当时埃及皇宫里真正掌权的是小托密勒的三位老师———一个将军、一个太傅、一个内侍的总管,年幼的托密勒十三世几乎被他们控制了,克娄帕特拉虽然很有才能,但她毕竟势力不够,还没有力量抵挡这些强大的反对者。所以,她选择了退守,她不会像自己的父亲那样不顾尊严、卑躬屈膝地去乞求罗马长老的庇护,她宁愿离开王位。

　　公元前49年,20岁的埃及女王克娄帕特拉被废黜并遭驱逐,托密勒十三世独踞王位。克娄帕特拉带着自己的人马逃到了红海阿拉伯人的游牧部落,并以那里为据点,开始积蓄力量,不断招募军队,她要跟自己的弟弟抗衡。

　　几乎就在克娄帕特拉被废黜的同时,不可一世的恺撒开始了他的征战,数日之间,他率军渡过鲁孔比河,在法萨卢斯彻底打败了庞培。所有人都惊奇不已,几乎没有人能料想到恺撒能够这样大胜庞培。曾经不可一世,掌握着埃及国王任免权的庞培只得带着所剩不多的残兵游勇直奔亚历山大城,来投奔年轻的克娄帕特拉姐弟,寻求庇护。当庞培到达埃及的培琉喜阿姆后,托密勒王朝的实权人物内侍总管波狄诺斯决定杀死战败的庞培,以此来讨好地位越来越重要的恺撒。庞培被埃及人杀死了,他的头颅和显示罗马最高权力的戒指也被献给了恺撒。

恺撒的名字,从此成为罗马历史上最辉煌的一页篇章。此时的克娄帕特拉也已经与托密勒的王朝形成了对峙之势,她将为王冠而战,为尊严而战。红海两岸,新的历史大幕即将拉开。

恺撒的礼物

恺撒是克娄帕特拉一生中遇到的第一个最重要的男人。

恺撒(约公元前 100～前 44 年)出身于罗马的名门贵族,年轻时就渴求取得罗马的最高权力。为此他学习了讲演和写作技巧,成为一位出色的演说家,他的努力使他成为当时知识最渊博的人物之一。他初生牛犊不怕虎,年轻时就敢于控告罗马总督贪污腐坏,并为此赢得了极高的声誉。当时的罗马处于共和时代的后期,元老贵族和民主派之间斗争尖锐。享有公民权的只是罗马城内的奴隶主和自由民,而城区以外,意大利各地和海外行省的自由民享受不到罗马的公民权,却要担负着和罗马自由民一样的义务。恺撒接近平民,进行着反对元老贵族的活动,这样他在平民中的声望越来越高。公元前 60 年,他和罗马另外两个统帅庞培和克拉苏结成反对元老贵族的秘密同盟,这是罗马历史上有名的第一次"三头执政"。为了巩固这一同盟,恺撒把自己的女儿嫁给了庞培,尽管她当时已与别人订过婚。第二年,恺撒当选为执政官,再一年,恺撒担任高卢行省的总督。在高卢,恺撒征服了骁勇强悍的高卢民族,不到 10 年时间,他占领了 800 多个城市,歼灭和俘虏了 200 万人,使高卢成为罗马的行省。恺撒还在罗马的边境推进到莱茵河岸。不久,他又越过海峡攻入不列颠岛(现在的英国)。恺撒的显赫战功和卓越的军事才能,使他在罗马人中的威望日益高涨。这使庞培嫉妒和不安。这时克拉苏死于远征波斯途中,庞培便利用自己的权力,颁布法律,要解除恺撒的兵权,命令他立即从高卢返回罗马。恺撒知道这是庞培的阴谋,他经过深思熟虑,决定带领军队打回罗马,趁机夺取罗马的最高权力。公元前 49 年初,恺撒率师打回罗马。庞培没有料到恺撒会如此果断进攻罗马,他迎战不及,仓皇逃往希腊。恺撒进入罗马,成为罗马的"独裁者",随后又得到统治整个意大利半岛的权力。第二年恺撒率军进攻希腊,讨伐庞培。庞培被打败,逃到了埃及,恺撒也追到埃及,埃及国王为讨好恺撒,派人刺杀了庞培。埃及国王把庞培的首级和戒指献给他。看着庞培苍白而熟悉的面孔,恺撒流出既感伤又欣慰的泪水。他为昔日的同盟和女婿,今日的敌人举行了正式的葬礼并追杀了谋害庞培的凶手。

"恺撒"这个名字在克娄帕特拉的心里几乎就是无敌英雄的化身,虽然没有见过恺撒,她却听说了很多关于恺撒的传言。他出身名门,有着俊朗的外形和良好的气质,很高的个子加上一身戎装使他看起来非常英武。在战场上,他绝对是骁勇善战的帅才,坚毅、勇敢、充满机谋,面对强敌毫不畏惧,也从不放弃。同时,恺撒还具有明显的贵族气质,他喜欢打扮,对住处的环境和仆人的外表都要求严格。甚至在行军打仗的时候,他也会一点不嫌麻烦地让人随军带着大理石和马赛克砖。恺撒很会享受贵族式的生活习惯,他也凭着自己的魅力赢得了无数女人的青睐,他有过很多的女人,这其中包括他的初恋科涅利亚,他们之间曾经有过 6 年真挚的感情;有苏拉的孙女,年轻而迷人的庞培亚,她先后成为恺撒和克洛狄乌斯的情人。由于对恺撒的背叛,她是恺撒心中的一个痛;有出身高贵,端庄稳重的卡普妮娅,她曾作为正式的妻子和恺撒生活了十几年;还有著名的塞尔维莉娅,一个比恺撒大好几岁,欲望强烈的女人。另外,还有很多王公贵族的夫人、公主都与恺撒有过一夜之欢。恺撒精力极其充沛,一生风流,结过三四次婚,但他也有一个很大的遗憾,那就是年过五十却还没有一个儿子。

尽管生活奢侈、风流成性,恺撒还是得到了许多平民百姓的支持和爱戴。在那些所谓下等人的心目中,他就像个慈父,温和儒雅,从来不趾高气扬,更重要的是,他让百姓们吃饱了饭,还让他们获得了很多与贵族平等的权利。恺撒,就是这样一个让人尊敬却又敬畏的伟大领袖。

恺撒与克娄帕特拉的初次相见是在女王 18 岁的时候。当时,由于和弟弟托密勒的矛盾,恺撒来到埃及为她们调解纷争,克娄帕特拉为了逃脱弟弟的谋杀,将目光第一次投向了恺撒,在恺撒的身上,她看到了霸气和不可阻挡的力量。另一方面,18 岁的她对爱情充满了憧憬,却不得不面对父亲要将她嫁给仅仅 15 岁的弟弟这样的现实。此时的恺撒,野心勃勃,才干超群,满足了她作为少女对男人的全部幻想。她决定用整个埃及和自己作为礼物,她要让恺撒爱上自己,爱上宽广肥沃的埃及土地。克娄帕特拉采取了一个极其聪明的办法,这也成了一个经典的传奇,被称为"恺撒的礼物"。

那是一个轻风徐徐的夜晚,一个忠心的仆人从水路来到了恺撒的寝宫,他是克娄帕特拉的使者,他要献上女王的礼物,这是一条精美的东方地毯,当这位仆人将地毯渐渐展开,恺撒的目光呆住了,毯子里竟然卷着一个美丽的少女,那就是风姿卓绝的克娄帕特拉。就在这个瞬间,恺撒被俘虏了,这个充满智慧和灵气,浑身洋溢着青春气息的少女就像一颗刚刚从蚌中取出的珍珠,熠熠发光。尽管是情场上的老手,尽管女王并不能算是绝顶的美女,恺撒还是没能抵挡住克娄帕特拉妖冶又不失清纯的独特魅力。垂涎埃及土地已久的恺撒,当然收下了这份历史上最著名的礼物。克娄帕特拉以超人的智慧和非征服恺撒不可的不屈不挠的意志,打动了已经 54 岁的恺撒。她的计划成功了。

第一次的相见,使克娄帕特拉彻底获得了恺撒的青睐和迷恋,当她被逐出埃及,流亡在叙利亚时,她最最思念也最最需要的正是恺撒。恺撒带着几千人杀气腾腾地来到了埃及,虽然人数不多,托密勒的两万多大军却产生了极大的恐慌,他们长年疏于作战,早已疲惫不堪,缺乏战斗力,他们的将领更是昏庸无能,优柔寡断。这时,懦弱的托密勒十三世扮演了和他的父亲无异的角色,他带着他的内侍总管、太傅和大将军一并卑躬屈膝地投靠了恺撒。而恺撒不费一兵一卒就成了这个城市的主人。他占据了埃及人的皇宫,确立了严格的秩序,他强调已故国王的遗嘱必须立即执行,埃及人要想得到和平,就必须尽快用现金偿还托密勒十二世欠下的所有的债务。

恺撒对埃及最初的兴趣主要还是黄金,托密勒十二世欠了罗马人一大笔钱没有还,恺撒很需要这笔钱,他和庞培打的那场大仗虽然以辉煌的胜利告终,却背上了沉重的负担,他需要给士兵们发军饷,需要用黄金扩充自己的军队。在埃及,恺撒最想见的就是克娄帕特拉,然而她现在却远离故土流落在沙漠中,她需要恺撒的拯救。于是,战争打响了,恺撒和克娄帕特拉并肩作战。恺撒完全没有想到,克娄帕特拉竟是这样一个神奇的女子,一个美丽而坚强的女战士。她勇敢而富有创造力,冒失却又不失狡猾,她总能提出一个又一个奇思妙想,在战场上她胆识过人,处变不惊,在战争中,她完全成了恺撒的谋士、间谍、副手、心腹之臣。他们同甘苦,共患难,在战斗中培养了深厚的感情。此时,克娄帕特拉对于恺撒绝不仅仅是一个性感的女人,更是深深依恋的爱人,是实现理想的战友,是创造帝国的同盟。

战争结束了,恺撒帮助22岁的克娄帕特拉重新登上了王位,她的弟弟托勒密十三世在逃亡过程中丧命。而她最小的弟弟与她联合执政。依照古埃及法老的习俗,他也成了克娄帕特拉名义上的丈夫,他实际上只是一个年幼,几乎没有是非辨别能力的孩子。克娄帕特拉仅剩的一个妹妹阿尔西诺伊由于企图篡夺王位,成为阶下囚。虽然征服了埃及,恺撒却保全了埃及的独立,他并没有要求埃及从属于罗马。克娄帕特拉和恺撒终于获得了成功,他们可以安安稳稳地享受爱情了。不久以后,埃及艳后和恺撒开始了两个月的旅行,他们沿着尼罗河直抵丹德拉,克娄帕特拉在那里被尊为法老。就在那一年,他们的儿子出生了,取名托勒密俄斯·恺撒,也就是小恺撒。公元前45年,埃及女王和他的孩子离开了亚历山大城,前往罗马恺撒为他们建造的宫殿里,开始了新的生活。

无冕之王的陨落

恺撒先是赢得了罗马内战的胜利,又在埃及取得了极大的成功。这时候,恺撒达到了个人生涯的巅峰,但巅峰过后,他将面对的又会是什么呢?

公元前45年,恺撒带着"埃及艳后"返回意大利,罗马为他们举行了空前盛大的欢迎仪式。庆典仪式持续了四天,展示的财宝多到了令人咋舌的地步,其中仅金王冠就有二千八百多顶,金银一百三十多万公斤,还有无数的俘虏。

凯旋仪式后,恺撒就用这些财富慷慨地犒赏全体军民。从普通平民、士兵到将军,每人都得到不同数量的一份。恺撒还举办了盛大宴会和演出招待罗马民众。

这时,恺撒的个人威望在罗马到达了顶峰,罗马人民大会和元老院授予了他终身荣誉头衔——"大将军"和"祖国之父",以表彰他的功绩。之后,恺撒开始了真正全面的统治,他把主要的精力放在了对罗马共和制度的改革上,他采取了一系列的措施:一方面,当时的元老院已经腐败得无可救药,并与恺撒长期作对,恺撒决心改组元老院,他将罗马元老院增补了三百名成员,他们多数出身平民,来自一向被人轻视的商业和一般职业阶层,甚至有被征服国的代表,他们宣誓绝不反对恺撒的任何命令,这些人都成了恺撒的亲信。另一方面,恺撒给自由奴隶的子女和高卢人公民权,给受迫害的犹太教徒以宗教信仰的自由,他将居民移居到法国、西班牙、希腊等地,而且为罗马招募了数千名的清洁工和市容美化工人。他扩大了各行省的自治权并把罗马的公民权扩大到一些行省,还建立了殖民地以安置退役的老兵和居民。同时,他制止了税收官在各地勒索商人及农民财物的投机活动。他改革了币值,使货币稳定流通。他还制订了对各地总督的任使制度,打破以往总督职务由元老院恩赐的传统。

另外,恺撒还请一位希腊天文学家将罗马历法改为阳历:每年 365 天,每 4 年中有一次闰年。在埃及境内,尼罗河每年 6 月开始涨水,7 至 10 月是泛滥期,这时洪水挟带着大量腐殖质,灌满了两岸龟裂的农田。几个星期后,当洪水退去时,农田就留下了一层肥沃的淤泥,等于上了一次肥。11 月进行播种,第二年的 3 至 4 月收获。尼罗河还有一个特性,那就是每年的涨水基本是定时定量,虽有一定的出入,但差别不是太大,从没有洪水滔天淹没一切的大灾。这就为古埃及人最早创建大规模的水利灌溉系统和制定历法提供了方便。古埃及人发现尼罗河每次泛滥之间大约相隔 365 天。同时,他们还发现,每年 6 月的某一天早晨,当尼罗河的潮头来到今天开罗附近时,天狼星与太阳同时从地平线升起。以此为根据,古埃及人便把一年定为 365 天,把天狼星与太阳同时从地平线升起的那一天,定为一年的起点。一年分为 12 个月,每月 30 天,年终加 5 天作为节日,这就是埃及的太阳历。埃及的太阳历将一年定为 365 天,与地球围绕太阳公转一圈的时间(回归年)相比较,只相差四分之一天,这在当时已经是相当准确了。但是,一年相差四分之一天不觉得,可是经过 4 年就相差一天。公元前 46 年,恺撒决定以埃及的太阳历为蓝本,重新编制历法。恺撒主持编制的历法,被后人称为"儒略历"。儒略历法对埃及太阳历中每年约四分之一天的误差,做了这样的调整:设平年和闰年,平年 365 天,闰年 366 天。每 4 年置 1 个闰年。单月每月 31 天,双月中的 2 月平年 29 天,闰年 30 天,其他双月每月 30 天。

恺撒给人民带来了一个最公平、最仁慈、最开明的时期。甚至有人认为今天的西方文明,是在恺撒的罗马帝国的古老基石上逐渐建立起来的。

恺撒的权力越来越大,渐渐走向军事独裁,公民大会和元老院把所有的荣誉都加在了恺撒身上,他被推举为终身独裁官、终身保民官等等。只有一个荣誉没有给他,那就是国王,或者说皇帝。罗马名义上还是共和政体,实际上恺撒已是极权的君主。关于恺撒要废除共和制登基称帝的说法已是沸沸扬扬。他把军、政、司法和宗教大权统统揽在手中,开始了独裁统治。在他看来,罗马的共和政体已经名存实亡了。他对亲信讲:"共和国,这是一句空话,现在已经没有内容了!"因此,有些原来支持他的人渐渐地感到了失望。而恺撒的很多做法也在一定程度上削减了贵族们的特权,这引起了部分固守罗马共和传统的元老贵族们的严重不满。他们为了自己的利益,组织了一个阴谋集团要杀害恺撒。

踌躇满志的恺撒绝没有想到厄运会降临到头上。公元前 44 年 3 月 15 日,他像往常一样,来到元老院的议事厅,虽然之前有人警告过他这天有人要暗杀他,他还是没有带卫队,只身一人来开会,一生戎马倥偬的恺撒从来没有把这种暗杀放在心上。他从容地向黄金宝座走去,还没有坐稳,一些元老就围拢过来,向他述说着事情,有的甚至还亲吻他的手,请求他答应自己的请求。这些反常举动引起了恺撒的怀疑。当他站起身呼叫侍卫时,一个元老抢到他面前,用力扯开他的紫袍,这是行动的暗号。所有阴谋者一拥而上,刀剑像雨点般落在他的身上。在这些人中,恺撒看到了布鲁图——他最信任的义子,也正是他给了恺撒最致命的一刀。可怜一世英雄的恺撒倒在血泊之中,无力挣脱,他的身上中了 23 刀,其中 3 刀是致命的。

他在他旧敌庞培的雕像底座前倒地身亡。

伟大的恺撒就这样结束了他的一生,他不但是个天才的军事家,在世界古代军事史上写下了著名的篇章,同时他也是个杰出的文学家,《高卢战记》和《内战记》是他的主要著作,这里面记述了他一生中亲身经历的重大战役,有对战争的回顾和总结。优美朴实的文笔,巧妙的构思行文,使之在世界文学史上也占有一席之地,至今仍然是许多拉丁文初学者入门的必读之书。恺撒在身后留下了一个空前强大的中央集权帝国,还有一部用他的名字命名的历法——儒略历,这部历法也成了现代大多数国家通用的公历的前身。恺撒虽然没有真正称帝,他却成了历代帝王君主极其崇拜和效仿的楷模,他卓绝出众的才干,仁慈大度的风格一直为人们称道。"恺撒"在一些西方帝国,成了皇帝的代名词。作为一位出类拔萃的真正的政治家,他对人民的安抚政策有效地治愈了战争给罗马带来的创伤,也正是恺撒,罗马帝国成为古代最负盛名的帝国之一。

除了罗马帝国,恺撒还留下了一个人,这就是 25 岁的埃及女王。恺撒死后,克娄帕特拉带着儿子从罗马返回埃及的亚历山大城。失去了恺撒的庇护,埃及的命运,女王的命运又将会是怎样?

第二个男人

公元前 44 年,恺撒的部下马克·安东尼在恺撒遇刺后掌握了罗马的统治权。安东尼(约公元前 82~公元前 38 年),是著名的古罗马统帅。公元前 57~公元前 54 年安东尼在巴勒斯坦、埃及任骑兵指挥官。公元前 53 年起成为恺撒的部将,参加高卢战争。罗马内战中积极支持恺撒。公元前 48 年参加法萨罗之战。前 44 年任执政官。恺撒被刺后他与屋大维(传为恺撒的私生子)发生权力之争,不久言和,并联合李必达结成"后三头同盟"。安东尼是个很有才干的人,他在罗马东部行省很有作为,驱逐暴君、重建城市、免除赋税、赦免敌人,把治下的各行省管理得井井有条,获得了百姓们的拥护和爱戴。

安东尼利用恺撒的威望,煽动平民和士兵冲击元老院,把反对恺撒的元老派贵族吓得东藏西躲,逃出了罗马。同时,他为了笼络人心,壮大自己的势力,又宣布赦免了一批谋杀恺撒的阴谋分子。正当安东尼费尽心机准备上台的时候,一个只有19 岁的青年人出来向他挑战了。这个青年就是后来被称为"第一公民"的盖约·屋大维。屋大维是恺撒妹妹的孙子。恺撒曾经把他收为义子,让他继承自己的大部分财产。但是,屋大维的身份长期没有得到承认。原因之一,就是他出身低微:祖父是磨坊主,父亲是个小城镇的高利贷者。恺撒遇刺的时候,屋大维正在希腊学习军事。他得到这个消息后,同恺撒的一些老部下秘密商议了一番,悄悄从希腊渡海回到意大利。他住在一个小村庄里,收集关于罗马局势的情报。当他了解到安东尼的所作所为以后,决心到罗马去同安东尼较量较量。他的母亲苦苦恳求他不要去冒这个险,因为他手中一无权,二无兵。屋大维却说:"我有长矛和盾牌,还有义父恺撒的威名。"屋大维带领很多自愿护送他的人到了罗马,立即找到安东尼,并且要求安东尼把恺撒的财产还给他,因为他是恺撒的财产继承人。屋大维告诉安东尼,他要根据义父的遗愿,把金钱散发给广大平民。他还声色俱厉地指责安东尼不但不替恺撒报仇,反而包庇重要阴谋分子布鲁图等人。

屋大维是一个很有计谋、手腕灵活的政治人物。他知道,要取得政治上的权力,必须具有军事实力。他在罗马广场上拍卖自己的财产,用所得的钱来招募恺撒过去的部下,很快就组成了一支装备精良的军队。公元前43年7月,他趁安东尼在北方和布鲁图余党作战的时机,带兵进入罗马,胁迫元老院进行特别选举,选举他当执政官。元老院也正想利用屋大维来反对安东尼,就顺水推舟,把他抬了出来。这样,屋大维在罗马的政治地位就和安东尼不相上下了。但是,屋大维清醒地看到,安东尼还有不小的实力,元老贵族也还能够左右政局,要建立他自己的独裁政权,还不到时候。于是,他和安东尼、李比达(恺撒手下的骑兵指挥官)结成了政治联盟,共同执政。罗马古代史上把这三个人称为"后三头同盟"。公元前42年,"后三头同盟"消灭了他们的共同敌人——以布鲁图为首的元老贵族以后,联盟内部三个巨头的争斗接着开始了。雷比达在公元前36年被屋大维剥夺了军权。三头政治变成了安东尼和屋大维两雄并立的局面。安东尼掌管包括埃及在内的西罗马,屋大维掌握着东罗马的统治权,这两个人开始对峙,战争一触即发。

这时的克娄帕特拉正统治着埃及,埃及对于罗马来说有着非常重要的作用,其兴衰甚至关系到罗马的命运。古埃及人很早就掌握了相当完善的灌溉系统,在尼罗河肥沃的三角洲地带,每年因为河水泛滥给埃及人带来了极好的发展农业的条件。埃及几乎成了全世界的粮仓,它更是罗马人赖以生存的粮食基地。恺撒的暴死,使克娄帕特拉一下子失去了依靠,埃及的名分、罗马对埃及的庇护都成了未知,克娄帕特拉必须要获得新的统治者的支持,安东尼成了她的下一个目标。恰在此时,安东尼也开始考虑埃及这个富庶的地方,对于他来说,埃及的重要性固然不能忽视,而只要克娄帕特拉和小恺撒还活着,他在雅典的政权的根基就无法根深蒂固,他开始产生了占领埃及的念头。而同时,克娄帕特拉的名字他早有耳闻,关于这个女人的才干、美貌以及传奇的经历使他产生了浓厚的兴趣,不管怎样,他决定要与克娄帕特拉见面。

不久之后,安东尼到埃及巡游,克娄帕特拉带上了无数的奇珍异宝乘船前往小亚细亚的塔尔苏斯城与安东尼会面。在一条游船上,他和克娄帕特拉相见了,这次见面又一次改变了世界的格局和罗马历史的轨迹。一见面,安东尼便故作威严地指责克娄帕特拉在为恺撒复仇的战争中没有尽力,说她对恺撒缺乏忠诚。可是这位女王非但没有恐惧,反而开始慷慨陈词,她绘声绘色地描述了自己为帮助恺撒党人所做的努力和经历的种种危险。这番话起了意想不到的奇妙作用,令安东尼明白了为什么恺撒会一直迷恋着她,并把她推为埃及女王。克娄帕特拉又一次施展了自己的魅力,28岁的她不但美艳动人,更是多了一份成熟的风韵,克娄帕特拉又一次以她的美艳和聪慧俘虏了一位叱咤风云的罗马将军。

有一个著名的关于珍珠的传说,讲的就是克娄帕特拉和安东尼的故事。据说安东尼在恺撒死后占领埃及时,设宴款待罗马将军。在豪华的酒宴上,女王打扮得珠光宝气,光彩照人,除了盛宴和美酒外,她成了整个宴会上最诱人、最令人垂涎的一道菜,真是秀色可餐。她脚步款款地走到安东尼的身边,并没有倒酒,而是示意仆人端来一个盛满醋的金色酒杯,在众人迷惑不解的目光中,克娄帕特拉风情万种地从耳环上取出一颗大珍珠,这颗珍珠价值五百万金币,让人心跳加速地是女王并不是在卸妆,而是将这颗大珍珠投入了那个盛满醋的金杯里,待醋把珍珠溶化之后,再往酒杯里加入美酒。然后,她轻轻地举起酒杯敬安东尼,娇媚地说:"愿罗马和埃及永远繁荣。"当她要取下另一只耳环上的珍珠时,安东尼笑着制止了,据说,这只耳环后来流传到罗马,成为万神殿中爱神维纳斯的耳环。

还有一种说法是克娄帕特拉并没有靠美色诱惑了安东尼,而是运用过人的智慧与才干治国安邦。荷兰历史学家彼得·万·明尼曾在德国柏林博物馆的一具古埃及木乃伊身上发现了古老发黄的草纸,根据研究推断,这是古埃及时代的一份正式文件。纸上写满了密密麻麻的文字,文件抬头的年份是公元前33年2月23日,正是埃及艳后克娄帕特拉统治下的托密勒王朝。文字是出于一名男性官员之手,具体内容是埃及国王答应给罗马帝国大将军卡尼迪斯以优惠的商品进出口关税——允许他每年免税向埃及出口1万袋小麦,进口5000安普耳的上好埃及美酒。这份文件的末尾有一个娟秀的单词,跟文件内容的字体完全不一样,而且明显是女性的笔迹,这就是克娄帕特拉的亲笔签名。这项重大发现引起了人们极大的兴趣,关于安东尼庇护埃及的原因也变得复杂起来。可以肯定的是,克娄帕特拉在政治上也采取了明智的策略。

历史细节已是难以考证,但无论通过什么手段,埃及女王确实赢得了安东尼的心,甚至使他荒废了政务,把整个帝国作为礼物献给了自己的爱人。安东尼还和自己的妻子、屋大维的妹妹屋大维娅离了婚,正式迎娶了克娄帕特拉。安东尼就像变了一个人,他身上原有的英气和野心似乎都被美艳的女王溶化了,他常常穿着传统的东方服饰,和新妻子出双入对,他竭尽一切办法讨好女王,享受着奢华安逸的生活。

安东尼,克娄帕特拉的第二个男人,她很快给他生了一对可爱的双胞胎。也许,和恺撒的爱恋太过短暂,成熟的女王这次终于有了真正的丈夫,一个掌握着帝国命运的男人,至少在相当长一段时间里,埃及的命运又一次被克娄帕特拉保全了。

最后的战役

正当安东尼在埃及沉浸于爱河之时,屋大维正在罗马城里虎视眈眈,他要抓住这个绝佳的机会扩大自己的势力,给对手以沉重的打击。安东尼与埃及女王缔结了新的联盟,这成了屋大维发动战争最好的理由。他还到处演讲游说,把安东尼描绘成堕落的海格拉斯,一位向女巫屈膝称臣,并放弃了尊严与灵魂的旧日英雄。屋大维四处宣扬安东尼在东方堕落糜烂的生活,贬低他在罗马人心目中的形象。克娄帕特拉完全被描绘成一个淫荡而邪恶的女巫,从屋大维的宣传中,罗马人看到了一个充斥着巫师、妖术、祭献和各种可怕行为的埃及。在那里,一半的人间恶魔得到祭拜,丑陋的宦官将统领部队攻打罗马。

利用舆论的支持,屋大维不失时机地驱逐了罗马元老院中占有半数以上席位的安东尼支持者。随后,他向全体罗马市民公布了从神庙中抢到的安东尼的遗嘱。在这份遗嘱中,安东尼将治下的罗马帝国领土亚细亚包括塔尔劳斯、普兰尼、克利特岛、塞浦路斯和巴勒斯坦等诸行省赠予克娄帕特拉女王以及女王与安东尼、与恺撒的子嗣。这无疑激起了罗马人的愤怒。屋大维的一系列举措非常奏效,几个星期后,群情激愤的罗马人纷纷要求屋大维对埃及和安东尼宣战,安东尼也被宣布为罗马公敌。

公元前31年,在希腊的亚克兴海角,屋大维率领的海军和安东尼以及埃及女王的舰队展开了决战。长期耽于声色的安东尼丧失了作战的意志,短暂的交手过后,安东尼从精神上彻底垮了,他的军队也疲惫不堪,缺乏战斗力。几天以后,安东尼居然自己逃跑了,当舰队抵达伯罗奔尼撒半岛南岸的迪那隆时,官兵们突然发现自己的指挥官很久没有露面了,而很多议员都已经投靠了敌人。军队里顿时传言四起,军心四散,但消息并没有被证实,过了几天,安东尼的部下阿格里帕才正式发布了安东尼临阵逃脱的真相。这时,这支被遗弃的军队才相信这一消息是真实的。但是,安东尼的步兵并没有立即投降,仍然顽强抵抗。

失去了指挥官的军队一盘散沙,舰队全军覆没,但是,他的步兵似乎依然坚不可摧。因此安东尼下令堪尼丢斯率领步兵穿越马其顿进入小亚细亚境内。经过反复思量,他觉得自己还可以

屋大维塑像

仰仗剩下的十九个步兵军团和一万骑兵,现在认输尚为时过早。对这些不避危险仍旧追随自己的逃亡军队,他一如既往地表现出了大方与豪爽,下令给他们送去了一艘满载金银财宝的埃及战船。同时,他又分别致信科林斯和雅典的安东尼派,然后继续随女王驶向埃及。

屋大维几乎不敢相信到手的胜利果实是真的。这一仗基本上是阿格里帕替他打赢的。难道命运就如此突然地垂青于他,让他成为罗马的主宰?整整十三年来,他一直患得患失地在各种各样的军事交锋和党派斗争中挣扎向前。就在几年前,他还被年轻的庞培打得节节败退,甚至就在昨天,他还是每一位罗马人都厌恶的执政官。他之所以一直被容忍只是因为恺撒提携他,收他为养子!现在,他,这位年仅三十岁的新一代独裁者,应该把他的好运归功于他的养父——卓越辉煌的恺撒将军遗赠给他的财富,也应该归功于他最强大的对手的失误。正是这些使得他——一位放债人的孙子,竟然在一夜之间成了整个西方世界唯一的霸主!由于屋大维身上没有胜任这一使命的必备素质——传统、想象力和情感,因此打胜仗后随之而来的第一件事——接管新士兵,就成了一件让他极其窘迫的事情。因为安东尼的大部分军队都转而投奔他,可他连自己的军团都无法发军饷,又哪来实力再满足这些残兵败将呢?在这种情形下,他唯一想到的事就是复仇。屋大维几乎不敢袒露自己内心深处的意愿,并且总喜欢把自己装扮成高贵的斯多噶哲人,所以他像平时一样,授意部下把安东尼那边过来的人处死。在这样一场关键性的胜仗之后,他竟然还有时间、兴致和机会来为以往的个人私怨复仇。例如,福尔维娅的首

任丈夫、多年前屋大维的手下败将库里奥从来没有善待过少年时期的屋大维,现在库里奥的儿子作为曾与安东尼并肩作战的战俘落入了积怨良久的屋大维之手后很快就被处死了。

诚惶诚恐的罗马人为屋大维准备了丰盛的庆功宴会,在相当长的一段时间里,屋大维纵情酒乐之中。就在几个月前曾阻拦他拿走安东尼遗嘱的神庙贞女们也到城门外迎接他的归来。安东尼战舰上的鸟嘴形船头被拴到了恺撒的神庙前。在罗马广场上人们搭起了凯旋门。全意大利都在争先恐后地塑造屋大维的塑像。没有人愿意承认自己曾经支持安东尼。在元老院,安东尼的生日被宣布为不吉利的日子。而且,所有的罗马人都一致要求征讨埃及。

此时的屋大维内心仍然有压力。在亚克兴战役的三个月后,这位胜利者又继续进军小亚细亚,为的是扫清安东尼的余部,并与埃及一决雌雄。因为,在尼罗河口,还生活着唯一一个让他害怕的敌人:恺撒真正的儿子。必须将他与埃及一起消灭。

安东尼的兵败,使克娄帕特拉又一次陷入了巨大的危机,埃及也处在了危险的边缘。克娄帕特拉被罗马人囚禁起来,面对命运的挑战,她不可能再去抱怨丈夫安东尼的安于享乐、软弱无力,她要再一次扮演民族的女战士,像面对恺撒和安东尼一样,再一次拯救陷入危亡的祖国,她要做最后的抗争。她决心把所有的招数一个接一个地使出来,淋漓尽致地把女人的诱惑和说服的武器发挥出来。然而,这一次,面对屋大维,一个比她年轻的男人,她完全失去了前两次的胜算,屋大维非但没有被她打动,还胁迫她签订一系列不平等的条约。埃及,克娄帕特拉再也无法凭借一己之力保全它,女王终于感觉到了失败,无法挽回的失败。这一年,她39岁,已不再年轻,却依然美丽,然而美丽也已无力挽回一个帝国的辉煌与荣誉。

永远的克娄帕特拉

在众多历史传说和记载中,两千多年前的埃及艳后克娄帕特拉是在被罗马统帅屋大维打败后,不甘被罗马人侮辱而用毒蛇咬死自己的。然而在近代,有很多法理学家和犯罪学家提出了"埃及艳后死于政治谋杀的说法"。他们提出了七大疑点和破绽,证明埃及艳后并非自杀身亡,而是死于罗马统帅屋大维的谋杀。在今天,也许很多人还是宁愿相信女王是自杀,因为这样的结束方式更符合她的个性,可以为埃及与罗马这段曲折而充满戏剧的历史画上一个悲壮凄美的句号。

安东尼在兵败如山倒时,克娄帕特拉已经被罗马人软禁,安东尼疯狂地寻找自己的爱人却没有找到,他便以为克娄帕特拉已经死去,极大的悲痛中,他举剑自杀。但就在生命的最后一刻,他终于知道了爱人的下落,他命人将自己抬到女王的宫殿,在她的房间外最后一次倾诉了自己真挚的爱的宣言,最后死在了克娄帕特拉的怀抱之中。安东尼留下了最后的遗嘱:在死后,他的遗体要在罗马城里郑重地巡游,他要在自己的祖国完成人生最后的时刻,他还要和自己的爱人克娄帕特拉合葬在一起。此时的埃及女王已经心痛欲碎,万念俱灰,她给屋大维写下一封密函,恳求他允许自己死后和情人安东尼葬在一起。屋大维看到这封信之后,意识到她要自杀,于是立即派人前去阻止。当仆人们赶到的时候,一切都已经结束。曾经叱咤风云,成功"俘虏"了恺撒大帝和安东尼的克娄帕特拉安静地躺在金色睡椅上,离开了人世。她的两个女仆,埃拉斯和沙尔米恩,一个已随主人而去,另一个正在拼尽全身最后一点力气帮克娄帕特拉整理好头上的王冠。她们选择了用同一种方法自杀:眼镜蛇噬身。

短短的 39 年生命,克娄帕特拉就像上帝送给埃及的一个天使,一个绝妙的礼物。她不仅拥有被后世几千年津津乐道的美丽容颜,还是一个富有才华的早期数学家、化学家和哲学家。她的统治对埃及的发展起到了很大的推动作用,相比懦弱、昏庸的父辈、兄弟,她更展示了埃及人的勇气与力量。

克娄帕特拉曾写过好几本科学书籍,甚至每周都要和一组科学专家开会讨论科学难题,虽然这些著作最终没有保留下来,但考古学家和历史学家还是证实了这些史实。在千百年前,古埃及著名的亚历山大图书馆曾被人纵火焚毁,可能是一位穆斯林将军,他希望摧毁伊斯兰可兰经出现之前的一切文献,许多古埃及书籍,包括埃及艳后自己撰写的科学书都被付之一炬。

一些中世纪阿拉伯作家,像艾尔·巴克里、亚库特等人都曾在文章中谈到过埃及艳后克娄帕特拉,称克娄帕特拉当年在亚历山大城设计的建筑计划"史无前例地庞大"。被称为古代世界七大奇迹的亚历山大灯塔,尽管希腊文献记载是在公元前 270 年左右,由亚历山大大帝称霸埃及的手下托勒密·索特命建筑师兴建的,但阿拉伯历史学家伊布恩·阿布·艾尔—哈卡姆却认为,亚历山大灯塔可能是埃及艳后克娄帕特拉的杰作。

长久以来,人们对埃及艳后有严重的误解,历史学家艾尔·达利称,人们之所以只将埃及艳后看作是一个爱勾引男人的风流女王,只因为后人对她的认知全都来自她的敌人。艾尔·达利道:"我们当前所有有关埃及艳后的认知,全都是来自于她当年的敌人——罗马人。罗马人对她相当轻视,将她描绘成一个性感亡国的尤物。"艾尔·达利指出,古埃及钱币上铸刻的克娄帕特拉,只是一个很普通的女人,并不是人们常识中的"美人典型",她的敌人之所以将她形容成性感尤物,只是想让世人以为,她不是靠自己的才华、只是靠风流手段才令罗马的两大统帅拜倒在她裙下俯首称臣。

埃及艳后的死,标志着一个时代的结束,一个乱世的终结。当屋大维回到罗马时,他已经成为同恺撒一样的伟大人物。屋大维时代,罗马帝国的疆域北起多瑙河,南到非洲(包括埃及在内的北非一带),西起比利牛斯半岛,东到两河流域和小亚细亚半岛,形成了古代史上一个最庞大的帝国。地中海成了帝国的内湖。为了统治这样大的一个帝国,屋大维把许多权力集中到自己手中,成为罗马帝国实际上的皇帝。但是,他为了避免遭到和恺撒同样的命运,一直努力保持共和国的外衣。他坚决不要"皇帝"这个称号,只称自己是"第一公民",也就是元首的意思。他还保留了共和时代的元老院。但是,旧的元老贵族剩下来的已经很少,大多换成了"新人"。这些新人,不是新提升起来的贵族,就是依附新政权的世家。所谓"全民会议",变成了通过屋大维提出议案的工具。公元前 27 年 1 月,屋大维装作不堪拒绝人民请求的样子,接受了元老院授给他的"奥古斯都"的称号。"奥古斯都"有"神圣""至尊"的意思,这是比皇帝更光荣的称号。实际上,屋大维是第一个没有"皇帝"称号的罗马皇帝。从此,连续了 500 年的罗马共和国时期结束了,罗马帝国时期开始了。屋大维从公元前30年开始独掌大权,统治罗马帝国40多年,死于公元14年。罗马帝国在将近200年的时间里维持了比较稳定的局面,经济、文化都有比较大的发展,被称为"罗马的和平时期"。当时,各个行省都修筑了一些新的大道。这些大道把帝国的各个部分联结成一个整体,罗马成了这些大道的中心。所以,后来有人用"条条道路通罗马"这句话来形容罗马帝国交通发达、商业繁荣的景象。

罗马人从此迎来了长达200多年的和平与稳定。

埃及历史上,托勒密王朝一共出现过六位叫作克娄帕特拉的女王。她们分别是:

克娄帕特拉一世,古埃及托勒密王朝托勒密五世的皇后,前180~176年在位。为叙利亚王国塞琉古朝安条克三世之女。其父在第五次叙利亚战争中打败埃及,媾和结果,他们两人结了婚,但两国关系并未因此好转。丈夫死后(公元前180年),与其子托勒密六世共同统治埃及。

克娄帕特拉二世,古埃及托勒密五世和克娄帕特拉一世所生之女,为托勒密六世和托勒密八世的亲姐妹。在六世和八世的争斗中,她先同托勒密六世结婚(公元前163~145),和其共同统治,生克娄帕特拉三世;后又嫁与托勒密七世;七世死后,又同托勒密八世结婚(公元前144年)。八世也同其侄女结婚(公元前142年),成为纠纷的祸源。

克娄帕特拉三世,托勒密六世和克娄帕特拉二世之女,后嫁与叔叔兼舅舅托勒密八世,生托勒密九世、十世。公元前110年起摄政近十年,其间托勒密九世、十世之间像走马灯一样地更送了几次王位。

克娄帕特拉·柏伦尼斯三世,据说为托勒密九世之女,曾先后嫁与九世、十世,公元前80年又与十世子、后夫托勒密十一世共同执政,不久王位转入九世之子托勒密十二世之手。

克娄帕特拉·柏伦尼斯四世,托勒密十二世之女,公元前58年起代其父摄政三年,公元前55年托勒密十二世复位。

克娄帕特拉七世,古埃及托勒密王朝最后一位女王。据说其父是托勒密十二,其母是十二世的姐姐克娄帕特拉五世。因父亲的弊政而导致的首都暴动,使她也流亡罗马。回国后,其父去世,与弟托勒密十三共同统治埃及(公元前51年)。由于姐弟的对立和廷臣的暗中活动,她被暂时逐出亚历山大。但她向因追杀庞培而来到埃及的恺撒求助保护,在反对恺撒的混乱中,托勒密十三死亡。恺撒使她和其弟托勒密十四共治埃及(公元前49~前47年)。公元前44年女王暗害了托勒密十四世,以恺撒里恩为王,称托勒密十五世,为共主。

以上就是六位克娄帕特拉埃及女王的生平,我们所描写和介绍的这位克娄帕特拉是其中最杰出、统治时间最长的一位,也是托密勒王朝的最后一位统治者。

在历史上诸多赫赫有名的女性当中,"埃及艳后"克娄帕特拉永远是一位焦点人物,她的真实面目也许将会越来越清晰地浮出水面。在克娄帕特拉统治时代,古埃及仍保持着极度繁荣。

——这便是"埃及艳后"美丽与智慧的最大体现。

古罗马的始皇帝

——奥古斯都

人物档案

简　　历:奥古斯都生于罗马,原名盖乌斯·屋大维乌斯·图里努斯。

生卒年月:公元前63~公元41年。

安葬之地:不详。

性格特征:很有计谋、手腕灵活。

历史功过:罗马帝国的奠基人奥古斯都是历史上举足轻重的伟大人物之一。他结束了公元前一世纪期间使罗马共和国陷入混乱的内战,重新组建了罗马政府,因此他的国家内部出现了长达两个世纪之久的太平盛世。

名家点评:奥古斯都出类拔萃,是历史上才干卓绝、仁慈大度的君主的最佳楷模。他是一位真正的政治家,他的安抚政策为愈合罗马内战所带来的深刻创伤起着重大作用。

恺撒养子

奥古斯都是一荣誉称号,就像皇帝是中国君主的尊称一样,不是名字。奥古斯都的原名是盖乌斯·屋大维。古罗马人的姓名由三部分构成,第一部分是名,第二部分是氏族的名称,第三部分是姓。盖乌斯是名,屋大维是姓。

屋大维公元前63年9月23日生于一个罗马骑士家庭。骑士是罗马平民中较富裕的阶层,不是贵族,多从事工商业。屋大维的祖父是磨坊主,也有说是货币兑换商的,当过地方官吏。父亲也叫盖乌斯·屋大维。父子同名,这在中国是万万不行的,因为对儿子来说,父亲的名字是神圣的,不要说同名,甚至语言文字中直呼或直书父名也是种大不敬行为。但西方,父子同名是亲密的表示。老屋大维是个小城镇的高利贷者,很有钱,是元老院元老。屋大维的母亲叫阿提娅,是恺撒的姐姐优利娅的女儿。恺撒家族据说是爱神阿芙洛狄特之子埃涅阿斯的后裔,家系十分显赫。恺撒是屋大维的外舅祖父,很疼爱屋大维。恺撒除和埃及女王克里奥帕特拉非法生有一子外,只有一女,因此早就想把屋大维培养成自己的继承人。正是由

179

于有恺撒这样一位地位显赫的亲戚、有恺撒的关怀和照顾,屋大维才有可能后来登上权力的顶峰。

屋大维身材矮小,自小就体弱多病,面容苍白。但从流传下来的他的塑像和画像看,他四肢匀称,五官端正,双目有神,脸部表情,虽平静而又温和,但也不乏帝王的威严。屋大维4岁时,他的生父就去世了。他的母亲改嫁给马尔库斯·腓力普斯。马尔库斯·腓力普斯地位比老屋大维要高,曾担任过执政官。屋大维也就随母到继父家,由继父抚养。继父很喜欢他,让他接受了很好的教育。12岁时,屋大维的外祖母,也就是恺撒的姐姐,优利娅去世,他在葬礼上致悼词。这是屋大维第一次在公共场合抛头露面,显示了他和恺撒家族的亲密关系。公元前48年,恺撒被推举为终身独裁官,成了集军、政、司法、宗教诸权力于一身的无冕之王。这一年屋大维15岁,由于恺撒的关照,被选入大祭司团。大祭司团只有16名成员,是罗马国家宗教的重要教职,对于还是孩子的屋大维来说,这是不同寻常的荣誉,也是他步入罗马社会的一个良好的开始。这以后,屋大维就经常陪伴在恺撒左右。恺撒的献牺仪式有屋大维在场,恺撒看戏也有屋大维陪同。恺撒的凯旋式上,屋大维和恺撒同乘一辆战车。屋大维与恺撒的亲密关系,尽人皆知。为了培养屋大维的军事才干,恺撒让他担任自己的骑兵长官,并在公元前45年秋,把他送到伊利里亚的阿波罗尼亚去学习军事。

公元前44年3月15日,恺撒被贵族共和派阴谋刺死。屋大维的母亲阿提娅立即写了一封短信给正在阿波罗尼亚学习的屋大维。屋大维这时只有18岁,知道这一消息后,悲愤交加,心灵受到极大的震撼。这不仅因为恺撒对他关怀备至;而且因为恺撒生前已决定把他收为养子。甥孙成了养子,外舅祖父成了父亲,这种事情是不会发生在中国的,因为这乱了辈分。但在古罗马,这样做却是惯例。养子的地位是很高的,一般地说,是法定的继承人。这样一位亲人遭人刺杀,对屋大维的打击太大了。他决心去罗马为恺撒报仇。

但是,屋大维的恺撒的养子身份并没公开宣布,也没有得到罗马显贵的承认。因为罗马的贵族是看不起出身骑士阶层的年仅18岁的屋大维的。当时有两条路摆在屋大维面前。一是公开以恺撒继承人的身份,率兵去罗马为恺撒复仇。屋大维得知恺撒遇刺的当天,就有不少人向屋大维表示支持;马其顿一带的军队也明确表示支持他;他的同学阿格里帕建议他率领马其顿各军团向罗马进军,采取这种办法是孤注一掷,而且恺撒养子的身份也没明确,名不正言不顺,是十分冒险的。二是谨慎从事,摸清情况,再采取进一步行动。屋大维决定采取后一种办法,这符合屋大维的性格,后来屋大维一生奉行“急事慢做”的格言,这时便已显端倪。

屋大维在和恺撒的一些老部下秘密商议了一番之后,决定只带少数人悄悄地从希腊渡海回意大利。他没有直奔罗马,也没选择意大利的另一大城市,而是在离布隆迪西不远的小镇卢比伊上岸。他在这里住了七天,收集有关情报,密切注意罗马形势的发展。

对于屋大维来说,从罗马传来的消息,有好的,也有不好的,有令人振奋的,也有令人不安的。好的、令人振奋的是恺撒的遗嘱指定屋大维为继承人,谋杀恺撒的共和贵族派人士在罗马已失势;不好的、令人不安的是恺撒的部将、执政官安东尼已掌握罗马局势,并以恺撒的继承人自居,有排斥屋大维作为恺撒继承人的趋向。

刺杀恺撒是少数主张共和的贵族所为。罗马的平民对恺撒是抱有好感的。元老院迫于罗马平民的情绪,在恺撒被刺杀后,不敢宣布恺撒为暴君,也不敢没收他的财产和废除他的一切法令,只是宣布大赦杀死恺撒的凶手。安东尼原是恺撒的副手,是当年的执政官。恺撒遇刺时,他侥幸免于难。他在主持恺撒的葬礼上,向群众公布了恺撒的遗嘱,遗嘱除指定屋大维为继承人,授予他恺撒称号和遗产的 3/4 外,还有将他的在罗马台伯河对岸的私人花园赠给罗马人民,并分给每个罗马公民 75 块银币,甚至还有把刺杀他的元凶布鲁图斯列为第二继承人的内容。罗马的民众感激恺撒的慷慨,憎恨布鲁图斯的忘恩负义,群情激动。安东尼乘机用恺撒的功绩和对罗马人民的关照来激发群众对恺撒的感激怀念,又用恺撒的被刺了 23 个洞孔的血衣来煽动对凶手的仇恨。在安东尼的鼓动下,群众发出了怒吼:"为恺撒报仇",愤怒的群众冲向元老院,冲向那些参与刺杀恺撒者的家庭,吓得他们东躲西藏,纷纷逃出罗马。安东尼很快就控制了局势。同时,为了笼络人心,壮大自己的力量,安东尼又宣布赦免一批谋杀恺撒的阴谋分子,俨然以恺撒的继承人的身份行事。

屋大维搞清了罗马的局势和安东尼的所作所为后,认为是去罗马和安东尼较量和维护自己的恺撒养子和继承人地位的时候了。决心已下,立即行动。他的母亲阿提娅苦苦相劝,要他不要去罗马冒险。安东尼既是执政官,又是手握重兵的统帅。屋大维这时既无兵又无权,怎能和安东尼抗衡。但年轻气盛的屋大维却以初生牛犊不怕虎的气概对他母亲说:"我有长矛和盾牌,那就是义父恺撒的名字。"的确,屋大维这时足以自恃的,只有恺撒的名字。恺撒在士兵和公民中仍有巨大影响,他的名字仍有巨大号召力。为了更好地利用这支长矛和盾牌,按照恺撒遗嘱的意思,屋大维把自己的名字改为盖乌斯·尤里乌斯·恺撒·屋大维,把恺撒的名字放在自己的名字里,表示自己是尤里乌斯·恺撒家族的人,要继承恺撒留给他的一切。

屋大维带领很多自愿追随他的人来到罗马,找到安东尼,要求安东尼把恺撒的遗产还给他。他告诉安东尼,他要按照义父的遗愿,把金钱散发给平民。他还指责安东尼不为恺撒报仇,包庇杀害恺撒的主要凶手布鲁图斯。安东尼面对这个瘦削的年轻人的无情指责和合理的要求,先是吃了一惊,然后傲然地以居高临下的口气对屋大维说"假如我允许表决给予凶手们以杀戮暴君的荣誉,那么恺撒就会被宣布为暴君,他就不能有合法的儿子,也不能有财产,他的财产会被没收。全靠我冒着危险同元老院斗争,你才能够享受你目前的显赫地位。你,年轻人,在和长辈说话时,最好为了这些事向我表示感激。除了恺撒的名字,你还想得到什么呢? 钱,你的父亲早已使国库空虚了。我的钱也没有多少了。难道你还要恺撒的权力吗?"安东尼已看出,他和屋大维之争,其实是权力之争。恺撒尸骨未寒,凶手仍逍遥法外,恺撒的部将和养子就为填补恺撒死后留下的权力真空而针锋相对地斗起来了。恺撒地下有知,可能会大发雷霆。

屋大维在这场斗争中,不仅有年轻人的勇气,也不乏政治家的机智权谋。这对于一个 18 岁的青年来说,是十分少见的。他利用元老院和安东尼的矛盾,拜会了元老院贵族的首领西塞罗,取得了西塞罗的好感和同情,使他在元老院得到安东尼不可能得到的信任和期待。

但没有实力是无法和安东尼抗争的。他毅然变卖了恺撒的地产,然后用所得的钱和恺撒养子的身份招募和吸引恺撒过去的部下。很快就组成了一支有 3000

人的装备相当精良的军队,分成两个军团。有了军队,屋大维成了罗马不可忽视的人物。元老院不仅赞同屋大维招募军队,而且还对归附于他的两个马其顿军团支付饷银。元老院的领袖西塞罗在极力攻击安东尼的同时,对屋大维大加颂扬,说他是天神似的青年,把自由的国家看得比什么都珍贵。元老院的目的是要借屋大维的力量对抗安东尼。屋大维在自己羽毛未丰时,也必须借助元老院的支持。他们的结合是暂时的。

公元前44年,安东尼不顾元老院的反对,操纵公民大会通过决议,委派他在卸任执政官之后任高卢总督。但安东尼去赴任时,恺撒生前任命的高卢总督迪希默斯·布鲁图斯由于得到元老院的支持,不肯让出高卢,安东尼派兵把他包围在穆提那。公元前43年4月,元老院派两名执政官和屋大维联合出兵,征讨安东尼,解救迪希默斯·布鲁图斯。屋大维和元老院的联军在穆提那附近两次打败安东尼,迫使安东尼退到山北高卢。但两个执政官都战死了。穆提那战役是屋大维取得的第一次战场上的胜利。屋大维要求担任执政官,元老院却要他交出兵权。屋大维当机立断,毅然在7月,回兵罗马,迫使元老院进行特别选举,选举他为这年的执政官,代替死去的执政官。他不仅使自己的恺撒的继嗣权得到正式批准,而且让罗马元老院通过法案,取消大赦,对刺死恺撒的阴谋者报复。这样,年仅19岁的屋大维就靠自己的恺撒的养子身份和过人的机智才能,一跃而成为罗马炙手可热的人物了。

三头同盟

屋大维和元老院的合作很快就破裂了。有人认为这是元老院对屋大维侮慢轻蔑造成的。实际上,双方合作的立场和目的是水火不相容的,元老院是要恢复它以前左右一切的地位和制度,屋大维是要继承恺撒的事业,要实现恺撒未竟之志。合作只是双方的权宜之计。屋大维一旦羽毛丰满,元老院就成了他打击的目标了。他不会忘记,恺撒是在元老院会堂被刺杀的,凶手是在元老院的包庇下逍遥法外的,屋大维的士兵大都是恺撒的老兵,他们也不能容忍屋大维联合元老院同同是恺撒的部下的安东尼作战,他们要求屋大维和安东尼和解。重新组合是不可避免的了。

公元前43年11月,屋大维撇开元老院,和安东尼以及另外一个手握重兵的、原恺撒的骑兵长官雷必达在意大利北部的波洛尼亚城会晤,屋大维和安东尼握手言欢。三人缔结了协定,成立"三头同盟",为了和历史上的恺撒、庞培和克拉苏的三头同盟相区别,近代学者把第一次称为前三头同盟,这一次称后三头同盟。两次同盟都是三个军事巨头为对付主张共和的贵族元老和瓜分权力而勉强凑合在一起的,他们各怀鬼胎,互相利用又互相水火。安东尼认为雷必达是个庸才,屋大维是个乳臭未干的小孩。屋大维则始终把安东尼看成是他前进路上的最大障碍,但他清楚地知道,他的力量还弱,他必须等待时机,迂回前进,必须暂时和安东尼联合。后三头和前三头不同的是,前三头是秘密的,而后三头是公开的。后三头不仅在"安定国家的三头政治"的名义下,赤裸裸地夺取了五年的独裁权力,而且在会晤之后,率军占领罗马,解散原来的政府,强迫公民大会做出决议,批准他们的协定。从而使三头合法地拥有了处理罗马国家政事的大权。执政官以下的共和国各机构虽仍然存在,但权力却掌握在三头手中。除意大利由三头共同管理外,三头瓜分了行省。由于东部行省还控制在刺杀恺撒的元凶布鲁图斯和卡西乌斯手中,三头主要是瓜分西部行省,屋大维取得阿非利加、西西里和撒丁诸岛,安东尼取得高卢大部分地区,雷必达取得西班牙和那尔波高卢。

三头大权在握,做的第一件事便是进行"公敌宣告",三人拟定了一份公敌名单,列入名单的有杀害恺撒的凶手,也有三头的私人仇敌。凡被列入名单的,都被褫夺了公民权,人人可捕而诛之,并凭人头领奖。三头还授意人们互相揭发,并鼓励奴隶揭发主人,杀主报官的可获得奖赏并脱离奴籍。公敌宣告使罗马成了恐怖世界,城门失火殃及池鱼,有些妇女和未成年的小孩也被牵连而遭杀害。贵族共和派遭到致命打击,有 300 元老和 2000 名骑士被捕杀,大都是富人,他们的财产都被没收。西塞罗虽不是杀害恺撒的凶手,但由于安东尼对他恨之入骨,而被列入名单的第一名。据说屋大维曾努力营救他,但没成功。他被安东尼的部下捕杀,头和手被砍下来送给了安东尼,安东尼把它们放在餐厅里,用餐前总要看上几眼、狂笑一阵,直到看厌了才让人拿到罗马广场上示众。三头将没收来的土地财产分赐给自己的亲信和部属,以换取他们的支持。

屋大维和安东尼三头在罗马大杀政敌时,逃到希腊的贵族共和派重要人物、杀害恺撒的元凶布鲁图斯·卡西乌斯在这里聚集了一支共有 19 个军团、总人数达 8 万的庞大军队,准备为挽救失败的命运,做最后一搏。不过,这支军队,人数虽多得吓人,却大都是从东部行省招募来的雇佣兵,他们只是为钱而战,素质不高,战斗力并不很强。公元前 42 年,屋大维和安东尼率领了也有 19 个军团的十万余人的大军,越过亚得里亚海,征讨布鲁图斯·卡西乌斯。10 月,两军在马其顿东部的腓力比城进行了第一次激战。屋大维在右翼,被布鲁图斯击溃,险些成了俘虏。安东尼在左翼向卡西乌斯猛攻,一战而胜。卡西乌斯溃败时,又误把布鲁图斯派来报捷的骑兵当成敌方追兵,绝望中自杀了。第一次腓力比战役互有胜负。但布鲁图斯方折了大将,影响了士气。二十天后,两军又进行了第二次腓力比战役。这一次,屋大维和安东尼合兵一起,包围了布鲁图斯。布鲁图斯虽奋勇抵抗,终因兵力悬殊,不敌而溃败。布鲁图斯的残兵,不愿再战,要求他和敌人和解。布鲁图斯见大势已去,便和卡西乌斯一样,自杀了。布鲁图斯是贵族共和派中杰出的人物,虽是刺杀恺撒的元凶,安东尼仍称赞他为大丈夫,屋大维也命人用隆重的葬礼埋葬他。腓力比战役成了罗马共和制的坟墓,罗马贵族共和派的最后一支武装力量被消灭了。

腓力比战役后,安东尼去了东方,屋大维则回到意大利。屋大维在意大利实行把城市居民的土地分给退伍士兵的政策,同时,又屠杀了一些贵族,引起了意大利有产者的憎恨。安东尼的弟弟,公元前 41 年的执政官鲁乌斯基·安东尼和安东尼的妻子福尔维亚乘机招募军队,到处煽起反屋大维的骚乱。他们的口号是消灭三头、恢复共和和保护一切被压迫者。屋大维对骚乱采取严酷的手段,坚决镇压。公元前 41 年末 40 年初,鲁乌斯基和福尔维亚被屋大维的亲信阿格里帕包围在佩鲁西亚城中,弹尽粮绝,走投无路,几次突围,均告失败。公元前 40 年 2 月,鲁乌斯基和福尔维亚不得不率部投降。屋大维虽赦免了他们,但收编了他们的军队,并放任部下将士在佩鲁西亚城中随意抢劫。

安东尼对他妻子和兄弟反屋大维的失败并没放在心上,但对屋大维收编他在高卢的军队、占领高卢的土地、扩大势力的行为却耿耿于怀,不能容忍。他急忙从东方返回意大利,和屋大维交涉摊牌。

这时,罗马东边各行省面临帕提亚的严重威胁,西边庞培的儿子塞克斯杜斯·庞培控制了西西里和西部地中海,他有一支有海盗和奴隶参加的强大海军,控制了地中海的商路,并不时向意大利进行海盗式袭击,给罗马的粮食和其他商品的供应造成很大困难,在这种情况下,由于雷必达等的从中调解,屋大维和安东尼再次言归于好。公元前40年10月,三头在意大利东南

奥古斯都国王宫殿

角的布隆迪西乌姆港重申前盟,缔结了新的协议,重新三分天下:安东尼统治东方行省,负责对帕提亚的战争;雷必达管辖非洲;屋大维管理西方行省,负责征讨塞克斯杜斯·庞培。为了加强同盟关系,由于安东尼的妻子福尔维亚在希腊去世,经阿格里帕做媒,屋大维把自己的守寡的姐姐屋大维亚嫁给安东尼为妻。屋大维在定下这门亲事时对安东尼说:"我把一个姐姐,一个从来没有哪个弟弟这样爱过的姐姐送给你了,让她永远把我们的国土和我们的心结合在一起,永不再行离叛。"安东尼回答说:"从现在起,让兄弟之情主宰我们的爱,支配我们的计划。"美丽而又贤惠的屋大维亚似乎使屋大维和安东尼的合作和结盟牢不可破了,但实际上,情况并没有这样美妙! 安东尼热恋着埃及女王克里奥帕特拉,娶屋大维亚完全是出于政治的需要,而不是出于爱情。这场婚姻从一开始就注定是悲剧的收场。

布隆迪西乌姆会议后,塞克斯杜斯·庞培成为屋大维的心头之患,他的以西西里为基地的海军是无以匹敌的,是海上的霸主,不满三头统治的人纷纷投靠他。屋大维虽想立即剿灭他,但心有余而力不足,只好采取先退一步,等待时机再前进的策略。公元前39年,屋大维、安东尼和雷必达三头和小庞培达成协议,承认庞培为海军的统帅,治理西西里、撒丁尼亚和伯罗奔尼撒,答应归还被没收的他父亲的产业,赦免逃到他那里的遭三头通缉的罗马公民,给在庞培军队中服役的奴隶自由。但小庞培并不满足,还想获得更大的权力。安东尼不让他在伯罗奔尼撒收税,使他又干起了袭击商船的海盗式勾当。三头和小庞培之间的和解很快就结束了。

但征讨小庞培并不顺利,公元前38年,屋大维的海军被小庞培的海军和风暴所摧毁。

公元前37年春,三头的五年独裁权力到期了。三头在塔林敦缔结了一个新协定,将三头权力延长五年,并规定在反对小庞培和帕提亚的战争中互相支援。

屋大维并没有什么过人的军事指挥才能。他似乎和中国的刘邦一样,虽不善于将兵却善于将将。他是靠他的部将取得一连串军事胜利的。但他善于审时度势,把握时机。小庞培在公元前38年取得了对屋大维海军的胜利后,并没能巩固和利用战场上的胜利,而屋大维不仅积极备战,还争取到安东尼和雷必达支持他对小庞培的战争。公元前36年,屋大维的助手,天才的战将阿格里帕率领屋大维的

舰队,在西西里的瑙洛丘斯湾外彻底击溃了小庞培的舰队,庞培逃到米利都,被安东尼所追杀。雷必达参加了对庞培的战斗,但他想独占西西里岛,而他的军队却前线反戈,倒向屋大维。屋大维乘机剥夺了他的军权,兼并了他所管辖的非洲行省,只让他保留个祭司长的空头衔回到意大利,并被软禁起来。这样,三头只剩下两头,三头同盟也实际上结束了。

双雄争霸

塞克斯杜斯·庞培被击溃,雷必达被逐出政治舞台,在罗马左右政局的大人物就只剩下屋大维和安东尼了,但斗争并没有就此结束,罗马社会需要一个集权的强有力人物一统江山,天无二日,他们是不能并存的,条约、婚姻都无法化解两人的势不两立的敌对态度。两雄争霸,最后只有由武力来决定由谁来统一罗马世界。

屋大维一步一步地巩固自己对罗马西方行省的统治,增强自己的军事实力,提高自己在罗马的威信和地位,特别是在战胜了塞克斯杜斯·庞培,扫清了海盗,保障了罗马的粮食供应,给屋大维带来了极大的声誉。和屋大维的成功和深谋远虑形成鲜明的对比,安东尼在东方行省虽也加强了自己的统治,但对帕提亚的战争劳而无功,并沉湎于爱情、逸乐的生活而不能自拔。安东尼是一位很有才能的军事统帅和政治家,但生活放荡、迷恋埃及女王克里奥帕特拉,演出了一出为美人而丢掉江山的悲喜剧。

克里奥帕特拉是古代埃及有名的美人,一笑倾人城,再笑倾人国。恺撒就曾拜倒在她的石榴裙下,帮她巩固了王位。安东尼获得主管东方行省的权力后,在小亚细亚的滨海城市塔尔索斯召见克里奥帕特拉,想就她帮助贵族共和派之事严加问罪,谁知一见那打扮得如同爱神维纳斯的美人后,神魂颠倒,问罪之辞早丢到九霄云外去了,竟随她去了埃及首都亚历山大里亚,过起那逐日设宴、寻欢作乐的东方帝王生活来了。整日处在软玉温香中,哪里还有心思处理政务,东方事务只好完全交给自己的副将去管理。和屋大维亚结婚也没能中止安东尼对克里奥帕特拉的迷恋,新婚过后,安东尼返回东方,又一头扎进克里奥帕特拉的怀抱。恺撒和克里奥帕特拉私通,和她生子,甚至把她带到罗马,大肆宣扬,罗马公众还能接受,因克里奥帕特拉是在恺撒的控制下。但罗马人民对安东尼的所作所为却心怀不满。因为人们怀疑安东尼处在克里奥帕特拉的控制之下。

安东尼在战场上也遭到挫折。公元前36年对帕提亚的战争失败,损失巨大。公元前34年安东尼虽征服了亚美尼亚,俘获了亚美尼亚国王,但却一反惯例,没有回到罗马,而是在亚历山大里亚举行凯旋式,这严重损伤了罗马人的感情。他和罗马疏远了,似乎成了一位东方的君主。

公元前32年,三头权限期满,屋大维与安东尼的关系彻底决裂。安东尼应克里奥帕特拉的请求,正式修书遗弃其妻屋大维亚,并要把罗马东方行省的部分地区赠送给克里奥帕特拉和她的子女。这引起了罗马人的极大反感。屋大维发誓要为其姐所受的侮辱报仇。他利用安东尼的所作所为,大造舆论,攻击安东尼出卖国家利益。安东尼则扬言,屋大维无权继承恺撒的事业,恺撒与克里奥帕特拉所生的儿子恺撒里昂才是恺撒的嫡嗣、合法的继承人。当忠于安东尼的两位执政官在元老

185

院攻击屋大维时,屋大维带领大批武装随从来到元老院,赶走了大约300名拥护安东尼的元老,迫使两名执政官出逃到安东尼那里去了。屋大维不顾传统习俗,从维斯塔神庙贞女处搞到了存放在那里的安东尼的遗嘱,并公布于众。安东尼在遗嘱中把东方国土赠送给克里奥帕特拉以及她和恺撒、安东尼所生的后代,并要求把他葬在亚历山大里亚。遗嘱一公布,舆论哗然,群情激愤,屋大维利用罗马群众的愤怒情绪,诱使元老院和公民大会做出决议,以侵占罗马财产为由,剥夺了安东尼执政官职务以及其他一切权力,并对克里奥帕特拉宣战。

战争还没开始,屋大维就获得了道义上的胜利。屋大维不是对同胞安东尼,而是对外国人"东方女妖"克里奥帕特拉宣战,反对屋大维就是站在外国人一边反对罗马人,屋大维挟"天子"以令诸侯,打着元老院和公民大会的旗号,名正言顺,他的军队是堂堂正正的正义之师,是讨伐不义,因为外国人侵占了罗马人民的财产。和克里奥帕特拉联合的安东尼则陷于一个十分尴尬的不利境地。

双方都进行了大规模的动员和精心准备。屋大维筹集了尽可能多的钱,调集了400艘战船、10万步骑兵。安东尼和克里奥帕特拉一起拼凑了500艘战船、步骑兵9万人,集中在希腊西部海岸的诸要塞。双方兵力大致相当,但安东尼麾下的那些罗马士兵大都不愿为克里奥帕特拉作战,军心涣散,士气不振。公元前31年年初,阿格里帕成功地从意大利渡过爱奥尼亚海,占领了希腊海岸具有决定意义的各个据点,切断了安东尼陆军与海上的联系。由于粮草供应发生困难,没经过大的战斗,安东尼的陆军就不战自溃。屋大维到达希腊后,把安东尼和克里奥帕特拉的海军围堵在安布里希阿湾。9月2日,两军在海湾外的阿克兴海角进行决战。屋大维的舰只体积较小,但灵活机动。安东尼的舰只体积大,前面装有搭钩,可以钩结敌船,但比较笨重,转动不灵。战斗一开始,屋大维的舰队就先声夺人,用冲撞和火攻击伤敌舰。安东尼舰队猝不及防,出现紊乱。紧要关头,克里奥帕特拉为保存实力,迅即带领她的埃及舰队弃阵而逃,驶回埃及。安东尼见爱人跑了,无心恋战,置正在苦战的舰队于不顾,撤离战场,追随而去。只有1/4的舰队随他们突围出来。剩下的大部分舰队,见指挥官逃走,纷纷倒戈,投降屋大维,战斗很快就结束了。

安东尼和克里奥帕特拉逃回了埃及,但已无力再和屋大维抗衡了。公元前30年夏,屋大维进军埃及,把安东尼和克里奥帕特拉围困在亚历山大里亚。克里奥帕特拉背着安东尼向屋大维通款乞和,请求屋大维格外开恩,保持埃及的半独立地位。安东尼也派人向屋大维提出让他以一个平民身份住在埃及的要求。但两人的请求都被屋大维拒绝了。绝望中,安东尼向屋大维个人挑战,要求屋大维和他进行一场单独的剑对剑的个人决斗。屋大维胜利在握,当然不屑于逞匹夫之勇,进行什么个人决斗。安东尼无计可施,在部下投降和听到克里奥帕特拉已经死去的讹传后,在8月1日,伏剑自刎了。克里奥帕特拉开始还想偷生,躲进了墓堡,被屋大维部下搜擒。当屋大维来见她时,她想旧戏重演,以美色迷惑屋大维。她把自己打扮成一个忧伤的美女,淡妆素抹,轻纱掩体。屋大维不为所动,为了能把她活着带回罗马,在自己的凯旋式上展出炫耀,装出非常关心同情她的样子,答应要完全按照她自己的意愿待她,要她放心,不要效法安东尼自杀。但屋大维的表演也没骗过克里奥帕特拉,她在知道屋大维的用心后,在屋大维的严密防卫下,仍设法获得一篮藏有一条奇毒无比的小毒蛇的无花果,让毒蛇咬伤手臂,中毒昏迷而死。屋大维把她和安东尼葬在一起,但把她和恺撒所生的儿子恺撒里昂以及她和安东尼的长子处死。延续了300多年的埃及托勒密王朝也就随着女王克里奥帕特拉的死最终灭亡了。屋大维消灭了这个令罗马人痛恨的东方国家,名利双收。他把埃及作为一个由自己直接管辖的行省拼入罗马,他没收了克里奥帕特拉的全部财产,结果使他比罗马国家还要富裕。

一些文学作品都把克里奥帕特拉描写成因无比的美貌和权术而把恺撒和安东尼两个罗马的统治者玩弄于股掌之中的可以改变世界的风云人物,甚至有人说:"如果克里奥帕特拉的鼻子短一些,那么整个世界就不同了。"其实,克里奥帕特拉只是个弱国的末代女皇。面对强大的罗马,为了保存她的国家,她除了以女色邀宠恺撒和安东尼还能做什么呢?在屋大维和安东尼的斗争中,屋大维利用安东尼和她的关系打击安东尼,安东尼除了爱克里奥帕特拉以外,也是想利用埃及的力量来对抗屋大维。比起那些拱手让出国家的末代帝王来,她多少有些令人敬佩之处。

第一公民

公元前29年,屋大维回到罗马。罗马人民和元老院空前隆重地欢迎他的归来,为他举行了连续三天的正式英雄凯旋式,祝贺他在达尔马提亚、阿克兴和亚历山大里亚的一连串胜利。连续三天,罗马倾城出动,万人空巷,争睹屋大维的风采。屋大维站在四匹马拉的战车上,车前走着赤脚烂衫绳捆索绑的俘虏,(可惜克里奥帕特拉死了),在庞大的仪仗队的前导和簇拥下,驶过罗马的街道和广场,接受人们的欢呼和瞻仰。这三天不仅是屋大维难忘的日子,也是罗马人民难忘的,这不仅是祝贺屋大维的胜利,也是庆贺罗马获得了新的土地和财富。罗马举行凯旋式是习以为常的事,但连续三天的凯旋式则不同凡响。罗马的凯旋式有两种,一种是小凯旋式,得胜的将军进城步行而不能乘战车。屋大维在腓力比打败布鲁图斯和在西西里打败塞克斯杜斯·庞培之后,都只享受了这种小凯旋式的荣誉。另一种就是屋大维这次所享受的,得胜将军乘四匹马拉的战车进城,并被授予凯旋将军的称号。拉丁文皇帝和凯旋将军是同一词,不过皇帝的含义是后来增加的。屋大维这一次的凯旋式就是正式凯旋式。这是他第一次获此殊荣。以后屋大维还曾多次进行凯旋式,他自称曾有9个国王或王子在凯旋式上走在他的马车前。

实际上,罗马人民和元老院这次欢迎的已不是一个一般的将军元帅,而是罗马的大权独揽者。屋大维的所有有竞争力的政敌都被一一消灭了。他成了罗马无可争议的唯一统治者,获得了他养父恺撒所曾获得的一切权力。他的威望和地位甚至已超过恺撒。他结束了罗马的长期动荡和内战的局面,地中海世界统一了。按古老传统,在整个罗马帝国在海上和陆上赢得胜利并取得了和平时,要关闭雅努斯神庙的大门。雅努斯是门神。他决定战争与和平问题。罗马广场的雅努斯神庙有两个以侧墙连接的拱门。宣战时,庙门敞开,出征部队要通过这两个拱门。和平时期,庙门紧闭。这个庙门已有300年没有关闭了,在为屋大维举行凯旋式时,庙门关闭了,和平来临了,而这和平是和屋大维的名字联结在一起的。

不过,尽管大权在握,屋大维却似乎没有恺撒和安东尼那样强烈而又明显的帝王欲望。有人评价他说,他既不是神,也不是传奇的英雄,而是一个人。是的,他是个人,但是是一个具有无比的政治才能和灵活的审时度势能力的人。他实际上结束了罗马共和时期,他是罗马共和戏剧的这最后一幕中气派最大、能力最高的人,也可能是当时罗马所可能产生的最好的人物。公元前27年1月31日,屋大维在他召集的元老院会议上,发表了长篇演说,演说表露了他的爱国热忱,掩盖了他的野心。"对他过去的作为,他深感不安,但也认为情有可原。对父母的孝心时刻要求他为他父亲的惨死报仇;他自己的仁慈天性有时又使他不得不对严峻的必然规律让步,并迫使他违心地和两个无赖共事:在安东尼还活着的时候,共和国不能容许他把她随便交到一个堕落的罗马人和一个出身野蛮民族的皇后手中。他现在可以自由地履行他的职责和按照自己的意愿行事了。他庄严地使元老院和一般人民完全恢复了他们的古老的权利;他唯一的愿望是能和他的同胞在一起生活,同他们一起分享他给他的国家带来的幸福生活。"他宣布:"我将不再领导你们……请从我手中取回自由共和国,请接受军队和被征服的行省并且按你们自己的意愿来治理罢。"

元老院理所当然的一面感激并赞扬屋大维放弃权力的举动;一面又众口一词地拒绝了他的辞呈,并请求他绝不要抛弃掉依靠他才终于得救的共和国。

屋大维之所以要演出这还政于民的一幕,是出于他对历史的借鉴和对罗马人民心理的深刻了解。安东尼曾在公共场合连续三次把皇冠戴在恺撒的头上,每次在场群众都以沉默不语来显示他们的不满,而当恺撒拿下皇冠时,群众却以齐声欢呼来表达他们的赞赏。这清楚反映出长期生活在共和制度下的罗马人民是不愿受帝王统治的。恺撒虽没接受帝王的头衔,担任终身独裁官,终于导致被维护共和制度的贵族共和派所刺杀。养父的遭遇,一定在屋大维心里留下了深刻的印象。他虽清楚地知道,罗马已离不开恺撒式的独裁者,但公开的帝制又必然会遭到抵制,元老院不会轻易放弃自己的权利和地位,罗马人民也留恋共和制。因此,屋大维投元老院和人民之好,慷慨陈词,把权力交还给元老院和罗马人民,恢复共和制。这既为他赢得了极大的声誉,又可使他的权力合法化。感激涕零的元老院在屋大维发表"恢复共和国,还政于民"的演说后的第四天,公元前27年1月16日,作为回报,授予屋大维"奥古斯都"的尊号。屋大维原希望人民尊他为罗慕路,也就是罗马的开创者,王政时代的第一任国王。但因罗慕路这一称号有企图王位的嫌疑而打消了这一想法。奥古斯都是一个含有神圣、庄严、伟大等令人尊敬的并有宗教色彩的隐意的词。和动词"增加"联结在一起,"增加"也就是"全权",它又是"占卜"的字根,而占卜是一种深深扎根于罗马传统中的古老习惯。屋大维乐意地接受了这个既表明他的至高无上的国家领袖地位、又不同于会引起元老共和分子攻击的独裁或神的称号。这样,在屋大维的名字上又增加了奥古斯都一词。在授予屋大维奥古斯都尊号的同时,在屋大维的住宅的门柱上装饰了月桂枝叶,大门上钉上象征公民城邦的冠冕,并在元老院会堂安放一面金盾,上面镶刻有"因勇敢、仁慈、公正和虔诚而授予屋大维奥古斯都尊号"等字。屋大维生于8月,元老院根据恺撒的前例,把8月命名为奥古斯都,又因他和恺撒同尊,8月的日数就不能少于7月,也应是31日,这便是为什么西历7月和8月都是31天的由来。

屋大维宣布还政于人民和元老院后,原有的各种政治机器又被开动起来。元老院、公民大会和行政官职的选举制都被保留下来。但这只是表面现象,尽管屋大维已经宣布放弃一切权力,说自己只是一个普通的执政官,甚至要做一普通公民终老林下,他的近似帝王的权力并没丢失丝毫。元老院和公民大会不仅没有缩小甚至把更大的权力还给了他。但他的这种权力是在元老院和人民的请求下接受的。他一再拒绝担任恺撒曾担任的独裁官、终身独裁官,表示他不愿成为独裁者。他接受并乐意称自己为第一公民,也就是国家第一人、元老院第一名元老元首。因此,历史上就把奥古斯都所创立的国家制度称为元首制,拉丁文的元首的汉文音译为普林斯,元首制也就是普林斯制。

奥古斯都的元首制是逐步建立起来的。早在公元前29年,他从东方返回罗马,就获得了最高充帅的称号,军权是他一切权力的基础。军队是奥古斯都政权的主要支柱。作为最高统帅他有任命一切军事长官、征募军队及宣战媾和的权利。在政治方面,从公元前32年到公元前23年奥古斯都连任执政官,公元前19年又获得了终身执政官的荣誉职务,奥古斯都喜欢保民官这一职务,在公元前36年战胜塞克斯杜斯·庞培后,就被授予终身保民官的权力,公元前23年又被重新加以确认。保民官的职务使奥古斯都有权取消任何其他官员所采取的措施和决定,也使奥古斯都的人身成为神圣不可侵犯的,可不受任何批评和诽谤。罗马元老院和公民大会曾三次推举奥古斯都为唯一的、拥有最高权力的法律和道德监护人,实际上是授给他永久独裁权,他以不接受任何违背祖宗传统的权力为由拒绝了,而宁愿以保民官的身份行使这种职权。公元前22年,他被"赠予"召开元老院会议和在元老院会议中担任主席的权力。在宗教方面,他是宗教首脑,担任许多宗教职务,包括大祭司长。在行省治理方面,公元前23年他获得了统治帝国广袤疆域的总司令权,对帝国的一切行省都有总督权。这样,奥古斯都通过担任这些传统职务,总揽了军事、政治、宗教和行省治理等各方面的一切大权,成为事实上的独裁者,因此,一般都把奥古斯都的元首制作为罗马帝制的开始,共和制的终结。但是奥古斯都的所有职务又都无不经过元老院的推荐和公民大会的选举。官员的选举和任期仍和共和制时一样。元老院的职能也并没减少,甚至形式上还增加了,譬如,元老院有了自己的高等法院。它的政治影响减弱了,而行政职能却强化了,有时还负责处理元首或公民大会布置的事。不过,奥古斯都的元老院已不是过去的元老院,它经过奥古斯都的改造和清洗,反对奥古斯都的力量已荡然无存了,人数也由原来的900人减少到600人,奥古斯都作为主席牢牢地控制着它。公民大会除了在形式上选举事先已内定的高级官职以外,没有任何作用。无论是元老院还是公民大会都不能做任何奥古斯都不喜或不同意的事。它们实际上是奥古斯都元首制的美丽的点缀和面具,掩盖着元首制所具有的帝制的真面目。不过元首制和帝制还是有些不同的,这不仅因为它保留了元老院和公民大会,而且因为高级官员的任命在形式上还要经过它们,奥古斯都也和帝王有所不同。他的帝王般的权力不是诸如皇帝、独裁官等单一职务,而是靠集于一身的众多职务。大多数职务也是有任期的,虽然可以不断连任,而且从法律上说,因为这些职务是元老院和公民大会授予的,因而也是不能世袭的。奥古斯都和第一公民或元首都是尊称,而不是官职。第一公民这一称号除表示了他在公民中的优越地位外,清清楚楚显示他仍不过是公民中的一分子,而不是高居于公民之上的神。

当然,奥古斯都不是只依靠改造了的变了样的旧的机构,他还建立了一些新的机构来协助自己的工作。公元前27年他在中央建立了一个元老院执行委员会。成为一个类似内阁式政府委员会的机构。它由元老院的元老组成,包括两个执政官和行政长官、营造民、保民官、监察官各一人,以及用抽签的办法选出的另外 15 名元老。它帮助奥古斯都规划元老院事务,实际上是他个人的工作班子,参加的元老有贵族也有骑士。这是共和时期从未有过而又成为元首制的一个重要特点的机构。

元首制的创立显示了奥古斯都的杰出的政治才能。它即使奥古斯都成功地保留了独裁权力,而又使自己赢得了"共和国的恢复者和自由战士"的声誉。

最高统帅

奥古斯都的众多职务中,最高统帅是最重要、也是奥古斯都最看重的一个。最高统帅、大将军、凯旋将军拉丁文是同一个词,是军队的统帅和总司令。奥古斯都的元首制下的帝国是一个军事帝国,它是靠军队支撑的,奥古斯都虽也说过把军队还给元老院,实际上,他一刻也没有放松对军队的控制。他如同把恺撒和奥古斯都放入自己的名字中一样,也把最高统帅放入自己的名字中,成为自己的名字的一部分。这意味着罗马统帅已经和他合二而一了。离开了最高统帅一职,他就不会是奥古斯都了。

罗马的军队,最早是公民军队,军、民是不分的,17~60 岁的公民都有服兵役的义务,公民出征须自备武装和给养。战后解散,返回家园,重操旧业,军队的中坚是罗马公民中的富裕阶层,贫苦的公民因无力自备武装和给养,也就无权服兵役。后来随着战争的频繁和扩大,改行募兵制,无权参军的贫苦公民也可当兵了,并发给薪饷,服役期限也延长了,公民兵开始变成被招募的职业兵。这样的军队有了固定的统帅,士兵只知忠诚于统帅,服从统帅、为统帅卖命,而不知国家;统帅也要千方百计为士兵谋利,提高军饷,退役后分给一块土地等。屋大维就是靠用自己的钱招募并组织这样一支军队起家的。内战结束了,这样一支职业军人组成的庞大军队,作为内战的遗产却保存下来了,这一方面是国家仍迫切需要这样一支军队来保卫国内外的和平、安宁和秩序、扩展疆域、示威境外。另一方面,奥古斯都本人也需要军队维护个人统治,有军队就不能没有奥古斯都这唯一的统帅。军权是不能分割的。军权的分割也就意味着内战的重新开始。因此,奥古斯都虽拒绝独裁官和终身独裁官的头衔,却十分欣赏并终身享有同样是有绝对权威的最高统帅头衔。他自称他曾 21 次获凯旋将军称号,可见他对军队统帅职务的重视和对军事胜利之自豪。拉丁文最高统帅这时还没有皇帝的意思,后来它的主要含义却成为皇帝了,这绝不是偶然的,最高统帅就是皇帝。

奥古斯都把他的正规部队固定在 28 个军团,15 万人左右,这是支常备军。奥古斯都认为他只能支付这样多的军队的军饷,而国家也只能给这样多的军队补充新兵。军队驻扎在行省和边防要地。驻扎在西方行省的军团士兵大都是意大利的罗马公民,驻扎在东方行省的,很多是外省人,在被征召入伍时被非正式地授予公民权。各正规军团配备有人数几乎一样的辅助部队,辅助部队的士兵是从行省和附庸国的非罗马公民中征集的。奥古斯都还建立了一支驻扎在意大利、专门拱卫罗马、保卫奥古斯都本人及其家族的禁卫军,共 9 个大队,9000 多人。除陆军外,他还建立了一支常备海军,士兵都是罗马下层公民、解放奴隶和外省人。军队中的要职都由元老和骑士担任。辅助部队也由罗马军官指挥。奥古斯都的这支包括陆军和海军、正规军团和辅助部队以及禁卫军组成的军队，是一支由罗马公民或准罗马公民组成的服役期限长达16年、20年甚或25年的、训练有素的有很强战斗力的常备军。他们都要宣誓效忠于奥古斯都，有如奥古斯都的私人武装。奥古斯都晚年不无得意地宣称："向我宣誓效忠的罗马公民兵约有50万人。"军队的最重要的将领几乎都是奥古斯都的亲属或亲信，这样既便于控制，也不会危及自己的统治。奥古斯都对军队是非常爱护和优待的，他用各种方法来赢得军队的爱戴和忠诚。不仅薪饷丰厚，不是罗马公民的退役后可以获得罗马公民权，而且，服役期满后的士兵，可回原籍或到殖民地定居，并可获得土地和金钱作为服役的报酬。他在自传里列举了他为给士兵分配土地而支付的地产钱的数目和发放退伍金的数目，他还建立了退伍基金来保证退伍金的发放。因此，当兵虽要经受严格的训练，有严格的纪律，要打仗，但由于待遇优厚，成为一个颇具吸引力的职业。奥古斯都的军队是由自愿应征者组成的，兵源不成问题。甚至有些地位较高的人都愿加入行伍，以求飞黄腾达。军队将士对奥古斯都的忠诚也始终如一，在他统治的全部时间里，军队都是安定的，也是忠于职守的。

奥古斯都并不是一个热衷于征伐的人，罗马人民也厌倦了战争，但当时并不是个休养生息的时代，奥古斯都和平是靠强烈的、积极的国事活动来巩固的。只有对外显示罗马强大的军事力量和建立起一条可靠安全的边境线才能保证和平。奥古斯都的军事行动，虽不如亚历山大和恺撒那样辉煌，但也取得不少成功，极大地扩大了罗马帝国的疆域。

在南部，公元前25年，奥古斯都委任的埃及总督把罗马的势力延伸至尼罗河第一瀑布，经过一系列对土著的征服，合并了

奥古斯都和平祭坛浮雕

藩属国努比亚。奥古斯都配置了三个军团管辖地中海南岸，二个在埃及，一个在非洲行省。在东部，公元前25年，吞并了名为加拉提亚的小亚细亚中部的大片土地。公元前20年，曾多次打败罗马军队的帕提亚王朝发生了王位继承的斗争。斗争的双方都向罗马求援，奥古斯都乘机一面派提贝里乌斯率兵出征，施加军事压力，一面利用灵活外交手腕，与帕提亚签订条约，兵不血刃就迫使帕提亚国王交还了过去从克拉苏和安东尼手中夺去的包括军旗在内的一切战利品和俘虏，承认了罗马对亚美尼亚的保护权力，并送给罗马大量贡品。条约规定幼发拉底河为罗马与帕提亚的疆界。这样一来，既雪了33年前罗马统帅克拉苏在美索不达米亚的卡雷战役全军覆没之耻，恢复和保证了罗马在东方的荣誉，扩展了疆域，使罗马公民十分满意，又极大地提高了奥古斯都本人的威信。在西部，公元前26年，奥古斯都对西班牙进行征服，遭到西班牙人民的激烈反抗，直到公元前19年才把西班牙的起义镇压下去，侵占了全部西班牙领土，设立了三个行省，配置了3个军团驻守从直布罗陀到莱茵河口一带。此后，奥古斯都还想吞并不列颠，但没成功。在北部，奥古斯

都在征服了高卢和消灭了住在阿尔卑斯山南坡的萨拉西人之后,在公元前16~前12年,派泰比里乌斯率军越过阿尔卑斯山,进军多瑙河沿岸,先后建立了列提亚、潘诺尼亚、诺里克和麦西亚等行省。到公元前12年,奥古斯都大体上完成了帝国的疆界,东起幼发拉底河,西滨大西洋,南至撒哈拉大沙漠,北以莱茵河和多瑙河与日耳曼人为界。四境都有天然屏障。但奥古斯都并没满足,他想把北部边境推进到比以莱茵河为边界更有利的易伯河。公元前12年,奥古斯都令养子德鲁苏斯率远征军越过莱茵河进入日耳曼境内。德鲁苏斯战胜了当地的统治者,建立起一系列基地,于公元前9年抵达易北河,不慎坠马受伤不治去世。奥古斯都又派提贝里乌斯继续征服日耳曼。经过不断的征伐,罗马军队最终占领了从莱茵河到易北河的全部地区,公元前5年,建立了日耳曼行省。被征服地区的人民并没停止过斗争,虽驻有重兵,仍不时发生起义。公元前6年,潘诺尼亚省就爆发了20万人的大起义,提贝里乌斯奉命率兵镇压,经半年才平息了叛乱。而日耳曼人的反抗斗争更给奥古斯都沉重打击。公元9年,被日耳曼部族首领阿尔米尼乌斯引诱,驻守日耳曼行省的罗马统帅瓦鲁斯率三个军团和五个辅助队离开驻地,深入到几乎无法穿行的特乌托布尔格森林中,陷入日耳曼人布置的陷阱,遭到日耳曼人的猝不及防的围攻,经四天苦战,瓦鲁斯和所有高级军官不是战死,就是自杀了,全军覆没,无一生还。这一事件震撼了整个罗马。奥古斯都在罗马全城布置了日夜岗哨,延长了各省总督任期,向朱庇特神宣誓,全国处境如能改善,将举行盛大宴会向朱庇特表示敬意。瓦鲁斯军团的灾难使奥古斯都陷入深刻的悲痛中而不能自拔,好几个月,不理发,不刮胡子,还不时以头撞门呼喊:"瓦鲁斯,把军团给我带回来。"奥古斯都要把北部边界建立在易北河的美梦也彻底破灭了。他年老了,再没雄心、也没力量继续大举进攻日耳曼人了。虽然,奥古斯都后来曾派提贝里乌斯率军去征讨阿尔米尼乌斯,并大获全胜,挽回点面子。实际上,罗马的国力从此以后就一直被限制在莱茵河以南,而且常遭受日耳曼人的侵扰。恩格斯认为日耳曼人"同瓦鲁斯的会战,是历史上最有决定意义的转折点之一。这次会战使日耳曼尼亚永远摆脱罗马而取得了独立"。奥古斯都在晚年停止了军事扩张政策,而且劝告他的继承者也不要进行扩张。

祖国之父

奥古斯都另一足以自豪的不朽尊号是元老院和罗马人民授予的"祖国之父"。公元前2年,开始是一个贫民代表团要求尊奉他为祖国之父,他拒绝了,随后当他来到罗马大剧场时,一大群人再次向他请愿,最后是元老在元老会堂,由一名元老代表元老院发言:"幸福的命运和神灵的恩惠是与你的家庭同在的,为我们城市的幸福康泰而向你祈求,元老院和罗马人民一致热烈希望尊你为祖国之父。"奥古斯都眼含热泪地回答说:"在达到我的最高愿望之后,父老们,我还能向永生的神灵乞求什么呢? 我唯有诚心保持你们一致加给我的荣誉,直到永远。"同时,在奥古斯都的住宅的前厅、元老院会堂和树立在奥古斯都广场上的战车上都刻上这一尊号。这是一古老的尊号,恺撒也曾拥有过。奥古斯都接受这一称号,是因为他认为,这是他的全部努力的顶点和他的政体的最终体现。祖国之父,也就是说他是所有罗马人和意大利人以及行省人之父。这是把他的身份建立在罗马最古老的传统的基础上。按古老传统,"一家之父"是最受尊敬的关键人物,而被庇护者的保护人也常常被说成是被庇护者的父亲。在这种意义上,奥古斯都接受"祖国之父"或"国父"这一称号是遵循公元前32年和安东尼决战前夕全体意大利人向他发出的誓言,宣誓效忠于他。也就是说,所有罗马公民毫无例外地都是他的被庇护人,而他是他们的保护人。由于他的国家已不是小小的罗马,而是整个意大利,是包括许多行省和殖民地的庞大帝国,因而,他的被庇护者也就扩展到全体意大利人民、扩展到行省和殖民的人民。整个罗马帝国都是由他的被庇护人所组成的,不管是罗马人还是非罗马人。奥古斯都在追述公元前32年宣誓之事时,非常自豪地说:"整个意大利是自愿向我宣誓效忠的,高卢和西班牙诸省、阿非利加、西西里和撒丁等省也都举行效忠宣誓。"全体罗马人民都宣誓效忠奥古斯都,为奥古斯都服务卖命,把他看作是他们的保护人,尊敬他如同尊敬父亲。当然这中间也有被迫的违心的。按照古老的传统,作为保护人,奥古斯都也要维护被庇护人、即罗马人的利益,在一切事情上都要成为他们的顾问和朋友。确实,奥古斯都做了不少给罗马人民带来好处、得到罗马人民赞扬的事。他结束了长期不断的内战,使罗马人民开始享受安宁和和平。他扩大了罗马的疆域,把罗马的边境大大向外延伸了,从而给罗马带来了巨大的财富,满足了罗马人民渴求胜利的心理需求。他消灭了海盗,保证了地中海的航运的畅通和安全;他发给士兵丰厚的薪饷,退役后还让他们得到土地和金钱。他在罗马和意大利举行各种竞技、赛会和表演来娱乐罗马人民,他让不少贵族和骑士都有当官和发财的机会。他甚至不时地给罗马的贫穷的公民钱财和免费分发粮食,奥古斯都在自传里列举了他的此类义举。在他刚步入罗马政坛时,他就用分发钱财来收揽人心,后来又多次这样做。奥古斯都在列举他给罗马人民钱和粮时,是充满自豪的,但获得他的钱物的人是不多的,最多的一次有32万人,每人获得了他赠送的240块小银币,一般都只有20~25万人左右。有权得到奥古斯都赠送钱物的只是那些有公民权的罗马公民。奥古斯都关心和保护的是有公民权的罗马公民的利益。当时罗马帝国境内的居民大约在7000万到一亿之间,而罗马公民的总数,包括妇女和儿童,只有大约500万到600万。这中间还包括从100万增加到200万的外省的公民。奥古斯都三次进行人口调查,第一次在公元前28年,罗马公民人数是406.3万,第二次在公元前8年,423.3万,20年只增加了不足20万,第三次在公元14年,493.7万,20多年也只增加了70万。三次人口调查不仅说明罗马公民的人数在帝国境内居民中的比例是非常小的,而且说明,罗马公民人数的增加是极为缓慢的。这一方面是道德败坏,许多罗马公民追求享乐,不要家庭,独身主义流行,自然增长率小;另一方面是其他的人,除当兵,要获得罗马公民资格是非常不容易的,罗马公民是一个近似封闭的集团。

奥古斯都的罗马帝国是一个奴隶制国家,人数众多的奴隶是不被看作是人的,而是奴隶主的财产,没有任何权利。还有大量的外省居民,也没有罗马公民权。奥古斯都只是罗马公民之父,他们中的贫穷者,可得到奥古斯都小恩小惠的施舍,他们中的有钱者、元老和骑士,不需要奥古斯都的这种小恩小惠。他们需要奥古斯都作为他们的保护人,是希望奥古斯都保护他们的利益,让他们有飞黄腾达、发财致富的机会,其中很重要的一点是保护他们对奴隶的权利。奥古斯都就是这样做的。

公元前 36 年，奥古斯都打败了塞克斯杜斯·庞培之后，密令各地驻军清查在内战时加入军队的奴隶，有 3 万名被清查出的奴隶被送交给其主人惩治，如主人不在，就将奴隶处死。从而赢得了元老贵族和骑士的支持。罗马有一古老惯例，奴隶主在家被奴隶杀死，这家的所有奴隶都要被处死。公元 10 年，奥古斯都重申了这一规定：凡奴隶杀死主人，与之同处一处或闻声未去援救的所有奴隶均处死刑。可见，奥古斯都是完全站在奴隶主的立场上保护奴隶主的利益的。对奴隶主仁慈，对奴隶则残酷不仁。在罗马，奴隶主是可以随便借故杀死奴隶的，奥古斯都虽不甚赞同无故杀死奴隶，却十分尊重奴隶主的这一权利。有一次，奥古斯都到一个骑士大奴隶主家做客，席间，一个奴隶不小心打碎了一只水晶高脚杯，主人就令人将这个奴隶扔进池中喂鳗鱼，这个奴隶向奥古斯都求救。奥古斯都发了慈悲，劝主人饶了他，主人不听。奥古斯都并没因主人不给自己面子而生气，也没强迫主人，而是自己也打碎一只同样的杯子，这样就使主人不便因奴隶做了奥古斯都同样的事而处死他。这件事虽说明奥古斯都不赞成主人随意处死奴隶，或多或少表现了他性格的人性的一面，但也证明奥古斯都是多么尊重奴隶主的权益，是否处死奴隶，最终由他的主人决定。共和国晚期，由于奴隶的不断反抗和斗争，不少奴隶获得释放。奥古斯都军中也有不少释放奴隶，甚至有的释放奴隶自己成了奴隶主。释放奴隶成为习以为常的事。奥古斯都不能容忍奴隶的大量被释放，对释放奴隶作了严格的限制。他通过立法规定：拥有 3～10 个奴隶，最多可释放 1/2，拥有 10～30 个奴隶，最多可释放 1/3，拥有 30～100 个奴隶，最多可释放 1/4，拥有 100～500 个奴隶，最多可释放 1/5，拥有的奴隶超过 500，释放也不得超过 100。只有二个奴隶，主人有权全部释放。还规定：主人在世时释放奴隶，主人年龄要在 20 岁以上，奴隶年龄要在 30 岁以上。奥古斯都这样做，与其说是限制奴隶主的权利，还不如说是维护奴隶制度。

奥古斯都对忠诚于他的贵族和骑士十分恩宠，给予他们各种升官或发财的机会，他在自传中宣称，公元前 36 年宣誓效忠他的 700 元老，后来有 83 人担任过执政官，有大约 170 人担任了祭司。奥古斯都给予他们种种荣誉和特权，当然前提是他们要忠诚于他并按他的意志办事，对骑士也给予种种优待，换取他们的忠诚。当时，元老必须出身贵族，而且有一定财产资格限制，元老必须有 120 万塞斯特斯（小银币），骑士也要有 40 万塞斯特斯。内战使许多骑士的财产减少了，奥古斯都放宽了对骑士财产资格的限制，规定只要本人和父母曾经拥有骑士标准的财产就可以了，而不管他现在有多少财产。他从争取民心、安定民心出发，虽也处罚过一些声名狼藉的骑士，谴责他们低利借入，高利贷出的行为，却仍从骑士阶层中提拔文武官员。骑士不仅能担任执政官、军团将校、行省长官、禁卫军长官等高级官吏，如奥古斯都任命的第一位埃及总督伽鲁斯就是骑士。而且，在保民官等元老等级的候选人不足时，骑士可以补充。受到恩宠的骑士当然对奥古斯都感恩戴德，唯命是从了。奥古斯都这种大量从骑士中任官的做法，使大商人、包税商和高利贷者都可成为帝国官吏，同时，由于骑士并不集中在罗马而是分布在帝国各地，从而使奥古斯都统治的社会基础空前扩大。

奥古斯都恩宠贵族、骑士，维护奴隶主利益，同时又不时对一般的罗马公民施予小恩小惠，但最使人赞颂的是他结束内战，消灭海盗，给罗马带来了所谓的奥古斯都和平。这不仅是厌倦了长期内战的罗马人民所渴求的,而且,这种和平,对于罗马有产者——元老和骑士——来说,是十分了不起的,它意味着有产者的胜利,意味着奥古斯都的政治体系中占有一席之地并分享其利的人——商人和大大小小的官吏的胜利。由于和平,无论在意大利还是在外省城市都是一片繁荣,蒸蒸日上。甚至对那些被释放奴隶,和平也带来好处。奥古斯都对他们和他们的孩子也给予特别的关注。在很多情况下,允许他们与拥有全权的公民结婚,让他们为日益增多的地方祭祀提供祭司,使他们也可分享中等阶级的福利中的相当大的一份。他们中不少人从事工商业活动,从中大发其财的,也大有人在。

这样,奥古斯都获得的赞誉是空前的,而且一直伴随着他走完生命的最后一刻。有一次,他在意大利西海岸的坎帕尼亚港外巡游,当他乘坐的航船超越了一条刚从亚历山大里亚来的商船时,商船上的人见奥古斯都在邻船上,所有的船员和乘客都穿上自制服、戴上花冠,齐聚甲板上,烧起香火,向奥古斯都——他们的国父——敬礼,并大声呼喊,他们的生命、自由和财富都归功于他。和中国的秦始皇帝相比,奥古斯都似乎没有中国皇帝那么重的神秘感,离人民近些,离神远些,因而也更得人民爱戴。罗马骑士们一致自愿主动为他祝寿,总是持续两天,各行各类的人每年都举行为他祝福的仪式,每年一月一日,他们总要带一份新年赠礼到卡尔托尔向他奉献,而奥古斯都则用这些献礼钱购买贵重的神像,竖立在罗马各城区。当奥古斯都从行省回来时,人们不仅以祈祷祝福来迎接他,而且以歌咏赞颂他。有些人在遗嘱中要求继承人向奥古斯都奉献牺牲,为奥古斯都拯救他们表示感恩。有些意大利城市把奥古斯都第一次到该城市的访问的那天作为一年之始,许多行省除建造许多殿堂和祭坛外,还在每一个城市举行五年一度的崇敬奥古斯都的赛会。当然,这仅仅是那些不足600万的,大都住在城市里的罗马公民而言,奴隶仍是奴隶,甚至农业劳动者也甚少得益于罗马和平,他们的负担并没减轻,生活也没什么改善,在他们眼中,奥古斯都不是他们的保护人,他们也不会有把奥古斯都尊为父亲的感情。

重造罗马

由于和平,罗马公民,主要是其中的有产者,生活的要求提高了。奥古斯都十分注意满足他们的需要,给他们营造一个舒适的环境。这也是他被尊为国父受到赞扬的重要原因。

在罗马,宗教气氛是非常浓的,许多活动都是通过宗教仪式进行的。长期内战,使人们的宗教信仰减弱了,宗教活动也减少了。奥古斯都本人似乎是罗马古老宗教的虔诚信奉者,奥古斯都这一称号就具有宗教色彩。他为恺撒复仇的终点,是把恺撒尊为神,立庙祭祀,而他自己也就成了神子。奥古斯都和平也是通过关闭雅努斯神庙的大门来体现和象征的。罗马的宗教活动无所不在,罗马城林立着各种神庙和祭坛,有古老的源于希腊的罗马诸神,也有被征服地区和国家所信奉的各种神。宗教活动成为罗马人民的最重要的活动。但由于长期内战,罗马境内的许多宗教活动的场所——庙宇、祭坛等,不是遭到破坏,就是年久失修。担任众多祭司职务,包括大祭司长的奥古斯都,把宗教作为他统治的重要支柱,一方面大力提倡恢复罗马古老的宗教崇拜;一方面不惜花费巨大财力修复或重建各种神庙和祭坛。这既是他宗教感情的驱使的结果,也是赢得罗马人民爱戴的不可取代的手段。仅在公元前28年,他就在罗马城修复了82座神庙。待修的神庙没一座被忽略。他先后还新修了许多神庙,其中有名的有公元前31年开始修建的帕拉丁山上的阿波罗神庙及其柱廊。阿波罗是太阳神、战神,奥古斯都公开宣称阿波罗是他的保护神,也有人说他就是阿波罗神的化身,他还为纪念这位大神而创立了百年大祭和各种演出比赛。还有神圣朱理亚庙,复仇者马尔神庙,卢佩卡尔神龛,卡皮托尔山上的朱庇特神庙,奎里努斯神庙,阿芬丁山上的米涅娃、天后朱诺和朱比特诸神庙,位于神圣大道起点的教育神拉瑞斯神庙,维利亚山头的灶神培那戴斯神庙,以及帕拉丁山上的青年神庙和大母神庙等。他不仅自己出钱修建,还鼓励他的部属和其他有钱人出钱修庙,其中阿格里帕做得最为出色,他创建的万神庙是罗马最有名的神庙之一,后来被破坏了,哈德良皇帝时又重建了,是古代罗马所有大建筑物中保存得最好的。这是一洞穴式的宏伟建筑,大厅中央屋顶有一圆孔,象征太阳,光亮从这里投射到大厅内,进入大厅里的人会感到自己的渺小并会有处在众神的注视之下的感觉。这就是万神殿的意思。

奥古斯都不只是热心修庙,还不时向神庙赠送礼物,他一次就向卡皮托尔的朱庇特大庙赠送了一万三千磅黄金和宝石珍珠等,价值5000万塞斯特斯,他甚至下令把在罗马为他树立的80座白银塑像全部溶化掉,并把由此而得到的钱财用来向阿波罗神庙奉献礼品。这些宗教建筑外形壮观雄伟,装饰相当豪华美丽。它们的建立不仅改变了罗马的面貌,也激发了罗马人民的宗教感情和活跃了罗马人民的宗教生活,使罗马成为一个宗教中心。

奥古斯都大兴土木,也还兴修了其他一些建筑物,有在他私人地产上用大理石建造的奥古斯都广场,这是罗马的最为宏伟的建筑之一,广场周围环绕着柱廊和神庙,是罗马人民的重要集会场所,罗马原有两个广场,规模较小也满足不了罗马人民的需要,因而奥古斯都又新建这一广场。有元老院会堂和与之相连的卡尔齐迪大殿,有始建于恺撒而由奥古斯都完成的朱理亚广场和卡斯托尔神庙和萨图恩神庙的大会堂。还有一些剧场和竞技场,如弗拉米尼竞技场的屋大维亚柱廊、大竞技场的观礼台、庞贝剧场等,大会堂和广场是人们聚会交流的场所,竞技场和剧场则是罗马公民娱乐的地方。娱乐活动是和平环境下罗马公民生活中不可缺少的,不仅元老贵族和骑士热衷于竞技场和剧场所提供的角斗、戏剧、军事竞技、体育比赛和其他各种表演,罗马的近20万靠国家救济的平民也迷恋这些娱乐。罗马境内的其他城市也都兴建不少剧场和竞技场。这种圆形的四周或三边有观礼台的宏伟建筑,类似今天的露天运动场,大多数竞技场中央场地之下都建有曲折复杂的地下室,包括运送布景的通道、提升野兽和演出装置的机械和角斗士室。奥古斯都在剧场和竞技场举办了许多赛会、竞技、角斗甚至海战表演。在他简短的自传里,他不厌其烦地列举了他兴办的这类娱乐活动。他是把它们作为他毕生的功绩来写的,可见他对这些活动的重视,也可反映出罗马公民是非常喜爱这些活动的。他经常举办角斗表演,这是罗马人民所热衷的古老的残酷娱乐。角斗士都是经过专门训练的奴隶,观看的有上层贵族、骑士,也有下层平民。角斗士厮杀时,观众狂呼乱叫,一旦某个角斗士受伤倒下,无力角斗。他的生死就由观众决定,观众高兴满意,就可饶他一命,不满意,武器就会戳入他的心脏。竞技场上溅血过多,就在上面撒上一层新沙,继续表演。奥古斯都曾驱使一万多人参加这种血腥的角斗表演。除角斗外,他还举办各种比赛,他曾三次从世界各地聘请运动员进行体育表演。赛会不断,不少赛会是宗教性的,如公元前17年举行的百年节,这是奥古斯都作为15人祭司团团长而举办的新时代大庆赛会,是罗马人民庆祝新世纪开始的节日,是祀奉神祇的活动,要连续不断地进行三天三夜。又如公元前2年,奥古斯都在罗马历史上第一次举办了马尔神赛会。马尔神是战神,是罗马最重要的也是最受尊敬的神祇之一,罗马历的第一个月就是献给他的,称马尔契。马尔神赛会是军事竞赛。公元前2年以后,每年都举行。他还多次举办猎兽表演,把竞技场、圆形剧场变成猎兽场。在他举办这种表演中,总共猎杀了3500头从非洲运来的野兽。奥古斯都还别出心裁地在罗马的台伯河对岸举办了一次海战表演。为此,专门挖了一个长1800尺、宽1200尺的水域,动用了30艘三列桨或二列桨的尖头船和许多小船,不算桨手,参加的战士就有3000名。规模相当大。

奥古斯都性格内向,生活严谨,并不是一个热衷游乐的人,他如此频繁地举办各种赛会和表演,除宗教性的,有出于他本人的对宗教的虔诚因素外,其他的,都和他施恩于罗马人民的其他措施一样,是他取悦罗马人民、笼络人心、提高自己的威望、巩固统治的一种手段。当然,也满足了罗马人民的精神生活的需要。

奥古斯都为保证罗马的供水,修复了因年久失修而损坏的水道的引水管道,还把一条新的水源引入一条被称为马尔齐亚的水道,使这条水道的水量增加一倍。清水渡漕都是用方石砌成,十分坚固壮观。他还建立一支专门管水队伍,设立并任命水利总监负责分配供水,没有奥古斯都的批准,不准向任何私人供水。供水成了奥古斯都的恩赐,当时,罗马的用水量是很大的。罗马人除看竞技外,上澡堂也是一大嗜好,奥古斯都和阿格里帕都修建了一些宏大的公共浴池,富人还都有自己的豪华浴池。浴池也是罗马的重要公共设置和颇具特色的建筑。

奥古斯都经多年大兴土木,在罗马林立起一座座有花岗石和大理石层面,规模宏伟壮丽、结构坚固实用、装饰豪华美观的各种建筑物,再加上其他富豪显贵追随奥古斯都兴建的一些建筑物和众多豪华的私人住宅,罗马的面貌已焕然一新、广厦如云、大殿密布。正如奥古斯都自己所说:"我接受了一座砖瓦之城,却留下了一座大理石之城。"

在奥古斯都的治理下,罗马的交通也发生了质的变化。奥古斯都以罗马为中心,大修驰道以通达各省,形成了延伸到全意大利和行省的综合道路网。这些道路的分布、设计、建筑和排水,都认真考虑了当地的材料和条件,既系统又灵活。这些驰道都以大块石料砌成。它们跨越河流的坚固的高耸的桥梁和穿越高山的隧洞,令人赞叹。"条条大路通罗马",四通八达的驰道成了罗马经济和组织的最重要的方式。在以后的千百年中,在近代的铁路和公路未铺设以前,罗马的驰道一直是南欧陆上交通的主要干线。海上的交通也因为奥古斯都消灭了海盗和建立了一支常备海军而变得安全可靠方便迅速。

奥古斯都在罗马还建立一支由三个大队组成的罗马城市警察队伍和一支防火队来保障罗马日常生活的安全。

奥古斯都不仅在物质上重修罗马,而且也力图在精神方面重修罗马,当时的罗马,古朴敦厚的民风已荡然无存,人们醉生梦死,追求灯红酒绿、声色犬马的腐化生活,道德败坏,奢侈成风,家庭观念越来越淡薄,不少人终身不娶,而离婚和通奸也成了司空见惯之事,因此奥古斯都极力倡导恢复罗马的道德传统,倡导爱国、虔诚、忠贞、俭朴。他恢复了一些古代的习俗和宗教仪式。制定一系列法规,限制用于宴会和节日活动的开支,限制离婚,严惩第三者,向独身男子征税,奖励孩子多的家庭,惩戒放荡行为,节制奢侈。他对一些官吏的贪污腐化和横征暴敛严加惩处,他自己更是身体力行,不仅自己生活简朴,要求严格,力图为罗马树立一个恢复古代美德的榜样,对子女出格行为也决不姑息。他的唯一的女儿和孙女都因行为放荡而被他放逐。

奥古斯都在这方面的一系列措施,效果虽不如大兴土木那样显著,但也为他赢得了古代道德标准修复者的美誉。

黄金时代

奥古斯都统治下的罗马,不仅政治上、经济上达到了空前的昌盛和繁荣,在文学上也是一个黄金时代,以致后来,"奥古斯都时代"就成了"黄金时代"的同义词。奥古斯都本人并没有他养父恺撒那样的文才,也没留下什么令人称誉的富有文学色彩的文字。他留下的文字给人一种公文式的干巴巴的味道。但他却喜好结交文人,甚至与文人为友。在他周围不仅聚集了罗马一些享有世界声誉的伟大作家,而且赢得了他们的好感和赞誉。有人说,聚集在奥古斯都周围的诗人和作家所组成的小团体,是奥古斯都的宣传部,这当然是偏颇之词。单纯的御用文人是无法获得世界声誉的。不过这也说明,奥古斯都结交这些文人的一个重要目的就是希望他们宣传和歌颂自己,即被人称为宣传部。可见,目的达到了。不过,奥古斯都对这些文人是友好的、仁慈的,并没强迫他们违心地为自己服务,但他对那些对自己不友好的文人,则和对待自己的政敌一样,是严酷的。

奥古斯都亲近文人的中介是他的最亲密的、与阿格里帕并列的顾问梅塞纳斯。梅塞纳斯出身骑士,十分富有,是奥古斯都政治和外交方面的得力助手。他雅好风骚,热心于赞助有名的文人。许多诗人和作家都投入他的门下。他和有名的诗人维吉尔、贺拉西等结下了经久不渝的友谊。奥古斯都正是通过梅塞纳斯结纳了维吉尔、贺拉西等。梅塞纳斯和奥古斯都都希望诗人们能用诗歌赞颂罗马和奥古斯都的伟大业绩。但诗人们却并没因友谊和得到奥古斯都和梅塞纳斯的庇护和赞助而放弃人格。一般说,他们都选择了自己的路。

维吉尔是罗马最伟大的诗人,出身农家,对农村和农民怀有深厚的感情。后三头当政时,他父亲的家产被没收。公元前37年,他完成第一部新作《田园诗》(《牧歌》),就以奇特风格在罗马文学界引起一片惊叹。除描述他理想的田园世界、抒发个人的感情外,《田园诗》还反映出这样一种普遍的信念:救世主将出现并将把世界从长期苦难中解救出来。他虽没在诗中提名,但显然是把拯救世界的责任归之于屋大维。《田园诗》的发表使维吉尔声誉鹊起,并因此结识了梅纳塞斯,又通过梅纳塞斯的引荐,受知于屋大维,得到许多赏赐。随后写的4首较长的《农事诗》就是献给梅纳塞斯的。《农事诗》赞美乡村生活,体现了作者对罗马化的意大利的热爱,这种热爱是时代的特征,是奥古斯都和平的核心,奥古斯都也因此在诗中受到赞扬。维吉尔的最重要著作是历经11年(公元前30年到公元前19年)写成的英雄史诗《埃涅阿斯记》,它描述罗马的建立者埃涅阿斯历经磨难,通过不断的胜利而导致和平,并成为一个道德的真正楷模的经历和它所体现的罗马的成就。这与奥古斯都结束内战、实现和平,并努力唤起罗马人民的自豪感,要求罗马人民重视自己的古老宗教和传统的道德观念是一致的。它反映了维吉尔的、也是奥古斯都的理想:罗马有责任征服世界并在各民族中传播文明和法治。对奥古斯都给长期受战争磨难的罗马带来和平,维吉尔是深怀感激之情的。但在史诗中,他也形象生动地告诉我们,战争留下的是遗骸、废墟和厌倦。这说明,一切战争的胜利,包括奥古斯都所取得的胜利都是建立在痛苦之上的。

公元前19年,奥古斯都在希腊巡游时,碰到了也在那里的维吉尔,奥古斯都劝他陪同自己返回意大利。但在维吉尔随同奥古斯都通过亚得里亚海,回到布隆迪西时,一病不起,竟去世了。《埃涅阿斯记》还没来得及完稿,在他病逝前,他曾让他的文学上的遗嘱执行人在他万一去世后把诗稿全部烧掉。但他死后,奥古斯都下令不要考虑他的遗嘱,完全按原稿出版《埃涅阿斯记》,从而保存了这部不朽之作。

贺拉西是奥古斯都时期的另一位杰出诗人,也是最为奥古斯都器重的诗人之一。他的父亲是一个释放奴隶,当过一个拍卖官的助手。贺拉西在公元前42年腓力比战争中,是屋大维等三头的敌手布鲁图斯方面的军官,战后,他父亲的农庄,和维吉尔的一样,被没收了。贺拉西几无容身之地,后在罗马结识了维吉尔和梅塞纳斯,并得到奥古斯都的赏赐,梅塞纳斯赠送给他一所舒适的庄园。奥古斯都请他任自己的私人秘书,他以健康不佳为由拒绝了,但奥古斯都仍多方对他加以照顾。当然,贺拉西对奥古斯都对他的关怀照顾和奥古斯都所带来的和平是感恩戴德的,因此,他不时发表一些歌功颂德或奉命之诗作,因此,被人称为宫廷诗人。公元前17年,他曾奉命为奥古斯都恢复世代竞赛创作颂歌《世代竞赛者》。他的赞美罗马光荣伟大,歌颂奥古斯都的丰功伟绩之作,为奥古斯都和他的事业起了很好的宣传作用,提高了奥古斯都的威信。不过,诗人仍保持了独行其是的温和而又独特的个性。他与奥古斯都的友谊一直保持到公元前8年去世时,他的重要作品《歌集》和《书札》对西方文学产生了极大的影响。

奥古斯都时代另一位伟大诗人奥维德却没有维吉尔和贺拉西那么幸运。他的最有名的作品《变形记》是一部由各种神话、民间传说和轶事组成的宏大的天方夜谭。奥德维的作品虽也偶尔提及奥古斯都的光荣,却并没大多迎合奥古斯都之所好,因而他虽一度因诗才敏捷而深得奥古斯都恩宠,却终因生活放荡不羁,或如他自己所说的"诗和错误",诗是指《爱的艺术》,奥古斯都认为他太不道德了,错误可能是指卷入了奥古斯都孙女朱莉亚因通奸而被流放的有关事情中,而在公元前8年被奥古斯都放逐到黑海西岸的托米城,直到公元17年死在那里。

奥古斯都文人圈子里还有一位伟大的史学家李维。他没参与任何政务活动,而是在奥古斯都供养下,专心从事《罗马史》的写作,耗费了40年的时间,才完成了这一部通史性质的史学巨著。他是西方通史体类的史学著作的首创者,李维的书,不仅文字优美,而且洋溢着爱国主义情绪。由于奥古斯都认为自己不是一个独裁者,而是古代共和制的方式和习惯的恢复者,所以,他支持李维自由地探索过去的光荣传统和美好时光。李维对罗马的传统英雄和他们行为的生动而又富于感情的描述,是符合奥古斯都愿望的,因为,这些英雄中,最受人尊敬的就是奥古斯都。在历史学家李维心中,奥古斯都是他的朋友。

家庭生活

奥古斯都虽贵为天下第一人,但生活俭朴,并没有像中国的始皇帝那样放纵自己,他信奉斯多葛哲学,追求理智和道德的生活,提倡恢复古老的道德传统。他虽也经常安排各种娱乐活动和宴会,但那只是工作的需要,满足人们的喜好。他本人并不热衷美酒歌舞。他不屑于和贵族那样锦衣玉食,甚至不拿国家俸禄。他穿的是自家妇女纺织的衣服,住的是帕拉丁宫殿里的一间狭小的房间。这并不完全是做给人看的,即使离开了众人的视线,孤身独处,他也仍过着哲人般的简单生活,而毫无帝王式的奢侈豪华。

奥古斯都是个政治人物,甚至他的家庭生活也充满令人无法忍受的政治气氛,他为人严谨,从不随便说话。他在公开场合发表的演说都是事先经过精心准备的,即兴演说是没有的。他的这种习惯也带到家庭生活中来了,他和自己的妻子也不随便说话,有事不得不说时,都要事先写好稿子,然后照稿宣读,这种夫妻关系也可谓海外奇谈。

奥古斯都结了三次婚。

公元前43年,年仅20岁的屋大维和安东尼的妻子富尔维亚与前夫所生的女儿克历狄亚订婚。目的完全是强化他和安东尼的关系,他们的结合是政治的,而不是爱情的,结果第二年就解除了婚约。公元前40年,在梅塞纳斯的说合下,屋大维和庞培妻子的姑母斯克里波尼亚结婚,目的是为了和当时拥有强大军事力量的赛克斯杜斯·庞培搞好关系。屋大维是斯克里波尼亚的第三任丈夫。斯克里波尼亚为他生了一个女儿优利亚。因名声不好,只维持了两年,斯克里波尼亚就被屋大维休弃了。

屋大维的第三次结婚,政治结合的气味不是那么浓。但他看上的却是个有夫之妇,名叫利维亚·德鲁西拉,是个大美人,她的丈夫叫提比里乌斯·克劳狄乌斯·尼禄,也是罗马的名门望族。公元前38年屋大维强迫她与丈夫离婚嫁给自己。利维亚与屋大维结婚时,腹中还怀有前夫之子。也就是后来的奥古斯都养子杜鲁苏斯。利维亚是个权力欲望极强而又善于玩弄手腕的女人,她常参与政事,为丈夫出谋划策。在奥古斯都晚年年老多病,体力不支时,利维亚任性使权,把奥古斯都玩弄于手掌中,管得服服帖帖。她和奥古斯都没有孩子,她让自己与前夫的两个儿子都做了奥古斯都的养子。她的儿子提贝里乌斯成了奥古斯都的继承人,有人怀疑,奥古斯都病情恶化、突然去世是利维亚暗中捣鬼所致。奥古斯都统治世界却最终受制一个女人。

奥古斯都只有一个女儿优利亚。公元前25年,年仅14岁,奥古斯都就让她嫁给了她的表哥,屋大维亚的儿子马塞卢斯。但只过了两年,马塞卢斯年纪轻轻就死了。奥古斯都又把还只有16岁就守寡在家的女儿嫁给了自己最亲密的助手、原来的同学阿格里帕。阿格里帕和奥古斯都同岁,现在成了他的女婿了。优利亚和阿格里帕生了五个孩子——三男两女。奥古斯都对这些外孙非常疼爱。公元前12年,阿格里帕去世后,奥古斯都又强迫女儿嫁给利维亚与前夫之子提贝里乌斯。这是一次违背两人意愿的悲剧性结合。提贝里乌斯已有娇妻,奥古斯都强迫他和妻子离婚,娶他本人不愿娶的优利亚。优利亚也不愿嫁给他。两人婚后,感情仍格格不入。优利亚变得行为放荡,淫名远扬。提贝里乌斯无可奈何,公元6年,干脆一个人跑到罗得岛上过隐居生活去了,不过也暗纵情欲。奥古斯都对女儿的行为忍无可忍,公元前2年,把她流放了。优利亚的同名女儿也有母风,后来也因淫乱行为被奥古斯都流放了。

奥古斯都无子,选谁当继承人就成了长期困惑他的一个困难问题。奥古斯都继承人的确立是一波三折,几经反复的。奥古斯都开始选定的继承人可能是他的外甥马塞卢斯,不仅把唯一的女儿嫁给他,而且赋予他重任,提拔他担任祭司和高级营造官,带他一同去出征西班牙。马塞卢斯虽名声不错,又非常得宠,却天年不遂,公元前23年,年仅19岁就去世了。奥古斯都非常悲痛,安葬时,亲自宣读悼词。维吉尔的史诗《埃涅阿斯记》中也有一段专门颂扬他。奥古斯都选定的第二个继承人选可能是阿格里帕。公元前23年,他不考虑年龄的悬殊,让自己刚死了丈夫的女儿嫁给了他,阿格里帕战功卓著,并多年担任奥古斯都的助手,曾不止一次任执政官。公元前18年,奥古斯都甚至让他分享自己的保民官的权力。可惜,老天不遂人愿,公元前12年,阿格里帕又染病去世。奥古斯都又一次参加自己选中的可能的继承人的葬礼并致悼词。奥古斯都在选择继承人的问题上犹豫不决,长时间下不了决心。有时,有两个甚至更多的人选,他宁可等待,而不急着在他们中确定一个。奥古斯都把利维亚和前夫的儿子提贝里乌斯和德鲁苏斯都收为养子,但并不想确定他们中的那一个做继承人。公元前17年,阿格里帕还未去世,他就把阿格里帕和优利亚的两个儿子盖乌斯和卢基乌斯过继为自己的孩子,这等于把他们纳入他的继承人人选中。他们当时一个3岁,一个只1岁。特别受奥古斯都宠爱。奥古斯都可能是想在他们两人中择一的。在他们年满15岁时,就都被元老院指定为当选执政官,也就是候补执政官,并成为贵族青年的领袖。另外两个继承人的有力竞争者是提贝里乌斯和德鲁苏斯兄弟,他们比奥古斯都的两个外孙年长得多,而且早入政界,军功显赫,又有母亲利维亚这座靠山。特别是提贝里乌斯,阿格里帕去世,优利亚嫁给了他。所以他和盖乌斯、卢基乌斯虽都是奥古斯都的养子,都叫奥古斯都父亲,他其实是盖乌斯、卢基乌斯的继父。公元前9年他的兄弟德鲁乌斯在前线去世。公元前6年,他被提升分享他的养父奥古斯都保民官的权力,但正在他如日中天时,却戏剧性地放弃一切职务,离开罗马,退隐到罗得岛。提贝里乌斯这样做的原因,有人认为是对妻子的放荡淫乱行为不满的结果,也有人认为是由于盖乌斯的妒忌造成的。后一原因可能更合情合理,如果奥古斯都有意要确立盖乌斯为继承人,那就必须除掉提贝里乌斯这个最大的竞争者。也许提贝里乌斯见情况不妙不得不如此。因为提贝里乌斯在罗得岛一呆就是8年,他心里显然不平静,而是牢骚满腹。同时,在他退隐后的第二年,盖乌斯就被大肆渲染地引进公共生活,三年后,他的兄弟卢基乌斯也是如此。在奥古斯都内心里,外孙显然比提贝里乌斯这个和自己毫无血缘关系的养子更亲近些。提贝里乌斯名为退隐,实际上,也许就是种放逐。但是令人不解的是,盖乌斯和卢基乌斯不久就相继死去(公元4年和2年)。他们的死亡有可能是提贝里乌斯的母亲利维亚暗下的毒手。

这样一来,奥古斯都的养子就只剩下退隐在罗得岛的提贝里乌斯一人了。在利维亚的要求下,年老的奥古斯都别无选择,只好召回提贝里乌斯,重新赋予重任。利维亚为了扫清她儿子接班的障碍,竟借故把奥古斯都仅剩的一个外孙波司图姆斯也放逐到地中海的普拉纳西亚岛上。有人说波司图姆斯生理有缺陷,是个白痴,这显然是利维亚和提贝里乌斯等造的谣,真如此,奥古斯都一死,提贝里乌斯就不会那么急忙地下令把他杀害了。实际上,奥古斯都这个外孙虽没什么特别令人赞美的优点,生性蛮勇甚至粗野,但也没什么秽行丑闻,只是十分痛恨利维亚。在奥古斯都心里,这个唯一活着的外孙仍然是继承人的候选人,当时的社会舆论也把他看作是可能的未来统治者的。公元13年,奥古斯都可能知道来日不多了,便把遗嘱存放到罗马的维斯塔神庙里,同时,又不顾年迈有病,瞒着利维亚,只带几个心腹乘船到普拉纳西亚,看望在那里的外孙阿格里帕·波司图姆斯,爷孙俩一见面,便抱头痛哭一场。这件事,奥古斯都虽严密封锁消息,但还是被利维亚知道了,从普拉纳西亚返回到罗马南边的诺拉时,奥古斯都的病情急剧恶化了,有人怀疑是利维亚搞的鬼,因为她担心奥古斯都改立继承人。刚刚到达伊里利库姆的提贝里乌斯也被她母亲的一封急信召回了意大利。

公元14年8月,奥古斯都走完了他77年的生命历程,在诺拉去世。他的遗嘱被从维斯塔神庙的贞女手中取出,遗嘱包括对他一生的概述、他的遗产的安排和政治遗言。他的财产按照遗嘱,除一部分馈赠给罗马人民外,余下的2/3给提贝里乌斯,1/3给利维亚。他的地位和权力,从法律上说,是无法继承的,因为构成他的地位的各种权力与职务,随着他的死亡而不存在了。其他的人

奥古斯都陵墓

只能从元老院和罗马人民得到这些权力与职务。不过,奥古斯都最后实际上不仅选择提贝里乌斯作他的财产的继承人,也选择他作他的政治继承人,让他继承他的带共和色彩的帝政。提贝里乌斯在奥古斯都死前就已经和奥古斯都共同执政,担任保民官在内的许多重要职务,拥有一人之下万人之上的非常广泛的政治权力。但奥古斯都死后,提贝里乌斯也和当年奥古斯都一样,要把权力交还给元老院。而元老院也同当年对奥古斯都一样,把奥古斯都曾拥有的各种权力和称号又都授给他。提贝里乌斯成了继奥古斯都之后的第二位元首。

奥古斯都死了,他创立的元首制帝国延续下来了,他奠定的和平和秩序也没因他之死而瓦解。他的旧瓶装新酒的做法,也就是以共和国之名行帝政之实的做法,是成功的,对后世的影响也是巨大的,作为一个伟大的政治家,他是不朽的。

雄才大略的法兰克皇帝

——查理曼

人物档案

简　　历：查理曼是法兰克王国加洛林王朝建立者矮子丕平之子，在他执政的 46 年间，励精图治，使法兰克王国达到鼎盛。

生卒年月：742~814 年。

安葬之地：不详。

性格特征：生活朴素，对待来宾十分热情。

历史功过：查理称帝后，极力强化中央集权统治。

名家点评：查理曼的重要之处，是他超越了神圣罗马帝国的版图和世界。可是，在他死后，其帝国就四分五裂了。

继承祖业

查理是法兰克人。法兰克人是被罗马人轻蔑地、侮辱性地叫作蛮族的日耳曼人的一支。其实，他们和罗马人有共同的祖先，不过较罗马人落后而已。西罗马帝国被蛮族灭亡之后，法兰克人在墨洛温家族领导下，在今天的法国东北部建立起法兰克王国。它是日耳曼诸蛮族国家中最强大、持续时间最长的。查理的祖辈是法兰克王国的贵族，历位高官，地位显赫。

查理的曾祖父丕平，是法兰克的奥斯特拉西亚的宫相，被称为奥斯特拉西亚丕平。当时的法兰克王国实际上分成了奥斯特拉西亚、纽斯特里亚和勃艮第等三个王国。丕平家族是奥斯特拉西亚最富有、最有权势的大贵族之一。从丕平的祖父起，宫相这一职务就由丕平家族的人世袭。宫相起初只是王宫的总管，是国王的仆人，管理宫廷财产和服务人员，但后来权力日重，渐渐执掌机要。到公元 7 世纪时，宫相不仅控制内政，"挟天子以令诸侯"，也成为军队的最高首领。大多数宫相都由国王任命，但也有由贵族推选的。法兰克墨洛温王朝后期的国王都是些懒散成性、不理朝政的人，被人们称为"懒王"或"庸王"，是些一事无成的国王，大权完全掌握在宫相手里。不过，国王的懒散并不是王权旁落的唯一原因。根本原因是封建贵族势力的膨胀，而贵族势力的增长又是历代国王不断把大量土地赏赐给贵族造成的。这种赏赐同时又削弱了王室的力量。一位法兰克历史学家曾这样描述当时国王的无权地位:"除了国王的空洞称号以外,什么都没有了,因为国家的财产和权力都入了宫廷长官——宫相之手,由他们操纵令权。国王是满足于他的空洞称号的。他披着长发,垂着长须,惯于坐在宝座上,扮演着统治者的角色,他倾听来自任何地方的使节的陈词,在他离去的时候,向他说一说别人教给他或者命令他回答的辞句,好像是出于自己的意旨似的。这就是他所执行的唯一职务。因为除了空洞的称号,除了宫相凭自己的高兴许给他的不可靠的生活费以外,他自己只有一处收入很微薄的庄园,此外一无所有。"但也有一些宫相支持国王,反对贵族。纽斯特里亚离罗马较近,受王权至高无上的影响较深。这里的宫相一般都支持国王。奥斯特拉西亚是日耳曼人集中的地方,它的宫相大都是贵族的代表。丕平任奥斯特拉西亚宫相期间,打败了纽斯特里亚的宫相,成为法兰克王国的实际统治者。

　　查理的祖父查理·马特是丕平的私生子。714 年,丕平死,他的妻子把握大权,将查理·马特投入监狱。但随即发生叛乱,查理·马特乘机逃出监狱,召集军队,平定叛乱,继任宫相。查理·马特任宫相期间,法兰克王国面临阿拉伯人从南部、撒克逊人从北部的侵略。查理·马特打退了他们的进攻,并在 732 年的普瓦提亚战役中,击败了阿拉伯骑兵,迫使阿拉伯人退到比利牛斯山以南,保卫了法兰克王国的独立。由于查理·马特在作战时,总是手握一把锤子指挥战斗,因而赢得"马特"(意为锤子)的称号。查理·马特把墨洛温王朝无条件赏赐土地的旧制改为采邑制。在这种制度下,接受分封采邑者,必须服骑兵兵役,这成为后来的骑士制度的基础。受封者死亡,采邑归还封主,不得世袭。但是在 9 世纪,采邑逐渐变成世袭领地。采邑制的推行,使上下之间结成封主与附庸的关系,领主有责任保护附庸,附庸要宣誓为封主效忠,随时应召为封主作战。大小封主一级一级地封授采邑,从而形成中世纪的封建等级制度。由于封授采邑以效忠封主和服骑兵兵役为前提条件,因而采邑制的推行,大大加强了查理·马特的政治、军事力量,并成为查理·马特控制贵族的重要手段。

　　741 年,查理·马特病故。按照法兰克人遗产平分制度,他的两个儿子,也就是查理的父亲矮子丕平和他的伯父卡洛曼继承宫相职位平分国土,不过,表面上仍听命于国王。他们一上台,就面临外寇入侵的严重威胁,而查理·马特的一个私生子又积极网罗党羽,策划阴谋,反对他们两个兄长,要求继承权。在这种处境下,两人通力合作,战胜了外寇,平定了内乱。随后,兄弟俩又发生冲突。746 年,卡洛曼在兄弟矮子丕平的逼迫下,放弃权力,进修道院做了隐修士。也有人说,卡洛曼窜入空门是出于对世俗事务的厌烦和对忏悔祈祷生活的喜爱。不管是出于那种原因,矮子丕平就这样成了法兰克王国的唯一的实际统治者,但名义上的国王仍是墨洛温家族的希尔德里克。大权在握的矮子丕平对这种虽有国王的权力却没有国王之名的地位十分不满。法兰克人对长期以来都听命于宫相、却还有一个不理事的国王这样名不副实的状态也迷惑不解。贵族要宣誓效忠国王,而国王却不过是宫相的傀儡。矮子丕平决心采取行动,夺取王位。他在取得本国贵族的赞同后,派使臣到罗马谒见教皇扎加利,吁请他给予支持。这时罗马正面临着伦巴德人的威胁,也想得到强大的法兰克王国的军事支持。因此,当矮子丕平的使者问教皇:"是徒有虚名的人做国王好,还是让真有实权的人做国王好?"教皇马上讨好地回答:"在我看来,让真有实权的人当国王好些。"他还宣称:"整个民族可以合法地在同一个人身上把国王的头衔和权力结合起来。而那个不幸的希尔德里克,这公共安全的牺牲品,则应免去职务,剃光头发,关进某个寺庙,到那里去度过他的余生。"有了教皇的支持,矮子丕平就在751年正式废掉了墨洛温王朝的最后一位国王希尔德里克三世,把他送进了隐修院,自己登上了王位。在教皇的安排下,为他举行了两次加冕礼。教皇亲自把王冠戴在他头上,罗马主教卜克法斯为他涂上圣油,并祝福。这样,法兰克王国墨洛温王朝就被加洛林王朝所取代,因这个王朝最有名的国王查理的拉丁文名字为"加洛林"故名。矮子丕平当上国王,是连续四世担当宫相的必然结果,是法兰克人的选择。同时,由于加冕,也就成了上帝的选择。日耳曼人的首领成了救世主。丕平的王权是神赐的,反对国王就是反对上帝。基督教也就成了加洛林王朝统治的重要精神支柱。

矮子丕平为酬谢罗马教会对他篡夺王位的支持,在754和755年间,两次亲自率兵远征意大利,迫使占领拉文纳总督区和罗马地区的伦巴德人交出所侵占的领土,撤兵它去。矮子丕平以"赠献"的形式把拉文纳总督区交给罗马教皇。教会史上把一事件称为"丕平献土"。"教皇国"开始形成。不过"丕平献土"并没把罗马交给教会,因为这时罗马名义上还归东罗马帝国管辖。

矮子丕平是个强有力的统治者,他统治下的法兰克王国也十分强大。768年,丕平病逝巴黎。按法兰克人的惯例,召开了一次庄严的民众大会,选举他的两个儿子查理和卡洛曼继任国王,平分国土。两兄弟共同管理国事,矛盾不断。查理还能宽容地忍受兄弟的寻衅和干扰,从不招惹兄弟,而卡洛曼的许多党羽则力图破坏他们兄弟之间的联盟,甚至煽动战争。但这种敌对状态,却由于卡洛曼在771年病死而意外地顺利消除了。卡洛曼早死才使查理能全部继承祖业,才使法兰克人避免了内战的威胁。查理合并了他兄弟的领土,成为法兰克人的唯一国王,开始大一统统治。而失去了丈夫的卡洛曼的妻子却不甘心就此屈从查理,她偕同她的儿子们和一些贵族逃亡到意大利,寻求伦巴德国王的保护。

东征西讨

查理继承的是一个强大的王国。由于他的先辈的改革和长期统治,这个王国有着一支主要由领得采邑而服骑兵兵役的骑士组成的强大军队,它和罗马教会也保持着良好的关系。从某种意义上说,查理所要做的只是贯彻他的先辈所开创的事业,并把它继续向前推进。

查理是一个典型的中世纪骑士。和他父亲个子低矮相反,他身材魁梧奇伟,精力过人。喜爱骑马、打猎、游泳,直到晚年,还不知疲劳和疾病为何物。他的一生大部分时间都是在战争中度过的。东征西讨,开疆辟土,是他所完成和发展他的先辈所开创的事业中,做得最为出色的。他是一位伟大的军事天才,一位征服者。每年春天,只要农作物有所增长,足以保证兵员和马匹的足够供应,军队就会聚集在练兵场。这是查理发布所有重要政治决定的场合。然后,大军在他的指挥下出发,在战场上度过夏天,秋天回师,解散,进入冬天的休养。就这样,年复一年,这一统治模式几乎无变化地持续了47年。查理一生共进行了53次扩张战争,亲自参加了30次远征,把从他的父亲继承来的疆土扩大了一倍以上。后世流传的歌谣把他形容成战无不胜的神话般的人物。

查理率军征战的头一仗,是由他父亲发动,却没结束的阿基坦战争。那时,他还和他的兄弟分治王国。他请求他的兄弟给予援助,而他兄弟卡洛曼却没有遵守诺言出兵。但查理仍以最大的精力和不屈不挠的毅力不断向阿基坦人进攻,迫使阿基坦的首领胡诺尔德放弃阿基坦,撤退到加斯康尼。查理紧追不舍。他挥兵渡过加龙河,并派使臣去见加斯康尼公爵,命令他交出逃亡者。769 年,加斯康尼公爵在大军压境下,不但交出了胡诺尔德,自己管辖的地区也归附于查理治下。

平定阿基坦之后,查理便转而征伐意大利北部的伦巴德王国。查理的第一个妻子就是伦巴德国王的女儿,但这时已被他离弃。他出兵伦巴德可能还想抓获伦巴德国王庇护下的反叛他的弟媳和她的儿子以及一些追随她的法兰克贵族。不过,正式的冠冕堂皇的理由是应罗马教皇安德里安的请求。773~774 年,查理亲率大军,翻越高耸入云的阿尔卑斯山,进攻伦巴德王国。他采取分兵奇袭、围困逼降的战术,经五次大战,彻底打败了伦巴德人,俘虏了他们的国王、他过去的岳父,占领了他们的全部领土。随即进入罗马,受到教皇热烈而隆重的欢迎。他向教皇重申了他父亲许下的诺言,把意大利中部奉献给罗马教皇。意大利南部的本尼文托公国在查理的武力威逼下成了法兰克王国的附庸。他的弟媳和她的子女落入查理手中,销声匿迹,不知所终。

772 年,查理开始了他征服北部萨克森人的残酷的、旷日持久的战争。居住在莱茵河以东的撒克逊人也是日耳曼人的一支,此时,还处在部落社会阶段,崇信鬼神,好斗强悍,被信奉基督教的法兰克人视为异教徒。他们热爱自由,对法兰克人的侵略和奴役进行了顽强的殊死的抵抗。由于力量悬殊,撒克逊人曾多次被迫投降,向查理送交人质,并宣誓效忠。但只要一有可能,就立即掀起大规模的起义。782 年的萨克森人的起义,席卷全境。查理调集大军,用残酷的手段把起义镇压了。他一次在同一地点就砍掉了 4500 名萨克森人的头。但萨克森人的起义仍时起时伏,连续不断。经过 18 次战斗、历经 32 年,付出了惨重的代价,直到 804 年,查理才最后征服了撒克逊人。在征服萨克森人的过程中,查理还利用撒克逊人各部落之间的矛盾,破坏他们之间的联合,甚至不惜以重金收买萨克森贵族。785 年,萨克森贵族的著名代表人物、反法兰克人斗争的最重要的组织者之一,威都金公爵就被丰厚的礼物所收买,背叛了撒克逊人,投向查理。查理强行迁徙被征服的撒克逊人,使他们离开故土。易北河两岸的约一万居民、连同他们的妻子儿女,被分成多批,移植到日耳曼和高卢各处。他用基督教作为巩固征服的手段,在萨克森地区建立大教堂,强迫所有的撒克逊人改信基督教,规定对于侵犯教堂和教士、不信基督教、不守教规、保留异教习惯者均可处死。各地居民都必须给教会提供土地、房屋、劳役和交纳什一税。查理用血腥的手段,强迫撒克逊人做他的顺民,并把所征服的大片土地以采邑的形式封赐给法兰克骑士和投降的萨克森贵族。

查理最为人津津乐道、也是最著名的征战是对占据西班牙的阿拉伯人的战争。阿拉伯人被欧洲人称为萨拉森人。他们的一支从北非进入西班牙,建立了哥尔多瓦王国。778 年,查理率领了一支他所能召集的庞大远征军,越过比利牛斯山,兵分两路,进攻西班牙的阿拉伯人,取得了一些胜利,接受了一些城镇和要塞的投降。但在查理准备进一步扩大战果时,传来了撒克逊人叛乱的消息,只好放弃进攻,率军撤退。在他回军途中,发生了一次可能并不十分严重,但却非常有名的失利的战争——朗塞瓦尔峡谷战役。查理大军在通过比利牛斯山这一峡谷时,后卫部队遭到山地的土著居民的伏击,全军覆没,辎重全被夺走,有一名叫罗兰的军官也在战斗中身亡。当查理回师援助时,伏击者却在夜色掩护下逃走了。这次战斗由于著名史诗《罗兰之歌》而广为人知。在史诗中,罗兰被颂扬为中世纪骑士的楷模,而查理则是骑士应为之效忠的封建君主的典范。在这之后,查理还多次远征西班牙,经12次战斗,夺取了大片土地,把阿拉伯人赶到原布罗河以南。811年,建立了"西班牙边防区"。

查理在向西、向北扩张的同时,也向东扩张,787年,巴伐利亚公爵受欲为父亲伦巴德国王报仇的他的妻子的怂恿,与东邻阿瓦尔人结盟,对抗法兰克,向查理挑战。查理立即率领大军进行讨伐。面对查理的强大军队,巴伐利亚公爵束手无策,只好投降。查理几乎是兵不血刃就吞并了巴伐利亚。他废黜了巴伐利亚公爵,把他幽禁在修道院,让他削发为僧。

吞并巴伐利亚后,原巴伐利亚的东邻盟国阿瓦尔汗国就成了查理的兼并目标了。阿瓦尔汗国是亚洲的游牧部落柔然人迁往欧洲建立的国家,曾经强大一时,但这时已非昔比,开始衰落了。788年,查理发动了对阿瓦尔人的战争。这是除萨克森战争以外,查理进行的规模最大的战争,一直打了8年,到796年,战争才以查理的胜利而告结束。战争使昔日富饶的潘诺尼亚等地一片荒凉,渺无人迹。可汗的宫殿竟残破得连一丝居住的痕迹也没留下。所有的阿瓦尔贵族都在战争中死亡了,他们长期积累起来的金银财宝被掳掠一空。法兰克人发了大财,一直被认为是很穷的法兰克人富起来了,查理王宫里塞满了劫掠来的金银财宝。

经过这样一系列战争,查理把法兰克王国扩大成为一个西起大西洋、东止多瑙河、南到地中海、北抵波罗的海,其地域囊括今天的法国、比利时、德国、荷兰、瑞士及匈牙利、西班牙和意大利2/3以上土地的庞大帝国。

查理之所以打了无数胜仗,几乎是战无不胜、攻无不克,最主要的是他拥有一支随时可召集起来的、装备精良训练有素的强大军队。他建立了统一的兵役制。他的军队的中坚是骑兵,是由宣誓效忠于他的领取采邑的附庸组成的,还有人数几乎和骑兵相同的由贫苦百姓组成的步兵。打仗时,他的部队组成一个个方阵的战斗队形前进。弓箭手走在最前列。率领这支军队的查理,有让人一见就心惊胆战的威严。一位见过查理大军的人这样描绘查理和他的军队:"他头上戴着铁盔,手上罩着铁手套,他那铁的胸膛和宽阔的肩膀掩蔽在一副铁的胸甲里,左手高举着一支铁矛,右手永远停放在他的无敌的铁剑上面,他的盾牌整个是铁的,他的战马是铁颜色,并有一副铁石心肠。所有走在他前面、走在他身旁、走在他后面的人,整个军队装备都是尽可能地密切效法他。田野和空地上都充满了铁,太阳的光芒被铁的闪光反射回去。"面对如此强大的声威吓人的由铁的统帅率领的铁的部队,许多对手几乎不战而降。

查理治军严厉,赏罚分明。平民立了战功也一定得到奖赏;贵族子弟违反军纪同样受到处罚。在与萨克森人的战斗中,有一次,有两个部卒,组成了一个猛攻队,非常勇敢地破坏了一座极其坚固的城堡的城墙。战后,查理在征得他们俩人的主人的同意后,委托一个为莱茵河和阿尔卑斯山之间地区的长官,赐给另一个一块土地。与此同时,有两个贵族子弟担任守卫国王帐篷的职务,却在一天晚上,喝得酩酊大醉,像死人一样,躺在地上。被夜里起来巡视的查理发现。天明,查理召集国内的显贵,问他们对向敌人出卖法兰克国王的人应处于什么惩罚。这些显贵不知发生了什么事,齐声回答应当处死。把那两个玩忽职守的吓得要死,查理看到他们已知自己错误的严重,并已达到教育大家的目的,便只是严厉斥责了他们一顿,从轻发落。这说明,查理治军,不仅严厉,而且很讲策略。对于那些临阵脱逃者,无论是贵族还是平民,一律处死,决不宽恕。

查理之所以不断获得胜利,还因为他的对手相对来说较弱,大都是些矛盾重重、没有联合起来的较落后民族。实际上,查理从未遇到过在人数、装备和训练上和他旗鼓相当、势均力敌的敌人。

当然,查理的胜利和他的军事才能、他的不屈不挠的毅力和他那令人惊奇的无比旺盛的精力是分不开的。他不打无准备的仗。每一次打仗前,他都要收集有关敌人的详细情报,调查敌方的兵力配置、兵器的种类和作战方法。战斗时,他往往兵分几路、从不同的方向发动攻击,打乱敌人的阵脚,然后集中力量攻击敌人要害,一举获胜。

加冕称帝

查理十分重视基督教。他的一些战争就是以征伐异教徒的名义发生的。他不仅用战争等强制手段强迫其他不信奉基督的民族改信基督教,而且用战争消灭了威胁罗马教廷安全和地位的伦巴德王国,把意大利中部地区奉献给教皇。查理为罗马教廷消灭了一个个敌人,但也把自己变成了罗马的主子,教皇的保护者。774年,查理第一次来到罗马时,受到罗马教会和贵族的隆重而热烈欢迎,行政官员和贵族们举着旗帜,离城30英里迎接。在弗拉米尼亚大道上,在一英里长的大道两旁,站满了人群,青年高举武器,小孩手执棕榈或橄榄枝,为他们的伟大救星查理唱赞歌。教皇安德里安率领他的教士团在梵蒂冈的门廊上恭候。教皇和查理见面时,像朋友和兄弟一样拥抱,实际上,他们之间的关系并不是像朋友和兄弟那样平等的,查理是以罗马教皇的恩主的身份去罗马的,教皇的安全和地位是由他提供的和保护的。不过,查理也并不十分炫耀自己。他的举止显示他是一个基督教的虔诚信徒,在到达梵蒂冈前面的一排神圣的十字架和信徒们的徽章前面时,他立即从马上下来,领着他的贵族队伍徒步走向梵蒂冈。而当走下那里的阶梯时,他虔诚地亲吻着信徒们进出的通道中的每一台阶。

罗马教会们隆重热烈接待,除了显示对查理的感激之情外,还希望,通过和强大的法兰克王国结盟,能摆脱君士坦丁堡的控制,并使罗马教廷多年来孜孜以求的和东方教会争夺基督教首席地位的夙愿能最终实现。因此,他们一再宣扬法兰克王国的伟业,宣扬罗马帝国的复兴,宣扬"法兰克王国在查理国王统治下已成为新的罗马帝国"。但查理对"他是罗马帝国复兴者"之类的别有用心的拍马屁的话却并不那么欣赏。

776年,教皇安德里安去世。利奥三世被选为新教皇,但遭到罗马贵族的强烈反对。为了取得强有力的支持,利奥给查理送来了"圣彼得墓"的钥匙和一面旗帜,以象征查理具有统治罗马的权力,并想借此挑起查理和君士坦丁堡之间的矛盾。查理对利奥送来的礼物没有太大的兴趣。他在给利奥的回信中写道:"正如我们同您的前任安德里安达成的协议一样,我们同样愿意同您建立牢不可破的关系。这种关系是建立在我们虔诚的信仰和仁爱的团结基础上的。……我的天职是用武力保卫教会,使它不受异教徒的攻击和蹂躏,在教会内部确保教会的纯正信仰。而圣父,您的职责是用祈祷支持我的武力。"查理在这里明确地阐述了双方的关系和职责。799 年,利奥三世遭到罗马反对派贵族的攻击,被暴打了一顿,险些弄瞎了眼睛和失去说话能力。在法兰克使臣的帮助下,他仓皇地潜逃出罗马城,向查理求救。查理并没立即行动,直到 800 年 12 月,查理才亲自带兵把利奥三世送回罗马,以武力召集所有的主教、神职人员和贵族举行会议,使利奥重新登上教皇宝座。利奥对查理感激不尽,力图报答查理的恩典。这一年的圣诞节,在查理应利奥的请求,身着贵族服装,在圣彼得教堂跪拜祈祷时,利奥突然将罗马皇帝的皇冠戴在这位法兰克国王的头上。在场的所有的人立即发出震耳欲聋的欢呼声:"生命和胜利,永远属于由上帝加冕的、罗马人的、伟大、和平的皇帝查理·奥古斯都!"随后,查理的头和身体被隆重地涂上御用的油膏。这样,一位蛮族的国王就成了罗马皇帝,查理成了查理大帝或查理曼。查理曼后来在谈及此当时,强调他事先完全不知道利奥三世要为他加冕,如果知道,他会设法躲开的。但有人认为查理的话不可信,是此地无银三百两。加冕仪式准备那么充分、进行得那么顺利和他自己过去不止一次地宣称要夺回皇帝头衔等都证明加冕称帝,是他向往已久的预谋的行动,他不会事先不知道。

768 年查理登上法兰克王位后,展开了一系列的征服战争。这幅画描绘的是查理的军队征战欧洲的战斗场面。

不过,不管加冕称帝查理曼是否事先知道,他对此事的渴望程度的确不如罗马教会。对罗马教会来说,给查理曼加冕,是十分重要的历史事件。它不仅使罗马教会和一个强大的帝国不可分地联结在一起,从而在和东方教会争夺首席地位的斗争中处于优势地位,也极大地提高了罗马教会的地位,皇帝由罗马教皇加冕,也就等于承认罗马教皇的神权高于皇权。因此,罗马教会的确急不可待地要尽早给查理加冕。而且,给查理加冕也得到罗马和西方民众的欢呼和称赞。他们渴望昔日的罗马帝国复兴。

然而,对查理曼来说,加冕称帝的确也有使他犹疑不决的因素。一是他一直在考虑和君士坦丁堡的美丽的女皇艾琳的婚事,想通过联姻使自己成为东、西两个帝国的大君主,加冕,称罗马皇帝,显然侵犯了以罗马帝国的继承者自居的东罗马帝国的权利,不仅婚事告吹,还树立了一个强大的敌人。二是对教皇擅权反感,他不愿意还有一个高于自己的权力的神权。他之所以否认他事先知道利奥要为他加冕,也可能是处于这样一种心态,有意贬低加冕的意义,以显示他是至高无上的。不管查理曼如何考虑,结果是他接受了利奥三世为他加冕,他在加冕式上也许诺维护教会的信仰和特权,随后又向罗马教廷赠送了一笔丰厚的礼物作为加冕的回报。

教皇为查理曼加冕所产生的影响是深远的。它揭开了中世纪神权和王权之间的持续不断的斗争的序幕。

统治帝国

查理曼被称为查理·奥古斯都,加洛林帝国被看成是罗马帝国的复兴。其实,两者是完全不同的。查理曼是虔诚的基督教徒,而奥古斯都时,还没有基督教。奥古斯都也是一个虔诚的宗教信奉者,但只能称是异教徒,耶稣也是被罗马帝国的行省总督送上十字架的。查理曼是被罗马人视为蛮族的日耳曼人的代表,奥古斯都是罗马文明的象征。查理曼帝国和罗马帝国除了疆域广大、基本上统一欧洲这点有些相似外,也毫无共同之处,一个是奴隶制帝国,一个是封建帝国,与其说查理曼帝国是罗马帝国的继续,还不如说是蛮族的法兰克王国的继续。查理曼基本上是走在他的先辈所开创的道路上的。

在查理曼统治下,早就开始了的自由农民转化成依附农民的过程加速了。由于连年征战,大量农民破产,为了求得生存,只好委身于人。委身后的农民可从主人处得到一小块土地,代价是要尽力为主人服务,要优先耕种主人自用地,随主人出征,为主人辩护,向主人缴纳各种捐税等。随着农民的破产和农奴化的加剧,以领主为核心的封建庄园成了查理曼帝国的经济基础。庄园的土地分成两部分,领主自用地和农奴占用地。一个庄园就是一个独立的经济单位。大约在 800 年,查理曼颁布了一个庄园敕令,是给王室庄园管理人员的指令、共有 70 条,对庄园的经营管理作了细致甚至显得过分零碎的规定,成为各地庄园法规的蓝本。敕令命令每个管理员每年必须将庄园的一年的收入向他作详细报告,敕令列举了报告的项目,对庄园的经营和管理也提出了具体的要求。甚至规定庄园内必须饲养天鹅、孔雀等观赏性禽鸟,来增加庄园的美观。庄园有生活设施俱全的厅室,有抵挡敌人的武器,有各种工人,总之应有尽有。王室庄园不仅给查理曼带来大量的经济收入,而且成了他的行宫别墅。查理曼经常带着家属、王室大臣和侍从,巡回于各王室庄园。

面对小农的日愈减少和农奴化趋势的加剧,查理曼曾想以准许较穷的农民每组只出一人服兵役和对最穷的农民豁免一般战场服役的办法来减缓这种趋势,但作用甚微。而军队和军事服役的制度化和委身制和豁免制的推行,却为以后的封建制度的发展奠定了牢固的基础。

查理曼对帝国的统治是一种集权统治。他把帝国划分成 48 个郡,原有的部落大公大部分被消灭了,郡的政务由查理曼任命的伯爵治理。不少伯爵是查理曼的亲信。大部分伯爵是原来的地方上的大贵族,拥有大量地产,在地方上很有势力。

伯爵是终身职务,但也常被撤换。有一个故事说明伯爵的任免完全取决于查理曼的好恶。有一次,波斯派使臣给查理曼带来许多礼物。查理曼亲切地接见了他们,并和他们谈得十分融洽。于是,他们便借酒壮胆,向查理告起状来了。他们说:"皇帝陛下,您的威权诚然伟大,但比起流传于东方各国的关于这方面的报道来,却要小得多。"查理曼感到奇怪,反问他们:"你们为什么会有这样的想法呢?"他们乘机回答:"我们波斯人、印度人帕提亚人以及所有的东方居民对您比对我们自己的统治者要畏惧得多。马其顿人、希腊人对于您凌驾一切的伟大感到的恐惧,超过了对爱奥尼亚海的波涛的恐惧。我们一路上经过的所有的岛屿上的居民对您也都是倾心归附。但是,就我们看来,您本国的贵族,除非是在您面前,对您是不那么敬重的。因为,当我们作为远客来到他们那里,并且请求他们看在我们打算晋见您的份上,给我们一些照顾的时候,他们对我们毫不在意,反而把我们赤手空拳地打发出去。"查理曼一听,勃然大怒,下令把这些使臣所经过的地方的伯爵和修道院院长全部免职并罚交大量款项。这些免职者可能想不到竟会由于一次外事活动礼貌不周而丢官吧!伯爵的权力是很大的,他拥有对所辖地区的行政令权。他负责执行国王敕令,征收赋税,维持治安,征集物质和劳役,召集并指挥军队。因此有很强的分离倾向。查理曼为有效控制伯爵和限制地方滥用职权,作了种种努力,采取了不少措施。他规定一个伯爵只能管理一个郡,伯爵要经常向皇帝参觐述职。他和伯爵建立领主和附庸的关系,他授予伯爵采邑,伯爵们则要向他宣誓效忠,802 年,他设立了被称为"皇帝的眼睛"的巡按使,全国分为若干巡按区,每年都向各巡按区派出数批巡按使,通常一地两人,一教一俗。巡按使是查理曼派往一个特定地区巡国视察的官吏,除传达皇帝旨意外,还设有自己的法庭,仲裁重大案件,甚至有权依法罢免伯爵,负责监督地方的财政司法和教会、行政。巡按使是查理曼派驻地方的钦差,成为地方和中央的重要纽带。查理曼还在边界地区设立权力更大的统领几个伯爵区的边区,任命亲信担任边区侯。侯爵是比伯爵更高一级的官吏。查理曼还向大量没有担任伯爵的地方贵族授予采邑,使他们成为"国王的附庸",其中有一些还享有"特恩权",不受地方的管辖,有司法、征税等权力。他们对地方伯爵起了一定的监督和钳制作用,伯爵之下还有子爵和吏佐。

查理曼在中央设立了自己的私人秘书机构—秘书部,成员大都是教士,他们主要负责为皇帝草拟法令、文书、颁发文告、管理档案。地位不高,作用很大。查理曼还经常不定期召集一些教士、学者、宫廷学校教师、侍从人员和进宫参觐的地方官吏及贵族开会,讨论国事。查理曼保留了地位最高的中央机构公民大会,即"五月校场"(因为大会于五月在校场召开故名),但实际上却把它变成了主要由僧侣和世俗贵族参加的贵族议事会。会议的召开和讨论的内容,都取决于查理曼的个人意愿。770~813 年,查理曼共召开了 35 次公民大会。会议对查理唯命是从,很少出现反对意见。但公民大会给查理的个人集权统治多少抹上了一点集体意志的色彩。

查理曼帝国是由许多种族不同、语言各异、发展水平不一、法律和传统习惯差异甚大的地区组成的。因此,要维持和巩固这样一个帝国,就必须制定一部可通行全国、不论那个地区、那个种族都必须遵守的法规。查理曼为此花了不少精力。他下令把帝国领域内一切部族的法律和规章都收集起来,未形成文字的,写成文字,并对原有的法律进行整理,增补所缺少的部分,调和它们的歧义、订正内容或文字方面的错误。他一共颁布了 65 个敕令,包括 1151 项条款,其中有政治的、刑法的、教会法规的、民事的、道德的、宗教的和家内事务的,触及社会生活的各个角落。查理曼力图通过这些敕令,统一法规,将全国真正联结在一起。查理曼还改革了审判制度,建立了陪审作证制,但又规定任何人也不得以任何借口出席法庭为无理的人辩护。

查理曼的统治也是一种神权统治。他本人既是虔诚的基督教徒,也是基督教罗马教会的太上皇。他在帝国都城阿亨兴建了一座雄伟、美丽的教堂,饰以金银、配以烛台、正门、旁门都用坚固的黄铜制成,教堂的大理石柱是专门从罗马和拉文纳运来的。只要健康许可,清晨、傍晚、夜间和献祭时,他都到教堂去。他和罗马教皇关系十分密切,得知教皇安德里安去世时,他甚至悲伤得抱头痛哭。但他认为他是罗马教会的保护人,罗马教廷是他的附庸。他从来不承认教皇对他的统治权。在他看来,教会的职责只是"向天堂举起他的双手"为他的事业的成功而祈祷。他也并不认为罗马是基督教的中心,在他统治的 47 年里,他只去了罗马四次,而且每次都有明显的政治、军事目的,而不只是宗教原因。他实际上是把帝国的首都作为宗教中心,把他自己作为高居于罗马教皇之上的宗教领袖。他命名首都阿亨为"新罗马"。他坚持教会事务和世俗事务一样,都属于他的管辖范围。他对教会实行集权统治,不仅牢牢控制罗马教皇的人选,各地主教的任免权,派自己的亲信操纵教会事务,而且还掌握着召开和主持宗教会议、颁布教会法规的权力。查理曼在位期间,亲自主持了 16 次宗教会议,会议的决议都以查理曼敕令的形式公布,在查理曼的心目中,教会的主教等神职人员和他属下的封建贵族、地方官吏没什么不同。789 年,他颁布了一个有 82 章的有关教会的敕令,其中规定:主教和修道院院长应该按照所辖教区和修道院规模的大小、财产的多少,为法兰克王国的军队出人出钱。这和对世俗贵族的要求没什么两样。他甚至还经常以"敕令"的形式对宗教信条和宗教仪式的细节予以法律性质的规定,违反者,由国家监禁判罪。宗教法规被纳入了查理曼的统一法规之中。

为了控制和利用教会,查理曼对教会制度进行了一系列整顿和改造。他恢复了早已废弃的大主教区制,设大主教区。到他晚年,全国共建立了 22 个大主教区,管辖全国 22 个城市,包括罗马。大主教直接对查理负责,对于辖区内的一般主教有裁决和惩治权。和对世俗贵族一样,他也授给大主教等教会贵族采邑,和他们建立封主与附庸的关系。主教和修道院院长等教会贵族,不但享有世俗封建主的各种权利,还掌握控制人民思想意识和日常社会生活的专属教会的权力,是查理曼帝国的重要支柱。查理曼的许多行政要职也由教士担任,如巡按使等。文职官员一般都是由高级教士担任,因为这些人有文化。

查理曼在重用教会人士的同时,也对他们提出了一系列要求。他专门颁布敕令,要求教会人士必须依照宗教法规过"规律的生活",主教、住持要谦虚、勤勉,为群众做表率。修道院的住持和僧侣要遵守清规戒律,服从主教命令,任何人都不得瓜分教会财产。一切神职人员都要遵照教规和信徒的准则去执行职责,不要过分地追求虚荣和世俗名利。有一个主教,骄傲而又好世俗俗利,查理曼听说后,想教训他一下,就让一个犹太商人就其力之所及、不管用什么方法狠狠地骗一下这个主教。这个商人常常去迦南圣地,并从那里带回一些稀世珍宝,运往海外国家。听了查理曼的话以后,捉了一只普通家鼠,在老鼠体内填满各种香料,然后拿上它去向那位主教兜售,说这是只前所未见的珍贵动物,是他从犹太国带回来的。主教听了商人的话,认为宝贝到家门口,是意外的运气,十分高兴,出价3镑银子购买。犹太商人说:"对这样贵重的东西,三镑可真不是个好价钱啊!我情愿把它扔到海里去,也不愿任何人以这样低贱的、可耻的价钱买到它。"这个极为富有但从不济贫的主教为得到这稀世宝货,出价10镑,商人仍不卖,并继续欺骗说:"亚伯拉罕的上帝不许我这样丧失我的劳动和长途跋涉的果实。"主教又增加到20镑,犹太商人仍不松口,假装怒气冲冲地拿上货物要离去。主教被犹太商人的花言巧语彻底蒙骗了,出了大量的银子,才得到这件"无价之宝"。商人把所得银子拿去见查理曼,向他报告了全部经过。几天后,查理曼在王宫召集全体主教和地方首脑开会。会开完后,查理曼叫人把那笔银子全部搬来放在宫殿中央。然后对大家说:"长老们和保护者们,教会的主教们,你们应该帮助穷人,或者,更确切些说,帮助附着在穷人身上的基督,而不应追求浮华。但是,现在你们的行为与此相反,你们又虚荣、又贪婪,其程度超过所有其他的人。"他这样把所有的在场的主教和地方首脑责备和告诫了一顿后,接着说:"你们中间有一个人曾经为一只假老鼠,把这全部银子给了犹太人。"那个受骗的主教汗流浃背、羞愧难当,扑倒在查理曼的脚下,请求恕罪。结果又被查理曼严厉斥责了一顿。

802年,查理曼颁布了一道敕令,规定全国人民都必须对皇帝"宣誓效忠"。王国之内的每个人,不管是教士还是世俗人士,都要按照自己的誓言和职业,对皇帝表示忠诚,就像以前他是国王时,对他表示忠诚一样。凡年龄在12岁以上的男子,以前如没有宣誓效忠,必须宣誓效忠。宣誓必须在公共场合、在众人关注下进行。他用这种办法使全国的不同种族的各族人民都成为效忠于他的子民。

复兴文化

复兴文化是查理曼又一被人津津乐道的不世功绩。它的意义甚至可能超过了他的扩疆辟土。

西罗马帝国被蛮族灭亡后,蛮族的剑和铁骑不仅摧毁了罗马的政治和经济,使昔日繁盛的城市成为一堆废墟,农村满目疮痍,也摧毁了不朽的希腊、罗马古典文化。西方的历史进入了被称为"黑暗时代"的中世纪。蛮族的贵族首领都是些除了骑马打仗,别无所能的莽汉,许多人目不识丁,甚至还有贵至国王却写不好自己的名字的。在这样一个崇尚武力,轻视和践踏文化的社会。查理曼的出现,他对文化的重视和提倡,确实是西方文化的一大幸事。

查理曼本人的文化水平并不高,他开始学习文化的时间也很晚。少年时代可能没有学习文化的机会。流传下来的关于他的文化水平的叙说,可能夹杂了不少阿谀和夸张的成分。如当时人写的,被认为每一句都是正确的一本查理曼传中是这样描述查理曼的,"他的谈吐轻松而流畅,能够极其清晰地随心所欲地表达心中的想法。他对自己的母语并不满意,所以花时间钻研外国语,他对拉丁语的纯熟达到了与说母语不相上下的程度,而对希腊语,他的理解要比会话强得多。有时他的话滔滔不绝近于啰唆,他充满激情的汲取人文学科的养料,对那些教他的人满怀敬意并赋予他们很高的荣誉,他试着书写,他习惯于在床上的枕头底下放一些羊皮纸和书板,以使在起卧闲暇之时,练习着写字,不过他这个方面尝试得太迟,结果不很成功。"这里虽用了些可能言过其实的形容词,但却也透露出查理曼的真正文化水平,他的书写能力极差,到晚年也只能学着写字,除讲母语外,会讲拉丁语,希腊语能听懂一点。他的这点文化,如果用今天的标准,还不如小学生。但他的可贵之处,在于他对知识的尊重和对文化的追求和学习的鼓励。正是这一点,有人称赞他是所有君王中的一位最热切地寻求有识之士、并提供一切便利让他们安心痛快地思索研讨的君王。

罗兰之死

在他唯我独尊地统治世界西部的开始之时,在他的王国内,探求学问之事几乎已被遗忘。有一天,有两个来自苏格兰的对宗教和世俗之事都颇为精通的人来到高卢海岸,他们在周围群众进行货物交易时,却日复一日在那里高喊:"嗨,谁需求知识,请靠近来,从我们手中领取,我们出售知识。"他们希望人们在购买货物时也买些知识,也可能他们是有意如此以便引起查理曼的注意。大家对他们的目的不理解,甚至认为他们是疯子。渴求知识的查理曼听说这件事后,便令人把他们请来,询问。他们是不是真的像传闻那样,随身带来了知识,他们回答说:"我们俩人都有知识,并且乐于以上帝的名义把它传给那些配得上寻求它的人。"查理曼问他们要什么代价,他们回答说:"啊,国王,我们不要任何代价,只要一个适当的地方来讲学和一些明快的头脑来受业;另外就是要有食物可吃,有衣服可穿,要是没有这些,我们就无法完成我们人生的历程。"查理曼听了他们的回答非常高兴,把他们留在身边。后来他让其中一个留居高卢,给他派去许多男孩子,名门巨第、中等人家和寒门小户出身的都有,供给他们所需要的食物,和适于学习的房屋。把另一个学者送到意大利,并把帕维亚附近的圣奥古斯丁修道院赠送给他,使那些有志于学的人聚集到那里跟他学习。

查理曼这种礼贤下士的举动,使许多博学之士慕名而来。查理曼不管他们来自何方、什么身份,只要真正有学问,都亲切接待,委以重任。这样,当时西方世界几乎所有的知名学者都投入他的门下,聚集在他周围。他们中有意大利的比萨的副主祭彼得,一个颇有造诣的语法学家,可能是查理曼的第一个老师。语法学家和诗人、弗留利的包利努斯,也是个神学家,后来查理曼委任他为阿魁利亚主教。出身伦巴德贵族家庭的保罗,语法学家、诗人、历史学家。西班牙人西奥达尔夫,诗人,也被委任为奥尔良主教并应查理曼之托写下了一系列神学著作。菲利克斯,也是西班牙人,乌尔吉尔的主教。还有爱尔兰人、语法学家克莱门斯、司各特斯。圣德尼的修士邓格尔、查理曼从他那里学到了"黑暗的性质"和在 810 年观察到日全蚀。迪奎尔,对算学、地理学和天文学有所专长。

查理曼周围的这些人的核心是英格兰人阿尔克温。他是位以虔诚和博学而蜚声于世的著名学者,当时人认为他对于学问无所不通,而且高居于那个时代的众人之上。查理曼是781年3月在罗马碰见这位博学之士的。查理曼邀请他帮助法兰克王国朝廷和教廷的教育和改革,他接受了。查理曼对阿尔克温是非常尊重的,终生都把他留在身边,甚至称自己是阿尔克温的学生,称阿尔克温为他的老师。阿尔克温也全心全意地把自己奉献给查理曼的目标的贯彻。从782年到790年他主要献身于查理曼本人及其宫廷的教育,后来在图尔的圣马丁修道院从事著述。

查理曼之所以如此尽力网罗并重用学问之士,目的是提高国内的学术和教育水平。这和他扩疆拓土建立一统的帝国的目的是一致的。他需要在精神上统一全国,他是虔诚的基督教徒,他认为,他的权力是上帝给的,他必须保护教会,维持臣民的道德,眷顾他们的信仰,因此,他必须让教士通晓信仰方面的问题,并在他们的布道中传授给人民,而要达到这一点,就必须有一部准确的、完整和统一的《圣经》文本。当时,多数教会只有不完整的《圣经》版本,而且顺序也不尽相同,还有许多歧异和互有出入之处。因此,查理曼要求"将天主教的书籍全部仔细地订正一遍"。这一任务理所当然地落在了阿尔克温身上。阿尔克温在查理曼的关怀下,从797年开始,经数年努力,在800年圣诞节查理曼登上罗马皇帝宝座的加冕典礼上,把《圣经》订正手稿赠送给了查理曼。这是查理曼在两个不同领域所取得成就的两座高峰的奇妙巧合。阿尔克温的《圣经》文本是在校勘订正各种不同的《圣经》手稿的基础上产生的,被教会普遍接受,成为学习和布道的范本,产生了广泛的影响。其他的"天主教著作"的订正和统一也在查理曼的关注和敦促下一一完成,如礼拜仪式方面的著作。阿尔克温对"圣礼书"进行了修正,查理曼在800年后不久,下令在他的领土上统一施行这本修正的圣礼书所记述的礼拜仪式。执事保罗完成了"布道书",按查理曼的要求,规定了基督教牧师对教徒会众布道时所要遵守的基本要求。在修正整理天主教著作中,查理曼还令人抄写了大量古典和早期基督教的著作加以保存,因此得以流传至今。

同时,查理曼还鼓励并力图在每一个方面都使用文字记录。他令人把那些只是口头代代相传的一些种族的民俗用文字记录下来,处理法律问题的法规要诉诸文字,皇帝的各种指令、赦令以及会议的日程,要留下文字,王室领地的管理人员也必须定期写出财产清单、报告和账目。查理曼的这种做法在当时是十分令人惊奇的。它反映了查理曼的这样一种思想,只有将这些东西一一写下来,国家才可能有秩序、稳定和安定。

查理曼提倡人们学习书写的文字主要是拉丁文,他自己也带头学拉丁语,虽不能书写,但却说得很流利。他周围的那些博学之士都同时是拉丁语法学家。阿尔克温就为他的学生写过拉丁语法书教材。他们不仅用拉丁语写出了一些优秀作品,而且在拉丁语的语法研究方面也颇有成果,丰富了拉丁语词汇。

查理曼把拉丁语作为官方行政和文化语言。各种法律文件、牧师会法规、箴言录和契约都使用拉丁语。拉丁语从查理曼的宫廷里扩展到作为一个整体的法兰克教士阶层中,拉丁语后来成为正统的书面语、教会语、文化和行政语以及欧洲的统一的一个因素,和查理曼的提倡不无关系。

但查理曼也并不排斥其他语言文字。他还想学习希腊语。他对他的母语法兰克语也很重视，他敦促手下人把一些蛮族的诗歌译成法兰克语，这些诗歌歌颂了他们往昔的国王的故事和战斗，他不想让这些事迹被遗忘。他还进一步着手为其家乡提供语法，并用其母语给所有的月份命名，他称1月为冬月，2月为泥月，3月为春月，4月为复活节月，5月为快乐月，6月为耕作月，7月为割草月，8月为收获月，9月为风月，10月为葡萄收获月，11月为秋月，12月为冬月。在这之前法兰克人所知的月，不是拉丁语的就是蛮族语的，他还给东、西、南、北风起了名字，他也为12种管乐器命了名。在他之前，最多只有9种有法兰克语的名称。

他虽然使《圣经》的拉丁文本得到修正和传播，并使拉丁语成为礼拜仪式的专用语言，但也不排斥其他语言在祈祷和布道中的作用。他让教士布道时使用人们听得懂的语言，从而使人们可以用每一种语言去崇拜上帝。查理曼对语言的这种态度对欧洲民族语言的产生起了促进作用。

要满足查理曼的要把一切都用文字记下来，把一切可形成文字的都形成文字的要求，就必须有一定数量的受过教育的人，他们能阅读和书写这些文件，正确理解它们，并把它们誊抄下来，而当时这样的人才是非常短缺的。因此，查理曼急切想通过教育来培养这样的人。他自己带头学习。他在自己的宫殿里，设立一个宫殿学校，教育那些被送进宫服侍君王的人，可能还吸收其他一些选送来的查理曼意欲加以培养的学生。他自己和他的王族成员也定时来听课。阿尔克温就曾主持过这所宫廷学校，他讲课时，面对一群难得的听众，有时查理曼也在其中，按他自己的话说，"充分享受"，所有的人都静静地聆听着他侃侃而谈的乐趣。有一则故事说，查理曼有一次亲自对这里的学生的学习情况进行考查。他让学得好的孩子聚集在他的右方，而让学得不好的孩子聚集在左方，对在右方的孩子说："我的孩子们，你们深得我的喜爱，因为你们竭尽全力去执行我的命令。你们今后要继续好好学习，以期达到完善；我将赐给你们主教

查理大帝加冕

管区和华丽的修道院，你们在我的眼睛里永远是光荣的。"然后转向左方的孩子，严厉的斥责他们："你们这些贵族，你们这帮大官们的少爷，你们这群超等的花花公子，你们仗着出身，仗着财产，对我让你们自己谋求上进的命令竟敢置若罔闻，你们忽视探求学问，你们恣纵于奢侈和嬉戏，沉溺于游物好闲和无益的玩乐。"说到这里，他抬起头，举起他的右手，继续怒斥他们："上帝在上，我看不上你们的高贵的出身和漂亮的仪表；虽然别人或许因此而羡慕你们。千万要明白，除非你们发奋读书，弥补从前的怠惰，你们永远不会得到查理的任何恩宠。"有人怀疑这则故事的真实性。但不管如何，它的流传说明，查理曼鼓励人们努力学习文化，把人的知识看得比人的出身和财富更重要的态度是广为人知并受到赞颂的。

查理曼兴建了许多学校。他在798年颁布的《普通告诫》中，要求各教区都

"要设立学校教孩子读书,要在每一个主教区和每一个修道院里教授赞美诗及其曲调,教授圣咏,计算和语法,要让教士们都有一丝不苟地订正过的书"。在一封写于794～799年之间的给一位修道院院长的信件中写道:"由基督的恩典托付给我们管辖的主教区和修道院,除了应遵守修道纪律和宗教生活的实践外,还应当对于那些被上帝赋予学习能力的人因材施教,热心地教他们读书写字。""让我们挑选那些有决心、有学力、并有教授别人的欲望的人来承担这一任务。"

通过设立地方小学,以及主教区和修道院所提供的略高一级的水准的教育,查理曼希望能给基督徒一些基本的宗教知识,同时又能吸收并教育一批能胜任工作的教区教士。当然更希望能给那些贵族出身的、将来要担当世俗和教会的高级职务的人足够的训练和教育。

查理曼对学习的课目和内容也做了规定。主要是基督教义和语法修辞、辩论、算术、几何、天文、音乐等内容的所谓古代七艺。在805年发出的一份指示中还列出这样一些内容:"阅读、歌咏、书写以使他们文通字顺、法律、其他学科、计算、医术,"他还让人给学校提供学习用的课本,阿尔克温就编过语法教材。他修正的"圣经",成为全国通用的《圣经》课本。

查理曼自己文化水平不高,但喜欢附庸风雅,爱好文艺。他的书写能力极差,但却用他的名字发表了许多作品。他贵为皇帝,当然有人给他写文章和送他文章,也不会有剽窃之嫌。查理曼还创立了一个帕拉丁纳学院。其实是不定期但经常召开的学术研讨会,出席会议的主要是查理曼和他周围的那些博学之士。在这种会议上,查理曼和他的朋友都不谈国事,全身心地投入到学问的争论中去。他们在会上,忘形地而又很有些情趣性互相起绰号,而不以官衔和名字相称,绰号不是取自《圣经》,就是取自古典作品。查理曼被叫作大卫,阿尔克温被叫作弗拉克斯,安吉

查理大帝银币

尔伯特为荷马,宫廷侍从麦良弗莱德和管家西奥达尔夫则成了维吉尔诗中的人物塞尔西斯和默纳尔卡斯。会上还有吃喝,据西奥达尔夫的描述,在这种会上,"大卫(查理曼)手握节杖坐在当中主持,分给每人一份吃喝,以免发生混乱"。"阿尔奥纳斯长老(阿尔克温)只管坐着,偶尔冒出几句奇特的话,并用唇和手从容地吃着食物。每当盛着啤酒杯或白酒杯的盘子顺着圆圈传到他手边的时候,他便随意地接下一杯。因为他课教得比别人更好,当他吹起学问之笛时,他的笛管中流出的乐音也更加动听。"西奥达尔夫对其他参加会议的人也一一做了生动的描述。他在说到后来写了有名的《查理曼传》的个子矮小的艾因哈德时写道:"纳达勒斯(艾因哈德)这儿转转,那儿转转,从来闲不住,他那像蚂蚁一样前跑后蹿的停不下来的脚板在地上敲出嗒嗒的音响。一个伟大的客人寄居在这么小的躯壳里,伟大的思想也填满了他那细小心腔的空隙。"西奥达尔夫给我们描绘出一副多么生动的查理曼和他的朋友无拘无束地探求学问的画面。有人评价说,对追求学问的鼓励无疑反映出查理曼性格方面的最纯洁、最可喜的光泽。

显然,倡办文教事业是查理曼的特别受人赞誉的活动。尽管他创办的文教事业,从内容到形式都渗透宗教教育和神学的气味,他鼓励探求的学问大都是神学方面的,他办的学校、教师都是教士,学生学习的内容,也大都是为迷信服务的,它仍然给处在中世纪的黑暗愚昧之中的人们带来一线追求知识、学问的光明,它所取得的成就后来被称为"加洛林文艺复兴"。

蛮族遗风

查理曼的蛮族出身,使他身上保留了不少蛮族的古老传统。他喜欢骑马、打猎、游泳和吃起烤肉来毫无限制,和法兰克人本是游牧民族是一脉相承的。他一生从不知疲倦,马不停蹄的东奔西跑,除了打仗外,平时,他也很少在一个地方长住,不停地在各地巡游,他的这种活动也是民族的习惯所然。法兰克人的游荡生活一般就是消磨在狩猎、进香和军事冒险中的。查理曼的不同只在于,他的奔波、巡游、作战。随员众多和具有更重大的目的而已。

查理曼的穿着也是民族的。他平素喜欢穿法兰克人的服装,里面是麻布制的衬衣、衬裤,外面罩一件镶丝边的外套,脚穿长袜,腿上横缠着袜带,两只脚套在鞋子里。冬天则加穿水獭皮和貂皮做的短上衣来保护臂膀和胸部。他穿蓝色的衬衣,经常佩戴着一支有着金或银的剑柄和剑带的长剑,他不喜欢穿外国服装。只有二次例外。一次是由于罗马教皇安德里安的请求,另一次是罗马教皇利奥的请求,他才勉强穿上长外套、外衣和罗马式的鞋子。他平时的服装与普通人没什么区别,只有在节日,他才穿起织金的袍服、缀有宝石的靴子、外衣系上金束带、还戴上分外耀目的黄金和宝石的王冕,显示他的至高无上的皇帝身份。

查理曼的家庭生活也是法兰克人的,而和昔日的罗马的帝王相差甚远。他从小除传统的骑马、打猎的训练外,没受过什么其他教育,以致成年后还要刻苦学习文化。父亲死后,他按法兰克传统与兄弟卡洛曼分治法兰克,他的母亲和他生活在一起一直到老。他对母亲尊敬备至,从未发生过争执。只有一次例外。就是他的第一次婚姻。他奉母命娶了他可能不愿娶的伦巴德国王的女儿。他母亲死后,他把她葬在父亲埋骨之地圣德尼大教堂里。他只有一个姐妹,叫吉斯拉。她从小就专心过宗教生活,一生都在修道院里度过。

他妻妾成群。这点和西方的皇帝不一样,而有点近似东方的君主。西方的帝王,虽然可以有无数情妇,但决不能同时有两个妻子。查理曼先后迎娶了四位妻子,另外还娶了五个姨太太。这在东方不算什么,但却遭到西方人的非议。被认为是好色的证据。查理曼的第一个妻子是伦巴德国王的女儿。查理曼一开始就不满意,结婚仅一年,就被查理曼以体弱多病,不能生育为由离弃了。随后和出身于士瓦本族的名门望族的希尔迪加尔德结婚。希尔迪加尔德为他生了三男三女。希尔迪加尔德死后,他又娶了东法兰克人、也就是日耳曼人法斯科拉达。法斯科拉达为他生了两个女儿。法斯科拉达死后,又娶了阿勒曼尼族的柳特加尔德为妻,她没有生孩子。他的姨太太或妾为他生了6个子女,查理曼的家庭是个人丁兴旺、儿孙满堂的大家庭。

查理曼对他的孩子的教育比他父亲对他的教育要进步,但也没脱离法兰克传统。除了让他的儿子在年龄适合时,学习真正的法兰克人那样骑马和训练他们使用武器和打猎外,他还让他的儿女们全都学习他本人非常重视的语法、修辞、辩论和算术、几何、天文、音乐"古代七艺"。他要女儿们学习毛纺技术、用心操运梭子和线杆,以免闲散怠惰,并使她们养成高贵的品质。

他对继承人的考虑和安排完全是法兰克人式的。法兰克人的继承制度是诸子平分土地。查理曼本人也没有能跳出这一窠臼。平定阿基坦人的叛乱后,他就立其三子路易为阿基坦国王。774年灭伦巴德王国后,又将他的次子丕平立为意大利国王。781年查理曼专门访问罗马,请教皇为他的儿子丕平和路易分别正式加冕为伦巴德国王和阿基坦国王。806年,查理曼经慎重考虑,立下了遗嘱,把他的帝国平分给他的三个儿子查理、丕平和路易。他们三人都是查理的第二个妻子希尔迪加尔德所生。按照查理曼的遗嘱,只要他一死,他的帝国就分成三个国家了,他为之奋斗一生的统一大帝国就不存在了。烟飞星散了。后来,只是由于丕平和查理先后于810年和811年先他而

查理曼,又称"查理大帝",法兰克加洛林王朝的第二个国王,查理帝国的创立者、首任皇帝。

去,他的帝国的分裂才稍稍推迟了。查理曼的这种安排继承人的办法是很原始的,是原始社会后期的平分死者财产的遗风。在查理曼眼中,他的帝国是他个人财产,因此必须由他的儿子平分。

查理曼重视家庭,对他的儿女感情很深。他的长子、次子和长女在他生前就先后去世,从不轻易落泪的查理曼,竟悲痛得不能自持,热泪长流。丕平留下一个儿子和五个女儿。丕平一死,查理曼立即指定丕平的儿子伯纳德继承父位,并把五个孙女接到宫中和自己的女儿一起抚养。

他对他的孩子的疼爱到了无以复加的地步。他一生公务繁忙,但只要在家,总是和孩子们一起吃饭。出游时,也总是带着他们一块去,他的儿子同他一起骑马,女儿跟在后面,有专门挑选出来的侍卫保护。去温泉沐浴游泳,也邀请儿子一起去。他的女儿众多,个个漂亮异常,查理曼对她们竟钟爱得舍不得把她们嫁出去,既不许配给本族人,也不许配给外国人,只有大女儿曾在781年和东罗马帝国的皇帝君士坦丁订婚,但不久婚约又解除了,直到查理曼死,他的女儿竟没有一个嫁出去的。查理曼自己说是因为他不能够离开她们,恋女情绪严重到如此地步,也实在是骇人听闻。

成群的妻妾陪伴还不满足,竟要女儿也常年陪伴在自己周围,这也只有这位蛮族出身的皇帝才做得出来。查理曼这样做不是爱女儿,而是害了女儿。查理曼和

他的一个个无比妖艳的女儿的亲密关系,不仅使查理曼名声大损,丑闻秽事远播,也败坏了女儿们的名声。查理曼好色还由于不时发生的许许多多的下流而短暂的爱情活动和他给教堂送去的大量私生子而得到进一步证实。当然,这只是查理曼个人品德的污点,并不会给人民的幸福带来什么严重的影响。他的品德在其他方面似乎是无可挑剔的。在查理曼死后11年,有一个僧人撰写的维尔廷幻境中,查理曼被描写为和一只秃鹰同处在炼狱中,秃鹰一直不停地啄咬他的那有罪的生殖器,而作为他的品德象征的身体其余部分却安然无恙。这个编造的神话,从一个侧面反映了人们对查理曼好色的不满。

查理曼对儿女们也不是一视同仁的。他的那些私生子,是得不到他的爱的,他们生活在教堂里,连父母是谁也不知道。妾生的儿子和妻生的儿子待遇也不一样。他有一个庶子,名字也叫丕平,长得很漂亮,但是个残疾人,被人称为驼背丕平,不为父亲所爱。丕平心怀不平,在785～786年,在查理曼征战在外时,装病在家,和一些法兰克人的首领策划反对父亲的阴谋。这些法兰克人答应事成之后,让他当国王。结果,阴谋计划被查获。查理曼总算还有一点父子之情,没有砍去他的头,而只是剪去了他的头发,送到普鲁米亚修道院,让他去做一名修行的僧人,了其一生。

查理曼身体强壮,但晚年,身体每况愈下,去世前的四年,经常发烧,最后,一只脚也跛了。但即使这样,他也仍自行其是,而不听医生劝告,他甚至有些憎恨医生,因为医生劝他为了健康放弃他酷爱的烤肉改吃煮肉。

他自知来日不多了,813年,他把他仅存的儿子阿基坦国王路易召到首都阿亨来,然后召集全国的法兰克贵族,让他们同意由路易和他共同治理国家,并继承皇帝称号。查理曼把皇冠加戴在路易头上,让大家称他为皇帝和奥古斯都,向他朝贺。查理曼的这一决定得到在场的人的热烈拥护。查理曼自己为儿子加冕也充分说明了,在他的眼中,他自己是高于教皇的,皇权是高于神权的。决定由谁来继承自己的皇帝之位,或如何分配自己的帝国,都是自己的家事,是无须考虑教皇的意见的,即使加冕这样代表上帝的神圣的事,也无须劳驾教皇,自己也完全有这样做的权利。这时教会还只是查理曼的工具,还无法与世俗政权分庭抗礼。倒是路易有点心虚,他继位之后,仍不放心,在816年让教皇替他重行加冕。他已经没有他父亲那样的傲视一切的气度了。

查理曼给路易加冕后,又把儿子打发回阿基坦去了。他自己虽年迈体弱,疾病缠身,

作为西欧中世纪初最强大的统治者,查理大帝一生征战无数。图为查理大帝指挥大军长驱直入孔波斯特拉。

却仍不改旧习,还要到距阿亨宫殿不远的地方去打猎,而且乐此不疲,一去就是

一个秋天,直到秋尽,冬天来临,才罢猎,并于11月初回到阿亨过冬。在阿亨过冬时染上了严重的热病,并且一病不起。按法兰克人的传统,实行禁食,想通过这种自我锻炼来恢复健康。但结果又并发了肋膜炎,病情更加严重复杂。他却仍继续坚持禁食,只偶尔喝点东西维持体力,这样,一直延续到814年的1月28日才咽下了最后一口气,享年72年,在位47年。

据当时人的记载,查理曼末日临近时,出现了许多怪异的征兆。预示他将去世。如他在世的最后三年,经常发生月蚀和日蚀,太阳连续7天出现黑斑。皇宫和教堂之间巨大坚固的走廊在基督升天节突然倒塌,而且一直塌到房基。一座查理曼花了十年之力,以奇妙的技术修建的横跨莱茵河的木桥出人意外地突然起火,三个小时,就烧得除泡在水里的那部分以外连一片木板也没剩下。还有什么流星掠空而过、阿亨皇宫常常震动等等,这和中国皇帝死前都有征兆的说法是一个调儿。中外的天命观有异曲同工之妙。不过,查理曼对这些征兆毫不在意,他不怕死,也不像中国的秦始皇那样忌讳"死"字。他死前也曾想到他的那些妾生的儿女,他曾立下遗嘱让这些儿女继承他一部分遗产,但他的计划着手太晚,没能实现。不过他死前三年,曾当着朋友们和大臣们的面,把财富、金钱、袍服和其他动产加以分配,他请求在场的人在他死后出面承认和维护他的这种分配。

图为查理大帝与其中的一个儿子正在对话,书记官在一旁记录。

查理曼还在留下的遗嘱中再一次对他的财产进行了分配。他的遗嘱只是一份分赠文书,一份详细的他的财产的分配方案。人之将死,其言也善,从这份遗嘱,我们可以了解查理曼死前的心理活动和他所最关心的事情。他在遗嘱中说明了他订立这份分赠文书的目的,一是保证用他自己的财富进行基督教徒的布施,二是使财产的分配毫无争执、毫无分歧,因为他把一切都规定得清清楚楚。分配的东西是他的全部财产和动产,包括御库里的所有金、银、财宝和皇宫里一切可搬动的值钱的或不值钱的器物和御用衣服。除了不动产土地庄园房屋外,他的一切财产都在他死后分光,一点不留。分配方式是把他的御库里的财产分成三份,他在写下这份遗嘱时就已经划分好了,放置在御库里,前两份又分成21份,也已分好了,分给他的领域内的21个由大主教管辖的城市,这些城市中包括罗马。第三份,在他未死前,留作日常之需,在他死后又分成四小份,一小份并入上述21份内,第二小份由他的子女及孙子孙女享有,并在他们之间加以公平合理的剖分,第三小份专用于济贫事业,第四小份用来维持宫中服役的男女仆役们的生活。这第三份除了御库里的那份外,还包括宫里的一切器物、武器、衣服和一切可搬动的东西,在储藏室或贮衣室里所能找到的任何其他东西。

从查理曼的这份遗嘱中可看出,查理曼最关心的是教会,他的布施第一个对象就是教会,是 21 个大主教辖区,这说明查理曼不仅以教会的保护者自居,也是一个虔诚的基督教徒,当然,他这样至死不忘给教会、给基督教徒众布施,不只是为了博得虔诚的乐善好施的美名,也是为了死后进天国。他也十分关心他的家庭成员,他的子女和孙子孙女,但有一点值得注意,遗嘱中没有给他的妻妾分任何财产。这只能是法兰克的传统的结果。遗嘱中还反映了他对穷人的关心。济贫也是他遗嘱中的重要内容,他甚至要求把他大量收藏在他图书馆里的那些书籍卖掉,然后把所得的钱送给穷人。这虽是他的仁慈的一面。但,读书这件事也说明查理曼尽管热心学习文化,终究还是

查理大帝的梦想

一个缺乏文明传统的蛮族首领。他本来是要把国土也分掉的,只是由于他三个儿子死了二个,才没分成。这种把死者的一切财产都分光的做法显然也是法兰克传统的。遗嘱中唯一不准分的是礼拜堂。礼拜堂的所有物品,包括他本人收集和赐予的,以及从他父亲那里继承来的,都必须保持完整,不得进行任何瓜分。礼拜堂是他死后唯一完整保存下来的东西。

查理曼对自己死后的安排,对他自己来说,简直是场悲剧。他为之奋斗一生的统一大帝国,他的巨大财富,他的一切一切,按他的本意,是都要瓜分的,是全部分光的,如何维持他的帝国,如何继承他的事业,竟在遗嘱中找不到一字,好像这已不是他的事,真是死后万事空啊!

他的遗体被安葬在阿亨的大教堂里,坟上树立了一座镀金的拱门,上留有他的雕像和铭文。铭文很简单:"在这座坟墓之下,安息着伟大的信奉正统宗教的皇帝查理,他崇高地扩大法兰克人的国家,隆重地统治了 47 年。"这里只突出了两点,一是查理曼信奉正统宗教,一是扩大了法兰克人的国家。对于他的其他功绩和众多的头衔,一字未提,罗马人的皇帝,奥古斯都,复兴文化等等,在法兰克人看来,毫无意义。

814 年路易继位,因奉教诚笃,被称为虔诚者路易。除对宗教的虔诚和他父亲相比有过之而无不及外,其他方面皆有天壤之别。他既不是一个能干的军人,也不是个合格的统治者,即位只有 3 年(817)他就把帝国分给他的三个儿子。从而引起了一系列的瓜分斗争,兄弟阅于墙,内战不止。加洛林帝国实际上处于分裂状态。843 年,他的儿子们终于签订了凡尔登条约,帝国一分为三,西法兰克王国,占有现在法国的大部分地区,东法兰克王国,占有今德国的大部分,中部王国和意大利王国,包括意大利北部和法德边界两边的一条开阔地带。后又经过进一步瓜分,成为近代法国、德国和意大利王国的源头,三国开始分道扬镳。

来自法国的"征服者"

——英王威廉一世

人物档案

简　　历:英王威廉一世,一个祖居北欧的诺曼人后裔,来自法国而改变英国历史进程的"征服者"。

生卒年月:1028 年 9 月 2 日~1087 年 9 月 9 日。

安葬之地:不详。

性格特征:凶残、暴躁。

历史功过:他首先推行了政治、经济、宗教等方面的改革,引进封建制度,改变了英国的社会性质,并且是英国与欧洲大陆的经济和文化联系更加紧密。同时,他确立的中央集权制度,也为此后英国封建社会稳步发展奠定了坚实的基础。

名家点评:威廉以武力征战英格兰并不具有正义性,他登上英王王位也并不合法。正因为如此,英国人民反对他,他也反过来有高压手段进行镇压,以铁腕来稳固和加强其统治。

武力夺位

威廉从 1066 年登上英王宝座以后,就标榜自己是英格兰王位的合法继承人。但是,所有的英国人都不承认,而把他称为"征服者威廉"。之所以会这样,原因有两个:第一,威廉不是英国人,而是一个法国人;第二,他的王位也不是靠继承,而是依凭武力夺占的。

威廉是个诺曼人。诺曼人祖居北欧,10 世纪初定居法国塞纳河下游,并且建立了诺曼底公国。"征服者"威廉 1028 年生于诺曼底的法莱兹。他的父亲是诺曼底公爵"魔鬼"罗伯特,母亲是一个农民兼制革匠的女儿。由于其父未娶其母为妻,二人没有婚姻关系,所以威廉在获得"征服者"称号之前一直被人们称作"私生子威廉"。虽然是私生子,但他毕竟是罗伯特唯一的儿子,因而罗伯特 1034 年在前往圣城耶路撒冷朝拜之前,曾说服臣下并正式确立威廉为继承人。第二年,罗伯特返国途中客死小亚细亚,威廉于是继承了诺曼底公爵爵位,此时的他年仅 7 岁。

威廉在 15 岁时又被法国国王亨利一世授予骑士,随之在诺曼底的政治事务中开始发挥个人作用。从 1046 年到 1055 年,他在亨利一世支持下多次平定诺曼贵族发动的叛乱,终于巩固了自己的权力和地位,牢牢控制了诺曼底公国。在这不寻常的 10 年岁月里,威廉着实学到了不少东西。未及 20 岁,政坛上运筹帷幄、纵横捭阖、钩心斗角的种种手腕,威廉已经学得进入门径了。

那么,这位诺曼底公爵又是如何夺得英王王位的呢? 这还要从 1042 年至 1066 年期间担任英国国王的爱德华说起。他登基以后,为数不少的诺曼人在英国朝廷和教会就职,这样就为后来诺曼人征服英国创造了极为有利的条件。

1066 年,爱德华国王去世。由于没有子嗣,由谁继位一时成了难题。按理说,法定继承人是埃德加亲王,但他还是个年幼的孩子,根本不能治理当时内忧外患的英国。面对国内外严峻的形势,朝中的"贤人会议"迅速推举哈罗德为英国国王。不料哈罗德刚刚即位,立即就有另外两个王位竞争者向他提出挑战。首先发难的是挪威的哈德赖达,另一个挑战者就是诺曼底的威廉,他们两人都将哈罗德视为篡位者,并且分别带兵来兴师问罪。哈德赖达率领的挪威军队于夏秋时入侵英格兰北部,9 月 25 日被哈罗德的军队击溃,哈德赖达本人也被杀。而威廉的入侵则比较顺利,并且在最后取得了成功。

在威廉兵攻占了英国首都伦敦,以武力相威胁的情况下,英国"贤人会议"经过几个星期的迟疑后,最后终于做出决定,拥戴威廉为英国国王。1066 圣诞节,隆重的加冕仪式在威斯敏斯特大教堂举行,威廉就此登上王位,成为威廉一世,人称"征服者威廉"。

亲政改革

伊凡四世出生于俄罗斯皇室。他的父亲瓦西里三世在他 3 岁时就病逝,母亲也于几年后死去。伊凡四世的父亲临终前,把他委托给了 7 名遗诏执行人,希望他们以后能辅佐儿子执掌政权,同时依靠他们来防止实力雄厚的领主贵族篡权,并限制领主杜马的影响。

伊凡四世自小父母双亡,他是在领主们的专横暴戾中长大成人的。他们的胡作非为,使少年的伊凡由胆怯变为神经质的怯懦。他的多疑和极不信任人的心理,随着年龄的增长与日俱增。

伊凡是在 1547 年 1 月 16 日正式加冕的。这天,克里姆林宫的圣母升天大教堂举行了隆重的祈祷仪式,之后总教主马卡利即将莫诺马赫皇冠——皇权的象征——戴到了他的头上。16 岁的少年自作主张,首次采用了沙皇的称号。更改称号是伊凡四世开始独立亲政的标志,这个称号使他一下就以罗马恺撒的继承人和上帝派到人间的君主身份出现在自己的臣民面前。

伊凡亲政时,莫斯科的市民正遭受着当局的横征暴敛。后来在一次火灾的导引下,莫斯科爆发了武装起义。这次起义最后虽然被平息了下去,但却从中暴露了领主政府的虚弱,这样,就为贵族阶级登上政治舞台创造了有利条件。从这次起义以后,贵族阶级的代表被允许参加等级代表制会议,即后来的缙绅会议。贵族的代表们利用这个机会,针对当时社会存在的弊端,提出了一个全面改革俄罗斯国体的方案。这种改革的思潮刚一出现，就吸引了年轻的沙皇伊凡。

与贵族阶级改革派人物的接触，使伊凡进入了一生中极重要的一个时期。在他面前展现出一个前所未有的社会活动的广阔天地，蕴藏在他内心的对"大领主"的不满，获得了新的基础，找到了新的目标。

1549年，伊凡主持召开了一个"调解会议"。在这次会议上，这个年方18岁的沙皇正式宣布进行改革，并对食邑领主当众表示出强烈的不满。这次会议以后，一大批改革派新人物进入了克里姆林宫，以阿达舍夫为首的改革派成了政府的核心。在随后召开的称之为"批准《百项决议集》的宗教会议"上，伊凡又做了一次有关改革的讲话，并提出了著名的"沙皇质疑"，其内容包括大规模改革的纲领，既有经济方面的，也有社会方面的。

改革首先从司法开始。立法者把注意力主要集中在完善中央和地方的管理体制问题方面。新的法典加速了衙门的建立，扩大了衙门官僚的职权，也略微限制了食邑督抚的权力。

同时整顿了门第制，允许政府任命门第不太显赫，但是骁勇善战的统领担任副统帅。

为了加强武装力量，政府着手组织常备射击军，并组建了一支3000人的射击部队。此外，还进行了赋税改革。

阿达舍夫集团在实施国内改革的同时，拟定了一个庞大的政策纲领，其核心为积极的东方政策。当时，东方的喀山封建主经常进犯俄罗斯，这个政策就是主动征战喀山进则获得其土地。

从1548年到1552年间，俄罗斯军队三次进攻喀山。最后一次因喀山人发生内讧，沙皇的军队趁机发起总攻，最终攻克喀山这座鞑靼的京城。

在喀山之战以后，伊凡和阿达舍夫又着手进行第二阶段的改革。在这一阶段，主要进行了中央政权机构的改组，建立了统一的衙门制度。在此基础上，取消了领土和显贵所享有的"食邑"特权，并把土地问题结合在一起进行了兵役制的改革。这两次改革巩固了中央集权，在一定程度上满足了贵族阶级的利益。但是，由于改革派对领主实行高压政策的建议，沙皇伊凡不能完全照办，改革派的许多承诺都无法兑现，以致10年过去后，改革也没有取得成功，相反，在不少领域改革反而停顿了下来。

行直辖制

为了打通俄罗斯同西欧贸易的通道，沙皇伊凡提出了征服立沃尼亚和在波罗的海沿岸建立统治的雄图。但是，随后的军事行动并不顺利，在先取得了一些胜利后不久，俄罗斯的军队便节节失利。在1560年整个战争期间，虽然立沃尼亚损失颇重，但俄罗斯军队并未取得实质性的进展。为此，沙皇伊凡把全部责任都归咎于在前线指挥作战的阿达舍夫，不顾临阵易帅可能带来的不利后果，解除了他的总指挥职务。此后不久，又把另一个在他身边的重要谋臣也借故免了职。

伊凡所以要冒险这样做，除了他们在指挥上失误，还另有用意。还在此前的改革时期，他就与这些谋臣们在国内政策、对外事务方面有了不小的分歧，并且认为他沙皇的权力受到了改革派谋臣的限制,以至失去了君主专制的性质。伊凡觉得必须除掉他们中的骨干人物,才能恢复自己的声望和权力。所以,在借故解除了这两个主要的改革派大臣职务后,他开始不择手段地竭力提高自己的威望。

沙皇坦克

自沙皇伊凡首次讨伐喀山以后的 15 年间,俄罗斯战火纷飞,连年不断,人民饱受灾难,阖家濒于毁灭。在外交受挫的形势下,沙皇的一些谋臣力谏在国家实行独裁,使用恐怖和暴力手段来消灭反对派。可是,在俄罗斯,任何一项重大的政治决策都要经过领主杜马批准。而不管是杜马还是也有相应权力的宗教领袖,对此都肯定不会同意。沙皇伊凡为此绞尽脑汁,思谋对策,最后没有办法,决定采取一种异乎寻常的方式——宣布退位。以此来逼迫杜马同意国家进入紧急状态,然后再"名正言顺"地实施暴力独裁统治。

伊凡草拟了退位的诏书,而后先行通知了领主杜马和总主教。杜马迫于国内外的混乱形势,不敢接受他现在退位。伊凡见状立即转守为攻,以反阴谋为借口要求领主们授予他特权。随后他又把要求的特权写成文本,提交杜马和宗教会议审批。这个文本中说,为了"保护"自己的生命,立意在国内对宫廷、军队与领土实施直辖制。伊凡声称,把莫斯科交由领主杜马管辖,他本人则要独揽不经杜马同意即可"贬黜"不服从的领主,处其死刑,褫夺被黜者的财产和积蓄的无限全权。按封邑公国的模式建立起来的直辖区,控制在沙皇本人手里。同时建立直辖军千人团,为享有特权的沙皇私人卫队。这些特权杜马和宗教会议被迫同意以后,沙皇伊凡就开始了对异己者的疯狂屠杀和血腥统治。

粉碎鞑靼

1572 年 4 月,鞑靼人再次在俄罗斯南部边境集中部署兵力,意欲伺机进犯。这次参加入侵的有克里木汗国,大、小诺盖帐汗国,骑兵多至 4 万余人。此外,汗王还拥有土耳其炮兵。

4 月底,俄军也在南部边境集结了 12000 名贵族、2035 名火枪兵和 3800 名哥萨克骑兵。这支军队加上北部城市的非常后备军,总数也达到两万余人。

1572 年 7 月 23 日,鞑靼人入侵俄罗斯。其机动骑兵队迅速向图拉挺进,并于第三天试图在谢尔普霍夫的上游横渡奥卡河,但是多次强渡都被俄军击退。

最激烈的战斗发生在距莫斯科45俄里的莫洛佳村地区,史称"莫洛佳之役"。在这次战斗中,俄军面对3倍于己的敌军,灵活地采取了一种佯败的战术,他们先是奋勇拼杀,而后装作失败溃逃,把敌军引入到事先选择好的一个叫"游垒"的地方。这时,早已隐蔽在附近的俄军炮兵放炮猛烈轰击,给密集的鞑靼骑兵以重创,损失格外惨重。战斗一直进行到傍晚,最后,克里木的军队被歼灭于莫斯科城外。

就在歼灭鞑靼人的同时,俄罗斯上下也在酝酿着另外一件大事——废除直辖制。鞑靼人入侵的威胁,客观上加快直辖宫廷和地方军事力量的合并,沙皇直辖的官吏开始与地方官吏混同在一起,甚至直接受到地方统领的节制。1571年,当局开始逐渐消除了直辖杜马与地方杜马之间在行政管辖方面的许多壁障。第二年初,不再将新县划入直辖区,同时中断了直辖要塞的建设。直辖制逐渐显露出衰落的趋势。

对于这种现实的状况,沙皇伊凡看得很清楚。他知道国人痛恨他的专断独裁,痛恨直辖制,这种制度的取消势在必行,实际上在现实中已经逐步在取消。可是,他舍不得放弃这种给他带来特权的制度,在继续存在抑或废除的问题上一直游移不定。后来,随着废除直辖制呼声的不断高涨,以及鞑靼入侵带来的威胁,伊凡看清再不适时废除这种制度,他将彻底失去贵族阶级以及大小领主的支持。在这种形势下,专横的沙皇被逼无奈,只得忍痛决定废除直辖制。他先是在1572年初,宣布恢复过去的督抚建制,后来又颁布了一道诏书,正式宣布废除直辖制。

沙皇之死

1575年,沙皇伊凡第二次逊位。几个月后,他又赶走了被扶植上台的傀儡,重新成为沙皇,并在全俄罗斯推行起一种"封邑公国"的统治制度。随后,在1575年至1576年间,沙皇发动了两次对瑞典的侵略战争。这两次战争雷帝伊凡都亲自统帅。俄军先是攻占了瑞典的一些军事要塞,在欲扩大战果时进展却不顺利。而且在伊凡回国以后,不少要塞又相继被瑞典人夺了回去。

沙皇想尽快结束这场战争,于是又对瑞典和立陶宛同时发起了进攻。可是,这次大规模的入侵,却促使立陶宛、乌克兰以及波兰、库尔兰联合起来,共同组成了东欧最大的一个国家,展开了对俄罗斯的反击。这个新的国家对俄罗斯进行了三次征战,攻陷了波洛茨克等不少地方。双方交战激烈,也各有胜负,打得难解难分。一直到1582年,双方都已经筋疲力尽,才在教皇的调停下停战,掺订了一项十年休战的协定。这场战争旷日持久,前后历时达25年之久。不仅使伊凡意图控制波罗的海沿岸地区的计划失败,而且使俄国陷入非常困难的境地。

对外扩张战争的失败,以及由此带来的国内社会和经济状况的恶化,让沙皇伊凡忧心如焚,感到身心疲惫,在48岁这年就患上了重病。他担心自己一病不起,就宣布在他死后,莫斯科公国的统治者授予长子伊凡王公。虽然后来他的病逐渐地好了起来,但是内心的忧伤并没有减轻。就在这年,27岁的长子也因病死去了,沙皇悲伤欲绝,身心俱伤,健康状况又急剧恶化。最后在1584年3月19日病死。

至此,沙皇伊凡历时50年的统治,宣告终结。

扩张四域殖民王

——菲利普二世

人物档案

简　历：法国国王约翰二世（好人）的第四子，生于蓬·图瓦兹。他参加了百年战争中最重要的会战之一普瓦捷战役。

生卒年月：1527年5月27日~1598年9月13日。

安葬之地：圣但尼修道院。

性格特征：铁石心肠、头脑顽固。

历史功过：在菲利普二世的治理下，西班牙的国力达到巅峰，历史学家常以这段时间为哈布斯堡王朝之称霸欧洲。菲利普二世雄心勃勃，试图维持一个天主教大帝国，但最终未能成功。

名家点评：菲利普二世是有作为的伟大君主，他统治时期的西班牙国力昌盛，给人以深刻印象。但是，他的雄心壮志是建立在无视国家整体经济环境的前提之下的。

严惩"异教徒"

1527年5月27日，菲利普出生于西班牙的瓦利阿多里德城。

菲利普的家庭是一个世代为王的血缘家庭，其祖父是奥地利的国王兼神圣罗马帝国皇帝菲利普，祖母是西班牙国王的女儿。他的父亲查理五世6岁便继承了尼德兰的领地，1516年又继承了西班牙王位及其全部领地。1519年，又当选为"日耳曼民族神圣罗马帝国"的皇帝。菲利普的母亲来自哈布斯堡王室的后代，在36岁时就去世了，菲利普是她唯一的儿子。

1528年4月，年仅11个月的菲利普作为西班牙王位的继承者接受了卡斯提尔议会的效忠宣誓。查理五世非常重视对儿子的培养，亲自挑选了三位家庭教师，分别教授他语言、击剑、骑马、作战以及社交等。

从菲利普 12 岁时起,查理五世就开始培养他的政治才能,经常与他一起谈论国家大事,传授他如何处理复杂的政务。1543 年,查理五世离开西班牙去和法国作战,为了锻炼菲利普的才干,特意任命年仅 16 岁的他临时代理执政。

1556 年 1 月 26 日,菲利普在布鲁塞尔继位为西班牙国王。他继承了西班牙及其美洲殖民地、尼德兰、那不勒斯、撒丁尼亚、米兰公爵领地和法兰斯孔太。菲利普继承的西班牙,是当时欧洲第一强国和最大的殖民帝国。

菲利普二世执政以后,把自己作为捍卫上帝意志的国际人物。他自小信仰虔诚,甚至不是按民族而是按宗教来思考问题。他是一个热忱而盲动的天主教徒,自认为能为天主教会的统治力挽狂澜。这个时期,西班牙出现了一种新的宗教教派。由于菲利普坚持正统的天主教信仰,在他即位伊始,就对新教实施严酷的惩治,无情地镇压一切异教徒,在全国各地建立"异端裁判所",所内设置火刑柱,对新教徒施以残酷的火刑。同时,在国外出钱资助耶稣会到各国活动。

16 世纪上半叶,欧洲的宗教改革运动风起云涌,新旧教斗争异常激烈。菲利普统治初期,尼德兰正受到加尔文教的扰乱。1567 年,他任命阿尔发公爵为尼德兰的新总督,对持不同宗教信仰者和政见者进行镇压。1569 年,菲利普平定了国内摩尔人的暴动。同年,策动英国北部的天主教徒掀起反对他们的异教徒女王的武装起义。1570 年,串通教皇,开除伊丽莎白的教籍,并解除她的臣民对她的效忠。1572 年,法国天主教在教皇和菲利普二世的煽动下决定消灭胡格诺教徒,制造了"圣巴托罗缪惨案"。菲利普执政初期,在反对宗教改革运动方面取得了一连串的胜利。

对外征战

神圣罗马帝国与法国为争夺意大利进行的长达 65 年之久的战争,结果 1559 年以法国失败告终。由于继承关系,西班牙取代了法国在意大利的支配地位。1565 年起,西班牙又逐渐侵占了菲律宾。西班牙海外财富源源不断地输入,使菲利普二世有财力在欧洲争霸。

在地中海区域,西班牙首先面临的威胁来自奥斯曼帝国。当时,奥斯曼土耳其几乎完全控制了地中海及其沿岸。菲利普二世于 1560 年和 1561 年两次派舰队出征,但均遭受失败。1571 年夏,他与威尼斯、教皇国等结成同盟,共同进击土耳其。9 月,由唐·约翰指挥的联合舰队从西西里岛的墨西拿港启程,10 月 7 日黎明,在希腊科林斯湾最窄处的勒班多附近与土耳其舰队遭遇。联合舰队炮火猛烈,接舷战中西班牙精良的火绳枪大显威力。经过 4 个小时的激战,击沉或俘获几乎全部土耳其舰船,只有一个中队逃脱;共杀敌约 20000 余,俘虏 8000 人。从此以后,西班牙海军在地中海西部占有了优势。

这一时期,菲利普二世强硬高压的统治,引起了尼德兰人民强烈的反抗。尼德兰是菲利普的一个领地,自中世纪起就享有自由权和豁免权,包括维护自己的法律和批准征税的权利。菲利普执政后,不断把西班牙人的总督、官员和部队派驻到尼德兰,在当地建立专制统治,征收高额税,又厉行异端裁判,引起了尼德兰人民的极大愤懑。1566 年 8 月 11 日,爆发了一场大规模的武装起义。一周之内,起义民众劫掠了 400 座教堂,起义怒潮迅速席卷各个城镇。尼德兰大规模的起义让菲利普感到震惊,但他一意孤行,采取疯狂镇压手段。1567 年 8 月,菲利普命令阿尔发率18000 精兵去布鲁塞尔增援西班牙的驻军。阿尔发到后设立了"除暴委员会",诨名为"血腥委员会",在两年内处死了起义者约 8000 人。1568 年 2 月 26 日,菲利普又批准了异端裁判所的判决,并下令立即执行,对一切异教徒格杀勿论。历时数年,才把起义镇压下去。

英国伊丽莎白女王执政以后,在国内推行宗教改革,对外则极力扩大贸易,利用海盗攻掠西班牙运载金银的船只,与西班牙殖民地进行走私贸易。尼德兰革命爆发后,又援助尼德兰。为此,菲利普对伊丽莎白女王极度不满,而且,随着英国实力的壮大,它已经成了西班牙争霸世界的一大障碍。于是,从 1577 年起,菲利普二世利用苏格兰女王玛利对英国王位的继承权力,支持英国天主教和守旧贵族,进行颠覆活动。1569 年和 1580 年,他两次与教皇合谋派兵登陆苏格兰、爱尔兰,支持、煽动天主教徒叛乱。以后,菲利普又两次指使耶稣会士制造刺杀伊丽莎白的阴谋。

对菲利普的争霸活动,伊丽莎白女王采取了对抗的政策。1580 年,她公然授予攻掠西班牙美洲殖民地归来的大海盗德雷克骑士称号,并把其掠来的钻石嵌上王冠。菲利普二世至此已十分清楚,英国是西北欧新教和反西班牙的主要堡垒,不战胜英国,他的争霸事业就无法实现。对于菲利普欲行攻打英围的打算,罗马教皇也表示支持,并预先授予了他英国王位。

进入 16 世纪 80 年代后,菲利普二世开始准备入侵英国。1580 年兼并葡萄牙,使西班牙的海上实力得到了增加。1578 年葡萄牙国王亡故,菲利普以姑父的身份要求继位。1580 年另一竞争者抢先进入里斯本,菲利普派阿尔发公爵率军在舰队支援下攻入葡萄牙。8 月 26 日,阿尔发在里斯本城下阿尔堪培拉大桥一战中击溃8000 守军,葡萄牙投降。1581 年 4 月,葡萄牙议会向菲利普宣誓效忠。这样,菲利普兼并了世界第二大殖民帝国及其茂盛财源,达到了霸业的顶点。此后,在新航路上航行的几乎都是西班牙的船只。葡萄牙的并入,为菲利普入侵英国提供了更有利的条件。

1588 年 5 月底,西班牙无敌舰队按照菲利普的命令,穿越海峡去进攻英国。7 月 29 日起,在英吉利海峡上,舰队遇到了 200 多艘英同船只的阻击。英国舰船轻便小巧,快速灵活,炮火强而且善发挥。它们先骚扰西班牙舰队的大部队笨重船只,破坏其舰队队形,然后逐个地进攻舰队中的大型船只。无敌舰队一路损失后,于 8 月 6 日到达加莱锚地,但法内塞所率的陆军为敌所阻未能来会。英军此时又施以火攻,无敌舰队损失惨重。后来刮起一场暴风雨,即著名的"新教风",把被击溃的舰队向北吹进对西班牙人来说似乎是北极的海域中。西班牙人不得不在没有海图和领航员的情况下,绕过苏格兰、爱尔兰逃回本国。此时,仅剩残舰败船 53 艘,葬身鱼腹者达 9000 多人,西班牙的海上霸权从此开始转入英国之手。

治国独裁

西班牙在国家统一的过程中,逐渐建立起君主专制制度。菲利普二世执政后,中央既不设固定的行政机构,也不设专职大臣。国王根据专制需要,可以随时撤换大臣,任用亲信。虽然中央设有组织机构国务委员会,但实际上是国王的咨询机构,没有行政决策权。在国务委员会下,菲利普又设立了12个委员会。委员会的成员由君主亲自遴选。他们的任务是终日上传下达,清谈议论,所有的事务一律报菲利普定夺。在地方,菲利普通过总督来治理。总督的主要职责是执行国王的命令,并不代表地方。菲利普通过这种方式实行个人专制独裁。这种关系使西班牙官吏对上唯命是从,对下蛮狠专横。同时,菲利普还鼓励地方代理人和官员监督总督,让他们秘密报告总督的一切活动,以使下级官员互相掣肘。

西班牙马约尔广场

对具有地方自治权的亚拉冈、卡泰罗尼亚和瓦伦西亚议会,菲利普二世同样采用独裁统治。在需要财政支持时,他就召集地方议会,一旦得到了钱就把议会解散。1591年5月,菲利普指使异端裁判所侵犯地方法庭的审判权,在萨拉戈萨激起了起义。菲利普派兵进行镇压,击溃当地自治武装,处死地方法官。1592年,又改组城市议会,修改自治宪章;地方法官和城市议会的大多数成员都改由国王指定。这样,亚拉冈340年之久的自治遂名存实亡。

在经济领域,菲利普二世实行横征暴敛、竭泽而渔的政策。为了应付财政危机,菲利普常常开征特别税。第一次债务破产后,对出口羊毛征收重税。第二次债务破产后,他在1574~1575年卡斯提尔议会上请求议会增加分摊的税额。16世纪晚期,许多赋税的收入已被抵押给银行家族。菲利普只得另行征收新税。1589年2月,卡斯提尔议会批准国王征收一种新税"百万税",于1590年开始征收,这使卡斯提尔地区税收负担沉重。菲利普还彻底控制商业和外贸,企图人为地控制物价和金银流通以遏制剧烈的价格革命,结果适得其反。在他统治下,以前繁荣一时的工业生产急剧衰落,有些地区几乎完全停顿。

在殖民统治方面,菲利普也实行专制统治。殖民地的总督由他亲自任命,随意调换。在美洲殖民地,菲利普的政策是大肆搜刮金银,疯狂屠杀印第安人;压制工商业,垄断外贸,迫使殖民地与西北欧国家进行走私贸易;在农业中推行过时的经营方式。他还支持耶稣会进行血与火的传教,阻碍了美洲殖民地经济的发展。

1557年8月10日,西班牙纪念圣劳伦斯的节日,菲利普二世的军队使法国人吃了一次败仗。为了纪念圣劳伦斯,菲利普决定建造一座新的王室住宅,取名爱斯库里亚尔的圣劳伦斯皇家修道院。爱斯库里亚尔位于卡斯提尔中部的高原上,在马德里西北约27英里处。爱斯库里亚尔建筑群都用意味着永恒存在的大块花岗石砌成,最高的塔尖离地有300英尺,它不仅是一座宫殿,而且还是一座修道院和一座陵墓。

菲利普十分喜爱爱斯库里亚尔的别墅宫,晚年时就住到了这里,而且几乎没有离开过它。他在这里办理政务,批阅公文,空闲时与妻子、孩子一起散散步,眺望工匠们的劳作,观看画家和雕塑家的杰作。

1598年9月13日夜晚,菲利普病逝于他喜爱的爱斯库里亚尔别墅宫。从此西班牙帝国逐渐没落,再也没有重现辉煌。

文韬武略的印度古代名君

——阿克巴大帝

人物档案

简　　历:阿克巴大帝,是印度中世纪莫卧儿帝国的皇帝。他是印度历史上继孔雀王朝阿育王之后,最卓越、最有作为的开明君主。

生卒年月:1542 年 10 月 15 日～1605 年 10 月 27 日。

安葬之地:不详。

性格特征:颇具远见卓识、文韬武略。

历史功过:阿克巴在位期间,不仅东伐西讨、南征北战,统一了四分五裂的印度,建立了统一的庞大帝国,而且以杰出政治家的深谋远虑和开明精神,实行了一系列政治、经济、军事、社会、宗教、文化改革,给数百年来战火不休的印度带来了稳定和繁荣,开创了一个空前昌盛的辉煌时代。

名家点评:阿克巴生来就是人中之王,称得上是人类历史上最强有力的君主之一,这种看法有其牢固的基础,这就是他的非凡的天资、创造性的思想和巨大的成就。

继承祖业

莫卧儿帝国(1526～1857),是中亚外族征服者在印度建立的庞大帝国。它开创了印度次大陆政治统一和封建社会经济文化发展的时代,是印度封建社会由它的发展中期向晚期转变的阶段,也是衔接中世纪印度与近代印度的重要历史时期。

阿克巴是莫卧儿帝国的第三代君主,他的丰功伟绩是他的祖辈和父辈业绩的承继和拓展。

阿克巴的爷爷巴卑尔(一译巴布尔或巴贝尔,1482～1530 年生卒,1526～1530 年在位),是印度莫卧儿帝国的开创者。

巴卑尔是一个察合台突厥人,父系为帖木儿(一译铁木儿)的子孙,母系为成吉思汗的后裔。

由于他具有蒙古血统,因此,他在印度开创的帝国便称为"莫卧儿帝国"(莫卧儿为阿拉伯语或波斯语"蒙古"的谐音)。

巴卑尔出生于中亚的大宛,11岁继承父亲的王位,在中亚锡尔河上游称王,并成功地挫败了来自四方的吞并阴谋。

他的梦想是成为当年帖木儿一般的征服者。然而,他在中亚的战绩不佳,被乌兹别克人打败,逐出中亚,成为无家可归的流浪者,四处漂泊,正如他本人在自传中所写的那样:

"国王像在棋盘上一样,在格子之间移来移去。"

这种流浪生活使巴卑尔少年时代就经常东奔西走,在战斗中长大。他晚上往往睡在露天地上,把身体锻炼得异常强壮,他能在100度以上的强日下骑马奔驰终日,也能在雪山中驰过急湍的冰流。

巴卑尔不得不放弃重建帖木儿帝国的美梦后,将注意力从西北转向东南。

他乘阿富汗境内混乱之机,率领一批蒙古兵越过艰难险阻的兴都库什山,攻占阿富汗,以喀布尔为首都,建立了自己的国家。

他随之联合波斯人,重征中亚,企图恢复失去的故土,重振在中亚的雄风,但未能如愿,他对中亚的野心遭到了彻底的破灭,遂再度退回喀布尔。

巴卑尔艰难困苦的早年生活,表面看起来是祸事,实际上却是幸事,它使巴卑尔的意志得到了充分磨炼,使他日后能与升沉不定的命运作顽强的抗争。

流浪期间,巴卑尔从他避难的一位乡村头人的母亲——一位111岁的老妇人那里,听到关于他的祖先帖木儿在印度的丰功伟绩的故事。他决定步他祖先的后尘,将目光转向印度。

印度的财富引发起巴卑尔的冒险精神,激发了他的幻想,而德里苏丹国家瓦解后北印度出现的政治混乱局面,则为巴卑尔征服印度提供了良机。

巴卑尔开始整编军队,生产火器,改进战术。他三次亲赴旁遮普,视察印度的一切。

他看到印度人的强壮体力逐渐消失,丧失了前几代的那种雄志,全印度分崩离析,没有一个强大的中心势力。

他估计自己生长于寒冷山地的坚强军队,可以少胜多,各个击破,于是便下定了入侵印度的决心。

1525年,巴卑尔率领12000人,从喀布尔出发,进入旁遮普,向德里推进,一路所向披靡。易卜拉欣·洛提国王率领4万大军、1000头大象北上迎战。

1526年,在帕尼帕特(一译班尼帕特),莫卧儿军和德里军进行了决定印度命运的大决战,史称"第一次帕尼帕特战役"。

帕尼帕特历来是决定印度命运的地方。从西北入侵的敌人如果不在开伯尔堵住的话,萨特里日河和朱木拿河之间的开阔平原(帕尼帕特所在地),就自然成为决战地点。一旦攻克此地,即可长驱直入德里。

虽然巴卑尔在军队人数上处于绝对劣势,但他有着坚强的性格和沙场宿将的经验,而他的敌人则如巴卑尔本人所说:

"是一个没有经验的人,行动粗心大意,前进时没有秩序,驻军或撤退时没有规划,而在作战时又没有深谋远虑的布置。"

易卜拉欣自负拥有大军,以为只要把他的象队冲杀过来,便可踏平蒙古军的这支小小队伍。

而巴卑尔的军队北据帕尼帕特城堡,南据掘好的一道道的战壕,排放许多砍倒的树木,分兵防守,防备敌人的侧击。

城堡和战壕之间,向西布置好主力的阵地,派他的长子胡马雍率领右翼,米尔柴率领左翼,自己统率中军。

西面构筑一长条的工事,排列着他唯一的利器大炮和他的弓箭手,准备在敌人的象队冲来时,用炮火的力量予以摧毁。

此外,巴卑尔用一道战车加强了脆弱的前线,把敌人牵制在一道漫长的防线上,以便他向两翼进军。

易卜拉欣带领大军缓缓地向帕尼帕特前进,对巴卑尔军中的大炮毫无所知,他自己和他的将领们连大炮这个名字都未听说过。他到达帕尼帕特就驻扎休息了。

第二天早晨,太阳已从东方升起,易卜拉欣见巴卑尔方面毫无动静,便用象队领先,后面跟着大军,向巴卑尔阵地猛扑过来。

巴卑尔的军队并不出来迎战,只等敌人的前锋到达射程之内,才命令炮手一齐开炮。

"轰!轰!"

一阵雷鸣般的炮声划过长空。

烟雾起处,只见易卜拉欣的象队纷纷倒下。

那些受伤,受惊的象队,回身便向自己方向奔逃,反而把自己的队伍冲散和踏伤。

易卜拉欣的军队顿时乱作一团。

于是,巴卑尔命令左右翼向敌人后方包抄,自己则指挥中路军踏过炮兵阵地,向前冲杀。

一场鏖战,到中午时分,已经决定胜负。

易卜拉欣的军队死伤过半,遍地的死尸中间也躺着易卜拉欣自己的尸体,其余部队不是被俘,便是逃散。

巴卑尔采取骑兵协同炮队作战及两翼包抄敌军后方的战术,全歼印度军,取得第一次帕尼帕特战役的胜利。巴卑尔就此写道:

"感谢真主的仁慈,我化险为夷了!半日之内这支强大的敌军就陈尸遍野。"

帕尼帕特战役一结束,巴卑尔当天便派长子胡马雍领兵进袭亚格拉,另派先锋部队进取德里城。

巴卑尔自己在朱木拿河休息一

印度北方邦

会,一路上游览名胜古迹,然后走进德里城,去登上他早已梦寐以求的皇帝宝座。

4月27日,在德里大清真寺的礼拜仪式上,巴卑尔宣布为"印度斯坦皇帝",结束了德里苏丹国在印度320年的统治。

巴卑尔虽为征服者，但他和他的继承人，并不把自己当作外来的贵人，高居人民之上，而是把印度当作自己的祖国来治理。

当巴卑尔的军队进入德里城时，老百姓听说跛子帖木儿的子孙杀来，他们异常惊恐。但巴卑尔的军队并不杀人放火。

巴卑尔进城后，仍叫德里苏丹国洛提王朝的臣子们帮他做事，还派人保护易卜拉欣的母亲，让她仍住在王宫里。

于是，全德里的人都安下心来，渐渐觉得巴卑尔比洛提王朝的国君好得多，都心悦诚服地拥护他了。

印度没有中亚的良马、驯狗、花园、清泉、葡萄、甜瓜，而且天气酷热，部下都闹着要撤回凉爽的阿富汗，巴卑尔给他们非常优厚的待遇，让他们同享荣华富贵，一定要回去的也不勉强，立即遣送回去。

他还派人到喀布尔，把自己的爱妻月光夫人和留在喀布尔的儿女们，都接到印度来。

这样，稳定了军心，他的部下许多人都愿意留下来，而且他过去统治的地方不少人也投奔他的麾下。

以后的几年里，巴卑尔轻而易举地征服了从旁遮普到比哈尔的北印度平原，成为西起阿姆河，东至格拉河，北起喜马拉雅山，南至瓜廖尔，这一广大地区的统治者。

他的胜利为莫卧儿帝国的建立，奠定了第一块基石。

然而，烈酒、鸦片、长期的流亡征战和印度酷热的气候，损坏了他的身体，1530年，他47岁死于亚格拉。

巴卑尔是亚洲历史上，最富传奇性的，最令人感兴趣的人物之一。

他是一个具有大无畏精神和卓越军事才能的人，但他并不是喜好无故杀戮、肆意破坏的残暴征服者。

他是慈爱的父亲、善良的主人、慷慨的朋友，他坚信真主，热爱大自然和真理，而且擅长音乐和绘画，富有文学天才，是诗人和作家。

他能用土耳其文和波斯文写漂亮的文章，最出色的是他的自传，用土耳其文写成，由他的儿子胡马雍誊写，后来由他的孙子阿克巴译成波斯文。

他的自传记录了他的各种思想和感受，如伊尔费斯通所说：

"他的传记包含了一个伟大的鞑靼帝王一生的极其详尽的叙述，还自然地流露出他的见解和情感，他没有做作和保留，也没有极端坦白和直率的毛病。

"他的风格朴素、雄伟，而且生动有趣，它表现了他的同胞和同时代人的面貌、风度、志向和行动，就像在一面镜子里那么清楚。

"在这一方面，它几乎是亚洲真实历史的唯一范本——他绘出了每个人物的形态、衣饰、爱好和习惯，还描述了好些地方、气候、风景、物产，以及艺术品和手工业品。

"但作品最动人的地方在于著者的性格。这是一件突出的事情，在冷酷无情的亚洲历史中，我们竟发现有一个皇帝能连日哭泣，并告诉我们，他是为了童年时代的伴侣而流泪的。"

更重要的是，巴卑尔是给印度莫卧儿帝国这座大厦奠基的第一个建筑师，他杰出的孙子阿克巴就是在这个基础上建立起它上面的建筑的。

正如莱恩普尔所评论的那样：

"他是中亚细亚与印度之间，以掠夺为生的游牧民族与帝国政府之间以及帖木儿与阿克巴之间的桥梁。

"亚洲两大灾星——成吉思汗和帖木儿的血液融合在他的血管里，他把波斯人的教养和温文尔雅与鞑靼游牧民族的勇敢和好动结合了起来。

"他以蒙古人的干劲、突厥人的勇武征服了懒散无力的印度教徒。

他本人是一个幸运的战士，却不是帝国的缔造者，然而他却给他的孙子阿克巴所建成的辉煌建筑物奠定了第一块基石。

他在历史上的不朽地位在于他征服了印度，从而为一个帝王世家开拓了道路。"

阿克巴的父亲胡马雍（1508～1556年生卒，1530～1556年在位），是莫卧儿帝国的第二代君主。

"胡马雍"这三个字的意思，本来是"幸运"。他有一个勇敢慈祥的父亲，又把王位传给他，是最幸运不过的了。

可是他即位后的遭遇却很不幸，没有谁比他更倒运。

胡马雍22岁登基，但他从他父亲巴卑尔那里继承的是一个问题成堆的帝国。

这个帝国结构松懈，没有建立起行政、司法和财政制度；

皇族内部很不团结，胡马雍的三个异母兄弟都在觊觎王权，他们能向长辈巴卑尔效忠顺服，但对平辈的胡马雍却是嫉恨在心；

宫廷中的贵族也在策划阴谋，企图谋取王位；

军队的成分十分复杂，有察合台人、乌兹别克人、波斯人、阿富汗人、印度人，是一个由互有利害冲突、民族各不相同的冒险家组成的混合体；

胡马雍面对的敌人亦不可轻视。阿富汗人还没有被彻底粉碎，比哈尔的舍尔汗（后称舍尔沙）在东方崛起，成为随时准备反叛的阿富汗贵族的新的领袖，古吉拉特的巴哈都尔沙军力强盛，对胡马雍也是严重威胁。舍尔汗和巴哈都尔沙，在东西两方面对他形成夹攻之势。

当时的形势需要一个兼有军事天才、外交手腕和政治智慧的统治者。但是，所有这一切，胡马雍都不具备。

事实上，他本人就是他自己的大敌。

他虽然知书识礼、喜爱文化、勇敢慈祥，可是缺乏他父亲所具有的智慧、谨慎以及坚强的决心和坚韧不拔的精神。

正如莱恩·普尔所评论的那样：

他不能坚持不懈地努力，取得瞬间的胜利，就隐居于后宫，在吸食鸦片的极乐之中，虚度宝贵的光阴，而他的敌人却正在紧叩大门。

他生性仁慈，该惩罚的时候，他却给予宽恕；他无忧无虑，喜欢交际，该备鞍上马的时候，他却在席前畅饮。他有引人注意的性格，但决不以势压人。

在私人生活中，他可能是使人喜欢的伴侣，忠实可靠的朋友。但是，作为国王他是不称职的。

他的名字的意思是'幸运'，然而从来没有一个倒运的君主，比他更加名不相称了。

巴卑尔去世后,胡马雍想征服全印度,实现他父亲的遗愿。可是,原先被巴卑尔打败的拉其普特诸侯,又重整旗鼓,向胡马雍的国都亚格拉进攻。

胡马雍亲自出战,把叛军击退。正向前追击,不料阿富汗人舍尔汗又在后方向亚格拉进攻。胡马雍只得赶快回军向东,去征讨舍尔汗。

舍尔汗战败逃跑,胡马雍随后追赶,舍尔汗逃到山上碉堡避难。这时,胡马雍放弃追赶,在高尔饮酒狂欢作乐,纵情享受,一晃就是九个月。

这时,印度的雨季到来,一连几天,大雨滂沱,河水陡涨,低洼地带被洪水淹没,变成一片汪洋泽国,胡马雍的运粮道路被截断。

就在这时,舍尔汗的军队忽然从山上冲下,向胡马雍的营地突袭,胡马雍的军队乱作一团,狼狈不堪。

胡马雍虽然想挣扎,可是士兵与马匹都受不了这样的湿热,一批又一批病倒了。胡马雍只得与舍尔汗讲和,承认舍尔汗提出的条件,在孟加拉一带独立称王。

胡马雍在讲和后,整顿军队,准备返回亚格拉。他的军队到达恒河边,因为人困马乏,便解甲休息,预备翌日渡河。

四更时分,胡马雍的部队都在营帐中熟睡,打着鼾声,舍尔汗的军队突然偷袭。

因为舍尔汗并不以和解为满足,他要把胡马雍置于死地,以便进攻北印度,自己做印度皇帝。

胡马雍的军队从睡梦中惊醒,猝不及防,被杀无数。

胡马雍丢掉妻室,落荒而走,在匆促中带了几个随从,骑上马背,把马赶下恒河,向恒河对岸逃去。

那时,恰逢恒河水涨,又阔又深,水势又急,马匹不易泅渡。胡马雍的坐骑被水冲向下游,他从马背上跌入水中,几乎淹死。

这时,来了一个背着羊皮袋的灌水夫,把皮袋吹饱,叫胡马雍伏在浮起的皮袋上,用劲划水,才从万分危急中拣了一条命。

这位莫卧儿皇帝答应灌水夫,等他回到亚格拉,将让灌水夫坐上他的王座,做三个钟头的皇帝。

当胡马雍回到亚格拉,这位灌水夫骑着牛,带了他的灌水袋来了。

胡马雍很守信用,果真让这位低贱的灌水夫,坐上他的王座,做了三个钟头的皇帝。

灌水夫坐上王座,下令把他曾经救了胡马雍生命的羊皮袋,割成一块一块的小圆块,打上印记,作为钱币使用,又下令赠送许多财物给他的亲戚朋友。

胡马雍都照着灌水夫的命令,一一做了。

舍尔汗打得胡马雍丢弃妻室、落荒而走后,于1539年12月自立为王,称舍尔沙,并以他的名字铸造钱币。

从此,胡马雍避居德里,闭门不出。但是,舍尔沙仍不肯罢休,紧追不舍。

1540年5月17日的曲女城之役,胡马雍再次败于舍尔沙之手,他的4万大军丧失殆尽。

胡马雍逃到旁遮普,向他的三弟乞求援助。可是,他三弟非但不理他,反而出兵攻击他。于是,他又退到信德。

在舍尔沙和他三弟的追击下,胡马雍再也无法立足于印度这块土地,于是,逃亡波斯,开始了他长达15年的流浪生活。

正如《印度通史》所写的那样——

"他从最近不由他统治的每一个地方被驱逐出去,深恐自己可能落到他弟弟的手里,他决定放弃他父亲的帝国,投奔到一个陌生人那里去,求助于人家那种可疑而未经尝试过的慷慨去了。"

巴卑尔奠基的莫卧儿帝国,在胡马雍手里暂时丢失了。

舍尔沙占领德里和亚格拉后,建立了历时15年的苏尔王朝,并把势力扩大到拉贾斯坦、马尔瓦、旁遮普、木尔坦和信德。

为阻止胡马雍卷土重来,舍尔沙采取高度集权的、开明的君主专制统治,实行了行政、经济、司法、军事、宗教等改革,使苏尔王朝成为一个幅员辽阔、国力强盛的帝国。

然而,正当舍尔沙的霸业顺利进展的时候,1545年,他突然在一次火药爆炸事故中丧生。

在印度中世纪历史上,舍尔沙是一个出类拔萃的人物。

他是一个勇敢的战士和成功的征服者。他全凭自己的功绩和才能,以非常卑微的地位,上升为阿富汗人复兴的领袖和印度所产生的最伟大的统治者之一。

他在军事上的性格特征是谨慎和胆略的罕见的结合;他的政治行为是公开而仁慈的;他的宗教态度摆脱了中世纪的偏执;他为自己修建的宏伟陵墓,直至今日,仍充分证明了他对建筑的杰出鉴赏力。

然而,舍尔沙在印度中世纪史上具有重要地位,不仅在于他成功地驱逐了莫卧儿入侵者,建立了强大的王朝,更主要的是他在行政方面做出了一系列对后世、特别是对阿克巴大帝发生过深远影响的改革和创新。

如《高级印度史》所评论的,舍尔汗"五年短暂的统治时期的特点,是对一切行政部门进行了谨慎而有益的改革。其中有些改革所采取的方法是恢复和改革印度教徒以及穆斯林的各种旧的印度行政制度的传统特点,而其他一些改革则完全是独创性的,确实构成了古代印度和现代印度之间的桥梁"。

"事实上,他的统治的真正意义在于,他从自己的身上体现了,在印度建立一个民族国家所必须具备的那些品质,还在于他从多方面,为光辉灿烂的阿克巴体制奠定了基础"。

舍尔沙所建立的阿富汗帝国,在他逝世后没有持续多久。

这位坚强有力的人物的消失及其继承者的软弱,导致了阿富汗贵族的妒忌心理和不服管束的痼疾的再度复发,使整个王国陷入无政府的混乱状态之中,从而为莫卧儿人卷土重来铺平了道路。

胡马雍经过10多年颠沛流离,含辛茹苦的流浪生活后,在波斯萨非王朝的帮助下,出师重征印度平原,占领拉合尔、德里和亚格拉,恢复了莫卧儿王朝的统治。

胡马雍抓住时机,收复了由于他自身的软弱和优柔寡断,而丧失的领土的一部分,挽回了以往的失败,为日后莫卧儿王朝的牢固建立开拓了道路。

但是,他在德里统治了仅7个月,就在一次晚祷时,意外地失足从藏书楼的楼梯上跌下来,摔破头壳,两天后不治死去。

阿克巴被指定为继承人。

部下为了避免引起骚乱,对胡马雍的暴卒一直保密,直到阿克巴继位的准备工作就绪才宣布。

重振莫卧儿帝国的重任,就这样落在了阿克巴的肩上。

初为人王

阿克巴是在父亲的流亡生涯中出生的,历经艰辛。

胡马雍在信德不毛之地流浪期间,于1542年初,和哈米达·巴努贝加姆结婚。哈米达·巴努贝加姆是谢赫·阿利·安巴尔·贾伊尼的女儿;谢赫·阿利·安巴尔·贾伊尼曾经当过胡马雍的弟弟欣达勒的导师。

结婚不久,胡马雍在信德呆不下去了,又流浪到阿尔科特。

1542年11月23日(一说10月15日),阿克巴在阿尔科特呱呱坠地。

按照蒙古人的习惯,当第一个王子出生的时候,国王要把金银珠宝分送群臣,以示庆贺。

可是,这时的胡马雍穷困潦倒,一无所有,他的口袋里只有少许香料。

他就把香料分给随从,于是,馥郁的香气立刻充溢在空气之中。

胡马雍说道:

"我希望当我的儿子做皇帝时,和香料一样散播出香气来,使它充满天下。我给他起名叫阿克巴就是'伟大',我希望我的儿子是一个伟大的皇帝。"

阿克巴的童年是在东奔西走、颠簸漂泊中度过的。

胡马雍身遇不测去世时,阿克巴年仅13岁。

当时,阿克巴任旁遮普的省长,他父亲的老战友拜拉姆(一译培拉姆或白拉姆)为他的保护人。

当胡马雍不测的死讯,传给阿克巴和拜拉姆后,阿克巴便在旁遮普小城兰诺尔的一个花园内,举行了登基典礼。

由于阿克巴继位时年幼,由拜拉姆摄政。拜拉姆任宰相兼摄政大臣,掌握帝国实权。

1556~1560年的4年,是所谓的"摄政时期"。

初登王位的阿克巴面临着严峻的局势。

莫卧儿王朝的统治很不稳固。

胡马雍去世时,莫卧儿王朝所掌握的领土,实际上只有德里和亚格拉地区,其余均在莫卧儿朝廷控制之外,大部分仍在阿富汗首领和苏尔王朝留下来的几个贵族手里,这些贵族还想重掌王权。

拉其普特人也在坚持斗争。西北边境的坎大哈时时受着波斯人的威胁。此外,经过连绵战争,很多省份一片荒芜,北方已经两年连续饥荒,政府经济窘迫,帑藏虚竭。

比所有这些困难更直接的威胁,来自一个印度教首领喜穆(一译黑姆或希穆)。

喜穆出身吠舍阶层,是前苏尔王朝贵族阿迪尔沙的将军,一个精明干练、经验丰富的政治家。

喜穆在胡马雍去世后,起兵反叛,很快攻占了亚格拉和德里,控制了以瓜廖尔到萨特累季河的领土。

喜穆在德里建立王朝,号称"超日王"。

可见,阿克巴即位之初面临的局势,是非常严峻的,他的世袭遗产是朝不保夕的,他建立一个帝国的任务确实非常艰难。

正如史密斯写的那样:

"阿克巴必须证明他自己胜过各个图谋王位的竞争者,至少要夺回他父亲失去的领土,才能不仅在名义上而且在事实上成为帕德沙。"

喜穆攻陷德里称王后,阿克巴的群臣建议阿克巴退守喀布尔,摄政王拜拉姆力主进军德里。阿克巴采纳了拜拉姆的主张。

1556年,两军在帕尼帕特决战,这就是印度历史上著名的"第二次帕尼帕特战役"。

喜穆依靠优势兵力取得了最初的胜利。

莫卧儿军用迂回战术攻敌两翼,同时利用中锋向前推进,使敌阵混乱,并充分发挥炮火和弓箭手的威力,攻击敌军战象,获得重大战果,使喜穆两员大将阵亡。

喜穆为扭转不利战局而发动攻击,但眼睛中箭深入脑部,立即昏倒在地。

阿富汗军因失去主帅而惊慌溃逃,莫卧儿军发动总攻,取得了最后胜利。

当喜穆昏迷不醒的时候,被拜拉姆活捉。

拜拉姆将喜穆带到阿克巴面前,请求年轻的国王对喜穆处以死刑。

阿克巴看着倒在地上昏迷不醒的囚犯,若有所思地说:

"我怎能杀死已经受伤的俘虏?"

于是,拜拉姆拔出佩剑,剑光一闪,喜穆的脑袋与身体分了家。

阿克巴皱了皱眉头,两眼茫然,仿佛看到了他的先祖帖木儿的影子。

成吉思汗的孙子帖木儿,在征服了波斯、阿富汗和美索不达米亚后,于1398年远征印度。

他远征印度的借口是德里的苏丹容许偶像崇拜,但真正目的则是为了掠夺,他似乎没有把印度并入他的帝国的念头。

帖木儿身材高大,指粗腿长,眉清目秀,仪表非凡。他的一双光亮的眼睛,十分威严,像两把利剑。他看人时,锐利的目光像爱克斯光一般,可以透过人体,把人的肺腑都能看透。

但他是一个跛子,印度人都叫他跛子帖木儿。帖木儿的性格非常残暴,喜欢杀人,印度人说帖木儿的心是石头做的。在印度杀人最多的就要数他了。

帖木儿于1398年9月渡过印度河,便大肆杀戮,到达古城塔拉姆巴,从伊斯兰教总督处获得大量的贡物,又掠夺大小村庄。

帖木儿在进军德里的途中,碰到拉奇普特人同伊斯兰军联合死守巴脱尼尔城,经过一场大战,攻陷了城堡。进城后,帖木儿将城中的男女老幼,一概杀死,不留一人。在他身后,留下的是一汪血海和一片荒凉。

帖木儿于12月到达德里附近。那时他发现俘虏还是太多,仍有10万人,对他的行军和战斗是一种累赘。但是他又不肯放走,于是,下令对军营中所有印度教徒的俘虏,进行了一场大屠杀,一天之间杀死了10万人。

帖木儿于 12 月 18 日占领德里。由于穆斯林神学家的调停,他同意赦免德里的市民。但是,猎取财富的帖木儿士兵的凶暴,迫使印度教徒起来反抗,结果又遭到了侵略者的大屠杀。只有几天功夫,德里、西里、查汉巴那和旧德里 4 个城市都成了废墟。

帖木儿在德里停留 15 日,杀人无数,掠货无数,满载北上,引军返回土耳其。

帖木儿留在印度人心目中的是残暴、肆虐。

阿克巴定了定神,眼前突然一亮,他的爷爷巴卑尔的形象映入了他的眼帘。

巴卑尔是一位斗士,打起仗来像狮子一样的勇猛,但内心深处又是一个慈悲为怀、和善可亲的人,尤其在家庭中是一个不可多得的慈父。

他对儿子爱护备至。他虽然让胡马雍跟他一同出征打仗,要他增加阅历,以便将来担当大任,但他总给他带领最精锐的部队,给他最好的助手。

每当胡马雍远离巴卑尔时,巴卑尔总是天天挂念他,叫他时时写信告诉他一切情况。

如果胡马雍因忙碌而忘记写信,巴卑尔和月光夫人就会议论和推测儿子不写信的原因,便要写信去追问。

如果儿子的信写得太短或草率,他便要写信说:"接到你的信,虽然使我很高兴,但是你要认认真真地写,不可太草率"。

当他的家属从喀布尔到达亚格拉的时候,他骑马出城迎接。这时,他完全不像一个煊赫的皇帝,也不像是一个威武的大将,而是一个普普通通的慈爱的父亲。

当他望见家属的车马时,他竟快活得从马上跳了下来,跑步上前,像小孩子似的抱住他最心爱的小女儿,眼泪从眼眶里直流出来。

巴卑尔留给世人的是勇士加慈父的形象。

胡马雍继承了巴卑尔勇敢慈祥的秉性。

阿克巴的血管里流淌着祖辈和父辈的血液。

拒绝杀害昏迷不醒的受伤俘虏,是阿克巴慈悲天性的写照。

第二次帕尼帕特战役结束了莫卧儿人与阿富汗人之间的长期斗争,粉碎了阿富汗人再度复兴的希望,标志着莫卧儿帝国对印度的统治权的确立,并走上了领土扩张的道路。

阿克巴虽然取得了第二次帕尼帕特战役的胜利,真正开始了印度莫卧儿帝国的统治,但是帝国朝政仍旧为拜拉姆所控制,阿克巴还不能独立行事。

拜拉姆是土库曼人,他曾随同波斯军队援助巴卑尔,征服撒马尔罕和布加拉,后留在巴卑尔和胡马雍手下做官。

在胡马雍远征孟加拉时,拜拉姆起过很重要的作用。有一次,他以勇猛和机智拯救了皇帝的前卫部队。

曲女城战役后,拜拉姆被舍尔沙俘获。舍尔沙想笼络这个有才气的年青勇士为他服务,但所得到的回答只是说真正的忠诚是永远不能改变的。

拜拉姆后来逃走了,在倍德加入了胡马雍的部队,成为胡马雍的总顾问和挚友。

胡马雍在昆达哈尔和西尔兴德的胜利,大部分应归功于这个忠实随从的才干,因之,他被指定做阿克巴的保护人。

作为阿克巴的保护人，拜拉姆不得不面临困难的境遇。

为了在他所指挥的小部队中保持纪律和朝气，他不得不采取严厉的措施，比如逮捕谋叛的贵族，处死打败仗的将领。

这些严厉措施的结果，"原来以为自己至少等于卡伊科巴德和卡伊考斯（古代波斯王）的察合台官员，这时才发觉必须要听从拜拉姆汗的命令，并静静地屈服于他的权威之下"。

拜拉姆拒绝了向喀布尔撤退的胆怯的劝告，而勇敢地前去迎击喜穆。在第二次帕尼帕特战役前夕，他做了一次激昂慷慨的演讲，驱散了失败主义的阴云，从而在帕尼帕特取得了决定性的胜利。

拜拉姆为莫卧儿王朝做出了重大贡献，对阿克巴早期的成功和莫卧儿人在德里统治的稳固起了关键的作用。

拜拉姆的摄政期延续了近4年。

作为摄政大臣，由于他专横地行使权力，结果树敌太多，开始失势。

阿布勒·法兹勒写道："人们对拜拉姆汗的所作所为终于容忍不下去了。"

阿克巴此时已经18岁，羽翼渐丰，不再愿意接受拜拉姆的严厉管束，想做一个有名有实的国王。

印度阿格拉堡建筑

拜拉姆的骄傲和专断也触怒了过多的宫廷大臣，他们对他们所认为的拜拉姆的暴虐独裁强烈不满。

拜拉姆是一个什叶派信徒，而皇族和多数大臣却是正统的逊尼派信徒，他的一些行为引起正统逊尼派的愤懑。

阿克巴的母后和乳母及其亲属，是倒拜拉姆的主要策划者，他们劝诱、怂恿阿克巴维护自己的权利，除掉摄政王。

1560年，阿克巴正式通知拜拉姆，他决定亲政，并免除他的职务。拜拉姆无可奈何地服从了阿克巴的决定，并同意前往麦加。

阿克巴委派皮尔·穆罕默德护送拜拉姆出帝国国境，皮尔·穆罕默德是拜拉姆的旧部下，也是拜拉姆的私敌。

拜拉姆认为阿克巴的这一做法，是对他的一种侮辱，于是反叛了。他在贾朗达尔附近战败被俘。

不过，阿克巴非常明智，考虑到拜拉姆过去的劳绩而宽恕了他，仍允许他以合乎他的身份的排场到麦加去。

拜拉姆在去麦加的途中，在古吉拉特被一个阿富汗人刺死，此人的父亲曾被拜拉姆指挥下的莫卧儿军队杀死。

这个阿富汗人把拜拉姆带的东西洗劫一空，但拜拉姆的家眷未遭凌辱，他的小儿子得到了阿克巴的保护,被带进宫廷,长大后受封为大汗。

拜拉姆的倒台,并没有使阿克巴马上能完全亲理朝政。

有两年时间(1560~1562),朝政大权仍旁落于后宫集团,即阿克巴的养母马哈姆·阿纳加及其子阿达姆汗之手。有些史学家把这一时期称为"牝鸡司晨的乱政时期"。

阿克巴不堪忍受后宫势力的掣肘,处死了阿达姆汗,四十天后,阿达姆汗的母亲悲伤而死。

这样,到1562年5月,阿克巴开始摆脱后宫的影响,真正掌握中央权力,莫卧儿王朝的中央政权开始稳定下来。

征略兼并

阿克巴生性是个有着强烈的帝国雄心的人,他的野心是做一个巨大帝国的统治者。

阿克巴曾被描写为"一个坚强而刚愎的并吞论者,在他的太阳面前,大贺胥爵士这颗和顺的星就显得黯然失色了"。

阿克巴热心于征略兼并,是历史上最伟大的帝政主义者之一。他曾说:

"既为帝王,就应时刻不忘征略,否则他的敌人就会起兵打他。"

这句话明白地道出了一般的帝王所怀有的雄心。

阿克巴一生是在马背和军营中度过的,他终其一生没有停止过扩大领土的战争。

经过40多年的频繁的征略兼并,阿克巴实现了几乎整个北印度和中印度的政治统一。

由阿克巴设计的道路,为他的继承人忠实地追随着,直到莫卧儿帝国的领土,在奥朗则布统治下,扩张到最大限度为止。

收复莫卧儿失地的工作,在"摄政时期"和"牝鸡司晨期"就已经开始了。

那时,瓜廖尔·阿其米尔和遮普尔,一个接着一个被征服。这对于德里和亚格拉周围的阿克巴领土的逐渐巩固,起了很大作用。

对马尔瓦的征服经历了一番曲折。

阿达姆汗和皮尔·穆罕默德使用种种手段,打败了巴哈都尔,实现了对马尔瓦的初步征服(1561)。

阿达姆汗被阿克巴召回之后,皮尔·穆罕默德被委任管辖这个还没有完全征服的省区。

不幸,皮尔·穆罕默德在追击巴哈都尔时,被水淹死,他的继承者终于驱逐了巴哈都尔。

但不久,巴哈都尔又收复了马尔瓦,直到1571年,他才最终归顺了阿克巴。

在马尔瓦,广为流传着巴兹·巴哈都尔国王和王后鲁布摩蒂之间的爱情故事。

鲁布摩蒂有一副闭月羞花之貌、沉鱼落雁之容,巴哈都尔被她的美丽和银铃般的歌声所迷醉。

在一次征战中,巴哈都尔阵亡沙场。鲁布摩蒂失去了丈夫,终日愁苦,最后自

杀身亡。临死前,她写了一首诗,表达了她悲伤的心情:

为妻无你心肠断,声声血泪把你唤。

鲁布摩蒂好悲苦,不见巴慈在眼前。

阿克巴接着征服的地方是冈德瓦那(一译冈达瓦那或贡达瓦纳)。

冈德瓦那当时处于加拉·卡坦加王国统治之下。王国的国王比尔·纳拉扬尚未成年,他的母亲,一个极其美貌、十分英勇、精明干练的拉其普特妇女杜尔加瓦,以摄政的身份统治着这个王国。

在她当政期间,她的王国有很大发展。阿克巴看到她王国威望日益增长,很感不安,便派人送给她一架金纺车,意思是,作为一个妇女,应该坐在家里纺纱织布,管理国家不是妇女的事。

杜尔加瓦做了一把金弹花弓,回赠阿克巴,意思是,如果妇女的任务是纺纱织布,那么你阿克巴也应该从事弹棉花的工作。

阿克巴见了弹花弓之后,恼羞成怒,立刻向杜尔加瓦宣战。

1564 年,阿克巴派遣阿萨夫汗,率领一支庞大的军队,征服冈德瓦那,直捣加拉·卡坦加王国的京都贾巴尔普尔。

杜尔加瓦虽系女流,但善使枪骑射,领兵打仗,她有 2 万军队和 1000 头大象,她毫不示弱,毅然迎战,进行了英勇顽强的抵抗。

但是,在加拉和曼达拉之间发生的一次战役中,杜尔加瓦受到了挫败。面对失败,她没有辱没她的拉其普特祖先,她以真正的拉其普特人的精神,宁死不屈,剖腹自杀。"她的死正如她有益的一生一样崇高而忠诚"。

年轻的国王比尔·纳拉扬,以勇武骑士的气概与征服者作战,直到阵亡。

妇女们都按照可怕的"兆哈尔"(一译乔哈尔)仪式,在熊熊燃烧的火葬堆上,集体自焚。

阿克巴著名的军事冒险,是对齐图(一译奇托尔)的围攻和占领(1567~1568)。

齐图是拉其普特土邦梅瓦尔(一译密瓦尔或美华尔)的首府。

梅瓦尔是北印度到古吉拉特各商港的必经之路,在商业上具有重要的地位。

梅瓦尔土邦的统治者,属于拉贾斯坦的拉其普特人中,最受尊敬的西苏迪耶家族,他拒不承认阿克巴的宗主权,并且庇护抵抗莫卧儿的阿富汗人和反叛的莫卧儿贵族。

因此,为了实现建立一个全印度的帝国的理想,也为了该帝国的经济利益,阿克巴必欲控制梅瓦尔。

梅瓦尔的统治者拉那·辛格死后,王国内部倾轧之风盛行,新国王乌代·辛格懦弱无能,这一切有利于阿克巴实现他的野心勃勃的计划。托德感慨地说:

"要是梅瓦尔的编年史在其君主的名册中从来也没有乌代·辛格这个名字,梅瓦尔就幸运了。"

阿克巴围攻齐图长达 4 个月之久(1567 年 10 月~1568 年 2 月)。乌代·辛格怯懦地逃到阿拉瓦利山上的森林里,把保卫齐图的重任交给部下贾伊马尔和帕塔。

阿克巴在围攻齐图时,表现了相当的耐心和技巧,他使用了三种东西:一条深长的壕沟、保护工作人员的活动盾牌、一座临视全城的高层建筑物。

要不是阿克巴一枪击中了贾伊马尔,这次围攻可能还要拖得更久。帕塔后来也战死了。

防守将领的牺牲使被围困的守军失去了信心,于是他们手握战刀冲向敌人,勇敢搏斗到全部壮烈牺牲。

妇女们在最后被俘之前,相率以"兆哈尔"仪式,投火自焚。

阿克巴遂攻克了齐图堡垒。

根据阿布勒·法兹勒的说法,有3万人被屠戮,这个数字似乎过于夸大。

阿克巴还迁怒于被托德称之为"王国的象征"之物。他把庞大的铜鼓(其直径为8~10英尺,鸣鼓宣告君主进出齐图城门之声周围数英里都能听到)拆下来,还把齐图伟大之母神宝座上的巨大烛台拆下来,一起运往亚格拉。

其他那些长期公然反抗阿克巴的拉其普特酋长,也为齐图的陷落而感到惊恐,纷纷归顺了阿克巴。

邦迪(班提)土邦的首府兰桑波尔,于1569年陷落,拉伊·苏尔贾纳·哈拉把要塞的钥匙交给了阿克巴,开始为帝国效劳。

同年,本德尔汗德的卡林贾尔酋长罗阇·拉姆金德,也跟着投降。对卡林贾尔的占领,大大地加强了阿克巴的军事地位,在莫卧儿帝国扩张的进程中迈出了重要的一步。

1570年,比卡内尔的统治者和贾萨梅尔的统治者,不仅归顺了莫卧儿皇帝,而且还把他们的女儿嫁给他。

拉其普特诸酋长就这样一个接一个承认了莫卧儿的权势,唯有梅瓦尔邦始终没有臣服,一直保持独立。

梅瓦尔虽然失去了首都,但它非但没有向阿克巴投降,反而进行了几十年的英勇抵抗。

拉其普特人素以勇敢彪悍、英勇善战著称于世。拉其普特人的这种精神,在梅瓦尔得到了最典型的表现。

1572年,乌代·辛格的儿子普拉塔普·辛格(一译布罗德卜或普罗太普)即位,他继续进行反抗莫卧儿帝国的顽强斗争。

普拉塔普是一个真正的爱国志士和领袖,他忠于他的国家的传统,对侵略者进行毫不妥协的抵抗。

普拉塔普没有首都,资力微薄,又要对抗一个当时"世界上无可估量的最富裕的君主"莫卧儿皇帝的有组织的力量。

而且,他的同辈的酋长、邻国、甚至他自己的兄弟,都缺乏拉其普特人的勇武和独立的崇高理想,而与莫卧儿人结了盟。

但对于这位拉其普特的民族英雄来说,不存在任何可以畏惧的障碍,他具有比他的同胞更为高尚的品质。如《高级印度史》所评论的:

"危险虽大却增强普拉塔普的毅力,用吟游诗人的话说,他发誓要'令母亲之乳汁闪耀光辉',并充分履行了他的誓言。

1576年4月,阿克巴派遣曼·辛格和阿萨夫汗率军征服梅瓦尔。6月,在哈尔迪加特山的激烈战役中,普拉塔普遭到了毁灭性的失败。他的坚固的阵地一个接着一个落到了莫卧儿人手里。

普拉塔普在一位酋长无私的献身搭救之下,得以逃生。他骑上他心爱的战马退入山林,与野兽同宿,以野果充饥,坚持游击战达20余年。

用托德的无法模仿的话说:

"他独力支持了25年,抵抗了帝国的联合力量,在某一个时候,他毁灭过平原,另一个时候,他又在山岩间奔波,用本地山上的野果来养活他的家族,养育他那个当时还是婴儿的英雄阿马尔,在野兽和几乎同样野蛮的人群中,阿马尔是他那种勇敢和复仇精神的合适的承继者。"

在这次长期的战争期间,梅瓦尔的肥沃地区荒无人烟,不见一星灯火。普拉塔普终于在死前如愿收复了许多要塞。

这位拉其普特爱国志士,甚至在他一生最后一刻,还为他的祖国忧虑。他临终前强令他的酋长们"起誓不背弃他的国家,以免其落入突厥人之手"。

托德评论道:

"这位拉其普特人的一生就这样结束了,可是甚至今天所有西苏迪耶人还把他当作偶像加以崇拜和怀念。"

托德进而写道:

"要是梅瓦尔有他自己的修昔底德或色诺芬,那么无论伯罗奔尼撒战争还是'万人'退却给历史诗人所提供的丰富多彩的事件都远不及这个梅瓦尔历尽沧桑的光辉王朝的业绩。无畏的英雄主义,百折不挠的刚毅,'永受尊敬的'真诚,坚韧不拔的精神,加上任何别的民族都没有这样可以自豪的忠诚——这些都是对抗高涨的野心、指挥的才能、无穷的资力和宗教的狂热的要素;所有这一切都不足以跟一颗不可征服的心相匹敌。"

普拉塔普确实是印度历史上一个鼓舞人心的人物。拉其普特人产生过比普拉塔普更能干的将军,更精明的政治家,可是没有产生过比他更勇敢、更崇高的爱国领袖。

普拉塔普的儿子于1597年接替他,领导人民继续斗争。

梅瓦尔几代拉其普特人英勇的反侵略斗争,在印度中世纪史上,写下了可歌可泣的一页。

兰桑波尔和卡林贾尔在1569年被兼并后,阿克巴觉得自己可以自由自在地专心关注西方和东方了。他下一步征服的便是他父亲曾经征服而又失掉的重要地区古吉拉特(一译古查拉特或古甲拉特)。

古吉拉特位于印度西海岸,有漫长的海岸线和富庶繁荣的港口,具有引人注目的商业地位和特殊的经济利益,因此,德里历代统治者,包括胡马雍都对它垂涎三尺,想占而有之,虽然胡马雍对它的占领只是短暂的。

此时,古吉拉特正陷于一片混乱状态。名义上的苏丹穆扎法尔沙三世,无力控制那些犯上作乱的酋长。这种形势为阿克巴的征服提供了良机。

1572年,阿克巴亲自出征古吉拉特,粉碎了一切抵抗力量,逼近阿默达巴德,傀儡国王穆扎法尔沙三世投降,阿克巴发给他养老金,令其退位。

阿克巴接着向苏拉特推进,中途在沙纳尔的一次艰苦战斗中,他表现得非常勇敢。阿克巴围攻苏拉特一个半月后,攻占该城。

葡萄牙人这时也与阿克巴接触,希望得到他的友谊。阿克巴在坎拜和葡萄牙人签订了条约,这给麦加圣地的参谒者保证了安全的通行。

阿克巴布置了古吉拉特的行政事务后，回到新都法特普尔·西克里。

但是，阿克巴一到达首都，这个新征服的省份，就爆发了叛乱。叛乱是由难以制服的莫卧儿王公们领导的，阿克巴的几个堂兄弟也参与了叛乱。

阿克巴以惊人的速度装备了一支远征军，飞速前进，9天之内兼程600英里，抵达阿默达巴德。

阿克巴没有等待援军，以仅有的3000人的军队，对2万名叛军发动了猛虎般的突击，一举粉碎了这次叛乱。

阿克巴对古吉拉特的远征，被称为印度前所未有的最快捷的战役。

古吉拉特就这样纳入了阿克巴的统治范围，从此成为他的帝国的一个组成部分。史密斯博士评论道：

"征服古吉拉特标志着阿克巴的历史进入了一个重要的时代。"

它不仅增加了莫卧儿帝国的资源，而且还为帝国获得一条到达海边的自由通道，使它和欧洲商人（葡萄牙人）有了联系，这对印度历史产生了重大影响。

但是莫卧儿人没有建立任何海上武装的尝试，由于他们在这方面的目光短浅，便助长了欧洲商人的入侵。

阿克巴接下来征服的是孟加拉。

南比哈尔总督苏莱曼·卡拉拉尼，是一个阿富汗酋长，他利用孟加拉在位的年青国王被弑后的混乱局面，把他的势力扩大到孟加拉，于1564年继承苏尔王室，成了孟加拉的统治者。

他曾率军包围罗塔斯，当阿克巴派军解救这个堡垒时，他主动撤回孟加拉，并以赠送贵重的礼物正式承认了阿克巴的霸权。

他在位期间，一直正式承认阿克巴的封建君主地位，并与之保持友好的关系。他把首都从高尔迁到坦达，并兼并了奥里萨这个信奉印度教的王国。

但是，他的儿子达乌德（一译陶达）继位后，"对政治艺术一窍不通"，不久就"抛弃了他父亲的审慎措施"，不仅僭用皇室的一切标志，以他自己的名义诵读"呼图白"，发行钱币，宣布独立，而且向前推进，占领了莫卧儿帝国东部边境的扎马尼亚这个前哨据点。从而，触怒了当时正在古吉拉特的阿克巴。

1574年，阿克巴亲自率师讨伐这个放肆不羁、桀骜不驯的孟加拉总督。

阿克巴在印度最不利于兴兵打仗的阴雨绵绵的季节，率兵沿恒河顺流而下，一举将达乌德逐出巴特那和哈吉普尔。

阿克巴在雨季中对巴特纳的占领，几乎是史无前例的壮举。阿克巴将战事交给他的将领穆尼姆汗，自己返回首都法特普尔·西克里。

穆尼姆汗乘胜追击，达乌德连连败北，撤退奥里萨，后来战败身亡。孟加拉成为莫卧儿帝国的一部分。奥里萨于1592年也并入帝国版图。

阿克巴的异母兄弟哈基姆是喀布尔的亲王。虽然他名义上从属于莫卧儿帝国皇帝，但实际上是作为独立的统治者统治着喀布尔。

哈基姆是"一个懦夫，一个无用的酒徒"，但他野心勃勃，图谋不轨。他与东方诸省的一些贵族，以及帝国朝廷里心怀不满的官员，串通一气，结成了同盟，抱着为自己篡夺印度王位的野心率领15000名骑兵进犯旁遮普。

旁遮普的意思是五条河流域地区。按照印地语的发音，旁遮普这个名字应该译为班贾布。班吉的意思是五,阿布的意思是河,班吉加阿布便念成班贾布,即旁遮普。

最早的时候,班贾布叫班吉那德,阿克巴大帝时,根据波斯语的习惯,把梵文词"那德"改成波斯词"阿布",于是"班吉那德"就变成了"班贾布",即旁遮普。

阿克巴认为不应再无视哈基姆的阴谋和举动,决定予以反击,劳伦斯·宾扬写道:

"他看他的兄弟就像鹰看蚊子一样。"

1581 年,阿克巴带领 5 万骑兵、500 战象和大量步兵,从首都出发,向阿富汗挺进。

哈基姆闻风丧胆,毫无抵抗,从旁遮普逃到喀布尔。阿克巴顺利进占喀布尔,哈基姆逃遁山区。哈基姆在发誓效忠皇帝之后,被恢复了在喀布尔的统治。

在喀布尔所取得的胜利使阿克巴大为宽慰。史密斯写道,这使他"可以在其余生中完全腾出手来,这个成就可以认为是阿克巴一生事业的顶点"。

1585 年 7 月,哈基姆饮酒过度而死,喀布尔正式并入莫卧儿帝国。

喀布尔并入莫卧儿帝国,使阿克巴不得不密切注视西北边境。

这个地带从克什米尔的西部伸展,环绕白沙瓦、科哈特和班努,然后向南延伸,沿印度河流域而下,直到信德海边,它的总长度,包括曲折在内,大约有 1200 哩。

这个地区在政治、军事和经济上都占有重要地位。

这个地区有许多不易防御的重要山道,它们是印度的门户,来自波斯或中亚细亚的外来入侵者,通过这个门户,便可长驱直入,轻易地进入印度。

这个地区也是一个重要的贸易中心。来自亚洲各地的商人,聚集在这里交换商品。由于葡萄牙人控制了红海,加上他们与波斯的关系不友好,因此各种货物都比以前更频繁地通过这里,从印度运往亚洲其他国家。

此外,边境上好战的阿富汗部落,如乌兹别克人和尤苏夫扎伊人,"都相当民主并酷爱自由,他们在当地山区里是很危险的人。他们的国土提供了最好的天然屏障,他们就在这块国土的要塞之中作战,他们永远反抗任何想使他们屈从于毗邻君主的企图"。他们对莫卧儿帝国的态度远非友好,不时骚乱。

阿克巴充分认识到有效地巩固这一边境地区的重要性。

他派军彻底击败了尤苏夫扎伊人,"大量尤苏夫扎伊人被屠杀,许多人被卖到土兰和波斯。萨瓦德、巴朱尔、布内尔诸国在气候、水果、食物价廉几个方面是罕有其匹的,这几个国家里为非作歹的人都被肃清了。"

接着,他又派兵 5000 征服克什米尔。

克什米尔多山多谷多湖,高山上白雪皑皑,终年不化,山谷地带碧绿如茵,河流纵横,湖泊密布,冬暖夏凉,春华秋实,素有"地上天堂"和"花雪丽国"之称。

关于克什米尔名字的来历,有一个动人的传说。

在古代,克什米尔地区是一个大湖,名叫萨蒂斯尔湖,湖里住了许多妖魔,魔王叫贾洛德帕瓦,他们都是些吃人的魔怪。

为了消灭这些妖魔,迦西耶布仙人修行了整整 1000 年。后来,雪山神女下凡来帮助他,拿起一块石头,向贾洛德帕瓦投去,打死了魔王。

投出的石头变成了一座山,就是现在斯利那加附近那座有名的哈里巴拉瓦德山。魔王死后，大小妖魔鬼怪都逃往他乡。

迦西耶布把湖水从巴拉木拉排出去，让人住进来。从此以后，这个地区便命名为迦西耶布·迈鲁，即迦西耶布山。

迦西耶布·迈布一词后来讹化为迦西耶布·迈尔、迦西耶·米尔、迦西米尔（即汉译克什米尔）。

1586年，阿克巴打败克什米尔苏丹，将其并入莫卧儿帝国版图。

信德和俾路支分别于1591年和1595年被征服。

1595年，坎大哈的波斯省长，未经抵抗，向阿克巴投降，阿克巴和平地占领了坎大哈。

这样，经过一系列征服兼并活动，莫卧儿帝国在西北边境的地位，得到了巩固，帝国的威望也随之大大提高。除了印度河彼岸一个狭长的部落地区和其他几个地区之外，阿克巴使自己成了从喜马拉雅山到纳尔马达河，从兴都库什山到布拉马普特拉河这块土地的毫无争议的统治者。

阿克巴巩固了他对北印度和中印度的权力以后，就决定把他的统治扩大到南印度，专心从事德干的征服。

阿克巴征服德干出于两个目的。首先，将德干5个苏丹国纳入他的霸权范围，实现他建立全印度大帝国的理想。

阿克巴大帝和 Jodhbai 皇后

其次，作为一个精明的政治家，他要利用他对德干的控制，作为把葡萄牙人赶回海里去的手段。虽然阿克巴与葡萄牙人的关系表面上尚且友好，但是他认为听任葡萄牙人享受帝国的一部分经济资源并干预其政治不是明智之举。

因此，阿克巴着手征服德干的工作。

阿克巴首先于1591年派遣大使，分赴德干苏丹国各朝廷，要求它们接受德里的宗主权。但是，除了坎德什外，所有其他德干苏丹国对他的提议的答复，都是含糊其辞，模棱两可。

外交使团的失败，导致阿克巴诉诸武力。

他派遣大军讨伐阿马德纳加尔，并于1595年包围了该国。阿马德纳加尔前国王的姐姐，俾查浦尔的皇太后昌德·比比，英勇顽强，率军坚决地保卫着这座城市。

莫卧儿军队久攻不克，遂于1596年与昌德·比比缔结和约，年幼的国王答应承认阿克巴的霸权，割让见拉尔。莫卧儿军队离开后，阿马德纳加尔的另一派系迫使昌德·比比放弃权力，驱逐了她，违背她的意志和忠告，违反和约，与莫卧儿人重新开战。

阿克巴亲自出马，昌德·比比在内部倾轧中被谋杀，帝国军队轻而易举地于1600年8月攻克阿马德纳加尔。

这时，坎德什的新国王不堪忍受莫卧儿人的束缚，企图凭借易守难攻的阿西尔

加尔堡垒对抗莫卧儿皇帝,拒不归顺帝国当局。

阿克巴于 1599 年 7 月率师南进,攻占了坎德什首府布尔汉普尔,并轻而易举地围困了阿西尔加尔这座强大的要塞。

虽然要塞内发生了可怕的瘟疫,致使许多人丧生,但被围困的守军仍然保卫着这座要塞达 6 个月之久。

由于他的儿子萨利姆反叛,阿克巴不愿意把围困拖延下去,遂以保证人身安全为诺言,诱骗坎德什国王到兵营谈判,国王一到,即被扣压,并被迫写信给守军,下令交出要塞。然而,守军仍然坚持抵抗,拒不投降。

接着,阿克巴又在坎德什的官员中大量分发金钱,施以贿赂。就这样,阿西尔加尔的大门,最终"被金钥匙打开了"。

这是阿克巴最后一次的征服。

经过 40 多年连绵不断的征略兼并,阿克巴将莫卧儿帝国的版图扩大到:北起克什米尔,南至哥达瓦里河上游;西起喀布尔,东到布拉马普特拉河广大地区。

怀柔宽容

为了有助于扩张领土,巩固统治,争取占人口绝大多数的非伊斯兰教徒,阿克巴改变了过去德里苏丹歧视和迫害广大印度教徒的错误政策,实行相当彻底的怀柔宽容的民族宗教政策。

鉴于德里苏丹国家统治时期,穆斯林君主对印度教拉其普特封建王公单纯采取武力征服的政策,结果导致印穆民族矛盾加深,造成削弱德里国家统治基础的恶果;同时也鉴于拉其普特封建王公的政治、军事力量日渐强大,很可能成为与莫卧儿人争夺印度统治权的劲敌,于是,阿克巴以政治家的真知灼见和开明头脑,认识到对拉其普特人既要征服,更要加以怀柔和笼络,与其建立巩固的联盟,把他们变为莫卧儿帝国统治印度的重要政治支柱。

为此,阿克巴采取与拉其普特和亲联姻的政策,他娶斋浦尔邦的拉其普特公主为皇后,娶梅瓦尔的拉其普特公主为皇妃,这种联姻为阿克巴与拉其普特的结盟奠定了持久的基础。

阿克巴对臣服的拉其普特王公封赐官爵,使其成为莫卧儿帝国的重要大臣和军事将领。拉其普特人成了皇帝最忠诚的战士,拉其普特骑兵成为莫卧儿帝国的最精锐的武装力量,占莫卧儿骑兵力量的三分之一。

托德把阿克巴描写为"拉其普特人的独立主权的第一个成功的征服者;他的刚毅对于这个结局是有力的补助,这也犹如以他在心理分析上的技巧及其对行动的最敏捷的反应,使得他能在用以束缚他们的锁链上镀上金光"。

阿克巴一改德里苏丹国统治时期,穆斯林贵族垄断高级官职的错误做法,把被征服的拉其普特王公,调到亚格拉的莫卧儿王朝中央政府,担任高级官职。

在地方官的任用方面,采取印穆间杂相伴的做法。他还限制穆斯林大贵族势力,力图使印穆两种力量保持平衡,使其都成为莫卧儿帝国统治的政治支柱。

在阿克巴时代,莫卧儿王朝的 415 名高级官吏中,有 51 名是印度教徒,而且几乎都是拉其普特人。

阿克巴以其明智而开明的政策,赢得了大多数拉其普特人的人心到了这样的程度:他们为阿克巴帝国做出了宝贵的贡献,甚至为之流血牺牲。

对骁勇善战的拉其普特人采取怀柔政策,是阿克巴的扩张得以顺利进行的因素之一,也是阿克巴帝国得以巩固的因素之一。

如《高级印度史》所说:

"阿克巴帝国事实上是莫卧儿人的杰出才能和外交手腕与拉其普特人的英勇和效劳互相配合的产物。"

阿克巴扩大了莫卧儿帝国统治的阶级基础,使帝国政权成为外来穆斯林军事贵族与印度教封建主的联合专政。

阿克巴宣称,他既是穆斯林的,也是印度教徒的,不偏不倚的君主,给予他们同等的权利。

他取消了印度教徒的香客税和人头税。这一政策完全归功于阿克巴本人,而不是任何顾问。据阿克巴自己说,"我没有找到能干的大臣,这是真主的恩赐。不然人民会认为我的措施是由大臣策划的。"

他准许所有被强迫改宗伊斯兰教的印度教徒归宗原来的信仰,准许印度教徒营建寺庙、崇拜其神祇、庆祝宗教节日,和平地宣传其宗教信仰。

阿克巴本人也停食牛肉,以表示对印度教习俗的尊重。他在亚格拉以西建立印度教式的帝国新首都法特普尔·西克里。他采纳印度教帝王的惯例,实行"贾罗卡"(阳台谒见习俗),每天清晨在宫廷阳台露面,接受臣民申冤的请愿书。阿克巴被印度教徒欢呼为"世界的领导者"。

阿克巴不仅对印度教实行宽容政策,同时也"尽了最大努力,使印度的伊斯兰教从阿拉伯化的状态中解放出来,并使之适应印度的需要,就如波斯人发展了什叶派教义,使伊斯兰教适合于他的民族精神一样。为使伊斯兰教适应于印度的传统,一个伟大的宗教和文学运动开始于阿克巴,而以达拉告终"。

在阿克巴的统治下,突厥—莫卧儿王朝变得更为印度化,而不是突厥化或莫卧儿化。

阿克巴在新都法特普尔·西克里建筑了一座礼拜堂,用来讨论哲学和神学问题。

他首先把博学的伊斯兰神学家召集到那里,但不久他们的讨论就成了"发泄庸俗的积怨,拘泥于病态的正统观念和进行人身攻击",而且他们对阿克巴提出的一些问题,都不能做出满意的回答。

这种无聊的争论,不能满足阿克巴那颗喜欢探索的心灵,于是,他把各种不同宗教派别的有识之士召集到礼拜堂,其中有印度教徒、穆斯林、祆教徒、耆那教徒、基督教徒,辩论宗教问题。

他耐心倾听各种宗教信仰的代表人物的争论,他"对每种宗教甚至都觉得,不同的人们都有其合理的理由断言自己是一个祆教徒、印度教徒、耆那教徒或基督教徒"。

这些辩论使阿克巴明白:"一切宗教里都有光,而光总带有或多或少的阴影",即使逊尼派正统的伊斯兰教的教义也并非完美无缺。

1579 年,阿克巴决定向伊斯兰教神学家"乌莱玛"的专断挑战,他撤销法特普尔·西克里的首席布道士的职位,以他自己的名义宣读"呼图白"(宗教讲词),并颁布"无误法令",宣布他的新的王权理论,声称他是政治上的最高主宰,也是宗教上的最高权威,当伊斯兰教宗教导师解释某项法令发生意见分歧时,由皇帝仲裁。

阿克巴认识到,印度是一个多民族、多宗教的大国,他本人对宗教问题抱有极大的兴趣。

葡萄牙总督看到皇帝对宗教有兴趣,赶快派传教士来说服他入教。

但阿克巴的目的并不是要皈依哪种宗教,而是对社会和哲学进行思考,要制定出一个他的帝国的意识形态。

从以下几则他的言论中,可以看出他对宗教问题的观察与分析。

"印度教妇女们从河流、水塘和井里取水,她们不少人用头顶着好几个水罐,说说笑笑,在崎岖不平的路上走着。如果人心能像水罐这样保持平衡,任何灾难都不会降到他们身上。为什么人们在对待万能之神时做不到这样呢?"

"我从前曾迫使人们接受我的信仰,即伊斯兰教。当我的知识增加以后,感到无地自容。我自己都不是穆斯林,让别人当穆斯林是没有道理的。强迫人家信教能指望他们忠实吗?"

阿克巴还对袄教进行分析,他不相信古人拜的火是从天上下来的,他认为那是夸张,因为用镜子或者晶体对着太阳就能引燃火绒。

经过种种思考,阿克巴认为所有的宗教都含有一些共同的法则。因此,他总结这个共同法则,创立了没有上帝和教条的、折衷并杂糅了伊斯兰教、印度教、佛教、耆那教、袄教、基督教各种成分的圣教(丁—伊—伊拉希,意为"神圣信仰")。

他将圣教定为国教,自任教主,自称是人民的精神导师。他的主导思想是冶所有信仰于一炉,提倡和平与宽容,不主张大量杀生,尽量少吃肉,至少要定期把斋,在宗教仪式上拜火、日、光。

阿克巴的普遍宽容的思想确实是一种崇高的思想,十分鲜明地证明了他的理想主义。

根据对阿克巴进不妥协批判的巴道尼所提供的证据,以及那些肯定因为自己未能使皇帝改宗他们的宗教而对他不满的耶稣会教士的著作,史密斯错误地评论道:

"'神圣信仰'是阿克巴的蠢行而不是智慧的标记。全部设想都是荒谬可笑的虚荣心、无限的专制政治极度发展的产物。"

研究阿克巴的德国历史学家冯·内尔,对"神圣信仰"做了正确的评价,他写道:

"巴道尼为了一再对这位伟大皇帝进行攻击,确实是利用一切机会搜集阿克巴神化自己的想法。然而,他从来也没有深切了解'丁—伊—伊拉希',只不过是重复流行于群众中的误解而已,而这些误解又因当时一般人的理解方式而弄糟,并有了一些掺杂。阿克巴可以当之无愧地为他自己的业绩感到骄傲,但是他一生中许多事件都证明他是一个最谦虚的人。使这位兼政治、哲学和宗教制度的创立者和首脑于一身的人物成为神的是人民。他的创造之——在宗教事务中宽宏大度和普遍容忍,确保他永远在人类的思想中占有杰出的地位。"

阿克巴崇高的思想、宽容的性格和广阔的理想,是由各种因素综合形成的。

首先，他的遗传上的影响"赋予他那些理智与感情方面的品质，使他能接受环境对他造成的印象，并以最好的方式把它反映出来"。

尽管帖木儿及其后裔都是征服者，但是他们都爱好艺术和文学，而且主要是由于他们跟苏菲派的接触而有着超脱于宗教之上的正统观念。

阿克巴的母亲是一个波斯学者的女儿，她在阿克巴的心灵中播下了宽容的种子。

其次，阿克巴早年留在喀布尔宫廷——当时有许多苏菲派圣徒在萨法维迫害的压力下逃离波斯，来到那里——期间与苏菲派的接触，以及后来他的导师阿卜杜勒·拉蒂夫的影响，使他深深感到自由和崇高的思想的价值，并且使他渴望"得到与神的本体直接接触时所具有的不可言喻的幸福"。

再次，他的拉其普特的妻子，他与印度教徒的接触，以及当时的改革运动，都对他富于想象力的头脑产生了影响。

因此，"他这个非常聪明、头脑机灵、喜欢探索的人，在出身、教养和交往方面都善于极其敏锐地觉察到那些成为他所生活的那个世纪特征的种种渴望和精神的不安。他不仅是他那个世纪的产儿，而且是它最好的反映"。

此外，他要建立一个全印度的莫卧儿帝国的政治目的，对他的宗教政策也产生了某些影响，正如政治因素在很大程度上影响了与阿克巴同时代的英国伊丽莎白女王在宗教上的决策一样。

但是，毫无疑问，阿克巴本人向往宗教，渴望真理，"在阿克巴的灵魂里泛起情感的波涛"是屡见不鲜的事。

甚至怀有敌意的批评者巴道尼也告诉我们：

"许多个早晨，他总在坐落于僻静处的法特普尔·西克里皇宫附近的一幢古老建筑的一块平坦的大石上，独坐祈祷，神情忧郁，头垂胸前，搜集清晨的天福。"

各种不同宗教派别的冲突震撼了他的心灵，因此他致力于"发展一种新的宗教，他希望这种宗教将表明是所有敌对教义的综合，能够把他辽阔的帝国各种不调和的因素统一在一个和谐的整体内"。

他的理想是广泛综合他认为是各种不同宗教中的一切精华。

阿克巴的宗教宽容政策，改变了莫卧儿人在印度当地居民心目中，作为入侵者的形象，成为帮助阿克巴扩张领土，巩固统治，使莫卧儿人最终立住脚跟的重要因素之一，同时也给遭受穆斯林入侵和破坏达数百年的印度社会带来了普遍的安定与繁荣。

郁郁晚年

阿克巴的晚年因悲伤和痛苦而郁郁不乐。

伤心的事件一个一个接踵而至，使他饱受连绵征战之苦的身心，一再蒙受磨难，得不到片刻安宁。

先是他心爱的朋友和诗人费济去世，接着是他的儿子萨利姆犯上作乱，自立为王。

萨利姆是阿克巴仅存的儿子，他的两个哥哥比他父亲早逝。

萨利姆在娇生惯养中长大，个性复杂多变。他是一个奇怪的混合体，他的性格由各种极端组成:有时很残忍,有时又似乎非常公正而温和。

他可以站在旁边看着人被活活剥皮,却又能热爱正义,能在高尚的交谈中度过星期四的晚上。

他可以策划谋杀某个人而毫不自责地坦率承认这一事实,又能因皇家大象在冬天用冷水喷淋自己身体时颤抖而可怜它们。

他爱好美酒和女人,喜欢寻欢作乐,性情反复无常,但又具有高超的审美能力,热爱大自然,擅长艺术和文学。

就是这样一位王子,曾几次图谋篡夺他父亲的王位,给他暮年的父亲惹来无尽的烦恼。

萨利姆利用阿克巴在南方征战的机会,于1601年在北方古城阿拉哈巴德僭行独立。

阿拉哈巴德城为阿克巴所建,又名布拉亚格,坐落于印度圣河恒河和朱木拿河的汇合处,意为"上帝之城",是印度教圣地。

萨利姆在阿拉哈巴德组织了一个独立的朝廷,发布诏谕,封授"扎吉尔"(封建军事贵族)。

不仅如此,为了达到尽早夺取王权的目的,他还不惜与欧洲殖民主义者葡萄牙人相互勾结。

更使他父亲伤心的是,他怀疑他父亲的亲密朋友和伙伴阿布勒·法兹勒,在他父亲面前讲他的谗言,于是,唆使公然反叛了他父亲的班德拉设下埋伏,在阿布勒·法兹勒从德干回亚格拉会见皇帝的路途中暗杀了他。

阿克巴伤心到极点,下令无情地追捕凶手班德拉,但是,作为首要嫌疑犯的王子,却没有受到惩罚。

由于父性的弱点,阿克巴1603年4月与儿子和解,重归于好。

关于这次和解,萨利姆在他驰名的自传中,用极其朴实的笔法写道:

"我明白一个王国该有何等的忍耐,它的基础是建筑在对父亲的敌意上的。"

萨利姆与父亲和解,回到阿拉哈巴德后,旧病复发,重建独立的朝廷。

就在此时,朝廷里一些贵族及曼·辛格、阿扎姆等人,密谋废除萨利姆的继承权。

萨利姆于是再次请求同父亲和解。

阿克巴把他当作任性的孩子,严加申斥,并禁闭10天,作为惩罚,随后,再次宽恕了他。

不久,阿克巴患了严重的痢疾,于1605年10月17日逝世。

临终前,阿克巴为萨利姆举行了授权仪式,将头巾和礼服授予他,并给他佩上了自己的短剑,显示了一位征战终生的帝王的慈父胸怀。

阿克巴是一位无畏的战士,仁慈而明智的统治者,思想开明,有胆有识,在印度历史上占有独一无二的地位。

阿克巴个性威严,看上去是个十足的帝王,萨利姆在他的回忆录中说,他父亲"一举一动都不像个凡人,在他身上显示出真主的灵光"。

阿克巴像帖木儿王朝其他君主一样,富有过人的勇气,非凡的膂力。他在临阵和追击时,都无所畏惧,"像马其顿的亚历山大一样,时刻准备冒生命危险,而不顾政治后果"。

他常常在雨季策马跃入洪水横溢的江河,安全地渡到对岸。

他虽然是个强有力的征服者,但并不出于残忍而滥施暴行。

他对他的亲属充满深情,不无故报复。他对他的兄弟哈基姆所采取的行动,说明他能宽恕改悔的叛变者。

偶尔,他的怒气占了上风,那么罪犯就即刻被处决,如他对他的舅父穆阿扎姆和同奶兄弟阿达姆汗就是这样。

但是,他一般能很好地自我克制,宽大为怀,如他对喜穆和萨利姆就是这样。

他风度翩翩,谈吐文雅,为此受到所有与他接触的人的高度赞扬。

他能赢得臣民的爱戴和崇敬,他们认为这位德里的统治者是世界之王。

他饮食极其节制,喜欢水果,不大喜欢肉食,晚年完全不吃肉。

阿克巴自幼爱好打猎和各种运动,不喜读书,目不识丁,总是请别人给他读书。

虽然阿克巴一生不识字,不知道如何阅读和写作,但他具有极高的文化修养。

他有出色的文学鉴赏力、浓厚的求知欲和惊人的记忆力,对各门学科,如哲学、神学、历史和政治学都有浓厚和强烈的兴趣。

他有一座藏书楼,里面装满各门学科的书籍。

他喜欢跟学者、诗人、哲学家交往,他们向他大声朗读书籍,因此,使他能通晓伊斯兰教苏菲派、基督教、祆教、印度教和耆那教的作品。

史密斯写道:

"任何一个听过他对争论的问题发表深刻而精辟的议论的人,都会相信他具有广阔的文学知识和渊博的学问,而决不会想到他是文盲。"

虽然阿克巴雄心勃勃地进行领土征服,通过征服把莫卧儿帝国的范围,几乎扩大到北印度最远的界限,可是他不是一个自私而任性的独裁者。

他不是只顾自己的利益而无视被征服者的感情,践踏他们的权利和特权。

他的王权理想是崇高的,他说道:

"任何行动方针有效与否取决于君主的行为。因此,他对真主的感激应该表现在他的公正政治以及论功行赏之上;而他的臣民的感激则应该表现在唯命是从和歌功颂德之上。"

由于具有天才的远见,他把莫卧儿帝国的政治结构和行政制度建立在所有臣民的合作和友好的基础之上。

他真正认识到,虐待占人口绝大多数的印度教徒或使他们长期处于不平等和屈辱的地位是不合理的。这表明阿克巴作为政治家的卓越才能。

他不仅公平对待印度教徒,任命他们担任要职,而且还力图消除穆斯林与非穆斯林之间的一切令人反感的差别。

他为任何一个想追求印度全国的统治者这个地位的人,开拓了一条合理的途径。

阿克巴爱好艺术。他"热情欣赏世界的奇观和壮丽",用尽一切办法鼓励绘画艺术,并且不顾伊斯兰教关于禁止描画生物外形的禁令,而赋予绘画艺术以一种宗教色彩。他说道:

"在我看来,似乎画家有认识真主的十分特殊的手段;因为要是画家在描绘任何有生命的东西的时候,在构思它的肢体、羽翼的时候,一个个终于感到他不能赋予他的作品以个性,他就不得不想到生命的赐予者——真主,因而增加他的认识。"

阿克巴也欣赏音乐艺术。有36位歌唱家曾享受阿克巴朝廷的资助。其中有些是在音乐方面最有造诣的人。

阿克巴爱好建筑艺术。他以其一贯的一丝不苟的作风,掌握了这种艺术的每一个细节,因为他具有开明而善于综合的智力,他以来源不同的各种艺术思想充实自己,而他召集在自己周围的熟练技师们又赋予这些艺术思想以实际的形态。

如有些人评论的那样:阿克巴"设计壮丽的大型建筑物并给他理智与心灵的作品穿上泥石做成的外衣"。帝都法特普尔·西克里即是具体印证,它"是一位伟大人物心灵的反映"。

阿克巴也爱好机械。他被认为在火绳枪的制造方面,有许多发明和改进。

由于有天赋的不屈不挠的魄力和孜孜不倦的勤奋精神,他建立了一个庞大的行政机构,并进行了全面的政治、经济、社会、法律、文化、宗教改革。

正如《阿克巴则例》所说的那样:

"他把最微小的细节看成是能反映全貌的镜子。"

从各个方面来看,阿克巴统治时期,是印度历史上最辉煌的时期之一。

劳伦斯·宾扬评论道——

站在历史的光天化日之中,阿克巴似乎处于两个朦胧而相反的世界之间:

一个是他的中亚细亚祖先

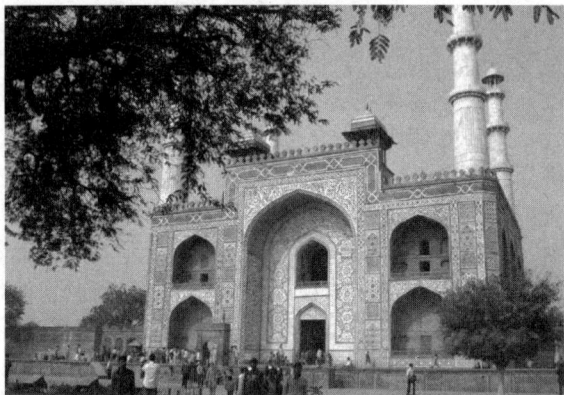

阿克巴大帝陵墓

的世界,这是一个人类精神十分强烈的世界,为自身而崇拜那种能力,为狩猎的狂热所迷,猎取兽类或者猎取人——这是一个狂暴行动的世界,这种行动像梦幻般飞逝;

另一个是印度的世界,它固然沉醉于豪华与残暴之中,可是它也能产生佛陀和阿育王的崇高精神,和那些野蛮的征服者相比,他们从遥远的过去对我们发言,但声音仍然是活生生的,能够感动我们。

阿克巴也为贪得无厌的能力所迷,他似乎是行动的化身,而在他的天性的深处,却有点和以上一切截然不同,它渴望思考和瞑想,它追求正义,并希望和平。

而更加引人注意的是,在阿克巴的统治下,印度人统一印度的古老理想又实现了,他要努力实现的不仅是政治的统一,而且也是文化的融合。

史密斯这样评论道——

阿克巴生来就是人中之王,称得上是人类历史上最强有力的君主之一,这种看法有其牢固的基础,这就是他的非凡的天资,创造性的思想和巨大的成就。

揽大权"朕即国家"

——路易十四

人物档案

简　历:路易十四,法国历史上最辉煌的一个时期的统治者,古典时代专制君主制的象征。

生卒年月:1638年9月5日~1715年9月1日。

安葬之地:不详。

性格特征:奢侈、脑瘫、变态、自大、狂妄。

历史功过:奖励多位政治家如孟德斯鸠与伏尔泰及其他经济学者所开创的政治思想。发明高跟鞋。

名家点评:路易十四一共执政72年,是世界上执政时间最长的君主之一。

欺主揽权

1643年,路易十三因结核病去世,将皇位传给了他的儿子路易十四。因国王年幼,需要摄政。路易十三在去世前口授的声明中要求:成立由王后、王弟孔代以及政府官员组成的摄政会议。但是王后、奥地利的安娜通过巴黎高等法院废弃了丈夫的遗嘱,由她单独摄政。

安娜把大权交给她宠信的意大利人、红衣主教马扎然。传言两人关系暧昧。路易十四从小受到盲从首相的教育。在马扎然当权时,他并没有什么正经的大事要干。除了读书外,就是打猎,从事一些社交应酬活动。

马扎然很是专权,力图将荣誉与权力集于自己一身。在战胜西班牙军后,路易十四想跟随他去检阅得胜之师。但是,无论路易十四以国主还是以将士的面目出现,马扎然都不同意。路易十四也没钱犒赏士兵,君主的威严荡然无存。

马扎然既是路易十四的教父,又主管他的教育,还是他的重臣。但是,马扎然并没有好好培养他。据说,在马扎然去世后,路易十四曾说:"如果他再活得长一些,我真不知道自己会干出什么事来。"

他在学习时很担心学不好会使自己的声誉受损,因此显得非常胆怯,再加上马扎然故意使他懂得不多以便永远对自己盲从,整个宫廷都认为路易十四会像他父亲路易十三那样任人摆布。

集权专制

1661 年 3 月 9 日,首相马扎然去世。23 岁的路易十四为他戴孝服丧,接着开始亲政。

路易十四在政治上已经逐渐成熟。多年来对马扎然处理国家大事的冷眼旁观,与路易十四内心蕴含着的强烈的王权观念、事业心猛烈碰撞,他早就跃跃欲试了。

为了吸取马扎然把持朝政的教训,也为了摆脱当时欧洲各国首相们擅权的普遍局面,在此后 54 年的君主生涯中,他不再委任首相,事无巨细统统亲自处理,王权得到空前强化。

路易十四的口头禅是"朕即国家"。个人意志成为国家法令,一切国事公文都由他签署。他规定每个大臣的职权范围,责成他们定期汇报,不得疏忽。大臣们在任何事情上都不能反驳他,高等法院、三级会议、各地市政府等过去有相当影响的权力机构普遍被他剥夺了对王权的制衡作用。路易十四对当初巴黎高等法院制造福隆德运动更是耿耿于怀。1665 年,在他第一次出征和教皇为他举行加冕典礼后。高等法院还想集会讨论国王颁布的敕令。路易十四从万森出发,身着猎装,脚穿大皮靴,手持鞭子,由全体宫廷人员簇拥着来到法院,断然宣布:"你们这些集会带来的祸害大家都知道。我命令你们停止已经开始讨论我的敕令的会议。首席法官先生,我禁止你准许开这类会议,禁止你们之间任何人要求开这类会议。"

路易十四意犹未尽,1668 年又来到高等法院,亲手从备忘录中撕下有关福隆德时期的篇页,声色俱厉地说:"先生们,你们认为国家是你们的吗? 朕即国家。"随即宣布剥夺巴黎高等法院对国王敕令表示异议的权力。

路易十四把法律变成自己为所欲为的工具。他常签署"密札",随意逮捕为他所不满的人士,只要在密札上填写要逮捕的人名,司法机关就立即予以逮捕,将他们关入巴士底监狱。

为了使宫廷成为国家政治生活的核心,从 1671 年起,路易十四下令在巴黎西南郊营建富丽堂皇的凡尔赛宫,耗费了国库 1 亿 5 千万锂和无数建筑工人的生命,1682 年建成。在宫廷迁入时,还让大批贵族移居那里。

路易十四一改法国宫廷自由散漫的传统,采用西班牙宫廷庄严的仪式,建立了极其严格的礼仪制度,包括国王起床礼、就寝小礼、就寝大礼、用膳礼等等。国王的一举一动都要举行烦琐的仪式,并因此而设立了一系列荣誉职位,其中有御衣官等等,由那些大贵族荣膺,使他们能接近国王,向国王表示恭敬,同时也借此得到丰厚的俸禄和赏赐,过腐朽的寄生生活,从而丧失对抗王权的能力。

大贵族彻底被驯服了。孔代亲王居然也当上了宫廷大总管。那些从来不进宫或几乎不进宫的贵族肯定要失宠。一旦有人替他们向国王恳求点什么,国王便傲然说道:"这个人我不认识。"

在路易十四时代,有才能的人都为宫廷罗致到左右,住在外省是注定不能有所作为的。阿谀的廷臣称路易十四为"太阳王"。一个古玩商为他设计了一个图徽:一轮红日光芒万丈,下书"普天之下无与伦比"。路易十四欣然接受,把太阳作为自己的纹章,取意繁星从太阳取得光和力,法国从他身上汲取光和力。

海外争霸

路易十四的目标,是在国内实行绝对统治,在国外他和"他的"法国受人尊敬。17世纪末的国际形势对路易十四贯彻其意图有利。

长期以来,欧洲秩序由统治奥地利、西班牙,把持神圣罗马帝国政权的哈布斯堡王朝主宰。但是,它在30年战争中遭到严重削弱。英国经历了资产阶级革命,1660年,斯图亚特王朝虽然得以复辟,但英王查理二世(1660~1685年在位)不得不仰仗法王,1662年还把敦刻尔克割给了法国。瑞典、德意志诸国、波兰等在当时欧洲舞台上都显得无足轻重。唯一堪与匹敌的,是信奉新教的贸易强国荷兰。

路易十四利用日益雄厚的财力物力,在法国建立起一支自罗马帝国以来欧洲人数最多、最强大的常备军。其陆军1667年为7.2万人,在18世纪初更增至40万。1666年建立舰队一支,海军迅速发展到大约4万人,有近300艘战舰。此外,还有7000门大炮。炮兵指挥官大多为专门学校毕业的学员。路易十四任用军事工程师沃邦元帅,对边界原有的200余旧堡垒进行改建,又新筑33个堡垒,并修建一些大的运河和港口,国防得到了巩固。

路易十四持"自然边疆学说"。他心目中法国的东北边界应是比利时——莱茵河。为扩展领土并大振国威,他发动了一系列战争。其中第一次大规模战争,是与西班牙和荷兰的领土争夺。

1665年,路易十四的岳父、西班牙国王菲利普四世去世,继位的查理二世年仅4岁,体弱多病。路易十四乘机对西班牙提出领土要求。他致信哈布斯堡家族的利奥波德一世,直言不讳地提出瓜分西班牙遗产。他索取的地方包括弗朗什孔泰、佛兰德尔、纳瓦尔、那不勒斯。理由是当年西班牙公主玛丽·泰蕾兹出嫁时,路易十四的岳父允诺了非常可观的嫁妆。但由于西班牙长年战乱,民生凋敝,这一承诺从未兑现。因此,这场战争也称"王后权利战争"或"遗产战争"。

战争于1667年爆发。路易十四的近期目标是夺取西属尼德兰。他不宣而战,头顶钢盔,身披铠甲,御驾亲征布拉邦特,包围并占领里尔,同时派孔代占领了弗朗什孔泰。小试锋芒,便获如此大捷,路易十四喜不自胜。次年,他同意讲和,归还了弗朗什孔泰,但保留了很多占领地。

处于尼德兰北部地区的荷兰,担心路易十四的无敌舰队会使法国称霸海洋,遂与英国、瑞典缔结三国同盟。

路易十四本来就为上次战争时荷兰帮助保卫南部佛兰德尔来对抗他而余怒未消,又渴望得到荷兰的领土,因此便用金钱收买英王查理二世,拆散其同盟,亲率大军连下荷兰重镇多处。荷兰执政威廉三世下令掘开阿姆斯特丹堤坝,海水泛滥,才遏止住法军前进。1676年,法国舰队在地中海战胜荷兰与西班牙联合舰队,陆上战争也取得最终胜利,迫使西班牙将勃艮第和佛兰德尔南部的许多地方割让给法国,法国疆土在东南、东北与正东各地都有急剧增广。1678年和1679年,法国分别和交战的荷兰、西班牙、瑞典、丹麦签订《尼姆维根条约》,它开创了用法文代替拉丁文拟定外交文件的先例。从此,法文逐渐成为主要的外交文字。

路易十四还命令设立"属地收复裁决院",专门调查落实以前历次条约中割让给法国的领土,并以武力强行兑现。1680 年至 1683 年间,蒙贝利亚尔伯爵领地、萨尔的几座城市、斯特拉斯堡及卢森堡等,都并入法国。这些兼并终于得到神圣罗马帝国皇帝和西班牙国王的认可。

路易十四的声威达到顶点。法国在欧洲的威望显赫不已,一切国家在它面前无不诚惶诚恐,被迫卑躬屈节。

唤醒俄罗斯帝国的伟人

——彼得大帝

人物档案

简　　历：彼得大帝,俄罗斯历史上最伟大的君主之一,是沙皇阿列克谢·米哈伊洛维奇之子,俄国罗曼诺夫王朝第四代沙皇。

生卒年月：1672 年 6 月 9 日~1725 年 2 月 8 日。

安葬之地：不详。

性格特征：勤勉理政,精力充沛,潇洒欢快。但是他时常发脾气,饮酒过度时就大发雷霆。

历史功过：在政治上,改革的目的是建立完整的中央集权统治,加强工作效率。在社会问题上,彼得也主张实行西方化。

名家点评：彼得大帝一般被认为是俄国最杰出的沙皇。他制定的西方化政策是使俄国变成一个强国的主要因素。

峥嵘岁月

1672 年 5 月 30 日,古老的莫斯科钟声轰鸣,交相呼应,极其隆重地向臣民宣告:王室添丁进口,一位取名为彼得的皇子已经诞生。欢快的钟声、盛大的庆典,竟日不绝,古都沉浸在一派节日的喜庆之中。但是没有人知道,人们以传统的方式恭迎的将是一位反传统的君主;也没有人知道,新皇子将要度过的是一个留下痛苦烙印的童年。

年过四旬的沙皇阿列克谢·米哈伊洛维奇,无法掩饰内心的喜悦,因为他终于有了可供选择的新继位人。已故的第一位皇后曾为他生下 11 个子女。但 5 个儿子中,有 3 人已先后夭亡,存活下的两个也有严重缺陷。年届 10 岁的费多尔体弱多病,稍小的伊凡智力发育不全,5 岁多说话还有困难。失望的沙皇出于立储的考虑,在 1671 年迎娶了年轻健美的纳塔莉雅·基里洛夫娜·纳雷什金为续弦夫人。第二年,彼得皇子及时降生,沙皇终于如愿以偿。新生儿不仅结实健壮,而且聪明异常。精心的照料,倍受重视的育养,没有人怀疑他寄托着沙皇的未来希望。然而,父皇未能把心中的愿望引导到符合逻辑的地步,就在 1676 年弃世而去。这一变故,改变了皇子的命运,也使他母亲的地位一落千丈。继位的费多尔是勉强的选择,大权很快就落在外戚米洛斯拉夫斯基家族手中。他们把皇后的拥戴者及家族成员驱赶出宫,彼得母子成为无足轻重的人物。

可是,多病的费多尔注定寿命不长,当政 6 年便一命归西。在大主教若阿辛的建议下,刚满 10 岁的彼得被立为沙皇。皇后的家族又燃起了新的希望。此时,早就觊觎皇位的彼得的同父异母姐姐索菲亚公主,并不甘心于本家族的失败。她暗中活动,策划了一个利用射击军叛乱来夺取政权的密谋。

射击军建立于伊凡四世时期(1550),为俄国最早装备火器的常备军。和平时期,队伍通常分驻各大城市特划区,依靠国家薪饷并兼营部分手工业为生。费多尔当政后,大贵族开始削减前代沙皇给予军队的种种特权,加上从事贸易和手工业的收入也逐渐减少,蛮横的军官经常借机克扣军饷,中饱私囊,这使得这支怨声载道的队伍,随时成为可被利用来引发暴乱的工具。索菲亚依靠自己的党羽,成功地在他们中煽起了对掌权的纳雷什金家族的怒火,并向他们传播谣言,说这个家族已杀害皇子伊凡。

怒不可遏的射击军在 1682 年 5 月 15 日,擂响了向宫廷进军的战鼓。被包围的王宫四处响彻着惩办杀害伊凡凶手的呐喊。纳塔莉雅皇后为狂怒的人群所震慑,她手拉伊凡、彼得两兄弟,出现在宫门的台阶上,希望用事实平息射击军的不满。但是,受人唆使

莫斯科圣瓦西里大教堂

的军队不肯善罢甘休,他们在"严惩叛徒领主"的呼喊声中,把多尔戈鲁基亲王拉下廷阶,用乱枪戳死,接着又杀死了辅政马特维耶夫,皇后的两个兄弟亦未能幸免。暴乱变成了有目的屠杀。年幼的彼得,惊恐万状,血腥的恐怖震撼了他的心灵,给他留下了终生难以磨灭的印象。

接下来,事变亮出了它的本来目的:伊凡在射击军的要求下,与彼得并立为沙皇;在他们未成年时,由索菲亚公主担任摄政。索菲亚借助射击军的力量扫荡了纳雷什金家族,以后又把射击军控制在自己的股掌之中。由此开始了索菲亚的 7 年统治。

失势的彼得母子,被迫迁居京郊普列奥布拉任斯科耶村离宫。在这远离京都的乡间,彼得度过了他那传奇式的少年岁月。这是一个半是沙皇、半是王子,同时又是顽童的奇特的混合时期。作为沙皇,他必须同伊凡一道履行公事、装潢门面,参加教堂的礼拜仪式,"接见"外国使节,在相关文件上签字;作为王子,他必须按

规定学习文化,接受皇室的各种教育。由于庄严的活动并不那么频繁,加上负责他学习的启蒙先生也非执教严格的饱学之士,这就使得他有可能更多地扮演顽童的角色。乡间的广阔天地,与农家子弟不分尊卑的交往,冲淡了宫廷传统陈腐思想的束缚,使他的身心在无拘无束的环境中获得健康的发展。彼得把大部分的时间用来干自己爱干的事。有三种令他着迷的事,对他的未来产生了重要影响。

第一,是他从童年时的游戏中逐渐培养起对军事的浓厚兴趣。彼得从小喜欢玩军事游戏。他的玩具几乎全是"军用"品。他经常和小伙伴们一起构筑模拟的堡垒,运用木制枪炮攻打所谓的城堡、要塞,进行小规模的战斗。这些游戏兵玩得很开心,也很投入,经常以假当真、废寝忘食、不知疲劳。渐渐地,木制玩具被真枪实炮所代替,昔日的伙伴也变成少年军战士。彼得开始严格地训练他们,并把他们组织起来,分成普列奥布拉任斯基军团和谢苗诺夫军团。年深月久的操练和实战演习,使这两个团以后成为彼得的军事骨干。许多著名的军事要员都出之于当年的游戏兵团。这种军事游戏以后还扩大到水面上,形成"海上"游戏。开始局限于狭窄的河湾,以后又扩大到宽阔的湖面。水面的"战斗"激发了他对航海和造船的热烈向往,培养了他对大海的最初感情。

彼得大帝青铜骑像

第二,是他对手工劳动表现出惊人的热爱。不像他那笃信上帝、气质文静的父皇,彼得从小就喜欢干手艺活儿,热爱体力劳动。他经常熟练地操刀弄斧、抡锤打铁。至成年时,已精通12种手艺,备有木匠、铁匠、石匠所使用的全套工具。他对劳动非常投入,技艺也很高超,许多不知道他身份的人,一旦弄清真相,往往惊讶不已。这种素质培养了他的吃苦耐劳精神,扩大了他的交往范围,对他以后重视学习先进的应用技术,也产生了重要影响。

第三方面的变化,来源于他同西方文化的最初接触。普列奥布拉任斯科耶村紧靠外侨区。生性好奇的彼得常在伙伴的陪同下,到那里领略异国风情。很快,他在那里有了许多西方朋友。他同他们一起聊天、喝酒、抽烟、跳舞。其中有人把西欧的文明讲给他听,也有人教他一些自然科学知识和炮术。在这些朋友中,荷兰人廷麦尔曼,苏格兰人戈登,瑞士人莱福尔特都从不同方面影响过少年彼得。特别是思想开朗、大胆坦率的莱福尔特,最讨彼得喜欢。他善于组织轻松愉快的晚会和各种别出心裁的娱乐活动,诸如公开嘲弄教会的游戏等,来启发彼得的革新意识。在一次活动的高潮中,他还在特意挖成的池塘里搞了一次模拟海战,激起彼得对大海和船只的兴趣。侨区的自由风尚和开放生活给彼得留下了深刻的印象,使他本能地意识到俄罗斯的封闭落后。他开始向往西方的文明和文化。这些都诱导并坚定了他日后同俄国旧传统决裂的信念和决心。

所以,远离克里姆林宫的生活,也许正是造就改革家所需要的生活。随着时间的推移,彼得的外表和精神面貌均已发生变化。乡间的简朴生活和不断的军事操练,赋予他生命活力,使他发育为一个身材高大、体魄雄健的热血青年;广泛的交游和长期深入下层人的经历,使他变得粗犷豪爽、情感奔放。一个富于进取、雄心勃勃的变革新星,开始在俄罗斯守旧传统的上空,冉冉升起。

相形之下,蛰伏宫中、玩弄阴谋的索菲亚,在经历了7年的平庸统治之后,已开始走向权力的尽头。她所倚重的射击军,因多次遭受愚弄,已不再简单地听命于她的差遣;由她的宠臣戈利津公爵亲率的两次克里米亚远征,无果而终,大大败坏了她的威信。摄政的统治已开始变得不得人心。彼得的苗壮成长,加重了索菲亚的忧虑,力量日渐雄厚的少年兵团已不容低估;更为重要的是,莫斯科的人心已开始倾向普列奥布拉任斯科耶村。双方的关系已突破过去表面上的平静,公开的敌对已变得日益显明。彼得的拥戴者,对索菲亚与两个沙皇联名签署文件的权力,表示不满;彼得本人则对异母姐姐参与宗教游行的亵神行为,进行公开抵制。新的冲突在1689年7月达到高潮。如前所述,戈利津公爵奉命攻打克里米亚再次无功而还。为了拉拢军队并提高宠臣威望,索菲亚不惜弄虚作假,组织了盛大的祝捷仪式对全军褒奖。彼得拒不参加奢华的庆功活动,以示对摄政的抵抗。恼羞成怒的公主认为这是对她的直接挑衅。一种新的阴谋开始在她心中酝酿:她想发动一场以剥夺彼得皇位为目的的政变,加快让自己加冕为王。射击军头目沙克洛维蒂受命在军队中展开密谋活动,有关纳雷什金家族要"除掉"沙皇伊凡的流言蜚语,再次不胫而走。射击军会再度兴师问罪吗? 至少不会一致行动。再说对方已有两个军团的精锐力量。不过,一切迹象表明,双方斗争的结局就要来临了。正如在一切险恶环境中常见的那样,人们期待的结局,总以出人意料的形式表现出来。

1689年8月7日深夜,克里姆林宫警报长鸣,响起了召集射击军的信号。有人放出谣言,说彼得的少年军团正向莫斯科进发。部分拥护彼得的射击军,误以为军队不是去保卫克里姆林宫,而是去讨伐京郊离宫的叛乱者。于是他们飞马直奔普列奥布拉任斯科耶村,向彼得报告了这一传闻。7年前流血政变的可怕情景浮现在彼得的脑海。他没有多想,即刻身着内衣飞快地逃向附近的丛林。不多时,3个仆从送来了马匹和衣服,他们连夜向莫斯科北郊谢尔盖耶夫三圣修道院驰去。这里围墙高厚、防守坚固,可望得到教会的保护。第二天,少年军团陪同母后,以及部分射击军都来到他身边。事实证明,昨晚的情报有误,他仅蒙受了一场虚惊。但是,事件暴露了索菲亚急于夺权的野心,沙克洛维蒂策动政变的阴谋已到处传扬。久受蒙骗的军队失去了对摄政的信任,大批地来到三圣修道院,向彼得效忠。贵族领主的态度也开始松动,一些人期待追随青年沙皇去建功立业。索菲亚意识到问题的严重,被迫以退为进,要求讲和。起初,她派大主教前往调解,谁知老者同情彼得,竟一去不返。索菲亚只得亲自出城试探,但行至中途,就被命令返回。彼得已转守为攻,双方的角色已完全调换。索菲亚被迫交出祸首沙克洛维蒂。后者及其同伙,经过严刑拷打,于9月10日被处死。最后,索菲亚被宣布为"无耻之徒",关进新圣母修道院。经历了 7 年的漫长等待与抗争,血雨腥风的权力之争,最终以彼得的胜利而告终。

战胜索菲亚,也使皇兄伊凡从此无足轻重。尽管直至 1696 年去世,他仍然以沙皇身份例行公事,但在实际上,彼得已大权独揽。他在 17 岁零 4 个月时,已成为全俄罗斯的主宰。

心向大海

索菲亚的倒台,没有改变彼得的生活习惯,他依然沉迷于昔日的战争游戏,对履行沙皇的传统职能缺乏热情。除了必不可少的宗教活动和皇家庆典,他很少在宫廷露面,依旧常住普列奥布拉任斯科耶村,过着轻松、自由、有机会与下层人打交道的生活。自从 1690 年秋天,他组织了第一次少年军团与射击军的实战演习以来,这种使新军与旧军处于对立地位的"交战",就成为他的习惯。他喜欢射击军扮演战败者的角色,兴致勃勃地观看两军骂阵,继而短兵相接,接着进入激烈的"厮杀",最后是射击军的辎重车队和军旗为对方卤获、司令被俘,演习在礼炮齐鸣、双方举杯共饮的皆大欢喜中结束。

水面的战斗,同陆上的战斗一样引人入胜,佩列雅斯拉夫尔湖宽阔的湖面,已成为海战操练的场所。一座规模不大的造船厂,也在 1692 年建立起来。彼得经常亲自参加造船劳动。操练和造船交替地吸引着他的兴会,以至于宫廷高级官吏不得不经常前往现场劝驾,请他回莫斯科应付时有发生的国事活动和外交礼仪。

不过,佩列雅斯拉夫尔湖的水域毕竟有限,随着新船的下水,湖面就有些拥挤,也妨碍规模更大的操练。彼得开始渴望宽阔的大海和真正的海船。怀着这一愿望,1693 年,彼得率大批随员来到北方海港阿尔汉格尔斯克。这是当时俄国唯一同西欧保持着有限贸易的海口。在这里,彼得第一次看见运来呢绒、服饰和染料的真正海船——来自英国、荷兰和德国的海船。另外一些同类型的船正等着装载俄国的木材、皮毛和其他土特产。他也第一次乘上一艘不大的快艇,做了一次较短的海上旅行。咸涩的海风飘逸着盐的芳香,向站在船头的彼得迎面扑来。面对波涛汹涌、一望无际的大海,他神情激动、思潮起伏、感慨万端。这就是他朝思暮想的真正的大海! 只有最勇敢的人,才敢于在这里搏击风浪,只有胸怀广阔的人,才能领略这壮观、动人心魄的风采。海天茫茫,涛声不已。人们的视野可一无阻挡地远达水天一色的尽头,但谁也不能在上面行走,马也不能在上面奔驰。这是个禁区,除非你有船。

"俄国需要的是水域!"年轻的沙皇喃喃自语。

的确,俄国需要的是水域。17 世纪的俄罗斯依然处于封闭状态,辽阔的领土事实上被切断了和海岸的联系。莫斯科公国历代沙皇的内陆蚕食政策,缔造了一个空前规模的帝国,但是积久成习的"抗海本能",使它的臣民固守着僻居内陆的祖辈传统,而对航海生涯缺少热情。除了白海出海口——阿尔汉格尔斯克是这里仅有的港口——之外,俄国缺少任何足以同外部发展贸易和交通的出海口。而且白海一年有四分之三的时间被冰块封冻,不得通航,限制着俄国本来有限的外部联系。只有打开一条通向海洋的道路,特别是拥有同西欧国家交往的海上通道,才能大海充满了诱惑,也充满了挑战,只有拥有海船的人才能征服大海。巡视归来的彼得决心在阿尔汉格尔斯克建造海船,他把这一重任交给了该地总督阿普拉克辛。此人为未来的海军上将,彼得海上事业的执行人。第二年6月,彼得登上刚刚竣工的俄国海船,再度出海。途中遇到狂风暴雨,使他险些葬身鱼腹。两次海上遨游,虽有不同感受,但都激发了他对大海的深沉热爱,对海洋的向往开始成为他的生活,也是事业的一个重要组成部分。

1694年9月,由阿尔汉格尔斯克回来的彼得着手准备一场规模空前的陆上军事演习。在莫斯科近郊的科茹霍沃村,荷枪实弹的两支军队,各自兵员达15000人,在近20多天里,反复进行着包围和防守的激烈操练,形同真正的战争。这是彼得所进行的最后一次军事游戏。通过这一次演习,彼得开始萌生了把游戏变为"真正的事业"的念头。

如果我们把彼得自索菲亚倒台以来,对传统国务活动的冷漠、对军事操练的热衷、对大海的神往,这三件事加以综合考虑,就会不难理解:年轻的沙皇并非真正疏于政事,而是为他们国家传统生活所缺少的另外一些内容所吸引。为改变帝国传统的面貌,他首先要设法满足国家的正常发展所必需的外部条件,也就是,要把俄国从一个单纯的内陆国家变成濒海帝国。

刚刚结束的科茹霍沃军事演习,使彼得十分自信,他相信依靠这支力量,定能夺取海岸,打通俄国的需要的出海口。由于西伯利亚和远东尚处于开发阶段,那里的海岸线不能用于经济需要;西部的波罗的海虽对俄国有重大意义,但控制它的瑞典势力尚十分强大,俄国暂时缺乏必要力量收复沿海土地;只有势力日渐衰落的土耳其所控制的亚速海,或可打开俄国通过黑海进入地中海的水路。因此,彼得决定先对南部土耳其的藩属克里米亚汗国用兵,夺取南部出海口。

1695年3月,南下的军队兵分两路,由莫斯科出发。一路取水道沿莫斯科河、奥卡河和伏尔加河开往蔡里津;另一路顺顿河径直南下。7月末,俄国抵达亚速城下。亚速城早期曾为顿河哥萨克所占领。1642年为土耳其人所收复。土军通过加固城墙,深挖壕沟,并在顿河河口两岸设置三道铁链,成为阻滞俄军南下的强固堡垒。为了速战速决,俄军兵分三路包围了亚速。但由于缺少舰队,俄军无法阻止源源不断的土耳其援军登陆增援。加上防守严密,俄军经过两次冲击,均以失败告终。10月初,俄军被迫撤出包围,第一次远征无果而终。

但是,失败教训使彼得进行了认真总结。首先,他从实战中认识到,俄军工兵素质太差,用于轰炸亚速城墙的地雷没有炸城墙,却炸死了围城的自己人。其次,部队的指挥系统缺乏协调,发起突击的时间先后不一,各行其是。第三,部队缺乏严格的实战训练,战斗力不强。最重要的是,俄军没有舰队,不能从海上切断敌人从海上的增援,真正实现合围。针对上述弱点,彼得逐一采取新的措施进行了调整。他首先加强了部队的指挥系统,把原先三路平行的支队,集中为陆、海两大系统,分别由谢英大元帅和外籍友人莱福尔特统领。接着,他又通过颁布敕令,吸引了一大批农奴自愿报名应征,扩大了兵源,对他们积极进行新战术原则的训练,使军队的成分和素质发生了明显变化。最后,他决定在顿河岸边的沃罗涅什建立一座大型造船厂,营造适应海上战斗的舰船。经过半年多的经营,当然也是通过极其野蛮的强制手段,到 1696 年 5 月,已先后有 23 艘帆桨战船和 4 艘火船下水,俄国开始有了第一支真正的舰队。

完成了这些准备之后,第二次远征亚速的战争就拉开了序幕。1696 年 5 月,装备和军容焕然一新的海陆两军挥戈南下,于月底神速地出现于亚速城下。彼得亲任全军总指挥,统一协调陆上包围、海面封锁和发起总攻的军事行动。由于陆上的合围迅速得到海上封锁的呼应,猛烈的炮火无情地投向孤军困守的亚速。城墙被摧毁了,4000 名土耳其战舰被拦截在港外,弹尽粮绝的守军被迫投降。俄军第二次远征取得辉煌的胜利。

远征亚速的胜利,是信心、毅力和以野蛮征服野蛮的杰作,是彼得冲出俄罗斯的最初尝试。在这小试锋芒的成功中,彼得已感受到海军建设对俄国未来发展的全部意义。但是,占领亚速仅仅是俄国走向海洋所迈出的一小步,只要刻赤海峡仍掌握在土耳其人手中,俄国就不能进入黑海,从而打通同西欧的联系。土耳其虽已衰落,但相对于俄国仍十分强大。如何发展起一支强大的海上力量,将是巩固对亚速的占领,并进而打开通向黑海的水路的必要条件。

然而,建设一支强大的海军,对于贫穷落后的俄国来说,是一件颇不轻松的任务。首先,它需要大量资金,这意味着全国居民要做出远比征服亚速大得多的牺牲。其次,要改变名门贵胄的生活习惯,他们的子弟必须放弃从小过惯了的舒适环境,踏上陌生的征途,到陌生的边陲去建功立业,接受大海的挑战。第三,它需要借助西欧的技术力量和设备,创造出俄国的专门人才。对于前两者,需要用强力对国内进行敲骨吸髓的榨取,并革除旧的晋升传统;对于后者,需要派遣一个"高级使团"出国学习、访问。在第二次远征胜利归来的途中,沙皇已形成有关强化海上力量的种种设想。而派遣使团出国学习,是他首先要付诸实际的问题。使团要完成考察学习造船理论和技术以及招聘外籍专家、购买各类航海和军事器械的任务,同时也负有一项外交使命:尽可能地联合欧洲诸强,形成一个反土耳其大同盟。

总之,征服亚速是彼得一生致力于为俄国争夺水域的起点,以后争夺的方向虽有变化,但由此所引起的对俄国守旧传统的革新,都是以夺取俄国所缺少的沿海地带为转移,这一方向并未改变。由彼得亲身参加的大使团西欧之行,是这次战争的结果,也是启动他的西化改革的先声。

西行使团

1696 年 12 月 6 日,彼得向国家杜马宣布他将亲身参加大使团出访西欧,贵族领主闻讯一片惊愕。组织规模庞大的外交使团出访,这是俄国历史上的创举,而沙皇竟然随团出游,更是背离了俄国传统。在一片反对声中,彼得力排众议,不改初衷,恰当地处理了来自各方面的阻力,从容地致力于使团的准备工作。

使团罗致了各方面富有才干的代表性人物。深受信任、交游广泛的莱福尔特被任命为首席大使。作为外籍人能承担如此重要的使命,除了涉外工作的需要,它反映了彼得在人才使用上的开放气度。富有外交经验的戈洛文被任命为二把手。他曾参与签订《尼布楚条约》,享有慎重、老练的外交家声望。由于他最能体会沙皇的外交意图,是使团活动的实际组织者。第三大使的职务,由杜马书记官沃兹尼岑担任。此人稳健少语,但富于计谋,善于在谈判中极为巧妙地保护俄国利益。三人各有所长,有助于取长补短,应付最复杂的外交活动。

使团中有 35 名留学生。许多彼得游戏军中的伙伴,以及深受宠幸的亲信,都是其中成员。使团连同各类服务人员,总计达 250 余人。彼得在名义上作为普通成员随团出行,其化名为彼得·米哈伊洛夫。

1697 年 3 月,浩浩荡荡的使团从莫斯科出发。它的主要目的地是荷兰、英国,但在沿途的立沃尼亚、库尔兰、普鲁士均有所停留。在哥尼斯堡,沙皇会见了勃兰登堡选帝侯及其夫人和岳母。母女俩留下了有关沙皇仪表的最早记述:

"沙皇身材高大,容貌英俊,体态挺拔。可惜他除了天生的一切优良品质之外,他的趣味颇不风雅,殊堪惋惜……他对我们说,他亲自参加造船的劳动,还向我们出示双手,硬要我们摸摸他手上干活磨出的老茧。"

8 月初,使团到达荷兰。在造船业中心萨尔丹和首都阿姆斯特丹,彼得混杂在使团的一般成员之中,和他们一道虚心学习荷兰的造船技术。阿姆斯特丹市市长威特靖,身兼荷兰东印度公司经理,由于到过俄国,会讲俄语,他为使团的留学生在该公司造船厂学

油画《彼得大帝在船坞》

习,提供了方便。至 9 月初,留学生已学完造船学的初步理论。接着,在一位荷兰技师保罗的指导下,开始参与制造三桅巡洋舰的实践。一个半月后,留学生们亲自制作的"彼得保罗号"巡洋舰正式下水,他们已达到掌握造船工艺技术的标准。"彼得·米哈伊洛夫"特别受到老师的嘉许。他和其余的十多名学生都领到合格的毕业证书。

在学习造船活动的空隙时间,彼得特意游览了荷兰的名胜古迹,参加了各种节日庆典和交际活动,观看戏剧演出,并参观了一位教授的生物解剖室。总之,他不放弃对一切使他感兴趣的新鲜事物的了解、学习,这里充满生机的文明生活,吸引着他的全部注意力。

但是,随着对荷兰应用造船技术的掌握,使团的成员开始向往与造船技术相关的高深理论,于是他们把行动的目标转向了较之荷兰更为发达的英国。1698 年 1 月,彼得与伙伴们乘快艇渡过英吉利海峡,来到了资本主义文明的中心伦敦。在伦敦,依然隐姓埋名的彼得同成员们潜心于造船理论的学习,同时也走访了许多著名的科学文化中心。他们先后参观了牛津大学、英国皇家学会,以及格林威治天文台。彼得十分欣赏天文探测、制造钟表等与航海密切相关的技术,同时也对先进的铸造货币技术具有浓厚的兴趣。最使彼得兴奋的是,在英国约请了若干专家到俄

国任教,而在荷兰这点却未能如愿。彼得还与宗教界、商业界的一些代表人物进行了广泛的接触,孕育了在俄国实行宗教改革的计划,并同莫斯科外侨区相识者的一些亲友建立了商务联系。英国的议会制度也吸引着沙皇的注意力。他别出心裁地跑到议会大厦的屋顶上,隔着天窗观看那里开会的情景,而拒绝与议员正式晤面。不过,他对英国式的立宪制度能否在俄国实行,持怀疑态度。

在英国一共逗留了4个月,彼得打算按计划赴维也纳与奥皇会晤。此行的目的主要在于与奥地利建立巩固的反土耳其大同盟。但是,在西欧获得越来越多的消息表明:一场即将爆发的西班牙王位继承战争,吸引着列强的注意力,反土同盟大有瓦解之势。不过,沙皇还是没有放弃做最后的努力。

1698年7月,彼得一行辗转抵达维也纳。在这里,由于外交使命所系,沙皇不得不走出幕后,亲自与对手谈判。与奥皇列奥波得的会见,按讲究礼仪的维也纳宫廷的要求,做了精心安排。可是沙皇不拘礼仪的习惯破坏了这种刻板的设计。当年迈的奥皇拖着沙沙发响的脚步缓缓走向会见大厅中央的当儿,血气方刚的彼得却大步流星地迅速走完预定的路程。结果,两人在显然不合外交礼仪的地点晤面,奥地利方面甚是不快。谈判进行了15分钟,无休止的繁文缛节,使生性好动的沙皇如坐针毡。一等会见结束,他立即奔出宫门,跳上花园池子里的一只双桨小船,沿池子奋力划了几圈,才使由于竭力克制的精神松弛下来。

谈判未能取得预期的结果,奥皇无意扩大与土耳其的对立,甚至正在与土方谈判媾和。因为同法国争夺西班牙王位继承权的斗争,转移了他的全部注意力,奥方正希望从多年的对土战争中脱身。了解到这些情况,沙皇不得不放弃早先的打算,不过,他对忠实于反土盟约的威尼斯还抱有一线希望,打算在那里走一趟,并顺便了解一下这个城市国家航海事业的发展。但在这个时候,传来了国内射击军发动叛乱的告急文书。彼得当机立断,结束访问,立即回国。

自7月19日离开维也纳,沙皇日夜兼程向俄国进发。途中又传来了射击军叛乱已经平定的信函。这个消息没有改变他返回的决定,但归程的速度已大大放缓。他开始在沿途作长时间的停留。其间,在乌克兰利沃夫小城拉瓦鲁斯卡,他因会见萨克森选帝侯兼波兰国王奥古斯特二世,停留时间最长。这次偶然的会晤,是这次出访在外交上的一个成就,同时也改变了彼得对外政策的基本方向。

奥古斯特二世与彼得同年,两人都生得身材魁梧,体力过人。但禀赋各不相同。不像彼得,奥古斯特的过人精力,不是用来挥斧学工或操劳国事,而是耽于享乐,贪求风流。他曾以表演斗牛士的勇气和机敏来博取西班牙女郎的顾盼,也曾以高雅的风度和温婉的谈吐在社交界广有交游。他的好客作风和无拘无束的谈吐,很为彼得欣赏。他们之间的交游,很快由于彼此都很喜欢对方,变得亲密无间,当然,是在彼得的影响下,他们之间的会谈不久就深入到两国的外交政策方面。他们发现,他们之间有一个共同的敌人,这就是瑞典。瑞典作为波罗的海的霸主,直接威胁到俄国和波兰的利益,也同它的西部邻国丹麦的矛盾很深。如果两国能协同一致,再联合丹麦,那么,就足以向瑞典的霸权挑战。并且通过这次西欧之行,他明确知道西欧国家正在为西班牙王位继承问题所牵制,他们的联合行动不会受到意外的干涉。两位朋友很快地就相互承担的义务达成口头协议。一待与丹麦谈妥,他们就正式结成反瑞典同盟。

这次偶然的会晤,当然也出之于西行之后对全欧局势的了解,促使彼得坚决地改变对外政策。从此以后,争夺出海口的方向不再面向南方,而是改向西北,冲出波罗的海就成为彼得未来长达21年不变的既定国策。要完成这一使命,彼得需要同土耳其达成和议,以便集中兵力对付瑞典;同时,他要运用这次西行的成就,初步整饬和改变一下俄罗斯古旧的面貌。

改革之始

1698年8月25日,经历了漫长的西欧之行的彼得和随行人员回到了莫斯科。为了给即将开始的变革留下新开端的印记,沙皇一反传统习惯,没有安排臣下用盛大的仪式去迎接他顺利归来。并且在他抵达的当天,甚至没有进入皇宫,而是回到普列奥布拉任斯科耶村他的寓所。因为彼得的心情是沉重的,沿途所到之处,俄罗斯贫穷落后与西欧先进国家的强烈反差,刺伤了他的自尊,他决心要为改变这种面貌而努力。

第二天,获悉皇上回京的朝臣纷纷来到普列奥布拉任斯科耶村,庆贺他胜利归来。领受了西方文明之风的沙皇,用礼貌而又客气的态度首先废除了旧式朝见的跪拜仪式。接下来,他以臣属意想不到的方式宣布革除俄罗斯陈规陋习的决心:他从侍从手中接过剪刀,亲自剪除了领主们的大胡子。位高权重的谢英大元帅最先接受这一"殊荣",号称"公爵皇帝"的罗莫丹诺夫斯基接着也失去了他的美髯,在场的领主一无例外地告别了自己的胡须。几天之后,当然这不再由沙皇亲自动手,大小廷臣纷纷舍弃了自己的胡子。

体面人物失去了胡须,在俄国非同儿戏。因为留须是俄国最古旧的传统之一。东正教会认为,胡须是"上帝赐予的装饰品",是仪表威严、品格端庄的象征,剪除胡须的行为是一种大逆不道的罪孽。但是,彼得正是选择这一传统的禁区,向传统挑战。他把剪胡须提高到普及新文明的高度,作为一种国策来推行。他明文宣布:剪胡子是全民族的义务,必须强制执行;除了宗教界,任何居民要留胡须,必须交纳留须税。

这件旨在改变俄国人外观的举措,看起来似乎微不足道,但实质上是彼得"西化"改革的开端。它表明,一个民族的外观和习尚正是其精神风貌的体现。崇尚守旧象征的胡须,将成为反对新事物的抗议标识。因此,新的变革必须从革除守旧传统的象征开始。

比剪胡子更具风险的变革,是彼得对射击军的"清算"。自索菲亚公主失势以来,射击军在形式上归附了并由沙皇控制。但是,这是一支没有得到彻底改造的队伍。在彼得看来,他们"不是军人,而是一群祸害"。这不仅因为射击军在组织形式上的落后和缺乏战斗力,主要是他们仍是俄国守旧传统的象征。他们从历史上继承下来的那种结构和生存方式,决定了他们反对变革的立场。

射击军从历史上便形成了从事商业和手工业的习惯,因而需要常年固守在大城市,特别是首都莫斯科,并能和家人团聚在一起。但是,沙皇的外交方针却要求射击军戍守边关,不要长期驻留首都。他们曾先后被派驻亚速和西部边境。由于勤务太重,薪饷太少,又失去了经营工商业的条件,所以,他们期望回到莫斯科,重操旧业，并照顾家人。可是这种愿望总是落空。他们开始把自己的不幸和不习惯的重负同彼得联系在一起。由此产生的仇视，使他们本能地成为俄国守旧传统的维护者。彼得出行期间，他们曾两度策动叛乱，最后甚至想扶持索菲亚东山再起。这些变故，以及彼得在执政前与射击军的恩恩怨怨，都促使他要下决心彻底剪除这一守旧势力。

彼得回莫斯科不久，就开始重新审查有关射击军两次起事的原因和处置的情况。他经过听取汇报和周密的了解，认为审讯工作浮皮潦草，处置措施也过于软弱，决定亲自重新审理这一案件。从 1698 年 9 月中旬开始，涉及 4 个团的 1041 名射击军全部押解莫斯科投入监狱，接下来是残酷的折磨和严刑逼供。结果，发现了索菲亚参与叛乱的线索。于是又开始了对公主的审讯。后者矢口否认同射击军的牵连。由于缺乏证据，无法给她定罪，审讯最后不了了之。但射击军叛乱却是事实，不等审讯结束，对他们的死刑判决已开始执行。除了 14 至 20 岁的青少年士兵，射击军共有 799 人被残酷地处死。

彼得一世铜像

从重新处置射击军的过程中，彼得暴露出生性极度的残忍和无情。但是，就整个射击军而论，他们依附于保守势力，蜕变为社会变革的阻力，也决定了其必然灭亡的命运。它是彼得以野蛮的方法和野蛮做斗争的具体表现。

在扫荡了射击军这支守旧的势力之后，彼得把注意力转向海军建设和初步的内政改革方面。10 月下旬，他动身前往沃罗涅什造船厂，视察那里两年来造船工程的进展状况。沃罗涅什，这个顿河岸边默默无闻的小镇，由于造船业的发展，已成为生气勃勃的航海工业中心。著名的阿普拉克辛已从阿尔汉格尔斯克调到沃罗涅什，主持军舰的建造工作。一艘能体现俄国技术水平的大军舰正在建造之中。据说它能装载 60 门发射 6 至 12 俄磅弹丸的大炮。届时，它将为俄国使团赴土耳其签订和约助威。由俄国人自己建造，并由俄国海员掌握的军舰为特使护航，有助于提高国威，是顺利地完成外交使命的坚强后盾。尽管沃罗涅什所造的船在质量上、造型上，还不能同英国或荷兰相媲美，但是它使第一批造船工人取得了经验，并第一次用水手补充了海军的编制，而不再用陆军士兵充数。在源远流长的俄国海军发展史上，这是真正富有实践意义的开端。

反映内政改革的行动，是 1699 年 1 月付诸实际的城市自治建设。赋予城市工商业者阶层一定的自治权利，是商品经济和城市经济繁荣发展的条件。早在 1667 年，政府就曾许诺城市居民，将为他们设立一个"适当的衙门"，以保护和管理商人，使其免于地方行政当局的侵扰和无理干涉。但时过 30 年，政府的诺言一直未能兑现。1699 年，政府的敕令再度论证了成立城市自治机关的必要性，并决定在莫斯科建立市政厅（院），在外省城市设立地方自治局。厅、局分别为管理城市工

271

商业居民的中央和地方自治机关。这些自治机构,由选举产生的工商业者的代表行使管理职能,并负责向国家交纳规定税收。它有助于较为自由地组织工商业活动,同时也为国家提供了及时、可靠的税收来源。

1699 年,还有另外两项改革措施付诸实践。一是,2 月间的一次庆典宴会上,彼得开始了剪除宽袖长袍的活动。这同剪除胡须一样,也是一次从外观和精神风貌方面革除旧传统的努力。俄罗斯贵族的传统服装宽袍大袖、用料考究,沙皇对这种妨碍行动、多有浪费的华丽衣着,早就深恶痛绝。随着贵族领主一个个失去胡子,沙皇觉得现在也是革除这种宽袖长袍的时候了。在场的宾客相继被剪去了袍袖。彼得安慰他们:"大袖子太碍事,到处惹祸,不是把玻璃杯拂落下地,打个粉碎,就是弄泼菜汤,撒满一身;剪下来的这一段,你还可以拿去做一双靴子。"啼笑皆非的领主,面面相觑,谁也不敢表示反对。不久,有关废除宽袖长袍装束的告示开始出现在大街小巷,沙皇以敕令的形式规定了外衣的长度和内外衣的比例。在这些细节问题上,同样体现了沙皇的习惯:一件小事,一旦付诸实际,他就千方百计将其贯彻到底。

另一件事是,彼得在 1699 年岁末,接受了以基督诞辰为纪年的新历法,并积极参加了新年庆祝活动。新历法使俄国计算时间的方法与欧洲所有国家趋于一致,深刻地改变了俄国的生活节奏,加速了俄国的西化历程,这对改变守旧落后的传统面貌,是具有积极意义的。

在新的一年,也是新的世纪——1700 年到来之际,沙皇为创建一个新的国家已经做了这样几件事:为夺取出海口,已建立海军舰队;城市已取得自治权;由于强制性地剪胡须、剪长袍,以及采用基督新历法,俄国的社会生活面貌已经开始发生重要变化。变化的目标只有一个,就是把俄国通过西方化,提高到现代化国家的水平。俄国能否实现、并巩固其西化改革,取决于她能否争取到影响自身发展的外部条件,并使这种影响持续进行下去。波罗的海诸省的征服,是实现这一目标的基本条件。但对于封建农奴制浓厚的俄国而言,这是一个颇不轻松的任务。战争的旷日持久,及其对国内生活的深刻影响,都使彼得的改革带有浓厚的军事目的。彼得将在夺取出海口的斗争中检验他的改革,深化他的改革,并利用改革成就支持长期战争。1699 年 11 月 11 日,俄、波、丹三国同盟建立,俄国正一步步走向新的战争。

初战瑞典

1700 年 8 月 8 日,俄国与土耳其缔结和约的消息传到莫斯科。久久盼望这个的彼得立即通知波兰国王:俄军立即行动,按北方同盟要求,向瑞典宣战。沙皇一声令下,一万辆满载炮火、粮食、装备的大车,绵延数十俄里,蜿蜒向西北方向进发。但是,当大军到达特维尔时,传来一个令人失望的消息:作为三国同盟之一的丹麦,由于瑞典国王查理十二世亲率 15000 大军在哥本哈根登陆,已在 8 月 8 日不战而降。波兰方面,虽先于俄国宣战,但围攻里加瑞典驻军的行动迄无进展。看来,战争的重负已经压在刚刚宣战的俄国身上。彼得已无别的选择,因为瑞典国王率领着 18000 人,正向里夫兰进发。双方交火的地点将是纳尔瓦。纳尔瓦位于纳尔瓦河下游临近芬兰湾处,是瑞典控制波罗的海的强固据点。平时仅有 8000 人据守,但都训练有素，如果得到查理十二援军的策应，俄军的形势就不容乐观。

查理十二用兵一贯神速，这时，他像突袭哥本哈根一样，出人意料地来到纳尔瓦。俄军围攻部队多达 10 万，已连续攻城两个星期，火药、炮弹都已用尽，但却毫无成效。11 月 19 日，集结完毕的瑞典军队向漫散、狭长的俄军围城工事，发动了闪电式的突然袭击。俄军顿时乱成一团。缺乏训练的贵族骑兵高喊"德国人出卖我们了"，纷纷落荒而逃。不少士兵因强渡纳尔瓦河，葬身河底；不少人缴械投降，当了俘虏。唯有彼得的两个近卫军团表现出色，但寡不敌众，难以挽回颓势。

夜幕降临时，开始了投降谈判。瑞典军同意俄军携带随身军械撤出营地。但撤退中途还是遭到部分瑞典军的袭击。

纳尔瓦一战，俄军损失惨重：阵亡、溺毙及饿死者，达 6000 人之众；炮兵连同135 门各种口径的大炮、丧失殆尽；高级军官几乎尽数牺牲。可是双方兵力对比悬殊，实际交火的力量：瑞军约 12000 人，而俄军则有 4 万之众。

纳尔瓦之战，是军事史上以少胜多的典范。18 岁的查理十二，由此获得第一流军事天才的荣誉。

纳尔瓦之败使彼得一世清楚地看到，他的军队是一支腐败的军队，从而迫使他立即实行全面的军事改革和发展工商业的计划。

纳尔瓦之胜，使查理十二过分小看了溃败后的俄国人。他不再把俄国放在眼里，不去继续进攻俄国以扩大战果，而是挥师西进，在波兰和萨克森打了 6 年仗。这样，就使彼得赢得了休养生息和改组军队所必要的时间。从战略上看，这是查理的一大失误。当然，它也取决于失败者对待失败的态度。事实表明，沙皇并不是一个轻易向失败示弱的人物。失败刺伤了他，同时也鼓舞着他。这种不懈的追求，以及客观形势所提供的可能，都决定双方在未来战争中的不同前途。从失败的一刻起，沙皇已着手锻造走向未来胜利的条件。

首先，他没有放弃同波兰的结盟。尽管事实证明奥古斯特二世是个胆小、自私、无所作为，并在军事上接连失败的君主，但对俄国来说，仍是不可多得的盟友。因为只要查理十二追赶奥古斯特的时间愈长，俄国赢得胜利的机会就愈多。所以，在纳尔瓦新败不久，彼得仍在比尔查与奥古斯特签订了盟约，不惜以大量的人力、物力支持这位地位岌岌可危的国王。除了一个由 1.5 万人组成的俄国军团，交由波兰方面指挥外，彼得还答应每年津贴国王 10 万卢布。这种情况一直延续到最后，甚至当奥古斯特在失去波兰王位的情况下，沙皇也没有动摇对波兰的支援。

其次，彼得也十分清楚，北方战争的责任已完全落到俄国身上。所以他必须加大力度进行改革，以适应长期战争的需要。纳尔瓦之战暴露了俄军的虚弱，所以改革须从强化军队开始。有三件事必须着手进行，即：变革军制，开辟财源，重建炮兵。

纳尔瓦的溃败证明，原来的贵族军队是难以在战场上取胜的，他决定实行义务兵役制。依据新军法案，每 25 户农民必须出一名新兵，按此标准，每年约有 3 至 4万新兵应征入伍。入伍新兵须接受严格的军事训练。战士每天操练 3 次，稍有懈怠，即遭鞭打惩处。训练常在有经验的外国教官指导下进行。经过一个时期严格操练，新军已经学会怎样组成坚固的阵线，怎样整齐步伐，怎样打开排枪和怎样持枪搏斗等基本功。这种征集和训练方法，一直贯穿整个北方战争。其间，彼得共征兵 53 次，全国有 284000 人入伍。新的军制，为俄军提供了源源不断的有生力量，并以新的军事素质取代了松散、落后的贵族队伍。

筹措军费是一项十分严峻的任务。这方面彼得采取了极为野蛮的聚敛手段。他下令让造币厂的机器加速运转，用大批成色不足的钱币充斥市场。仅在两年内，俄国国内市场货币投放额就由 200 万卢布猛增至 4500 万卢布。此外，他还接受建议，向全体居民加征新税。自第一项新税——印花税付诸实际以来，名目繁多的各类新税接踵而至，包括马鞍税、马匹税、装具税、造船税、大车税、食品税等等，不一而足。这种残酷的敛财方法，虽满足了国家的战时需要，但也暴露了彼得改革的阶级局限，导致了国内阶级矛盾的激化。

重建炮兵的任务也十分艰巨。为了在短期内恢复炮厂，彼得下令征用教堂和修道院的铜钟。他规定每 3 个教堂须献出一口钟来铸炮。一年之内，用这种方法铸炮 300 门，相当于纳尔瓦战役中所损失的两倍多。此外，他还加速兴办各类冶金工厂，开始利用本国铁矿石生产生铁、熟铁、大炮和炮弹。为适应军需供应，由王家主持的军服、制革和呢绒等手工工场也在莫斯科建立起来。

16 世纪时俄罗斯铸造的大炮，重 40 吨，长 5.38 米，口径 89 厘米，号称"炮王"。现存放在克里姆林宫。

为了解决当时急需的军事专门人才，彼得除大力招聘外籍军官之外，1701 年专门建立了航海学校，学员们开始接受天文、算学、几何、航海等课程的系统教育。以后这类学校逐步扩大到炮兵、工兵等军种。

经过这些努力，彼得终于在短期内重建了军队。新军不仅在数量和规模上超过了原来的队伍，而且在组织和装备上取得了很大进展。这样，到 1702 年，俄军在局部战场上已恢复对瑞典的军事行动，并取得了一些初步的胜利。

为俄国赢得第一个胜利的是舍列麦捷夫将军。这位年届 50 的沙场老卒，素以稳健、谨慎著称于世，但作战勇敢，雷厉风行。他总结了纳尔瓦的教训，除非自己的兵力超过敌人两倍以上，决不贸然行事。在 1702 年初同瑞典军的遭遇战中，他以 17000 人之众，全歼瑞军施利宾巴哈将军所部 7000 余人，一举旗开得胜。沙皇欣喜若狂，表彰了全军将士，并由缅什科夫代表自己授予老将军一级安德烈勋章和元帅称号。这是最早获得这一殊荣的高级将领。此役一扫纳尔瓦战败后俄军的萎靡状态，对提高士气，具有重要意义。

接下来，俄军把主力集中于涅瓦河一线，希望拿下河口通向波罗的海的几个据点，从战略上分割瑞军。1702 年 10 月，俄军开始围攻诺特堡。诺特堡原名奥列雪克，意为"核桃"。1611 年瑞典占领该城堡后，经过加厚城墙，配置大炮，使这里成为一座固若金汤的要塞。沙皇为了围攻它,调集了 14 个团的兵力,并动用大炮轰击了三天,但是守军顽强抵抗,无动于衷。接下来,遵照沙皇的命令,开始了一场持续达 12 个小时残酷而又激烈的攻坚战。两军踏着震耳欲聋的炮声,在枪林弹雨中反复拼杀。最后,俄军冲上敌方城堡的高墙,打开一道缺口,优势逐渐转到俄军方面。至黄昏,诺特堡终于投降,"核桃"被沙皇的新军所敲碎。彼得将城堡改名为施利色堡,意为钥匙,即他已掌握通向波罗的海大门的钥匙。

4 月末,攻占涅瓦河下游入海口处的尼昂尚茨要塞战役,再度打响。这是争夺出海口的关键一战。俄军水陆两路分别从上游和南面实现了对城堡的合围。5 月 1 日,经过 10 个多小时的猛烈炮击,尼昂尚茨的残垣断墙上竖起了白旗。三天后,两艘不知城堡已经陷落的瑞典军舰误入河口,俄军冒险以 8 只小艇勇敢出击,结果击毁并虏获了这两艘军舰。这是俄军在海上取得的第一个胜利。彼得把它称作"史无前例的大捷"。因为使用简陋的、只配备火枪和榴弹的小艇去攻击军舰,是冒了极大的风险,而获得的战绩却是敌人几乎全军覆没。所以,这是一种"空前的收获",它为俄国海军未来的光荣战斗传统奠定了基础。此战使彼得和缅什科夫同获一级圣安德烈勋章。后者自诺特堡战役打响以来,一直冲锋陷阵、不避生死,深受沙皇的钦佩,因而也获得最高褒奖。

攻占尼昂尚茨要塞之后,整个涅瓦河,上起包括施利色堡在内的发源处,下至入海口,已全部落入俄国手中。为了巩固这条伸向大海的通道,彼得决定在原城堡下游更靠近大海的一座小岛上,构筑一个新的要塞,以拱卫海口。这个要塞当时就取名为圣彼得堡,它成为未来帝国首都的摇篮。不过,直到 1704 年秋,俄军在 7 月一个月内,连克两座城市,初步巩固了在波罗的海的地位之后,才坚定了把彼得堡变为帝国首都的信念。其中第一座城市叫杰尔普特,第二座就是曾使俄军蒙受失败耻辱的纳尔瓦。前者依赖炮兵一个通宵的猛烈轰击,强行夺取;后者则由俄军装扮成瑞典援军,诱敌出城,聚歼敌人于城下而获成功。

从纳尔瓦之败到俄军胜利地攻克两城,中间相隔整整 4 年。4 年来,俄军已由一群乌合之众,发展为一支强大的武装力量。依靠这支力量,俄军夺得了出口海,切断了瑞典各支军队之间的联系,并开始缔造强大的海军。但是,没有人知道,为这些胜利祝捷的炮声与最后胜利的和平礼炮之间,还相隔 17 年的岁月。这将是一个经受严峻考验,同时又充满希望的漫长岁月。

走向胜利

当俄军在波罗的海东岸取得局部进展的时候,沙皇的盟友——奥古斯特二世统领的萨克森军队却连连败北,两军的形势形成两个对比鲜明的极端。

奥古斯特二世,由于体格强壮,素有"强王"之称;他能一刀砍下一颗牛头,并能一下子把几个摞在一起的银盘掰弯,但是打起仗来总是接连失败。沙皇曾多次呼吁他给敌人一点"厉害",但最终都是他先受敌人的"教训"。失败一个接着一个,从克利舍夫、普尔图斯卡到托伦,一无例外。

军事失败动摇了奥古斯特在波兰的地位。1704 年 7 月,查理十二在华沙召开会议废除了奥古斯特的波兰国王称号,另立一位俯首帖耳的年轻人斯坦尼斯瓦夫

·列琴斯基为新国王。为了帮助奥古斯特恢复王冠,俄军以盟军的身份开进波兰。到1705年12月,总兵力达4万人的俄军已集结在涅曼河畔的格罗德诺。沙皇给俄军的训令是:全力配合萨克森军参与局部战斗,切勿过于深入,切勿轻率与瑞军决战。但是萨克森军队持续性的失败,使俄军很难有所作为。此后,告警的消息纷至沓来,局势日益险恶。首先,瑞军在1706年冬季的酷寒驱使下,已抢先开到格罗德诺城下,俄军面临着被瑞军包围聚歼的危险,其次,萨克森军在最近的弗劳斯塔特战役中已全军覆没——3万之众的萨克森军在与8000名瑞军遭遇时,竟一触即溃。

战争开始落在俄国一国的肩上。

沙皇当机立断:俄军应迅速撤出被敌人包围的格罗德诺。

1706年3月24日傍晚,俄军开始撤出城堡,渡过涅曼河,到达对岸。此后,昼行夜宿,继续转移,12天后,到达布列斯特,才最终摆脱险境。这就是俄国军史上著名的"格罗德诺大转移"。这次转移避免了不利条件下的决战,巧妙地保存了俄军实力,为未来的决战准备了条件。它体现沙皇深远的战略意图和灵活的战争策略。

查理十二在攻占格罗德诺后,没有立即东征俄国,而是再度挥师西进,收拾奥古斯特二世的残部。这使俄军又获得一年的整休时机。调头西去的瑞典军,如风扫残云一般迅速占领莱比锡和德累斯顿,奥古斯特二世的萨克森王冠也面临着被打落在地的危险。在生死关头,奥古斯特决定向敌人投降。1706年10月19日,他与瑞典签订了屈辱性的《阿利特兰什塔特和约》,在放弃波兰王位,中断同俄国的联盟,并供养瑞典军队的条件下,保住了他的萨克森领地。新条约巩固了瑞典在波罗的海南岸的霸权,它也意味着,经过修整和补充的瑞军下一个目标将投向俄罗斯。北方战争已变成纯粹的俄、瑞战争。

1708年1月,查理十二率领4.6万能征惯战的瑞典军,越过俄境,向莫斯科进发。大军入境,迫使彼得采取了诱敌深入的退却和"焦土"政策。这一策略通常被称作"若尔克瓦防御计划",因计划的诞生地若尔克瓦城而得名。实施这一计划的目的:一是保存实力;二是以零星的进攻,以及销毁粮秣等办法"把敌人拖垮";三是在本国境内相机与之决战,全歼敌人。这一策略成为决战前俄军军事行动的基础。

生性浮躁的查理十二,急于寻找俄军主力决战。但是,在他于1708年7月3日取得戈洛夫奇诺的局部胜利之后,却长久按兵不动。原因很快查明:瑞军因在沿途得不到给养,已经断炊,他正等待莱文豪普特将军的辎重车队。但令人奇怪的是,他还没有等到粮秣和援兵车队,就又上路了。惯于冒险的国王,仍打算自己在沿途解决给养问题。不过,彼得已拿定主意,不管查理十二把他的军队开到哪里,都要使它们陷于十室九空的境地。饥饿已使瑞军陷于极度困难的境地,但国王仍没有坐下来等待粮秣的耐心。他这种难以理解的行动,即使莱文豪普特的辎重车队不停地追赶瑞军主力,也使主力部队因得不到给养,陷于涣散之中。这种情况,为俄军堵截、夹击他的辎重部队创造了条件。

9月28日,携带大量军需、粮草的瑞典辎重车队,在列斯那亚村被俄军团团围定。经过几小时的激战,拥有16000之众的莱文豪普特军团,几乎全军覆没。瑞军已失去把战争持续下去的全部军需和给养。

面对重大挫折,查理十二没有明智地选择罢兵休战,而是把侵俄不久就酝酿的计划付诸实际:改变直取莫斯科的进军路线,折向南方,向乌克兰进发。据说,那里有丰富的物质资源,可就地取得给养,也可获得对沙皇心怀不满的哥萨克的支持。

乌克兰气候温和,物产丰饶,有可能满足瑞典军队的粮秣要求。顿河流域的哥萨克素来也是沙皇政府的一支异己力量。1707 年 5 月,那里发生的布拉文起义震撼了沙皇政府,其影响远及乌克兰。乌克兰的哥萨克统领马泽帕 20 年来一直居心反叛,但他一直用甜言蜜语和表面上的忠诚,蒙骗着对他至今仍十分宠信的沙皇。前不久,他还一面给彼得呈送表示忠心的奏禀,一面又向查理十二密表他等待国王驾临的焦急心情。正是出于这些考虑,查理十二始终坚持他的南下决心。他希望在乌克兰,也像在萨克森一样,度过一个温饱富足的冬天,来春再行决战。可是,查理的计划很快就落空了;1708 年至 1709 年的冬天,是欧洲人记忆中最冷的冬天,乌克兰也不例外;由于在敌对的农村搞不到足够的物资,大批的瑞典士兵冻死在茫茫的俄罗斯原野上;乌克兰人也没有举行大暴动来协助查理,哥萨克首领马泽帕策动的反叛也被沙皇粉碎,他仅带领 2000 人马来投奔查理。情况已变得十分严峻。查理和他的军队冒着咆哮的暴风雪,踯躅在乌克兰大雪覆盖的草原上。他们食不果腹,无处栖身,随时遭受袭击,每拿下一个居民点都是一场生死搏斗。兵员在一天天减少,他们已误入歧途。

次年 4 月,南下的瑞军已抵达南俄重镇波尔塔瓦城下。波尔塔瓦是个战略要地,它的南部有一条通向克里米亚的大道,有助于与土耳其建立联系;北面贯通俄国造船中心沃罗涅什,并可直达莫斯科。占领这一要地,并能在此聚歼俄军主力,就打开了畅通无阻的北上大门,整个乌克兰就会倒向瑞典一边。国王的考虑与马泽帕的游说不谋而合,瑞军开始了围攻波尔塔瓦的全面准备。

远离战场的彼得得到瑞军包围波尔塔瓦的消息后,也认识到争夺该城在双方战略计划中的意义。他决定集结重兵,通过驰援该城,与瑞军进行战略决战。

瑞军也把总决战视为救亡图存的一线希望。但是,双方军事力量和素质与战初相比,已发生重大变化:严冬的折磨,长途行军的消耗,不断战败所带来的兵员减少,都使瑞军失去初战时期的锐气;相反,俄军以逸待劳,又经过不断的军事改革和经常性的后备补充,已变得相当强大。再加上彼得对这次战役的周详安排,以及亲临指挥,都坚定了俄军的必胜信念。

6 月 27 日凌晨,孤注一掷的瑞军倾巢而动,率先向俄军发起进攻。早有准备的俄军首先以密集的炮火给敌人以迎头痛击。当时俄军拥有大炮 102 门,瑞军仅39 门。在猛烈的炮击配合下,部署在侧翼的俄国骑兵,直贯敌阵,给进攻的瑞军造成巨大伤亡。查理十二因脚部受伤,发着高烧,乘坐在担架上巡视全军,声嘶力竭地激励士气,但仍无法阻止士兵在俄军炮火轰击下的溃逃。激烈的会战持续了两个半小时,瑞军抛下了 8000 具尸体,除了查理在马泽帕的陪同下和少量随从南逃土耳其之外,剩下的约 16000 瑞典官兵全部做了降俘。

波尔塔瓦会战,是战争转向战略决战的转折点。它结束了瑞典占优势时期,并在国际上使北方同盟各国恢复了对瑞典的军事行动,普鲁士也趁火打劫、加入了同盟。俄国乘胜在波罗的海沿岸大举进攻,扩大了原来的占领区。

战争持续到 1712 年,俄国不仅收复芬兰湾,而且占领芬兰南部一些据点,准备将战争推进到瑞典本土去。1714 年 7 月,俄国海军在芬兰的汉科角战胜瑞典海军。这是一次足以和波尔塔瓦大捷相媲美的辉煌胜利。经过这次海战,瑞典本土已暴露在俄军的直接威胁之下。

俄国在波罗的海势力的增长,引起了一贯主张保持波罗的海势力均衡的英国的不安。1719 年 8 月,英、瑞达成协议,英国对瑞典提供经援和军援,并派舰队深入波罗的海对俄国施加压力。但是,由于英、俄之间存在着广泛的商业利益,英国对瑞典的援助仅仅是虚张声势,而没有有效措施。彼得看穿英国的本质后,得寸进尺、步步进逼,不断地以军事胜利向敌方施加压力。瑞典终于发现自己处于孤立无援的危亡之秋;加上,查理十二这位军事天才早在 1718 年已阵亡于挪威前线,瑞典已失去恢复波罗的海统治的任何希望。

1721 年 8 月底,俄、瑞双方在芬兰的尼什塔德签订和约。依据条约规定,瑞典把立沃尼亚、爱沙尼亚、英格利亚和卡累利阿(芬兰湾)割让给俄国;作为交换,俄军退出芬兰,并保留瑞典在里加和雷维尔免税购买价值 500 万卢布的粮食的权利。经过 21 年的长期战争,俄国终于获得了通往欧洲的第一个窗户——波罗的海出海口。俄国从此开始名副其实地成为一个濒海国家;她为自身的发展争取到了外部条件,也使自身成为影响未来欧洲局势的一支重要力量。为表彰沙皇的功绩,元老院加封彼得为:国父兼全俄皇帝彼得大帝。俄国亦开始正式易名为俄罗斯帝国。

持续变革

北方战争的胜利结束,使彼得有可能把全部精力转移到内政改革方面。事实上,他的内政改革实践在漫长的战时环境中从未停止,不过未能全面系统地展开而已。在波尔塔尔大捷以后,彼得曾一度恢复在战前就已着手进行的改革计划,到 1715 年已达到一个高潮。其间,有关设立行省、成立元老院、开办官办手工工场、简化印刷字母等举措,都已开始付诸实践。沙皇特别关注制度改革中的立法建设,他在诏谕中一再指示,要把丹麦、法国、荷兰、英国等西方先进国家的各种典章制度翻译过来,以便为改革中央机构提供借鉴。他还特别重视陆海军的制度化建设,以极大的精力投入《陆军条令》和《海军条令》的编纂工作。此外,他还颁布了关于长子继承制的敕令,关于禁止公务人员承包包工工程的敕令,等等。然而,由于战时环境的影响,这些改革还都不够深入,许多举措都是依照权宜的原则制定的;再加上协调北方同盟、发展波罗的海舰队等因素的牵制,他的改革都是断断续续进行的。其中 1715 年年底,彼得因养病出国旅行,当然也负有争取同盟的使命,他的"新政"一度被迫中断。直到 1717 年年底回国后,才又部分恢复。总之,在与瑞典缔结全面的和平条约之前,改革是无法系统、也无法深入进行的。现在,我们把彼得在战时和战后所进行的全面改革,联系起来,加以综合评述。

通常认为,彼得的改革是以军事改革为核心的,这一点在战时尤为突出。纳尔瓦战败后,彼得优先重视的就是军事改革,那些改革在战时已发挥出重要效力,但彼得没有就此却步,而是持续地进行了新的改革。1699 年的义务兵役制,是军事改革的起点。其目的在于扩大军队的兵员。1705 和 1710 年,彼得又先后两次颁布敕令,将服兵役的义务由一般农户和工商户,扩大到所有纳税阶层。这一制度,始终使俄军保持着一支庞大兵员,并源源不断地得到补充。

为了提高部队的军事素质,彼得十分重视按新战术原则对士兵进行严格训练。除了经常性的实战操练之外,彼得亲自参加编纂,制定了陆、海军条令,用新战术原则有目地训练和武装部队。《陆军条令》公布于1716年。它是西欧军事思想和俄国军事经验相结合的结晶。沙皇为编纂条令煞费苦心,甚至在出国旅行期间,还抱病对条令进行大规模地修订和补正。条令全面地反映了俄军在战争年代所采用过的全部新战术,对快速突进、两列横队射击、肉搏战等作战方法做了具体阐述;对部队的组织管理、编制原则和服役期限也做了明确规定。此外,条令同时也是一部刑事法典,对违犯军纪、破坏军队秩序的行为,也规定了详细的惩处措施。条令对此后百余年来,俄国军事艺术的发展产生了重要影响,培养和训练出了诸如鲁勉采夫、苏沃洛夫、库图佐夫等高级军事将领,使俄军成为一支在欧洲具有较大威慑力量的武装部队。

《海军条令》公布于1720年,是彼得海军建设经验和成就的汇集。条令根据俄国的具体情况,并参照英国、荷兰、法国、丹麦、瑞典五国的海军法规制定的。它对于发展较为年轻的俄国海军起了重要的指导作用。为了强化海军建设,在完成海军条令的制订工作之后,彼得又集中精力投入《海军部章程》的编纂工作。在长达两年多的时间里,他亲自动手,数易其稿,终于使俄国海军在编制、军阶、官兵的权利和义务方面,形成完整的法规依据。

为了用最先进的武器装备武装陆海军,彼得大力发展冶金工业、军火工业和造船工业。这些工业门类的出现和发展,既受军事需要的推动,也对整个经济生活发生着深刻影响。到1725年,俄国已有大型工场233所。其中冶金工业产品不仅满足了军队需用,而且开始向外国出口。军事工业的发展必然要促进民用工业的发展。因为保证军需供应和加强国防,原本是摆脱落后的手段,而且只有在本国经济实力充分发展的基础上,才有可能实现对外政策的目标。所以,彼得已不再简单地通过扩大铸币和增加捐税来解决军队的需要,而是接受西方的经验,重视发展工商业,甚至农业的发展,来提高国力,达到富国强兵的目的。为实现这一目标,彼得一方面鼓励外资在俄国兴办企业,希望经过一段时间的经营再转交俄国人承办;另一方面则直接从国外聘请有经验的技师,由他们帮助兴办官办手工工场。彼得两次出游西欧,都负有这一使命,并收到显著效果,体现了经济改革浓厚的"西化"特点。此外,彼得十分注意发展私营工商业。这不仅体现在他多次颁布地方自治法令,刻意保护工商业者的政治权利和利益方面,而且反映在他直接采用各种优惠办法,诸如贷款、津贴、免税和垄断等措施,鼓励私人投资、兴办企业。为了解决发展工业所需要的劳动力问题,彼得采用强制手段,征用大批农奴进入工场,从事工业生产。1721年,他颁令规定工场主有权购买农奴和整个村庄。1722年又法定,逃进工场做工的农奴,不再归还原来的主人。这样的强制措施,基本解决了农奴制条件下工业生产劳动力不足的问题。

彼得也十分重视对国计民生具有重要影响的内外贸易。为了促进国内贸易和全俄市场的形成,彼得主持开凿了维施尼伏洛乔克运河和拉多加环湖运河,大大加速了国内商品流通和内河航运的发展。在外贸方面,他采取了鼓励出口、限制进口,并以高额关税保护民族工业的策略。依据 1724 年的关税税则,进口货物应缴关税的多寡,直接以本国企业满足国内市场需要的能力为转移:某种商品,国内的产量越多,从国外进口同一商品的关税就定价越高,而对俄国输出的商品一般都征收很轻的关税。这些新税制实行到 1726 年,出口货物的价值已为进口货物的两倍。彼得堡的营建,在内外贸中发挥着极为重要的作用,它不仅是俄国对外贸易的窗户,而且是国内商业最大的集散地和中心商埠。

农业在封建农奴制极为强固的俄国,是一个较为落后的产业门类,但是彼得仍给予一定的重视,也取得了相应的进展。针对农民在重税、兵役、劳役重负下,几近破产的现实,彼得在《爱惜耕者令》中指出:农耕者"是国家的动脉,正像通过动脉滋养人体一样,国家也要靠耕者来滋养,因此应当爱惜他们,勿使他们劳累过度,而应保护他们免受各种非难和破产,特别是公务人员应当善待他们"。彼得曾责成各地方长官查明,地主中那些人的田园荒芜是由于农民官差过重而造成的。应将其呈报元老院,由元老院将其领地转拨给别人经营。这些认识和举措虽并非真正同情劳动者,而是出于对地主阶级整体利益的考虑,但在优先发展工商业的同时,能适当地看待农业中存在的弊端,提出一定的改革措施,仍然体现了变革者的远见卓识。除此而外,彼得的诏令中也不乏农业技术改革的内容。例如,当他发现用芟刀收割庄稼可达到更高的劳动生产率时,就专门颁布了改用芟刀的敕令。当运用新方法加工大麻纤维取得超过传统方法的收效时,他就责令按新方法行事。此外,对于扩大耕地面积,推广优良品种,培植经济作物,以及发展畜牧、养蚕等家庭副业,也都给予必要的引导和鼓励。这些,对于开发俄国潜力很大的农业资源,是具有积极作用的。

税制改革是完善国家收入机制的重要举措,在这方面彼得也留下了深刻的印记。17 世纪以来,俄国盛行以农户为单位的征税办法。许多贵族地主为了逃避国税,往往把几个有亲属关系的家庭合为一户,结果发现了人口不断增长,而农户却逐年减少的奇怪现状。彼得经过调查,很快发现了其中的隐秘。于是,他接受总监察官涅斯捷罗夫的建议,决定废除以农户为征税单位的制度,改用按男丁征收"人头税"。人头税实行初期也同样受到地主贵族的抵制。他们中的一些代表人物,在上报所属农民人口清册时,往往以多报少,隐瞒实有农民人数,结果新税法仍未收到实际效果。后来,彼得被迫用死刑和没收被隐瞒的农奴相威胁,但领主们依然置若罔闻。直到 1723 彼得下令由军官组成专职办公厅,负责审查各地人口表册,这种隐瞒之风才得到一定纠正。审查结果,仍发现被隐瞒的男性农奴 100 余万。截至 1724 年春,才形成较为准确的纳税男丁:5400 万男性农奴。税制改革扩大了国库收入,为彼得的全面改革提供了财政保证。它削弱了传统贵族的经济实力,但也在一定程度上加重了农民的负担,导致了阶级矛盾的激化。彼得统治时期,多次发生的农民起义就是对这种聚敛政策的一种反应。

贵族是彼得维护其统治的支柱。彼得的改革也未能触动前者旧有的地位。但是,彼得主张要对贵族队伍进行改造,他需要缔造新的贵族队伍支持他的改革。首先,他认为贵族应承担一定义务,他们应与其先辈不同,不能再待在庄园里享受荣华富贵,而应该在陆海军中服务,或从事工商业,为国家的繁荣强大担负责任。彼得规定:贵族子弟应进入陆、海军学院,学习专门的知识和技术,完成国家所赋予的学习义务。有条件的贵族子弟,还应接受国家委派,到国外留学。出国留学在当时是一件十分困难的事。由于经费不足、语言不通,许多贵族子弟对此常常抵制,有些出国的人也想很快回国。彼得往往采用强制性的惩罚手段,如封闭府邸、削减官职、发配劳动等迫其就范。到 1714 年,彼得终于以新的改革举措取代了对个别贵族和成批贵族的惩罚措施,这就是公布了《长子继承令》。这是彼得在研究西方继承制度之后,旨在一劳永逸地解决贵族承担国家义务的制度化建设。敕令规定:贵族只能由长子继承全部不动产,其余没有地产的儿子必须自食其力,"靠服公务、靠学识、靠经营或者靠其他行当挣取自己的面包"。这道敕令维护了俄国的大地产制,但它迫使众多的贵族子弟去追求军功和商业,发挥各自的创造才能,对于改造旧有的贵族队伍,具有积极意义。

思想文化领域的改革,更体现了彼得鲜明的反传统色彩。因为变革和反变革的斗争总是首先在思想文化领域中表现出来。这方面首先要触及的一个领域是宗教。俄国的国教是 10 世纪从拜占庭传入的东正教。东正教不像西欧的天主教,它在历史上长期处于对国家政权的依附地位,是沙皇专制制度的精神工具。但是,教会拥有大量土地,控制着全国大约 1/5 的农业人口;由于垄断了精神工具并出于维护既得利益,他们往往是俄罗斯古风旧俗的维护者。对于彼得的改革事业而言,他们是一股强大的阻滞力量。彼得深知教会在国家政治生活中的地位,所以并不一般地反对宗教,而是主张把教会置于国家世俗政权控制之下,以利于自己的改革。早在 1700 年,当态度保守的大主教阿德里安去世以后,彼得就开始了谨慎而有计划的限制教权的改革。首先,他有意不指定大主教的继承人,而是任命对改革持温和态度的梁赞地区主教斯特凡·雅沃尔斯基,为"大主教圣座临时守护者",主持日常宗教事务。接着在 1701 年,他宣布教士应以古代僧侣为榜样,"用自己勤劳的双手为自己生产食物,共同生活,并用自己的手养活许多乞丐"。从这一年开始,他已禁止寺院购买和交换土地,并着手对教会和修道院的财产进行清理。1721 年,当大规模的军事活动趋于结束时,他发动了对教权最具威胁性的进攻,成立了世俗性的宗教事务管理局,颁布了《宗教事务管理条例》,开始把教会严格置于世俗政权控制之下。条例规定:管理局的成员与世俗机关的官吏具有平等的地位;他们应宣誓效忠皇上,无条件地执行皇上的圣谕;各教区的主教不得插手世俗的事务和仪式;废除忏悔的保密制度;所有神甫应及时向政府密报有"叛变或造反"念头的忏悔者。彼得还力图改变出家人的生活方式和寺院的经济活动,他责令所有神职人员都要学会一门手艺,自食其力;寺院还要以自己的收入担负起赡养老弱残废官兵的义务,并设法为学校提供经费。此外,他还规定僧尼必须学习文化知识,没有受过教育的神职人员子弟不得接替前辈的宗教职位,只有有文化的僧尼才是优秀的神职人员。这些举措大大加速了教会的世俗化过程,对于整个改革的顺利推行具有重要促进作用。

思想文化领域的另一有影响的改革是文字改革和发展各种专业教育。彼得执政时期,俄国的文化水平十分落后,不仅普通百姓,而且在贵族子弟中也存在着许多文盲。为了普及文化,彼得主持了俄国的文字改革工作。文字,是语言交际的工具,也是知识的载体。但是传统的俄文字母是旧式教会斯拉夫字体,不仅构词复杂,而且发音、书写都很混乱,不利于文化推广。彼得统一、并简化了原有字母的笔画,取消了一些发音复杂的字母,削减了节略符号,宣布从 1708 年起,除教会祈祷用书,各类书籍的印刷一律采用新字母。文字改革奠定了现代俄语的基础,对于普及文化、吸收国外的先进技术成就,创造了有利条件。

教育方面,改革的起步是通过创办各类专业学校来实现的。这首先是为培养各种军事人才的需要,有目的地进行的。最先创办的学校,是 1701 年在莫斯科建立的航海学校。1705 年,该校已招收 500 名学员。以后,工程技术学校、医科专门学校、矿业学校,陆续建立起来。在莫斯科还建立了一所格鲁克中学,专门用来培养外交官,以外国语为基本课程。普通教育始于各省城创办的初等数学学校,到 1720 年前后,至少已有 42 个城市开办了这类具有启蒙性质的学校。由于服从战争需要的目的,彼得开办的学校在初期很像军营,学生也往往按新兵一样对待。许多学校都实行军事化管理,常由有经验的优秀士兵监督学生的学习和操作,对于违犯纪律不履行学习义务者,动辄施以鞭笞,而不管其出身如何高贵;徇情纵容者,同样严惩不贷。这种强制性的举措,一定程度上适应了俄国当时的人才需求,至 20 年代,俄国军官中已有 90% 由本国毕业生充任。其他方面的人才也逐步培养出来。

作为一个开放型的君主,彼得十分重视科学在整个文化事业中的地位。早在 17 世纪末随西行大使团赴英国考察期间,彼得就访问过科学中心皇家学会、格林尼治天文台和牛津大学,会见了包括牛顿在内的许多专家学者,并聘请部分学者到俄国任职。战争环境不允许他有系统地投入国内的科学文化建设,但在戎马倥偬的间隙,他仍然积极为科学的发展创造各种条件。除了多次派员勘测堪察加半岛、绘制各地区地图以及不断总结水利工程的经验外,彼得很早就计划兴建俄国科学院。1714 年,费多尔·萨尔蒂科夫就为沙皇拟订了在每省建立一所科学院的宏大计划。1718 年 6 月,彼得就在一份报告上批示:"一定要成立科学院。现在就应从本国人中物色学识渊博并有志于此的人。还应着手翻译一些法学和与法学有关的书籍。今年就着手办这些事。"但由于国务烦冗和招聘欧洲一流学者的计划一时难以落实,筹建科学院一事就延宕下来。直到 1724 年 1 月,经沙皇批准、元老院议定的建立科学院的计划才付诸实施。彼得坚持,建院方针"不可照搬别国所采用的模式",希望科学院要适合俄国国情,使科学研究与人才培养相结合。1725 年 8 月,俄国第一次科学院院士大会召开,它体现了彼得倡导的,把大学、中学、科学院本身融为一体的新体制。它是对西欧类似机构的实践有选择的否定,既保证了科学研究的正常进行,又加快了人才的造就和培养。彼得为保证科学研究的深入开展,为科学院制定了每年 25000 卢布的高经费预算,并答应给科学家以"优厚的薪俸"待遇。俄国科学院的研究活动在彼得去世之后才大规模地展开,但彼得奠定了俄国科学研究的基础。

彼得改革中耗时最长,用力最多的是行政机构改革。因为这是传统势力最集中的堡垒,变革很难一蹴而就。自 1711 年 3 月 2 日下令成立元老院以来,至晚年去世,彼得长期致力于国家机构的调整、改革,非战争牵制,无一刻有所松懈。1712 至 1715 年,是他利用战时间隙进行政务改革的一个高潮。在此期间,他曾命令元老院组织人力翻译"外国法典",并初拟了政府机构 6 个院的具体名称。他还诏令在外国招聘"学者和法学方面的行家里手,以便指导各院的工作"。他特别指示要注意收集丹麦中央机关结构的情报,包括院、州的数量和机构配置;因为他知道强大的瑞典,其国家机构模式是从丹麦学来的,既然战时不能直接研究瑞典的规章制度,那么就应从丹麦学习。彼得中央政府机构改革的核心,是用新建的"院"取代传统的"政厅"。政厅机构庞杂、职权不清,办事效率低下,它与领主杜马一道,是守旧贵族的世袭领地。院的建制将通过立法程序,明确职权范围,提高政府的集中化程度,并打破原有的世族门阀主义用人标准,为国家机构的运作,带来新的活力和效率。彼得的上述设想和初步的实践,由于战时环境,时断时续,直至1721年和约签订后,才全面系统地投入实施。

结合俄国的实际,彼得在元老院之下分设9个院,全面取代了原贵族杜马和诸多政厅的职能。这9个院分别是:外务院、陆军院、海军院、财政院、财务支付院、财务监督院、工厂管理院、矿务院、商务院。其中前3院为"头等"院。院的建制以后扩大到12个,它们统一隶属于元老院。元老院不同于贵族杜马,它虽负责从中央到地方的行政和事务,并在沙皇外出时代行处理军国大事,但其成员均为公务人员,不得世袭,随时可以撤换;此外,元老院比贵族杜马人数要少得多:后者最多时有100余人,而初设的元老仅有9人。各院院长,彼得大都量才录用,不计门阀,许多都是在战争中久受锻炼,功勋卓著而出身低微的亲密朋友。如,陆军院院长缅什科夫出身于宫廷马夫家庭,本人早年曾在莫斯科街头叫卖馅儿饼,由于作战勇敢并富有创新精神,以后被擢升为元帅。外交院副院长沙菲罗夫原为一犹太商人,曾在一家商店当店员,彼得在一次闲聊中发现对方通达数国语言并富有外交才干,当即介绍他到政府任职,以后成为外交方面的重要骨干。除了在用人方面不拘一格,整个院的建制都体现了创新特点,许多院是传统政治机构中所没有的,如海军、工业、矿务等院;许多院更新和扩大了与原政厅相对应的传统职能,如分管财政工作的3个院,不仅分工明确,而且相互制约,适应了对外战争和国内建设的多方面需求。以后增加的3个院:司法、教育、宗教,本身是改革演化的产物,是国家职能在这些重要领域内的延伸。彼得不限于设立新机构,为了使各类机构有章可循,他以极大的精力亲自投入各院工作条例的制订工作。除去前述的陆海军条令之外,《海军部章程》以及各院《总章程》的制订,他倾注的心血最多。这些章程载明了与它管辖范围有关的权利和义务,并规定了对失职人员的处罚办法,是国家体制法制化的重要举措。

除了各种规章条令,1722年还颁布了《官秩表》。这是一道反映彼得向传统的官职晋升制度挑战的敕令。官秩表将官位分为14个品级,每一级官吏的选用、升降,均以其才能、知识和勤勉为据。依据这一制度,非贵族出身的优秀人才可以迅速取得高级官位,它打破了传统的门阀习尚,激发了公职人员的工作热情,对于提高军队和行政部门的工作效率,提供了法制保障,体现了彼得破格用人的一贯主张。

彼得十分重视保障中央政府机构正常运作的监督机制。经过多年的探索,他在1722年成立了以元老院总监察官为首的监察署,实现了由独立于被监督机关的国家要员督促和检查政务活动的机构创新。这不仅对揭露违法事件,而且对防范违法事件的发生,提供了制度化保证。出身于风琴演奏家家庭的雅古任斯基,由于机敏、才干和忠于职守,荣任这一崇高职务,被称作"国家的眼睛"。

地方行政机构的改革,从1708年12月开始施行。为了强化中央集权,彼得用行省制取代了旧有的督军制,全国被分成 8 个省,由省督统管特定省区的行政、司法和军事要务。1714 年,随着北方战争的胜利进展,行省增加到 11 个。1715 年,又在省以下设置了新的县制。1719 年,全国又重新划分为 50 个州,州下设区,各区设行政长官。州的建立没有取消原有的省,但分割了省督的权力,省督仅限于掌管军事,州成为地方行政权力中心。

通过上述这些改革,彼得终于在莫斯科公国的废墟上构筑起现代俄国政治体系的大厦。这个大厦以一定的技术进步和法制精神为基础,经受了长期战争和持续变革的考验,并对二百多年来,俄国社会变迁产生了持久的影响。当然,由于改革的阶级属性所限,改革的成就又是通过残酷掠夺国内人民和蚕食邻国来实现的。

营建新都

彼得堡,它的全称应是圣彼得堡,是彼得对外战争的产物,也是他西化改革的象征。

彼得堡是彼得的创造,是在涅瓦河口一片沼泽地上凭空升起的一座大都会。自 1704 年,彼得打算把这里确定为新都以来,它就成为俄国得以俯瞰欧洲的窗户和斩断帝国守旧传统的"外偏中心"。这个外偏中心,它距离边境几乎在步枪射程之内,充分显示了沙皇的扩张野心,同时也展示彼得试图借助西方的影响加速俄罗斯文明开化的宏大决心。所以,营建彼得堡是彼得从政和改革的一个缩影,在他的生平事业中占有独特地位。

营建彼得堡的活动,可以追溯到北方战争的最初岁月。如前所述,1703 年 5 月,当俄军攻下尼昂尚茨要塞之后,涅瓦河流域已全部落入俄国手中。为了防止瑞军卷土重来,需要在河口入海处建立一个强固的要塞。当时选中了一个叫卢斯特·艾兰特的小岛(即快乐岛),

18 世纪中叶油画中的俄国圣彼得堡

俄军很快在这里动工修建了一座新的城堡,取名为"圣彼得堡"。这里成为未来帝国首都的摇篮。由于战时的环境,沙皇为保卫这里采取了两项紧急措施:第一,在距彼得堡 30 俄里的科特林岛上构筑了喀琅施塔得要塞;第二,在彼得堡就地建立了一座造船厂。直至 1704 年,俄军先后占领杰尔普特和纳尔瓦之后,彼得才形成把彼得堡变成帝国新都的愿望。此后,大规模营建新都的活动逐步展开。

营建初期,彼得堡的建筑基本沿袭古罗斯的传统:木质结构、布局混乱、街道弯曲。这些建筑物今天已荡然无存,唯一保留至今的是沙皇住过的小木屋。1711 年以后,彼得的夏宫,海军部大楼,以及三圣大教堂开始修建起来。当时最豪华的建筑还数缅什科夫在瓦西里耶夫岛上修建的两层府邸。虽属木质结构,但富有意大利风格,富丽堂皇,令人瞩目。以后阿普拉克辛伯爵、沙菲罗夫等人的公馆,也在海军部大楼附近建立起来。在造船厂周围,七零八落地分布着工匠们的住所。全城当时已有近800户人家,8000多人口。

1713年,宫廷、元老院和外交使团开始迁往彼得堡,新城堡成为帝国的正式首都。许多居民,特别是贵族,在沙皇诏令强制下开始迁往彼得堡,城市人口已增至35000余人。城市建筑也开始从木质向石质结构过渡。

1717年,城建工程进入一个新的发展阶段。法国著名建筑师勒布隆受聘为城堡建设制定了总规划。规划打算通过开凿一些新运河,把彼得堡变成北方的威尼斯。由于气候关系,彼得否定了这个计划,但规划本身加快了城建工程。每天都有大量的石料被运进城区,每年都有数百幢新屋拔地而起。新建的海军部大厦雄伟壮观,气势恢宏。在这座巨型建筑物的一边,横穿着又宽又长、铺满石头路面的涅瓦林荫大道,另一边是能容纳1万人的海军部造船厂。修葺一新的海军上将阿普拉克辛的三层楼住宅,坐落在今天冬宫的位置上,它成为新都首屈一指的豪华大厦。在大厦后面分布着总监察官雅古任斯基、海军中将克留斯等显贵的府邸,沙皇的冬宫也选在这里,但它在这片建筑群中毫无出众之处。沙皇的夏宫倒是设计得别出心裁。这是一幢按照中产人家标准设计建造的普通二层小楼,家具陈设朴素无华,但它旁边点缀着一座精心设计的御花园,却使人十分赏心悦目。花园中有独具匠心的小径;修剪得体的乔木和呈立方形、金字塔形和球形的灌木丛;还有花圃、无数的雕像、瓶形花坛、半身雕像、圆柱、喷水池、池塘等。在花园靠近涅瓦河的一边,一条迤逦的游廊直通河岸,人们可乘轻便的帆船,出海遨游或沿宽阔的涅瓦河荡漾。所以,同西欧最美的花园相比,这座花园都毫不逊色。

在距夏宫花园不远的地势略高处,分布着新都颇有名气的两座建筑。一座是海军部军需官基京的旧宅。房主因参与皇太子谋叛案在1718年被处死,没收充公的府宅被辟为博物馆和图书馆。一层博物馆陈列着自沙皇1697年出国访问以来,所能搜集到的一切珍贵收藏品,包括著名解剖学家弗烈德里克·路易士等人毕生的生物解剖标本,国内的稀世珍宝、珍奇异兽,以及以往战争中使用过的老式大炮和被征服地区的古代文物。二楼是图书馆,收藏着迁都以来的公共文件,私人赠书、药物学著作等,约达11000卷。

另一座是坐落在基京府宅旁的首都第二大工业企业——铸造局。这是一个以制造大炮为主的联合企业,彼得曾来这里参加工人们的铸炮劳动。

涅瓦河对岸是已接近竣工的彼得保罗要塞。它的内部建筑工程最引人注目的是一所大教堂。教堂将成为城内最宏伟的建筑,因为彼得已打算使教堂钟楼塔尖的高度超过莫斯科的最高建筑物——伊凡大帝钟楼。

在瓦西里耶夫岛上,一座号称"十二院大厦"的建筑群正拔地而起。这里将成为元老院,宗教局和中央各院的办公所在地。

正在兴建的博物馆大厦,将成为首都最大的建筑物之一。一座多层塔楼居中矗立,把两翼的侧楼联成一体,它将容纳基京府宅内的所有展品和图书,并将夏宫花园内的霍托尔普地球仪置放在塔楼的顶层。这项工作直到彼得去世之后,才逐步完成。

彼得堡不仅以宏大的建筑规模引人瞩目,而且那里所呈现的经济和文化生活也与帝国的其他城市迥然有别。

首先,这是一个海的世界,在辽阔的帝国,任何地方都看不到这样的景象:湛蓝的涅瓦河水,缓缓地注入欢腾的大海。浪花飞溅的岸边,四处飘逸着海风咸涩的芳香。一望无际的大海尽头出现了映入蓝天的舰船桅杆,飘扬着英国、荷兰、法国国旗的巨型海船,由小变大,正驶向薄雾缭绕的港湾。一等海船靠岸,码头上装御货物的喧闹声即刻连成一片,压倒了大海的澎湃声。数以百计的平底船、轻便帆船、帆桨并用的大船,穿梭般地往来于涅瓦河上,彼得堡又迎来熙攘繁闹的一天。

其次,这里也是国内贸易的物资聚散地。由于新都周围是一片半荒芜的地区,无法为居民和商贾提供必要的生活必需品和出口物资,因而需要从遥远的内陆吸引各类生活用品和原料。伏尔加河中游和乌克兰送来了谷物和面粉;斯摩棱斯克地区提供了亚麻和大麻;远在西伯利亚的德米多夫工厂,通过"运铁船队",辗转送来了俄国出产的生铁。俄国广大农村纺织的夏布和帆布,也源源不断地输送到货物吞吐量最大的商港。彼得堡已取代北方的旧港埠阿尔汉格尔斯克,成为巨大的商业中心。

第三,新都的文化生活也以其丰富多彩、高雅欢快的欧式格调,使古旧的莫斯科相形见绌。为了营造无拘无束的文化气氛,提高上流社会的文化教养,彼得亲自出面组织了寓教于乐的大舞会活动。大舞会不定期地轮流在上流社会中举行,高级军官、达官显贵、舰队技师、知名商贾和学者及其子女,都是邀请对象。每一个客人都可根据自己的爱好自由地安排自己的活动和时间,可以跳舞,可以下棋,可以闲聊或仅当观众。沙皇希望通过这种形式,达到上流社会之间的自由交际、高雅的娱乐,并熟悉社交礼仪。大舞会为人们的交往提供了新场所,减少了传统的宴会活动;同时,它结束了首都妇女的幽居生活,使妇女们走出深闺,来到了人间。彼得堡开始成为西方时尚的示范中心,上流社会的伊甸园。

进军里海

北方战争的胜利结束,不是彼得军事生涯的终点,正如它不是他对外战争的起点一样。沙皇对南部水域和邻国领土的争夺,始终抱有强烈的野心。在长达21年的北方战争前后及其间,彼得曾三次对南部邻国用兵。第一次,是前文提及的征服亚速之战。这是初试锋芒的尝试,经历了转败为胜的曲折过程。第二次是1711年远征普鲁特河的军事冒险。此役孤军深入的俄军被土耳其10多万人围困在普鲁特河畔,彼得被迫以重金收买敌方主帅,并放弃亚速及附近军事设施为条件,幸勉地保存了实力,无功而还。第三次是北方战争胜利结束后,沙皇远征波斯的战争。三次战争,为时甚短,成就有限,但它反映了彼得对南国疆土和热带水域的持久谋划。这即是他对外扩张的组成部分,也对后代沙皇具有传统影响。因此,要完整地再现彼得的军事生涯,远征里海仍是不容忽视的最后插曲。

里海,是连接波斯和俄国的世界上最大的内陆海。沙皇早就奢望通过夺取里海西南的土地,打开一条经由波斯通往印度的道路。1715年,担任波斯专使的阿尔杰米·沃伦斯基就曾奉诏对波斯沙赫进行试探。他试图说服沙赫:波斯与西欧的丝绸贸易,从水路运到彼得堡,比由土耳其的陆路转口更为有利。但是,18世纪初的波斯正处于地方封建割据的混乱之中,分崩离析的沙赫政权无法满足彼得的大胆计划。此外,土耳其封建主已在利用波斯政局的混乱,对波斯的南高加索属地用兵。土耳其人在里海西南部的扩张,将使沙皇经由波斯进入印度洋的计划化为泡影;同时,由于这个传统敌人在边境地区实力的扩大,也将使俄国南部边疆的防务更趋复杂化。因此,当为北方战争胜利祝捷的烟火尚未熄灭的时候,醉心于南部热海通道的沙皇就立刻点燃了远征波斯的战火。在他看来,征服暴乱四起、民怨沸腾、宗教追害不断加深的南部邻邦,正当其时,且轻而易举。

1722年5月,当波斯人洗劫了俄国商人在舍马哈的商店,当阿富汗人闯入伊斯法罕这些消息在彼得堡开始盛传的时候,由新、旧两京同时开拔的两支队伍就浩浩荡荡地向里海进发。7月,部队抵达阿斯特拉罕。然后兵分两路:步兵从这里渡越里海,向杰尔宾特方向挺进,骑兵从陆上沿海岸南下。参加这次远征的俄军约有4万人,包括5000名水手,2.2万名步兵,9000骑兵,以及一些非正规部队。

这次南下所面临的敌人并不十分强大,途中除了一些小规模的遭遇战,并未太大的障碍。但是,由于骑兵在行军途中严重缺水,渡河的陆军又缺少船只,所以征途备受艰辛。

8月23日,在俄国大军威胁下,杰尔宾特不战而降。沙皇占领了这座曾由马其顿王亚历山大大帝建造的城堡。但这里不是俄军南征的最终目标,沙皇渴望攻占具有重要战略和经济地位的巴库。

占领巴库,俄军面临着两大困难:一是粮草缺乏;二是气候酷热。越过杰尔宾特试图南进的俄军,头顶骄阳,脚踩砾石,找不到河流,看不见小溪,没有一滴水,没有一丝风。疲惫的士兵们绝望地看着湛蓝的天空,没有一块云,他们嗓子冒烟,舌

俄罗斯金盔

头发干,昏昏欲睡。接着,又传来一个打乱全盘计划的消息:停泊在杰尔宾特港外的运粮船遇到了意外风暴,粮草尽数沉没里海。饥渴的俄军处于一片混乱之中。

彼得立即召开军事会议,决定主力部队撤回阿斯特拉罕,待来年再重整旗鼓。新占领的杰尔宾特、塔尔基等3个城堡,由俄国卫戍部队驻守,算是这次南征的主要战绩。

第二年,陆军没有再次出动,而主要由里海区舰队完成了攻占巴库等地的军事任务。依据1723年波俄签订的彼得堡条约,波斯将里海西部和南部沿岸的土地割让给俄国,俄国以支持波斯对其敌人(指土耳其)的斗争作为交换条件。彼得堡条约是波、俄之间最早的不平等条约,它加强了俄国在里海西南部地区的优势,为19世纪初俄国吞并南高加索,并在波斯北部推行殖民化政策创造了条件。

严惩腐败

远征里海归来,彼得基本告别了戎马倥偬的军事生涯,开始集中全部精力充实、完善他几乎从未停顿的改革大业。巨大的内政建设自北方战争结束已全面展开,许多举措已初见成效。但是,随着改革的深入,改革遇到的阻力就愈大。为了同反对改革势力做斗争,早在 1718 年,他亲手处决了企图复旧的皇太子阿列克谢。此后,他不惜以严刑酷法为武器,对付一切敢于反对改革、破坏改革的言行和人物。继血雨腥风般地镇压太子余党之后,他开始运用这一武器惩罚所有玩忽职守、侵吞公款和勒索贿赂的腐败行为。沙皇一生对贪污受贿深恶痛绝。随改革的深入,经济生活的活跃,贪赃枉法之风开始弥漫宫廷朝野,许多在战争岁月不避生死追随彼得的亲密朋友开始涉足各种盗窃国家财产的丑闻。彼得不得不把惩罚的屠刀对准这些不肖之徒。

西伯利亚省督加加林公爵,是彼得惩治腐败的第一个牺牲品。这位省督大人利用远离首都之便,不仅屡次通过吃空缺的办法侵吞公款,贪污受贿,而且竟然将为叶卡捷琳娜皇后从中国买来的珠宝据为己有。罪不容恕,在铁证面前,加加林抵赖无门,上书认罪,要求皇上恩准他去修道院了此残生。彼得没有送贪污犯去修道院,而是当着高级官吏和他的全体亲属的面,把他绞死在司法院大厦前。

继加加林之后,揭发他的总督察官涅斯捷罗夫也被送上绞刑架。这位总督察官素以大公无私、果敢有为,并善于揭发检举大型贪污要案而蜚声朝野,深得沙皇之器重。但是,这位受命揭发别人犯罪行为的"廉吏",却因一次偶然包庇下属贪赃枉法的过失而触怒了沙皇。特设法庭作了严厉的判决:处死涅斯捷罗夫!

沙皇的另一位战友库尔巴托夫也险遭涅斯捷罗夫同样的结局。这位出身农奴管家的人,曾因上书皇上,通过出售印花税来开辟新财源,而获得俄国第一个聚敛家的褒奖。此后便青云直上,官运亨通,由军械厅的书记官直至阿尔汉格尔斯克省副省督。但是,他同样经不住金钱的诱惑,把手伸进了国库。以后,查明他的贪污款是 16000 多卢布,其中 12000 卢布直接盗自国库。只是由于他在结案前几个月去世,才免于被送上绞架的惩处。

在彼得晚年审理的舞弊案件中,沙菲罗夫一案曾轰动一时,特别引人注目。由于犯罪者官高爵显,它十分清楚地反映出政治上层的道德风气和彼得严惩不贷的严厉作风。沙菲罗夫身为元老院元老又兼任副总理大臣,在战争岁月和和平时期,主要承担着国家的外交重任,屡建奇功,不辱使命,多次以微小的让步为俄国赢得巨大的外交利益。加上他能够写得一手漂亮的政论文章,并精通数国语言,深得沙皇之器重,为有数的几大宠臣之一。但是,在彼得远征里海期间,他在元老院和临时总监察官皮萨烈夫——他交恶甚久的政敌,发生了一场激烈的争吵。后者揭露了他一件在当时看来微不足道的舞弊劣迹:他利用元老身份,徇私枉法,使他的弟弟领取了比规定高出一级的薪俸。由于沙菲罗夫知道对方意在报复,并在营私舞弊方面不下于自己,因而不甘示弱,恶语相争,结果元老院会议变成了对骂的场所,喧哗声压倒了正常的国事讨论。最后被迫中断会议。两星期后,余怒未息的双方又发生一场争吵。消息很快传到彼得那里,双方都递了诉状,继续互相攻讦。由里海回来的沙皇即刻组成最高法庭的专案组,进行调查。结果,过分狂妄的沙菲罗夫处于下风。法庭作了严厉的判决:处死沙菲罗夫。1723年2月15日,不避严寒的莫斯科人纷纷来到克里姆林宫,观看副总理大臣的最后结局。肥胖的沙菲罗夫已被按倒在断头台上。元老院的秘书纵马飞驰而来,他宣读了沙皇改判沙菲罗夫流放西伯利亚的敕令,免他一死。流放地以后又改为诺夫哥罗德,并准许家人陪同,但须受严格监视。

皮萨烈夫也受到免官处分,离开元老院去督修运河工程。捡回一条性命的沙菲罗夫心灵受到巨大震动,他不胜感伤:飞黄腾达的宦海生涯结束了,物质匮乏的生活开始了。与其长久地经受贫困的折磨,还不如让刽子手砍开自己的大血管!

在位极人臣的沙皇战友中,也许唯有缅什科夫是个例外。无论贪污受贿,还是盗窃国家财产,他都使前述几人望尘莫及。他一次次地卷入各种贪污丑案,却一次次地逃脱应得的惩罚;充其量被沙皇用大棒教训一顿,或交纳一笔罚金,就会安然无恙。沙皇并非不知道这位宠臣手脚不太干净,他那豪华的府邸、镀金的马车、频繁的宴会,都清楚地向人们昭示他的开销来路不正。但是,缅什科夫并不否认他花过国家的钱。在证据面前,他一方面坚持这些钱是为国家的需要而花,同时他也为国家花过自己的钱;并且,他还能证明:他拿进去的比付出来的要多得多。此外,他是个天生的乐天派,能在处境十分危机的情况下,靠机敏和诙谐摆脱危局和尴尬。据说,一次沙皇在盛怒之下,威胁说要让他提上馅儿饼篮子到大街上去叫卖,干他年轻时的老行当。缅什科夫真的到街上去从一个卖饼小贩手里抢来一篮馅儿饼,回到沙皇面前。沙皇被这个玩笑逗乐了,他笑着向缅什科夫吼道:"你听着,亚历山大!别再游手好闲啦,要不然,真叫你去卖馅儿饼就不好了。"缅什科夫离开沙皇时,把自己的货物递给卖主,大声吆喝着:"买刚出炉的馅儿饼啊!"

除去这些素质之外,缅什科夫在战时具有无可置疑的勇敢。冒险是他的天性,他总是藐视危险;每逢决定性的战役,他总是一马当先,冲锋陷阵,不计安危;他坚信打中他的子弹还没有制造出来。凡是需要奇袭猛攻、快速出击的地方,沙皇总是派他前往,并总能出色地完成任务。此外,他还有令人赞叹的组织才能,在治理收复地区、营建彼得堡的过程中,他都取得了令沙皇满意的政绩。为执行圣谕,他既不怜惜别人,也不吝惜自己。可以说他有许多过人的美德,唯一的缺陷是:他对财富始终不能无动于衷。

回顾缅什科夫生平活动中的辉煌之点,是想说明:沙皇对侵吞国财的行为严惩不贷,却又对最大的贪污犯宽大包容。这唯一的例外,反映了彼得在用人和执法问题上的矛盾。人们不免认为沙皇也在枉法徇情。如果我们用它来和处置太子案做一比较,也许就会理解彼得的选择,因为在用人和执法之间有一道界线,就是:服从他的改革大业。

尽管如此,缅什科夫的地位到沙皇晚年已大大削弱,他失去了陆军院院长之职,与主上的关系也变得日渐疏远。双方早年那种无拘无束的亲密情感已荡然无存。有人推断,沙皇如果天假以年,活得更久,不知悬崖勒马的宠臣未必不会中途送命。这种判断,也同样适用于沙皇无限信任的御前机要秘书马卡罗夫。后者长期享有干练、规矩、公道的美名,可是到沙皇逝世的前夕,终于发现他也在暗中接受贿赂。

接连发生的违法案件,毒化了彼得晚年的心情,特别是当他身边的头面人物卷入这类案件时,更是如此。他开始困惑不解:为什么自己劳筋累骨、以一当十地向山头冲去,而自己的同胞却成千成百地往山下跑?为什么许多跟随自己多年,南征北战、生死与共的战友,一旦到了和平时期,总不能克制对非分之财的欲望,而不顾忌自己的名誉和信用?!不少的战友已经去世,但更多的战友正以秽行在背离他所开创的事业。彼得无法理解这些变化。他变得不大与人来往而且容易动怒,昔日炯炯有神的目光,如今已黯然失神。他过上了以往自己所不习惯的离群索居生活,常常凝神默想,若有所失。显然,朋友们的劣迹已使他失望,同时,他也在考虑:不惜生命为之奋斗的事业应该交付于谁?

自从皇太子阿列克谢获罪致死以来,彼得就一直没有可供选择的理想继位人。他对皇孙,即阿列克谢9岁的儿子十分慈爱,但不放心由他来继承皇位,因为孙子有可能受外戚的影响承袭其父的立场,而反对祖父的事业。至于他和叶卡捷琳娜所生的两个女儿——安娜和伊丽莎白,虽聪明可爱,但他认为都不是他所期望的坚强有力的事业继承者。还有谁呢?十有八九,他选中的是妻子叶卡捷琳娜。这位出身卑微的女子,不仅天姿国色、善解人意,而且多年来一直伴君南北征战,备尝艰辛,功勋卓著。特别是在普鲁特河远征期间,大智大勇、自愿牺牲随身佩戴珠宝,贿赂了土军司令,才使俄军死里逃生。此举不仅令彼得长期感念,而且赢得了士兵们的尊敬。此后便恩宠有加,青云直上,成为彼得身边任何人所不可取代的知音和贤助。正是为了为她上台做好准备,彼得在远征里海归来不久,就决定为她正式加冕,让全世界知道:俄国真正的合法皇后是叶卡捷琳娜!

为皇后加冕打破了俄国皇室传统,也使全俄舆论为之哗然。为了证明她理应承受此等殊荣,彼得在1723年11月的一份文告中,不惜用许多溢美之词,赞誉她长期随军转战,历尽艰辛,为皇上始终不渝的助手。隆重的加冕仪式及其庆典,从1724年3月持续至5月,历时甚久,耗资巨大,在千人百众的欢呼和一片礼炮和钟鼓声中,昔日的女奴成为头戴金冠、光华四射的全俄皇后。

耗时过久的庆典活动损害了彼得已经十分虚弱的身体,他不得不在庆典刚一结束就到疗养地去休息。但日常琐务仍然分散着他的精力,他的健康已每况愈下。8月末他参加了一艘三桅巡洋舰的下水典礼,然后,又不顾医生的劝告,做了一次长途旅行,主要是参加施利色堡每年举行的占领该城纪念活动,并视察奥洛涅茨冶金工厂和拉多加运河工程。至11月初,他回到彼得堡时,病情开始严重。这时,传来了一件有碍皇后声誉的绯闻:一位年轻的高级侍从走进了皇后的生活。这件事加速了沙皇病情的恶化。

侍从很快因“贪污罪”遭到处决。叶卡捷琳娜保住了声名,但夫妻间的关系从此不再心心相印。不知是出于对过去的恩惠的追忆,还是顾忌两个女儿的婚事,彼得没有对皇后绳之以法。但也没有运用手中的权力,把为叶卡捷琳娜加冕的意图引导到合乎逻辑的结局。

1795年1月,彼得的病情开始加剧。它使一切问题都退到了次要位置。叶卡捷琳娜奉召来到彼得床头,陪伴他度过最后的时日。病痛者已进入痛苦的弥留之际。1月27日。从昏迷中醒来的沙皇,要人笔墨伺候。看来,他已拿定主意,要对继承问题做最后安排。忐忑不安的人们注视着那张决定皇位继承的白纸,只见沙

皇吃力地写着:

"一切权力归……"

笔从他颤巍的手指中滚落下来,他长喘一口气倒在床上,从此不再言语。看来,沙皇依旧没有对皇位继承做出安排。沙皇应该知道,这时候他的选择该有多么重要,但他仍没有做出选择。这就是所谓盛传的沙皇遗嘱之一。临终前的这几个字是可靠的,但不解决任何问题,虽然可以当"遗嘱"看待,实际上是一纸空文。

据传,沙皇还有一份"政治遗嘱",即征服欧、亚两洲的 14 点计划。这份"遗嘱"在不同时期存在着不同争议。19 世纪,许多欧洲学者认为遗嘱是真实存在的,因为它完整地反映了俄国几个世纪以来对外扩张的意图。这份文件可用来揭露沙皇对外扩张的野心。但到 20 世纪以后,学术界对这份文件又多持怀疑态度,因为一方面文件组织得系统有序,条理清晰,这在彼得戎马倥偬的军事生涯中是不可能形成的;另一方面,彼得毕生的使命是争夺波罗的海出海口,虽然也有征服亚洲、包抄欧洲的想法,但在当时缺乏实力,提不上实践日程,不可能预先周详地制定一个超出实力的具体掠夺计划。因此,"政治遗嘱"可能系后人伪造。

1725 年 1 月 28 日,极度痛苦的沙皇终于合上了双眼,他带着困惑和遗憾,留下了未竟的改革大业和正在扩充的疆土,去了。

彼得一世是俄国历史上雄才大略的专制君主。他所推行的西化改革,冲击了俄罗斯的古旧传统,增强了国家的经济实力,提高了俄国的地位,加速了俄国的文明开化,从而开启了俄国现代化的历程。他为争夺出海口而进行的长期战争,满足了俄国正常发展的外部条件,使俄国由一个孤立、封闭的内陆国家,变为开放型的濒海帝国。在除旧布新的持续变革和长期的戎马生涯中,彼得富有魅力的个性特征和独特品格,诸如勤于学习、勇于实践、视野辽阔、大胆接受新生事物和同守旧势力做斗争的勇气和决心,即是他生平事业的组成部分,也是一种时代精神的反映,对于今日的变革也具有启发意义。

正如许多学者所达成的共识:彼得的改革是通过残酷掠夺国内人民来实现的,并为贵族农奴主阶级服务的,因而不可能从根本上改变俄国的社会面貌;他的对外战争早已越出发展经济和和平交往的界线,并严重地损害了邻国利益。但是,如果从历史的角度,将他同他平庸的前辈和同时代许多无为之君相比较,彼得不失为能够顺应时代潮流、富有开拓精神的新兴君主。在数以万计的帝王世界,彼得一世是具有鲜明个性,并为历史留下深刻痕迹的典型人物。

创造英国文明的女人

——伊丽莎白一世

人物档案

简　　历:出生于格林尼治宫,其父是英王亨利八世。自小受到了很好教育,会六种语言,1559年加冕为女王,在位期间,发布了至柔法和平法令,建立了皇家海军舰队,在英西海战中取得了胜利,一生未婚。

生卒年月:1533年9月7日~1603年3月24日。

安葬之地:不详。

性格特征:知识广博、才思敏捷、独立、聪慧、理智。

历史功过:在她的统治下,英国出现了前所未有的政治清明、经济繁荣的局面,并赢得了与西班牙斗争的重大胜利,逐渐拥有了世界一流的海军,发表了著名"黄金演说"。

名家评点:被誉为"英国的复兴者",具有杰出政治家的品质。被称为"童贞女王"。

她在位时,被称为"伊丽莎白时期"。

她是英国从封建社会向资本主义社会过渡时期的催化者,新兴资产阶级利益的维护者,她近半个世纪的统治政绩斐然,奠定了未来英国帝国的基石。

伦敦塔之影

一个从伦敦塔走出来的、在政治的风浪中成长的,成为诗人吟咏的女人,就好像她天生就要作为一个时代人物,以理智燃烧爱情、以智慧激发帝国的女人,并因此而发出的耀眼光芒,为一代又一代的人们留下想象的空间。相比之下,那个未曾料到会加诸其身的尊贵称号:英格兰女王,倒显得不过是为她的传奇一生添加一顶平淡无奇的王冠而已。

她享国颇长,前半生被囚禁,在阴谋中艰难成长,差点殒命刑场;后半生为了英帝国的争霸而舍弃自身幸福,终身未嫁。她是那种把真正的人生精华在时代的洪流中迸发出来的罕见女性,那种如灿烂星辰指引其下的人民与历史的女性。她的一生恰似三部曲:序曲低沉曲折;中部一咏三叹;尾声正声雅乐,轻吞慢吐,备极曼妙。

那是个复杂的时代,而伊丽莎白就是那个时代里无可争议的复杂人物。她虽拥有高贵的血统,却曾被废除作为一个公主的权力,甚至一个公民的自由。在政治变幻和名利更替中,她小心谨慎地出入其间;对来自亲父的厌恶、亲姐的仇恨和贵族的阴谋诡计习以为常;对来自外国势力的合纵连横和反复无常的战争处变不惊。

这就是伊丽莎白,英格兰统治者,都铎王朝黄金时代的缔造者。在伊丽莎白一世统治时期,她战胜过许多针对她本人的阴谋,成功维护了她本人和英格兰的利益;她一举击毁过不可一世的西班牙无敌舰队,为英国取得海上霸权奠定了坚实基础;她积极推广新教,为英格兰宗教改革平和民族统一做出不朽的贡献。

命运的邂逅

16 世纪的欧洲,与中国春秋战国时颇为相似。各国为了自己的利益而合纵连横,而政治婚姻使得欧洲王室上拥有相近的血缘,但是战争往往就是在这些血缘关系间展开的。其间的刀光剑影,爱恨情仇就像多瑙河绵绵悠长。

1533 年 9 月 7 日,伊丽莎白降生于格林尼治宫。她的母亲是安妮·博林,父亲是英王亨利八世。伊丽莎白从此开始了她作为一个女人的不幸和一个女王的伟大传奇。

伊丽莎白一世时期的金币

她的父亲是亨利八世,堪称历史上少有的换妻频繁的国王,此人在政治上没有太大的作为,并因为自己的婚姻受天主教反对而改立新教为国教,与罗马教会决裂。此事成了此后英西战争的重要原因。亨利八世一生娶了 6 位王后,并以令人无法信服,乃至怀疑无中生有的通奸罪处死了其中两位,如果不是他"死得其时",第 6 位王后的命运也似乎不会好过前任。他死时,有一子二女,玛丽为长女,信奉天主教,伊丽莎白为二女与其弟爱德华八世信奉新教。在亨利八世的病态婚姻史展开的同时,也为这个家族埋下了最终灭亡的祸根。

爱德华八世继位不久病死。玛丽继位,史称玛丽一世,一场历史上罕见的姐妹之间的战争开始了。

玛丽的母亲是西班牙公主,因为没有生儿子而被亨利八世借口遗弃,另娶了安妮·博林——伊丽莎白的母亲,在此后的岁月里,玛丽把她和她母亲所受的不公平待遇的怨气全撒在伊丽莎白身上了。她先后罗列了一些罪名将伊丽莎白流放到伍德斯道克。后又将其关入伦敦塔,在她企图把成百上千的新教教徒送上火刑柱的同时,也把她的妹妹、她母亲痛苦的根源、她王位的最大威胁的伊丽莎白送到上帝的身边。

不幸的是,无子女的痛苦加上由于与西班牙丈夫腓力二世分道扬镳所带来的情感创伤,以及在丈夫的劝说下加入了徒劳无功的英法战争——为了加莱这一小块领土,可怜的玛丽劳心费神,不久便去世了,这样伊丽莎白又恢复了自由。

爱德华八世和玛丽一世前后统治英格兰 11 年,在这十多年的时间里,英国本来在亨利八世的时候已经基本接受了新教,但到了玛丽一世的时候,她受来自信天主教的西班牙丈夫腓力二世的影响,信奉天主教,采取残酷手段对待英国的新教教徒,在她短短的统治时间里,竟然有高达数百名新教教徒因不肯改变宗教信仰而被处死,因此获得了"血腥玛丽"之称。

1558 年,伊丽莎白开始了在世俗权力巅峰的女王生涯。

英国是我的丈夫

当伊丽莎白一世登基的时候,死去的玛丽一世给她留下的是一个破败不堪的帝国,人口只有 350 万,国内矛盾突出,新教和天主教两大势力水火不容,西班牙的海上势力庞大,导致严重依赖海洋的英国海上贸易大受影响,经济不振,民众贫困,而国库里却只有 30 万英镑。在外交上,英国实际上成了法国和西班牙争霸的筹码,而不是平等的角色。

1558 年伊丽莎白登基的时候年仅 25 岁,此前接受的宫廷教育让她深受文艺复兴的感染,因此显现出一种全新的气质来。然而伊丽莎白却终身未婚,是世界历史上最著名的童真女王——当然,没人幼稚地相信她真的是处女。

伊丽莎白即位后,议会曾多次恳求女王择婚,自然这是出于对英国帝位的考虑,但伊丽莎白由于爱情的挫折竟以理智的态度做出了终身不嫁的决定——对一个女人来说,婚姻才是她们永恒的宫殿,她这么做显然是把帝国的利益看得远比她的婚姻更重要,仅凭这一点,就没有几个帝王能做到。当议会再次恳求女王结婚时,伊丽莎白毅然戴上了一枚结婚戒指,并对所有的大臣和议员说:"我已经献身于一个丈夫,这就是英国。"

女王不嫁显然最主要的理由就是政治。伊丽莎白即位后,西班牙的腓力二世和法国王子都曾向她求婚。腓力二世曾是玛丽一世的丈夫,也就是伊丽莎白的姐夫,但他之所以接连向两位英格兰女王求婚,目的很明显,那就是希望建立英西联盟,他认为当时英国和法国长达百年的战争刚刚过后不久,英国人无论如何也不情愿一个法国人来成为英国女王的丈夫,那么如果伊丽莎白女王选择的话,西班牙人显然比法国人更合适一些。

但伊丽莎白女王则出于英国的利益考虑,拒绝了腓力二世的求婚请求,因为伊丽莎白清楚,英国作为一个海洋国家,它的崛起必须要立足于海上,而西班牙则是当时的海洋霸主,如果伊丽莎白与腓力二世联姻,那么必然要制约英国的崛起,这显然不符合英国的利益。

但她又为什么没有从英国国内选择呢?

显然,她的经历是最大的障碍——伊丽莎白的父亲亨利八世在伊丽莎白 2 岁的时候,竟然残忍地将她母亲安妮·博林处死,借口是安妮·博林生的孩子不是他的。而伊丽莎白的姐姐、玛丽一世不幸的婚姻也使她对婚姻感到害怕;还有一个重要的原因是,她在童年时曾遭受过性侵犯,而那个人就是其弟爱德华八世当摄政王时的萨默塞特伯爵的弟弟西摩。玛丽一世就因此认为伊丽莎白是一个放荡的女人、是一个会污染英国的女人,而欲借此杀掉伊丽莎白。这些无时无刻不在提醒伊丽莎白:婚姻就是一个噩梦!

对伊丽莎白一世来说,最大的梦想就是如何让英国崛起。

她登基之初就确立了一个用人原则,即不以宗教信仰为区别,而只按照忠诚与贤能的原则执行。这就为伊丽莎白一世时代打下了一个很好的氛围:原本过分内耗的宗教矛盾在伊丽莎白一世时期骤然变得平静,而这种用人原则又促进了大臣们对女王的忠诚,女王不但因此获得了一个稳固的王位,而且这些大臣也愿意为女王出谋划策。她先后重用了塞西尔(即后来的伯利男爵)任国务大臣、尼古拉斯·培根任掌玺官、沃尔辛厄姆任国务大臣(塞西尔之后),这些都算得上是贤臣,并不是狂热的旧教徒也不是力主革新的新教徒,他们和伊丽莎白女王都受文艺复兴影响,更注重人文主义,最重要的是,这些人都有着丰富的政治经验,这对年轻的女王来说至关重要。

对于继位之初的伊丽莎白而言,最为棘手的是国内宗教矛盾,她聪明地采取了中庸路线。在她登基第二年就公布了《国王至上法》和《礼拜统一法》,显然,这有两个目的,一是尽力强调君主的威严和权力。在伊丽莎白看来,君权神授是理所应当被奉行的;二是她必须在两大宗教势力之间寻求一条折中的道路,这样才不至于爆发内战。她几乎重建了亨利八世时代的国教体制,但却没有激发宗教矛盾,新法令将女王的称号从"最高元首"改为"最高统治者",但新教(路德派)教义不再是圣经唯一的中心,甚至女王还保留了旧教特有的神职位阶制和宗教仪式。这些政策显然是有意模糊了两大教之间的严格区别,从而化解了原先激烈的矛盾冲突。

可怜的爱情

伊丽莎白25岁登基后几乎就立即面临个人和国家双重问题,她终生没有结婚,但这不意味着她没有爱情和情人。实际上,一直到她去世,她一直有许多求婚者,而她对议会说的那句话当然没有人当真,但她却在事实上一直言行一致,这些可怜的求婚者实际上一直被她利用,充当她加固自己统治的政治工具。

然而女王也是一个年轻的女人,尽管过去的一些阴影还在,但她还是会对男人产生兴趣。她在年轻的时候也和正常女人一样,渴望爱情、婚姻,她有一个颇有男性魅力的情人,罗伯特·达德利。但可惜的是,这位与她同龄的意中人却已经是一个有妇之夫,更不幸的是,1560年9月的一天,达德利的妻子拉依芭尔突然从楼梯上摔落下来,不治身亡,这立即引起了种种猜测,矛头显然指向了女王和达德利,人们认为这是女王为了与达德利结婚而设计的阴谋,让人杀死了他的妻子。这件事导致女王处于一个两难境地,虽然达德利已经自由,但如果结婚的话,那等于证实了人们的猜测,尽管法庭不会如此简单地认为女王就是传说中的策划人,但流言蜚语远比法庭的审判更为可怕,况且此时她刚刚继位,地位不稳,结婚的话,王位可能不保;如果不结婚,她就将失去爱情,这对一个女人来说无论如何是件痛苦的选择。

但伊丽莎白最终用一种理智代替了选择,她做了一个决定,彻底取消这桩婚姻,不为今后留下任何隐患。因为达德利在英国并非仅仅是一个男人,他实际上是英国当时两大政治派系中的一个领袖,塞西尔和莱斯特伯爵(即罗伯特·达德利后来的封号)的矛盾在宗教问题异常敏感的时候就显得非常令人担忧,这时反达德利一派正在一直在拿他的各种问题做文章,如果女王执意为了爱情而结婚,那么另一派在看到达德利得到女王的话,必然感到惊恐,那么他们很可能会策划一场政变,甚至是一场内战,这可是女王最担心的。

当时,伊丽莎白一世的王位其实还远不算稳固。由于亨利八世曾经杀了她的母亲,而且后来还公布说他不再承认这个婚姻,而更为令人担心的是,由于亨利八世是信奉的是新教,罗马教廷因此与亨利八世决裂,因此,按照天主教的规矩,亨利八世与伊丽莎白一世母亲的婚姻并没有得到教皇的承认,他们的婚姻在天主教看来就是非法的,那么伊丽莎白一世应该算是私生女。而伊丽莎白女王的表妹、苏格兰女王也就是亨利七世的曾孙,才是具有资格继承英格兰王位的唯一人选,并且伊丽莎白女王的表妹是天主教徒,最重要的是,她得到了西班牙的支持。

玛丽女王也在伊丽莎白登基之初就提出了异议,西班牙人为了能让玛丽成为英格兰女王而策划了多起针对伊丽莎白女王的谋杀、政变等,玛丽女王实际上一直在与英格兰北部靠近苏格兰地区的一些反伊丽莎白信奉天主教的贵族进行联系。1569 年,伊丽莎白女王的反间谍部门揭示了一起针对女王的案件,西班牙人希望玛丽女王与英格兰贵族诺福克公爵结婚,合谋推翻伊丽莎白。两年后,在审理一起意大利商人的案件中,又发现了多起类似的事件,这最终导致诺福克公爵被处决,西班牙驻英大使被驱逐出境。

帝国的阴影

西班牙位于欧洲西南部伊比利亚半岛,南临直布罗陀海峡,与非洲大陆隔海相望。西班牙扼守着地中海的出口(苏伊士运河开通前直布罗陀海峡是地中海唯一的出口),实际上是欧洲与非洲、地中海与大西洋之间的十字路口。历史上伊斯兰教徒和基督教徒间隔着成为这片土地上的主人,是拉丁文明的中心。

西班牙是经历欧洲黑暗的教会统治后,最早从阿拉伯世界吸收古希腊和古罗马文明成果的国家,也是欧洲伟大的文艺复兴的引领者。凡有变革,必有痛苦。在西班牙的振兴道路上,流着太多殖民地的鲜血。而这些鲜血在孕育了称雄一时的西班牙后,西班牙也在繁华与鲜血中结束了曾经的辉煌。

当西班牙的奔牛在红色的挑逗中愤怒时,西班牙斗士也在智慧和勇气之间周旋。阿拉伯人在公元七世纪将西班牙划进帝国的一个行省时,查理帝国用智慧和剑与之划地而存。基督教文明和阿拉伯文明在这个帝国的边远省份以暴力进行抗争,以智慧进行较量。这样的历史和地理环境,曾经没有自我治理权的行省的历史,地处地理要道和文化交界的环境,使其国人有一种蛮勇与崇尚自由的性格。

西班牙与中国春秋战国时的越国相似。曾经处于蛮荒的越国,在吸收了楚国和吴国的先进文化后,由蛮荒之地一跃成为文明之邦,由大部落一跃成为独立国家,并快速地发展了军事力量。越国与西班牙相同的是,水路发达;与之不同的是,越国本质上属于农业王国,河湖众多的好处,在于便于浇灌,同时鱼虾丰富,而西班牙则土地贫瘠,与大海相接。更重要的是,有了阿拉伯文明的滋润,受《马可波罗行纪》中东方财富的刺激,西班牙人的好奇心和欲望,在伟大的航海家哥伦布和达伽马的航行后,得到了回报。

相比 16 世纪西班牙最强大的竞争对手葡萄牙,西班牙的野心更为宏大,他们也显得更为狂妄。1580 年,西班牙国王腓力二世组建"无敌舰队",西班牙由此成为世界第一海上强国。而腓力二世本身就是一个狂妄自负的家伙,他不但梦想着实现罗马帝国的辉煌——统一欧洲,甚至还奢望能够成为世界之王。他的帝国总督们也头脑发热,西班牙驻菲总督桑德在给国王的信中说:"这项事业(指征服中国)容易实行,费用也少。"并且"如果陛下乐意调度,只要不到 60 名优良的西班牙士兵,就能够征服和镇压他们(指中国人)。"当然,他后来调整了征服计划,"这项远征应该需要 4000 到 6000 人,配备枪、船、炮和所需要的弹药";其中"有 2000 到 3000 人,就可以占领一些沿海省份,然后使用那里的港口和舰队,再组成一支强大的舰队,这事并不难,征服一省之后,便足以征服全国"。

西班牙在马尼拉的殖民者漂亮的宫殿中还曾经专门针对征服中国(当时是大明帝国)做过认真的作战讨论,但这场征服战却因为英国而夭折了,因为西班牙不得不对表现得越来越强劲的英国做出惩罚,1588 年 5 月末,西班牙"无敌舰队"从里斯本扬帆出航,远征英国,历史在这里突然出现了转折。

这场英西战争取代了可能开始的中西战争——历史就总是那般奇怪,人性却不因时间而突变。在 250 年后爆发鸦片战争只是那流产的中西战争的再育。倘若历史的洪流在 1588 年转个弯,时值明神宗万历十六年——张居正死后五年,明朝政局时值下滑路中,明臣干将犹在,宦官当权的情况也尚不明显,而西班牙的战舰出现在塘沽口,那么,历史将以何种面目呈现呢? 是如清末般割地赔款,苟延残喘,或是陷入北方游牧民族的打劫,西方少数民族的蚕食和西班牙的侵略的战争的汪洋之中,或是民族英雄横空出世,而政治和军事为之一变,以噩梦的开始成为继续辉煌的插曲。

但是,历史是不给人以任何假设。

新教与天主教的战争

新教与天主教的矛盾遍布整个欧洲,实际上是资产阶级为获得发展而向老旧的帝王和罗马教廷发起的挑战。而这种矛盾在日后终于爆发为三十年战争,但在此之前,欧洲各地因宗教矛盾而引发的战火实际上已经此起彼伏,其中尤以尼德兰为重。事实很清楚,法国干涉尼德兰是为了维护天主教的利益,这场战争如果以天主教徒的胜利告终,那么接下来这些天主教徒们就会把目标对准英国。

因此,伊丽莎白的大臣们建议在这场战争还胜负未定的时候,英国应该积极介入,以确保战争向有利于英国的方向发展。但伊丽莎白却认为:现在还不是时候,还不是英国介入大局的好时机,因为当时的英国可谓腹背受敌:在海峡的对岸是强大的法国和西班牙,背后则是居心叵测的苏格兰,伊丽莎白必须确保苏格兰没有和西班牙或者法国建立同盟。如果英格兰直接参与了战争,那么苏格兰必然乘虚而入,这对伊丽莎白来说无疑是一场灾难。因此,伊丽莎白只是一直秘密地向尼德兰地区的新教徒们提供经费和军事物资的援助,伊丽莎白希望尼德兰的战火能维持得久些,尽可能地给法国的内乱再增添些烈焰。

但到了16世纪70年代后期,尼德兰无力对抗强大的法国,新教的气势已经奄奄一息。这时,英格兰的大臣们再次提出直接出兵,或者注入更大的援助。因为在1580年,西班牙由于兼并了葡萄牙而更加强盛,腓力二世对英国的遏制也更加严重。女王又坚持了一段时间。

最后终于在1585年,伊丽莎白女王宣布把尼德兰置于英国的保护之下,随后,英国和尼德兰签订了正式军事援助的条约。当年年底,伊丽莎白一世派遣她的情人莱斯特伯爵(达德利)作为英军总司令前往尼德兰。他率领了6000名步兵和1000名骑兵渡过英吉利海峡,莱斯特伯爵在尼德兰受到了新教徒们的热烈欢迎,这个花花公子在战场上也受到了同样热烈的炮火欢迎。此时,西班牙已经卷入尼德兰的战争,西班牙派出的则是名将帕尔马公爵,处于鼎盛时期的西班牙军队也表现出高超的战术素养,这让女王的情人大吃苦头。

尽管英国和西班牙相互都没有直接宣战,彼此甚至还一如既往地进行着贸易,但在尼德兰地区两国则已经处在真实的炮火对阵中了。这样,西班牙与英国实际上都已经开始备战,谁都清楚,小小的尼德兰不过是个序幕,英国和西班牙之间迟早要进行一场决战。

西班牙舰队在当时号称"无敌舰队",可就是这支"无敌舰队"1588年在同英国的海战中遭到历史性的惨败,从而使西班牙失去了海上强国的地位,殖民优势从此也逐渐丧失。

1568年,一艘运载着用来支援镇压尼德兰叛乱的西班牙船在英国码头停靠,它是为了躲避凶猛的海盗而被迫进入英格兰南岸的普利茅斯港,当伊丽莎白女王听说这艘船上满载着送给尼德兰的军用物资和大笔经费的时候,断然下令扣留这艘船,并且没收了船上的所有财物。当这件事传回西班牙后,愤怒的西班牙立即就开始报复,它同样也没收了停泊在其领属各个海港的全部英国船上的货物,并且动用西班牙主宰海洋贸易的力量,发布禁令,全面禁止与英国通商贸易。

伊丽莎白当然清楚扣留那艘船会产生什么样的后果,这绝不是她一时的头脑发热,她实际上已经在用一种行动对西班牙宣战,而且,伊丽莎白是有备而来,当西班牙宣布没收其港口内的英国货物的时候,伊丽莎白也采取了同样的报复手段,全面停止两国通商。

随后,伊丽莎白就开始动用她的海盗舰队——这些海盗尽管平素干着无法无天的海上抢劫活动,但实际上相当于英国的无名舰队。现在,伊丽莎白需要这些人为英国的利益去战斗了,于是伊丽莎白命令霍金斯和德雷克等所谓的"英国贸易商人",以卡里布海为中心——西班牙航海运输的必经之路,袭击西班牙的远洋商船队,这让那些西班牙人胆战心惊,他们把这些英国海盗称之为"海狼"。霍金斯和德雷克等人每次返回英国港口都会受到当地人们的欢迎,在英国人眼里,他们根本就不是海盗,而是名副其实的"英雄",他们不是在为一己之私而战,而是在为了英国舍生忘死。

伊丽莎白暗暗微笑,她十分清楚,西班牙已经在尼德兰深陷泥潭,根本无力与英国开战。所以,当腓力二世威胁说要对英国宣战的时候,伊丽莎白立即回敬道,如果西班牙向英国宣战,那么英国就会与法国结盟——当经过长时间的准备后,伊丽莎白已经对西班牙了如指掌,无论怎样做,女王都是胸有成竹。

女王一边与西班牙在欧洲较量,一边又以一个帝王的眼光长远地看待西班牙与英国的竞争。她明白,当英国与西班牙一决胜负的时刻真正来临的时候,最终决定英国与西班牙实力较量的还是对世界资源的控制能力。

1577年,女王命令德雷克率领伊丽莎白女王和贵族们为他准备的四艘远航船只,组成一只舰队,从普利茅斯港出发,开始了一次远洋航行,因为那时英国对世界还不甚了解,麦哲伦早已进行过一次环球航行,而英国人直到这时还没有进行过一次环球航行。德雷克自然是边进行环球航行,边进行抢劫。他首先袭击了几艘西班牙商船,然后沿南美洲的西海岸北上,再在旧金山转舵向西航行,一直到达西班牙的殖民地菲律宾和爪哇,然后再穿越印度洋,绕过好望角回到大西洋,整整航行了2年零10个月,最后返回普利茅斯港,成为英国第一个进行环球航行的船长。与郑和的远洋航行不同,德雷克的这次远航不但获得了珍贵的世界海洋资料,还成功地抢劫了世界各地,所以当他返回普利茅斯港时竟然带回来相当于60万英镑的各种财物——而女王刚登基的时候整个英格兰的国库只有30万英镑。当然,女王不但坐享其成,她的个人投资也获得了巨额回报,仅她本人就得到了其中的30万英镑。第二年,兴高采烈的伊丽莎白亲自登上德雷克的旗舰,当着西班牙大使的面授予他爵士称号——这无异于对西班牙赤裸裸的侮辱!

西班牙人自然难以忍受这种侮辱。

1583年,西班牙再次策划进行了一次阴谋,西班牙人与英格兰的一个叫斯罗克莫顿的贵族进行了一场谋划,目标当然还是伊丽莎白,但这场阴谋还没等实施就被女王的反间谍部门破获。而在审讯中伊丽莎白得到一个令她震惊的信息——以前,西班牙与苏格兰勾结密谋推翻她要做得也仅仅是废黜她,而并没有想要她的性命,但这次却不同,这次竟然是想直截了当地杀了她。英国议会因此感到愤怒,法庭也将参与密谋的人判了死刑,西班牙大使被驱逐出境。

1586年,西班牙再一次与英格兰天主教派贵族巴宾顿联合策划暗杀伊丽莎白,而这次,伊丽莎白又发现已经被囚禁了的玛丽女王参与了这起暗杀,尽管谁都清楚玛丽几乎参与了每一场针对伊丽莎白女王的各种政治阴谋,但此前一直没有特别充足的证据,现在,这些证据已经摆上桌面,这就给女王出了一个难题:由于三番五次地阴谋策划发动政变,英国议会强烈要求处决玛丽,但伊丽莎白迟迟不予准许,那是因为,伊丽莎白女王认为玛丽也是苏格兰女王,并且与自己有着相同的先祖,所以处于君权神授的思想考虑,处决玛丽女王是一件难以忍受的罪孽,这不但严重冒犯"君主神圣不可侵犯"的原则,而且也会对帝王的统治产生不利的影响。因此,她尽管已经囚禁了玛丽19年,其间也频频发生针对她本人的各种阴谋,但女王迟迟不想采用处决这样的方式。另一方面,她也知道,玛丽女王尽管早已失去苏格兰,而且也成为阶下囚,但她是天主教在英国的象征,如果处死她,必然激起西班牙更大的仇恨,但事情到了这一步,女王也意识到,英国与西班牙大战已经不可避免,而留下玛丽女王始终都是个祸根。于是,1587年,她终于在处死玛丽的判决书上签了字。

在度过了19年的监禁生活后,这位苏格兰女王玛丽断送了自己的生命,时年44岁。

果然,当伊丽莎白处决玛丽女王的消息传到欧洲后,欧洲的天主教势力大为震惊,也让西班牙变得暴戾起来——在西班牙人看来,这就是一个信号,英国与西班牙开战的信号。其实,两国之间的较量从来也没终止过,而且正在一步步升级,西班牙出兵干涉尼德兰不仅仅是为了打击新教势力,也是为了遏制英国,因为尼德兰是英国向欧洲出口毛纺织品、羊毛贸易的重要中转站,那时英国已经具备了相当程度的资本主义,英国正在向资本主义初级阶段转型,因此羊毛贸易对英国来说异常重要。而西班牙也无法忍受英国海盗们永无休止的劫掠,这就最终促使西班牙决定准备开始向英国宣战,因此,西班牙从1583年开始全力建设“无敌舰队”。

女王的海盗们

而女王能用什么来对抗强大的西班牙“无敌舰队”呢?那就是她的皇家海盗舰队。

玛丽一世遗留下来的不仅是一顶不被罗马教廷承认的王冠,还有一个财力匮乏、军事软弱、政局动荡的英国,一个可能连其国王都不能受到保护的英国。当时的英国甚至没有常备军队,贵族们视谋反为常事,国外的腓力二世虎视眈眈,法国按捺难禁。苏格兰女王玛丽的表姐,则更是被罗马视为王位的合理合法继承人,在与英格兰相隔不远的地方磨刀霍霍。这是一个风雨飘摇的王国,内患外敌的王国,但历史的残酷往往会造就一个更残酷、更杰出的君王——我们往往能从伊丽莎白的画像中看到,那是一个盛装下美丽、冷漠、高傲的脸。

西班牙人有句话:“钱财搞活战争。”

战争确保国王的生命和王国的安全。

伊丽莎白一方面厉行节约,另一方面拼命追求金钱。女王不但投资交易所——在那个没有完善法律条文仅凭商人间信用约束的时代,这种行为说是圈钱也不过分。在经营有风险的商业的同时——事实上,谁敢令女王经营失败呢?当然,作为女王,她不仅仅要为自己谋划钱财,她还要为整个英国谋求崛起。

在那个大航海的殖民时代,西班牙和葡萄牙从美洲运回了无数的金和银,大大地扩充了国家的实力,使西班牙从历史的角落里站到了历史的前台,太平洋几乎成了西班牙的内海,财富和安全,无论其中哪一项都足以让人心生艳羡的同时心生嫉妒,更何况这两项西班牙都占尽了。英国又怎能容忍,守着蓝色的海洋,却不能得到金色的财富呢?

于是,她将她个人的资本和英国的命运都投向最具冒险的行业——海盗劫掠。自哥伦布于1492年发现美洲大陆以来,欧洲迅速就意识到,那个大陆实际上就是一座金矿,是一个财富之源。实际上,欧洲的历史与海盗密不可分,欧洲的海盗史可谓源远流长,北欧曾经就是海盗的代名词,而英国这样的北欧海盗后裔国家,而且又是一个岛国,与欧洲大陆的文明还有些差别,海盗在这里其实是一个令人艳羡的职业,而绝不是盗匪。

16世纪六七十年代,英国的海盗巨头霍金斯、德雷克、雷利、夫洛比塞等就大张旗鼓地组建起海盗企业股份公司,伊丽莎白女王和许多英国贵族都是这些公司大股东。伊丽莎白女王直接为这些海盗企业提供金钱和船只,甚至连她自己的船只都交给了德雷克,自然,海盗们每次都满载而归女王和贵族们也都会盆满钵满。

1561年伊丽莎白女王就参与了加夫洛比塞的海上劫掠;1578年,女王再次与德雷克共同策划组织了一次更大的海盗行动,女王不仅提供船只,而且还向德雷克提供官方的消息,和世界各地所有英国港口的支持。这一次,德雷克率领海盗船队大肆劫掠了西班牙在南美领地的金银矿和其他货物的转运中心和运输船队,德雷克娴熟的海盗抢劫和良好的运气让他收获颇丰,如果按照投资比例计算,女王当初在德雷克身上共计投资了5000英镑,而当德雷克满载返航时,女王销赃后的收益是24万英镑。

在欧元出现以前,法国人的纸币上印着文学家的头像,温文尔雅。而在1937年~1970年,有33年的时间,英国的钱币半便士(HalfPenny)上一直以德雷克的金鹿号为图案。

这德雷克又是何许人士?

常言道:"英雄莫问出处。"

弗朗西斯·德雷克,一个称霸海上,杀人越货的魔王,令商船闻风丧胆的"猛龙"。在被西班牙人世代仇恨的同时,却被英国人尊为民族英雄,视之为英国的保佑神。英国文化中有一首民谣叫作"Drake's drum"(德雷克的鼓),是说,如果英国蒙难,只要德雷克的鼓又响了,他就一定会回来为英国解难。他不仅是一个海盗,一位将军,一位国家的拯救者、保护者,更因为其不朽的勇气,强烈的好奇心,和一往无前的探索精神在地图上永远的刻下了自己的名字——德雷克海峡和德雷克湾。

出生于英国德文郡一个贫苦农民的家中,从学徒干到水手,德雷克像那个时代的所有年轻人一样,在为生活而努力,但时代却很快把他推上历史的漩涡。

此时的英国,远没有后来日不落帝国的规模,国内政局动荡,数十年间三位国王(女王)君临天下而又匆匆离世,虽然英国已经开始过渡到生产力急速发展的资本主义时期,但由于原始积累不够,还并不是航海大国,当时称雄海上、睥睨欧洲的是西班牙。继哥伦布、麦哲伦等进行海上探索后,西班牙的士兵随即赶到,扼住南美的金矿矿源,控制南美大陆,垄断了亚洲和美洲之间的贸易。将太平洋划作西班牙的私海,从世界各地向西班牙本地源源不断地运输着财富。西班牙此时又控制了罗马,成了天主教的实际代言人,整个欧洲大陆在艳羡其财富的同时憎恨其强大,担心自己会被蚕食。

而英国向来信奉一个均势的欧洲,不希望欧洲大陆出现任何一个过于强势的国家,以免威胁自己的国土安全。西班牙的财富和权威自然威胁到了英国的利益。同时,因为英国女王是新教徒,其王位不需要教皇(换言之,即欧洲大陆信奉天主教的所有国家)的同意。一场围绕财富和信仰的海上争霸赛在支持和反对原西班牙领土——尼德兰独立的导火索中拉开序幕。

德雷克就在这时粉墨登场了。

当德雷克和他表哥霍金斯从西非将黑奴贩运到西印度群岛的西班牙殖民地，路过加勒比海的圣胡安港（San Juande Ulua）时，被西班牙总督诱骗，邀入港中，随后被突然袭击，导致四分之三的水手牺牲，六艘船中只有两艘逃脱。个人的仇恨在胸中激荡，因而当德雷克收到女王签发的"私掠许可证"（事实上，是鼓励打劫、欢迎分赃的证书）时，即刻率领女王赞助、表兄霍金斯出资购置的两艘武装商船和 73 名水手，返回加勒比海，开始了他的针对西班牙人的皇家海盗生涯。

在第一次海陆两栖偷袭中，德雷克设下重重圈套，通过周密的部署，抢劫到了西班牙从殖民地运回的价值五万英镑的金银，初次交手中，德雷克的组织和谋划能力便得到了很好的证明，而他也立刻在英国成为家喻户晓的传奇人物。

德雷克毕竟是个海盗，而非政府的游击队，一者，他打劫的对象是除英国以外的商船，而非西班牙的战舰或是政府财富；二者，打劫后的财富，是属于海盗所有，而非国家。此后，女王资助德雷克海上抢劫，打劫到的财富大部分落入女王的腰包中。而在英西海战以后，德雷克不再是浪迹天涯，无所依靠的水手，而是英格兰勋爵。他的经历也不再是恶名昭著的事迹，而是百姓心中的传奇和英雄。

德雷克的成就不只于海上的掠夺，他更是在麦哲伦之后，英国第一位完成环游世界一周的探险家。而这种壮举，不是郑和下西洋式的炫耀，而是为了打破西班牙在太平洋的独霸地位，开辟英国的海外事业。而历史也证明，若非德雷克在英西海战中的杰出表现，"日不落"帝国的旗帜，英国人很难有足够的力量将其接过。

"鲜红的夕阳，漆黑的骷髅旗，沾满血污的战刀以及成堆的让人睁不开眼的黄金。"海盗的歌谣在历史时光隧道中回荡。那么多的悲欢离合，那么多的人世沧桑，那么浓厚的政治的阴谋和鲜血的膻腥，在那短短的歌声中向我们诉说一种生活，一段历史，一些英雄。

有海洋的地方就是海船，有海船的地方就有海盗，有海盗的地方就有黄金，有黄金的地方就有战争。

如果说战争是政治的外化，那么财富则是政治的主题。横行无忌的海盗，打劫商船、掠夺城镇，绝不是看透人世的豪客侠士，更多的是亡命天涯，萍踪浪迹的落魄人士。他们的鲜血为了财富而流，他们的心灵则是因为自由而舞。如果说海盗的刀刃上染着无辜人的鲜血，那么政家的棋盘上，海盗的命运不过是手中的棋子。

欧洲各国财富分封的长子继承制度的不公，王室之间的明争暗斗，使得欧洲这块土地上的悲剧屡见不鲜，而日耳曼人的野性和基督教宣传对外传教的意旨，则使这块土地上的人们崇尚武力而又热衷扩张。腓尼基人和其后的迦太基人先进的造船术和航海术，则为其后日耳曼人的造船技艺打下了坚实的基础——争斗的实力。

真正的帝国总是不能容忍可能影响其统治的其他武装力量的存在，而在群雄四起，硝烟弥漫的混战中，各种存在的武装力量都是可以联合和收买的有利的势力。罗马帝国在面对猖獗的海盗时，任命庞培将军率战船 5000 艘、士兵 12 万出征地中海，摧毁了海盗的老窝，维护帝国的安宁。

16 世纪的欧洲处于复兴时期，战争风起云涌，政局变幻莫测，海盗的身份以一种奇怪的形式出现，似乎是对所谓正义的嘲弄，而无可否认的是，海盗的力量决定了欧洲国家此后的走向——繁荣或是没落。而其间那么多有血有肉,性格鲜明的海盗用他们的生命在历史中书写下了自己的人生。

从贫困无依的水手到纵横海洋的大盗,从杀人如麻的罪犯到深受爱戴的国家英雄,德雷克以他非凡的勇气和智慧,改变了他自己的、英国的乃至世界的命运。在英西海战中,他果敢的出击和周密的谋划,为英国赢得了战争的胜利,将英国由一个弱国带入了迈向日不落帝国的轨迹。而此前,他是游荡在海洋上的、令商人尤其是西班牙人闻风丧胆的海盗。从他身上,可以明显看出英国人所特有的、可以在绅士和强盗身份间进行自由转换的能力。这位历史上无疑是最幸运的海盗,在他少年时经历过风险,享受过自由;在他中年时,为国家尽力,取得赫赫成绩,倍受尊崇;在他老年时,可以安度晚景,过着静世安好的日子。世上又有几人能如此呢?

而与之同时代的另一位船长——基德,则与之命运恰好相反。他本过着受人尊敬的生活,却被政府以为国效忠的号召不得以出海;在航海期间,遭遇船员的胁迫,不得以干起了海盗的行当,本想打击他国商船,却是大水冲了龙王庙,对自己祖国的战舰进行了攻击;自以为政府会了解真相,进而宽恕自己;满以为和政府签订的合同——《私掠许可证》(是一国政府授予本国私人船只在战争时期攻击和劫掠敌国商船的权力。"私掠"在国际法上的合法地位一直持续到 1856 年。当时海盗被抓获是肯定要上绞刑架的,但如果拥有"私掠许可证",就可以声称自己是奉命行事,享受战俘待遇。西方史学家们有时将私掠船主们称为"绅士海盗",以区别于纯粹的海盗。对于英国的私掠船主们,我以为"皇家海盗"的称号更为贴切。)会澄清一切真相,却不知道政府已将其视为平民怨愤和向来自外国的压力的妥协的替罪羔羊;他以一个英雄的身份开始了自己的另一份职责,却最终以陈尸海港,受海鸟啄咬、海风厮打结束了人生。

如果说以上纵行海上的传奇人物更多的是与国家、荣誉绑定在一起,属于皇家海盗的话。那么,爱德华·蒂奇则又是以暴力和爱来诠释海盗的存在。

这位留着一丛浓密的黑胡子,据说打出娘胎以来就从没剃过,下至前胸上举齐眉,又长又密、绰号"黑胡子"的海盗,不是不愿效忠政府,做一个既可以行打劫之实又能得到政府保护,甚至可以摇身一变成为民族英雄的皇家海盗。而是他生不逢时,时值 1713 年最后一次"英西海战"落下了帷幕,大英帝国成了名副其实的海上霸主。海盗已不再为政府所需要了。海盗已由英西博弈中的中间位置走上了与英国海上贸易对立的位置。而这位海盗领袖也不甘示弱,他拔出自己的剑,迎向他的敌人。

当时的海盗们总是想尽一切办法避开皇家海军,即便是狭路相逢,也尽量避免战斗,除非陷入绝境,他们是不会与海军交战的。"黑胡子从没把什么放在眼里,他是个天生的恶魔。"所以他一出海就直奔东海岸的英国海防处,在军港港口大摇大摆地抢劫了英国商船"爱伦"号,并且迎着试图保护商船的皇家战舰开去,吓得那些享受着荣誉的贵族海军们立刻逃走。蒂奇完全是以生命与荣誉对抗。然而生命诚可贵,爱情价更高。这位以杀人、杀敌人、杀船员、杀同伙为乐趣的恶魔,突然神秘地消失了——因为他爱上了一个姑娘。

姑娘的纯真与圣洁,使得蒂奇良心被唤醒。他答应姑娘不再做海盗,甚至还剃掉了胡子,他们一起定居在了北卡罗莱纳过着稳定安闲的生活,被邻居视为温顺善良的小两口。两年后一场瘟疫带走了他生命中的天使,悲伤到极点的蒂奇狂性大发,又一次变成了"黑胡子"。而终于,蒂奇在一场与皇家舰队的交火中,迎向了他从来都不曾畏惧的世界——死亡。从此,大洋的风浪渐渐平静,只有那些天边的云霞,或许还回荡着海洋上那些令人又怕又羡的海盗们的歌:

> 扬帆吧,扬帆吧。
> 魔鬼就站在我旁边,接舷战的刀子熠熠生辉。
> 扬帆吧!
> 齐射后的硝烟宛如水面上的波纹。
> 扬帆吧,扬帆吧。
> 我吹哨命令:操帆停泊,亲自打开保险柜吧!
> 扬帆吧!
> 降下敌方的长旒。
> 扬帆吧,扬帆吧。
> 死神使我们与商人们相遇。他们的身体落入了鲨鱼之口!
> 扬帆吧!
> 我极喜欢战利品。
> 扬帆吧,扬帆吧。
> 金子流成河。没有比这种命运更美好的东西。
> 扬帆吧!

英西海战

倘若战争只需要比较双方的军事实力和将士曾经的战争经历就可以判断战局的话,世界在混沌中开始时,就已注定在单一中结束。

当我们在感叹西班牙奔牛节的狂热时,或许并不知道,在奔牛行经的那些古老的建筑,见证了西班牙:一代海上霸主,曾经睥睨群雄,傲视苍穹的历史。昨日的光荣和王朝的盛景,在古堡废墟和西风落日下叹息。

这一叹,就是六百年。

1588 年,英吉利海峡的海面上,无敌舰队的阴影排山倒海地压在英国人的心头,死亡和荣誉和毁灭,当然还有黄金,都垒在了英吉利海峡的弯道中。地狱的火在燃烧,不因为教皇而左右,在战争的对方之间绵延开来,似乎,英国更容易被燃尽。

1588 年 7 月 19 日,130 艘运载着 23000 名士兵和 2500 名大炮的西班牙战舰排成月牙形,浩浩荡荡驶进海峡。月牙形的队阵在汉尼拔对罗马的坎尼大战中发挥过极其重要的作用。月牙形的结构,进可以包抄敌方;退可以防守两翼,随时都有足够的兵源来支持两侧。但是,这些都是陆上的战争作战方式,其长处的发挥依赖步兵的机动和灵活。可在海上,这种阵法,又是否能继续延续其光荣呢?

英国方面,则因为船少舰小,不得不调征商船,临时改为战舰,但其战舰的速度是西班牙军队的两倍以上。阵列颇有长方形之感。在罗马初期,这种拼刺见红的阵法很是常见。即使到了拿破仑时代,欧洲的一些国家还继续使用这种阵法,结果被长于布阵和用炮的法军打得一败涂地。但是，有所不同的是，英国的船虽小，却也有灵活机动、便于更改方向的优势。

腓力二世为了"竭力完成主的旨意"。下令组建世界上规模最大的海军舰队。来自西班牙和葡萄牙的造船工匠用了近两年时间建造了131艘大帆船，每艘船的重量都超过了200吨。这舰队命名为"最幸运的舰队"。此外腓力在教皇支持下，宣布对新教国家——英国发起圣战。可谓无论是在战争动员还是战争宣传上都做足了准备。

此外，英国征调了商船、海盗船，加上其他全然用于充数、缺少实际作战价值的船只，在规模和气势上英国似乎可以勉强应对了。

同时，在西班牙国内，英国商人收集西班牙债券，在战争开始时，突然集体要求退还，着实令西班牙在银根上吃紧了。最重要的是，德雷克这个横行大洋的海盗登上了这场华丽的战争舞剧。他出其不意地远袭西班牙舰队港口，捣毁不少船舰，消耗西班牙的实力，很好地打击了对战争狂热的西班牙军士的锐气。更重要的是，近1吨的木桶被烧毁。木桶的作用在于远航保存食物。木桶之于当时战争的重要，就如同粮草的供应对战争的重要。

英国方面的统帅是霍德华，西班牙方面的统帅则是在陆战中称雄、号称"最伟大的士兵"的梅迪纳公爵。两位同样杰出的将领能在战场上相遇是他们的幸运，也是他们的不幸。

战争刚开始，7月21日，两国舰队接触后发生小规模炮战。27日西班牙战舰到达多佛尔海峡，在加莱海面抛锚。尾随而至的英国舰队沿英吉利海峡向东前进，随后英国舰队几次向西班牙战舰发起攻击，但西班牙舰队凭借强大的炮火和坚固的船体让英国舰队损失不小。28日夜，英军发现停泊在加莱港的西班牙舰队非常密集，英军统帅部随后立即决定派出8艘纵火艇突进无敌舰队停泊的加莱港，这场突如其来的大火顿时使西班牙人的舰队陷入一片混乱。

第二天清晨，守候在港口外的英国舰队趁机发动猛烈攻击，英国海军此时表现出小战舰灵活机动的优势，并且英军炮火比西班牙舰队要准确得多，这导致本来就已经被大火弄得十分狼狈的西班牙舰队更加悲惨，庞大的舰队拥挤在狭小的港湾里，这让英国舰队的炮火非常有效，许多西班牙舰船因此中弹沉没。

德雷克立即表现出那种海盗勇猛无畏的气质，英国的舰队如无数把钢刀插入了西班牙的"无敌舰队"——最幸运的舰队。

无力回天的"无敌"舰队，虽然有几次试图重新摆开阵势，无奈指挥系统已经失灵，此后几次都被英国舰队打乱了阵脚。梅迪纳，这位虔诚而清廉、在陆战中取得过不朽声望的统帅，此时坐在旗舰上，虽然已经身负重伤，但依旧保持着一个战场将军的最后尊严。

战局的失败已如铁铸，无奈之下，梅迪纳只好收拾残部，从加莱先向北航行，然后绕过英伦三岛返回西班牙，天不佑人，途中再次遭遇风暴。此次战役西班牙100多艘战舰折戟沉沙，1.4万官兵魂丧大海，征服英国的梦想在大火中、在英国人的反击中破灭了。而西班牙帝国扩张的脚步也从此无可奈何地变得越来越缓慢。

此后在1589年夏天，有消息说西班牙又开始在里斯本组建一只舰队，于是伊丽莎白女王派遣德雷克率领一只150艘舰船组成的庞大舰队出征西班牙，但这次德雷克却重蹈了梅迪纳一年前犯下的错误,他的舰队被西班牙打得破碎不堪——尽管西班牙报了一箭之仇,但这已经不能挽回西班牙的颓势。

当西班牙的奢华与荣誉开始显出不可逆转的颓势后,英国的米字旗在太阳的24小时照耀下迎风飘扬。

这场海战彻底扭转了英国与西班牙之间的力量对比,战后,新教在英国获得了支配地位;西班牙的失败导致使他放弃尼德兰,这又导致尼德兰革命的成功和荷兰的独立(1581 年,尼德兰北方成立联省共和国,即荷兰)。从此以后,英国取代西班牙而成为海上霸王,开始像 16 世纪的西班牙人一样极力扩展它的帝国版图,北美、印度、东南亚、非洲、中亚等在此后三百年里相继成为大英帝国的领地。英国在印度建立起了东印度公司,在北美,殖民冒险家沃尔特·罗利为女王开拓了弗吉尼亚。

凄凉的晚年

当然,英国与西班牙之间的战争并未就此结束,西班牙继续支持闹独立的爱尔兰,这个问题在英国似乎成了一个永远无法解决的死结;另外,西班牙的舰队仍然是欧洲最具威胁性的舰队之一,西班牙还时常在世界的各个角落里同英国发生着争执、进行着战争。这甚至让大英帝国时常感到疲惫不堪,甚至有些厌倦。

但毕竟英国人打赢了,英国由此获得了一个空前大发展的机会,在海战后的10 余年间,英国出现了一个莎士比亚时代,那实际上就是英国的文艺复兴,涌现了众多人才。并在此运动的精神鼓舞下,爆发了资产阶级革命。

然而,当帝国步入辉煌的时候,女王却已经进入晚年。岁月不饶人,伊丽莎白女王所倚重的宠臣莱斯特伯爵、沃尔辛厄姆等先后离她而去。在昔日人声鼎沸的宫廷中,只剩下老迈的男爵塞西尔,但他已经不再参与政事,因而也远离了女王。

当老情人们相继离开后,女王开始培养年轻的情人,她看中了几个年轻有为的家伙,如伯利男爵的次子罗伯特—塞西尔、美洲殖民事业的开拓者罗利、达德利的继子埃塞克斯伯爵等,此时帝国已经无忧,而她也越来越醉心于这种人性之欢,她喜欢领略这些年轻人的魅力,并且,已经年迈的伊丽莎白竟然爱上了其中的一个年轻人,那就是埃塞克斯伯爵。

但正是这个埃塞克斯伯爵制造了英国历史上一次有名的事件,女王因此而郁郁寡欢,最终带着遗憾离开人世。

埃塞克斯伯爵因与伊丽莎白的老情人的父子关系而得以接近伊丽莎白女王,并且由于他为人豪爽,才能出众,很快就赢得了女王的青睐,进而也就很快取得自由出入女王寝宫的权利。

这个年轻人在 1596 年率军远征加的斯港,并因此获得重大成功,但埃塞克斯也因此渐渐变得自以为是,无论是在议会还是在私人场合,埃塞克斯原来的好名声不见了,取而代之的是狂妄自负,甚至在女王面前也敢出言不逊。

但事情远没有到此为止,如果说埃塞克斯的自负还可以容忍的话,他渐渐开始膨胀的野心却不得不让女王戒备了——他滥用了女王的恩宠,进而希望索取女王的权力,这已经远远超出了一个男宠的地位。

女王因此开始有意疏远埃塞克斯而重用罗伯特—塞西尔，这让埃塞克斯有些恐惧，他明白现在他还远远没能控制女王。于是，他自负地认为，如果他再次制造一次加的斯式的胜利的话，也许会提醒女王，谁才是最出色的。

当时，伊丽莎白正为爱尔兰问题感到头痛，埃塞克斯遂把希望寄托在这件事上，他请求女王让他担任征伐爱尔兰的英军司令。女王同意了，让他率领军队去征剿爱尔兰人，但正所谓骄兵必败，性格偏激又脆弱的埃塞克斯在一次交战失败后，竟然丢下他的部队私自返回了伦敦，回到伦敦后还直接闯进了女王的寝宫，尽管女王与他早有床笫之欢，但这样无礼的闯宫显然对女王的尊严来说是不可容忍的。

埃塞克斯此时也为自己看到的一幕感到吃惊，女王身穿睡衣坐在床榻一侧，还没有来得及用浓妆艳抹来遮盖老皱的皮肤，显得那么苍老，满头白发，而不再是光鲜的红褐色，刚刚睡醒后的双眼浮肿，这一切都让埃塞克斯感到意外。而他在后来将这一切说了出去，他的母亲听说后大惊失色，说道，女王也是一个女人，她怎么会原谅你看到她真实的一面呢，你大祸临头了！

女王并没有谴责这个任性的年轻情人，而是一如既往地听他如何为自己的临阵脱逃辩白。

这一切还都没有让埃塞克斯人头落地，但他却在一败再败之后选择了另一个极端：参加了一场反叛女王的阴谋，当然，经历过无数暗杀、政变的女王轻而易举地把这场近似闹剧的政变摆平了。

1601年，伊丽莎白女王经过漫长而痛苦的选择后，终于亲手签署了处决埃塞克斯的命令。

但此后，伊丽莎白女王性情大变，变得非常暴戾，身旁的侍从、宫廷的朝臣、女王的子民都变得胆战心惊。偏偏这个时候，原本与女王配合一致的议会也因为要求自由言论而与女王产生矛盾，同时，由于连年征战，英国国内总是处于一种紧张状态，帝国尽管在无限扩张，但人们好像却没有获得多少好处，生活甚至有点窘迫，这让英国民众渐渐对女王产生了不满。

1601年，议会提出废除女王滥发专卖权的问题——那是因为英国连续对外扩张导致军费剧增，为了弥补军事经费的不足，女王于是给予指定的商人和制造业者以特定商品的制造和赎买的专利权，以代替应交纳的税金。但商人的唯利是图使他们利用手中的专利权开始垄断市场，导致许多商品价格连续大幅上涨，社会因此产生强烈不满。

议会因此与女王发生了严重冲突，女王大怒，但愤怒过后的女王很快平静下来，她已经明白这种过错的危害，因此，一向敢作敢为的女王在生命的最后时刻毅然纠正了自己的错误。同意议会制定各种补救措施，废除专卖权。她为此发表了历史上著名的"黄金演说"。

1603年3月24日，黎明时分，伊丽莎白一世与世长辞，她没有理会更年迈的塞西尔正在秘密商议女王继承人一事。

与彼得大帝并驾齐驱

——叶卡捷琳娜二世

人物档案

简　　历：出生于德国斯特丁一个普鲁士部落贵族家庭。14 岁随母亲来到俄国，后嫁给了俄国女皇叶丽萨维塔的外甥彼得，并皈依俄国东正教，成为俄国王位继承人。1762 年彼得被杀，她登上了俄国女沙皇的宝座。在位 34 年。

生卒年月：1729 年 4 月 21 日~1796 年 11 月 6 日。

安葬之地：不详。

性格特征：刚强、倔强、虚伪狡诈、凶狠残暴、聪慧、富于心计、坚韧。

历史功过：在位期间对外两次同土耳其作战，三次参加瓜分波兰的战争，把克里尔汗国并入俄国，打通黑海出海口，建立了人类历史上空前绝后的俄罗斯帝国。

名家评点：她统治时期的俄罗斯帝国被称为"帝国黄金时代"。

她的成就是整个俄罗斯历史上唯一可与彼得大帝并肩的人。被尊称为"叶卡捷琳娜女皇"。自诩"开明君主"。

女人的蜕变

叶卡捷琳娜，在俄罗斯的历史上以玩弄权术而著称。但她的成就则是整个俄罗斯历史上唯一可与彼得大帝比肩的人。作为一个女人，她那传奇的一生将通过历史的阶梯展现在我们的面前。

当历史最终离我们越来越远的时候，也许一切的功过是非已经失去了它本来的意义，而我相信，这个女子的 67 年生命历程不会随着时间的流逝而褪色。

1729 年 4 月 21 日，一个平凡的生命降生在普鲁士一个没落的贵族家庭，大概谁都没有想到过这个被命名为索菲亚的普通女子是足以影响以后几十年沙俄、甚至世界历史的传奇人物。

在历史的盛名和重压下，当她作为女人面对现实环境中所不可避免的艰辛时，当她在各种严峻复杂的生存条件下，学会如何在相互倾轧的钩心斗角和你死我活的惨烈较量中做到游刃有余举重若轻的时候，已经无人怀疑她的过人之处。她的性格更多的是在她远嫁俄国之后形成的，是宫廷争权夺利尔虞我诈的气氛和对地位权势的盲目崇拜和勃勃野心使她在寄人篱下的环境中养成了虚伪狡诈又凶狠残暴性格，是孱弱无能的丈夫和荒淫无度且权倾天下的伊丽莎白女王共同努力的结果。

1745 年 8 月，普俄两国开始了一场政治联姻。

当时，一个普鲁士的没落贵族之女，依靠她与生俱来的

年轻的叶卡捷琳娜，此时她可能和大多数女人一样，并没有什么特别的地方，也没有引起人们太多的注意。

社交天赋，倚仗着虽不惊艳却青春逼人的外貌游走在上层社会中，成为名噪一时的社交名媛，她的交际才华除了吸引无数贵族的眼光之外，也使得当时的普鲁士国王腓特烈选定她作为政治交易的筹码——让年仅 16 岁的索菲娅远嫁俄国，通过她完成与俄国的政治联姻。

在这场政治婚姻中，索菲亚无疑是腓特烈的牺牲品，这位智慧出众、口才不凡的年轻君主是生性残暴而又富有文化修养的普鲁士国王腓特烈·威廉一世的儿子，他在年少时毫不热衷于权术和战争，只对文学和艺术感兴趣。

1740 年，父亲死后他继承了普鲁士王位，腓特烈在大权在握后，就显现出了与生俱来的政治手腕和超群的军事能力。

为了扩张他的王国，在接下来的 23 年里，他不断与邻国交战，为了取得更加有利的战略优势，他经常与俄国和法国联盟。而这一次筹码显然是押对了地方。历史证明，在腓特烈最后被彻底击垮，连柏林也被俄奥联军占领，绝望得快自杀时，掌管俄国的女沙皇伊丽莎白的突然去世挽救了他，继位的彼得三世的王后正是他挑选的那个叫索菲亚的普鲁士没落王公之后，她的知恩图报让奥地利面对俄国和普鲁士的联合力量，被迫接受普鲁士的条件，放弃了对西里西亚的领土要求。然后这两国瓜分了波兰，使得普鲁士在之后许多年里成为欧洲最强大的力量。

当得知自己被选定为俄国未来皇位继承人的未婚妻后，少年的索菲亚·奥古

斯特激动万分,立即在母亲的陪同下,随身仅带两三套衣服、一打衬衣、一打袜子和手绢,经过长途跋涉,来到了彼得堡。

这座叫作彼得堡的城市正是那个被万人景仰的彼得大帝所建造的都市,如果说这个城市打开了俄国面向西方的窗口的话,那么是这个叫索菲亚的女子使得俄国打开了面向世界的大门。

让我们把历史再往回推50年,在17世纪末18世纪初,俄国出现了一个叫彼得的人,他就是日后被所有俄国人骄傲地成为"彼得大帝"的那个英雄。彼得是沙皇阿列克谢一世的第四个儿子。他的父亲和兄长去世后,10岁的他和病弱的同父异母哥哥伊凡共同继位为沙皇,由他们的姐姐索菲亚·阿列克谢耶芙娜摄政。

十几岁时,彼得就显出与众不同的一面,他完全蔑视传统的宗教和政治仪式。17岁时彼得以谋反为由逮捕了摄政王(他的姐姐),并把她关在一家修道院里,她在那里度过了她的余生。之后他完全掌控了整个帝国,他的哥哥伊凡则有名无实。彼得在青年时代的欧洲巡游让他成为一个励精图治的改革家,他花了16个月微服私访了德国、荷兰、英格兰和奥地利,曾在英格兰和荷兰做过一段时间造船工人的传奇经历则成为他旺盛的学习热情的佐证。

回国时,彼得雇佣了许多西方工匠、工程师、士兵、水手、建筑师和艺术家来帮助他实现俄罗斯的现代化。确切地说这是一场近代化的过程,他以钢铁般的意志和极其巨大的勇气颁布了3000条法令,以西方的方式改革了行政机关和军队,建立起供养其军队的工业,并派选优秀的俄国青年去海外学习制度和技术,对于优雅的法国文化和庞杂臃肿的英国议会制度毫无兴趣的彼得大帝在俄国的土地上大刀阔斧地进行着一场前无古人的改革,如果说后有来者,除了如今被整个俄罗斯视为英雄的普京之外,也就只有叶卡捷琳娜一人了。

叶卡捷琳娜一世早已被人们看作为麻雀变凤凰的标志,这位大北方战争中,在马里恩波尔附近成为俄军的俘虏的立陶宛农民之女,在被彼得一世宠幸后皈依东正教并且改名叫叶卡捷琳娜,而后她作为彼得一世并不幸福的家庭生活中的一个特例,成为罕有的能与性格暴虐的彼得和谐相处的女子,而在丈夫驾崩后,叶卡捷琳娜作为彼得大帝晚年得宠的情人,得到近卫军的支持,于1725年加冕,史称叶卡捷琳娜一世。如今被很多人误以为是叶卡捷琳娜二世所建的气势恢宏的叶卡捷琳娜宫,其实早在1723年就破土动工,显而易见这是彼得大帝为讨好他的情人而建的宫殿,当然最后他慷慨地把整个国家都送给了这个外邦之女。

虽然历史给了她神秘的面纱,但我们依稀可以揣测20年后,当同样不是俄国贵族的年轻的索菲娅来到沙皇面前时,她为自己改下这个名字的一些用意。同时如果您稍加留意,会发现那个被彼得一世幽禁的姐姐的名字也叫索菲亚,名字上的相同让人相信这个女子与彼得一世有着某种关系。

作为彼得一世改革的继承者,叶卡捷琳娜同样在机构改革和习俗欧化上成绩斐然,不仅在位期间建立起中央更集权的统治,巩固了沙皇的独权地位,她更广泛网罗西欧的知识分子,使得彼得堡成为西欧一个重要的文化中心。在她辞世后的60年,俄国国家活动中,几乎所有的变革都显得微不足道,与叶氏激越的改革理想形成了鲜明的反差。这从另一个侧面证明了叶卡捷琳娜富有理想并且具备实现那种理想所需要的无限勇气。

再次把目光回到 1727 年,叶卡捷琳娜一世登基后仅仅两年就去世了,彼得二世作为彼得一世的孙子登基,但好景不长彼得二世也随祖父祖母而去,然后是安娜·伊万诺夫娜,这是彼得一世的侄女了。等到了伊凡六世,这就更远了,他是安娜·伊万诺夫娜的外甥女的儿子。1741 年,伊丽莎白·彼得罗芙娜,也就是彼得一世和叶卡捷琳娜一世的女儿登基。这段历史曲折离奇,当中若是生出任何差池,大概历史都已经被改写了吧,幸好,历史没有如果,而我们也只能感慨这期间命运的神奇了。

这位女沙皇虽然也以奢侈淫逸留载历史,但她没有结婚,自然也就没生育子女,于是伊丽莎白远渡重洋去德国把自己姐姐的儿子领来,也就是彼得一世的外孙,彼得三世准备继承皇位。这个同样有着一半德国血统的男人自然就是叶卡捷琳娜二世的丈夫。这个半俄国人的德裔妻子在 1745 年 8 月通过一场婚姻走进了代表着至高权力和无上荣耀的皇宫,走进了她人生的另一个世界。

俄国王储迎娶这位德国公主时,俄罗斯的工匠专门为新娘做了一件紫红袍。这件紫红袍腰身狭窄,裙摆宽大,直径超过 1 米。它的面料为织有银丝的锦缎,上面布满双头鹰图案的刺绣,裙边和下缘绣有银色花朵和叶片,里面采用白色貂毛皮做内衬。只是很可惜,这么华贵的婚装却未能保证这对夫妇婚姻的幸福,使看起来前途无限的夫君并没有帮助叶卡捷琳娜完成从女孩到女人的蜕变。

直白一点说,这是一个有性功能障碍的男人,他的狂妄自大、才能平庸、头脑简单,甚至在俄国的皇廷还不忘表演普鲁士的社交礼节,他的冷淡和无趣让叶卡捷琳娜年轻躁动的生命犹如一潭死水。

无奈之下,这个年轻的女子只好把蓬勃的生命力和旺盛的精力投入到对沙俄文化的学习中。无论是对东正教礼仪的研习还是对沙俄历史的考究,或者是对俄语的虔诚攻读都卓有成效。据说当她用标准的俄语虔诚地朗诵东正教誓言时,竟使在场的天主教和众教徒都感动得流下了眼泪,这些无疑都成为其日后纵横俄国政界的有力砝码。

而更为关键的是她在这样看似枯燥无聊、日复一日地学习中逐渐领悟到做一个成功的君主的关键和要义,而作为直接的实践,便是在恶劣的社会环境中学会取悦女皇,慑服达官显要,赢得大小朝臣的同情。

在这个时候,她几乎已经决心放弃她那个每天只会在床上摆弄小木偶来对阵的百无聊赖的丈夫。

由于丈夫在性生活上的无能,叶卡捷琳娜的处女之身在她入宫后被完好地保存了八年。彼得三世治好了疾患之后,反而经常将自己与情人的事如同背书一般向妻子汇报。这八年着实显得有些荒诞怪异,尤其与之后她以年轻和艳丽征服无数情人的磅礴历史相比。

作为皇储,伊丽莎白开始为彼得三世的子女问题劳心劳力,她甚至动用她的权力安排了一个名叫塞提科夫的侍臣去引诱叶卡捷琳娜,这个 26 岁的女人在良久的挣扎之后终于抵不过内心的渴望,而在她与宠臣生下第一个孩子之后,在这个孩子被女沙皇无情地抱走之后,叶卡捷琳娜的生活轨迹发生了扭转,孩子的得而复失让她更加彻底地领悟到宫廷生活的要义,于是她用女皇抱走孩子所给的钱笼络大臣贿赂人心。令伊丽莎白也始料未及的是,她走上了一条欲念的不归路。

其实，无论有没有这个孩子的出生，有没有伊丽莎白女王煞费苦心的安排，这个毕生游走在权利与欲望高峰的女子，都会在某个时候选择这样一条属于她的道路。

这时她会让我们想到另一个女人，一个在中国历史上写下过传奇篇章的女人，她就是武则天，那个同样在强敌林立、危机四伏的政治背景下功名显赫的女人，那个出生在更为中庸人家的武氏同样也是年轻进宫，同样利用在寺庙的无聊时光潜心研学，同样善于运用权势和手段，她们所取得的荣耀与权势，无不是这两个女人以生命为赌注，不断努力抗争得来的，她们的专权，她们的开明，甚至是冷酷残暴以及个人生活都是如此惊人的相似。也许站在莫大的荣光里，站在无边的权力背后，她们显得比任何君主都要残忍一些，但她们所受到的威胁也远非一般君主可堪比拟，用他人的鲜血和尸骨铺就起一条狭长的通向王位的道路，完成历史赋予她们的使命，令人心冷齿寒之余，也不禁对如此让人惊异的女子滋生出些许怜惜和敬重。

与武则天对丈夫连骗带哄的态度不同，这个一千年后的欧洲女皇，在运筹帷幄了良久后，通过一次看似普通的宫廷政变，将作为沙皇的丈夫轻而易举地铲除，并且没有给他任何反击的机会。

欲望与权力的替身

叶卡捷琳娜不露痕迹的蓄谋了一场改变沙俄之后几十年历史的宫廷政变。当时她依然对伊丽莎白顺从，伪饰出对皇家规制的心怀敬畏，好像她除了疯狂地学习俄国礼仪文化和历史，让自己更好地融入这个民族之外毫无他心。她开始渐渐赢得人心，无论那些贵族是出于利益判断还是因她的美色诱惑，已经开始对她言听计从。而此时的叶卡捷琳娜把握着适度的分寸，小心谨慎地在后宫中积蓄自己的力量，等待他日厚积薄发，一举成功。

1754年，也就是她的第一个孩子刚刚出生的这一年，叶卡捷琳娜认识了对她来说至为重要的一个男人，这个男人就是格里戈夫·奥尔洛夫，也就是习惯上所称的"波将金"。这当然并不是她的第一个情人，也自然不会是最后一个情人，但却是叶卡捷琳娜最著名的一个情人，而原因除了波将金收到的那些直白热烈的情书外，除了他们共同孕育了叶卡捷琳娜的第二个也是最后一个儿子阿列科谢外，更重要的是这个独眼将军是打造叶卡捷琳娜帝国最为重要的功臣，他们的关系早已超越了肌肤之亲，更为重要的是他几乎和女皇共同坐拥着广袤的土地和无数的臣民。无论是发动宫廷政变还是远征土耳其，但凡关于国家命运和叶卡捷琳娜存亡的事件都有他穿梭奔忙的身影。以至后世一直有人揣测他们是否为秘密夫妻，虽然目前无史料证明这一点，也许对于他们是否结婚已经不再重要，因为事实上他们在共同分享过整个俄国。

他们的相识也显得那么机缘巧合。在某天与彼得三世又发生争执之后，叶卡捷琳娜一个人郁闷地在后宫幽深的庭园里哀叹，其实这时的准王后刚刚甩掉情人亚历山大瓦西里科奇夫，她郁郁寡欢的哀伤表情让伟岸的将军顿生怜惜，而将军强壮的阳刚之美散发着野兽般的气息，多情的叶氏被震慑了，她迷恋这个男人周身所散发的血性和张扬，他的蛮暴和力量深深吸引着她。只是擦肩而过的惊鸿一瞥已让这个生性浪漫的后宫之主不能自持,她甚至立马提笔写信给自己的小姐妹,让她秘密安排与波将金的幽会。

而这个近卫军的中尉似乎也沉醉于这个女人的温柔眼神里,虽然已不是清纯少女的清澈,但成熟、妩媚、娇艳的眼神也许更能占据这个铁血将军的心。于是他们很快在涅瓦河上的一个小岛上的一间小房子内幽会。从此,拥有了俄国军队作为其坚实的后盾,她的政治野心开始渐露端倪。

1761年对于叶卡捷琳娜而言,无疑是极其重要的一年,正是在这一年,那个幽禁她、操控她,让她的生活一度暗无天日的执掌朝政20年之久的伊丽莎白女王在12月25日驾崩,彼得三世依律继任王位,成为沙皇。

这并不是一个不爱民的皇帝,这也不是一个完全没有理想和抱负的君主,只是和几乎所有被女人赶下台的男性帝王一样,他的性格过于懦弱,他的政治目标过于理想化,更可悲的是他碰到了一个敢于将他从最高峰颠覆的女子。要成为这样的女子,除了自身的计谋和智慧外,更需要这位君主的积极"配合",而她的夫君恰恰是一个德国出生的、对俄国毫无爱国热忱的并且有些幼稚和自命不凡的君主。在这一点上,叶卡捷琳娜则以一个日耳曼血统的后裔,怀拥着对俄国无限的热爱,甚至让后人在评价她时总是惊叹于她的种族。

叶卡捷琳娜二世王冠

而彼得三世,这个曾经以自己的好恶随意改动俄国制度和法令的君主所推行的种种政策的君王无疑损害了贵族和教会利益,无论对内对外,他都显得很不得人心。他的统治仿佛在配合着叶卡捷琳娜膨胀的野心和欲望,在为这个女子日后的丰功伟业做着积极的准备。

叶卡捷琳娜毫无疑问是一个具备智慧和美貌,并且懂得合理地安排自己才色的女子,她通过与波将金及其兄弟的情人关系间接地掌控了俄国庞大的军队,而此时由于彼得三世改善底层人民生活的政策措施伤害了大地主及贵族的利益,更是给了野心勃勃的叶卡捷琳娜夺位的契机,而驾崩的伊丽莎白不曾料想她的辞世不仅解除了束缚在叶卡捷琳娜身上的枷锁,更给了她一个极好的表演和展示的机会。也许所有的俄国人永远都不会忘记,在那个淫雨霏霏的国丧典礼上,在万千目光的注视下,与彼得三世的平静甚至漠然相比,叶卡捷琳娜显得非常忧伤,甚至有些让人怜惜的悲怆,仿佛离开的不是那个折磨她的伊丽莎白女王,而是和她一起带着简单行囊奔赴彼得堡的那个生身母亲,仿佛这场丧礼不是对过去的苦难岁月的告别,而是等待更加艰辛岁月的到来。而事实上,这样的举动,这样的行为礼仪,注定让这个女子可以站在历史的高峰上迎接属于她的辉煌和绚烂,迎接那些连绵的掌声和不朽的赞誉。至少我们可以认定,她在当时的俄国,已经赢得了足够的尊重和认同,从贵族地主到百姓,他们心中的天平无一不从彼得三世偏向了她。

她在行动前多次问奥尔洛夫兄弟,"近卫军有什么问题吗?"得到的除了是令她期待中的回答——"我们近卫军一定效忠您"外,还有"这件事情恐怕还需要外国人的支持",这一宝贵的提醒几乎成为决定这场政变的最为关键的因素,两天之后,叶卡捷琳娜就召见了英国、法国以及普鲁士的大使,经过一番斡旋和谈判,她获得了英、法、普这三个欧洲最强大的国家的支持。

此后叶卡捷琳娜又陆续得到了其他几个欧洲大国的支持,站在公平的角度客观地说,这不仅证明了她身为女人的个性魅力,更有力地证明了她具备成为一个政治家或者说一个君主的潜质和天赋。在政治斗争面前她显得从容镇定,处变不惊,即使有失败甚至死亡的危险,她依然可以举重若轻,游刃有余。这并不仅仅是胆识过人,而是对于到来的决斗,她已有了充分的准备。

而当一切准备就绪之后,这场原以为会声势浩大的宫廷政变就那样安静地发生了,甚至没有来得及动用那誓死效忠她的近卫军,也没有让外国王室和俄国大地主们大动干戈。

1762 年 6 月 28 日,叶卡捷琳娜里应外合顺利地将还未来得及防备的彼得三世赶下了宝座,而之前彼得三世在这个皇位上仅仅坐了 180 天,他的雄才大略和为民造福的远大理想成为又一个虚幻的美梦,他的挥斥方遒也变成摇尾乞怜。彼得三世被抓后狼狈地跪地求饶,他甚至表示甘愿让出王位,只要女皇放他一条生路,他宁愿流亡海外,但是彼得三世看错他的老婆了,这个女人不会给他任何可以反抗的机会,在她登上沙皇宝座的三天后,她将这个跟她仅有夫妻之名且已经毫无利用价值的男人秘密地处死了。

这个登上王位的女人,命人为自己打造了一顶华丽而又奢美的皇冠,叶卡捷琳娜的钻石情节也许就从那个时候开始了,她对钻石的痴迷程度几近疯狂,每天都佩带款式不同却同样价值不菲的钻石饰品。由于女皇对钻石切割和镶嵌的工艺的极高要求,在当时涌现出许多技艺精湛的钻石切割者,这些人成了俄国历史上最为出色的钻石切割专家。天才的宫廷珠宝匠波吉耶无疑可以名列其间,他为叶卡捷琳娜二世加冕典礼制作的大皇冠以其富丽精美赢得世人称赞,这个皇冠的镶钻数目之多、主钻之奢靡恐怕在俄国的沙皇中无人可以出其右了,而这美轮美奂的皇冠更是成了一个时代的标志,象征着那个沙皇专制统治全盛的时代,象征着那个崇尚奢靡浮华生活的时代,更象征着这个风情万种的女人的统治的正式开端。

在此,我们不得不提一个人,他就是生不逢时的伊凡六世。他是众多沙皇中命运最悲惨的一位。刚满 13 个月时便被送进了监狱,小伊凡离开了借他之名胡作非为的父母,终日与牢房为伴,他自小到大从未见过蓝天和白云,也没听过鸟鸣虫叫,除看守他的士兵外,也从未见过其他人。等这个孩子年满 16 岁时,被秘密押送到施利色堡单独关押,任何人都不知道他的姓名和真实身份。人们知道的只是他的代号——"一号囚徒"。奉命看守伊凡的两个禁卫军军官弗拉谢夫和车金直接向伊丽莎白女王宣誓,定期呈报秘密报告。

长年的牢房生活,使伊凡的体质、心理、性格都发生的严重畸变。他头发蓬松,脸白如纸,身患多种疾病,呆滞的双目不时露出愤懑之光。他每天除了读《圣经》

和《使徒列传》,就是在沉思遐想。而当叶卡捷琳娜二世踏着丈夫的尸体登上了沙皇宝座后,她居然害怕这样一个孱弱少年危及她的统治,或者说动荡的时局中她深深恐惧有人拥戴伊凡六世而危及她的宝座,于是在 1764 年 7 月 5 日晚,人们发现"一号囚徒"身中数剑,倒在血泊中,且已气绝多时。是的,年仅 24 岁的伊凡,在度过了 23 年的铁窗生涯后,终于成了俄国宫廷政治的又一牺牲品。

此后,叶卡捷琳娜女皇开始了更为宏大的政治演出,她拥有了更为盛大和自由的舞台,也拥有了更为庞大的观众队伍,有更多人会拥护她的统治,也有更多人会站出来会反对她,她会审时度势地将其铲除出核心政治集团,甚至是不惜代价地将其置于死地。在可能反对她的农民和地主之间,她非常现实地选择了大地主,她甚至公开宣布自己是俄国"第一大地主"。

她一上台就用扩大贵族特权的方式取悦了帮助她谋求到皇位的贵族,她没有付出任何代价,受到残酷剥削的只有农民。她分封土地给每一个给过她实际或间接帮助的贵族,连同居住在土地上的农民也一起分封,此举成为她统治开始的标志,如同一个坐标一样,向俄国农民宣告着彼得三世所带来过的美好时光早已成为幻梦,那些被圈禁在土地上的农民,那些在彼得一世农奴制改革后依稀看见希望的曙光的底层农民,瞬间又跌入了万劫不复的深渊。而在叶卡捷琳娜统治期间,贵族所拥有的可以随意在市场上买卖的农奴数超过全国农民数的一半,而那些侥幸没有因为女皇的慷慨而成为农奴的农民的生活也相当惨淡。也许是生活在自己所打造的假象下太久了,叶卡捷琳娜大帝最后也相信了自己编造的谎言,确信自己的统治强大了沙俄,富足了国民。她给伏尔泰写信,饶有兴致地介绍说俄国农民都可以吃上鸡,事实上那些没有划归为农奴的农民所耕种的土地是非常贫瘠的,他们的祖辈在上一次改革中所欠下的巨额债款更让他们生活变得没有了盼头。

1762 年宫廷政变的风烟终将散去,留给历史的是一个清晰而有力的转折点,无论这个女子是通过何种手段和途径获得了皇位,是牺牲了多少人的鲜血和生命甚至还有她血液里最后仅存的那一丝仁爱,抑或是以皇权与贵族以及地主之间的再次苟合达到的短暂的政治平稳……当历史的风尘散尽的时候,我们依稀可见的是一个盛大王朝的开始,是一个中央高度集权而又相对安定平稳的沙皇政权,是一个俄国日渐强大走向世界的身影,在这个模糊的轮廓中,我们仿佛已经窥见这个女子激越的人生理想和远大的政治抱负。

开拓帝国版图

历史的长河中,这个凶悍的民族总是在每一次沉沦之后似乎总能获得一种凤凰涅槃式的再生。而每一次失败和胜利几乎都来自战争。贯穿整个俄国历史的、处于支配地位的主题就是疆界的扩张。对外扩张、建立军事强国、追求帝国势力和威望,一直贯穿于俄罗斯政治文化和对外交往的全过程,而强烈的宗教意识和救世主义理念成了推动俄国大规模向外扩张的思想基础。时间渐渐滤净了曾经弥散的硝烟,我们不得不承认,是不断的侵略行为造就了俄国辉煌而又厚重的历史,是不灭的扩张野心抒写下坚韧磅礴的民族性格。

叶卡捷琳娜大帝正站在这历史的洪流中,面对欧洲豪强虎视眈眈的窥探眼神时,这个年轻貌美的女子毫无惧色,激流勇进。当时的世界,早已经完成了新大陆的发现,某些地区性关联随着时间的推移或更加紧密或更加稀松。对于俄国而言,或走向世界华丽的舞台成为权力的一个领舞者,或坐拥着广袤的森林迎接周遭艳羡且嫉妒的目光,是非常关键的选择。

这个时候,叶卡捷琳娜适时地出现在历史的名册中,不仅继续扶植军队使其在国内一直拥有至高的地位,并通过各种手段和权术使近卫军誓死为她效忠。纪律严明、作战有力的军队,再借以个人出色的外交才华和侵略手段,数 10 年间,通过三次对波兰的瓜分,两次对土耳其的攻略,以及一次出征瑞士,她作为一个重要的参与者推进着国际格局的变化,在俄国日渐扩张的版图上,叶卡捷琳娜舞出最绚丽的政治之舞。

她使波兰消失和土耳其迅速衰落的同时,使俄国更加强大,统治力量进一步逼近欧洲心脏地带,并在即将到来的拿破仑战争时代立于不败之地。这位不可一世的女沙皇使俄国成为巨大、强盛且令人恐惧的国家。

正是这个骨子里流淌着日耳曼血液的女人,在 34 年里竭尽全力地完成着彼得一世未尽的心愿。因为这个日后被俄国人亲切地称为"我们的小妈妈"的俄国女沙皇,充分利用了当时欧洲复杂的力量结构和多个强国相互牵制的局势,频繁、熟练地运用其非常擅长的外交艺术,分化列强,利用矛盾,才使得政治制度并不先进、经济生产落后的俄国在较短的时间内迅速崛起成为欧洲强国。

事实上,自从俄罗斯摆脱了蒙古人的统治后,它所面临的威胁几乎全部来自西方,它在国际舞台上的起起落落也与西方密切相关。而在东方,俄罗斯的地位要巩固得多,它对东方的领土扩张基本上一帆风顺。落后的东方国家用一种畏惧和惊恐的目光注视着这个强大的、侵略成性的邻国,而俄罗斯则用同样畏惧和惊恐的目光注视着比自己更先进的西欧国家。

当时的西欧一直是俄国国土安全最主要的威胁以及阻碍其扩张的最大阻力所在,但同时也是俄国实现强国梦的力量和榜样,俄国的荣辱兴衰在很大程度上是与西方联系在一起的,这决定了叶卡捷琳娜的对外政策依然是以西方国家为重。

她的政治理想起初只是巩固俄国在波罗的海的地位,随后增添了兼并乌克兰和白俄罗斯。之后愈发膨胀得令人难以想象,但她通过一次次惨烈的战争一步一步地实现着她的政治理想,相信是在普鲁士长大成人的经历,让叶卡捷琳娜更明白俄国本质上是一个农奴制色彩浓厚的落后国家,不论在地缘政治方面还是在地缘经济方面都不占优势,所以她在位期间国家外交的主要活动方向,甚至外交战略的轴心就是与西方强国的关系。而关于亚洲,大概只有 18 世纪末,在其统治末期,向东进军吞并了楚科奇半岛,并进而越过白令海峡,吞并了北美的阿拉斯加,才可以见证叶卡捷琳娜征服东方的魄力。

瓜分波兰是彼得大帝的一个梦想。这些懦弱的波兰贵族们占有大面积的欧洲领土,扼守着良好的港口,但这个国家却圈养着一群只知道身披裘衣剥削农民的废物,他们毫无作为,在丛林政治中,他们理应成为鱼肉。俄国雄踞欧亚大陆的北方,但却一直没有一个良好的不冻港,这导致俄罗斯多少年来一直困苦不堪,彼得大帝曾梦想在黑海沿岸获得一个港口,但由于英法的干涉和土耳其坚决的反抗,彼得大帝最终也没有实现这个全俄国人的梦想。而在叶卡捷琳娜时代,这个机会来了,俄国和普鲁士、奥地利达成了秘密协议：瓜分波兰。叶卡捷琳娜迅速发挥出她的优势，在 1763 年波兰选王会议上，叶卡捷琳娜和普鲁士、奥地利联合行贿，贪图微利的波兰可怜虫们随即把叶卡捷琳娜的情人波尼亚托夫斯基推上波兰王位。在控制了波兰国内政治局势之后，俄罗斯随后与普鲁士、奥地利于 1772 年出兵，波兰第一次被瓜分，叶卡捷琳娜得到了白俄罗斯和拉脱维亚的一部分。波兰农民进行了灭亡前毫无疑义的抵抗，在没有贵族的支持下，这场抵抗变成了一场屠杀。而愚蠢、徒具虚名的波兰爱国党在 1791 年通过了《五三宪法》，企图用一种幼稚的政治宣言来表明自己的力量，他们竟然宣布废除自由选王制和自由否决权，这种可笑的宣言自然成了俄国和普鲁士最好的入侵借口。很快叶卡捷琳娜再次联合普鲁士对波兰展开攻击，俄国军队攻占华沙，并宣布《五三宪法》无效，波兰第二次被割去大面积领土，叶卡捷琳娜如愿地得到了西乌克兰、白俄罗斯和立陶宛的一部分，在 1793 年波兰的最后一次议会上，懦弱无能的波兰贵族们以"沉默表示同意"的形式通过了这个协约。

此时，叶卡捷琳娜已经预谋第三步，完全把波兰这个对欧洲毫无意义的国家从地图上抹掉——这样俄国与欧洲大陆之间就不再存在任何屏障，俄罗斯帝国主宰欧洲大陆的远大理想也就近在咫尺。此时再为那位波尼亚托夫斯基保留一个傀儡王位显然变得多余，而且还会为俄国留下后患。于是，当 1794 年波兰所谓的救亡起义风起云涌的时候，波兰人再次为俄国和普鲁士制造了一个借口，这仅仅是在 1793 年第二次波兰被瓜分的一年后。通过三次战争，叶卡捷琳娜的帝国领土增加了 46 万多平方公里的土地，而波兰却从此在历史上消失了相当长的一段时间。

从 1763 年到 1794 年，关于波兰的战争几乎贯穿了这个女人辉煌的执政历程，无论是作为一个见证一路陪伴她的政治生命，还是作为这三次侵略战争本身，叶卡捷琳娜都表现出了一个统治者的果敢、坚韧以及对于局势至上的掌控能力，她不会轻易放过任何一个机会，同时也不是好大喜功狂妄专横之人。与之相比，在中国悠久绵长的历史上，所留下过名字的女人大多是以她们非凡的美貌或善于宫廷斗争的权术闻名，即使是当年也曾镇压过起义的武则天，与有着如此磅礴政治野心的叶卡捷琳娜依然相去甚远。只是历史无法回答，她对于领土扩张的热爱是出自对于彼得一世遗志的遵从，还是源于个人对于近卫军近乎偏执的热爱？

叶卡捷琳娜二世于 1763 年令人参照近卫团军装的样式为她做成了一套"制服"，由长裙外衣和衬裙两部分组成的制服显出的不仅是军人的英武之气，更有一个帝王的雍容华贵。绿色绸缎烫上金属线作为镶边，并且在衬裙中间镶上了金带，这套华丽奢靡的制服无疑将当时盛行的法兰西时装风格和俄罗斯的民族特色糅合得天衣无缝。在叶卡捷琳娜的"凤袍"中，"军装"成了非常特别的珍藏。今天当它躺在博物馆的陈列架上的时候，我们依稀可以看见叶卡捷琳娜女皇在位期间，在每一次战役的开始前，在每一次近卫军举行重大节日庆典时，她穿着这套军装的飒爽英姿。我想历史也会记得当叶卡捷琳娜身着戎装、挥舞着宝剑指挥近卫军团出发时，那些近卫军军官们如痴如醉的表情。或许这也是这支俄国军队具有如此战斗力的又一个重要因素。

除了对波兰的瓜分，叶卡捷琳娜还对土耳其发动了战争。

其实她之所以能在其如此多的前人失败过的地方取得成功，是因为有几个对她有利的因素在起作用。首先，波兰和土耳其这两个以往一向与俄国争夺对乌克兰的所有权的强国迅速衰落了，而俄国惊人的领土扩张以及强固的中央集权制政府，正在稳步地变得更加强大起来。叶卡捷琳娜是一位极好的外交家，她巧妙地利用了国际形势所提供的每一机会，与奥地利的约瑟夫二世和普鲁士的腓特烈大帝分别缔结协约。这些协约使她能在不和欧洲任何主要强国发生纠葛的情况下，放手进行对土耳其的战争；叶卡捷琳娜还具有选拔第一流的顾问和将军的才能。最杰出的是亚历山德·苏沃洛夫将军，他是一位军事天才，是执行叶卡捷琳娜的政策的忠实工具。此外，在从彼得大帝发动战争以来的80多年中，俄国农民谨慎、耐心地把他们的拓居界线向南推进，从而使得苏沃洛夫得到了一个比彼得所曾有过的更坚固的作战基地。

1768年，叶卡捷琳娜再次发动了克里米亚战争，目的就是完成彼得大帝未竟的事业——为俄国寻找一个更加良好的出海口。但实际上叶卡捷琳娜也对这场战争没有十足的把握，因为从实力上来衡量，俄国与对土耳其势均力敌，俄国并不具备明显的优势。但叶卡捷琳娜的这次赌博在开始阶段收获颇丰，俄罗斯军队在多瑙河、克里木、高加索和爱琴海四条战线竟然全线获胜，这样叶卡捷琳娜就控制了克里米亚半岛，并且直接吞并了克里米亚汗国。克里米亚半岛上的战略地位非常突出——它是连接欧洲与中亚的交通枢纽，同时也通过黑海可以直接进入地中海，这等于俄国势力直接扼守了欧洲的东方通道。

当然，这场战争远没有结束，由于英国和法国的联合干涉，叶卡捷琳娜不得不吐出很多已经到手的胜利果实，叶卡捷琳娜遂决定发动第二次克里米亚战争。从1787开始至1792年，俄国的军事统帅苏沃洛夫做得很不错，战争再次赢得的辉煌。但此时，苏沃洛夫的胜利之巨大，也引起欧洲的不安，因为普鲁士和奥地利对俄国朝地中海的势不可挡的推进惊恐起来。而此时叶卡捷琳娜出色的外交智慧又一次得到了施展，她机敏地利用了1789年法国革命的爆发，向奥地利和普鲁士的统治者指出，巴黎的革命运动比起俄国在近东的扩张，是一个大得多的危险。

普奥的统治者继续的纵容，使得叶卡捷琳娜能把她对土耳其人的战争进行到1792年土耳其人接受推西条约之时。这一条约使俄国获得了从东面的库班河到西面的第聂伯河的整个黑海北岸。在与土耳其的较量中，俄国又获得了空前的成功，无论是战争本身的军事胜利，还是得到对于俄国走向世界具有重要里程碑意义的这个黑海口岸。

年过花甲的妇人终于手握整个乌克兰，她站在广袤的草原上的时候，不知有没有为自己显赫的战功感到骄傲和自豪。或许在她心中仍有更加远大的理想。她说过"我两手空空来到俄国，现在我终于给俄国带了我的嫁妆，就是克里米亚和波兰。如果让我活两百岁，我将征服整个欧洲"，虽然她的生命不够绵长，但我想即使是今天的俄罗斯人民，依然会感到自豪，为他们曾经拥有过这样一个女皇而自豪，因为她所具备的不仅仅是无畏和勇气，更有过人的军事智谋和政治天赋。

在这里，忍不住要提及一个中国的男人，一个几乎跟叶卡捷琳娜同时代的统治者。乾隆这个好大喜功的中国君主，一生的文治武功与叶卡捷琳娜女皇的历史贡献相比显得有些苍白，而耗费巨大的"十全武力"，仔细推敲下大多是平定内部的叛乱，并且有些局部的骚动根本没有必要那样穷兵黩武地拉出一整支军队。当然乾隆最可悲的地方还不在于此,在于他对于欧洲近代文明的漠视和对于科技力量的无知,这个曾被认为中国历史上最有个人才华的皇帝之一的君主,不仅野蛮地赶走了前来窥探情况的英国使臣,更在晚年关闭了中国南方的港口,中国便在这紧缩封闭的观念下继续着自己小农经济的模式,继续着越发集权的统治制度,也继续着对欧洲和世界的隔阂。

而在这几十年间,住在我们北面的这个邻居,正在发生一场巨大的西化,从统治集团的内部构架到贵族的生活习俗,从科学技术的蓬勃发展到资本主义商业的欣欣向荣,沙俄正在进行着一场平稳的改变,这场看似平静的变化背后是俄国波澜壮阔的近代化之路。当我们回顾历史的时候,我们有理由相信正是叶卡捷琳娜的开明专制带给这个国家最大的光荣,并且赋予了民族更大的自信和更多的机遇,是她帮助俄国在世界大扩张滚滚的历史洪流中成为世界的中流砥柱。

开明与专制

当我们穿过历史漫长的隧道,回到几百年前的沙皇统治时代,或者更加确切地说回到叶卡捷琳娜二世统治的历史中,我们看见的是一个在挣扎和阵痛中前行的俄国,看到是一个挥舞着"开明君主专制"的旗帜庇佑着贵族、大地主和新兴资产阶级利益的统治集团。我们看到的是一个在科技文化进步和创新的过程中大刀阔斧却也保留自己原则的底线的君主……俄国在近代化的历史进程中所突现出的种种矛盾在叶卡捷琳娜的统治中都依稀可以看到痕迹,在她 34 年的统治中,暴力和文明前所未有的相互撞击着,我们甚至无法判断,这个女人带给俄国的究竟是开明君主专制的温柔,还是令人心寒齿冷的暴虐统治。或许这会成为一个永远的谜团,那么我们就记住她曾经竭力带给俄国的那些先进和文明吧,这也许是符合她的初衷的。

说起"开明专制",不禁又一次想到了那个和叶卡捷琳娜遥遥相对的中国女性。是的,在 1000 多年前的中国国土上,坐拥着华夏的女皇所实行的也是叫作"开明专制"的统治政策,只是在 18 世纪的欧洲大陆,这种政治思潮才开始风行,在欧洲许多宫廷都已宣布实行"开明专制"。而叶卡捷琳娜二世在俄国实行"开明专制",与其说是受欧洲宫廷的政治风气同化,不如说是受法国启蒙思想家的思想宣传、推动所致。

女皇与法国启蒙思想家们普遍地建立起了频繁的书信联系,她与伏尔泰的私交甚好,经常书信往来。信中,把自己说成是农奴制度的反对者,强调"让那些出生是自由的人沦为奴隶,是同基督教和正义格格不入的"。而事实上,叶卡捷琳娜在位期间扩大了贵族和教会势力,并且为此极大地牺牲了农民的利益,全国超过一半以上的农民都成为她送给贵族和地主的礼物,而那些在自己贫瘠的土地上以黑面包为生的农民们,更加具有讽刺效果地揭露出这个伟大统治者的虚伪。

或者我们可以认定这是一个乐于自我标榜的君主,她并不是不清楚何为善何为恶,她有选择地吸收启蒙思想家的思想,并且积极实践,力主实现"君主与哲学家的结合"。她甚至经常在发言中引用伏尔泰的经典论述,以证明她对启蒙思想的认同和理解,这一举措,为叶卡捷琳娜赢得了知识分子的尊重和认可,使得她的伪善的"开明专制"得以在俄国推行了 10 年以上,而女皇对于文化事业的投资也可谓慷慨,她曾经动用 16000 金币买下百科全书派代表人物狄德罗的私人图书馆,并且以 50 万卢布的薪水聘任他为图书馆的馆长,如此的热诚和慷慨使得狄德罗随后带着感动和友善,来到俄国,按照叶卡捷琳娜女皇的说法,这位启蒙思想家的来到,将推进她的政治改革的进程。只是我们都知道,这不过是一场美轮美奂的表演。

叶卡捷琳娜二世在治理俄国的时候,她为俄国引进了欧洲流行思想,她把欧洲当时最先进的思想引入了俄国这个庞大、但没有经历过文艺复兴的帝国中来,为这片冻土带来了一股"叶卡捷琳娜开明统治"之风,她说:"我只希望上帝让我统治的那个国家繁荣富强;上帝是我的见证人……自由是万物的灵魂,没有自由,一切都将死气沉沉。我需要人人遵守法律,但不需要奴役。我需要一个使人得到幸福的总目标,不需要破坏这个总目标的任性、奇想和暴政……"

这个女人以其敢作敢为的风格一举打破了沙俄帝国盛行了数个世纪的农奴制度,但可惜叶卡捷琳娜采取这个历史步骤有些迟了。普加乔夫,这个彼得三世的冒充者其实为俄国农奴们帮了个倒忙,他不合时宜的起义导致叶卡捷琳娜终止了本来即将付诸实施的农奴解放改革。

1773 年 9 月 17 日,普加乔夫率领 80 多名哥萨克人组队伍去攻打雅伊克城堡,结果获得了不可思议的成功,随后他们乘势向奥伦堡进军。

但奥伦堡不是无足轻重的雅伊克城堡,这里是当时俄国在东南地区的一个军事重镇。奥伦堡城防坚固,叶卡捷琳娜在这里留有重兵,还配备了 70 门大炮。普加乔夫的农奴军队自然无法完成这样艰巨的攻城作战。而他本人则扮演了斯巴达克斯的角色,企图用宣传、演讲、蛊惑、威胁等手段建立起一支强大的军队,他用诱惑性的辞藻说,要把俄罗斯丰富的河川、土地、草原、薪饷、武器和粮食给哥萨克人、巴什基尔人、哈萨克人、卡尔梅克人和鞑靼人。他有针对性的号召鼓动了各族人民,参与到这场企图推翻叶卡杰琳娜二世的起义中来。

起义军很快发展到 3 万多人,叶卡杰琳娜意识到了世态的严重,随即连夜调动三路大军,增援奥伦堡。在三路援兵作战效果不佳的情况下,1774 年春天,叶卡捷琳娜再次派出援兵,女皇的处变不惊激励着近卫军的战士,这一次双方在谢季塔瓦展开激战,起义军遭到失败。

4 月 1 日,起义军在萨马拉激战中再次受挫,只好从奥伦堡撤退,向巴什基尔地区转移。之后近半年时间里,普加乔夫在每一次撤退和西进途中,沿途都有无数群众加入起义的队伍中来,但当叶卡捷琳娜将在土耳其战场上骁勇善战的苏沃洛夫的部队调回俄国时,战局的结果似乎已经奠定。

8 月 25 日凌晨,双方在萨尔尼科夫展开决战,起义军被击溃。普加乔夫带领 200 多名残部,东渡伏尔加河,逃往草原深处。队伍不断缩小,最后剩下不到 50 人。而深究这一场战斗,是非功过也许真的已经成为历史的秘密,无法再有人知晓,我们只是在历史的光华间依稀看见这一段斑驳的阴影,看见这一场宫廷势力与民间力量的殊死搏斗。最终农民起义的阶级局限性和军事力量上与近卫军的巨大差距使得普加乔夫起义以被镇压的命运告终。

1775 年 1 月 10 日,普加乔夫被戴上手铐脚镣装在木笼里运回莫斯科,她把这个冒充她先夫彼得三世的农民起义领袖残虐地砍头、肢解、焚烧以泄她心头之恨,鲜血流淌在莫斯科的土地上，流淌过普加乔夫所经过的所有山川和河流，这样一场历时一年半的农民起义使得叶卡捷琳娜辛苦营造的开明专制的光辉形象几乎毁于一旦，但这个女人不会放弃，她依然要为自己建立起让后人景仰的丰碑，依然想要成为俄国历史上"开明君主"的典范。

于是，当政局稍稍稳定之后，在 1776 年叶卡捷琳娜又组织人力撰写出了一部法律著作《圣谕》，在这部高唱着民主和平等的法律中，包括如下条文："在温和的国家里，最下等的公民财产与荣誉，也都受到尊重"，"不伤害任何人的生命，除非祖国反对它。然而祖国是不伤害任何人的，祖国首先给他们以一切自卫手段"……甚至在公布的一百年后《圣谕》依然被认为是俄国真正欧洲生活的开端，从内部靠拢欧洲文化的标志，甚至有激进的俄国人认为正是在《圣谕》发布之后，俄国人第一次获得称为公民的权利。

而叶卡捷琳娜女皇也对自己的这一举措不无骄傲，她甚至给友人写信说："我断言，我的《圣谕》不仅是好的，而且甚至是卓越的，极合时宜的，因为贯穿其存在的 18 年，它不仅未产生任何的恶，而且一切由它引起的，有口皆碑的善，都来自它所确定的原则。"这些充满着自豪的言辞背后究竟是她对于残酷现实的粉饰，还是她也沉迷于这个自欺欺人的美好景象中，真的以为自己的行为所代表的就是公正、平等、民主和自由？

事实上，叶卡捷琳娜二世的独裁统治可以获得成功，其主要依靠的无疑是贵族、农奴主和新兴的工商资产阶级，这是历史的必然要求和趋势。在那个资本主义逐渐兴盛起来的时代，若不依靠贵族和新兴资产阶级的力量，等待这位胸怀天下的女皇的，大概只有和她仙逝的夫君一样的命运。除了大肆奖励帮助她政变成功的贵族和地主之外，叶卡捷琳娜更将贵族的特权变为有据可考的法律。

1785 春天女皇下诏颁布《俄国贵族权利、自由和特权诏书》，宣布贵族拥有占有农奴、土地、矿山、森林、水源的权利，拥有在城市购买房屋、土地，投资建厂的权利。这个诏书如同春风，拂过俄国广袤的土地，它从法律上确定了贵族是俄国的特权阶层，使得这个阶层不承担任何国家义务，除去图谋反对沙皇的罪名之外，不受任何法律限制和处罚。

城市工商资产阶级作为尚在成长中的阶层以自己的工商活动获得了相应的政治权利和社会地位，就在颁布《俄国贵族、自由和特权诏书》的同一天，叶卡捷琳娜的沙皇政府颁布了《俄罗斯帝国城市权力和利益诏书》。同样的，这是一个具有倾向性的文件，同样的使得叶卡捷琳娜的统治得以加固，同样的使得女皇日后在行政方面的改革受到贵族阶级和尚处于上升地位的资产阶级的欢迎而得以顺利推进，而我们所熟悉的"贵族女皇"的封号也许是契合那执政的 34 年的贵族专政的黄金时代的，也由此可见，专制制度的强势发展是与女皇极力张扬的"开明专制"分不开的。

当我们拨开时间的层层遮掩，可以清晰地看到，叶卡捷琳娜二世的"开明专制"在客观上促进了西方先进思想的传播，具有一定的进步意义。她在位期间实施了 11 年的"开明专制"，她的政策在欧洲赢得了一片称誉之声。作为一个重要的历史时刻，1767 年 8 月 10 日是一定会被铭记的，因为在那一天，新法典编纂委员会通过了授予叶卡捷琳娜二世"英明伟大的皇帝和国母"称号的建议，叶卡捷琳娜二世有些意外却终于得偿所愿地被尊称为"大帝",稍有俄国历史知识的人都会知道,在俄国绵长的历史上,这样的殊荣只有彼得一世和叶卡捷琳娜二世享有过。

实际上,叶卡捷琳娜推行"开明专制"的真正原因,是因为她看到了欧洲的繁盛的原因:无法阻止的资产阶级发展,他们是现代世界的真正勃兴力量,俄国如果仍然执拗地拒绝资产阶级,不但会威胁到叶卡捷琳娜的帝位,而且整个俄国也会因此与欧洲的差距越来越大。她聪明地寻找到了一个平衡——保持专制的同时,打开一些门。在叶卡捷琳娜时代,俄国对本国的资本主义工商业也采取了类似欧洲大陆那样的鼓励政策,这自然收效明显。

叶卡捷琳娜颁布法令,宣布工商业者可以进行自由贸易,并同时取消对贸易的各种落后的限制,尤其出口商们向欧洲出口柏油、亚麻籽、蜡、油脂、铁矿石和钾碱等,甚至包括大麻,这些都是俄国丰富的商品,能赚取大量的外汇。叶卡捷琳娜为此建立专门委员会负责更新金融制度,完善金融秩序和市场。

面对俄国东部大量资源丰富而人口稀少的领土,叶卡捷琳娜也建议政府鼓励向人口稀少的地区移民,这如同美国开发西部一样,叶卡捷琳娜也对这些移民给予各种鼓励和保护性政策,这促使很多俄国人向东部移民,不但减缓了西部的人口压力,而且大大激发了东部的开发。

从 1762 年开始,叶卡捷琳娜时期的俄国手工工场已经从最初的 984 家增加到 1796 年的 3161 个家。生铁产量在 40 年间从 1760 年的 6 万吨增加到 1800 年的 16 万吨。

此时,资产阶级的蓬勃发展也促进了人口的城市化,在 17 世纪中期,俄国城市人口为 50 万,但到了第三次瓜分波兰的时候,在 1794 年,城市人口已经增长到 228 万人。俄国开始迅速向近代工业化国家迈进。

在军队方面,叶卡捷琳娜几乎是不遗余力地为军队的建设大力投资,她深深懂得在一个帝制国家中军队的重要性——当政治稳定的时候,军队是开疆拓土的利器;在动乱年代,军队就是帝王最重要的支柱。经济的发展也让叶卡捷琳娜拥有相当丰厚的资金,因此她可以对军备进行可观的投资,这也是叶卡捷琳娜时期能够把俄罗斯领土从 1642 万平方公里扩展到 1705 万平方公里的主要原因。

当然,经济与文化是一对孪生姐妹,叶卡捷琳娜女皇远比大多数受过良好教育的俄国贵族清楚文化与经济的关系,她在对欧洲文化发展进行了详细的考察之后,也努力建设俄国自己的文化事业。她曾拨巨款发展俄国科学院,把冬宫内著名的爱尔米达什博物馆进行了扩建。

至于各种学校,她则几乎完全按照欧洲模式进行建设。因此这一时期俄国也基本跟上了欧洲科学和文化的前进步伐,贵族们也依照女皇的愿望而去欧洲留学,莫斯科大学也因此能聘任到一些俄罗斯族的教授,当然,对那些贵族来说,他们控制着俄罗斯的各种资源,必须也给他们一个良好的场所以便他们这些顽固的脑袋接受些新东西。为此她建立了一批贵族学校。

叶卡捷琳娜女皇与克里斯蒂娜一样,对文学有着特别的爱好,她们两人颇为相似的一点是,她们都喜欢自己登台演出,叶卡捷琳娜甚至还自己编写剧本。叶卡捷琳娜放开了禁锢多年的出版限制,言论自由因此得到相当程度的发展。

1783 年俄国取消了国家对出版事务的垄断,准许私人开办印刷所和出版社。

与此相适应，书报检查制度也在一个时期内变得相当宽松。这才让拉吉舍夫的《从彼得堡到莫斯科旅行记》、诺维科夫的讽刺杂志《公蜂》《画家》《钱袋》、冯维津的讽刺剧等有机会与大众见面。

叶卡捷琳娜女皇对于高雅文化的热爱还表现在她对艺术珍品的热衷上，不过我们无法辨明到底是由于她真诚地热爱着艺术，还是附庸风雅。叶卡捷琳娜二世当政之后结束了在彼得堡和莫斯科之间摇摆的历史，彼得堡成了帝国的唯一首都。女王着手规划整个圣彼得堡的格局，按照自己的更为传统的艺术风格策划修建了一些建筑物。尤其以位于涅瓦河畔的馆艾尔米塔什博物馆为典型，这是与伦敦的大英博物馆、巴黎的卢浮宫、纽约的大都会艺术博物馆一起，被称为世界四大博物馆。博物馆最初诞生于叶卡捷琳娜二世时期。正是这位女皇收集的大量艺术品构成了这座博物馆典藏的基础。当时俄国正在崛起，为了巩固至高无上的统治地位，需要借助艺术进行自我形象塑造。女皇不仅效仿所推崇的法王路易十四等大国君主，还把自己比作文艺复兴时期梅迪奇家族的女人，很愿意成为艺术品的收藏家和赞助者。

罗蒙诺索夫

虽然女皇承认自己不精通甚至并不爱好艺术，只是一个艺术收藏方面的"美食家"，但经常能以合理的价格买到最好的东西。女皇与狄德罗、伏尔泰、克里姆、罗蒙诺索夫这样的国内外知名人士保持着良好的私人关系，收藏于是具有了相当水准。不仅狄德罗等人能够提出有价值的意见，像法尔科内这样世界著名的雕刻家以及俄国有教养的外交家戈利钦等贵族人士，也都不遗余力地协助她进行着文化建设。

女皇通过这些人用适度的、商量的或强制的方式去收集或订购；派人在拍卖会尚未敲定之前抢得某件杰作的购买权。在多笔成功的交易之后，欧洲艺术史自文艺复兴以来凡是知名画家都有作品归于俄国皇室名下，以至于女皇所藏的绘画能清晰地反映出欧洲特别是西欧绘画发展历程。这不得不说是这位以政治的冷酷著称的女皇给这个世界的文化带来的一丝暖意。

正如我们所知道的，叶卡捷琳娜执政时期是俄国专制制度的黄金时代和巅峰时期，而"开明专制"的尝试为俄国专制制度增加了许多新的内容，叶卡捷琳娜对于俄国政治现代化进程产生了深远的影响不必再赘述。俄国最高统治者——沙皇以及上层统治阶层的一些人士在之后的历史中基本继承了官方自由主义的统治特色，在某些时期对西方资产阶级思想在俄国的传播采取鼓励的态度，引进西方的先进思想、先进技术和管理方式，亲自主持或支持在俄国进行经济、政治和社会等方面的改革。看尽历史沧桑之后，我相信这已经成为叶卡捷琳娜对于俄国国内社会最为关键的历史贡献，官方自由主义为俄国的政治现代化推开了一扇虚掩的门。

女皇的情人册

如果要问是什么力量让这个女人得以名留青史,是赫赫的战功还是冷酷的性格,抑或是她对于俄国现代政治的贡献?也许答案是否定的,这些关于国家、权力、野心以及战争的金戈铁马、剽悍风情都只是这个女子传奇生命的一个部分,她的神秘更在于那摇曳身姿、膨胀的欲望,甚至是被定义为骄奢淫逸的生活,这个至爱珠宝并且情人无数的女人一生游走在欲望和权利的巅峰。或许她不是最精致的女皇,但是她穿着军装在军前呼喝的样子让近卫军的众将无不倾倒;或许她不是最妩媚的女人,但是她对于性对于爱的渴求却勇敢地让人惊愕之余不得不暗暗敬畏;或许她不是最有权术的女人,但凭借自己的妖冶她轻易地获得了征服威武英雄的法宝。

帮助她实现政变的近卫军军官格里戈夫·奥尔洛夫,无疑是叶卡捷琳娜大帝出名的情人,他是和这个终身沉陷于欲望和权柄的女人最为长久的男人,他也是在一起时获得最为公开的爱恋的男人。无论是如雪花满天飞扬的情书还是奔放热情的文字,抑或是这个男人成为女皇的第二个儿子阿列克谢的生父,虽然最终王位被长子保罗一世继承。但我想在叶卡捷琳娜的两个儿子中,这个儿子会得到更多的关爱和尊崇,因为他的父亲陪伴这个伟大的女皇打下了令人不得不景仰的基业,因为他的父亲一直到死都是女皇最为忠诚的战友。虽然那个时候,他们已经不再是情人。相比女皇对她的情人在物质方面的慷慨,在情感方面她却是个极易厌倦的女子。但我想无论如何都不影响这个男人成为叶卡捷琳娜女皇最著名,恐怕也是最长情的情人。

这个被后人称为格里戈夫·波将金的男人,或者会是因为那个"波将金村"的典故为世人熟知。在那个充满讽刺意味的说法背后是一个男人为取悦他的女人,或者说他的女皇,人工制造了粉饰太平的布景式的繁华景象,这个情人精心炮制并且亲手奉上的"波将金式农庄"确保了在女皇巡视新征服地区的时候为她和世人呈现出这一番景象。历史记载说,这些"农庄"仿佛精美的舞台布景一般,由热闹繁华的城镇和快乐悠闲的农奴组成,这些繁华和美好的景象可以在转瞬之间消失得无影无踪,留下一地的破败和无奈,而波将金会带上这个庞大浩瀚的工程奔赴下个据点,等待女皇的一路巡视检阅。

曾经恬静美好的农庄更多地反映出叶卡捷琳娜二世本人在国体改革等方面缺乏真心诚意以及好大喜功的一面,大概所有的统治者都会用类似的方式表彰自己的丰功伟绩。如同乾隆六下江南,名义上是考察工作实际上是粉饰太平,甚至演技精湛地欺骗过自己,最后连同自己也相信自己是一个不折不扣的仁义君主,而辛苦了那些操办的臣子;如同曹寅为了康熙的南方之行而债台高筑最终祸及子孙一样,波将金对此的付出也可谓鞠躬尽瘁,但若就此来认识波将金却未免太有失偏颇和公平。作为那个时代俄国的政治家、军事家和社会活动家,这个男人在军事和政治方面的才华足以让他无愧于自己的盛名,相信他的盛名并不单纯如一些无稽流言里那样只是女皇诸多面首中最重要的那个。

如果说叶卡捷琳娜二世跟彼得三世的婚姻不过是一场政治和经济的结盟的

话,那么波将金跟女皇的爱情故事也许颇具罗曼蒂克风味。他们的相识、爱情关系的发展奠定,失去与挽救、争吵和分歧,以及最后的分裂,凡此种种,都让我们有理由相信,波将金为他的女人,为他的女皇的帝国事业殚精竭虑,倾尽了自己所有的智慧和能力,这一切,大概真的是源于他对一个女人至深至诚的简单的爱。

但是,当这个男人在被残酷战争折磨之后仍然因为皇权高高在上而无法真正施展自己的才华和抱负的时候,当女皇为达目的不顾惜普通士兵的牺牲与悲惨境遇时,波将金选择了离开,他并不是带着愤怒离开的,只是在走的时候,面对女皇真诚的挽留,他只是不无遗憾地说"我指挥军队却孤独一人"。这个孤独的将军最终离开了曾经辉煌的舞台,但是相信时间会记载下他显赫的战功会留存他为叶卡捷琳娜大帝的统治所做出的贡献。

而就女皇而言,我相信波将金是各方面与她最能匹配的人,宫廷生活的寂寞和统治集团内部斗争的惨烈,都促使女皇必须寻找到一个可以来分享她的哀伤、无奈和痛苦的人。波将金从来不只是一个欲望的化身或者是权力的工具,叶卡捷琳娜是倾心于这个血性的男人的,她所渴求的是与这个男人一起分享生活,如同寻常百姓一样的简单,但遗憾的是,她们所要共同背负的除却简单生活的快乐悲伤以外,更有关于一个帝国的事业,所以不可避免地在对普加乔夫的处置上的意见分歧促使了他们的决裂。

在战争的滚滚烟尘飞扬而过的时候,鬓角已染微霜的叶卡捷琳娜二世语带辛酸地说道,他们两个人都被诅咒了。历史给予他们的关系太多界定,究竟是情人与情人,女皇与臣子,主人与助手,又或者是妻子与丈夫,也许无论历史上是否存在过一场盛大的婚典,他们早已如夫妻一般生活过,而这个女人甚至把她的帝国与她的这个情人分享过,但是最终她的地位身份决定了他们不可能像对正常的夫妻一样平等地相处,他们甚至不能名正言顺地结婚,至少目前没有任何证据能够证明女皇和波将金曾经秘密结婚,虽然女皇的确经常在书信中称呼他为"最最亲爱的丈夫"。如同在此前100年的中国,有一个女人和另一个男人的一场婚姻爱情与权力的角逐中,是否有过一纸证书或者一场庆典虽然在被后人反复论证,但于事实本身,这已经显得不再重要了,因为我们都明白,这桩联姻逐渐发展为一场政治合作。

在中国,那个曾经呼风唤雨的多尔衮为了自己心爱的女人一次又一次地放弃了"荣登大宝"的机会而甘为人臣,而在更为辽阔的沙俄统治下,波将金则为了自己的女人一次次地奋勇抗敌,血洒战场,叶卡捷琳娜二世一度也像对待皇帝一样对待这个对自己的江山举足轻重的男人,让他和自己分享这片广阔的国土。在国政方面,女皇事无巨细都要和波将金共同商讨,并和他一起在扩大俄国疆域和远征土耳其等重要战略上大展宏图。但可惜的是,当女皇的政权稳固之后,波将金所提出的平等意义上的要求都渐渐被认作是对沙皇权威的挑战。这一切其实早已注定,注定了在这个关系圈里,波将金所有的政治理想都只能是为女皇的宏图大志服务,但或许为女皇殚精竭虑的这个英伟的男人是以此为幸福的吧,若如此,一切便已经足够了。

让我们再来认识一下这个男人,因为我相信从这个男人身上我们便可以看见叶卡捷琳娜女皇对于男人的态度。在所有可以查实的波将金的资料里,他的光辉的政治生涯让我们更多地感慨这个男人是用如此的方式在爱一个他不能与之平等生活的女子,这个全名叫格里戈夫·亚历山德罗维奇·波将金的男人1791年在今罗马尼亚雅西市(Jassy)附近去世。对于这样一个盖世英雄,评价自然是多种多样的,无论生前还是死后,但在许多人的印象中,他被看作是一位富有统帅天赋的人。

毫无疑问,作为叶卡捷琳娜二世的情人和宠臣中最非凡的一个,他是一个足够出色的帝国的军事和政治的管理者,但有时欠缺自控。放荡、奢侈,而军人的特质又让他对平凡生命缺乏足够的尊重,甚至在疆场上他对于牺牲和就义也抱着豁达或者漠视的态度,这些与其说是他品格上的缺陷,不如说是他吸引叶卡捷琳娜的重要法宝,女皇所宠幸的男人几乎有一个共同的特点,就是血性。13位在册的情人大多是近卫军的将领,是军人的血气方刚征服了不可一世的女皇,是男人与生俱来的那种不经驯化的野性力量带给叶卡捷琳娜一次次的冲击和享受,无论是在翻云覆雨的美妙时刻,还是在安静的彼此相对时分,男人骨子里所渗透出的雄性之美是最让女子倾慕的,即便她只是一个普通的主妇也会对这样的气势无法抵抗,更何况她是一个对权利和欲望充满着征服欲的君主,这股在血脉里蓬勃的顽强的生命力无疑会成为致命的吸引。

另一方面,波将金是极其忠诚并且宽宏大量的。我们并不知道当他为曾经的情人挑选新的男宠时的心情是否会夹杂着些许忧伤和疼痛,只是当我们目睹他为女皇所精心挑选的情人的名册时,我们还是会对这个男人赤胆忠心表示尊重甚至敬畏的。当叶卡捷琳娜为自己对男人的沉迷津津乐道时,当这个女人即使到了垂暮之年,仍然喜欢被那些衣冠楚楚的小伙子们讨好时,波将金为她推荐和保举了一个又一个候选人,这样的行为方式在平等的男女看来实在是有些讽刺和心酸的,但我们应该相信,在沙皇时代,在一个专制统治的时代,他不过是在用他的方式爱一个女人,为她挑选她一定会热爱的情人,只是因为他足够了解她而已。

有资料显示波将金的头发长而油腻,而且由于不爱洗澡,他全身上下散发着难闻的气味。很多女人觉得这令人作呕,然而叶卡捷琳娜二世却酷爱他的强壮、魅力和阳刚之气。这样的说辞未免有些夸张了,但我们从历史留存的文字档案中可以看出,和这个独特的男人在一起时,她宁愿暂时放下女皇的尊严。在他们感情最为炽烈的时刻,只要他们俩分开一小会儿,哪怕只是几个小时,热辣辣的情书就会雪片般地向波将金飞去,同样作为一个有血有肉懂得爱和被爱的人,叶卡捷琳娜女皇是一个"女"皇,在爱情面前她也是一个真情真性的热烈地燃烧着自己生命的平凡的女人。只是当她回归到沙俄帝国的舞台,她又彰显出另一种天赋,背负起另外的责任。只是我们不知道在看似自然的角色转换背后,这个女人是否也曾为此黯然神伤过。

当然历史论断这个女人的时候,大概都会有苛责地告诉我们,她更在乎的并非爱情而是性,让她的风流名垂千古的并非她的温柔多情,而仅仅是让她身体里本能的欲望的膨胀力量,而对于此,我想我们的确不容否认。甚至她曾经写道:"要是没有了爱情,哪怕只有一个小时,我的心都会不满足,这真是不幸啊。"

之前我们已经知道当时叶卡捷琳娜的大部分"候选人"都是由女皇的前任情人,独眼将军格里戈夫·波将金物色并进贡的,这个曾经因为高傲的气质、过人的幽默感以及高超的床上功夫深深吸引过女皇的粗犷豪放的军官,也没有完全地获得女皇全部的爱。

叶卡捷琳娜女皇在给一位密友的信中,这样写道:"我刚摆脱了一个绣花枕头,取而代之的简直是这个'铁器时代'最棒、最奇特,也是最有趣的人,我也不知道自己怎么会有这种想法。"正如我们之前所提及的,在波将金自己能力不及,无法带给女皇"性福"的时候,他亲自为自己过去的女主人挑选了相当多的"选手",先是扎瓦多夫斯基,然后是佐里奇、里姆斯基—科尔萨科夫、兰斯科依、厄尔莫洛夫、玛莫诺夫等等。冗长的名单让我们甚至觉得有些骇然。

当然除却波将金的推荐之外,想被女皇看中可没那么容易。强健的体魄、英俊的面孔和风趣机智的谈吐是他必须具备的。女皇所有的"准情人"除了必须拥有高贵的血统外,还要通过严格的考核。叶卡捷琳娜手下有一批专门负责考核和测试面首的宫女,她们的工作就是审查这些"选手"是否具有让女皇心满意足的"实力"。这在历史上是具有传奇色彩而又有证可考的事情,无疑被作为女皇风情万种的见证被历史记录。我们甚至难以想象这个女人的精力旺盛程度,她每天工作超过 12 小时。

每一个经历了层层选拔,通过了女皇的密友的亲身检查而被送入皇宫别院的新宠,都拥有着自如的谈吐和英俊的脸庞,在开始的时候,他们都会感受到女皇情窦初开般的宠幸。但是对于他们每一个人而言,都仿佛是一个同样轨迹的重复,因为不久之后,女皇便会借以这样那样的理由把他打发掉了,这对于一个男人自尊心的刺伤应该是相当大的,尤其当他们是一个年轻并且有为的男人时,然而即便如此,还是有很多人为着失宠后所可以得到的丰厚奖赏或者高官厚禄而争先恐后地蜂拥而上,为的只是成为女皇曾经的男人之一,这是这些男人的可悲,还是权力所向的必然?

可靠历史资料表明,1776 年扎瓦多夫斯基失宠,当时的法国驻俄公

俄罗斯油画,晚年的叶卡捷琳娜。

使谢瓦里耶·德·考尔伯隆曾这样记载:"女皇赏赐给他 5 万卢布,外加 5000 卢布的养老金,并在乌克兰赐给他 4000 个农奴(当时农奴和牲畜一样可以供人买卖),这可是一笔不小的财富啊……你不得不承认,我的朋友,取悦女皇终究是一件不错的差事。"而女皇的另一位前情人斯坦尼斯拉斯·奥古斯都·波尼亚托斯基伯爵甚至被封为波兰国王,历史证明这个慷慨的赠送在日后她夺取大量波兰土时起到了至关重要的作用,当豪气冲天的女皇将波兰超过 40 万平方公里的版图并入了自己的国土时,我想是因为她对这个情人的充分了解才让她用兵如神。而她的旧情人又会否感激这个女人如此的慷慨,因为换算成今天的货币,叶卡捷琳娜二世赏给情人的财物相当于十几亿美元。

女皇的朋友,法国启蒙思想家伏尔泰曾经巧妙而温和地批评女皇走马灯似的换情人,女皇却说其实自己绝对是"忠贞不贰"的。"你问我对谁忠贞?当然是对漂亮脸蛋了。漂亮脸蛋总是让我心动不已。"这样大言不惭的"真诚",大概寻遍中外历史,能够与之比肩的也只有那个我们之前也提及过的武则天,这两个女人无论在政治上卓越的成就还是在个人生活上大胆的作风都已经成为她们符号化的标记牢牢地铭刻在历史上,纵然世事变迁,依然清晰可见。

如果说男性君主可以没有任何疑义地坐拥三宫六院,可以借传承皇族血脉之名而在不同的女人身上寄托自己的感情,发泄自己的欲望的话,那么作为女性君主她们的大胆为何要受到如此苛责呢?向她们谄媚的男人们又为何只是作为百姓生活中的闲谈茶资被人以蔑视和不肖的态度记下呢?

这究竟是历史的不公还是社会男女角色的定位早已分定,究竟是否作为女人就只有以辅佐自己的男人建功立业为目标才是可取的呢?究竟这样在历史上留下过绚烂的印记的女人是否最终都会因为她们的传奇色彩而成为争议的对象呢?究竟作为一个女性统治者,她的所作所为够不够资格被所有的俄国人民缅怀和纪念呢?

太多的悬疑在等待我们。

历史的尘土

穿过历史厚厚的尘埃,当我们把目光远眺,当我们站在今天的台阶上极目远眺的时候,我们看见那样一幅波澜壮阔的画面——从 1500 至 1763 年的近代时期是人类历史上一个较关键的时期。正是在这一时期里,地理大发现预示了世界历史的全球性阶段的来临。也正是在这一时期里,欧洲人凭借他们在海外活动中的领导能力,上升到世界首位。这些中世纪发展起来的某些全球性的相互关系自然随着时间的推移而更加紧密起来。

概而言之,从 1500 至 1763 年的这些岁月构成了从 1500 年以前时代的地区孤立主义到 19 世纪欧洲的世界霸权的过渡时期。而英国工业革命开端而向西欧扩散。第一次大浪潮拉大了各大文明区的发展差距,完成了资产阶级革命的英国以及彻底地进行着一场革命的法国,而德意志民族也已经经过普法大战整装待发准备向现代化进军,可以说在短短几十年间,西欧因为制度和科技的力量,迅速崛起成为现代政治和工业文明的中心。

到 18 世纪的后一段时期,规模巨大的洲际贸易已在历史上首次发展起来,那种有限的奢侈品贸易由新的、体积庞大的必需品的交换转变为大规模贸易。第一次国际分工已大规模地完成。世界正在成为一个经济单位。南北美洲和东欧(与西伯利亚一起)提供生产原料,非洲提供人力,亚洲提供各种奢侈商品,而西欧则指挥这些全球性活动,并愈益倾全力于工业生产。而那些古老的拥有绵长历史的国家,比如在中东、印度和中国的古老的文明中心,诸土著民族如人们可能预料的那样,相对西欧的变革和积极进取而言,正在一种自我膨胀里消耗着自己的盛年。

如果说 200 年后中华民族依然傲然挺立于世界民族之林是一个不争的事实的话,那么在 200 年前我们开始堕落消沉也是无法改变的历史,当一个好大喜功的君主带着父辈的基业耗费哗哗白银在自己的国土里显示自己的兵力的时候，在世界的其他角落却在上演一场又一场关于侵略与反抗、殖民与斗争的角逐。在这浩瀚的世界化的滚滚浪潮中，出现过很多被历史铭记的王者或者英雄。有一些已经飘散在时光的风尘里渐行渐远，还有一些则被沉淀下来，安静地成为光荣的历史，比如战功卓著个性突出却最后惨遭滑铁卢的拿破仑，比如成为美国乃至世界历史标杆式人物的华盛顿总统，比如伟大的启蒙思想领袖伏尔泰，比如我们一直在提及的这个经常引用伏尔泰的话发言的实行着沙俄专制统治的叶卡捷琳娜女皇。

她为推动俄国政治的现代化做了最大的努力，当她为俄国开拓疆土的时候，当她站在黑海岸边极目远眺的时候，她会为自己给这个国家所带来的富强而自豪，相信那是臣服在她脚下的臣民和今天俄罗斯的不少人民都会把她和彼得一世一起当作是俄国历史上最为伟大的君主，而作为一个统治者，她必然要面对后世的责问和质疑，或许她活到今天依然会傲然地承认她那超过13个的情人名录，承认她是通过推翻自己的丈夫的统治才登上沙皇的宝座，同样也承认了为了赢得这艰难险恶的政治斗争，她曾经轻易地伤害了无数无辜的生命，包括残忍杀害伊凡六世，以及那无法计数的被她慷慨赠送的农奴。从这些惨淡中我们依稀看见了这个女人的残虐和冷酷，看见她那堂皇的开明专制下严酷的君主集权，也看见叶卡捷琳娜大帝关于政治，关于统治成功背后的些许遗憾。作为一个成功者，她推进了俄国的近代化，她曾经在一个时期促进了俄国人民接受新的思想。

而作为一个女人，她的放纵和骄奢淫逸又是如此张扬，她的女伯爵要为她亲身检验男宠的性爱技巧，她的旧情人会为她物色保举合适的英俊青年，而她自己也乐于将房事的乐趣一一记录下来与周边的人分享，并且用官爵或地契作为对那些过期情人的奖赏，所赠官爵之大和土地之多，尤以把波尼亚托夫斯基推上了波兰国王的宝座为典型，这样慷慨的礼物相信不是每个女人可以送给情夫的，甚至不是每个女皇可以舍得送给至爱的男人的。

也许是她之前的五位统治者都太庸碌无为，导致她的很多精力归于整肃动荡年代留下的残局，又或者是因为她之后的统治者都有缺憾，而使得俄国的经济、文化的发展都没有质的突破，甚至相比叶卡捷琳娜大帝对于收藏和自己打造艺术珍宝的兴趣以及对于知识科技文化传播的热忱，俄国在之后的几十年里渐渐落后于西欧和美国，以至于在第二次科技革命席卷而来的时候，俄国政治和经济已经无法跻身先驱之列了。

历史的车轮滚滚向前，但我想无论走向何方，俄国人民都会记得这位女皇，记得他们的叶卡捷琳娜大帝。

古埃及的拿破仑

——图特摩斯三世

人物档案

简　　历:图特摩斯三世,埃及第18王朝法老,在古埃及的31个王朝中,第18王朝是延续时间最长,版图最大,国力最鼎盛的一个朝代,而图特摩斯三世则是这个王朝的集大成者。

生卒年月:公元前1514~1425年前。

安葬之地:遗体保存在开罗博物馆。

性格特征:以尚武著称。

历史功过:通常认为,是图特摩斯使埃及完成了从一个地域性王国向洲际大帝国的质变。

名家点评:"第一个曾经建立了一个具有任何真正意义的帝国的人,也是第一位世界英雄""古埃及的拿破仑"。

尚武法老

图特摩斯三世,埃及第18王朝法老(公元前1504年~1450年在位),古埃及第十八王朝最以尚武著称的法老。图特摩斯三世是法老图特摩斯二世之子(曾被认为是图特摩斯二世的异母弟)。据认为,他是图特摩斯二世与次妃伊西斯之子,与图特摩斯二世的正妻哈特谢普苏特之女涅弗鲁利结婚。

在公元前1458年前,图特摩斯三世的后母哈特谢普苏特掌握着埃及的实权。哈特谢普苏特死后,图特摩斯三世独自统治了一段时间,后来立其子阿蒙霍特普二世为共同执政者。从公元前1458年起,图特摩斯三世进行连续不断的战争,其结果是恢复了哈特谢普苏特时代丧失的对叙利亚和巴勒斯坦的统治。他在麦吉杜、卡迭石、卡尔赫美什等地取得一系列军事胜利(以围攻麦吉杜的战役最为有名)。约前1445年,图特摩斯三世打败了米坦尼国王,夺占米坦尼王国位于幼发拉底河西岸的土地。经过长期的征服,埃及南部的边界被图特摩斯三世扩展至尼罗河第四瀑布。他还使利比亚、亚述、巴比伦、赫梯及克里特岛的统治者们都向他纳贡。由于图特摩斯三世的赫赫武功,一些历史学家称他为古埃及的拿破仑。图特摩斯三世死后,阿蒙霍特普二世继位。

重归一统

在从中王国向新王国过渡的第二中间期中,埃及遭受到喜克索斯人的入侵,陷于四分五裂,第十八王朝的创建者雅赫摩斯领导了驱逐喜克索斯人的战争,在共同奋战的过程中,埃及重归一统,并在尚武精神的激励下,将这场民族解放运动发展成大规模的对外扩张。从雅赫摩斯开始,历经阿蒙霍特普一世、图特摩斯一世,埃及的兵锋南达尼罗河第三瀑布,北指叙利亚北部、幼发拉底河上游,埃及王国成为一块越吹越大的蛋糕。

到了图特摩斯三世的父亲图特摩斯二世在位时期,这个短命的法老没有留下多少业绩,却留下了一个能干的妻子——哈特谢普苏特,哈特谢普苏特不但把持朝政 22 年,而且还曾正式戴上王冠,是世界上有史可考的第一位女帝王。图特摩斯三世是父亲同次妃伊西斯的结晶,从小生活在哈特谢普苏特的阴影中,在对嫡母恐惧、敌视而又带有几分崇拜的复杂心境中逐渐长大成人。

哈特谢普苏特尽管在内政方面颇有手段,但对外则几无建树。公元前 1482 年,女法老突然死亡,到她的父亲阿蒙神那里报告去了,年已 32 岁的图特摩斯终于得以亲政。图特摩斯上台后立即展开对这位嫡母政敌的报复,企图将她留下的痕迹从埃及大地上抹去,到处破坏她的纪念性建筑物。虽然从长期的郁郁不得志中解脱出来,享受到了掌握权柄的快感,但他初期面临的形势还是很严峻的,国内新旧交替之际政局不稳,而叙利亚南部的卡迭什王国正企图组织反埃及同盟。图特摩斯在稳定了国内局势之后,立马发动了他执政后的第一仗,进军叙利亚和巴勒斯坦。他在军事会议上力排众议,冒险越过一条峡谷,突然出现在敌方大本营美吉多城下,迫使卡迭什王国投降。这个纸糊起来的反埃及同盟也就烟消云散了。

初战的完美胜利大大刺激了图特摩斯的野心,何况他血脉中还流淌着祖宗留下的不安分的因素。他执政期间对外扩张的重点是西亚叙利亚的诸城邦。在首战告捷之后,图特摩斯又花了近 20 年的时间反复多次征讨,才最终确立了对叙利亚的统治,而他对叙利亚的征服严重刺痛了西亚大国米坦尼,强强相碰终不能免。米坦尼王国的悲哀在于它的对手是如日中天的埃及第十八王朝杰出军事家图特摩斯三世。数次大战埃及都取得了压倒性优势,其中公元前 1472 年图特摩斯还一度渡过幼发拉底河追击对手。最后米坦尼屈服,并成为埃及的盟友,这使整个西亚地区大为震动,亚述和巴比伦都同埃及修好,巴比伦还将一位公主送给图特摩斯为妃。两个历史最久远的文明中心第一次以联姻的形式相结合。

军事才能

随着图特摩斯的威名渐行渐远,越来越多的地头蛇向他称臣纳贡。他的舰队同样所向无敌,东地中海成了他的势力范围,爱琴海诸岛、克里特岛、塞浦路斯岛都在他的海上帝国之中。

向北扩展是他的战略重点,但图特摩斯也没有忘记埃及以南的热土,尽管这些地区的文明程度稍逊一筹。南方的边界在图特摩斯时代被推进到尼罗河第四瀑布（今埃塞俄比亚境内）。

为了巩固新征服地区的统治，图特摩斯三世在西亚驻扎精悍的军队，并派驻总督进行治理，同时也利用当地土著王公进行统治。每征服一国，他便将其王公的子弟带到埃及，一方面作为人质，另一方面也让他们接受埃及的教育，培养对埃及的感情。这一招为世界各地的征服者所惯用，而图特摩斯三世显然为原创。

晚年的图特摩斯逐渐倾心于享受富贵尊荣。他让其子阿蒙霍特普二世成为他的共治者。图特摩斯三世去世之后，他的前三个继承者继续保持了埃及军事上的强势，但只限于巩固祖先留下来的成果，而鲜有扩展。或许图特摩斯三世所征服的地盘，在他那个时代的生产力和交通状况下已是极限。

图特摩斯三世因他的征服而被誉为"第一个曾经建立了一个具有任何真正意义的帝国的人，也是第一位世界英雄""古埃及的拿破仑"。先进的中东诸文明第一次被如此紧密地联系在一起。

功勋卓著

图特摩斯三世是很多人钟爱的法老，他具备了一个伟大统治者的所有应拥有的所有品质，在他的伟大业绩中，他从未在战争中失手；在行政管理上，他也超越了前人；他还是一位卓越的政治家；他是一个彻彻底底的骑师、射手、运动员和有眼光的赞助人，图特摩斯三世的统治因其自身的品位和善行，应该说是政绩显著的，除了他不顾一切地对海特西朴苏加以反对之外，图特摩斯三世并不是一个华而不实、自我放纵的人。在对他的记载中，从中能感受到，他是一位诚挚、公正的皇帝。

在海特西朴苏执政期间，埃及没有发生过战争，邻国每年都要向埃及进贡。但是，正如历史上经常发生的那样，当一个新皇帝登基的时候，臣国们就要试探一下他的能力。图特摩斯发现，卡带什和迈格度的王子已经联合起来，他们募集了一个庞大的军队；迈叟抛特梅斯的君主也拒绝进贡，并且宣称他们已经从埃及的管制中独立出来了。面对众多发难，图特摩斯并没有沮丧，他迅速地调集军队，带领全军穿过沙漠到达了还效忠于埃及的盖兹城，这场战争的记录被很好地保存下来，因为图特摩斯的书记官特贾尼在现场所做的记录，后来被刻到了卡纳克神庙的墙壁上，图特摩斯在这场战争显示了他的军事天赋，他知道后勤和军队补给线的价值，知道快速运动

遗体保存在开罗博物馆

的重要性和突然袭击的威力。他领导了几场可以当作作战范例的战役，他大概是历史上第一个利用海的力量战胜敌人的指挥者。图特摩斯完全可以和拿破仑相比，但是他又不同于拿破仑，他从未失掉过一场战争。他在巴勒斯坦、叙利亚和努比亚一共组织了16场战役，他对待战俘的态度也是人道的，他在执政期间建立了帝国的和平，巴勒斯坦和叙利亚都心甘情愿地臣服于他的统治。他创造了一个空前繁荣的埃及。

神圣罗马帝国皇帝

——查理四世

人物档案

简　　历：德意志国王，神圣罗马帝国皇帝(1355年加冕)。

生卒年月：1316~1378 年。

安葬之地：布拉格。

性格特征：朴实谦和。

历史功过：令他流芳后世的是他对布拉格的营建。查理四世的《黄金诏书》确立了德意志以大诸侯为政治实体的格局。

名家点评：欧洲最负盛名的学者型皇帝。

学者皇帝

查理四世统治时期是中世纪捷克最强盛的时期。查理四世，来自卢森堡家族。自从他的父亲约翰通过联姻取得了波希米亚(捷克)王位之后，这个家族便以德意志最强大的诸侯的身份，成为神圣罗马帝国皇帝的有力竞争者。

查理四世中等身材，有点驼背，留着浓密的黑胡子，衣着朴素，性格谦和，是波希米亚国王卢森堡的约翰的长子，他的母亲是约翰的前任、波希米亚国王瓦茨拉夫三世的妹妹埃利什卡。1323 年，年仅七岁的查理与法国国王腓力六世的妹妹布朗歇结婚。18 岁时开始同居。

查理四世也许是继罗马帝国的马克·奥勒留·安东尼、拜占庭帝国的君士坦丁七世之后，欧洲最负盛名的学者型皇帝了，这使他在中世纪众多穷兵黩武的德意志君王中，显得格外突出。他从小受到良好的教育，保持写日记的习惯一直到 30 岁，嗜好读西塞罗、但丁的著作，翻译过奥古斯丁的作品，喜欢与大学者交往。他与意大利著名诗人、文艺复兴运动的先驱之一彼得拉克保持了长期的密切的联系，庇护并资助过意大利法学家巴尔托鲁、《论国王与皇帝的权力》的作者卢波尔德等人。

加强王权

查理四世 17 岁就被父亲从巴黎召回,任命为波希米亚军队总司令,随父四出征战,巡游列国。后来其父双目失明,他成为其父的共治者,他的骑士生涯历时不长,对他个性的影响也不大,但也让他见惯了权力江湖的险恶。就在他初出茅庐之时,他就曾差点被政敌毒死。

1344 年,还是王储的查理策动他在巴黎的老师,后来的当选教皇克雷芒六世建立布拉格大主教区,显著提高了捷克教会的地位。

1345 年,黑死病在地中海沿岸国家蔓延开来,人们把瘟疫归罪于谋杀耶稣的犹太人,于是一场迫害犹太人的浪潮席卷了欧洲,大约十多万犹太人死于非命,查理四世对这种暴行置若罔闻,反而从没收犹太人的财产中取得许多好处。

1346 年 6 月其父在克雷西会战中阵亡,他正式继承了波希米亚王位。他下一步就是要夺取皇冠,在买通了德意志五大选侯后,在他的老师教皇克雷芒六世鼓动下,在维特尔斯巴赫家族的神圣罗马帝国皇帝路易四世还在世时就选举他为敌对国王。路易四世准备讨伐查理和反叛的诸侯,但在 1347 年突然去世。其结果,查理四世成为无争议的德意志国王。

在查理四世统治时期,波希米亚成为神圣罗马帝国的核心。由于查理四世决定把自己家族的世袭领地作为卢森堡王朝强盛的支柱,波希米亚的利益在帝国的各项政策中均占领导地位(黄金诏书规定,波希米亚国王居七大选帝侯之首)。查理四世的政策旨在加强王权,而削弱捷克贵族的势力。

而更令他流芳后世的是他对布拉格的营建。从小他就决心把布拉格建成能与帝国首都的地位匹配的国际都会,后来周游列国的经历更丰富了他的蓝图。他亲自参与布拉格的城市规划,修建塔楼、城墙等,还在布拉格附近兴建了卡尔斯腾堡。修建伏尔塔瓦河上的著名桥梁"查理桥"。他采取鼓励生产和贸易的方针。布拉格在查理四世的努力下成为最美丽富庶的城市之一:他建立了布拉格大学,这是中欧第一所大学,并以重金聘请著名学者到布拉格大学任教,到查理四世去世时,这座新兴的大学已有 11 万学生。

这个学者型皇帝对历史的影响并不只限于这些令人愉快的事物,他在复杂而残酷的德意志诸侯角逐中,以及敏感的皇权和教权之争中所做的努力,也深刻地影响了欧洲的历史,其中的代表作就是 1356 年《黄金诏书》。查理四世的政治斗争手段同多数德意志君王不同,主要不是靠征战,而是凭借金钱收买、联姻、许诺和缔结盟约来达到自己的目的,在这方面,他可谓得到了外祖父鲁道夫一世的真传。他在位期间也发动过若干次战争,但规模都很小,更像是清除山贼。

在当时的德意志,存在着十几个大诸侯,二百多个小诸侯,上千个独立的帝国骑士领地,还有众多的自治城市。由此形成了松散的邦联,皇帝是这个邦联的名义上的领袖,但实际掌握的权力不过相当于一个大诸侯。经过长期的合纵联衡、战争和吞并,大诸侯中形成了七个最为显赫者,他们分别是特里尔、科隆、美因茨三个大主教和莱因宫廷伯爵、萨克森公爵、勃兰登堡边区伯爵、波希米亚国王四个世俗诸侯。要想建立对帝国牢固的统治,有两种可行的办法:或者同小诸侯、自治城市、教会联合起来打击大诸侯,建立自己至高无上的统治地位,或者同大诸侯联合起来共同宰割整个帝国。显然后一种方法的风险较小,也成为作风谨慎的查理四世的必然选择。

1354年,查理四世利用北意大利王公之间互相倾轧,许多人盼望有一个强大的统治者来稳定局面的绝好良机,带大军进入北意大利,第二年在米兰接受了伦巴第铁王冠,在罗马正式加冕为皇帝。就在这一年11月,他在纽伦堡召开了盛大的帝国议会,除了各诸侯之外,还有众多法学专家参加,中心议题是制订帝国宪法的问题。有两个问题引起了争议,一是皇帝的选举问题,包括如何选举、是否允许教皇介入,二是各诸侯对自己领地内的城市和民众的权限问题。

1356年查理四世在梅斯召开了又一次帝国议会,这次大会上查理四世颁布了《黄金诏书》,诏书的主要内容有以下两点:1、明确皇帝由七大选侯选举产生,皇位虚悬时由萨克森公爵和莱茵宫廷伯爵摄政;2、各选侯拥有自己领地内的关税和铸币权、矿山开采和贩卖食盐权等(在此之前,这些权限在皇帝和选侯间不明确),禁止封建主结盟反对自己的封君,禁止城市结盟反对诸侯,冒犯选侯被视为叛逆罪。选侯实际上在松散的邦联框架之内拥有了自己领地内的专制君主权力。此外,诏书回避了教皇和教廷在皇帝选举时的作用问题,实际上剥夺了教皇的权力。

1378年,查理四世因中风在布拉格去世。

黄金诏书

查理四世作为神圣罗马帝国皇帝最著名的决定是黄金诏书(或译为金玺诏书)的颁布。这部诏书实际上使德意志的分裂化和皇帝的无权化在法律上成为必然。按照黄金诏书,由诸侯选举皇帝的做法得到承认;这些诸侯称为选侯。在帝国境内有七个大选帝侯:波希米亚国王;普法尔茨伯爵;萨克森公爵;勃兰登堡藩侯;美因茨大主教;特里尔大主教;科隆大主教以及上百个小选侯。诸侯在自己领地内的行为,皇帝无权干涉。

其主要的内容是确定皇帝选举法和规定诸侯权限等。1356年1月和12月分别在纽伦堡和梅斯的帝国议会上公布。金玺诏书除序言外,共31章。规定:

皇帝由当时权势最大的7个选帝侯(圣职选帝侯:美因茨、科隆、特里尔三大主教;世俗选帝侯:波希米亚王、莱茵的巴拉丁伯爵、萨克森公爵和勃兰登堡的边地伯爵),在法兰克福城选举产生。选举会议由美因茨大主教召集并主持;帝位加冕礼在亚琛举行;德意志国王即是神圣罗马帝国皇帝,不再需要罗马教皇的承认。还规定世俗选帝侯由长子继承、男性相续,领地不可分割。选帝侯在其领地内政治独立,拥有征税、铸币、盐、铁矿开采等国家主权,以及独立的、不准臣民上诉的最高司法裁判权;未经特别许可,不准城市结盟;不准封臣反抗领主。选帝侯拥有监督帝国的新的职权。

金玺诏书从法律上确定了德意志侯国的分立体制,是侯国实行君主体制的法律根据。它进一步削弱了皇权,加剧了德意志的政治分裂。1806年神圣罗马帝国灭亡后,此诏书失去意义。金玺诏书的原件今保存在维也纳国立图书馆。

形象最为丰满的帝王之一

——查士丁尼一世

人物档案

简　　历：拜占庭皇帝(527~565年在位)。在世界历史上最有影响的帝王中,查士丁尼一世可以当之无愧地进入前十。

生卒年月：约483年5月11日~565年11月14日。

安葬之地：不详。

性格特征：优柔寡断,勤勉。

历史功过：他大大扩展了罗马国土,但他恢复昔日罗马帝国的全盛之愿仍不能说成功,真正让他名垂千古的,是那部《查士丁尼法典》。

名家点评：查士丁尼的法典永垂不朽。

一生传奇

查士丁尼,像许多平民出身的罗马皇帝一样,一生充满了传奇。查士丁尼出生于南斯拉夫一个农民家庭,后来随着他的叔父查士丁走上罗马的仕途,在战场上经受血与火的考验。后来,查士丁靠卓越的战功被拥立为罗马皇帝,由于没有后嗣,就将查士丁尼培养为继承人。527年查士丁尼正式登上了最高宝座。

当时的罗马帝国,已不是屋大维、图拉真、君士坦丁等人统治下的那个将地中海当成内湖的牛气冲天的大帝国。395年东西罗马帝国分裂,476年西罗马帝国被蛮族所灭,而查士丁尼治下的东罗马帝国(又称拜占庭帝国)也面临多方面的危机。查士丁尼终其一生是一个虔诚的基督教徒,他渴望恢复昔日罗马帝国的全盛局面,并将正统的基督教义传播到这个帝国的每一寸土地。在他执政早期,他为此勤政到不知疲倦,被形容为一个喜欢与黑夜为伴的恶魔。

但他在实现凤愿之前还得经受若干考验,首先是与波斯的战争,打得相当漂亮,还使他发现了以贝利撒留为首的将才,532年以有利于拜占庭的和约而告终。

查士丁尼虽成长于军旅中,但其性格中优柔寡断的一面仍时而显露出来,他一生中最危难的关头是532年的"尼卡起义"。赛车会一向是君士坦丁堡的一大盛事,查士丁尼也出席了大会,但这一天群众对赛车的狂热突然演变成对专制、贪污和苛税的强烈不满,形成汹涌的浪潮起来武斗并围攻皇宫。在皇后狄奥多拉的鼓动下,躲在皇宫中的查士丁尼重新鼓起了勇气,依靠贝利撒留的雇佣军血腥镇压了起义,屠杀了3万多人。

从533年开始,查士丁尼终于开始实践他恢复旧日罗马帝国的梦想了,并在这条路上走了22年之久。贝利撒留率万军队从海路进攻北非的汪达尔王国,势如破竹,当年就攻下了其首都迦太基城,534年完全灭了这个昙花一现的国家。535年,贝利撒留的兵锋指向了昔日罗马的心脏——意大利,在西西里岛登陆,由南到北进攻占据意大利的东哥特王国,并在536年底攻克罗马,540年攻克东哥特首都拉文那。但哥特人剽悍顽强的特性并未虽着时代的变迁而湮没,他们在新国王托提拉的领导下发起了反攻,并一度围困罗马城达一年多。经过长期艰苦的拉锯战,拜占庭帝国终于在552年塔地那大战中取得决定性胜利,并由大将纳尔西斯在554年最后灭掉了东哥特王国。同年,还利用西哥特王国的内讧,出兵占领了今西班牙的沿海地区。在这些征服战争中,查士丁尼充分暴露了他作为一个"善变的朋友,不变的敌人"的狡诈一面,拜占庭帝国外交上灵活多变的特征,也许正是发源于查士丁尼。

但查士丁尼终究没有完成罗马帝国的旧业,不但是因为高卢、不列颠、西班牙的大部等地并未进入他的版图中,而且因为他竭力要在旧地恢复罗马的旧制,如大奴隶主所有制等,但遭到强烈反抗,引起局势混乱,最后不得不以妥协而告终,社会制度的发展演进终究是不可逆转的。

贝利撒留为查士丁尼打下了大好河山,最后却因功高震主而遭到查士丁尼的疑忌迫害,最后被弄瞎眼睛并沦落为乞丐,历来"兔死狗烹,鸟尽弓藏"的悲剧以此为最烈矣。一个穷兵黩武的君王除了要有若干良将之外,还需要若干善于敛财的干臣,以应付庞大的支出,而约翰·卡帕多西亚显然充当了这一"光荣"的角色,他以善于搜刮民财而著名。

还有另一个人物也为查士丁尼做出了杰出的贡献,那就是他的皇后——狄奥多拉。狄奥多拉曾做过妓女和演员,后来一个偶然的机会邂逅了查士丁尼,最终成为他的另一半。她以她丰富阅历带来的机智和果决弥补了查士丁尼时而出现的优柔寡断,并参与到查士丁尼的法律编制工作中。查士丁尼的功业中有多少来自她的成分,已无法估量。

查士丁尼在人类文明史上留下的最大贡献,则莫过于《罗马民法大全》了。查士丁尼为何会对编撰法典有如此高的热情,这已无从考证,不过他对于青史留名,对于恢复旧日罗马雄风的热心肯定是原因之一。查士丁尼即位第二年,就成立了《罗马法编撰委员会》,由著名法学家特里波尼亚领导,通过对400多年来罗马历代元老院的决议和皇帝的诏令进行编辑,终成《查士丁尼法典》。后来,由把历代解释法律的著作整理成《学说汇编》,又编成《法理概要》作为学生学习法律的教材。565年,又将查士丁尼时代的法令编辑成《查士丁尼法典》的《新律》,以上四部被后人统称为《罗马民法大全》。查士丁尼自始至终关注和过问编撰委员会的工作,有时亲自参与讨论并裁决分歧。他被后人称为"法律之父"是当之无愧的。这些法典总的来说,创新不多,主要作用是汇集和编辑。

查士丁尼时代另一项伟大的创造是屹立于君士坦丁堡的圣索非亚大教堂。

晚年的查士丁尼,作为神学家的一面更多地显露出来,逐渐厌倦政事,沉迷于在宫廷中过着僧侣般的生活,同主教们谈论基督教义的细微差别,津津有味,直至深夜而不歇。565 年,查士丁尼去世,据说君士坦丁堡的百姓一片欢腾。当然,历史这个公正的裁判还是给了查士丁尼很高的评价。

还有一个人物为查士丁尼的盛名起了很大作用,他就是著名史家普罗科厄斯。普罗科厄斯写了《战争》和《建筑》两部书为查士丁尼歌功颂德,却又留下了一部《秘史》揭露查士丁尼宫廷的黑暗。查士丁尼因此成为形象最为丰满的帝王之一。

历史影响

查士丁尼是世界影响最大的帝王之一,主要由这两点体现:他为拜占庭帝国打下了稳固的基础,这个帝国在历史的风吹雨打中延续了近千年之久,后来一度成为亚欧大陆西部文明世界的唯一火种。二是《罗马民法大全》,查士丁尼的法典在拜占庭帝国衰亡后一度失去其影响力,但在欧洲文艺复兴运动的推动下,查士丁尼的法典重新焕发出它的热力,成为超越时空限制的法律大全。近代欧洲各国的法律,除了英国自成体系之外,多深受罗马法的影响,并由此影响到亚非美等国家的法律。因此,在世界历史上最有影响的帝王中,查士丁尼一世可以当之无愧地进入前十。

利用人心对旧日罗马帝国的全盛的向往之情,也许是查士丁尼全部成就的关键。大军西征,是打着恢复西罗马帝国的旗号;编撰《罗马民法大全》,则透着保留罗马文化精髓的热情。对被想象完美化的梦之国度的景仰,成为改造弊病丛生的现实王国的动力,这在人类历史上也是屡见不鲜的事情。当然,不管罗马帝国的真面目怎么样,查士丁尼的法典永垂不朽。

罗马 "祖国之父"

——屋大维

人物档案

简　　历：罗马帝国的开国君主,元首政制的创始人,统治罗马长达43年,是世界历史上最为重要的人物之一。

生卒年月：公元前63~公元14年。

性格特征：极审慎,但大胆。

历史功过：改组罗马政府,给罗马世界带来了两个世纪的和平与繁荣。

名家点评：历史学家通常以他的头衔"奥古斯都"(尊崇的意思)来称呼他。

进入罗马权力竞技场

公元前44年,恺撒遇刺的消息传遍了整个罗马。他的继承人、年仅18岁的屋大维,不顾家人的强烈反对,来到罗马展开了他生命中新的一页。

屋大维出生于骑士家庭,他的父亲曾为元老院成员,在他4岁时去世。但他很快就得到了另一个父亲,成为舅公恺撒的养子,并得到了恺撒大部分财产的继承权。恺撒遇刺之后,他意识到他想继承的不仅是恺撒的财富,还有恺撒的权力和尊荣,这促使他告别了宁静的家乡,进入到艰险莫测的罗马权力竞技场中。

初到罗马,他面对的是恺撒心腹大将安东尼轻蔑的脸,安东尼自视为恺撒当然的继承人,不把这个毛头小子放在眼里。但屋大维很快就显示出了恺撒继承人的风范,利用元老院的力量,对安东尼宣战,在穆提那和波伦西亚战役中打败了安东尼。此战不仅使屋大维得到了罗马执政官的地位,还使他赢得了安东尼的重视。

结成"后三头同盟"

公元前43年,屋大维、安东尼和恺撒另一心腹大将雷必达结成了"后三头同盟",除了规定互相支援外,还划定了势力范围,屋大维得到了阿非利加、西西里和撒丁。"后三头同盟"和"前三头同盟"一样,由几个渴望独裁但力量暂时不足的野心家组成,它的形成必然导致元老院力量的削弱,而它的结局必然是在几个野心家之间的火拼中解体,直到产生一位最后的胜利者。

"后三头同盟"成立之后,第一个举措就是追究刺杀恺撒的人,实际上是借此机会清剿共和派之中的强硬分子。结果,以元老院领袖西塞罗为首的300余名元老为他们的共和制信仰付出了生命,死于"后三头同盟"的刀下。接着,屋大维和安东尼亲密合作,率28个军团攻入希腊,在腓力比一战中击溃共和派主力,刺杀恺撒的主要策划者布鲁图和喀西约被迫自杀。恺撒的刺杀者中几乎没有在恺撒死后能活过三年的。

在这场共和派的大劫难之后,罗马走向独裁政体已不可避免,唯一的悬念是谁将成为独裁者。屋大维返回罗马,认真经营自己的势力,并夺取了原为安东尼势力范围的高卢。而与此同时,安东尼却流连在埃及女王克里奥帕特拉的温柔乡中不能自拔。此后,三头曾于公元前40年和37年重新会晤,延长同盟期限,并重新划定势力范围,屋大维分得意大利和高卢。屋大维的姐姐屋大维娅嫁给安东尼为妻。

公元前36年,三头密切合作,打败了桀骜不驯的馁克斯都·庞培。接着,在屋大维引诱下,雷必达的军队倒戈,屋大维趁势解除了雷必达的军权,只给他保留了大祭司长的职位,雷必达算是比较体面地退出了历史舞台。终于剩下屋大维和安东尼之间的两强决战了。公元前32年,两人公开决裂,安东尼正式遗弃了屋大维娅,屋大维则在元老院公示了安东尼准备将罗马的土地赠送给克里奥帕特拉及其子的遗嘱,引起罗马人公愤。罗马元老院对克里奥帕特拉和安东尼宣战。屋大维和安东尼大战于亚克兴海角,屋大维大获全胜,进军埃及本土。公元前30年,安东尼和克里奥帕特拉先后自杀身亡,埃及正式被纳入罗马领土。对埃及的征服,同样是罗马至关重要的大事,对当时任何统治者来说,埃及是一个天然的粮仓国库。

获得"祖国之父"的荣誉称号

公元前27年接受了罗马元老院赠予的"奥古斯都"(意为"至尊者")的称号,这一年通常被视为罗马帝国建立之年。经过15年的奋斗,屋大维终于成为罗马独一无二的统治者,但与他的义父恺撒不同的是,他还有40年的时间来经营影响他的帝国。

从公元前27年到公元14年,屋大维断断续续地担任罗马执政官、保民官、大祭司等职务,但无论他担任何职,他都一直牢牢地掌握着军政大权,公元前2年,他又获得"祖国之父"的荣誉称号。

屋大维同他的义父恺撒一样,上台后的首要大事就是改组元老院,不同的是,屋大维缩小了元老院的规模,但不管是扩大还是缩小,他们都在改组中达到了清除异己,安插亲信的目的。屋大维还设立了元老级咨询会议,由元首的亲信、执政官和少数德高望重的元老组成,后来逐渐成为凌驾于元老院之上的决策机构。屋大维还建立了"元首金库",给自己手下的文官发放工资。

屋大维改组了行省,完善了税收制度。他自掏腰包大兴土木,兴建神庙、大剧场、大浴池等有公众意义的设施,并改善了交通设施。他自豪地说"我接受的是一座砖做的城市,留下的是一座大理石的城市。"

屋大维改组了军队,将军队分成军团和辅助部队,还创设了近卫军,建立了一支职业常备军队,并使这支军队常靠近前线,这也是他对罗马体制的一大贡献。他在位前期花费最大的军事行动是对西班牙西北山地部落的征服战争,最终获得完全胜利。他对扩张罗马领土的主要贡献有两个,一是在日耳曼和多瑙河中下游地区建立了众多行省,不过因此被拖入了潘诺尼亚大起义中,另一个则是在东方,利用亚美尼亚和安息的矛盾开展外交斗争,同时以武力为后盾,夺得了幼发拉底河以西土地。不过,屋大维并非穷兵黩武之人,当政时期的战争不算多,相反,从他开始罗马进入了200余年的大体上和平的局面。

公元14年,这位罗马世界的"奥古斯都"在一次旅行中平静地离开了人世,他的地位由其养子、已确定的继承人提比略继承。确立了帝位交接的王朝法则,这是他对罗马历史的又一大影响。

为何一路走向成功

不妨将屋大维与他的义父恺撒做一比较。通常认为屋大维的个人魅力难以同恺撒相比,不同的是,恺撒的历史印记主要在于登上罗马最高位之前的奋斗上,而屋大维除此之外,更重要的影响在于获取最高权力之后实行的措施。不动声色地削弱元老院的作用,拒绝有形的王冠,但不拒绝无形的王权,使国家机构向着元首的办事机构的方向发展,他为罗马打开了条条通向帝国的道路。恺撒去世之时,罗马的历史通向何方尚为未知数,而屋大维去世之时则大局已定矣。

屋大维为什么能一路走向成功?综观他的奋斗生涯,他总是巧妙地站在人气的一边,先是利用群众对恺撒遇刺的愤怒铲除了元老院中的共和派,接着又利用元老院对安东尼"通埃及卖国"的仇视而灭了安东尼一派,后来又利用民众对连年内战的反感而"顺应人心"建立了独裁统治。对于热衷于权力斗争的人们来说,屋大维确实是一本好教材。

懦弱而狡猾的君主

——亚历山大一世

人物档案

简　历:祖母是著名的沙皇叶卡捷琳娜二世,父亲保罗太公,密谋杀父夺位登基。

生卒年月:约 1777 年 12 月 23 日~1825 年 11 月 19 日。

安葬之地:不详。

性格特征:意志软弱、狡猾。

历史功过:在亚历山大倡议下,欧洲各国组成了"神圣同盟",这个同盟已经有了后来国际联盟、联合国的雏形,但在当时的作用是协调各国政府的关系,以便共同镇压各国国内的民众运动。

名家点评:赫尔岑对他的评价是"加冕了的哈姆雷特,一生都受到被弑父君阴影的折磨",俄罗斯历史学家维亚杰姆斯基说亚历山大是"至死都没有让人琢磨透的斯芬克斯",而诗人普希金则说他是"一个软弱而又虚伪的统治者"。

打败拿破仑

19 世纪初,雄心勃勃的拿破仑一心想称霸欧洲。1812 年 9 月,拿破仑发动了对俄国的进攻,攻占莫斯科。起初,拿破仑军队势如破竹,但随着隆冬的到来,法军缺少住所和补给,拿破仑无意再战,决定向亚历山大求和。亚历山大对拿破仑的要求不予理睬,决心将战争进行到底。拿破仑不得不撤出莫斯科,亚历山大命令俄军全线追击,法军伤亡惨重。拿破仑第一次尝到了失败的滋味。

然而,拿破仑的噩梦才刚刚开始。1813 年 3 月 26 日,亚历山大接替病重的陆军元帅库图佐夫,亲自率军从维尔纽斯出发,向边境推进,在莱比锡与拿破仑展开了一场生死决战。战场上弹片横飞,炮声震天。亚历山大整天不离战场,左右侍卫劝他躲避一下,他说:"这里的枪弹不会射中我。"他通过望远镜能清楚地看到拿破仑的灰色大衣和宽大的军帽。有一次,亚历山大策马向前,刚走几步,一颗炮弹就落在他刚才站立的地方,将他的随从炸成重伤。这件事使他相信是上帝的力量让他消灭拿破仑的。

经过几个月的厮杀,法军开始溃退。1814年1月,亚历山大率大军进入法国境内。3月31日,攻占法国首都巴黎。拿破仑大势已去,被迫退位。尽管一年以后拿破仑从流放地厄尔巴岛逃脱,又重整旗鼓,但在俄军为首的反法同盟军打击下,拿破仑惨败于滑铁卢,第二次退位,从此一蹶不振。

1815年7月,亚历山大第二次进驻巴黎,举行了盛大的阅兵式。当他的军队通过检阅台时,同盟国的首脑们都赞不绝口,亚历山大为俄罗斯帝国赢得了无限的荣耀。

迷恋亲妹

亚历山大即位后,那些垂涎他地位的女人纷纷对他投怀送抱,但在亚历山大心中却始终只有一个女人的位置——她就是叶卡捷琳娜公主。叶卡捷琳娜公主是亚历山大的大妹妹,二人年龄相当,从小一起长大,朝夕相处的岁月竟让两人产生了超出兄妹的感情。在亚历山大的婚姻名存实亡的时候,兄妹二人的感情达到了顶峰。他们经常单独闲坐,彻夜长谈,有时动作过分亲昵。他们都住在皇宫,但却要天天通信。如果亚历山大一世外出巡视或是出国访问,兄妹俩的书信往来就更加频繁。

以撒大教堂是圣彼得堡最大的教堂,高101.5米,由沙皇亚历山大一世下令建造。

亚历山大在给妹妹的信中这样写道:"知道你爱我是我幸福的源泉,因为你是世界上最完美的尤物之一","我像疯子一般爱你! ……看到你,我高兴得如痴如狂,我像个着魔的人,四处奔波,多希望能在你的怀里甜蜜地松懈下来"。

1808年,威震欧洲的法兰西皇帝拿破仑突然向叶卡捷琳娜公主求婚,这使亚历山大非常不高兴。他不能忍受将心爱的妹妹嫁给法国的"食人怪物",婉言谢绝了。后来,他害怕拿破仑又来求婚,于是匆忙将叶卡捷琳娜嫁给相貌平常、地位一

343

般且性格懦弱的德国奥尔登堡公爵。婚后，叶卡捷琳娜仍常住在圣彼得堡。当她的丈夫病死后，兄妹之间的感情又像以前一样无所顾忌了。

离奇死亡

　　1825年9月，亚历山大遵照医生的嘱咐，离开圣彼得堡，到气候适宜但位置偏僻的亚速海上小镇塔甘罗格疗养。起初，疗养的生活还算惬意，可过了不到两个月，俄国皇宫突然宣布，亚历山大一世于11月19日在疗养地驾崩。亚历山大的突然死亡，引起人们的纷纷猜测。有人说，他的确是死于疾病；也有人说，他根本就没有死，而是看破红尘，借疗养之机遁入山林过起了隐居生活。此后，亚历山大的死成了一桩悬案。亚历山大去世10年后的一天，在乌拉尔山区的一个村子出现了一位雍容高雅、仪表超俗、自称费道尔·库兹米奇的老人。由于他说不清自己的来历，被警察局驱逐到了西伯利亚。在那里，他居无定所，含辛茹苦，生活十分艰难。但他学识渊博，待人宽厚，深得当地群众爱戴。人们慢慢发现，他对当代的政治事件了如指掌，对一些名人事迹如数家珍。他能绘声绘色地讲述俄军开进巴黎时的盛况，甚至能一个一个地说出当时沙皇身边的随员。有人说他在某段时间内经常收到一个名叫玛丽亚·费多罗芙娜（这是亚历山大一世母亲的名字）的女人寄来的钱和衣物。

　　1864年1月20日，费道尔·库兹米奇以87岁的高龄寿终正寝，而他给后人留下了许多疑问：一位曾参与医治亚历山大疾病的医生，从不参加11月19日纪念亚历山大之死的祷告仪式，而1864年1月的一天，他却亲自领着大家为亚历山大的亡灵祈祷。他流着泪说："沙皇这下真是死了。"而在继任沙皇亚历山大二世办公室的墙壁上，一直挂着费道尔·库兹米奇的画像。

为普鲁士扩充疆土的军事天才

——弗里德里希大帝

人物档案

简　历：弗里德里希二世，史称弗里德里希大帝，是普鲁士历史上一位赫赫有名的国王。

生卒年月：1712 年 1 月 24 日～1786 年 8 月 17 日。

历史功过：在他的统治下，普鲁士对内改革国政，对外南征北战，使他的国家崛起和强盛起来，一跃而成为欧洲强国之一。

名家点评：伏尔泰称他为启蒙主义思想家心目中理想的"开明专制君主"的典型。

阴郁童年

1712 年 1 月 24 日，是普鲁士霍亨索伦家族大喜的日子。已经年迈体衰的老国王弗里德里希一世，终于盼来了孙子的降生。儿孙，对于帝王之家来说，不仅是姓氏和血统的延续，更重要的是权力和统治的延续。没有继承人，王位就会丧失，家业也将落入外人之手。在此之前，老国王曾有过两个孙子，但都夭折在摇篮中。所以，这个孙子一降生，老国王就喜出望外，王室上下皆大欢喜。一周后，普鲁士首都柏林各个教堂钟声齐鸣，老国王身着冠冕和礼服，庄严正式为孙子命名"弗里德里希"，希望他继承王室业绩。老国王为什么对孙子寄托如此厚望呢？

原来，普鲁士是从易北河东岸一个叫勃兰登堡的军事采邑发展起来的。1417 年，霍亨索伦家族统治了这块采邑，同 1618 年获得的东普鲁士公爵领地合称"勃兰登堡——普鲁士侯国"。十多年前，老国王还只是这个侯国的选帝侯。像这样的侯国，神圣罗马帝国有好几百个。后来由于他的军队竭尽全力为帝国皇帝效劳，在西班牙王位继承战中立下汗马功劳，皇帝便于 1701 年 1 月封他为普鲁士国王，改号弗里德里希一世，其侯国也升格为王国。

然而，当时国小力薄的王国，被人家比作"铁罐堆中的一只陶罐"，随时可能被别国挤垮。他虽然有儿子威廉继承王位，但没有孙子，心里总不踏实，整天愁眉苦脸。如今一声洪亮的男婴啼哭，他看到王位后继有人，怎能不笑逐颜开呢？也许得孙的喜悦使老国王衰弱的身体又支撑了一年，老国王于 1713 年含笑闭目长眠。其子威廉继承王位，他就是普鲁士王国的第二代国王，人称"士兵国王"弗里德里希

345

·威廉一世(1713~1740年在位)。

这位威廉国王身高2米有余,虎背熊腰,粗鲁暴戾,喜好骂人、打人。只要他看不顺眼,不管碰见谁,便是一顿臭骂甚至拳打脚踢。在他手下为官称臣者,无人不有敬畏之感。因为他对宫廷礼仪和经济文化概无兴趣,唯独热衷于军事活动,所以获得"士兵国王"的绰号。他认为,普鲁士未来的命运将决定于是否拥有一支强大的军队和雄厚的财力,否则就难免沦为大国手中的玩物,就不能把普鲁士提高到欧洲强国的地位。为此目的,他实行重税政策,压榨人民,压缩民用开支;禁止外国商品输入,以防资金外流,千方百计增加财力。为加强中央集权,他取消容克贵族对农民的专有特权,打破他们垄断各省政治、经济的独立性。容克贵族反对,他立即给予打击,决不手软。对于权力支柱之一的军队,他尤为重视。国库收入的七分之六用于军费,士兵服役期限长达25年。军队兵员的三分之一来自国内,另外三分之二从国外招募。他治军热情简直入了魔,竟不惜重金,派人到欧洲各地甚至亚洲去招募身高两米左右的巨人,企图组成一支巨人军,奇怪的是他虽天天训练和检阅巨人军,但却很少用他们去打仗。也许是为了给人一种威武之师、气势雄伟的印象吧。可他对大如经济、文化、外交,小如吃饭穿衣,概无兴趣,而且舍不得多花一文线。由于他的吝啬,人们在背后叫他"乞丐国王"。

威廉把盈余的钱财用于军事,他在位期间,普鲁士军队从4万人增加到8万人,而且装备精良,训练有素,纪律严明。当时普鲁士领土面积在欧洲只占第10位,人口居欧洲大陆各国第13位,而军队却占第4位。普鲁士变成了"拥有国家的军队,而不是拥有军队的国家",从而奠定了军事专制统治的基础。

由于威廉是个军事迷,因此对儿子弗里德里希寄以重望,执意要把他培养成军人,使其能够成为继承霍亨索伦家族军国主义传统的君主。老国王竭力向他灌输军事和国家管理知识,从小对他进行斯巴达式的训练,经常带他参加阅兵、操练、演习和狩猎。

可是,受母亲熏陶和遗传因素,王子自幼机敏、聪慧,养成了对文学艺术的热爱和陶醉。王后索菲·德罗蒂亚是英国国王乔治二世的妹妹。她不仅贤淑,而且喜好读书,对文学、音乐都有兴趣。王子从小在母亲身边,耳濡目染,自然酷爱读书,尤其向往法国文学和启蒙主义思想。随着年龄的增长,他更加贪婪地汲取知识,常常背着父亲读书。为买一批图书,他还欠下一笔债务,又不敢让父亲知道。在父王看来,书籍不过是一堆废纸,连文人学者也是"废物",是"臭的",因为在他看来,这些人"连站岗都不会"。威廉国王感到王子的行动和他的愿望背道而驰、格格不入,而且屡教不改,便动用棍棒和拳脚,以使儿子"改邪归正"。他认为体罚是矫正错误的唯一可靠的方法。不仅经常撕破儿子的书、揪抓儿子头发,而且当众拷打王子更是家常便饭。谁要是袒护、营救王子,就遭威廉的辱骂或毒打。所以在弗里德里希幼小的心灵里,威廉既是严父,又是凶神,日久天长,父子二人在感情上从疏远到对立,终于爆发了一场严重的冲突。

再入牢笼

弗里德里希固执和我行我素的性格,国王恼怒不已。虽经常从肉体上折磨他,却也未使其就范。眼下儿子快18岁,威廉决定为他娶妻,或许会束缚住他的个性,让他"回心转意"。他为儿子选择的未婚妻是奥地利女皇的侄女伊丽莎白·克丽斯蒂娜。但这遭到与英王室有血缘关系的王后德罗蒂亚的反对,也令王子大为失望。原来王后早就为长女、长子安排好了美满的双重婚约:弗里德里希娶英国公主,把威尔海米娜许配给英国王储。王后经常对侄女侄儿的夸赞,使姐弟俩早已倾慕远在英国的表兄妹,期待着心和心的靠拢。听别人说,克丽斯蒂娜无论德行,还是相貌,都比不上美丽温柔的英国表妹。弗里德里希决心抗命,扬言:"我可不想娶那只笨鹅(指伊丽莎白)为妻"。对此威廉十分恼火,甚至打算剥夺弗里德里希的王位继承权,另立次子为王储。弗里德里希不甘心把自己的生活交由父王摆布,也深知专横、凶暴的父王决不容他自作主张,于是决心逃离普鲁士。

1730年8月,弗里德里希和密友凯特等3人,径直向边境飞奔。谁知谋事不密,计划败露,就在他们快抵达边境时,被追捕的人抓获,随即被父王关进库斯特林监狱,并送交军事法庭审判。按当时的惯例,他和参与逃跑的朋友均应被斩首。

这个18岁的年轻王储一下子从王宫到牢笼,这种铁窗生活他简直无法接受。由于王后和大臣们的营救,弗里德里希才保全了生命,但他的朋友们却未能幸免,均被处极刑。其中一人逃跑,被缺席审判;他的密友凯特却被立即处决。威廉国王为了"撕碎儿子的心,从而医治他的精神",故意把帮助他出逃的凯特处死于他的囚窗前,以儆效尤。王子看到好友的首级落地,痛不欲生,昏倒在囚窗的地上。

弗里德里希虽免于一死,但国王并未答应宽恕他,他仍是一个缓期待决的死囚。从此他变成了沉默寡言、闷闷不乐的人。后经西欧几个国王和皇帝说情,威廉才答应赦免儿子死罪,改为长期监禁。

时隔一年,弗里德里希的心情逐渐平静下来,他开始思考自己的前途和未来,开始考虑如何适应和利用监狱生活。他喜欢读书,是个书迷。囹圄之中,有足够的闲暇时间,他就如饥似渴大量阅读法国文学作品,又不担心挨打挨骂;还可吹笛自娱自乐,狱卒不但不干涉,有时还聚过来欣赏他的演奏。王子个性虽强,思想却甚为敏锐。随着年岁的增长,知识的积累,也变得慢慢理智成熟起来。觉得自己毕竟是普鲁士的王储,也该考虑安邦治国的大事了。

弗里德里希明白,如果和父王对着干,很可能被褫夺长子继承权。他经过深思熟虑,权衡利弊,觉得与其失去王位,还不如暂时向父王低头,否则一切雄心壮志都将成为泡影。于是给父亲写了一封"富于感情"的家信,在信中请求"最最宽厚的国王和最慈爱的父亲恕罪",还表示对父王安排的婚事完全顺从。

随着光阴一天天流逝,国王的心绪也日渐平和下来。接到儿子的信后,立即到监狱探视,弗里德里希恭顺地跪在地上,捧吻了父王的脚。威廉顿时喜出望外,下令释放儿子出狱,让他回宫居住。

1733年,弗里德里希屈从父王旨意,与伊丽莎白·克丽斯蒂娜结婚。弗里德里希扼杀了自己的感情,几乎终生对妻子冷淡。为了嘉奖和鼓励,父王准许王储和王妃到美丽的波茨坦莱茵斯堡单独居住。

从1736~1740年,弗里德里希在莱茵斯堡过了4年田园诗人般的生活。他被压抑的对文学艺术的热情又死灰复燃了。这期间,他大量阅读了各种哲学、历史、文学等方面的书籍,特别是启蒙思想,对他后来的人生道路产生了重要的影响。他常常邀请一帮文学艺术界的朋友,谈论文学,吟诗撰文,互相激励,互相启发。他把自己称作是"启蒙运动的朋友",尤其崇拜法国大文学豪伏尔泰,并直接写信赞美伏尔泰的至理名言和非凡文采。弗里德里希在后来回忆录中说:"我在莱茵斯堡度过了一生中最美好的日子。"

同时,这一时期弗里德里希也以同样的热情从事军政活动。他不是出入军营,就是观看操练演习,或外出视察、监督税收。他对臣属要求严格,要他们恪守普鲁士传统,一丝不苟地遵守秩序和纪律,一切听他的。人们预感到这将是一位威严和有作为的君主。

登上王位

1740 年夏,刚过 50 岁的威廉国王去世,28 岁的弗里德里希继位为普鲁士第三代国王,号称弗里德里希二世。

这位新国王看上去似乎谦和、热情,但细细端详,就会发现他的脸上常常流露出冷漠、严峻的表情,特别是那双眼睛时时射出逼人的目光,像好斗的公鸡。他虽然在兴趣爱好和执政手段上和父亲不同,在感情上俩人也不融洽,但他却忠实地继承了威廉崇尚武功的衣钵。

初登王位,弗里德里希二世即着手重建他父亲留下的国家。他不断加强官僚机构;采取各种措施鼓励工业、农业和商业的发展,还改革司法制度,允许法官自由办案;采取宗教宽容政策,不同教派教徒的利益受到同等保护;鼓励移民,使其他邦国受到迫害的居民纷纷迁来定居。在他在位期间,普鲁士人口由 220 万增加到 543 万。他特别重视继续发展军事力量,按他的说法,就是要把军队建成一只"不死鸟"。因为

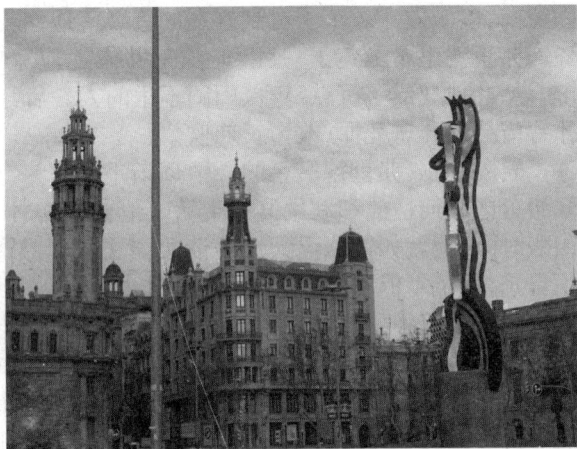

查理帝都

普鲁士虽然已是一个拥有 8 万士兵的欧洲第四军事强国,但是,它西有法国,南有奥地利,东有俄国,而这三国是当时欧洲最强大的三个国家。因此,弗里德里希一上任,便感到了列强的压力。为了进一步扩张普鲁士的版图,实现他称雄欧洲的"宏图大业",他不惜以全部工业收入供养军队。不惜代价地改善军队装备,提高军队的作战能力。他的军费开支为 1300 万塔勒,占国民收入的五分之四。他采用了新式募兵制度,曾对骑兵加以改编,他所创建的骑兵和炮兵战术,后来在拿破仑时代被各国广泛采用。弗里德里希还热衷研究战略战术,他认为战争的目的就是消灭对方有生力量,所以,要尽量选择有利战机,集中优势兵力,分割敌军,各个击破。他把"进攻"提倡为他的"军队所特有的精神"。在他统治时期,普军人数已高

达 20 万,无论从步兵、骑兵或炮兵方面都得到加强,成为一支装备精良、训练有素、纪律森严的部队,使普鲁士成为德意志土地上的一个强盛之邦。正是依仗这支部队和他父亲遗留下的充实国库,他"几乎进行过对整个欧洲的战争"。

弗里德里希登上王位后,曾对他的朋友说:"我正处于血气方刚之年,我追求荣誉。真的,我对你是无所不言的! 我好奇,一句话,一种潜在的本能折磨得我昼夜不宁。我希望我的名字出现在报纸上,出现在历史书中,这是多么大的满足啊! 它引诱我去做一切。"他从前人的传统中找到了自己成名之路——战争。他公开地说,"我喜欢战争,因为它能带来荣誉!"

弗里德里希一上台就迫不及待地要实现自己的野心,奥地利是他下手的第一个目标。奥地利国王兼神圣罗马帝国皇帝查理六世死后无男嗣,按他生前颁布的《国本诏书》,由他女儿玛丽亚·特蕾西亚继位,并陆续得到英、法、西、普、荷、瑞典、波兰等国的同意。但他死后,不怀好意的法国、巴伐利利亚等国拒绝承认其长女的合法继承权。弗里德里希二世借机派人前往奥地利,提出把富饶的工业区西里西亚割给普鲁士,以换取承认。遭到拒绝后,弗里德里希二世先发制人,于 1740年 12 月,亲自率领普鲁士军队,向西里西亚发起突然袭击。普军长驱直入,很快便攻占了西里西亚,并得到法国、西班牙和巴伐利亚等盟友的配合支持。后来奥地利得到匈牙利的支持,战斗力有所加强。1741 年 4 月 10 日,两军在莫尔维茨发生激战,两军刚一交火,旗鼓相当,各有胜负。第一次参加大战的弗里德里希也表现出缺乏经验和勇气,产生了无法克制的恐惧。完全靠训练有素和勇敢善战的军队,才击溃奥军,由此弗里德里希得出一个教训:在战斗未见最后分晓之前,决不可放弃努力。这句话成了他终生的座右铭,也是这位名将的名言。

莫尔维茨战役的胜利成了进攻的信号。法国、巴伐利亚、萨克森眼红普鲁士的成功,都纷纷效法,企图瓜分奥地利。弗里德里希二世乘胜挥师南下,进犯莫拉维亚。法军和巴伐利亚军侵入波希米亚,与萨克森军会合后,一举攻占布拉格。1742年 4 月,巴伐利亚选侯卡尔·阿尔伯特被选为神圣罗马帝国皇帝,称查理七世,以与特蕾西亚对抗。

面对法国势力的扩张,弗里德里希二世改变策略,向奥地利提议和谈,遭到特蕾西亚女王的拒绝。因为弗里德里希被监禁的时候,查理六世曾亲笔给威廉写信,为王子求饶,威廉才宽恕了他。谁料弗里德里希非但不感恩图报,相反,在查理六世去世后,恩将仇报,反对特蕾西亚继承王位。1742 年 5 月,普、奥两军在布拉格以南的乔图西茨战役中,奥军又遭大败,伤亡达 6000 余人,迫使女王特蕾西亚同意和谈。6 月 11 日,双方在布雷斯劳达成协议:奥地利承认普鲁士对西里西亚的占领,普鲁士则退出反奥同盟。经过第一次西里西亚战争,普鲁士国土扩大了 1/3,人口和经济收入也有所增加,一跃成为英、法、俄、奥之后的欧洲第五强国。

布雷斯劳条约签订后,特蕾西亚腾出手来全力对付法国及其盟友,将法军赶出波希米亚,并迫使法军于当年冬季撤回本土。巴伐利亚也在奥军的打击下失去自己的世袭领地。为了加强自己的地位,奥地利先后与英国、萨克森和撒丁缔结了盟约。弗里德里希觉出来势不善,担心西里西亚被夺回,也积极采取对策,拉拢巴伐利亚、黑森、普法尔茨侯国和法国,与它们缔结了同盟。为进一步削弱奥地利,弗里德里希决定先发制人,攻占奥国管辖的波希米亚。

1744年秋,弗里德里希背信弃义地撕毁布雷斯劳条约,率领8万大军突然攻入当时孱弱的萨克森侯国。萨克森无力抵抗,不得不同意普鲁士军队借道萨克森开往波希米亚。普军长驱直入,几乎未受什么堵截,就拿下布拉格,并率师直捣奥地利首府维也纳。但是,这次弗里德里希遇到了麻烦。不甘受欺凌的波希米亚人民奋起反抗,掩埋粮食,逃入森林,组织游击队,四出伏击和袭扰普军;同时,奥军切断了来自西里西亚的补给线,完好无损的萨克森军也在普军后方伺机而动。在此情况下,普鲁士不得不从波希米亚撤退。

1745年,查理七世去世,特蕾西亚的丈夫当选和加冕为皇帝。5月,在西里西亚的霍亨弗里德堡,普军行动果断迅速,奥军很快败退,9月,在索尔再次击溃奥军。12月中旬,又在德累斯顿地区击溃萨克森军。这时,弗里德里希意识到,打击和削弱奥地利的目的已达到,要进一步扩大战果,有可能招致更多国家的反对,于是他又重演单独议和故伎,普奥签订德累斯顿和约:奥地利最后确认普鲁士对西里西亚的所有权,普鲁士则承认特蕾西亚女王的丈夫——弗兰茨·施特凡大公爵为神圣罗马帝国皇帝。萨克森向普鲁士赔款100万塔勒。

第二次西里西亚战争虽然结束了,但由弗里德里希挑起的战争前后持续了8年,直到1748年战火才最后熄灭。战后,普鲁士渐渐强盛起来,在神圣罗马帝国疆域内,逐步形成普、奥对峙的局面;在欧洲,普鲁士成为能与法、奥诸强分庭抗礼的强国。当弗里德里希凯旋回国时,人们把他当成了英雄,柏林市民成群结队出来欢迎他,墙上到处写着"弗里德里希大王万岁!"这是普鲁士人首次对他冠以"大王"的称号。

好景不长

弗里德里希二世不但是一位独揽大权的君主和征战沙场的统帅,而且对文学艺术有浓厚的兴趣,并广交名士。

第二次西里西亚战争结束后,弗里德里希二世在波茨坦城郊一个依山傍水的地方修建了一座夏宫,命名为"逍遥宫"。该宫按音可译为桑苏西宫,法文原意是安逸、怡乐的意思。夏宫是弗里德里希二世先根据自己的设想绘制了一张草图,然后把草图和建宫重任交给全国闻名的建筑大师克诺伯道夫。新宫1747年5月1日落成。整个宫殿布局协调,结构精巧,环境优美,建筑华丽,有波茨坦的凡尔赛宫之称。弗里德里希常到这儿从事写作,接待客人和举办小型音乐会。在会上吹奏横笛是他的拿手戏,也是他一辈子的特殊嗜好,甚至在战场上也随身带着笛子,闲时便吹上一曲。为吹笛,年少时不知挨了多少次打,但始终不肯放弃。

弗里德里希二世既是国王,也是军事家,但他一生对诗人、作家和哲学家的桂冠总是孜孜以求。那时德国宫廷基本上使用法语,他少年时的教师几乎都是知识渊博的法国人,所以他对法国文化崇拜得五体投地。相反,对本民族的语言鄙视只有在争吵和骂人时才听得见他说德语,他本民族的文学修养更差。对灿烂的德意志文化及其优秀代表人物,如莱辛、克鲁普斯托克和海德尔等人,他脑海中一片空白,还诋毁他们。所以不少文学家对他进行猛烈抨击,很多人先后愤然出国。

弗里德里希最崇拜法国文化泰斗伏尔泰。他年轻时就同伏尔泰有通信往来,信中直抒倾慕之意。他说："假如我有朝一日到了法国，我第一个要求就是得知伏尔泰先生住在何处。"信中还写道："先生，——虽然我还未拜识你，可是我早已从你的作品中认识了你。你的大作可说是精神财宝。"王太子虔敬地表示他"相信世上只有一个上帝，只有一个伏尔泰"。第一次西里西亚战争期间，受路易十五的委托，伏尔泰曾前来调停法国和普鲁士的关系。此后，弗里德里希多次邀请伏尔泰到普鲁士做客，并表示愿向这位语言大师求教。1739年王太子《反对权术主义》一书出版，这里边有伏尔泰的心血，他曾经为文稿修改和润色。书中用启蒙运动的伦理对马基雅维里的政治策略表示蔑视，抨击了他的"权术主义"，并提出"国王应是国家第一仆人"的名言。伏尔泰对这一提法非常赞赏，对书中"公道、仁慈、博爱"一类语言以极高评价，并把推动启蒙事业的希望寄托在王太子身上。以后又亲切地把他称作自己的"国王朋友"。

伏尔泰之所以以前没有接受弗里德里希的邀请，是因他最真挚的女友夏特莱夫人的劝阻、竭力挽留所致。1749年，夏特莱夫人去世，伏尔泰心情极为沉痛，普王频繁地向他发出邀请，他在一封信中写道："我尊敬您……喜欢您……您到这里来，就如同在您的祖国，在一个怀有崇敬之心的朋友家里一样……您在这里还怕什么奴役，不幸和改变吗？"失去女友的悲痛和路易十五的冷眼，促使伏尔泰于1750年怀着矛盾的心情，充满疑虑地踏上了比法国更加残酷的专制主义国家——普鲁士。伏尔泰受到国王的亲自迎接，波茨坦的逍遥宫中为他准备下阔绰、讲究的工作室。一向以省俭甚至吝啬出名的普鲁士国王奉他为上宾，给他5000塔勒的年俸，并亲自把宫廷侍臣的金钥匙交到他手中，还在宫中演出他的悲剧。伏尔泰则给国王修改蹩脚的法文诗，整理杂乱无章的哲学论文。然而，哲学家太天真了，他对国王的开明度估计过高，期望值过高，国王把他当点缀，当作实现自己目标的工具，捞政治声誉。

谁知好景不长，蜜月很快就结束了，二人都看对方不顺眼。伏尔泰发现弗里德里希二世并不是自我标榜的那种"国家第一仆人"，"开明君主"，而是个专制君主。他同其父一样穷兵黩武，把国家弄得像个军营。全国上下，等级森严，兵营中有简直是折磨人的军纪以及惩处士兵的严酷刑法。"在专制独裁和卑躬屈膝的窒息气氛中

伏尔泰

受过教育的弗里德里希二世，在登上宝座之后，用从伏尔泰和他的战友那里借来的词句掩饰起来的暴政，以代替他父亲的公开无耻的暴政"。看到这些，伏尔泰不禁感到失望，痛苦地承认，除国王寄给他的大量要他修改的拙劣的法文诗和哲学论文外，他指望这位国王推动启蒙事业的希望完全落了空。

弗里德里希二世对伏尔泰的印象也非同以往。他觉得伏尔泰除了是欧洲最负盛名的人外，还有着深刻敏锐的社会洞察力，是个有头脑、有主见的人。最使普王畏惧不安的是，害怕他触动普鲁士的弊端。于是对伏尔泰由敬重变为反感、嫌弃，厌恶他的贪婪和讲究排场，最后二人公开冲突。伏尔泰搞股票买卖，有时不免卷入

可疑的勾当中去,国王逮住机会,便写信指责羞辱他。普王还匿名发表了《一位柏林科学院院士致一名巴黎科学院院士的公开信》,含沙射影攻击伏尔泰,称他为"无耻的撒谎者";"我需要他最多还有一年,橘子挤干了,就把皮扔掉"。愤懑而失望的伏尔泰看完信后,牢骚满腹:"这里的宫廷简直太小气了,有时连蜡烛也不给够。"国王派人送诗稿请他修改润色,伏尔泰便大声嚷嚷:"给国王改稿子就像洗脏衣衫。"国王听说,自然十分恼火。双方关系更加紧张。后来伏尔泰把攻击矛头指向柏林科学院,他以难以仿效的讽刺技巧嘲讽了受普王偏袒的科学院院长、法国人莫佩图伊的浅薄和愚笨。自然任命和重用这种蠢材的普王也愚昧无知,也成了笑料。国王得知这件事后气得发狂,他下令在伏尔泰窗前烧掉抨击性文章。

伏尔泰的幻想彻底破灭了。1753年3月,他盛怒之下交还了勋章和自己身为侍从长的钥匙,愤然从逍遥宫出走,匆匆离开普鲁士。他走时带了一本国王请他修改的拙劣的法文手稿,打算到国外直接出版,让全欧洲耻笑国王的低能。弗里德里希大怒,下令追回手稿。接到命令的法兰克福总督拘捕了他,对他进行了侮辱性的搜查,并粗暴地把他关押了一个月。伏尔泰怒不可遏,发表声明痛斥弗里德里希是"大独裁者",一时欧洲舆论大哗,纷纷谴责普鲁士国王狂傲无理,伏尔泰从痛苦的体验中深信君主的"恩典"是不可靠的!

七年战争

奥地利王位继承战争,加剧了普鲁士与奥地利的矛盾。弗里德里希二世心中明白,他在西里西亚初试锋芒之后,已成为众矢之的,新的战争在所难免。他充分利用德累斯顿条约后的10年和平时期进行国内改革,增加国库收入;提高国家的战争能力,把军队铸造成普鲁士雄踞欧洲的坚强柱石。奥地利的玛丽亚·特蕾西亚也不是一个头发长见识短的平庸女流之辈,她一天也没忘记收复西里西亚。为了复仇,她积极进行军事改革,又施展聪明才智和高超手段,展开一系列外交攻势,修好各国,尤其是利用英、普同俄、法的矛盾。她一反常态,开始疏远海上盟友英国,而设法接近先前的敌人法国,以便对普鲁士造成两面夹攻之势。而法国由于愤恨弗里德里希的多次叛卖行径,又对西里西亚战争结束后,普鲁士实力增强感到不安,担心自身安全受到威胁,转而支持奥地利。她还争取到俄国女皇叶丽萨维塔的支持。

时刻警觉地注视着邻国动向的弗里德里希,抢先采取外交行动,于1756年1月16日,与英国签订了互助盟约,规定双方负责在德意志境内维持和平,并以武力"对付侵犯德意志领土完整的任何国家",矛头直指俄、奥、法三国。鉴于此,俄国于3月25日同奥地利结成攻守同盟。5月1日,法奥签订相互保证的第一次《凡尔赛条约》,双方保证提供军队,援助另一方反击任何敌人。两大同盟形成,战争的乌云又笼罩了欧洲大地。

在欧洲各派力量的分化组合行将完成之际,弗里德里希二世从截获的秘密外交文件中,得悉奥地利和萨克森已制订好进攻和肢解普鲁士的军事计划,而且法国也参与了这项阴谋。同时,他还得悉萨克森要在冬季扩军,打算一开春便配合奥、法从三面进攻普鲁士。他判断战争已不可避免,与其等待敌人进攻,不如趁敌人备战尚未就绪之机,先发制人。1756 年 8 月底,弗里德里希二世亲率 9.5 万人的军队对奥地利的盟国萨克森发动突然袭击,七年战争由此爆发。他之所以把萨克森定为第一个进攻目标,因为萨克森是进攻奥地利的通道,而且富庶,可以扩大自己的战争财源。

普军攻势凶猛,咄咄逼人,萨克森军力弱小,难以抵挡,首府德累斯顿很快被普军占领,退守皮尔纳。特蕾西亚下令奥军驰援,双方在埃格尔河和易北河会合处洛波西茨遭遇,普军取得了胜利。接着,又攻占皮尔纳,萨克森军全部降服。

弗里德里希将缴获的有关法、奥、萨密谋肢解普鲁士的外交文件公布于众,为自己挑起这场战争补足证据。特蕾西亚一面指责这些文件纯属捏造,一面向法、俄求援,联合反普。德意志各诸侯唯恐重蹈萨克森覆辙,也加入反普阵营,只有英国和汉诺威站在普鲁士方面。弗里德里希占领萨克森后,便在这里逼贡敛税,募兵拉夫。在"七年战争"中,普鲁士从萨克森掠取了它所需军费的七分之一。

1757 年,重整旗鼓的奥军积极准备反攻,法、俄两国也极力支持。反普同盟各国调集了 50 万大军,准备从东南西北四个方向分进合击,围歼普鲁士军队。局势对普军十分不利。普王决定,趁敌军尚未合围之前,集中全力打击奥军,然后回师攻打法军。4 月,普军兵分两路,齐向奥地利的波希米亚进军,直逼布拉格城下。5 月 6 日,两军在布拉格城下会战。弗里德里希亲率骑兵发起冲锋,以 400 名军官和最杰出的将领施威林阵亡的极大代价,转败为胜。接着他率军东进,在易守难攻的科林地区,迎战奥地利名将道恩。由于寡不敌众,普军失利。

这次失利使普军陷入被动,形势对普鲁士十分不利。法军已制服英国在欧洲的领地汉诺威,并攻占普鲁士境内的马格德堡;瑞典军已在波美增尼亚登陆;俄军进入东普鲁士重创普军,与奥军一道形成对弗里德里希的夹击。反普同盟和神圣罗马帝国的 40 万大军已从四面八方向柏林方向迅速逼近。此时,普鲁士的总兵力只及敌军的一半,且要分兵四处把守,局势相当严重。特蕾西亚眼看柏林指日可下,扬言要分割普鲁士,包括弗里德里希在内的所有人都认为普鲁士即将失败。

但是,弗里德里希审时度势,冷静分析战局后,决定在运动中集中优势兵力打击最危险同时也是最薄弱的一股敌军,以打破被围困的局面。被他选中的目标是苏比兹亲王率领的 3 万法军。于是,他一面分兵牵制各路大军,另以 10 万金币收买黎希留公爵,使其统率的 10 万法军按兵不动,一面率军北上,向法军北侧的部队发动进攻。由于苏比兹忌惮弗里德里希的威名,一再避其锋芒,引军退避,弗里德里希做出了退却的姿态。

11 月 4 日,普军大队人马撤退到波恩以东 40 公里的罗斯巴赫村。联军将领们被追来逐去,疲惫不堪,纷纷要求停止撤退。这时又见普军主动退却,给他们造成了一种错觉,认为普军内心空虚,不敢与联军作战而逃走了,争相请战。苏比兹也对普军意图作了错误判断,于是决定第二天即开始进攻。弗里德里希佯退诱敌出击的计谋成功了。

11 月 5 日,罗斯巴赫战役打响了。双方交战的地方是一片地势开阔的平原,普军住的地方是一处小丘陵,从这里可以观察到平原上法奥联军的动向。上午 11 时,联军以三路纵队从罗斯巴赫南面向东开进。由于认为普军只有防守的能力,不可能对自己形成威胁,部队竟然在军乐伴奏下悠扬地绕着普军左翼行进。弗里德里希在观察了联军行进的全过程后,便顺应敌情变化,只让少数兵力留在右翼做掩护,由炮兵作正面主阵地,骑、步兵作左右翼的半合围阵势。等法奥联军的前军进入普军的最佳出击位置时,弗里德里希一声令下,向敌人发起全线进攻。普军充分发挥了炮、骑兵的协同作战优势,与步兵一起,打得联军乱成一片,全线崩溃。

这一战,普军仅以 500 余人的伤亡,重创两倍于已的联军,打死打伤 7000 余人,以少胜多,获得重大胜利。由几个强国对普鲁士的包围圈被击破,法军已不在对普鲁士形成威胁。由于这一战役,使柏林失陷四处告急的普鲁士绝处逢生,普鲁士逃脱了战败和被肢解的命运。

罗斯巴赫战役的胜利,使普鲁士西线的压力减轻了,但未能改变不利于普鲁士的整个形势,奥地利军队已进驻西里西亚。弗里德里希急忙挥师东进赶往洛依滕,决定同奥军决一雌雄以收复西里西亚,并洗雪科林失败的耻辱。不过他也深知此战难度很大。为此,他精心制定了一个全歼奥军的计划:首先占据制高点安置火炮,在步兵发起进攻同时轰击对方阵地。战斗打响后,先用少量部队佯攻奥军右翼阵地,迫使奥军左翼兵力向右翼增援。当左翼防线一削弱,向其发动猛烈攻击,突破防线,接着立即压向右翼。这时,隐蔽在山后的骑兵也向右翼发动总攻,这次于12 月间进行的洛依滕会战以普军大胜而告终,奥军死伤和被俘达数万人,缴获大炮 116 门,普军只伤亡 6000。这次战役的胜利粉碎了联军对普鲁士战略包围,使普鲁士免除了被肢解的命运。洛依滕战役充分显示了弗里德里希的军事才能和无畏的勇气,是他军事生涯辉煌的顶点,也是世界军事史上的杰作之一。恩格斯称他建立了"历史上无与伦比的骑兵",拿破仑后来评论说:"洛依滕会战,在运动、机动和决断三方面都是一个杰作。仅这一会战,即足以使弗里德里希永垂不朽,而被列于世界上最伟大的名将之林。"由于战场上普军捷报频传,普鲁士的人们争相传颂弗里德里希为"军事天才","普军天下无敌"的说法更是在欧洲名噪一时。

洛依滕这战使联军速战速决的梦想破灭了,战争进入了相持阶段。1758 年,俄国女皇派遣大军攻占东普鲁士,直捣普鲁士腹地柏林。面对敌方多线的进攻,普王在军事部署上力不从心,出观紊乱。8 月 25 日,普俄两军在库斯特林附近的措恩多夫村展开血战,双方都损失惨重,打成平手。普军在休整期间,于 10 月间遭到奥军突然袭击,伤亡惨重,实力明显比战争初期下降。弗里德里希的处境越来越恶化,心力交瘁的他,年龄还不到半百,看上去已像个老人了。由于长年累月在军帐中风餐露宿,使他得了风湿病,弯腰驼背,体力不支,行动迟缓,情绪极为低落。

1759 年,普鲁士面临的形势更为严峻了。这一年普军连遭败绩,先是俄奥联军在库纳尔斯道夫给普军以毁灭性打击。战争中弗里德里希的两匹战马都倒下了,他差点丧命。随后俄奥联军再次攻占柏林,市民和高官显贵纷纷出逃。除对法国一线外,各路普军连连失利。整个普鲁士陷入即将家破国亡的恐怖之中,弗里德里希本人对战争前途产生了悲观情绪。他暗自准备下烈性毒药,贴身藏着,万一全军覆没即服毒自尽。只是由于冬天的来临,俄奥联军才未对普军采取进一步行动。

弗里德里希虽然顽强坚持战斗,但到 1760 年春,普鲁士的处境仍继续恶化。由于俄、奥两国军事领导意见不统一以及他们追求的战争目的有分歧,才使得普鲁士国家免于覆灭。到了 1761 年,普鲁士陷入绝望境地:普鲁士财力和兵员枯竭,全国一片荒凉景象;法军威胁汉诺威,俄军伺机攻取柏林的门户科尔败格,而奥军则占领了西里西亚,西班牙加入反普同盟,而普鲁士的唯一盟友英国也因在海外打败法国,夺取了大部分殖民地,无需普鲁士牵制法国,背信弃义地断绝了对普鲁士支援。弗里德里希已陷于彻底孤立,可谓弹尽粮绝,四面楚歌。他在给其兄弟亨利亲王的信中说:如果"谁也不来帮助我们……我看不出有任何拖延或者防止我们的灭亡的可能性"。他在绝望中甚至已准备退位。在这千钧一发之际,奇迹出现了。这时发生了一个偶然的但对战争全局产生重大影响的事件,这就是俄国女皇叶丽萨维塔病逝,彼得三世继位,事态发生了戏剧性变化,俄国外交政策发生了突然转变,才使普鲁士摆脱厄运。

彼得三世与德国有血缘关系,其母安娜是彼得一世的女儿。彼得一世为将自己的势力渗入德国,把安娜嫁给了德意志北部的一位名叫卡尔·弗里德里希的亲王,他们生有一子卡尔·彼得,后来安娜病故,她的胞妹叶丽萨维塔于1741年当上俄国女皇。由于没有儿子,女皇便把外甥彼得从德意志接到彼得堡,准备让他继承王位,改名彼得·费多罗维奇。可惜彼得智力低下,不学无术,嗜酒如命,来俄国18年仍讲不好俄语。而对他的出生地及父亲原籍普鲁士却一往情深,对弗里德里希二世崇拜得五体投地。他继位之后,立即派出使者给占领东普鲁士一些地区的俄军送去敕令:俄军立即停止和普军的敌对行动,撤出占领区。1762年4月,彼得同弗里德里希签订了和平条约,不仅许诺

七年战争

要归还俄军占领的全部土地,并转向同普鲁士结盟,把18000俄军交给弗里德里希调遣,合兵攻打奥军。德国史书上把这神奇的转折称为"勃兰登堡王室的奇迹"。

绝处逢生的弗里德里希,精神大振,由于得到俄国的支持,接连打败奥军,又乘机将法军赶过莱茵河彼岸。1763年2月15日,奥地利同普鲁士在萨克森的胡贝尔茨堡签订和约,普鲁士巩固了它对西里西亚的占有权,退出萨克森,并保证支持特蕾西亚的儿子约瑟夫为皇位继承人。七年战争终于结束。

经过艰难的七年苦战,弗里德里希的军队终于顽强地抵挡了奥法俄三大强国的联合力量,确立了普鲁士在中欧的霸权地位,为雄踞德意志,争霸欧洲迈出了第一步。弗里德里希二世被沙文主义的德国史学家颂扬为"大王""唯一王"。

治理内政

长达7年的战乱,使普鲁士人民受尽了苦难,全国损失约40万人口,大部分是成年男子。农村中10000多农舍塌毁,农田大批荒芜。城市萧条,食品短缺,物价飞涨,1763年日用品售价达近百年来的最高额,饥民们常常以抢购还未烤好的黑

面包发生殴斗。

面对满目疮痍的国土,弗里德里希二世重振精神,决心通过整顿和改革来恢复和发展经济,增强国力。7 年战争后,他又马不停蹄地开始了所谓的"重建"工作,致力于普鲁士的经济复兴。刚从战场归来不久,他就乘上马车,带上随从,到全国各地巡视,调查了解急需解决的问题。弗里德里希二世所到之处,一律不准大小官员迎来送往。他认为,讲排场的接见和空洞的长谈、汇报毫无价值。在各地视察时,喜欢对地方官用"口试"的办法。每到一处,就把地方官召来,提出一连串问题,什么土地、住房、财政、赈济等一一盘问。如果所答非所问,一问三不知或回答使他不满意,就要遭到他的严厉责问或训斥。所以地方官里有不少人惧怕甚至诅咒他的巡视,暗中把他叫作"旅行国王"。他以过人的精力躬身朝政,每天只睡 4 小时左右,事无巨细,都亲自过问。他号召国民勤俭节约,禁止讲排场,比阔气,并做出表率。他自己平时只穿士兵服,毕生只有一件礼服。

在调查了解情况的基础上,他采取了一系列措施。首先最迫切的是解决农业问题。1763 年,他颁布法令,取消波美拉尼亚农奴的依附关系,并禁止把农民逐出份地。1777 年,宣布保证农民的财产权和继承权,给农民减税、预付金和提供谷物。准许西里西亚农民免税 6 个月,三年内在西里西亚建房 7000 所,以优惠的条件向农民贷款。他还从军队中抽调 6 万多士兵,派到人口最稀疏的地方,帮助当地农民修建房屋,恢复农业生产。5 年后,当地面貌基本改观,才让他们返回军队服役。他还下令,凡战争中住房被毁的农户,每户发 50 塔勒安置费和部分木料,要求农民迅速修复住房,尽快重建家园。鼓励向国内落后地区移民,1740~1786 年间,有约 30 万人在马格德堡和东普鲁士定居。国家改良了奥德河和纳茨河沼泽地,从军队中抽出 8 万匹战马分配给农民,免费发放新种子,使 5 万农民定居下来。这些措施都是在保护容克的根本利益的条件下实施的,有利于促进农业生产。普鲁士经济得到迅速恢复,人口从 100 万人增加到 500 万人。

当然,弗里德里希二世对发展经济的重视并非始于战后。他深知,经济繁荣既可安定民心、稳定政局,又是对外战争胜利的保证。所以他继位后就大兴水利建设,整修了奥德河河床,并在河两岸修起纵横渠道,使 300 多平方公里的农田得到灌溉。此外,普鲁士还先后开凿了连接易北河与哈韦尔河的普劳恩施运河(1745年竣工)和连接哈韦尔河与奥德河的芬诺运河,1772 年开凿了沟通奥德河与雅斯瓦河的布罗姆贝格运河。这三条运河,把国内几条大河沟通起来,农田和内河航运都从中受益。

在发展工业方面,弗里德里希注意吸收别国的经验。他曾说,法国虽在手工工场和对外贸易上较英国、荷兰等国落后,但法国的情况更接近普鲁士,它的经验才更适合普鲁士借鉴。但这并不排除向英国学习,他认为"英国划分公有土地的方式(指圈地运动),是一切有志于提高生产的场主必须朝觐的麦加"。为此他特地把国有土地承租人的子弟送到英国学习,以便回来后推进普鲁士的改革。在弗里德里希统治期间,普鲁士的采矿、纺织、造纸和玻璃工业有所发展,国家实行保护性关税政策有利于国内工场手工业的发展。

在商业方面,弗里德里希一方面积极推行重商主义政策,鼓励农产品和纺织品出口,扩大对外贸易,另一方面又加强关税壁垒,搞关税保护,取消国内关卡,建立合理的税收制度。当时普鲁士手工工场的不少产品和外国商品相比,质次价高,数量又少。为了与英国、荷兰、萨克森、奥地利、汉堡等国家和地区的商品进行竞争,他宁肯使国内市场上暂时存在某些商品短缺的现象,也要提高某些外来商品的关税,扶植国内生产发展。他明令禁止输入盐、瓷器和铁器,以刺激本国生产这些商品。在国内市场上,创办有特权的贸易公司,实行烟草、食盐和咖啡专卖,提高消费税。对粮食、啤酒和肉类等生活必需品尽量减少税额,而对奢侈品则提高税率。

在财政方面,弗里德里希二世根据不同时期的需要及时调整国家财政支出的比例。战争年代军费开支大,和平时期就适当缩减军用开支,增加建设资金,并从中抽出部分款项,向私人提供贷款,为发展经济创造条件。为此当时还分别建立了柏林国家银行和军队银行,协助管理国家财政。一切工业税纳入军队银行,该银行负责支付全部军用开支。其他款项均由国家控制。

弗里德里希二世的经济政策是为他的军事扩张政治服务的。他的所谓"保护农民"政策,实际上是企图为国家保持一定数量的自由农民,以保证国家的税源和兵源。他的各项经济政策促成普鲁士经济繁荣,加强了容克在国家政治生活中的地位,加强了他实行专制主义统治和对外扩张的经济实力。

弗里德里希二世还曾对普鲁士的法律进行过改革。废除了中世纪遗留下来的多种酷刑,减轻了对盗窃、谋杀等罪的刑罚。当时普鲁士没有一部全国通行的大法,直到他当政时,有些地方仍然存在着中世纪的领主裁判所。国家无法可依,各自为政的现象普遍存在。司法官员大多没受过专业教育,法律手续极不完备,诉讼程序烦琐,错案屡见不鲜。这种法律状况,不但不能取信于民,而且还直接影响弗里德里希二世的威望。所以他下决心整顿司法,打击胡作非为的司法官吏,提拔了一批受过良好教育、不贪赃受贿的法官。先后任命萨·科西奇和约·卡尔迈尔为司法大臣,改革了司法审讯规则,提高了法官和律师的地位。弗里德里希二世决定制定一部国家宪法,他把这一任务交给司法大臣。1784 年,这部宪法草案公布了。国王要求臣民逐条对草案进行公开讨论,广泛征求意见。这种做法在社会上引起很好的反响,受到普遍欢迎,甚至某些资产阶级学者也称赞国王"开明的思想方法"。新宪法——《普鲁士通用邦法》1794 年正式生效。新宪法提高了法官任命资格的要求,简化诉讼程序,允许上诉,只有国王有权批准死刑。新宪法取消新闻检查制度,实行宗教宽容政策,允许各教派共存,各宗教信仰一律平等。新宪法提倡科学和艺术,重视教育,规定适龄儿童都应接受学校教育,学校教科书应不断更新内容,尽量吸收先进科学技术知识等。

七年战争给弗里德里希一个最重要的教训,就是还要进一步扩充增强军队。国家的一切都要服从军事需要,在他看来,"没有武力后盾而进行谈判,如同没有乐器而演奏音乐一样"。他的最重要的计划是把军队建设成"像灰烬中升起的不死鸟"。战争结束后,他立即实行募兵制,把军队人数增加到 20 万人,32 个居民中就有一个士兵(奥地利 64 个居民中有一个士兵,俄国 91 个居民中有一个士兵,法国 140 个居民中有一个士兵)。普鲁士成了"和平时期的兵营"。1763 年他颁布《学校法规》,强制 5 至 14 岁的儿童上学,任命老兵为校长,进行准军事训练。他治军严格,训练有素,纪律森严,强调士兵绝对服从,因而具有较强的战斗力。对于当时的封建王朝政府来说,普鲁士的军事组织"是当时最好的,其余所有欧洲政府都热心仿效它"。在战略战术上,他提倡主动进攻,灵活机动,集中优势兵力速战速决。他创建了骑兵炮兵战术,在当时和以后都产生了巨大影响。

弗里德里希二世在继续发展军事力量的同时,还进行行政改革,不断加强官僚机构,权力变得更加集中,最后集中到国王一个人手里。他改组"财政、军事与王室领地最高管理处",并在它之下陆续设立五个执行部门,并由他控制,使实权不至落到大臣手里。他恢复内阁的作用,而自己亲自在内阁工作,每天阅读并批示从各部及省呈交来的各种报告,内阁成员只不过是他的工具。他要求官员办事讲效率,却不准他们有丝毫的主动性。他对官员说:"你们绝没有任何主动性,一切事必须直接通报我。"这一切都巩固了容克地主集团的统治。通过改革,弗里德里希二世建立起严格的管理体制,其特点是集中统一,讲究实效。普鲁士宫廷在倡导节约廉洁、讲究办事效率方面,成为当时欧洲各宫廷的典范。

在国王和全体臣民的努力下,普鲁士经济很快恢复起来,人口也有较大增长。从18世纪40年代到80年代,普鲁士人口从200多万增加到550多万。税收以每年300万塔勒增如到1100多万塔勒。土地总产量折价从300万增加到600多万塔勒。国库储备达700万塔勒。国力明显加强,普鲁士王朝的统治更加巩固。

瓜分波兰

弗里德里希二世不忘先祖"遗训",力图把分散的领地联成广袤的疆土。七年战争后的一切努力都是为他的扩张野心服务的。在恢复实力后,便要进一步扩张领土,其目标是夺取波兰的土地,使普鲁士和勃兰登堡连成一片。

波兰地处俄、普、奥三国之间,战略地位十分重要。它虽是一个东欧大国,但由于封建贵族不仅自行招募军队,修筑城堡,割据一方,而且拥有"自由选王制"和"自由否决权"两项贵族特权,造成内部政治混乱,中央政权趋于瘫痪,无力抵御外国的侵略。自17世纪中叶以后,波兰国力渐衰,逐渐成为邻国侵略的目标,为列强瓜分提供了机会。最先提出瓜分波兰的建议的是普鲁士。但是,因国力不支,力轻而言微。在波兰问题上最有发言权的是俄国。自从北方战争以后,彼得一世采用各种办法来控制波兰,波兰事实上已沦为俄国的附庸国。所以,起初俄国拒绝了普鲁士的瓜分主张,待瓜分时机成熟后,它却最先动起手来。

1763年10月5日,波兰国王奥古斯特三世病逝,俄国马上又积极行动起来,决心继续把波兰王位控制在自己手中,并想乘机吞并波兰。女皇叶卡捷琳娜二世挑选昔日情夫斯坦尼斯瓦夫·奥古斯特·波尼亚托夫斯基为新国王候选人,指使驻波兰大使做好选举准备。普王担心俄国独吞波兰,就主动派人与俄国女皇密谋,于1764年俄普签订的针对波兰的同盟条约,其中有用武力维护波兰的"国王选举制"和"自由否决制"等内容,这就为瓜分波兰领土做了准备。同年9月6日,在俄军的包围下,波兰议会召开,斯·奥·波尼亚托夫斯基当选为国王。不言而喻,作为合作的条件,俄国以后在波兰的行动,必须照顾到普鲁士的利益。

弗里德里希二世深知奥地利国王兼神圣罗马帝国皇帝约瑟夫二世对攫取波兰领土也极有兴趣(自从西里西亚被普鲁士夺去后,希望从别处得到补偿),但是他的母后玛丽亚·特蕾西亚反对他和普鲁士合作。特蕾西亚之所以反对普、奥接近,是因为弗里德里希二世是她的仇敌，他们为了争夺西里西亚而血战了好几年。但奥皇约瑟夫二世对这件事极为关心，1769年8月，他背着母后，化名法尔肯施泰因伯爵前往普鲁士占领下的西里西亚与弗里德里希二世见面，互相拥抱，弗里德里希二世说"这是我一生中最美好的日子"。这次会见虽未达成协议，但从此普、奥两国捐弃前嫌，日趋友好。1770年9月，皇帝在首相考尼茨陪同下进行第二次会晤。两人经过密谈，最后就瓜分波兰一事达成默契。

之后，弗里德里希二世就着手与俄国协商瓜分波兰的事宜。他知道，如果没有俄国的参加，瓜分波兰是无法实现的。1770年，弗里德里希二世派自己的兄弟海因里希亲王到彼得堡进一步商议瓜分波兰事宜。沙俄虽早有独吞波兰的野心，可是由于它在俄土战争（1768~1774）中正陷于困境，为避免外交上孤立，阻止奥地利倒向土耳其一边，只好放弃这个打算，同意三国共同瓜分波兰。当得知俄国只打算把东普鲁士西部的埃姆兰地区划给普鲁士时，弗里德里希二世很不满意，抱怨"这块点心切得太小了"。故此，把瓜分的事暂时搁置起来。这期间，波兰南部发生了反政府暴乱，波兰国王要求奥地利派兵支援，帮助镇压那里的动乱。奥地利自失去西里西亚后一直耿耿于怀，而且还对波兰南部地区馋涎欲滴，一直寻找机会夺取它。所以，奥地利的约瑟夫二世把这视为天赐良机，满口答应。在他帮助平息暴乱后，便趁机占领了波兰大片领土，其中包括极有经济价值的维利奇卡盐矿等地。

面对这种情况，普鲁士和俄国闻讯急不可耐，三强很快举行会谈。1772年8月5日，普鲁士、俄国和奥地利三国在彼得堡签订了第一次瓜分波兰的条约。1773年9月30日，波兰国会被迫接受了这个条约。根据条约规定，普鲁士占领了格但斯克以外的波莫瑞地区、除托伦市以外的海乌姆诺省、马尔博克省和瓦尔米亚等波兰的波罗的海沿岸地区以及一部分大波兰地区和库雅维地区，约3.6万平方公里，人口58万。同年11月13日，普鲁士政府把这些新占领的辖区（除瓦尔米亚外）改建为玛里恩维尔德领地，统称为"新普鲁士"。次年1月31日，根据弗里德里希二世的旨意，该地区又改名为"西普鲁士"，把原来的柯尼斯堡和贡宾年等行政区域改建为"东普鲁士省"。俄国得到了西德维纳河、德鲁奇河和第聂伯河之间的白俄罗斯地区和拉脱维亚的一部分，面积9.2万平方公里，人口130万。奥地利占领了维斯瓦河和桑河以南地区、加里西亚的大部分，共8.3万平方公里，人口265万。波兰这次被瓜分共丧失30%的领土，人口减少35%。

从瓜分的面积和人口来看，普鲁士得到的最少，但这块土地把普鲁士王国西部的勃兰登堡与东部的东普鲁士领土连成一片，且地处维斯瓦河入海口，具有重要的战略地位和经济价值。弗里德里希二世死后，他的继承人弗里德里希·威廉二世又两次参与瓜分波兰，使普鲁士的领土达30.5万平方公里，人口860万，俨然成为欧洲一个大国。三次瓜分波兰是近代强权政治中最卑鄙无耻的一页，它充分暴露了俄、普、奥地三国的反动和残暴，在历史上留下了一个永远洗刷不掉的污点。

开明专制

瓜分波兰并未能缓和普鲁士和奥地利这两个近邻的紧张关系，它们都在寻找时机，进行一次新的较量。第三次西里西亚战争过后15年，双方又面临着一场武装冲突。

1777 年,巴伐利亚选帝侯马克希米利安患天花而亡,死后无嗣,约瑟夫二世一心想取得巴伐利亚的君位继承权。为争夺巴伐利亚领土和德意志领导权,1778年,普鲁士和奥地利之间发生了巴伐利亚王位继承权战争。1 月,奥地利部队开进了巴伐利亚。弗里德里希二世闻讯,不顾年迈体衰和曾声言"不再登台"的誓言,表示"决不能坐视奥地利进行扩张",再着戎装,骑上战马。以"捍卫德意志民族自由"为口号,率领 16 万人马直奔波希米亚,以武力威胁奥地利。奇怪的是两军对垒,磨刀霍霍,日复一日,并无大的战事,只有几次小的军事冲突。为什么会出现这种奇怪现象呢?原来,约瑟夫二世对于军事是个外行,甚至不具备军人的气质,也没有进行战争的军事才能。他承认,决断的重任几乎将他压垮。面对比自己至少多三、四万人的强敌,只是谨慎防御,不敢贸然行动。此时,母后也一再告诫他,要谨慎从事,主张谈判,不主张使用军队或暴力。她称争夺巴伐利亚的斗争是一件"荒谬的方案",如果发生这场战争,那么她看到的只是"我们彻底的崩溃"。弗里德里希二世毕竟不比当年,已是风烛残年 66 岁的病老头了。加上过境之后,自然环境十分恶劣,部队行进极其艰难。久经沙场、老谋深算的他,决不轻举妄动。因此,战争双方损失轻微。真正倒霉的是老百姓。战场一摆开阵势,当地居民便被迫弃家逃跑。眼看就要到手的劳动果实,都被两国军队掠去或糟蹋了。人们常常看到普鲁士军队押着一车车马铃薯或饲料满载而归。所以,老百姓讥讽这场战争为"土豆之战",或叫它"李子纠纷"(两国士兵争夺李子)。后来经过法王路易十六的调解才停火。1779 年 3 月普奥在当时奥地利的重镇迪欣签订了合约。奥地利获得多瑙河、莱茵河和萨尔察河之间的一块巴伐利亚领土。普鲁士获得安斯巴赫和拜罗伊特的君位继承权。这次巴伐利亚王位继承权战争是弗里德里希二世一生参加的最后一次大战。

战后,普、奥两个世敌都在积极进行外交活动。约瑟夫二世联合俄、法两国,企图孤立普鲁士。面对奥地利咄咄逼人的外交攻势,弗里德里希二世忧心忡忡地叹道:"帝国皇帝乃是我七十老身的一块心病",决心要针锋相对,予以抗衡。在寻求大国支持无望的情况下,他积极联合德意志各小邦国,共同对抗奥地利。1785 年 7 月,普鲁士首先与汉诺威、萨克森达成谅解。后来,他组织

弗里德里希大帝博物馆

起德意志诸侯联盟,参加该联盟的有黑森、不伦瑞克、魏玛、梅克伦堡、美茵茨等 15个德意志邦国。按规定各成员国相互承担责任,共同对付维也纳的皇帝。弗里德里希的这些政策,更加深了德意志内部的分裂,也标志着神圣罗马帝国行将寿终

正寝。

到 18 世纪 80 年代初，弗里德里希二世就已病魔缠身。在风湿、哮喘等多种疾病的折磨下，他的性格变得怪僻、暴躁，经常发无名火，有时甚至歇斯底里。1785年，老国王身染重疾。1786 年 8 月 17 日，这位在欧洲煊赫一时的君主在逍遥宫逝世，终年 74 岁。他留下了 30 卷著作，其中包括 7 卷历史、6 卷诗歌和 3 卷军事专著。他的《当代史》《七年战争史》比较有名。在他的两部《遗书》中，告诫后继者要重视研究各国的状况；要保持一支训练有素、纪律严明和战斗力强的军队；要他们量入为出，不得消费过度，特别要他们注意，国家收入的增长要靠发展经济，不能靠增加税收。

弗里德里希二世在位 46 年，在他的统治下普鲁士终于发展成欧洲强国，他自己也获得"弗里德里希大王"的称号，他对普鲁士王国的历史发展产生了很大的影响。

弗里德里希二世的一切对内对外政策都是为其政治目的服务的。在他继承王位的时候，同欧洲一些大国相比，普鲁士显得弱小而落后。弗里德里希二世不安于现状，不甘人后。受启蒙时代思潮影响，在国内，他顺应时代变化，政治上提倡以"开明专制"的精神进行改革、整顿，确立了严格的国家管理体制。他说自己"论秉性是哲学家，论职责是政治家"，主张哲学家与君主共同治国，自称"国王是国家的第一仆人"。他毕生以过人的精力躬身朝政，驰骋疆场，确以行动实践着他的诺言。然而他一生的所作所为都是效忠于普鲁士贵族的国家的。经济上推行重商主义政策，积极鼓励发展农业和工商业，促进了经济繁荣。这些对于普鲁士的兴起强盛起了积极作用。

在弗里德里希统治期间，他的对外政策一如既往奉行侵略性的扩张政策，国家的一切都要服从军事需要。他曾说："国家不分大小，政府的基本法则都是扩张领土。"这就是普鲁士"开明专制"的出发点和最好的注释。

作为封建统治者，弗里德里希二世的政策中心是军队的强化和推行专制主义的统治。他崇尚武功，连年征战，对外扩张，不仅给邻国人民带来战祸，也给国内广大人民带来灾难，给德国后来的历史发展也造成了许多消极影响。弗里德里希本人实际上也是普鲁士军事专制主义、黩武主义的象征。但普鲁士的强大却为德国统一奠定了初步基础，所以有的历史学家把弗里德里希二世、俾斯麦和希特勒并列为德国历史上三大重要人物。弗里德里希二世临终前曾表示：自己"将毫无遗憾地离开这个世界"。

在弗里德里希二世逝世 20 年后，拿破仑在耶拿大败普鲁士军，来到波茨坦弗里德里希的墓前，他用马鞭指着墓碑对属下将领们说："要是他还活着，我们就不可能站在这里了。"这是一个军事家所能得到的最高评价。

大英帝国的开创者

——维多利亚女王

人物档案

简　历:名为亚历山德里娜·维多利亚。其父是肯德公爵爱德华,自小受到严格的教育,会五种语言,1837 年登基,时年 18 岁,成为英国女王,掌管英国达 64 年之久。1876 年成为印度女皇。

生卒年月:1819 年 5 月 24 日~1901 年 1 月 22 日。

安葬之地:不详。

性格特征:端庄美丽、为人直爽热情、坦率诚恳、聪慧、睿智。

历史功过:对外推行殖民主义扩张政策,1875 年取得了苏伊士运河的控股权,鼓励发展科技,如伦敦的流水排放系统,街头出现白炽灯,1891 年对所有小孩实行免费教育。

名家评点:她所处的时代,是英国文学、艺术、科学、技术繁荣昌盛的时代,史称"维多利亚时代",是历史上在位时间最长的女王,是英国最强盛的"日不落帝国"时期。

她是第一个以"大不列颠和爱尔兰联合王国女王和印度女皇"名号称呼的英国君主。至今世界上有许多湖泊、河流、沙漠、瀑布、城市、港口、街道、公园、学校、建筑物等都是以维多利亚命名的。

维多利亚时代

在大英帝国以及整个世界历史上,维多利亚时代是世界帝国时期最辉煌的一个时代,它当时的强盛即使与今天的美国相比也毫不逊色。1850 年至 1873 年被称为维多利亚中期大繁荣时代,1848 年时,英国铁的产量占世界的一半,而此后又继续增加了两倍,其中生铁主要用来制造船舶、修建铁路,加拿大、澳大利亚、阿根廷及印度的主要铁路干线都是由英国修建的。1860 年时英国人口只占世界总人口的 2%,但却生产了世界 40%~50% 的工业品,在欧洲也占到 50%~60%(英国人口占欧洲的 10%）。大英帝国也几乎垄断着世界的航运业，世界船舶 60%的吨位是在英国注册登记的，这是与它奉行自由贸易分不开的，这极大促进了英国本国和欧洲的航运业发展，同时由于英国本身就是世界的工业中心，自然也就成了原料进口大国和工业产品出口大国，维多利亚时代的英国港口是最繁忙的。在纺织业上，英国几乎垄断了对印度和整个东方的纺织贸易，同时也支撑了美国南方棉花种植园经济和澳大利亚羊毛原料供应经济。在国际投资方面，英国是当时世界上最大的对外投资国，在国际贸易方面，英国相当于法国、德国和意大利的总和，在 1850 年，英国拥有世界 20%的贸易量，在工业贸易额中更是拥有高达 40%的贸易量。在短短的 20 年间，英国的出口总产值从 1830 年的 6900 万英镑增至 1850 年的 1.97 亿英镑，英国生产世界上 40%的机器，约 50%的棉纱和铁，2/3 的煤，其中英国对煤铁等工业能源和原材料的垄断更是惊人，那时人们常说："现在大法官还习惯坐在羊毛口袋上看紧他的家当，但羊毛早就不是英国最赚钱的买卖，他应该坐在一口袋煤上，虽然这不太舒服！"从 19 世纪中期维多利亚时代进入大繁荣期，直到 1880 大英帝国仍然是世界的天堂。

英国的资产阶级革命自 1640 年就已经开始，而维多利亚时代的欧洲大陆则刚刚开始大革命，但欧洲的革命进行没多久，无论是革命的果实还是帝王的权杖又迅速被拿破仑风暴席卷一空，维多利亚即位时的欧洲大陆就如同刚刚经历了卡特里纳飓风的新奥尔良。相反在英国，到了维多利亚时代，资产阶级已经不再是个闹革命的小子，而已经是一个进入上升阶段——资本主义扩张的时代，因此英国没有拿破仑战争后那种风起云涌的革命气氛。1848 年的大革命之后，欧洲又来了一次倒退，"1854 年至 1871 年间，有两个因素阻止了这个时代实现彻底的社会和国际的和平，并为通往战争的道路做了准备。第一个因素是有些王室的宫廷企图恢复不平等的特权，并且干涉思想、写作和教育的自由；第二个因素则是在维也纳会议上，由各国外交官所规定的国界不可能实现。"（《世界史纲》，英，H.G.威尔士，陕西师范大学出版社，363 页）相反，英国这时期国内政治显得非常平和，欧洲的风暴不但没有为王室带来恐慌，相反为整个帝国带来了巨大的利益，英国这时候尽力扩展自己的海外殖民地，把殖民经济推向了最高峰；也不遗余力地在欧洲大陆施展"大陆均衡"策略，以至维多利亚和她的内阁大臣们就像是整个欧洲大陆政治背后的导演，欧洲所有大事最终几乎都是由英国确定基调，有时候干脆一锤定音。

维多利亚女王首先是一位幸运的女王，她没有出生在查理时代，因而没有遭到资产阶级和失去土地的人民的痛恨；也没有出生在一战与二战时期，那时候整个大英帝国和欧洲都处在强悍的德国的挑战中，虽然英国最后还是倾尽全力制服了德国，但大英帝国也从此没落。

维多利亚其次是一位幸福的女王，她的时代帝国如日中天，这让她不必担待太多的责任，也恰到好处地昭显王权的不可或缺，内阁大臣们如同手握重权的将军，但他们总是需要一个灵魂才能团结在一起，才能行之有效地工作，才能信心十足地征战沙场，维多利亚女王扮演就是这样一个角色——英帝国的灵魂。

维多利亚还是一个完美的女人，这并不是说她拥有倾国倾城的美丽，而是说她享受了一个女人能享受的一切：至高无上的权力、对她来说称职而又忠心的丈夫、一个从小就和她同床共枕的女教师兼同性恋情人，还有墨尔本这样睿智而又充满男性魅力的老道情人、与女王关系暧昧的宫廷医生，还有一位舅父留下的忠贞而又精明强干的幕后阁僚，甚至她还有一匹"种马"以及庞大的家族，她还缺什么呢？也许什么也不缺，她就是历史上最幸福的女人。

但维多利亚不是一个只拥有幸福而没有头脑的女人，在大英帝国女王的位置上，必须同时要照顾三种利益：帝国的利益、王权的利益和女人的利益，这就让维多利亚女王变成了一个复杂的角色。

在预言中筹谋

1802 年，在直布罗陀海峡西班牙一侧的海岸线上，一个吉卜赛女人曾对一位英国军官预言说"你将有一个孤独的女儿，她没有兄弟姐妹陪伴，但她将继承王位。"然而此时这位军官却像是个输光了的赌徒，尽管他就是英国国王乔治三世的第四个儿子，肯特公爵爱德华，但人们却更熟悉他的另一个绰号："伍长"，那是因为这位公爵根本谈不上什么王者之尊，这时候他已经负债累累，他的能力平平，连一次发生在法国的小小兵变都无能为力。

但他也许是真的相信这个预言，也许这个预言根本就是他自己的杜撰，这个预言直到今天仍然真假难辨，这也许就是一个游戏：肯特公爵认为：君权神授是理所当然的，虽然这只是一个吉卜赛女人的预言而已，但他也为此感到很愉快。

如果维多利亚是当然的王权继承人，那么这个吉卜赛女人就是自讨没趣，但当时维多利亚还没有出生，她的父亲也还没有结婚，他甚至还不知道该向谁求婚。这并不奇怪，肯特公爵此时多少算是一个独身主义者，因为他只是乔治三世的第四个儿子，按照大英帝国王权继承制度，王权看起来是那样遥不可及，因为王位要在国王的子嗣中按照男女长幼的顺序继承，国王如无子嗣，则在其兄弟子嗣中按照长幼顺序进行继承。

1802 年，英国国王乔治三世派遣他的第四个儿子肯特公爵爱德华去直布罗陀，因为那里的一个英国军营发生骚乱，爱德华的使命是去恢复秩序，因为他是军纪官。然而肯特公爵不是一个合格军事指挥者，因为他根本没有办法平息这场骚乱，他面对军营的混乱显得束手无策，最终只好沮丧地逃回英国，并因此退出了军界，从此开始和他喜爱的钟表为伍，当然，这并不意味着他也退出了政坛，他的兄长仍然厌恶他，他也还是和欧文那样的空想社会主义者来往密切，他也是反对辉格党的支柱之一，这肯定不是因为他有什么出类拔萃的口才，而是因为他的皇室血统。

也许，他在直布罗陀唯一的收获就是那个预言。我们至今无法确信真有这样一条预言，但我们却能肯定肯特公爵在五十多岁的时候抛弃同居了 27 年的圣劳伦斯夫人、然后第二次向萨克思—科堡的公主求婚的目的，那就是为了王位。但与我们所想的不同的是，这不是密室中的阴谋，而是光明正大地进行着。

当时的英国王位继承出现了这样的状态，以至本来没有什么希望的肯特公爵看到了一丝曙光。乔治三世在王位的最后几年实际上已经无法履行职责，他的神志不清，常年居住在温莎城堡，因此从 1811 年开始其长子正式成为摄政王，代替父亲履行王权。乔治三世驾崩后摄政王于 1820 年正式即位，成为威廉四世，但在此前，即 1817 年 11 月 6 日，英国王位的法定继承人、摄政王的独生女夏洛特公主突然难产身亡，顿时让王权的继承一事变得扑朔迷离。因为此时的摄政王也已经是一个老人，而他的结发妻子卡洛林早在 1796 年生下夏洛特后不久就已经和他离婚，也就是说，摄政王已经不可能再有子嗣，王位的继承人也就只能在其几位兄弟的子嗣中按照男女长幼的顺序依次寻找，但偏偏他的几位弟弟的婚姻都不尽如人意。摄政王有六位弟弟，按其顺序是约克公爵、克莱伦斯公爵、肯特公爵、坎伯兰公爵、苏塞克恩公爵和坎布里奇公爵。

约克公爵尽管是个放荡公子，他的妻子也是普鲁士公主，这本来符合王位继承者的要求，但也许他过于放荡了，或者他的妻子过于古怪了——一位普鲁士公主喜欢的不是男人，而是鹦鹉、猴子和狗，他们没有一儿半女，并且这位公爵大人更喜欢纸醉金迷的生活，对他来说，得到帝位并不比现在好到哪里去，他现在醉心于赛马、惠斯特纸牌和克拉克夫人。

克莱伦斯公爵和约克公爵几乎是一丘之貉，他有一位称得上婚姻的妻子，她就是漂亮的女演员乔丹夫人，他们在坐落于泰晤士河上的蒲树园同居了许多年，并且生养了一堆孩子，但后来克莱伦斯公爵又看中了富有的威克姆小姐，这最终让他鸡飞蛋打，古怪的威克姆小姐流水无情，而乔丹夫人也在巴黎抑郁而终。尽管他有很多孩子，但孩子的母亲只是一个漂亮的女演员而不是高贵的欧洲公主，因此这段婚姻没有得到国王的认可，他的子女也就没有资格得到王位。

接下来就是肯特公爵爱德华，他的品行纪录还算是良好，他曾经向欧洲正统皇室之一的萨克逊—科堡·萨尔菲尔德大公弗朗西斯的女儿维多利亚·玛丽·路易莎（也就是夏洛特公主的丈夫利奥波德王子的姐姐）求婚，此时她刚刚孀居，但得到的回答是，她要以孩子和领地为重。直到结婚前，他一直与圣劳伦斯夫人同居，他们有长达 27 年的同居生活，但他们一直没有孩子。

肯特公爵与圣劳伦斯夫人的同居而非婚姻使维多利亚女王的出生有了可能，这并不是肯特公爵不爱这个女人，相反，他说我们"年龄相同，患难与共，难舍难分"，"她出身名门，从未做过女伶，我是第一个、也是唯一一个和她同居的人。她的无私一如她的忠贞"，但他本人惧怕结婚后的义务，这让他相信独身主义对男人来说更有利，他这样描述自己对婚姻的恐惧："每逢想到结婚将成为我的义务，只有上帝才知道我要做出的是怎样的牺牲。"

但当夏洛特公主突然死去之后，王位就突然对肯特公爵出现了诱惑，因为它几乎就在脚边，只要他的三位兄长一直都没有孩子，现在只要他结婚并且快点生个孩子，王位就顺理成章成了这个孩子的。

自然，英国公众对王位继承人的猜测早已开始，敏感的女人总是对这类事情能得到最准确的预感——当夏洛特公主刚刚死后一两日，英国《时事晨报》就开始猜测王位的继承人可能是谁——他描述道："和每天早晨一样，我把报纸习惯性地递给餐桌对面的圣劳伦斯夫人，然后便开始拆看我的私人信件，但刚看了不一会儿，突然，圣劳伦斯夫人喉咙里发出一种奇怪的声音。"

还应该提一下的是排在肯特公爵后面的两位弟弟，坎伯兰公爵的名声不大好，有传闻说他为了男仆的妻子而谋杀了这名男仆，他娶了一位日耳曼公主，但他们也没有孩子。苏塞克恩公爵在诸多兄弟中最具文学气质，修养颇好，他的妻子奥古斯

365

塔·默里小姐,并已有了两个孩子,但他们的婚姻亦未经国王批准。最后的坎布里奇公爵,他住在汉诺威,他几乎是一位被人遗忘的公爵,他总是自言自语,与他说话就是一种痛苦,他的神志一直被人认为不太正常,而他也没有结婚。

除了兄弟之外,肯特公爵此时还有五个仍然活着的姐妹,她们中结婚的有两位:符腾堡王后和格洛斯特公爵夫人,但她们同样都婚后无子,另外三位尚未结婚的公主是奥古斯塔、伊莉莎白和素菲亚,而她们都已年过40,也就说生育可能已经微乎其微。

现在情况已经很明朗,对肯特公爵来说,依照摄政王的年龄,再婚生育已无可能;约克公爵的妻子看起来仍然喜欢那些狗、猴子和鹦鹉,她不会关心她的丈夫或者王位的;唯一的障碍可能是克莱伦斯,如果他不结婚,或者无子,那么按照继承顺序,下一个就是爱德华。现在他必须考虑是否选一位欧洲公主结婚,他现在已经五十多岁了,如果再晚些恐怕就无能为力了。

他终于作了决定,他终于对媒体说"将随时准备听从国家对我的召唤",同时,他也已经有了两位妻子候选人:巴登公主和萨克森—科堡家族的一位公主。萨克森—科堡家族的这位公主就是他曾经求过一次婚的维多利亚·玛丽·路易莎。这是一个矮小、肥胖的女人,她有着棕色的眼睛和头发,脸色红润,看起来总是那么兴奋,总是穿着华贵宫廷服装,但看起来就像是个粗鲁的农妇,然而这其实是个相当睿智的女人。1803年,当她还是一个17岁少女的时候,她与被拿破仑弄得家破人亡的莱宁根大公结婚,这时的莱宁根大公实际上已经是一个破损的老雕花枕头,但这个老色鬼还是让这位公主给他生了个女儿。此时,1814年莱宁根大公命丧黄泉,公主一个人带着孩子在丈夫遗留下来的一块小小的领地里苦苦挣扎着——她嫁过来仅仅三年后,拿破仑横扫欧洲,弗朗西斯大公国山河破裂,在丈夫亡过之后,她成了大公国的摄政王,这倒是有效地锤炼了她的王者之气。相隔四年,当肯特公爵再次向她求婚的时候,她立即爽快地答应了,也许,她在此时也看到了英国王室继承人逐渐明朗化,她还年轻,有生育能力,并且,她可以抚养她的孩子。

1818年5月29日他们举行了婚礼,这年公主仅仅32岁。

然而,就在他们结婚一个月后,克莱伦斯公爵也突然宣布了一桩婚事:他要和萨克森—莱宁根大公的女儿结婚——王室的伦理关系真是乱得一塌糊涂!肮脏的欧洲王室其实除了头顶那个璀璨的王冠和手中令人恐惧的权杖,他们其实与市井之徒、贩夫走卒毫无区别,甚至更为险恶和肮脏,就如同法国宫廷与荒淫罗马帝国一样,而这些王室对权力、财富和地位的贪婪更是令人惊诧。谁也不知道克莱伦斯公爵的这桩婚事是为了王位还是为了这个女人,但无论如何这给肯特公爵带来了不小的阴影。

对肯特公爵来说,他和科堡公主的婚姻不仅仅是继承王位这个好处,对他来说,如果他的子嗣有希望继承王位的话,那么还有一个更现实的好处就是他有可能得到高达2.5万镑的财产,这可以帮助他解决那烦人的债务问题;他也不想让人们一辈子叫他"伍长",那可是个最低级军官的名称;他更不想一辈子让他的妻子总是穿同一件衣服、戴同一件首饰。然而,为王室增加财富的提案被议会否决,拿破仑风暴和英国子民自由权利意识的上升让王室受到了种种限制。

1819年5月24日,肯特公爵和怀孕的公爵夫人经过漫长的旅途回到英国后,公爵夫人生下了一个女婴。肯特公爵本来已经一贫如洗,旅途的花费不菲,但肯特公爵依然决定回到英国,因为要想成为英国国王,最好把孩子生在英国;另外,还有一个原因,那就是克莱伦斯公爵的孩子尽管比他们的孩子早出生两个月,但那个不幸的孩子夭折了。

尽管克莱伦斯公爵夫人很年轻,克莱伦斯公爵又放荡成性,他们很有可能再次生育,但威廉四世(当时他还是摄政王)还是突然参加了肯特公爵女儿的洗礼,对此,外界有两种截然相反的猜测:一种认为威廉四世素来与肯特公爵不合,他不希望看到肯特公爵的女儿继承王位,所以他要参与这个女孩的洗礼,用自己的权力阻止肯特孩子将她取名为伊丽莎白,因为伊丽莎白一世可是大英帝国伟大的女王;另一种猜测是威廉四世并不看重他的这位弟弟,但他甚至比肯特公爵更爱这个女孩,更关心她的未来,因此他坚持要用俄国沙皇亚历山大的名字,因为亚历山大沙皇是欧洲最强有力的统治者,是拿破仑那恶魔的克星。

坎伯雷大主教为这个女孩举行了洗礼,她的名字被威廉四世和肯特公爵共同取名为亚历山德里娜·维多利亚,一个时代的名称就这么定下来了,但在当时,这却是个普通极了的名字。

洗礼举行之后不久,肯特公爵就决定带全家去西海默思度过这个冬天,因为他觉得温和的海水浴会对他的妻子大有好处,海滨的腥咸的空气对孩子也是一种熏陶,相反伦敦一年中这几个月是最令人厌恶的。也许这算一个理由吧,但更让人信服的说法是,他在肯辛顿宫住得并不愉快——他实在太穷了。然而,他没想到,这却是他最后一个决定,他最终却没能度过这个冬季,他得了肺炎,而他留给妻子的是高额的债务和一个仍然希望渺茫的孩子,仅此而已。

童年日记

在肯特公爵死后的第六天,他的父亲乔治三世也驾崩,摄政王继承了王位。

1821年初,克莱伦斯夫人的第二个孩子伊丽莎白公主出生三个月便又夭折了。这样一来维多利亚小公主成为女王的可能性就大大增加了,人们已经在逐渐把她看成未来的国王,以至王室终于将肯特公爵夫人的薪俸增加了一倍,并且肯特公爵夫人也获得了3万镑作为维多利亚公主的抚养费。

对肯特公爵夫人来说,此时已经没什么可忧虑的了,克莱伦斯夫人再次怀孕是唯一阻止维多利亚公主登基的障碍,但她的孩子似乎总是那么不幸,这已经让人难以相信她还能产生什么障碍。肯特公爵夫人剩下来的事就是恪尽职守把维多利亚公主培养成一个真正伟大的君主。此时欧洲两个矛盾正在同时发展着:资本主义平等、自由、博爱的思想正在获得越来越多人的支持,而欧洲王室则被拿破仑搅得一团糟,面对这种比拿破仑更可怕的思想,他们正在努力遏制着;另一种矛盾是,普鲁士和意大利都在寻求变得独立、强大,他们要打破欧洲那些古老帝国的城堡,建造一个更为强大的帝国,欧洲主要国家的边界正在面临威胁。

然而英国王室几乎没有受到什么冲击,英国人对王室的愤怒已经在1640年发泄得差不多了,现在他们更看重的是欧洲各国忙于打群架的时候所空出来的广阔殖民地,这正是个好时候。因此,肯辛顿宫中的君主培养仍然按照古老的传统按部就班地在进行。

令人欣慰的是,在阿蒙巴赫所遭受的苦难造就了肯特公爵独立、坚强、不屈服的性格,同时,她在阿蒙巴赫履行摄政王职责时也积累了相当丰富的经验,尽管那只是一个狭小的领地,但所面对的种种困难不比任何一个欧洲大国小。这样,她不仅是一位称职的母亲,还是一位最佳的帝王启蒙老师,更是一位严厉的管家。英国王室和肯特公爵夫人为维多利亚小公主安排了适当而又严格的教育,几乎每一个环节都安排了最恰当的人担当小公主的老师——公爵夫人为小公主请来了汉诺威一位牧师的女儿费洛珍·莱恩小姐,她成了维多利亚的启蒙老师,因为她非常熟悉如何与那些儿童打交道,耐

10 岁的维多利亚公主

心和善于沟通是她最大的优点,她教会了维多利亚公主拼写和阅读;接着费洛珍·莱恩小姐又向公爵夫人推荐了她的密友——施巴特男爵夫人,这位男爵夫人擅长的是制作各种手工,这对儿童来说至关重要,非常有益于启发他们的逻辑思维能力和进行空间想象,也能引导他们进行创造性思维;然后是泰格莉尼,现在该教怎样保持王者的仪态;而拉布拉奇则是音乐教师,他同时也负责教会公主如何运用语言和语气,而不是依靠她那天生的尖嗓门传达她的不满;切斯特副主教仍然给小公主讲授基督教史;诺瑟姆伯兰公爵夫人则负责安排小公主的每一门课程,她是个精通儿童教育心理的良好人选。

维多利亚从小就受到了严格的教育,好在她的性格也受到非常正常的引导,并没有因此产生什么不良影响,她的知识进展程度很快,同时她的个性也没有被打磨得过分圆滑,而且,她似乎已经学会了如何管理身边的事务——她的众多的布娃娃每一个都是编了号的,并且位置和名称都已经安排好,她已经不允许仆人将她的布娃娃弄乱。

维多利亚公主熟悉三种语言:德语、英语和法语。当然,她的德语来自她的母亲,这实际上是她真正的母语,因为她的英语比起她的德语来说总是显得有些不够流畅,尤其在英语语法方面,她运用得并不得心应手;她还能使用意大利语和拉丁语。

在维多利亚公主 11 岁时曾进行了一次考试,这是按照肯特公爵夫人建议进行的——是时候了,应该对小德玲娜来一次考核,这样他们才能认识到教育是否存在错误,以及该怎么加以纠正。考试是由两位德高望重的主教进行的,考试的范围几乎可以说包罗万象,但结果令人满意——"最高最纯的基督教淑女"。其实肯特公爵夫人是接受了当时正任拉格比学校校长的大教育家阿诺德博士的教育观点,他认为教育目的的第一要义就是要使学生成为绅士或淑女,当然,肯特公爵夫人的教育目的远比这深远和宏大,她要的是让维多利亚公主成为一个最伟大的女王,而不仅仅是一个淑女。

"我觉得我的坚信是我一生中最重要、最庄严的事件,我也确信它将对我的心灵产生良好的影响。我对过去所犯的一切过错深感懊悔并坚信万能的上帝一定赐予我力量,使我舍弃一切的恶,追随一切的善与真,我将带着坚定的决心去做一个真正的基督教徒。我也会尽力地安慰亲爱的妈妈,不会让她感到忧愁,做一个乖女儿;我也要听亲爱的莱恩的话,她为我付出了那么多的辛劳。"13岁的维多利亚公主已经学会了用日记的方式来记录自己的每一天——也许,女王能够保持客观分析事物的能力。其中一个原因应该归功于她有一种能经常审视自己的能力,这从她习惯于用第三人称写作中看得出来,如,在她的情人、苏格兰男仆约翰·布朗死后她在给曾任印度问题顾问的克兰布鲁克子爵的信中如此描绘:"也许历史从没有如此强烈和真挚的爱慕之感,从没有像她和她最忠诚的布朗之间一样,存在于君主和仆人之间,如此温暖和亲爱的友谊。"而且,她的日记完全像是一个虔诚的基督教和一个女儿,可以看出她的心是平静的,似乎她已经意识到了自己并不是一个普通女孩,她的责任不是任何一个人能代替的——那是一个宏大的帝国!其实早在她6岁的时候,她就已经觉察到她的帝王之尊,当鲍尔弗将军的小女儿简·埃利斯小姐(与维多利亚同龄)被她的祖母带到肯辛顿宫的时候,她看到了地上的玩具,儿童的天性立刻让她开始摆弄这些玩具,但维多利亚小公主却突然出现在她面前,当简·埃利斯小姐像称呼其他伙伴一样称呼维多利亚的时候,维多利亚小公主以平静而不容辩驳的口气说道:"你不许碰它们,那是我的!另外,我可以叫你简,而你不许叫我维多利亚!"

当威廉四世有一次偶然问维多利亚小公主:"你喜欢什么乐曲?我的乐队可以为你演奏。"维多利亚小公主镇定自若地说:"《天佑君王》,陛下!"

少女时代

和所有的女孩一样,维多利亚同样首先是一个平凡的女孩,然后才是一代君王。但对她来说,肯辛顿宫是一个封闭的环境,而且她接触到的大多数都是女人,这让她在女孩最初的阶段感情所依赖的都是她的老师和母亲,她"最为忠诚的朋友"就是她的启蒙老师"宝贝的莱恩"。莱恩小姐朗读塞维奈夫人的信札时"多么的幽雅自然,充满了天真、聪颖和魅力";而切斯特主教算是她最敬重的老师之一,他在讲解马太福音评注时"充满真知灼见和美好的情感"。维多利亚小公主已经亭亭玉立,这些的确是她感到温馨的,但这远远不够,因为同性的关爱和友情与异性的阳光迥然不同,怀春少女就像是阳光下的向日葵,她们的眼睛总是被那些男孩子们吸引过去。

"我们骑马跑了很久,可爱的小罗西跑得棒极了!晚上6点40分我们去看歌剧,鲁比尼出场唱了一首《安娜·布莱娜》中的歌曲,还不错。我们11点30分回家。"

在她的那些欧洲王室的同龄男孩子亲戚朋友没有出现之前,她的生活就是这样,她的日记也只能记些这样的东西,显得单调而纯洁。

1833年,14岁的维多利亚小公主忽然见到了来访的符腾堡亚历山大王子和欧内斯特王子,这两位王子都算得上是维多利亚小公主的表兄弟,欧洲王室之间频繁而长久的通婚造成了整个欧洲王室成员差不多都是亲戚。这两位王子带给肯辛顿宫一股异样的气氛，那是完全不同于肯辛顿宫修道院一般的氛围的，情窦初开的小公主难免对这两位王子注视一番。1835 年，维多利亚公主的另外两位表兄弟费迪南德公子和奥古斯特王子来访，当这两位年轻人再次出现在肯辛顿宫的时候，维多利亚公主的日记也发生了变化，她的日记中不再是单调的骑马、歌剧和基督教历史——

25 岁时维多利亚女王的自画像，此时，她成为英国国王已数年。

"亲爱的费迪南德已经赢得了许多人的好感，因为他毫不做作，他的容貌和风度都是那样的出众。他俩都很迷人！奥古斯特也很和气，和他交谈总是让人赏心悦目，因为他很有见识。"

"亲爱的费迪南德跑来和我坐在一起，温和地和我谈话——啊！我是那样的爱他！亲爱的奥古斯特偶尔也会坐在我身旁，他也不错。"

"但我觉得费迪南德比奥古斯特更漂亮，因为他的眼睛是那样的迷人，表情又是那样的生动聪慧，俩人的谈吐都同样可爱，而费迪南德在说笑时的表情真是动人，他是那么好。"

最终，她的目光停留在萨克思·科堡大公（按照中国辈分的计算，这是她的大舅）的儿子身上，也就是欧内斯特和阿尔伯特。其中此时对阿尔伯特的关注也许就是她日后选择婚姻的最主要原因，但阿尔伯特其实并不受人欢迎，因为他的兴趣主要是集中在广博的知识上，对人情世故倒是并不十分在行。阿尔伯特身材高大，蓝色的眼睛，日耳曼人式的鼻子，最为吸引维多利亚公主的可能还是他百科全书式的知识。欧内斯特和阿尔伯特在肯辛顿宫停留了三周，这宝贵的三周他们赢得了维多利亚公主的爱慕，大英帝国的婚姻由此奠定："当我和亲爱的舅舅和那最亲爱的表兄弟在一起的时候，我真是感觉非常幸福！我非常爱他们，远远地胜过爱任何别的表兄弟。给人印象不错的费迪南德、好心的奥古斯特都让我感到很愉快，但我觉得欧内斯特和阿尔伯特更吸引我。"

第二父亲

"他是我的第二父亲，甚至是唯一的父亲。"

在维多利亚的日记中有这样一句话，这位第二父亲指的就是她的舅舅萨克思·科堡的王子、威廉四世独生女儿的丈夫利奥波德。

利奥波德这个阴险狡诈的老殖民主义者与他的姐姐不同,他有着日耳曼贵族男人的气质和严谨,并且他也同样博学多才,而当他日后成为比利时国王的时候,他却能让小小的比利时跻身欧洲殖民大国的行列,在对抗拿破仑的年代里也曾令人刮目相看。维多利亚的父亲、肯特公爵在维多利亚出生后不久就死去,这样小维多利亚一直生长在一个没有父亲的环境中,而利奥波德却很好地填充了这个角色。以利奥波德的睿智,看来他不仅仅是因为喜爱这个外甥女那么简单,谁都清楚,小维多利亚就是日后的大英帝国女王,而大英帝国在欧洲的地位举足轻重,这就决定了利奥波德必须要交好这位未来的帝国女王,这对比利时日后的利益来说至关重要。事实也正如此,比利时之所以能够在欧洲大陆众多强国中占有一席之地,与维多利亚女王的支持密切相关,英国几乎总是在比利时与其他殖民大国发生冲突的时候暗中协调。

利奥波德的妻子本来是英国王位的继承人,但她的难产去世导致利奥波德的梦想随之破灭——在夏洛特公主没有去世前,英国民众已经对这位利奥波德将来如何影响大英帝国有了种种猜测,因为夏洛特公主实在就是个平凡的女人,而利奥波德却像个运筹帷幄的君主,以至没有人怀疑,如果夏洛特即位,利奥波德才是大英帝国事实上的君主。

夏洛特公主出人意料地意外死亡导致利奥波德与统治英国的梦想失之交臂,但他没有立刻离开英国,他仍然在伦敦西南伊谢尔附近的克莱尔蒙特居住着。没有了妻子,但利奥波德的机会并没有完全丧失,他还有成为比利时国王的可能,而且,他看起来居住在英国并不是那么安逸,因为他一直和他的日耳曼医生在一起,而这位日耳曼医生实际上是一位非常深沉的政治顾问,也就是那位日后影响了维多利亚许多决定的日耳曼医生。利奥波德促成了他的姐姐和肯特公爵的婚姻,正如当初肯特公爵帮助了他和夏洛特公主的私通一样。

他在英国居住期间唯一的使命就是对幼小的维多利亚施加影响,从历史来看,利奥波德达到了他的目的,维多利亚终其一生一直将他称为第二父亲,甚至是唯一的父亲。1820 年肯特公爵在西海默思突然亡故,而他留给公爵夫人的只有一屁股债和一个前途渺茫的女王梦想,而事实上公爵夫人此时连返回伦敦的路费都没有了。利奥波德于是适时地向公爵夫人许诺将给予她一年 3000 镑的资助。

从维多利亚的日记来看,维多利亚幼年时感到最快乐的就是去克莱尔蒙特,这常常让她兴奋好几天,而利奥波德则总是不失时机地与小维多利亚交谈,并且总是用他的头脑为小维多利亚思考,启发她该如何面对难题。这种情况一直延续到1830 年,此时小维多利亚已经 11 岁,而利奥波德则需要去比利时担任国王,但他已经成功地在小维多利亚内心深处种下了父亲的种子。此时,维多利亚已经能够写信,于是在此后的漫长岁月里,维多利亚和利奥波德的通信联系从没有中断过。

"他的谈话是那么生动深刻,也那么直截了当。谁都清楚他是第一流的政治家——每当谈起政治,他是那样从容不迫,却又坚决果断,往往能一针见血。"

此时,维多利亚的母亲肯特公爵夫人却与威廉四世矛盾公开化,他们的政治见解几乎完全背道而驰,国王对公爵夫人所支持的辉格党厌恶至极,并对公爵夫人背后庞大的科堡家族充满了不信任。为此,他颁布命令禁止公爵夫人的日耳曼亲戚来英国,因为他已经觉察出在这位公爵夫人的背后实际上一直有一个欧洲日耳曼皇族利益集团,因此威廉四世甚至一度想将维多利亚与奥林奇王子联姻来阻断这种血缘政治的强大影响力,他觉得他们早已开始利用公爵夫人是王位继承人母亲的地位在施加对英国政治的影响。

比利时国王的利奥波德自然是威廉四世英国政策的反对者,他的信对此措辞激烈:"你们那位老迈国王的野蛮行为真令我大吃一惊,他竟然邀请奥林奇王子,想将他的意志强加于人,这真让人无法忍受!就在昨天我收到一份来自英国消息,你们的国王在暗示我,他在告诉我说你的亲戚最好不要来英国。但是,你们国王的亲戚们,天晓得有多少,却可以成群结队地涌向英国,他们企图控制一切。而你的亲戚却被禁止入境!你是清楚的,你的所有亲戚对英国国王无不忠诚和爱戴,但他竟然这样对待你的亲戚,这在整个欧洲闻所未闻,我相信你对此也有同感。现在奴隶制即使是在英国的殖民地里也已经被废除了,我不明白为什么唯独你的命运还停留在英国的一个奴隶的位置上,难道你是供英国国王消遣的白人奴隶吗?不,他们从不曾将你买下,因为我不知道他们曾在你身上花过一个英镑,甚至你的国王也不曾在你生活困苦的时候掏出过一枚六便士硬币!"

这种对峙几乎从肯特公爵回到英国开始一直延续到威廉四世即将病故的1836年,这一年国王生了一场大病,此后他的精神一落千丈,到了6月份,整个欧洲都已经知道威廉四世即将离开人世。利奥波德于是迅速做出了一个决定:让他的日耳曼医生斯托克玛去英国,陪伴在维多利亚身边——这位日耳曼医生实际上日后成为维多利亚女王幕后最重要的政治幕僚。

"我曾反复对你说,作为政治家的一个要遵守的基本原则,就是要勇敢、坚决、真诚,像你一直所做的那样。"

1837年5月24日,18岁的维多利亚迎来她法定的成年日,这一天,威廉四世为这位即将继承自己王位的维多利亚公主显得很信任,他甚至让科宁厄姆勋爵送来一份礼物:王室将提供给维多利亚个人一万英镑的年薪,而且这笔钱可以由她本人自由支配。他的这种态度与对待她母亲的政治态度截然不同,没有人真正知道他为何这样做,到底是因为他相信维多利亚是一位能捍卫大英帝国利益的继承人还是仅仅出于一种希望。

1837年6月20日凌晨,威廉四世驾崩。

"对那个日渐临近的重大时刻,不必惶恐,不必匆忙,还是我告诫过你得,要勇敢、坚决、真诚。"利奥波德的忠告这时候比母亲的嘱托显得更为响亮,因为她将迎接的使命是帝王的职责,而来自父亲角色的叮嘱显然更是适合些。

这是维多利亚从没有出生就被赋予的使命,而这时候的她已经被锤炼得异常平静而自信:"既然上帝将我放置在这个位置上,那我就将竭尽全力履行我的职责。是的,我还年轻,在很多事情上还很缺乏必要的经验,不过我相信,我比任何人都更有热情和自信,这会让我将事情做得更为合情合理。"

上午9点,首相墨尔本勋爵身着全副朝服来拜谒新的国王。维多利亚轻松地说:"让您和现内阁成员继续执理帝国事务是我一贯的主张。"

11点30分,她来到红色大厅主持她的第一次御前会议。

摆脱母亲的影响

"我每天都有那么多由大臣们送来的文件,这些都需要我签署,我总是有一大堆的事要做,我对做这种工作很高兴。"

如果说在维多利亚即位前她首先是个少女然后才是国王的话,那么现在她就必须调整过来,现在,她首先是国王,其次才是个女人。现在,她已经是一个真正的女王了,她已被国会授予38.5万英镑的年金,此外英国纳税人会负担女王家中的各项费用,她还享有兰切斯特的采邑约3万英镑。

然而这些仅仅是作为女王她表面应得的,但实际上,女王要想保持自己真正的权力和地位,还有她的尊严的话,那么她必须要向英国和世界表明她是个独立的人,不会被任何人支配。其实,维多利亚女王和其他国家刚刚登基的帝王一样——得到王位之后还必须索要权杖,否则永远只是某个势力集团的影子。

在维多利亚即位之初,对王室拥有巨大影响力的仍然是她的母亲和她的日耳曼集团,这是一个非英国利益的势力。维多利亚要想保持女王的尊严就必须首先摆脱母亲的影响。公爵夫人早在维多利亚基本被确认为王位继承人后就已经显出了在前夫领地担任摄政王的时的权力欲望,她不是一个平凡的女人,而是一个政治女人。但此时她没想到维多利亚几乎和她一样,并且远比她出色,维多利亚登基后枪口对准的第一个人竟然就是自己——"亲爱的妈妈,希望您能答应我作为女王向您提出的第一个要求:让我独自待上一个钟头。"

此时,她已经理解了威廉四世为何与她的母亲分歧如此之大,她的母亲代表的是一股欧洲大陆日耳曼集团利益而不是英国利益。但现在,维多利亚是英国女王而不是日耳曼女王,因此,她无论如何是无法与她的母亲站在同一立场上。也许,威廉四世正是看到了维多利亚与她母亲必然的不合才支持维多利亚继承自己的王位。当公爵夫人假借维多利亚公主需要熟悉英国各地的名义而出游的时候,她实际上是在英国扩展她的影响力,她坚持所到之处当地应该按照迎接英国皇室的礼仪来表示欢迎;如果是在海上,那么所有的军舰和炮台都应该向她们的游艇致以皇家礼仪。维多利亚记得,那时英国报纸报道公爵夫人的篇幅远远大过报道维多利亚公主的篇幅,人们谈论更多的是这位日耳曼口音浓重的公爵夫人,而不是维多利亚公主。其实,从那时起,维多利亚就已经表现出了对母亲的厌烦,当威廉四世与母亲进行不愉快地交谈的时候,维多利亚内心倾向的是威廉四世而不是母亲,她这样在日记中描写威廉四世:"他是古怪,十分古怪而又乖戾,但是他的主张常常遭到误解。"

维多利亚对母亲的蛮横和混乱不堪的私生活更为恼火,在她十几岁的时候,她甚至就将母亲和管家约翰·康罗伊的床上绯闻传了出去,因为她直到登基后才和母亲分居的,此前她们一直起居在一个房间里。在肯辛顿宫,她经常和莱恩小姐、施巴特夫人结成一个联盟以对抗母亲和约翰·康罗伊、弗洛拉·黑斯廷斯小姐。

当维多利亚要求她母亲不要再在她耳边喋喋不休之后不久,她就再次做出了一个决定:从她母亲的卧室里搬出去。

另外,作为强硬一面的展示,维多利亚对母亲的日耳曼集团中的核心人物、她的第二父亲利奥波德也给了警告：当比利时与法国、荷兰在殖民地问题上产生矛盾时，利奥波德急需要英国的支持，"我所请求陛下做的一切，只是请您偶尔地向大臣们，尤其是向尊敬的墨尔本勋爵表示，只要不违背英国的利益，您不愿意自己的政府率先采取这样的态度，以致顷刻间毁了这个国家和您的舅舅及他的家庭。"但他的信件迟迟没有得到维多利亚的回复，或者他得到是一封充满对第二父亲热情洋溢的亲情表达，但对英国在这场风波中的态度却只字未提，而这封信的内容无疑是要被法国了解的——欧洲各国的情报部门对来往于欧洲各王室之间的信件总是习惯性地拆阅偷看的，其实这正是利奥波德教给维多利亚的手段之一："任何信件几乎无一例外地在邮递中要被人拆看，这无疑很不方便，但一旦运用得好，也往往能收到意想不到的效果。"维多利亚这样做无疑是在告诉法国，英国无意卷入比利时和法国的殖民地矛盾中去。

"你是知道的，此前我从未求过你的任何帮助，但是，如我曾经所说，假若我们不够谨小慎微，我们就能看到一个多么严重的后果，而这必将多多少少影响到家族的每一个人，这才是最值得我们处心积虑的事情。我亲爱的维多利亚，我依然是你亲爱的舅舅利奥波德。"利奥波德的最终回信显得有些无可奈何，他的外甥女、差不多相当于他的女儿，已经表现得和她的母亲越来越像，她并不是真正要完全抛弃利奥波德，也不是完全不顾及比利时的利益，而是不希望任何人过分地影响她作为女王的尊严。

墨尔本夫人

尽管维多利亚在索要权杖上取得了一系列的成功，她几乎将她母亲的影子赶出了整个王宫，她事实上也的确得到了王位和权杖，但在如何使用权杖上，她就不得不有所选择。一个原因是英国王室在 1640 年革命中已经失去了封建帝王的那种权力，现在英国实际上处在资产阶级和保守势力共存的状态中，英国王室被宪法高高地悬架在英伦三岛上，现在行使国家权力的主要是首相和他的内阁大臣们。但这不等于说英国王室已经完全被架空，正相反，英国王室仍然拥有巨大的影响力，无论是代表新兴资产阶级的辉格党还是代表保守贵族势力的托利党都希望得到王室支持。英国王室即使是对一般英国民众来说也仍然拥有潜在的影响力，所以，在英国事实上存在三股政治势力，那就是保守贵族势力、新兴资产阶级势力和王室中间势力。在威廉四世长期执政的时代（他的父亲在位时后期神志不清，无法理政，因此很长时间一直由威廉王储担任摄政王，行使事实的王权），威廉四世尽管厌烦辉格党，但由于肯特公爵夫人支持辉格党，因此肯辛顿宫内外基本都是辉格党的人，包括维多利亚的家庭教师和管家、仆人，以致后来维多利亚根本没机会接触到托利党的人。另一个原因是，维多利亚不是革命家，她只能在英国现有的政治策略中做出选择，当然，她并非完全彻底地支持某一个政党或者利益集团，作为王室，她代表的三种利益：英国王室的利益、英国的利益，还有就是在不违背前两者利益的时候，可以适当地选择支持她情感倾向，如支持利奥波德的比利时利益、支持她的暧昧情人墨尔本首相等。

也许是辉格党长期的政治影响，维多利亚登基后仍然选择了支持辉格党，放弃了威廉四世支持的托利党，但她这样做对王室来说是有利的，维多利亚实际上是聪明地迎合了正处于上升阶段的资产阶级势力——19世纪正是英国进行工业革命的时代，资本主义经济在英国突飞猛进，即使是在维多利亚刚刚即位的时刻已经显露出了强劲的发展势头。

登基后不久，新任首相墨尔本勋爵向女王建议，更换她身边的两个侍女，因为这两人的丈夫都是与威廉四世关系密切的人。但年轻的女王这样回答说："我不会换掉其中的任何一个，我对她们的政治观点不感兴趣，因为我不需要和她们讨论政治问题。"维多利亚进一步警告她的政府，如果政府漠视她的存在，她有权解除任何一位大臣的职务！并且，她用诏书的形式将自己的意愿公之于众，这就为维多利亚时代奠定了一个基调：尽管大英帝国已经是一个君主立宪制国家，但谁也不能无视维多利亚女王的权威。

维多利亚很快赢得了墨尔本首相的尊重，这个一向桀骜不驯、为所欲为的首相变得对女王恭敬有加。但墨尔本首相是一个与利奥波德一样出色的老练政治家，而且，他对女人也相当熟悉，知道怎样征服每一个女人。的确，新女王初来乍到就用女王的权威慑服了整个英国政府，但一个成熟的政治家和男人是知道该如何征服女人的。

墨尔本首相是年58岁，出身贵族世家，母亲原本就是辉格党显赫的人物。墨尔本学识渊博，性格优雅洒脱，颇有一代豪情政客的味道。而年轻的维多利亚女王实际上是一个涉世未深的年轻女人，墨尔本对她来说丝毫不亚于她的第三父亲，而且是一个颇具魅力的男人。作为职业政治家，墨尔本和所有政府首脑一样，并不会幼稚地完全遵守竞选时的诺言，实际上，他的政治信条是——政府的职责实际上是在于防止违法乱纪和维持社会契约，而并不是领导社会。这相当于中国黄老哲学中"无为而治"的思想，对于大英帝国来说，这种政策其实不失为一种良好的政策，因为它为处于大发展阶段的资本主义经济营造了一个相当宽松的环境，资本主义经济可以迅速向社会、向海外、向高级阶段发展，政府没有成为这种发展的障碍，而是起到了稳定的作用。墨尔本首相几乎在利用每一个与年轻女王接近的机会与女王倾心长谈，他在处理朝政时经常是一幅慵懒、闲散的状态，似乎对任何事情都胸有成竹——来访者经常在卫生间一边看他精心地刮胡子一边简洁明快地处理政务；受到接见的官员经常会看到他在办公室里躺在堆积了报纸和杂志的一张绷床上；他也会像个老顽童一样在办公室里吹着一根羽毛，一面漫不经心地和你交谈。这有些时候招来些非议，但更多的时候为他赢得了良好的名声，很多政治家敬重这位沉稳、老练的政治家，因为他让大英帝国面对复杂的世界变化显得那么有信心。但他在年轻的女王面前则总是像一个长者和一个重臣，语重心长地与女王交谈，没有丝毫的不恭敬，这让维多利亚感到这是一个朋友，一个能为她带来良好政策的"第三父亲"，他的魅力正在感染着女王。

小巧的布朗冬太太、颇具才华的偌顿夫人，接下来又可能是维多利亚女王……英国人逐渐从维多利亚女王与墨尔本首相的默契配合看出些什么，托利党反对者甚至当着女王的面称呼女王为"墨尔本夫人"。的确，这样的默契程度看起来只有情人才能做到，而且，墨尔本勋爵与女王的交谈已经远远超出了政务，女王已经知道他为什么直到17岁时还一直保留着长发；也了解他为什么不喜欢带怀表；女王甚至对他的女人发生了兴趣,那个卡罗琳太太,她此时正和英国大诗人拜伦闹得满城风雨,而他却像个事外人一样若无其事……

维多利亚女王登基时间并不长,对如何处理棘手的事务还不是那么成熟,但她很快已经学会了如何与墨尔本首相配合。1839年初,托利党突然借助一场绯闻发动了对辉格党的攻击,这最终导致了墨尔本勋爵和他的内阁总辞职。这场绯闻的主角就是维多利亚女王所厌恶的一个女人:弗洛拉·黑斯廷斯小姐,男主角则是维多利亚母亲的情人、那位约翰管家。事情起因是这样的:弗洛拉·黑斯廷斯小姐跟随公爵夫人去苏格兰,但当她们返回时人们却发现黑斯廷斯小姐的身材发生了明显的变化:她好像怀孕了! 于是人们很自然地把这件事的男主角归结到那位约翰管家身上,因为他风流成性,不会仅仅满足于维多利亚的母亲的。其实无论这件事是真是假,本来在宫廷中根本算不上什么事,欧洲任何一个宫廷几乎每天都上演着各种各样的绯闻韵事。但这件事却被托利党炒的越来越大,逐渐由玩笑变成了一件可怕的道德事件,这逼迫黑斯廷斯小姐最后只好向御医詹姆斯·克拉克先生求助,希望借助医生的诊断消除人们的议论。但为时已晚,托利党不会让这件事就这样不了了之,于是,没有人知道詹姆斯·克拉克医生处于何种目的,他似乎更乐于对这种"玩笑"推波助澜。结果,绯闻弄得全英国人所共知,这已经不再是一件简单的宫廷绯闻,托利党开始借助这件事发起了攻击,公爵夫人此时才发觉这件事已经有些棘手,只好让詹姆斯·克拉克和另外一位医生再次共同做一个妇科检查,当然,是为了证明黑斯廷斯的清白,詹姆斯·克拉克和另外一位医生只好共同签署了一份医学证明:黑斯廷斯小姐并没有怀孕。

然而黑斯廷斯家族也是英国一个颇有影响力的家族,他们成了这件事的主角,怎么能就此罢手? 黑斯廷斯勋爵要求女王解除詹姆斯·克拉克的职务,但维多利亚女王只是向黑斯廷斯轻描淡写地道歉了事,她本来就对这位从小就与她作对的女人感到厌恶,现在女王好像有点感情用事,似乎更愿意看到这位小姐出丑。但这却让人们看到了女王的经验不足,于是,托利党立即将矛盾的焦点对准了女王和白金汉宫,整个英国的报纸开始大肆报道白金汉宫里的种种丑事,而黑斯廷斯小姐此时反而倒像是这个丑恶王宫里的一个受伤害的女人,变得惹人同情。

事情一直延续到3月底,而此时矛盾开始转向对女王执政能力的不信任上……要知道,女王登基之初,议会选举中,辉格党仅仅以348票对310票的微弱优势取得组阁权,而托利党明白,女王是倾向于辉格党的,这就让他们不得不抓住任何一个反击的机会夺得组阁权。

黑斯廷斯家族已经成功将自己渲染成了一个受害者形象,此时,他们又开始将矛盾转向了女王和墨尔本勋爵的个人关系上,显然,这是在出最后一张牌:逼迫墨尔本辞职。立刻,伦敦的报纸纷纷开始映射女王与墨尔本的关系,女王由此被一些托利党人直呼为"墨尔本夫人"。5月初,在一次议会表决一项提案的时候,辉格党仅仅取得了五票的微弱优势,这说明墨尔本辞职已经是唯一的选择了。

结果,不久以后,托利党成功取得组阁权,托利党人罗伯特·比尔爵士代替了墨尔本勋爵。

然而,这时维多利亚女王却已经显得相当成熟,她很快批准了墨尔本的辞呈,然后就如当初拒绝墨尔本更换身边侍女建议一样,同样严厉地拒绝了比尔勋爵的同样要求,他和墨尔本当时一样,认为女王身边布满了辉格党人。而她却在不久以后给墨尔本勋爵写信说道:"罗伯特爵士的表现很糟糕,他坚持要我放弃我的女侍,对此我回答说我决不同意,而我从没见过一个男人如此惊慌失措。我是冷静的,但也非常坚决,我想您看到我的镇定与坚决一定会很高兴;英国的女王是决不会向这种诡计屈服的。请您做好准备,不久便会用着您。"看来女王此时已经胸有成竹,她很自信如何驱赶比尔勋爵——她几乎在所有问题上都不同意托利党的意见,这必然导致比尔勋爵无法正常工作,要知道,没有女王的同意,即使是有宪法支持的首相同样也难以在这样的环境中工作。

而墨尔本勋爵则在他的别墅中安静地等待女王的召唤。

自然,女王如愿以偿。

一个好丈夫

如果说墨尔本勋爵的老练影响了女王对英国政策的决策的话,那么利奥波德国王则同样成功地促成了阿尔伯特和女王的婚姻,而阿尔伯特也从此成为女王最为倚重的人之一。

维多利亚女王与丈夫的密切合作与西班牙女王伊莎贝拉和其丈夫费迪南的通力合作颇为相似,不同的是伊莎贝拉和费迪南都各有自己的王国,关于维多利亚女王和阿尔伯特的婚姻,有一个著名的小故事:

有一天,王子怒气冲冲地把自己紧紧地关在自己的房间,不见任何人。不久,女王来敲门。

"是谁?"他明知故问。

"英国女王!"

门没有开,女王只好再次敲门。

"是谁?"

"维多利亚!"

门依然紧闭,敲门声只好再度响起。

"是谁?"

"你的妻子!"

门开了。

然而在刚开始,维多利亚女王对这段婚姻是加以排斥的,因为这是她母亲的家族从小就为她计划好了的——科堡家族的目的再明显不过了,尽力把维多利亚女王留在科堡家族内。甚至这种婚姻连阿尔伯特幼时的保姆都非常了解,她有时会对小阿尔伯特提起"英国的小小五月花"(指维多利亚小公主,她生于5月)。

维多利亚对这段婚姻的排斥并非对阿尔伯特本人感到厌烦,相反,她仍然清楚地记得17岁那年与阿尔伯特相处的愉快三周,那时候她甚至已经给利奥波德写信这样表达对阿尔伯特的感情:她说阿尔伯特具有"可以期待使自己获得完美生活的一切素质",并请求亲爱的舅舅"应该关心一个人的健康,这个人现在对我来说是如此重要,您要将他置于特别照顾之下",然后继续说道:"我希望并相信这件对我具有那么重要的事情能一帆风顺。"而是因为与母亲的矛盾使她本能地对这段婚姻发生抵触。另一方面,当她登基之后,她的整个身心此时也发生了转移,她已经被墨尔本勋爵深深地吸引过去,墨尔本勋爵实际上成了她的第一位异性情人,她不但在政治决策上深受墨尔本的影响,而且对自身的婚姻大事也受到墨尔本的影响——1839年俄国王子亚历山大二世来伦敦庆祝维多利亚20岁的生日,当亚历山大二世表现出对维多利亚的殷勤时,维多利亚也对风流倜傥的亚历山大二世表示了爱慕,此时她已经将这种爱慕告诉了首相夫人。墨尔本立即奉劝维多利亚远离亚历山大二世,因为俄国的利益与大英帝国的利益有太多的冲突,许多矛盾无法调和,如果维多利亚与亚历山大二世联姻必然有违英国的利益,维多利亚很快放弃了这段昙花一现的恋情。

不久,公爵夫人和利奥波德国王开始共同对维多利亚施加压力,他们必须促成这段婚姻,这对萨克森·科堡家族来说实在太重要了,他们可不希望任何其他人取代阿尔伯特对维多利亚女王产生什么影响。1839年,当亚历山大二世表现出对维多利亚浓厚的兴趣之后,英国朝野产生了震动,于是女王的婚姻很快被提上日程,无论是内阁还是普通英国民众都对女王的婚姻表现出了关切。

而维多利亚女王则毫不掩饰地对墨尔本勋爵说:"此时,我的情绪对结婚十分反感,也不怎么想见阿尔伯特,因为整个事件是桩讨厌的事。"同时,她也给利奥波德写信说:"我们之间并无婚约。"即使维多利亚对阿尔伯特本人颇有好感,但"今年也不能最后定约,因为这种事情要等两三年以后再说"。她甚至有些恼怒地对利奥波德说"非常讨厌"有人企图改变自己目前的生活。

但最终女王还是按照母亲和利奥波德的安排与阿尔伯特再次见了面,那是在1839年的10月10日晚上,阿尔伯特和欧内斯特一同来到温莎城堡,那天是星期三,而当到了周日的时候,维多利亚的态度发生了重大逆转,她突然宣布说"我已大大地改变了对结婚的看法,我已经决定和阿尔伯特结婚"。

也许是因为重温了与阿尔伯特初恋似的那三周美好时光,这让她再次回到了阿尔伯特的怀抱;也许是因为她对阿尔伯特重新进行了评估,她凭借惯有的自信相信自己能把他摆在一个安分守己的丈夫位置上,而不对英国政府事务多嘴;也许是因为她实在也没有太多的选择,应该知道,世界没有哪个国家的帝王的婚姻是真正自由的,他们的婚姻多数时候都是一种政治安排。如果放弃阿尔伯特,维多利亚则必然

阿尔伯特王子身穿制服画像

与萨克森·科堡家族决裂,那将引起一场政治地震。另一方面,阿尔伯特的个人品质与他的父亲利奥波德完全不同,他对政治此时没有表现出多少兴趣,他的主要兴趣一贯地集中在对科学知识上,这也许是维多利亚接受这桩婚姻的另一个原因。

阿尔伯特,全名萨克森·科堡·哥达的弗朗西斯·查理斯·奥古斯特·阿尔伯特·伊曼纽尔,出生于 1819 年 8 月,实际上维多利亚是他的表姐。阿尔伯特在外貌上很像他的母亲:金色头发,蓝色眼睛,气质上则几乎就是正统、严谨的日耳曼学者。在阿尔伯特王子的坚信礼上,照例在城堡的"巨人厅"举行,内庭牧师雅各比博士提问王子是否打算忠于福音派教会,阿尔伯特王子回答说:"是,并且我下定决心永远忠于公认的真理。"

阿尔伯特的博学多才也是众所周知的,他 17 岁时就写过一篇《论日耳曼人的思维模式及日耳曼文明简史》的论文,他要"反省我们时代的弊端,呼吁所有的人从自己做起以矫正这些弊端,并由此而为别人树立起一个好榜样"。1838 年,当他去意大利旅行时,与教皇格利高里十六世进行的一次会见中曾谈到艺术,教皇认为希腊人的艺术是从意大利西北部的伊特拉斯人那里传过去的。"不,我认为他们的艺术是从埃及传入的……"阿尔伯特坚持了自己的观点。

维多利亚与阿尔伯特的婚姻相当完美,阿尔伯特总是能给维多利亚一些很好的建议,尤其在工业革命大发展的时期,有博学多才的阿尔伯特在女王身边,这让英国的工业和科学技术得到了一个更好的保障。正是由于阿尔伯特的设想,女王才接受了在英国举行世界博览会的提案,1852 年的世界博览会成为英国展示强大工业成就和科学力量的最好的一次机会,不但让世界了解了英国的强盛,也让英国了解了世界在各个工业领域的实际进展状态。阿尔伯特有许多诸如著名的数学教授阿道夫·葛德莱这样的终身朋友,这可以让他为女王提供更加客观的意见。

婚期很快被选定在 1840 年 2 月 10 日,那是一个盛大的场面。但结婚后不久,阿尔伯特就发现,女王只想让他做一个称职的丈夫,而不希望他参与任何她的事情,其实早在订婚期间,维多利亚就已经明确地表示过这种想法:"英国人非常反感外国人干涉其国家政治,已经有一些报纸提出希望你不要干涉英国内政,现在,尽管我知道你决不会,但如果你受了封爵,他们仍然会说,那个外国佬想要干预政治了。"

阿尔伯特显然还是对女王如此坚决地禁止他参与政治感到有些恼怒,也许,外界此前关于阿尔伯特无心参与政治、只对科学感兴趣的说法过于简单化了,其实阿尔伯特王子对政治有着很高的天赋,这甚至让维多利亚和整个英国惊讶,继而报之以赞许,最后授予阿尔伯特在维多利亚出现意外的时候可以行使摄政王的权力,这几乎是给了他最大的信任。

阿尔伯特王子的这种天赋并没有掩盖多久,一方面利奥波德在女王身边的代理人、那位日耳曼医生斯托克玛一直忠实地执行着利奥波德赋予的使命,没人记录这位医生的一切言行,但每逢重大政治事件,总能看到他的影子;另一方面,阿尔伯特本来就是萨克森·科堡家族的重要成员,他明白他与女王的婚姻不简单就是一桩普通的婚嫁,而是载有家族利益的使命——"为自己新国家的利益而生活,而牺牲,运用他的权力和努力来实现一项伟大的目标——促进民众的幸福"。另外,他本人也有着相当自负的气质,不会允许女王如此怠慢他。

与维多利亚结婚后,阿尔伯特才发现他原来并不能成为白金汉宫的男主人,这里真正的主人只有一个,那就是维多利亚女王;其次,还有一个女管家,那就是与维多利亚有同性恋关系的莱恩男爵夫人,她的卧室就在女王的隔壁,女王的所有私生活几乎由这位管家打理,包括女王所有重要的私人信件。女王与这位男爵夫人的关系已经从维多利亚一出生就开始了,她是女王的启蒙老师,是她的挚友,是她的"宝贝",她们的关系非同一般。阿尔伯特反倒像是个偷情的男人,他的一切行为几乎都在男爵夫人的注视之下。

另外,阿尔伯特希望能有个自己的秘书,但女王和墨尔本却指定了一位辉格党人乔治·安森担任他的秘书,当他抗议这种硬生生的安排时,女王却同样硬生生地回答说:"已经被任命了,就这样吧。"

再有就是阿尔伯特具有日耳曼传统军人式的生活方式,而维多利亚则一贯生活在英国王宫,英国人那种高傲、慵懒、奢靡的宫廷生活让阿尔伯特一时难以接受。

阿尔伯特的政治才能很快在结婚后得到体现,这是因为英国托利党与辉格党的权力争夺正在进一步演变。1839 年 5 月墨尔本首相被迫辞职之后,女王是凭借个人情绪和能力将托利党的首相驱赶出政府的,然后再次启用了墨尔本,但这激起了托利党和英国民众的强烈不满,因此,墨尔本的位置就显得不稳定。罗伯特·比尔爵士再次成为首相实际上已经成为大势所趋,女王和墨尔本都不得不接受这个现实。而女王怎么也难以和罗伯特·比尔沟通,她对这位爵士的敌意仍未消除。阿尔伯特就成为最理想的女王与罗伯特·比尔谈判的最佳角色。而阿尔伯特却借此不失时机地展现出他的政治谈判才能,谈判的核心仍然是女王身边的侍女问题,他和比尔爵士最终达成协议;在托利党执政前不对宪法相关内容进行修改,但罗伯特·比尔组阁之后,女王身边主要的辉格党侍女将被解除职务,罗伯特·比尔届时可以派出新的人选。这是一个两全其美的办法,女王保住了颜面,托利党获得了满足。

维多利亚十分满意这种谈判结果,这实际上保全了王室的面子,避免了王室与托利党的矛盾加深和公开化。女王写信给利奥波德说:"我最亲爱的丈夫对我确实是一个极大的安慰。他对所进行的事怀有极大的兴趣,既能够体谅我、关心我,又恪守本分。他能使我避免偏激,我们现在交谈甚多,而且我也正越来越相信你曾说过的,他的判断总是正确的,而且能够公平、平和地把事情处理得很妥当。"

当然,墨尔本勋爵不得不离去了,但他也像利奥波德当年离开英国时一样,希望继续对女王施加影响,于是他向女王推荐了海茨伯雷勋爵。而女王对墨尔本的推荐言听计从,甚至她在任命海茨伯雷勋爵为驻奥地利大使的时候,几乎就是把墨尔本的话重复了一遍。这让阿尔伯特和斯托克玛大吃一惊,他们继而发现,墨尔本仍然像是一个恶魔的影子一样继续缠绕着年轻的维多利亚女王,他的信件经常送到女王手中,而女王对他建议的各种人事安排和对各种政策的意见大多是奉行的。这让阿尔伯特和斯托克玛感到一种不安,于是他们共同写了一份与备忘录,指责墨尔本勋爵这种不在其位而谋其政的做法违背宪法,而且,他身为反对党领袖和女王的亲密关系也是一种严重不当的行为。这份备忘录最终起了作用,墨尔本勋爵不得不中止与女王的信件往来。

接下来,阿尔伯特和斯托克玛要做的就是把女王身边另一个关键人物也驱赶出女王的视线,那就是女王的密友莱恩男爵夫人。对阿尔伯特来说,这已经不是很困难,维多利亚毕竟还是一个相对正常的女人,她对丈夫的兴趣正在变得越来越浓厚,阿尔伯特首先从维多利亚女王的心灵中把莱恩男爵夫人的影子抹掉了,然后轻而易举地就彻底将她从女王的身边驱逐出去,这个女人最终回到了汉诺威巴恰堡,从此再也没能回到白金汉宫。

此时,年轻的维多利亚已经处在丈夫阿尔伯特和斯托克玛、母亲和舅舅利奥波德重重影响之中,其中尤其是对丈夫的爱越来越深厚,当她从丈夫的故乡德国旅行回来后给利奥波德舅舅信中如此描述:"对于我们可爱的德意志,我有着一种难以描述的情感,当我在罗塞努(阿尔伯特的出生地)的时候这种感觉最深厚,这种情绪时刻打动着我,扣动着我的心灵,令我不禁想落泪,而在其他任何地方我从来没有感受到像在那里所感到的那种深沉的欢乐与宁静。恐怕我是太爱它了!"

此时,她已经完全像一个普通女人一样享受婚后丈夫的爱,"哦!我最亲爱的舅舅,我想您一定知道我是多么快乐、多么幸运、多么骄傲,拥有了我丈夫这样一位完人!"以至她偶然翻看以前的日记的时候,当看到"说到'君主的信任',上帝知道!从来没有哪位大臣,哪个朋友像这位确实非凡的梅尔本勋爵那样,得到过我的信任!"这一句话的时候,她立即在旁边写下这样一段话:

"重读此语,我禁不住要说当时我的快乐是多么的矫情,而如今我从敬爱的丈夫那里得到了真正而充实的快乐是多么的幸运,任何政治或世间的挫折都无法改变这种幸福。当初本来也不会耽搁得那么久,因为墨尔本勋爵毕竟是一位仁慈而卓越之人,对我又是那么的好,但我的快乐只有在交际场上方能得到,生活只是建筑在那种肤浅的消遣之上,当时我竟以为这就是快乐!感谢上帝!为自己也为别人,我知道了什么是真正的幸福。"

执掌"日不落"帝国

在维多利亚登基后不久,欧洲爆发了大规模的革命,这场革命到 1848 年达到了顶点。但这场革命风暴却被狭窄的英吉利海峡所阻断,这场风暴对大英帝国的影响并不大。尽管这一时期曼彻斯特流派开始在英国流行——那是一种奉行自由放任主义的流派,英国民众的宪章运动也曾风起云涌,但大英帝国拥有几个明显的优势可以躲避这场风暴:无与伦比的殖民地,由此英国人不必着急把矛头指向女王,他们的资源异常丰厚,这足够他们好好地享受一段时间的生活了;成熟的两党制,这让所有的英国国内矛盾都能在议会和选举中解决掉,而不会危及女王的地位;及时的工业革命,这场革命为英国带来巨大的发展,因此无论是哪一个阶层都从中受益,因此,没有人对女王怀有像法国人那样怒不可遏的怨气;优良的军队,这起码能遏制任何一个欧洲大国称霸大陆,也能为英国开疆拓土,英国殖民地能得到良好的保护,而不是像 300 年前的西班牙一样经常遭受抢劫和攻击;还有一个重要的原因就是,英国人对王室的怨气已经在 1640 年发泄过一回,因此这时候更愿意享受殖民地和工业革命带来的利润,而不是参加血腥的革命,人们对贵族已经相当宽容,而且,这些贵族实际上多半已经成了资产阶级贵族,而不是传统意义上的贵族。

在维多利亚成为女王后不久,她的帝国就迎来了盛世,大英帝国的辉煌无人能及,世界上所有国家都无法企及,甚至连法国和奥匈帝国、俄罗斯帝国这样的欧洲大国也无法与大英帝国相提并论。女王的丈夫此时也显露出了他的另一种才能——展现帝国辉煌的才能。

当阿尔伯特成功解决了女王与罗伯特·比尔勋爵之间的矛盾后,比尔勋爵也给了他一个恰当的回报:当时英国正筹备成立一个委员会来管理帝国的美术,比尔勋爵毫不犹豫地推荐了阿尔伯特,这对对哲学、艺术和音乐颇有修养的阿尔伯特来说是一个非常好的工作——恰如其分又能展现他早已有的一个想法,就是筹办一个万国博览会。阿尔伯特用他那特有的艺术和哲学修养轻松地叩开了人们的心理大门:当委员会有一次争论建筑上的艺术雕刻该不该体现一种道德标准的时候,阿尔伯特说道,应该,当然应该,虽然看起来从这些雕刻前走过的人们只是走马观花,但每一个艺术家都知道,不是所有人都是在走马观花,他们中也总有人会用深邃、思考的眼神来研究这些雕饰。

实际上,在女王婚后不久,英国就开始了一个事实上的阿尔伯特时代,阿尔伯特非常恰当地既发挥了他的能力也施展了强大的影响力,而他也明智地知道,无论他有多么大的魅力,他的立足点只有一个:女王的丈夫,他的影子可以尽力扩张,但他的身子永远只能呆在女王的身旁,而不是女王的椅子上,英国人可以欣赏他的能力,但绝不答应他任何谋权篡位的企图。阿尔伯特适当地扮演了一位"幕后"角色,而且相当成功——从英国王宫内的复杂调整到为英国军队制定条例、从主持成果辉煌的万国博览会到支持普鲁士的统一努力、从与帕麦斯顿的较量到成为日耳曼科堡家族的中流砥柱……他几乎从不高调出现在英国人面前,但每当他的声音传出来就一定会赢得尊重,而当他在 42 岁英年早逝的时候,整个欧洲都知道英国的一个"阿尔伯特时代"结束了,人人都清楚这对大英帝国来说是一个莫大的损失。

阿尔伯特在将女王的同性恋情人、她的挚友和老师莱恩男爵夫人驱逐出王宫后,就彻底改变了英国王宫的混乱与奢靡,让这座王宫日益变得像个日耳曼宫廷,一切开始变得井井有条。实际上,阿尔伯特和他的老师斯托克玛成了白金汉宫的大管家,阿尔伯特依据斯托克玛做出的调查报告,将原来互相掣肘的宫廷大臣和管家两位实权派系做了调整,大管家被解除职务,所有宫廷事务统一由总务长来管理和协调。以前,一扇玻璃的里面归宫廷管家而外面却由宫廷大臣的人来擦拭,往往里面的一尘不染,外面的却污迹沉沉;以前,女主管、僮仆和侍女由宫廷大臣来调配,而厨师、搬运工、园艺工却由宫廷管家来支配,因此一件工作时常中断而无人理睬;以前,王宫的账务混乱不堪,以至一笔名为"红房子酒"钱被一个警卫冒领了多年;以前,一个叫琼斯的小子竟然能数次偷入王宫,甚至在女王的隔壁卧室呆上三天,直到他自己无聊地发出怪声才被从沙发下拖出来;以前,当女王询问为什么餐厅壁炉里总是没有火的时候,她会得到这样的回答:"因为宫廷管家管置架,宫廷大臣管点火。"现在,一切都变了,阿尔伯特用日耳曼人的严谨将整个白金汉宫管理得像是一块瑞士手表。

在 19 世纪 30~40 年代,英国成为世界上第一个完成工业革命的国家,整个大英帝国由此进入了一个巅峰时代,到 1850 年前后,这个帝国已经超越了历史上任何一个大帝国,连罗马帝国都无法与其相提并论,在英国的势力范围内,太阳永远不会落下。大英帝国的殖民势力几乎在向世界所有的方向扩张,非洲、澳洲、印度、中亚甚至包括东方大清帝国也不得不屈服在英国远征舰队的炮口下,1842 年英国迫使这个衰落的帝国签署了《南京条约》,这让整个欧洲世界看到了如何与这个老大帝国打交道:"先揍他一顿,然后他会乖乖地吐出银子来!"与此同时,大英帝国内部的现代工业革命已经完整地建立起来,类似纺织机器、火车、蒸汽机这样能创造工业化规模的利润创新发明一项接着一项从英国出现,这又大大加强了英国的本身的竞争能力,因此,维多利亚时代成为大英帝国最辉煌的时代,阿尔伯特非常清楚这种强大竞争力的后果:令人畏惧! 所以,他需要一个展台,他开创了一个工业革命时代的实力展示外交政策,即用万国博览会的方式将英国的强盛充分展示给世人,让他们从民间到政府都记住,大英帝国无与伦比!

阿尔伯特从238种设计方案中选中了约瑟夫·帕克斯的巨型花房设计方案,这就是那栋后来著名的第一届万国博览会建筑。1851年5月1日,第一届万国博览会(后来改名为世界博览会)在伦敦的海德公园举行,那是一个盛大的场面,而且,举办的非常成功,仅举办方从这次活动中获利就超过16万英镑,而它的影响则根本无法用金钱形容。女王主持了开幕式,阿尔伯特非常成功地为他的妻子建造了一个时代象征。展览会进行了半年,约有600万人来到这里,在那个时代这几乎相当于一次人口大迁徙。维多利亚仍用她的日记习惯记录了自己当时的心情:这一天是我最无法忘记的日子,是我最美丽、最庄严、最辉煌的一刻,也是阿尔伯特最成功的一刻……世人会因此记住阿尔伯特,感谢上帝让我与这样一个人结为夫妻。

当博览会在女王婚典12周年纪念日那天结束后,维多利亚和阿尔伯特却陷入一场烦恼中,让他们头痛的就是英国历史上著名的帕袁斯顿勋爵。这是一个纯正的英国人,他既有英国绅士的刻板也有英国人桀骜不驯、不循常理的特性。他有一次需要从奥斯本返回伦敦,但延误了火车,他竟然要求为他开一趟专列,谁都清楚,列车不按照时刻表运行会造成多么大的危险,而他却根本无视这些,坚持如此,好在最终他平安抵达伦敦。尽管英国王室地位已经不能与伊丽莎白一世时代同日而语,但王室的权威在英国还是根深蒂固,实际上英国国王对政策的影响还是相当深,尤其是在重大的外交政策上。而维多利亚女王也是一个同样傲慢、任性的女人,她绝对不会允许任何人对她无礼,更别说无视她的存在。

帕麦斯顿曾三次担任英国外交大臣(1830年~1834年,1835年~1841年和1846年~1851年),后来还担任两届英国首相,最后一任时间是在1855年~1858年,他担任外交大臣和首相的时期是英国走向巅峰状态的时期,英国国力最为强盛,而他本人也是一位颇有能力的政治家,他的外交理论就是要凭借英国的实力不遗余力地扩展英国的势力范围,维护大英帝国的利益,甚至可以撕掉所有道德伪装。他是英国炮舰外交的创始人,他曾说过:在外交上所谓的国际法,其实仅仅适用于文明国家,那些野蛮国家可能拥有古老的文明,但这不是对他们尊重的理由。帕麦斯顿为他的炮舰外交所使用的遮羞布是保卫文明论,也就是要用大英帝国的炮舰来保卫英国和欧洲的文明。而他的那一句著名现实主义外交格言则非常恰当地解释了他为什么不拘一格:"没有永远的盟友,也没有永远的敌人,只有我们的利益才是永恒不变的。"当英国远征舰队攻打中国大沽炮台首战失利,海面上"海鹭鸶号""破风号"和"呼潮鸟号"被击沉,陆地上2万蒙古骑兵又阻止了陆战队士兵的前进,消息传到伦敦时帕麦斯顿派系的报纸立刻沸腾起来,伦敦《每日电讯》写道:

"大不列颠应攻打中国沿海各地,占领京城,将皇帝逐出皇宫,并得到物质上的保证,担保以后不再发生袭击……我们应该用九尾鞭抽打每一个敢于侮辱我国民族象征的穿蟒袍的官吏……应该把这些中国将军们个个都当作海盗和凶手,吊在英国军舰的桅杆上。把这些浑身纽扣、满面杀气、穿着丑角服装的坏蛋,在桅杆上吊上十来个示众,让他们随风飘动,倒是令人开心和大有裨益的场面。无论如何应该实行恐怖手段,再不能纵容了!……应该教训中国人重视英国人,英国人高于中国人之上,应成为中国人的主人……我们至少应该夺取北京,如果采取更大胆的政策,则应该在夺取北京以后永远占领广州。我们能够像占有加尔各答那样把广州保持在自己手里,把它变为我们在远东的商业中心,从而使我们为俄国在帝国满洲边境所取得的势力找到补偿,并奠定新领地的基础。"(见马克思《新的对华战争》)

此后,帕麦斯顿利用自己强大的政治影响,促成了英国内阁向中国派出了一支远征舰队,这是一个规模庞大的舰队,包括各种舰船 48 艘,共计舰炮 540 门,士兵4000 人的,这支"东方远征军"目的就是想对当时还是令欧洲敬畏的大清帝国发动大规模战争,而如此重大的事情帕麦斯顿竟然没有申请女王的奏准,这让维多利亚和阿尔伯特颇为恼怒。

1846 年,帕麦斯顿接替阿伯顿第三次出任英国外交大臣,上任伊始,西班牙女王伊莎贝拉的婚事成了欧洲的焦点。因为欧洲王室之间历来互相通婚,而这种王室通婚制度实际上是与欧洲各国政治势力的延伸有着深远的关系。西班牙是欧洲一个重要的角色,法国和英国历来对西班牙都非常重视,伊莎贝拉的婚事自然也就成了谁能主导西班牙的一场角逐游戏。法国路易·菲力浦希望他的儿子蒙邦塞公爵能迎娶伊莎贝拉,而英国自然支持科堡家族的另一位候选人,也就是阿尔伯特的一个表兄。这场游戏的戏剧性在于路易·菲力浦得到一个秘密消息:伊莎贝拉的一位候选表兄卡蒂斯没有生育能力。这让路易·菲力浦设计了一个安排,即伊莎贝拉应该和她的表兄卡蒂斯结婚,这样可以避免英法矛盾加深,而他则另外安排蒙邦塞迎娶伊莎贝拉的妹妹菲娜达,因为按照西班牙王位继承制度,如果伊莎贝拉无后,那么她妹妹的子嗣就将继承王位,这样西班牙就等于归附了法国王室。然而,这个秘密实际上是一个公开的秘密,维多利亚和阿尔伯特自然清楚路易·菲力浦的打算。英法交涉的结果是,英国可以不支持科堡家族的候选人,但法国必须保证伊莎贝拉结婚并生育之前,蒙邦塞公爵不迎娶菲娜达公主。

然而,当帕麦斯顿接替阿伯顿出任外交大臣之后,他以他惯有的强硬、蛮横、无所不用其极的手段企图推翻这纸协约,因为他认为这是对法国的退让,他希望能重新修订协议。因此,他在给英国驻马德里的公使的信件中故意提到应在伊莎贝拉的

1848 年英国革命中的欧洲

候选人名单中加上科堡家族的名字,深为职业外交家,他清楚地知道,这份公函一定会被法国人窥视,同时,他开始宣扬西班牙的暴政,对西班牙施加压力,消息果然传到了法国国王的耳朵里,路易·菲力浦没有与英国人重新谈判,而是直截了当地与西班牙拥有实权的王太后达成了协议:英国人对西班牙抱有敌意,西班牙应该和法国联合起来对抗英国。

于是,伊莎贝拉与其表兄卡蒂斯的婚礼、蒙邦塞与菲娜达的婚礼在同一天举行,在维多利亚看来,精明的帕麦斯顿干了件蠢事,法国国王也毫不留情地撕毁了协议。

作为对法国的报复,英国撤销了对法国需要的援助,这导致法国没有足够的力量对付已经山雨欲来的底层革命,仅仅一年半后,1848年的欧洲革命爆发,法国发生了二月革命,路易·菲力浦的七月王朝被驱赶到了英国。

然而,其实这正是帕麦斯顿的过人之处,他深邃的目光已经看到了法国革命已经无法遏止,路易·菲力浦屁股底下的不是王座而是一座活火山。他是英国杰出的外交家,他看得比维多利亚和阿尔伯特都远,他上任伊始就轻松地点燃了英法之间的矛盾之火,失去英国巨大援助的法国必然无力对抗这么波澜壮阔的底层革命,而这种革命却不会越过英吉利海峡,相反,对英国来说,法国的衰落可以使英国更容易对付这个老对手。帕麦斯顿实际上是在执行坎宁的欧洲大陆均势思想,尽管法国王室得到了西班牙,而他在本土却行将崩溃,法国王室的没落必然扩大英国对欧洲大陆的影响。帕麦斯顿是大英帝国利益的忠实捍卫者,而维多利亚和阿尔伯特却多少顾及欧洲王室的利益,仍然在使用过时的王室联姻手段来主导欧洲。

维多利亚和阿尔伯特对帕麦斯顿开始感到恐惧,因为英国宪章运动也在呈现上升态势,而这种矛盾必然要危及王室利益。帕麦斯顿引发了英法矛盾,也等于点燃了1848年的革命,这让维多利亚和阿尔伯特担心这场风暴也许会促使英国宪章运动掀起更大的波浪,女王与帕麦斯顿的矛盾几乎已经公开化,实际上等于是英国王室利益与英国新兴资产阶级利益的矛盾。

实际上,帕麦斯顿对国内政治经济和社会状态了如指掌,他奉行的是保守的自由主义,他有时会坚决拒绝改革,有时又会显得很激进,有时又会什么也不做,而他的种种态度其实都是按照一个原则进行,那就是对现实是否有益,而他认为最好的改革就是"使进步变得稳妥而有效",而不是混乱不堪或者急风暴雨。而维多利亚和阿尔伯特既对帕麦斯顿的保守性自由主义政策感到担忧又对他几乎无视女王存在的做法感到恼火。

当然,维多利亚女王也不是一个只懂得忍耐的女人,她在保持英国政治平衡的同时,也会偶尔反戈一击,当1850年女王和阿尔伯特出于对日耳曼人的同情而支持普鲁士对丹麦的关于什列斯维希、霍尔施坦两地的争端时,帕麦斯顿已经敏锐地觉察到了普鲁士已经有取代法国成为新欧洲强国的趋势,因此按照大陆均衡原则支持丹麦,这又形成了维多利亚与帕麦斯顿的新矛盾,这一次,维多利亚给帕麦斯顿写了一封亲笔信:

我认为有必要防止将来产生任何误会,因该将我对外交大臣这一职位阐述简洁要求:一、他应该清楚地说明他在某一个既定事情上的意图,以便我能明白我将要批准的是什么;二、所有方案,一旦已经被我批准,那么外交大臣应不得擅自修改，发生这种行为即是对英国国王的不忠，我会按照宪法罢免这位大臣。

然而，帕麦斯顿却根本没有把这看作是什么严重的威胁，仅仅在表示了略微的收敛后，又继续为所欲为。1851年12月2日，法国发生政变，路易·拿破仑建立法兰西第二帝国，而这一次，帕麦斯顿却立即召见法国驻伦敦大使，表示支持拿破仑三世。显然，他是因为担心普鲁士成长得过快，而希望法国恢复秩序来遏制普鲁士和俄罗斯，他是对的，但他错在有一次在事先没有奏请女王批准的情况下就擅自表明了英国的态度，这等于他以个人的态度代替了大英帝国女王和政府的态度。这次，维多利亚也表现出了她强硬的一面，她坚决要求罢免帕麦斯顿，议会和首相当然知道维多利亚的愤怒已经达到无以复加的地步，最终只好罢免了帕麦斯顿。

然而，罢免帕麦斯顿的事件却让英国民众感到不满，因为此时正是克里米亚战争进行得如火如荼的时候，而帕麦斯顿是坚决支持向俄国开战的，理由人所共知，一旦俄国控制了土耳其，那意味着英国与印度及整个东方的联系都将受制于俄罗斯。相反，阿尔伯特却支持俄罗斯，这让英国民众再次怀疑他究竟站在哪一边？甚至伦敦的小报已经开始谣传阿尔伯特和维多利亚已经被囚禁在伦敦塔中，因为他们背叛了英国。阿尔伯特立即意识到了这种不信任对他来说有多么危险，他也就马上开始转向支持英国向俄罗斯宣战，1854年3月，女王对俄国宣战。

另外，维多利亚也清楚，英国民众更支持帕麦斯顿是因为帕麦斯顿是英国利益的捍卫者，这整个欧洲都清楚，而且，他尽管老迈，却能力非凡。维多利亚以君王借口阿伯顿在克里米亚战争中表现欠佳而重新邀请了帕麦斯顿，而这十余年实际上又被称为帕麦斯顿时代。

亲王之死

1861年对维多利亚来说是最为不幸的一年，在这一年年初，肯特公爵夫人突然患病，之后一病不起，仅仅几个月后就溘然长逝。对维多利亚来说，更大的打击还在后面，11月，当阿尔伯特去视察桑德伯斯特新军校的时被淋了一场大雨，这不过是一场大雨而已，没人在意，阿尔伯特自己也没有在乎，他只是觉得有点感冒罢了，以致他再次赶往剑桥看望他的长子、英国王位的继承人威尔斯王子，但谁也没有想到，他竟然在回来后就一病不起。

这时，维多利亚又犯了一个致命的错误，她过分相信了那个宫廷庸医詹姆斯·克拉克医生，这位曾在黑斯廷斯小姐事件中扮演了不光彩角色的宫廷医生仍然有办法让维多利亚继续相信他，他与维多利亚的关系一如既往。他对阿尔伯特的诊断至今令人怀疑，因为当阿尔伯特已经明显病入膏肓的时候，他仍然坚持说没什么可大惊小怪的。很快，不到一个月的时间，1861年12月14日清晨，另一位医生看过阿尔伯特之后说道："我想已经应该让他的亲人来和他告别了，不然连这也办不到了！"

阿尔伯特时年仅仅42岁，他与女王相伴度过了21年，他在大英帝国的金字塔顶端用一种日耳曼严谨求实的精神和杰出的能力为这个帝国编织了一个璀璨的光环，直到今天，整个欧洲都清楚，没有阿尔伯特，维多利亚不会如此辉煌。后来的英国首相迪斯累里说："这位日耳曼王子用一种大英帝国历代君王所未曾表现出的睿智和精力统治了这个国家长达21年,如果他能比我们这些老家伙活得更久,他也许会让我们有幸得到一个独裁政府。"

维多利亚女王的悲痛无须赘言,她那厚厚的日记记录了她无比的悲伤。此后相当长的一段时间,维多利亚几乎没有出现在任何公共场合,也没有履行女王的职责,她甚至躲出了伦敦,几乎过上了一种隐居的生活。即使偶尔不得不出现在伦敦的一些仪式上,也总是一身黑色服饰,那代表着对阿尔伯特无尽的爱。

对英国来说,他们失去了一位亲王,同时也丢失了女王,首相无法每一件事都从伦敦赶往600英里之外的女王隐居地去聆听她的意见,这不是一个短暂的时间,女王为阿尔伯特身穿丧服几乎长达十几年,这个帝国因此不得不加强首相的权力,这倒是促进了国家权力进一步向以首相为核心的政府转移。

失去了阿尔伯特的平衡,女王变得更加固执己见和强硬。此时,欧洲正在酝酿另一场风暴,那就是德国的崛起,俾斯麦这位后来被称为铁血宰相的德国强硬人物已经主导了普鲁士。但女王固执地仍然按照阿尔伯特在世时的想法去支持普鲁士,这让帕麦斯顿颇为不满,因为今时不同往日,法国的衰落导致欧洲大陆失去平衡,普鲁士崛起为新欧洲强国的趋势已经非常明显,而这又可能打破均衡政治。女王坚持说,保持欧洲和平的唯一机会就是不要支持丹麦。

石勒办益格和霍尔施泰因两地居民主要是日耳曼人,他们也加入了日耳曼联邦,但这两个地方属于丹麦国王的私人领地,而丹麦国王一直希望将这两个地方正式并入丹麦,这就为俾斯麦统一普鲁士创造了良好的借口。帕麦斯顿最后不得不妥协,英国在总体上选择了支持普鲁士,而俾斯麦又运用灵活的策略保持了法国的中立,当战争的条件完全具备后,俾斯麦于是一举击败了丹麦,为普鲁士的统一奠定了基础。紧接着,俾斯麦就发动了对奥地利的战争,仅仅七周就从奥地利手中夺回了日耳曼联邦的主导权,这样,接下来就是走最后一步,那就是对法宣战。

女王依然沉湎于对阿尔伯特的回忆中,她让人集结了阿尔伯特的平生演讲,又让马丁先生撰写了阿尔伯特的纪事,她本人也提供了许多生活与政治细节,这是一个浩大的工程,历时14年才最终完成(至1880年全部完成)。女王又在英国各地修建了许多阿尔伯特雕像,在肯辛顿宫与万国博览会毗邻的地方她又修建了一座阿尔伯特纪念堂,这座纪念堂由英国最杰出的建筑家斯科特先生设计,耗资12万英镑,费时七年,而其中的阿尔伯特雕像就置身于这座按照神庙的氛围设计的殿堂中,俨然就是一尊伦敦的保护神。

女王的"种马"

阿尔伯特去世的时候维多利亚正值盛年,他们同岁,维多利亚和世界上绝大多数寡妇一样,有了一个自己的"种马",就是那位苏格兰人约翰·布朗。他们之间的关系其实早已开始,并且在维多利亚时代就成为英国上流社会茶余饭后的谈资。女王和这位苏格兰人的关系事实上是处在一种半公开的状态,以至维多利亚的儿女们也毫不避讳地把这位仆人直截了当地称为"妈妈的情人"。阿尔伯特于1861年12月去世,而在1864年女王就已经公然携带布朗先生去她位于怀特岛的奥斯本宫。在阿尔伯特死后相当长的一段时间内,女王几乎从公众的视线中消失了,连政事参与得都相当少,而此时陪伴在她身边的就只有这位苏格兰人。

甚至,女王也像所有女人一样,希望再有个男人作为她的寄托,而且,同样希望有一个"名份"。

1883年3月,布朗先生因患丹毒病去世后,女王的悲痛丝毫不亚于阿尔伯特去世时,她在日记中写道:"他的去世令我无限悲伤!"

当然,善良的英国人今天早已原谅了女王,就像原谅了戴安娜王妃红杏出墙一样,以至女王这段秘密恋情后来还被拍成电影《布朗夫人》。

"骚乱不安"的五年

1868年至1874年对维多利亚来说,是一个灰暗的时期。

1868年11月,格拉斯顿在大选中取胜,成为新一任首相,而他是自由党魁首,他奉行的是自由主义政策。1848年欧洲大革命后,自由主义运动已经横扫欧洲,这也是工业革命传入欧洲后引起的必然变化,在英国一度沉寂的宪章运动受欧洲大气候的影响也再度兴起。

维多利亚女王也不可避免地被自由的民众当成靶子,谁让她是整个欧洲坐得最稳的国王呢!烦恼首先从民众对女王奢侈的花费开始,的确,英国政府每年要拨给王室38.5万镑,人们很自然地问,女王用这么多钱究竟做了什么?一本名为《她用此做了什么?》的小册子在伦敦的街头巷尾一度非常流行,前后竟然印刷了上百万册。加之自阿尔伯特死后,维多利亚长期远离政治核心,人们就更加要质疑:我们为什么要花费巨额金钱供养一个寡妇?

英国人的质疑并非毫无根据,维多利亚时代是英国最繁荣的时期,英国宫廷生活也和欧洲其他王室一样,到处充满了骄奢淫逸,女王尽管外表上较为洁身自好,奉行简朴的生活,但实际上无论是媒体还是高层人物都清楚,女王远非她的形象那样光辉灿烂、白璧无瑕,而自由的英国媒体也总是喜欢窥探女王究竟在过着怎样的生活,民众因此也总是能得到些女王奢靡、荒淫的消息。据英国后来统计,维多利亚女王去世前仅个人财产就高达200万英镑,在那个时代这就是一个天文数字。

1871年,当维多利亚女王要求国会拨给路易斯公主3万英镑的嫁妆及6000英镑年金的时候,英国民众举国哗然,自由激进派开始大肆攻击女王,要求英国学习法国建立共和制,查尔斯·狄尔克爵士一次在纽卡斯尔的集会上发表演讲,希望英国借鉴法国,布拉德劳斯在特拉法加广场对数十万民众进行煽动,把他们称为"王侯的乞丐们"。

自然,仅仅是这些民众集会是不会对女王构成什么严重的威胁,但自由党的改革却让女王不安。自帕麦斯顿在1865年10月去世,由于此前帕麦斯顿一直是奉行实用主义政策,因此对涉及长远的改革计划不感兴趣,尽管帕麦斯顿可以说是自由党的创建者,但他本人却几乎对任何改革都嗤之以鼻,因此他成了英国改革的最大阻力。而当他去世后,他的继任者罗素和格拉斯顿则根据实际情况的变化将改革不断提上日程。还在帕麦斯顿没有死的时候,1860年3月罗素就提出了扩大选举资格的改革法案,建议将城市选民的财产资格降为6英镑,并重新分配议席的名额。但罗素也知道这样大幅度地扩大选举资格几乎不可能,那个时候根本就不具备这样的条件,他真实的目的是想把改革问题揽过来,他清楚地知道,这个法案仅修正案就多达十几个,光是讨论这些修正案就要很长时间,所以他根本也没指望议会通过这个法案。但这至少已经说明,改革的苗头已经出现,权力不可能长久地保持在贵族和王室以及资产阶级新贵手中,民众迟早要得到本来属于他们的东西。1866年,帕麦斯顿一死,格拉斯顿就立即提出了议会改革,他要求将城市选民的资格从10英镑降到7英镑,乡村从50英镑降到14英镑,并提出消减衰弱的小城镇在议会中的议席数量,这样就扩大了选举人范围,权力也将向大城市倾斜,这更有利于资产阶级的权利要求。保守党自然反对这一提案,两党的争执最后总是要争取女王的支持,女王巧妙地告诉反对格拉斯顿的人:不要那么猛烈地针对格拉斯顿,对改革这个重要问题,应该用他对他的党的影响,不是基于政党,而是用一种能解决它,尝试达到某种一致的观点来对待这个问题。

最终,格拉斯顿的改革在1866年失败,自由党内阁因此倒台,那是因为女王巧妙地争取了自由党中拥有重要影响的阿达拉姆集团的支持,这个集团代表的是中产阶级和原辉格党中的土地贵族的利益。保守党接替自由党上台,狄斯累里这位老道的政治家清楚尽管格拉斯顿的改革提案失败了,但这个提案是迟早还要卷土重来的,那么不如由保守党来提出法案,这样至少可以控制改革的节奏,女王支持了狄斯累里。狄斯累里提出了14点计划,他说应当增加英格兰和威尔士乡村和城市的选民,他高调说道,让一个阶级或势力集团长久地凌驾于社会之上是违反王国宪法的。在狄斯累里和格拉斯顿反复较量中,最终改革法案在1867年8月通过,上院仅仅作了微小的修改,维多利亚批准了这个法案,成为正式立法。

改革的结果是底层社会获得了更大的选举权,新增的选民中一半是工人和城市居民。

另一方面,当格拉斯顿成为英国首相后,他又开始对文官制度进行了大刀阔斧的改革,其中对女王影响最大的莫过于两件事。一件是废除鬻买衔位,另一件就是对军队的改革。后者将使军队远离王室,尽管名称上海军和空军仍然挂着皇家的旗号,但军队将不再直接对女王负责而是转而对国会负责;至于前者,女王将失去对一些贵族进入军队的批准权,因为贵族将不再允许购买军职,他们在军队中的提升也将按照严格军事晋升条例执行。这样,无论如何,女王都能感到军队在远离她,这种将王室高高架起的事态在这短短的五年当中越来越明显,这就如同维多利亚女王是在被工业革命造就的民众权利浪潮中冲浪,而且她已经被高高地推向了峰顶浪尖。

维多利亚并不喜欢格拉斯顿,他僵硬的表情和种种对王室不利的改革一直让维多利亚难以欣赏这位在英国历史上叱咤风云的著名首相,但维多利亚女王还是理智的,她清楚,尽管他推行改革,而目的并不是要推翻君主立宪,只不过在顺应潮流,把大英帝国这艘船开得更平稳些。她所欣赏的是狄斯累里,但这是一个短命首相,在那段时间,他真正成为英国政治核心的时间只有9个月,维多利亚的这段灰暗的岁月直到1874年狄斯累里重新上台后才算结束。1875年,狄斯累里为维多利亚花了400万磅买下了苏伊士运河,这也许应该可以让这段灰暗岁月翻过去了。1876年5月英国议会通过了让维多利亚女王成为印度皇帝的议案,1877年1月1日,维多利亚正式宣布即位,那颗来自印度拉合尔名为"科伊努"、重达109克拉的巨大钻石被镶嵌在维多利亚女王的王冠上。

欧洲的祖母

在克里米亚战争结束后不久,欧洲又迎来了一场婚事,那就是普鲁士王室与英国王室的联姻。

维多利亚一生子女众多,而她本人又在位长达60余年,在整个维多利亚时代,英国王室与欧洲各国王室之间的婚嫁频繁不断,在女王的宫殿中,有一幅油画描绘的就是女王的一家——那是一个庞大的家族,仅家庭直系成员就多达50多人,而这些子孙多是欧洲各国王室成员,因此,维多利亚女王也被因此成为欧洲王室的祖母。

女王不仅在捍卫英国利益、王室利益、家族利益上表现出强硬和固执,同时,她也在对待子女的婚事上表现出捍卫女王家长利益的态度,而且同样固执,一切习惯和道理都不为所动。

1858年,维多利亚女王的女儿普希公主与普鲁士王子的婚事即将举行,但双方在婚礼举行的地点上发生了分歧。因为按照普鲁士的皇家传统,王子的婚礼应该在柏林举行,维多利亚却固执地认为,英国女王的女儿的婚礼应该在伦敦举行,至于普鲁士的皇家传统,她觉得无足轻重,因为不是每天都有娶英国公主的事。她通过外交大臣告诉普鲁士大使,不要在这件事上认为女王会让步,女王绝对不会同意她的女儿在柏林举行婚礼,普鲁士王子在柏林迎娶大不列颠公主的想法是可笑的,不管普鲁士王室有什么惯例,可不是每天都有迎娶英国公主的事发生,这件事已经被认为是确定无疑,再无须争辩。

自然,普鲁士王室不会因为这样的小节而失去与英国王室的联姻,婚礼在伦敦的圣·詹姆斯教堂举行。日后,这个和母亲同名的普希公主成为德国菲烈特三世的皇后。

维多利亚一生拥有9个子女,其中4个儿子5个女儿,大女儿维多利亚(与母亲同名,即普希公主)成为德国腓特烈三世的皇后;第二个孩子是后来即位的英国国王爱德华七世;第三个孩子阿丽丝成为德国西南黑森亲王路易四世的王妃;另外三个女儿其中两个是德国南部巴登堡和德国北部石勒苏益格·荷尔斯泰因亲王的王妃,还有一个嫁给苏格兰的一位公爵,后来成为加拿大的总督。而儿子们则都是娶了丹麦、俄国和德国各地的公主、郡主们为妻。

她的一个外孙就是德国皇帝威廉二世(正是他策动了第一次世界大战),一个外孙女后来成为希腊王后,一个孙女是挪威国王哈康七世的王后,一个外孙女是俄国末代沙皇尼古拉二世的皇后,另一个外孙女是现在英国女王伊丽莎白二世丈夫菲利普亲王的外祖母。

以下是维多利亚女王子女的生卒年及婚姻简表:

维多利亚长公主(1840年11月21日~1901年8月5日),1858年和腓特烈三世结婚;

爱德华七世(1841年11月9日~1910年5月6日),1863年和丹麦的亚历山德拉公主结婚;

艾丽斯公主(1843年4月25日~1878年12月14日),1862年和黑塞和莱茵大公路德维希四世结婚;

阿尔弗雷德王子,萨克森·科堡和哥达公爵和爱丁堡公爵(1844年8月6日~1900年7月31日),1874年和俄国的玛丽亚·亚历山大罗夫娜女公爵结婚;

海伦娜公主(1846年5月25日~1923年6月9日),1866年和石勒苏益格·荷尔斯泰因·索恩德堡·奥古斯腾堡的克里斯蒂安亲王结婚;

路易丝公主(1848年3月18日~1939年12月3日),1871年和约翰·道格拉斯·萨瑟兰·坎贝尔,第九世阿盖尔公爵结婚;

亚瑟王子,康诺和Strathearn公爵(1850年5月1日~1942年1月16日),1879年和普鲁士的路易丝·玛格丽特公主结婚;

利奥波德王子,奥尔巴尼公爵(1853年4月7日~1884年3月28日),1882年和瓦尔戴克·皮埃蒙特的海伦娜公主结婚;

比阿特丽斯公主(1857年4月14日~1944年10月26日),1885年和巴腾堡的亨利亲王结婚;

值得一提的是,在维多利亚的一生中,她悄悄将一种遗传性疾病——血友病传播到几乎整个欧洲王室,而这种疾病却成为鉴别王室成员的一种办法。

无论如何,在维多利亚看来,这是一个完美的大家庭,维多利亚女王本人也经常带着她孩子和阿尔伯特一起去苏格兰高地居住一段时间,这是一个享受苏格兰淳朴田园风景、享受天伦之乐的家庭。女王很喜欢苏格兰高地,她经常和阿尔伯特一起去这里,并且他们还在这里买下了巴莫罗别墅,甚至他们夫妻还会偶尔"失踪"一下——他们偷偷去到阿特·纳吉乌河塞克的"堡塞"冒险居住了一两天。1855年,阿尔伯特甚至特意推翻了这个庄园,重新自己设计了一个城堡,这成为女王的一个"庄园宫殿"。

君王与女人和谐一体

1877年,俄罗斯不甘心在克里米亚战争中的失败,希望再次攻击土耳其夺取一个黑海的出海口,它利用巴尔干斯拉夫人的民族战争,借口支持斯拉夫族人的解放而联合罗马尼亚,于1877年4月达成协议,4月24日即出兵攻击土耳其。但当时的外交大臣是德比勋爵,他却在这件事上犹豫不前,没有立即向俄罗斯发出强硬的信号,这致使俄罗斯军队长驱直入,俄罗斯军队和罗马尼亚军队一起攻占了普列文;与保加利亚军队一起攻占了索非亚和亚德里亚堡,这样俄罗斯军队已经兵临君士坦丁堡城下,土耳其由于得不到英国和法国的支持节节败退。

女王对英国政府这种拖延怒气冲天,她曾以逊位来威胁英国政府,她在给肯斯菲尔德伯爵的信中说道,如果你们要英国去吻沙皇的脚趾,那我绝不参与这种有辱英国的行动,我将逊位!当俄罗斯军队兵临君士坦丁堡城下时,她曾一天内三次写信要求英国对俄罗斯开战。

但外交大臣德比仍然坚持反对开战,女王不得不与首相狄斯累里商议罢免外交大臣,女王建议起用素以强硬著称的保守党人索尔兹伯里。很快,索尔兹伯里就扭转了这一情况,俄国建议根据1878年3月《圣斯特凡诺条约》,建立一个由俄国

"保护"的庞大的保加利亚公国,索尔兹伯里联合奥地利坚决反对该和约。于是最终有关各国于 1878 年 6~7 月在柏林召开了谈判会议,重订和约。1878 年 6 月,索尔兹伯里联合德国、奥地利迫使俄罗斯在柏林缔结了《柏林条约》,根据这个和约,俄国重新获得比萨拉比亚南部,在亚洲获得巴统、卡尔斯、阿达等地。实际上,这个和约将俄罗斯军事胜利的成果化为乌有,亚历山大二世并没有达到最初的作战目的,反而肢解了奥斯曼土耳其帝国,打碎了一座王宫,却种下了巴尔干这个战争火种。

1880 年,狄斯累里在大选中败给格拉斯顿。格拉斯顿重新上台,这让维多利亚感到不舒服,不仅如此,整个大英帝国也已经越过了巅峰,维多利亚时代开始渐渐出现了颓势。

一般来说,坏事总是一件接着一件:

爱尔兰的农民因为大量廉价的北美农作物入侵而遭到严重损失,这些剽悍的爱尔兰人开始信奉巴奈尔的说教,他们要争取自治。1882 年 5 月,新任爱尔兰总督卡文迪许爵士在都柏林的凤凰公园被爱尔兰极端主义者杀害。巴奈尔随后成立"爱尔兰国家联盟"。

1881 年,英国人在南非打了一个败仗,布尔人给了英国人一个很好的提醒:殖民主义时代就要过去了!特兰斯瓦尔独立了;

1885 年,在苏丹,马赫迪的反英大起义让英国军队在这儿也吃尽了苦头;

在印度,甘地的非暴力不合作运动让英国人异常恼火却又无可奈何;

爱尔兰人的匕首也开始针对维多利亚女王,爱尔兰人曾五次行刺维多利亚。但这不等于说大英帝国这个大厦会在一夜之间崩溃,正相反,在维多利亚时代的最后时期,整个大英帝国又一次呈现出欣欣向荣的一面,只不过静水流深,当工业革命在整个欧洲和北美普及开来后,一场经济危机也开始酝酿,这最终导致了第一次世界大战。然而在维多利亚女王最后的十余年里,尤其是索尔兹伯里任首相的 14 年里,大英帝国还看不到即将衰败的迹象,英国人继续在非洲不断扩张殖民地,乌干达、肯尼亚、苏丹、利比亚等相继成为英国殖民地。1887 年,维多利亚女王即位 50 周年,6 月,伦敦举行了盛大的维多利亚女王登基 50 周年庆典。

1897 年,伦敦再次举行盛典,庆祝维多利亚女王即位 60 周年,当 80 多岁的维多利亚女王走向圣保罗大教堂的时候,没人知道能否再举行 70 周年庆典,但这已经不重要,一个维多利亚时代已经完整地镶嵌在大英帝国的历史上,这已经足够完美了。

一年之后维多利亚被检查出得了白内障;1900 年,她记忆中的阿尔伯特开始模糊,她甚至已经不能回忆起他们最快乐的那段时光,她得了失忆症;之后,她连语言也忘记了,她得了失语症。

维多利亚的丧礼使用的是陆军仪式,而没有使用皇家海军,这让许多人感到困惑。当阿尔伯特号将遗体运到朴次茅斯的时候,改用一辆炮车运载棺木。丧仪在温莎城堡的圣乔治教堂举行,2 月 4 日,维多利亚女王的遗体被安葬在佛洛哥摩尔王家陵园阿尔伯特亲王之侧。

"我的个子,对于女王来说,有点太矮小了。"维多利亚仍然是一个平凡的女人,对自己的相貌耿耿于怀——她的外貌丝毫没有王者风范,也与童话中漂亮、善良的公主无关,她甚至看起来有点像是个农妇,矮小、粗胖的身材,粗糙的皮肤,有时会像个泼妇一样发泄暴躁的脾气,有时又固执己见,丝毫不让步,但她仍然是历史上一生过得最完美的女人——一个女人怎么才算是最完美的呢? 她拥有至尊的地位,她的帝国无与伦比,无论是她的皇权地位还是她的帝国,都没有太多的忧虑,甚至有时候根本没有什么天敌;她有一个不错的婚姻;权力、财富、帝国、荣誉、婚姻、情人、女人的伤怀、帝国的繁盛,作为女人,她既拥有了女王的尊贵,也拥有了平凡女人所应经历的一切;作为帝国的统治者,她的帝国在她的年代达到了鼎盛,开创了一个维多利亚时代,她还没有什么不够完美的吗? 她甚至还留下一点遗传疾病,为整个欧洲皇族打下维多利亚基因烙印——而正是这一点也恰好给后人留下了一点点悬念:维多利亚很可能根本就不是肯特公爵的女儿,因为历史上英国王室多少都表现出偏执狂的症状却没有血友病的表现,而维多利亚之后的英国王室成员偏执狂从此消失了,取而代之的是血友病;因此,她真正的父亲很可能是那位宫廷管家、肯特公爵夫人的男秘书约翰·康罗伊,因为他们其实早在肯特公爵没有去世前就已经私通很久,甚至,连肯特公爵的死亡也因此披上了一层薄雾,毕竟,他死得过早、过于突然了。但无论如何,历史已经形成了,而且,这种小小的瑕疵恰到好处地提示了我们一个哲学问题:不要追求完全的"完美",人类没有至善至美,但如果你足够幸运,一样可以令人艳羡。

改革强兵促统一

——威廉一世

人物档案

简　历：威廉一世是普鲁士国王（1861年1月2日～1888年3月9日在位）和德意志帝国皇帝。

生卒年月：1797年3月22日～1888年3月9日。

安葬之地：不详。

性格特征：传统、谦恭、绝对有礼的绅士，是名副其实的普鲁士军官。

历史功过：1848年他成功地粉碎了针对其兄长弗里德里希·威廉四世的政变，得到"霰弹亲王"的绰号。

摄政为王

1797年3月22日，威廉出生在柏林，他是普鲁士国王弗里德里希·威廉三世的次子。其出生的年代，欧洲正是拿破仑开始威风八面的时期。作为霍亨索伦家族的一员，威廉自小就受到良好的宫廷教育，同时还接受了普鲁士传统的军事训练。10岁正式参加军队，17岁已获上尉军衔。后来由于在反拿破仑的战争中立功，在28岁时获得中将军衔，担任普鲁士近卫军团司令。

1840年，威廉三世去世，长子弗里德里希·威廉四世继任国王。由于威廉四世身体患有疾病，让威廉协助处理政务，封他为普鲁士亲王。

19世纪40年代，德意志的产业革命使资本主义获得迅速发展，封建专制已经成为束缚。在1848年法国二月革命的影响下，3月13日，维也纳发生革命，人民群众把奥地利宰相梅特涅赶下了台。这个消息使群众革命情绪空前高涨，威廉四世欲以政治改革来平息民愤，但是威廉极力反对这样做，认为这是向革命作让步。他在近卫军发表一系列煽动性演说，唆使军队在3月14日、15日和16日连续制造杀害群众的事件。这加剧了柏林紧张的局势。

3月18日，示威群众在王宫前集会，要求政府撤走城内军队，颁发贯彻新宪法。威廉命令军队向起义群众射击，从而引发了柏林革命。毫无武装的工人、市民和大学生被激怒了,人民涌上街头,两小时内修筑了 200 处街垒工事,进行了持续 14 小时的战斗。一夜之间有 1.4 万名政府士兵被打败。威廉四世感到不妙,下令军队撤出柏林,并且允诺要满足人民所有的要求。威廉害怕愤怒的群众报复,在 3 月 20 日换上邮差的服装,逃往哈佛尔河上的孔雀岛,后又转往伦敦避难。

柏林革命以后,威廉四世委派资产阶级的头面人物康普豪森以及几个资产阶级化的贵族一起组织新内阁。这个新内阁想确立与英国一样的君主立宪政体,认为让王位继承人威廉来筹组,可以维护自己的利益。于是在几个月后,流亡英国的威廉又被召回柏林。

1848 年革命以后,德意志各邦国的资产阶级代表纷纷入阁,主张组成全德国民议会。1848 年 5 月,全德国民议会在法兰克福召开,通过了帝国宪法。宪法规定,德意志帝国由 6 个邦组成,首脑是皇帝,政体形式为三权分立下的君主立宪制度,议会推举威廉四世为德意志皇帝。可是,当民众代表团将帝国皇冠献给威廉四世时,他却拒绝接受。1849 年 5 月,在南德地区的巴登、普法尔茨、德累斯顿等地区爆发起义,掀起了一场维护宪法的运动。威廉受命为总指挥,率军前去镇压。他兵分三路向巴登、普法尔茨进攻,起义军很快失败。威廉以暴力镇压起义,践踏宪法,激起了人民的义愤,因此送给了他一个"炮弹亲王"的绰号。

1857 年,威廉四世得了中风,国政就交由威廉接管。1858 年 10 月 7 日,他因智力严重衰退,又将王权移交给了威廉,由他进行摄政。从此,威廉掌握了德意志帝国的实权。

19 世纪 50 年代,德国资本主义发展迅速,容克地主阶级不断资产阶级化,这也逼迫普鲁士君主政体对资产阶级做出一些让步。威廉虽然十分保守,王权思想根深蒂固,但是也感受到时代的潮流,感受到普鲁士君主政体的危机。对那些保守的宫廷党人,威廉开始反感,认为那种极端保守已不再有益于君主政权的统治。于是威廉解散了曼陀菲尔内阁,任命资产阶级化的贵族组成新内阁,将一些自由主义化的资产阶级吸纳进来。他的举措受到国内资产阶级的欢迎和支持。

威廉在稳定政局后便着手进行军事改革,这是他很早就有的打算。50 年代以后,普鲁士虽然经济有很大增长,但在政治方面无所作为。1850 年的"奥尔米茨之辱"以及克里米亚战争中普鲁士的无足轻重,使威廉感到"军事力量是天平上的一个重要政治砝码",必须实行军事改革,才能维护自己家族的统治。1860 年,威廉任命罗恩为陆军大臣,负责进行军事方面的全面改革。

威廉进行的军事改革,与下议院发生了矛盾冲突。在 1848 年革命的阴影之下,威廉视正规军为对抗革命和保护王位的力量。他让新兵增加服役期限,主要的目的是培养他们的忠君思想,以削弱资产阶级领导的国民自卫队。而这正是资产阶级所担心的,他们害怕军队成为国王专制的工具。因此,邦议会反对威廉的军事改革,拒绝每年为此支付巨额款项。

1861 年 1 月 2 日,威廉四世病死,摄政王威廉宣布登基,号称威廉一世。在 10 月举行的加冕大典上,威廉发表了一项宣言,声称要维护君王的永恒权力,并要求所有封臣向他宣誓效忠。这个逆时代潮流的做法,让自由派的资产阶级大臣们很是反感,不少大臣因此纷纷要求辞职,威廉与议会的矛盾更加深了。

推行改革

由于在此后的议会表决中,自由派资产阶级数次否决了威廉的军事改节议案,并且要求政府进行宪法改革。威廉的军事改革无法进行,对政局也感到束手无策。后来,在无奈之下打算以退位来摆脱眼前的困境。这时,陆军大臣罗恩建议将驻巴黎大使俾斯麦召回国内,向其寻求谋略。威廉还在任摄政王时,就曾收到俾斯麦的各种建议,对其中的一些极其欣赏和赞同。威廉需要的是一种德意志型的君主立宪制度,既能确保君主政体,又能满足资产阶级的愿望,并以自上的改革来避免自下的革命。俾斯麦被召回国后,经过与他两个多小时的长谈,威廉一世确认他的政治主张与自己完全一致。于是,就打消了退位的想法,在1862年9月23日任命俾斯麦为首相,打算借助这个以强权著称的人物,来推行自己需要的改革。

俾斯麦受命以后,从1862到1866年,足足以4年多时间来进行所谓的"宪法斗争"。俾斯麦根本不理睬议会中资产阶级多数派否决政府拨款的意见,以邦议会两院意见不一致,要由国王填补"宪法漏洞"为由来批准军费款项。他也不理会他们的"违宪"指责,干脆解散了议会,组织了一个温和保守派的政府,实施军事改革,并基本达到了目标。俾斯麦的这一系列举措,引起了王妃、王人子以及资产阶级的强烈反对,纷纷要求罢免俾斯麦。当时俾斯麦的处境十分孤立,在这关键时候,威廉给予了他极大的信任和支持,甚至对王太子的抗议给予书面警告。此后,俾斯麦得以大刀阔斧地继续进行军事改革,并在数年时间内使普鲁士的军事实力有了很大的提高。但是,也正是在这个时期,俾斯麦同时插手到国家的内政外交,凡大政方针都要由他认可确定,实际上总揽了国家的大权。

俾斯麦在掌握了实际的大权以后,开始实施自己的政治目标。他宣布,1815年划定的普鲁士边界不是固定不变的,普鲁士必须准备抓住任何有利的时机,以便进一步扩张。另外,他在议会上还说了一句很是"著名"的话:"当前的种种重大问题不是依靠演说和多数票所能解决的——这正是1848年与1849年所犯的深刻错误——而是依靠铁和血。"在俾斯麦看来,只要德意志统一,宪法的纠纷必会解决。

统一德国

1863年,俾斯麦制定统一德意志的纲领,准备同俄、法两国结盟,把奥地利排除于德意志邦联之外,由普鲁士来统一德国。1864年,丹麦新宪法规定将荷尔斯泰因和石勒苏益格两个公国纳入丹麦的版图,激起了德意志各邦联的反对。为了掩盖自己的真实意图,俾斯麦煽动起奥地利一同向丹麦开战,不久战败丹麦。军事上的胜利使威廉备感兴奋,在邦联议会上,他强调此次胜利来自他对军队的改革,并声称"以后再出现同样的情况,我永远会这么做"。

1866年6月,俾斯麦又筹划发动起对奥地利的战争。威廉亲自赴战场督战,由总参谋长毛奇负责指挥。其时普鲁士不仅与奥作战,而且也在与其他的德意志邦国交战。7月3日,普鲁士军队在萨多瓦战役中一举击溃奥地利军队,不久又将其他德意志邦国一一击败。这场战争的胜利,使普鲁士彻底兼并了石勒苏益格—荷尔斯泰因，还兼并了整个汉诺威王国、拿骚和黑森—卡塞尔公国，以及法兰克福自由市。这样，普鲁士占有了全德领土的1/5，人口的1/3。这时在议会中，以俾斯麦为首的保守派很快获得了多数，进步党失去了优势，新议会通过决议，不再追究首相违反宪法的行为，威廉与议会间的宪法纠纷也就此解决。

1866年8月，北德意志24个邦和3个自由市缔结同盟条约，成立北德意志同盟。威廉一世被选为北德意志联邦的主席，负责整个对外政策和决定战争、和平问题，同时被选为联邦所有军队的最高统帅。俾斯麦出任首相，从而确立了普鲁士在德意志的霸主地位。现在，威廉一世希望能尽快地实现全德的统一，但法国成为普鲁士统一德国的巨大阻力，它不希望统一的德国出现。

后来，俾斯麦施用诡计，利用报纸对法国人进行侮辱，终于激起了法国的愤怒，1869年7月19日，拿破仑三世政府正式对普鲁士宣战。

战争开始时，威廉一世发表御前演说，号召德意志民族全力以赴，抵抗法兰西的侵略。他亲自出任联军总司令，指挥作战。9月2日，20万德军对色当城发动16个邦发表声明，宣布加入德意志联邦。

德国皇帝威廉一世

1870年10月27日，法国投降。普鲁士成功地统一了德意志。12月10日在俾斯麦的策划下，北德意志联盟派出一个代表团到达凡尔赛，请求威廉一世出任德意志帝国的皇帝。

1871年1月18日，在法国凡尔赛最豪华的镜宫，德意志举行了加冕大典。威廉一世胸戴沙皇亚历山大一世授予的俄国勋章，被加冕为德意志皇帝，从而宣告德意志帝国成立。

普法战争以后，德国的经济迅速发展，成为一个新的资本主义强国。威廉一世为了巩固德国的国际地位，积极推行大陆政策。1879年10月7日，与奥地利签订德奥同盟。1881年，德奥俄三国签订三皇同盟，从而使法国处于孤立的境地，增强了德国的政治地位。

1878年5月11日，当威廉一世坐敞篷车出巡于柏林菩提树下街时，一个五金匠帮工用猎枪向他开了一枪，但威廉并没有受伤。6月2日，威廉第二次遭受枪击，使他身受重伤。令人惊奇的是，当时已经81岁的威廉经过抢救治疗，最后居然死里逃生。

1888年3月9日上午8时30分，年迈的威廉一世终因肺炎而去世，离他91岁的生日仅差16天。德意志帝国议会大厦下半旗志哀，这是对威廉一世在位30年的一个总结。

震惊世界的一代"军事巨人"

——拿破仑

人物档案

简　　历：即拿破仑一世，出生于科西嘉岛，法国军事家与政治家，法兰西第一共和国第一执政，法兰西第一帝国及百日王朝的皇帝。

生卒年月：1769 年 8 月 15 日～1821 年 5 月 5 日。

安葬之地：塞纳河畔的老残军人退休院。

性格特征：自我、自信、骄傲、残酷、充满野心。

历史功过：曾经占领过西欧和中欧的广大领土，使法国资产阶级革命的思想得到了更为广阔的传播，在位前期是法国人民的骄傲，时至今日一直受到法国人民的尊敬与热爱。

名家点评：拿破仑即扮演了一个暴君强盗的角色，也扮演了一个爱国者和文明的传播使者。

军旅生涯

1821 年 5 月 5 日，拿破仑在南大西洋的圣赫勒拿岛上溘然长逝。"我愿意把我的遗骨埋在塞纳河畔，安葬在我如此热爱的法国人民中间。"依拿破仑的遗愿，1840 年，法国政府主持将拿破仑遗骨迁葬回国，埋在塞纳河畔的老残军人退休院。

遗骸归葬故国，魂灵归故里，这是法国从未给过别人的荣誉。人们不禁要问：这到底是怎样的一个人物？让我们将卷帙浩繁的世界历史翻到 18 世纪末、19 世纪初的欧洲这一章，来追踪这位曾纵马驰骋于欧洲大陆，要建立古代帝王们憧憬的世界大帝国的人物的一生吧！

在拿破仑出生前相当长的时间里，科西嘉隶属于商业国热那亚。1755 年，科西嘉人在其领袖保利的率领下进行暴动并取得最后胜利，赶走了热那亚人，科西嘉成为独立国家。然而，好景不长，法国国王路易十五就伺机派兵强行进驻科西嘉。

1768年,热那亚政府与法国签订秘密协定,做个顺水人情,将名存实亡的科西嘉的"权力"出卖给法国。拿破仑出生前三个月的1769年春,法国军队击溃了保利的队伍,科西嘉成为法国的领土。法国表示:对一切承认法国政权的科西嘉人既往不咎,一概赦免。在等待妻子分娩的那段日子里,性格狂热的夏尔·波拿巴虽然曾是保利领导的反抗斗争的积极参加者(一度任保利副官),但经过反复权衡利弊,最终决定全家加入法国籍。但幼小的拿破仑却因科西嘉的捍卫者保利被赶走而伤心惋惜,并对法国入侵者深恶痛绝。此外,与世隔绝的孤岛,深居山林中的野蛮的居民,部落之间的不断冲突和相互复仇,均对他的心灵有着深刻的影响。

拿破仑从小就缺乏耐性,好动的同时又很阴沉、暴躁。母亲列蒂契娅刚强的性格,给拿破仑勤劳、办事井井有条的作风打上了浓重的底色。拿破仑很爱他的母亲,但有时又要小聪明去蒙骗母亲。他虽然头大脖细,身材瘦小,却精力过剩、淘气任性、打架拼命。

拿破仑七八岁时,夏尔偶然发现这个生性好动的儿子,竟能长时间安静地做数

拿破仑和妻子约瑟芬在花园里

学练习。夫妇俩给拿破仑搭了个小房间,他就一个人整天地待在里面痴迷地演算数学题。数学后来亦成为拿破仑终生的爱好。除此之外,拿破仑还常独自跑到他家附近一座孤零零的岩石洞穴去,或埋头读书,或斜倚着岩石远眺地中海的辽阔天空,少年拿破仑头脑中满是幻化的想象,他已不屑于同兄妹们在花园里草地上玩耍打闹,他是那样的寡言少语,以至于看起来不大合群。在至今还保留着"拿破仑穴"名字的洞穴中,他经常是一个人消磨着宁静而漫长的下午。

多子女的家庭,经济虽不困难却也不富裕,当拿破仑呱呱坠地时,父亲已决定将来把儿子送到法国去上学。后来也正如父亲计划的那样,1779年,经过一番周折,父亲把两个年长的儿子约瑟夫和拿破仑送到了法国,进奥亭中学读书。同年春天,10岁的拿破仑转到离巴黎100多公里的法国东部布里埃纲城一所公费的军事学校——布里埃纳军校。

在军校中,拿破仑还是个阴沉、孤僻的孩子,他很容易被激怒而且长时间生气。军校的贵族学生都瞧不起这个科西嘉来的乡巴佬。拿破仑从前一直讲意大利语,法语说得很糟糕,还带着浓重的科西嘉口音,那些纨绔子弟夸张地模仿他的口音,嘲笑他穿戴邋遢。自负而好强的拿破仑怒不可遏,同他们几番比试彼此的拳头,并且都打赢了。虽然自己也受了伤并因其行为被关了禁闭,拿破仑一点也不后悔。他的同学都发觉这个小科西嘉人并不好惹。父亲的来信使拿破仑打消了刚刚表露出来的想回家的念头。"……你以往表现的桀骜不驯,我认为只有严格的军校生活才能约束你,让你懂得什么是纪律,学会执行命令,知道什么时候要自我克制。知

子莫如父,你是块军人的好材料!……你必须在军校待下去!"拿破仑这一待,就是整整 5 年。"绝不浪费自己的时间和精力"是他在布里埃纳军校时的座右铭。他成了军校最用功的学生,学习成绩名列前茅。课余,拿破仑还大量阅读来充实自己。他所表现的极强意志力使他得到了"斯巴达汉子"的绰号。的确,拿破仑就像从小接受严格体魄锻炼和军事训练,以刻苦剽悍著称的古希腊斯巴达人一样,整整 5 年,他就像父亲信中所期待的那样。实际上一个地道的斯巴达汉子也不过如此。

拿破仑终其一生从未忘怀过这所培养了他的军校。在他生命的最后时刻,他把布里埃纲列入遗嘱,遗赠给这座小镇 40 万法郎。在拿破仑离开母校 70 周年后,拿破仑的上述遗嘱付诸实施。人们在那里修起一座市政府大楼,并在广场上竖立了一座少年拿破仑的青铜雕像——身穿布里埃纳军校的学生制服,执书沉思。在雕像的石座上,刻着拿破仑说过的一段话:"在我的脑海里,布里埃纳就是我的祖国,因为在那里,我才首次体会到做人的尊严。"

1784 年,以优异成绩毕业于军校的 15 岁的拿破仑,被送到当时法国首屈一指、众多有志青年向往的巴黎军官学校。一流的教员、丰富的课程,使拿破仑更觉机会的宝贵和值得珍惜。拿破仑对炮兵学产生了浓厚的兴趣。他刻苦钻研,获得教员的好评。该校任教的著名的数学家拉普拉斯甚至破例对拿破仑进行个别辅导,以表示他对这位高才生的赞赏。和在布里埃纳军校一样,拿破仑除了专心学习规定课程外,还如饥似渴地学习能搞到手的书籍,自选读物给他带来了更大的收获。少年拿破仑的心灵被《高卢战记》攫住了。他常常梦见自己追随着恺撒去创造伟大的业绩,一觉醒来,梦中的激动情景又激励着他更加用功地学习。

才在巴黎军官学校进行第一学年学习的拿破仑不能考虑眼下的现实困难。1785 年 2 月,父亲患癌症去世后,家里一贫如洗。家庭的变故,科西嘉人传统的家庭的责任感压迫着才 16 岁的拿破仑。根据少尉拿破仑的申请,1785 年 8 月,学校分派拿破仑前往驻防在离科西嘉较近的瓦朗斯城的拉费尔炮兵团服役。拿破仑就这样告别了巴黎军官学校。

少尉军官薪俸微薄,大部分薪金寄给母亲后,生活更是艰苦。拿破仑在一家书店的顶楼租了一间斗室。他从不像他的伙伴那样,把时间消磨在喝咖啡和游玩上,他只知废寝忘食地博览群书,做笔记、写心得,也全然不顾似水凉夜,如豆之灯。书店老板为之感动,允许拿破仑随便翻看店中之书。最让拿破仑感兴趣的是军事、数学、地理、旅行等方面的书。他也读哲学著作,而其时正是在书店顶楼的斗室里,他接触了 18 世纪启蒙学派的古典作家伏尔泰、卢梭、马布利等人的著作。一度,他接受了卢梭的激进思想。《社会契约论》就在床头,每天都会被翻一翻,那震撼人心的"人是生而自由的"学说,很合拿破仑的口味,而卢梭号召人民起来争取"神圣人权"常使拿破仑热血沸腾。他把卢梭的学说当作行动的指南,宣称自己是卢梭的学生和忠实信徒。拿破仑在瓦朗斯期间记下了大量的读书笔记,保留至今的仍有 368 页之多。除了最感兴趣的那些书外,他也不拒绝小说和诗歌。他总是迫不及待地去阅读任何一本书。他的学习态度就是要尽快地吸收他所不知道的可以充实他的思想的东西。拿破仑善于学习,又注重实践。他十分热爱炮兵工作,在拉费尔炮兵团,拿破仑通过实际操作,掌握了打仗的基本知识。后来的历史表明,他当年的同学,即那些出身贵族的将领们,由于缺乏基本知识这一课,虽然他们在初期看来也很有前途,可大都以不幸的结局结束了军人生涯。在这一点上,拿破仑又一次超越了他们。

初试锋芒

1788 年 6 月,从故乡回到法国的拿破仑随其所在团队开赴奥松城。他像以前一样贪婪地阅读一切能够弄到的书,特别是 18 世纪军事家所注意的那些军事问题的主要著作。他身上总显示出那种从事脑力劳动和长时间进行思考的能力。他谈到自己的工作的时候,总是带着非常严肃和执着的神情,他为自己巨大的工作能力而感到自豪。

炮兵战术最终成为拿破仑所喜爱的军事专业。在奥松城,他从事写作,除哲学、小说、政治方面的短文外,曾有一篇不长的关于弹道学的论文《论炸弹的投掷》。在生活中,他使自己的热情和欲望完全服从于意志和理性。他这个出身寒微的年轻军官,总是遭到贵族同僚和贵族长官的轻视。对于这样的命运,他是否真正满意呢? 未及明确地回答这个问题,更不待说具体地考虑未来计划的时候,他准备登台的那个舞台就动摇了——法国大革命爆发了!

有必要来看一下 18 世纪封建君主统治下的法国是怎么一个样子:社会分为两个敌对的阵营,以国王、贵族和僧侣组成的第一、第二等级为一方;以其他社会成员组成的第三等级为另一方。第三等级占全社会人口的 90%以上,承担着国家各方面的重负,却没有丝毫权利。他们对法国封建制度充满仇恨,对压迫他们的教士和贵族更是切齿痛恨,法国社会面临着政治、经济、社会等各种危机。在此以前,许多法国人出资出力帮助北美洲兴起的独立革命,结果是美国赢得了独立。第三等级都听到了美国的《独立宣言》,法国人民因此也有了反抗自己国王的思想准备;而且法国的启蒙思想家早已给了法国人民"自由、平等、博爱"的思想武器。法国资产阶级革命的爆发已迫在眉睫了。国王路易十六被迫同意召开三级会议。传统的等级投票制规定:第一、二等级各有 300 多名代表,第三等级有 600 多名代表,三个等级各作为一个单位来投票。因此总是第一、第二等级以 2∶1 压制第三等级。第三等级要求一代表一票的投票方式,为路易十六拒绝。国王的专制激怒了第三等级的代表,"在完成新宪法的起草以前,决不离开,除非你们用刺刀!"网球场上的庄严宣誓是对国王的挑战,也敲响了法国君主政体的第一声丧钟。国王企图以暴力镇压"国民议会"的愚行更加速了大革命的爆发。1789 年 7 月 14 日,激愤的民众在炮

路易丝与拿破仑结婚不久,就为他生了一个儿子,即后来的罗马王。

声中攻占了法国专制权力的象征——巴士底狱。

拿破仑不愿参加王军的行动,所以他执意申请回故乡休假去了。他一回到科西嘉,就号召家乡同胞戴上象征革命的蓝、白、红三色帽徽,拥护法国新生的民主政体。1791年6月拿破仑升为中尉。不久,他又一次返回老家休假。由于在科西嘉待的时间过长,犯了擅离军队罪。通常,法国陆军部不宽恕这类犯罪的军官,所以拿破仑没有回到他的团队,而是去巴黎解释他请假的原因。由于没有得到陆军部的任何任命,他只好在巴黎等待答复。拿破仑是在1792年5月底到达首都的,他成为这个夏季暴风雨般的革命事件的目击者。23岁的军官对这几个月中发生的两个重要事件,即1792年6月20日人民群众攻入杜伊勒里宫,迫使国王路易十六戴上革命的标记之一——红色的弗吉尼亚帽向人群低头认罪,以及同年8月10日人民再度攻入杜伊勒里宫而推翻君主王朝的态度是一致的。由于他只是旁观的偶然目击者,并且是对亲密友人谈论两事件的,他完全不掩饰于表白自己的真实感情和全部天性。他把6月20日的参与迫宫的人群称作"无赖",认为路易十六是个懦夫,他不应该放纵那群无赖,而应该以大炮消灭他们。8月10日的起义者更被他骂成是"最无耻的群氓"。指出拿破仑的这种天性是很有意义的:还在青年时代,他就认为炮弹是回答人民起义的最适当的手段,而且他是那样地热衷学习并实践这种刻骨铭心的教训,在以后的与这两次事件极为相似的情况下,拿破仑采取的是全然不同的态度和做法。

当时法国正处于将奥地利军队赶出国境的反侵略战争中,法军缺少大批有经验的军官。革命政府也不再追究拿破仑超假的过失,任命他为上尉,拿破仑又看到了前程。1789年开始的革命是一个开端,对外省人拿破仑来说,只有现在,个人的能力才能够帮助一个人沿着社会的阶梯往上爬,这的确使他醉心。当1792年9月21日,国民公会宣布成立法兰西共和国时,拿破仑更加坚定了自己的选择,决心为新诞生的共和国赴汤蹈火。

随着法国大革命的深入发展,革命者认为国王与共和国不能并存:1793年1月21日,路易十六被送上断头台。法国革命的洪流在欧洲和各主要封建国家被视为洪水猛兽,有着冲垮自己统治的危险。欧洲各国联合起来,要以武力干涉法国革命,法国国内的保皇党分子则乘机在各地煽起叛乱之火。内忧外患严重威胁着新生的共和国,以罗伯斯庇尔为领袖的雅各宾政权号召法国人民奋起保卫祖国,保卫革命。这是法国大革命的一段艰难岁月:著名的革命者马拉、沙利埃等人被刺杀,在波尔多、里昂、马赛发生了反革命暴动,普、奥、英、俄等国组成了第一次反法联盟。法国人民戴上红色的自由之帽,高唱着新颂歌《马赛曲》,挥舞着"自由、平等、博爱"的标语,成批地开向保卫祖国的战场。9月法军打败英荷联军,战局发生转折。12月奥军被赶过莱茵河右岸,国内局势大为好转,先后收复了马赛、波尔多和里昂,旺代省的叛军也被击溃了。至此,法国革命的重大威胁来自叛城土伦。大批保皇党分子聚集在这个法国南部港口,他们击溃了革命政权的代表,并向航行在地中海西岸的英国海军求援。依仗英国舰队的支持,他们宣布路易十六年仅8岁的儿子为路易十七;被打倒的波旁王朝以土伦为反革命暴乱中心,大有卷土重来之势。革命军从陆地上包围了土伦,由卡尔多所指挥的革命军部署不当而失败。拿破仑向他的同乡、革命军的政治领导人萨利切蒂指出夺取土伦以及把英国海军从海岸赶走的唯一方法,并被任命为包围军炮兵首领的助手。11月最初几天发动的攻势没有获胜,因为负责指挥的军官在紧急关头没有听取拿破仑的意见而命令军队撤退。拿破仑与士兵同甘共苦,战斗中身先士卒的作风,赢得了士兵的信任与爱戴。他的炮兵成了一支战斗力很强的队伍。通过观察地形,拿破仑发现土伦港有两道向东延伸出去的岩岬,靠内侧的克尔岬把内外港隔开,其上炮台既可控制内港的出口,又可由炮火威胁英舰,使其在内外港都无法停留,而英军一旦撤出港外,土伦就不攻自破。拿破仑有关拿下制高点攻打土伦的方案被指挥官戈来埃所接受。拿破仑配置了炮兵进行猛烈的冲击,夺下了控制舰队停泊处的制高点,英舰周围溅起簇簇水花,见自己完全暴露在法军炮火之下,这些往日耀武扬威的军舰立刻仓皇逃出土伦港。英军逃走前击沉了他们无法带走的军火船。1793 年 12 月 17 日,从炸毁了的军火船上升起的浓烟烈火,如同火山爆发一样壮观,巨大的爆炸声则增添了胜利者的豪情。从那些船上燃起的熊熊大火,犹如一团团的礼花,在庆祝着土伦港的收复。

"我真是无法向您形容拿破仑的功勋。他的知识丰富异常,智力极其发达,性格无比坚强,但这还不够使你对这位非凡的军官的优秀品质有个最起码的了解。"这是杜纪尔将军在向巴黎陆军部队报告中的一段话。他热切希望陆军大臣为了共和国的利益能够留下拿破仑。围攻土伦的整个军团都很清楚拿破仑在配备炮兵、巧妙布置包围、进行射击同,以及 1793 年 12 月 17 日最后发起冲击的决定关头的重大作用。

土伦之战,是拿破仑指挥并取得胜利的第一个战役。虽然后来有着很多大规模的战役,但土伦战役在拿破仑的史诗中永远占有特殊的地位,他第一次引起了人们的注意,巴黎第一次知道了他。拿破仑才 24 岁,已被授予旅司令官的军衔,他已迈出了第一步。

葡月将军

拿破仑在土伦之战中的卓越表现,使他得以被雅各宾政权任命为意大利军团的炮兵指挥官。正当他踌躇满志,要在意大利战场上取得更大荣誉之时,法国政局出现了突然的逆转:罗伯斯庇尔主持的雅各宾政权在战胜国内封建势力,将反法联盟赶出法国之后,威望与日俱增。但是,罗氏及其坚持实行限制资产阶级自由竞争的措施及动辄将反对者送上断头台的恐怖政策,已使他的政权实际上处于被推翻的阴谋的威胁之中。热月 9 日(1794 年 7 月 27 日),罗氏的反对者促成国民公会通过了逮捕罗氏及其拥护者的决议。未经审判,罗氏和他的 21 名同伴于次日被执行死刑,雅各宾政权结束了。

大资产阶级政客"热月党人"上台了,紧接着就在全国追捕旧政权的主要负责人的亲信和被认为是亲信的人。由于是被雅各宾政权任命的将军,拿破仑亦遭到了打击。热月 9 日之后还不到两个星期,他就被逮捕了。拿破仑进行了申诉,因为国民公会负责审查的特派员没有在他的档案中发现任何监禁他的理由,他在被监禁 14 天后暂予开释。意大利方面军的司令官尼斯对出狱后的拿破仑不予理睬,拿破仑思索后决定回到巴黎。"在巴黎,一个干练的政治家,就决定了一个政党或政府的命运,而在外地,人们就只能听命于拥有最高权力的首都。"他对弟弟路易说。的确,巴黎是当时各种思潮的汇合点,是个特别锻炼人的地方。在巴黎,青年们在各种思潮的激荡中,在令人眼花缭乱的政治变幻中,选择自己的道路。"要在巴黎改变自己的命运!"拿破仑暗下决心。

1795 年是法国资产阶级革命史上一个决定性的转折关头,资产阶级革命推翻了专制封建制度以后,于热月 10 日丧失了自己最锐利的武器——雅各宾专政,大资产阶级在取得政权之后,就走上了反动的道路,从 1794 年冬到 1795 年春,热月党国民会议在政治上一直从左向右转。

拿破仑来巴黎寻找出路时,他所看到的只是新贵族们的寻欢作乐和种种丑恶。拿破仑头脑中那些雅各宾主义的理想,就像一个飘飘荡荡的气球,随着松开的细线飘逝了。他的申请没人理会,失意的拿破仑身处欢乐的巴黎却没有些许欢乐,任凭时光流逝却一事无成,成了一位整月遛大街的"马路将军"。

在巴黎城郊工人区发生的反对热月党人国民会议的两次——芽月 12 日(4 月 1 日)和牧月 1 日(5 月 20 日)——演变成对国民会议直接进攻的声势浩大的武装游行示威失败了,而保皇党人又蠢蠢欲动了,1795 年夏季巴黎出现了新的危机,掌握着三万叛乱武装的保皇党人阴谋暴乱,残酷镇压平民群众的热月党不可能指望民众的支持,手中仅有 5000 兵力。

当时情况是这样的:根据国民公会制定的新宪法,由五个督政官来领导政权机关,而立法权集中在五百人院和元老院两个议会中。国民公会准备在实行这个宪法之后即行解散。但是在"老的"大资产阶级中间,保皇的情绪正在滋涨,国民公会担心保皇党人会利用这种情绪,采用狡猾手法,大量钻进即将

拿破仑在流放途中

进行选举的五百人院。因此,巴拉斯为首的热月党领导集团在国民会议最后几天,通过了一项特别法令,规定五百人院和元老院中三分之二的成员必须从现任国民公会的成员中选出,只有三分之一的成员可以从其他人员中选出。这项法令,要巩固国民公会中现有的多数统治,并使其无限期延长下去。保皇党人不乐意这项法令,很大一部分金融寡头及巴黎所谓"富有者"(即中心区的上层资产阶级),对这一"专横"的法令也不以为然,巴黎的工人认为国民公会的各种委员会和国民公会

本身是自己最凶恶的敌人,根本未考虑要为这个公会在未来的五百人院中保持三分之二多数的权力而战斗;国民公会本身也不会想要首都的贫苦群众来支援它,群众仇视它,它害怕群众。军队也不可靠:热月党政权的将军梅努偏向于选出一个更为保守的议会,他不愿意枪毙那些显贵,他曾在凯旋时被他们夹道欢迎,双方互有深切的好感,他自己也曾是显贵的一员。

保皇党人欢欣鼓舞,他们不是单独作战,并且一切都是顺着他们意愿发展的。葡月 12 日夜间,热月党首领们听到了来自四面八方的狂呼声,示威游行的行列和洪亮兴奋的呐喊声在首都散布着一个消息,说国民公会正在放弃斗争,可以不发生巷战,法令已经收回,选举将自由举行。但这帮家伙高兴得有些早了,国民公会决定进行斗争。葡月 12 日的夜晚是多么令人焦虑啊,梅努被革职并被马上逮捕,巴拉斯被任命为巴黎武装部队总司令。是的,要斗争,必须毫不迟疑地在几个钟头之内马上展开战斗。"唉,可我又能指望谁呢?"巴拉斯不是一个军人,他急切地要网罗一个能扭转局面的将军。已是葡月 12 日深夜了,保皇党人的暴动定在第二天,巴拉斯踱来踱去仍无良策以对付翌日即至的暴动。

突然,巴拉斯想起了一个穿破灰大衣的最近曾经几次找他帮忙的消瘦的年轻人。巴拉斯所知道的就是他是一个退职将军,曾在土伦显示了突出的才能,现在在首都穷困潦倒。巴拉斯命令把他找来。拿破仑来了,巴拉斯问他能否把叛乱镇压下去,拿破仑请求考虑几分钟。他对于保卫国民公会的利益在原则上是否可以同意这一点,没有考虑很久;但他很快就想到了,如果站在巴拉斯一边会有什么好处——这和他来巴黎的目的是统一的。拿破仑同意的条件是:谁也不干涉他的指挥。他说:"等大功告成以后,我才会放刀入鞘。"

这位新任命的巴拉斯的助手无疑是志在必得:他有一个以炮兵狂轰滥炸为基本的行动计划。到黎明时,国民议会大厦前的炮群即已布置完毕,葡月 13 日,叛乱者拥向国民公会,炮火的迎接使得叛乱者在圣·罗赫教堂门口血肉横飞,叛乱者只有步枪来回击。到中午时,叛乱者留下几百具尸首,拖着伤员四处逃散,有藏到各处住宅中去的,还有马上离开巴黎的……全部结束了。保皇党人寄此一役可得波旁复辟的美梦破灭了。城市上层资产阶级也意识到了,他们太急于用公开的武装暴动的办法来夺取国家政权。同时,又再次显示出,农村的反复辟情绪对军队和士兵群众发生了特别强烈的影响,而军队和士兵群众是完全可以信赖的。他们坚决反对那些直接或间接与波旁王朝有着千丝万缕联系的势力。

在首都巴黎取得的这次胜利给拿破仑带来了远高于土伦战役的声誉。昨天,将军还在街头踌躇闲逛,眉宇间透出一个愁字;今天,他的名字已震荡着全法国,成为具有指挥天才、果断精神和坚强毅力的同义词,优秀的军人!军界人士,一切社会阶层都已确认。督政府的大权在握者看到这把利刀在必要时还可为其所用,指向敌对势力的骚乱……

巴黎人的街谈巷议中,拿破仑——葡月将军,已成为唯一的话题。

出兵北意

　　葡月 13 日的化险为夷让督政府对年轻的将军感激不已。拿破仑成了巴黎卫戍部队司令，谁也不怀疑他将成为作战部队的独立指挥官的候选人。

　　年轻将军在忽然晋升之后迷恋上了丈夫在恐怖时期被处死、大他六岁并有两个孩子的约瑟芬·博阿尔内。这个女人曾有过不少风流韵事，对拿破仑并没有什么热烈的感情，但从物质上考虑，葡月 13 日以后的拿破仑声名显赫，职位重要，能使她和孩子的前程有所保障。而在拿破仑方面，则是为突然激起的并且缠绕着他的情欲所驱使，曾与年轻寡妇有过一段交情的巴拉斯亦是极力促成二人的婚事，他甚至许诺其后他将尽力促使督政府把意大利军团的全部指挥权交给拿破仑。拿破仑也认为娶个伯爵夫人会使自己更快地"法国化"，在社会等级中迈进一大步，有更广泛的机会去结识共和国的显要人物。

　　1796 年 3 月 9 日婚礼举行了，11 日，拿破仑就与妻子告别，登上驿车赶往军团司令部。欧洲历史上漫长而血腥的一章就这样被揭开了。在他忙碌的一生中，无论是初恋时的德西蒂，还是他深爱着的第一个妻子约瑟芬、第二个妻子玛丽·路易莎，还有雷缪莎夫人，女演员乔治·瓦利夫斯基伯爵夫人，曾经与他有过亲密交往的任何一个女人，都不能对他产生任何显著的影响，这个传统的科西嘉人，对荣誉和权力的追求是永不停止的，没有很多的时间去让感情冲动主宰他。

　　战争的阴霾布满欧洲上空，毫无疑问，奥地利、英、俄、撒丁王国、两个西西里王国和几个德意志国家（符腾堡、巴伐利亚、巴登等）的联盟与法国在即将到来的 1796 年春夏两季有一场大厮杀，对峙的双方均认其主要战场当然在德国西部和西南部——法国人企图通过这些地方侵入奥地利本土，督政府挑选了最精锐的部队和以莫罗将军为首的最杰出的战略家进行这次远征，组织得很好的后备供应更反映了法国政府对远征军寄予厚望。

　　拿破仑将军的意见是：向奥地利及其盟国意大利发动进攻，以防止反法联盟的祸水西渐，首先得从法国南部进入与法毗邻的意大利北部。这个声东击西的行动，将使奥地利在即将展开的战争中，分散对德国这个主要战场的注意力。这个计划无疑是有益的，虽然督政府官员并无大的兴趣，但还是接受了。1796 年 2 月 23 日，拿破仑被任命为这个战区的总司令。新婚两天后的 3 月 11 日，新总司令挂帅上任。

　　在意大利军团司令部所在地尼斯，拿破仑检阅了自己的部队，发现他们简直像一群土匪。后备供应极差，因法国军需部门的偷盗贪污行为而加剧了军队的困厄，士气低落，装备极差，饥饿迫使士兵到处抢劫和盗窃，开小差者不乏其人……不只如此，下车伊始的司令官还听到了军队哗变的报告。没有纪律的一群乌合之众怎么能上前线打仗?! 而如果等到军队整顿结束后再进行战争，就实际上放过了 1796 年的战争，军团内资历比新司令深得多的将军们，被他的时间观念和果敢手段震撼了,所有部门都对严格时间限制的要求配合以有效的行动。

"士兵们,现在还不能说你们能吃得饱,穿得暖……现在,我想带领你们到世界上最富饶的地方去……你们将收获财富和荣耀。意大利兵团的士兵们,你们有没有足够的勇气跟我前进?"这是 1796 年 4 月 9 日,大军开拔前的演说,发了军饷,补充了给养,又经过整顿的军队欢声雷动。仅仅一个月,他们就变成一支斗志昂扬的必胜之师!

年轻的将军只有这一次向自己的军队这样解释工作。他总是善于建立、加深和维持自己对士兵心灵的感召和统治。显然,他是一个爱兵并得到士兵拥戴的统帅:他在各重要战役中与士兵同甘共苦,关键时刻毫不犹豫地冲锋在前、赴汤蹈火在所不惜的行为,是那么深入人心。当时以致后来老兵的记忆中,士兵深情、亲昵地称自己统帅为"小伍长"。那个概念在士兵间的言谈中,在各人心底永远是栩栩如生的。他已成为一种精神的化身、激情之源。毫无疑问,如果能洞悉战场态势,实施正确的战略战术,他和他的士兵将是不可战胜的。

4 月 9 日,拿破仑率军越过阿尔卑斯山。大军沿着阿尔卑斯沿海山脉有名的"海边天险"前进,沿海岸游弋的英国舰队向疾行的法军送去一阵阵猛烈的炮火,虽然英舰在任何一个点上都可以切断法军的队伍,但他们怠于进一步行动,炮击效果极差,以至于像是在为法军的英勇前进而喝彩送行。危险的行军已经结束,与法军相遇的是协同作战的奥地利军队和皮埃蒙特(撒丁王国)军队,法军连续作战,不给敌军喘息的时间,对联军的作战总计六天,取得六次胜利,这个完整的大战役显示了拿破仑用兵的一个基本原则:迅速集中一切力量,完成一个战略任务,马上转入下一个战略任务,不玩弄太复杂的伎俩,把敌人各个击破;同时拿破仑也善于把政治和战略结成一个不可分割的整体,以战场上的节节胜利为筹码,迫使皮埃蒙特接受了条件苛刻的停战协定及最后和约。据战后和约,皮埃蒙特丧失了包括最为坚固的两个要塞在内的许多据点,并承担了全面的义务:与他国结盟被禁止;尼茨、萨伏依割让给法国;法国军队可自由通过其领土;及为法军提供一切所需的物资。

剩下的就是奥地利军队了。追过波河,践踏了中立国帕尔王国的法军,逼近到阿达河畔,一万奥军在此防守。5 月 10 日,洛迪战役打响了。拿破仑再次感到有必要去冒他司令官个人生命的危险,奥军的密集炮火封锁了桥头,二十门奥军大炮用散弹扫荡着桥身及周围地带。总司令带着掷弹兵向前冲击,桥被拿下了。奥军丢下两千伤亡士兵和十五门大炮,溃退了。法军追击前进,5 月 15 日进入米兰,督政府收到"伦巴第现在已属于共和国"的来自意大利兵团的报告。

里沃诺、布洛尼、摩纳哥、托斯卡那,相继拜倒在法军脚下,法国大革命的春雷震撼了死气沉沉的意大利。意大利人民在心中呼唤着法国自由主义战士的到来,酝酿着一场反对奥地利殖民统治的民族解放战争。现在,法国人来了,一夜之间,"自由、平等、博爱"被铭刻在米兰所有的高大建筑物上,他们一路凯歌,将奥军打得落花流水,令人振奋!人民的激情还在高涨,城市和乡村多了供应法军需要的一切的义务；金钱、马匹、艺术珍宝这些意大利的财富被源源不断地送往巴黎，法国国库则财源丰富、储备陡增。位居权要的法国政府官员们新添了爱好，他们轮流互访，观赏同僚奢华的来自意大利的珍宝。在意大利，法军得到许可进行劫掠，他们来此之前就已得到允诺，要在此富庶国度中改变自己的困境。

按其自然条件和修筑的工事来说，曼图亚可谓当时欧洲最坚固的要塞之一。法军包围了曼图亚，三万奥军在极有才能的维尔姆泽将军的指挥下，奉命开往要塞。曼图亚城内的人心底掠过一丝被救的希望，憎恨法国军队进入意大利带来资产阶级革命原则的当地教会势力、封建贵族，还有欧洲受法国侵犯的所有国家都感到异常兴奋；成千上万的农民和城市居民也寄希望这支老将出马的援军，能把他们从拿破仑军队横加劫掠的苦难中拯救出来；被击溃的和被迫接受和平的皮埃蒙特则有一股呼应的潜流，在法军后方极为可能的倒戈，将切断法军同国内的交通。在这关键时刻，拿破仑将军还遇到了心烦事：法国政府的几名督政高官认为这位干将太能干了，以至于提出要将意大利军团一分为二，一部分由政府派来另一位将军指挥。咆哮过后的拿破仑亲自向巴黎申述，信至巴黎，无人能与之抗衡，政府沉默了，修剪鹰翼的计划至此成为一页废纸，拿破仑仍是独当一面的司令。

奥地利的所有宣传都发布了这样的消息：8 月底之前，奥军将重新占领米兰，意大利将成为埋葬法军的坟墓。拿破仑麾下的优秀将军马塞纳、奥热罗均被维尔姆泽击退了，法军从曼图亚撤围。奥军进入曼图亚，开始预祝即将取得的对凶恶敌人的胜利。但奥地利人高兴得太早了。维尔姆泽的笑容渐渐

1796 年 11 月 15 日至 17 日，拿破仑与奥地利军队在意大利阿尔科拉附近展开战役，击败了奥军。

僵化，他已被所看到的景象惊骇了。在曼图亚和米兰之间的交通线上的另一支奥军被拿破仑军队在三次战斗中都打败了。维尔姆泽率军离开曼图亚城，但与法军的交战他败得惨重。受到重创的奥军败退曼图亚城中，法军再次围城。

和维尔姆泽、卡尔大公、梅拉斯等一样享有殊誉的奥地利帝国的卓越将军阿尔文齐来了，率领的是比拿破仑进攻军多得多的奥军。初战交锋，几支法军不能相敌。拿破仑命令法军从一些据点撤退，他要集中全部兵力给敌人以决定性的打击。阿尔斯拉桥的激烈血战开始于 1796 年 11 月 15 日，到 11 月 17 日晚间结束。阿尔文齐部的奥军精锐人多又骁勇顽强。大桥几次易手，法军伤亡惨重。总司令拿破

仑又冲在最前面了。意大利军团的旗帜在战火中前进,后面是无畏的愿以牺牲保全、增添她的荣光的法国士兵。三昼夜之后,阿尔文齐的军队被击退并被粉碎。1797年1月中旬与奥军的利沃里血战,意大利军团又增添了胜利的记录。奥军新败之后,曼图亚投降了,出于对勇敢的老军人的敬重,也为了表示自己的谦逊和宽容大度,拿破仑回避了让维尔姆泽不安的受辱地放下宝剑的仪式。

1797年初春,卡尔大公所部奥军又在一系列战役中为拿破仑击溃,损失惨重。意大利军团已成为一架高速运转的战争机器。督政府新派的骁勇善战的贝尔纳多特将军则使之更加如虎添翼。维也纳皇宫一片混乱。

意大利军团闪电般地逼近,欧洲封建君主们则日益惶惶不可终日。拿破仑的名字已威震全欧,他的战无不胜也不再像开始那样令人难以接受了。神话也是可以被接受并流传的,何况拿破仑和他的军队是无可辩驳的事实!

继续战争是危险的,1797年4月初,奥皇弗兰茨请求议和。在距维也纳约有二百多公里的累欧本,停战协定签订了。为了法兰西的利益,1797年6月,威尼斯这个存在了一千三百年之久的具有丰富多彩的独立历史生活的商业国不复存在了。它成了法军取得莱茵河岸和所有被拿破仑占领的意大利领土对奥国的补偿。

在1796年和1797年初的这段时间里,法国的其他一些将军们在莱茵河上多次被奥军击败并再三要求给养;而拿破仑却将一群不守纪律、褴褛不堪的乌合之众,变成了一支庞大而英勇善战的军队,他们什么都不要求,同时将千百万金币和大量艺术品运回巴黎。他们占领了意大利,进行了14次大战和70次战斗,接连消灭了5支奥地利精锐部队,迫使奥国屈尊求和,甚至使莱茵河上的失败也蒙上了胜利的光环。这些新功绩使意大利军团在法国军队中独享光荣。他们的统帅拿破仑也在法国确立了他的无可争议的威望。

1797年夏季的巴黎,保皇党人又在策划推翻督政府了。他们组织得很好,又有来自国内外反革命势力的支援,五百人院的局部选举每一次都是右翼反动派甚或是保皇分子占显赫优势,督政府又在危险中了。五位督政官态度不一,甚至有几位反对采用坚决措施或同情正在策划的运动。巴拉斯、勒贝尔、拉·雷布伊埃·莱波持着对葡月13日事件一样的态度,不愿意不经过战斗就交出政权。他们又有些不安:1795年征服荷兰而出名的皮什格鲁将军现在站在反对派一边,他是国家最高立法机关五百人院的主席。

意大利军团胜利进军的余暇中,甚至公务紧急时,拿破仑的双眼也未曾离开过巴黎,他知道共和国又在危险中了。这更让我们能感受当他意外取得有关皮什格鲁将军与现代亲王的代表秘密谈判背叛共和国的罪证时的那种欢喜。这是他从1797年5月贝尔纳多特将军的急使所携的没收自一保皇党伯爵的公事包中一些文件中所发现的。三位决定战斗的督政官收到了来自拿破仑的报告及所附的令人吃惊的文件,奥热罗将军从意大利火速前往巴黎去支持督政官,此外还有三百万金法朗的财政支持。

因为拿破仑的有力支持,巴黎果月18日(1797年9月4日)的第二次粉碎王党复辟活动的事变成功了,共和国得救了。奥地利政府在夏季突然表现出的那种兴高采烈和几乎是威胁的征象消灭了,一直屏息凝神地注视着巴黎的君主制的欧洲的幻想也宣告破产。

1797 年 5 月与奥地利签订的不仅是停战协定。拿破仑将军在签订和约中表现的外交才干,深令谙熟外交手腕的奥国谈判代表科本茨感到了困惑与无奈。他向本国政府抱怨说,很少碰到"这样的诡辩家和毫无良心的人,他像一个疯子"。拿破仑在谈判中狂喊着,用言辞羞辱奥地利,并将科本茨珍爱的俄皇叶卡捷琳娜送给他的咖啡盒摔得粉碎。1797 年 10 月 17 日《坎波福米奥和约》确认了拿破仑在停战协定中所坚持的一切,不论是在已被战胜的意大利,还是在奥地利军根本未被法国将军战胜的德国,他的要求均在地图上得以确认。

1797 年 12 月 7 日,拿破仑回到巴黎。10 月,督政府全体成员在卢森堡宫前举行欢迎大会。暴风雨般地喊声和掌声显示了群众的激动,拿破仑已到卢森堡宫前。督政府官员的热情的欢迎辞,广场上群众热情洋溢的赞颂,28 岁的将军都以理所应得的安详的表情接受了。震耳的欢呼声、狂欢的情绪,在他看来,在将他"送上断头台"的那种情景之下,也会出现的。

远征埃及

拿破仑回到了巴黎,并被任命为对英作战军队的总司令。因为在英吉利海峡的英国海军比法国的更为强大,他建议进占埃及,在东方造成进一步威胁英国在印度统治的跳板,他的新计划和 1788 年春督政府会议对这个计划的讨论,一直受到严格的保密。

很多人认为这将是十分荒唐、冒险的事情,但实际上这个计划却是革命时期和革命以前法国资产阶级的夙愿。近东各国,即巴尔干半岛各国、叙利亚、埃及、地中海东岸及希腊诸岛,很久以来就与马赛和整个法国南部有着极广泛的商业联系。这是可以获得大量利润的地方,又是秩序相当混乱的地方。商业总是需要保护,商人总想在需要时得到援助,长期的商业利益要求法国在这个地方加强秩序。叙利亚、埃及丰富的自然资源因 18 世纪末以来许多书籍的记述而变得更加诱人。早在荷兰人经营东方贸易时,有远见的大臣就直接上书路易十四,建议进军埃及,从而破坏荷兰在东方的地位。当历史进入到 18 世纪末时,英国而非荷兰,已通过侵略和征服印度在东方取得优势地位。这样,埃及、叙利亚在法国对英战争中的战略意义就显得十分重要了。外交大臣塔列朗坚决支持拿破仑的计划,督政府被说服了,愿意装备海陆军队来进行这次遥远而又危险的进军。这个计划对他们决不失算:军事政治经济上的好处他们在意大利战争中已经深刻体会到了。同时,即使计划失败了,让这位自作主张签订和约,拒绝分割兵权的不驯服将军到遥远的国度,去进行前途未卜的冒险,督政府也甘心情愿。因为,拿破仑在督政官们欢迎场面中,所带有的古罗马帝王远征归来才具有的那种态度,已经令他们难以忍受,甚至惴惴不安了。

　　说实在的,拿破仑并不想离开意大利,在这里,他简直是个国王。但政府已经有些畏惧他的军事成就和威名了,他被委婉地召回并被派往埃及。拿破仑接受了对英作战的任务,准备工作全面展开。

　　总司令拿破仑表现出比对意战争初期更令人惊叹的才能:他能小处见树枝、大处见森林地权衡、考虑最重大、最困难的措施,而丝毫没有顾此失彼的现象。他视察舰艇,巡视海岸和海军,注意研究世界政局动态,搜集地中海英国纳尔逊舰队活动的情报……他甚至深知将领中哪些人勇敢、坚强、嗜酒,哪些人聪明机灵,哪些人因有疝气而易疲劳……因而,他们几乎是一个个地被选拔出来组成远征兵团的。除此之外,远征军中还有科技人员和渴望探索埃及艺术和文学宝库的法国学者们。从不虚度时光的拿破仑还亲列书单,组建了一个相当丰富的小图书馆。

　　纳尔逊舰队虎踞直布罗陀海峡,不敢轻举妄动。他们在期待法军的到来,却不知这实是拿破仑散布的假消息。5 月 19 日,法国舰队在土伦扬帆出海,沿地中海东岸经马耳他岛前往埃及。

　　在船上的拿破仑很多时候都在读书,历史、诗歌或许正是将他引向东方的动力之一。夕阳西下,落日余晖中,他的想象更是丰富瑰丽,马其顿亚历山大的史诗已成昨日,他将向东方前进,建立古代大帝不敢想象的伟业。

　　当时,埃及名义上是土耳其奥斯曼帝国的属地,实权却操纵在马穆鲁克封建军事集团手中。1789 年 7 月 1 日,法军在亚历山大港附近登陆。次日的进攻遭到了坚强英勇的亚历山大城居民的抵抗。几个小时后,法军破城,居民们虽作了英勇的抵抗,终因兵力相差悬殊和马穆鲁克守军不战自溃而城破失守。法军的《告埃及人民书》飞散在亚历山大城的大街小巷。拿破仑要阿拉伯人相信他们将被从马穆鲁克骑兵的压迫下解放出来,相信他对"古兰经"和回教的尊重,他们只有彻底服从,否则,将会遭受严惩。法军经由埃及人坚壁清野的座座村庄向南方挺进,深入沙漠。

　　1798 年 7 月 19 日,晨曦中隐约的开罗清真寺的尖塔和金字塔巨大的塔身已在拿破仑的视野中了。他容光焕发,擎剑纵马:"士兵们,四千年的历史从金字塔上面看着你们!……"法军热情高涨,战斗在因巴贝村和金字塔之间进行。近卫骑兵的落后战术与武器及其头领的妄自尊大使他们遭到了彻底失败,数千人血洒战场,大批骑兵被驱入尼罗河。他们丢下一部分大炮,余部逃往南方。骑兵与志愿军在守土卫城战中是英勇顽强的,但它面对的却是一支刚从法国大革命中成长起来的资产阶级军队,埃及军队的封建腐朽性决定了它在金字塔战役中的最终失败。7 月24 日,法军占领开罗。

　　占领开罗后,拿破仑依靠阿拉伯资产阶级和土地占有者在埃及建立起了新的政治制度。新建立的政府组织机构、正规财税制度、警察制度等均保证了在埃及的军事独裁统治。另外,随法军进入埃及的技术人员和学者也开始工作。但法国对埃及的占领并不巩固:首先,纳尔逊舰队对停泊在尼罗河口的法国舰队的毁灭性打击切断了远征军与法国本土的交通联系;其次,土耳其政府也认为法军染指其属地是一种耻辱,已派军前往叙利亚,准备从法军手中夺回埃及。

拿破仑决定主动出击土耳其军队。1799年2月,远征军进入叙利亚,不断有城市向法军投降。3月4日至6日攻占雅法一役,由于雅法拒绝投降,占领军入城后发生了屠城的暴行。4000名投降了的土耳其士兵被惨无人道地集体枪杀了,血水染红了海岸。

3月下旬,法军到达阿克城下,围攻两个月仍不能破城。阿克城的守卫由英国人西德尼·史密斯领导进行,他们有英国从海上运来的粮食和武器,土耳其派驻的守城部队也阵容强大。天气渐热,瘟疫在法军中流行。数千名士兵几日之内即丧失作战能力。5月20日,拿破仑下令撤兵。撤退更为艰苦,已是五月末了,热啊,简直热得让人无法忍受!烈日当头,黄沙漫漫。吃了败仗的拿破仑与士兵一起步行向西边的基地。所有的车辆和马匹都被腾出来运送伤病员,包括总司令本人的坐骑。一侍卫依例牵马给拿破仑骑,结果得到一个巴掌的奖赏和一顿臭骂:"全体步行,我第一个走!我难道没有听到命令吗?滚蛋!"

驻足回望的拿破仑不止一次地叹息:"我在阿克倒了大霉!"他只要一回想起这次失败,就会念叨起这句话。拿破仑心中的梦想——建立从埃及到印度的庞大东方殖民帝国,现在看来,那只能是一个幻影了。

雾月政变

1799年6月14日,拿破仑的军队回到了开罗。留在这个被征服国家里的时间不会很久了。

7月的一天,旧报里的一则消息让久未与欧洲联系的拿破仑震怒了:在远征埃及时,奥、英、俄和那不勒斯王国再次掀起了对法战争,苏沃洛夫进军意大利,击溃了法军;拿破仑建立的西沙尔平共和国已被消灭,法国边境又在威胁之下;法国本土到处都混乱不堪,以至于接近解体;督政府对时局一筹莫展。"一群笨蛋!意大利丢了,我的一切果实都丢了!我要去!"

8月23日,四只已经配备好的船,载着拿破仑和他选拔的500名士兵,驶向法国海岸。"身后的埃及由克莱贝尔将军统治吧……法国、巴黎,才是我的舞台,时候已到,督政府不能再存在了,国家的最高权力当为我所享。"

10月9日,在避开地中海英舰,与风浪搏斗了40多天之后,拿破仑一行在法国南岸的弗雷尼斯小镇附近登陆。从小镇到巴黎,拿破仑一路受到群众的夹道欢迎。

督政府在它统治的8年中已经证明,它没有能力建立巩固的资产阶级统治,也不能够让革命中建立的新体制充分发挥效率。果月18日政变后,督政府还可指望城乡新的有产阶级和军队、群众的支持,但现在大家都厌恶了这个政府,想要一个独裁政权。

城镇贫苦群众认为,督政府是有钱的强盗和投机分子的制度,是贪污分子肆虐挥霍和心满意足的制度,是使工人、雇农和消费者走投无路、饥寒交迫的制度;显示工人力量与喉舌的巴贝夫及其追随者被督政府镇压,没有出路,工人的愿望是"需要一个能够吃上饭的政权",任何方面都没有可能让工人去维护督政府了。

对士兵来说,督政府是由一群十分可疑的分子组成的,他们不给军队鞋子和粮食,在几个月中就把拿破仑在十几次战役中占领的地方交给了敌人。军队公开表示对国内贪污公行、叛乱迭起,国外强敌压境的困境的不满……他们又怀念起拿破仑了。

绝大部分有产阶级认为督政府对自己没有什么益处。恢复贸易、发展工业是这些人的美好计划。这均需胜利的和平与巩固的秩序来保证顺利实施,但毫无效率的督政府显然不能胜此重任。

督政府已是声名狼藉了!

法国政局的轮廓就是这样。稳定新的社会秩序,巩固大革命的成果,建立一个稳定的政权,是各阶层共同的愿望。大资产阶级顺应潮流,选择了拿破仑作"佩剑人"。

军队将领、金融界人士、政府官员在胜利大道上每天都络绎不绝,这里有着拿破仑将军的府邸。在法国政坛上总是在出卖自己主子的塔列朗来了。他圆滑机警、政治嗅觉灵敏,看到此时最有希望成为法兰西主宰的只有拿破仑,就投靠过来,出谋划策,支持拿破仑发动政变,推翻他还在其中供职的督政府。惯于玩弄阴谋的督政府警察总监富歇也来了,他竭力要将自己与拿破仑的那不远的未来联系在一起,公开为他服务,以期在未来政权中留任原职。

在拿破仑于 10 月 16 日到达巴黎后,督政府继续存在了三个星期。但,不论是政治上就要完蛋的巴拉斯,还是那些帮助拿破仑断送了督政府政权的那些督政官,在当时都没有怀疑末日即将到来,离确立军事独裁的期限已是以日和时来计算了。拿破仑在这热火朝天的三个星期里,看到许多人靠拢自己,他也对这些人进行了许多极有益的观察,以便于决定其去留。

五位督政官中,值得对付的只有西哀耶斯和巴拉斯,其他三位向来没有什么独立见解,也不会在西哀耶斯和巴拉斯认为不必要的情况下表示自己的意见,他们是不足为虑的。拿破仑发迹之时,巴拉斯帮过他不少忙,但他一定不能采用。巴拉斯的为人及政治作风使他臭名远扬,成了督政府腐败罪恶和瓦解的象征,虽然他在雾月前的热闹日子里也曾让拿破仑知道自己对未来制度的好感,但他无疑会玷污新政权的名声。以《什么是第三等级》在革命初期就名声大噪的西哀耶斯,和大资产阶级心心相印地忍受了雅各宾政权的革命专权。作为他们的代表和思想家,热月9 日他又与大资产阶级一道盛赞雅各宾派的垮台,并参与 1795 年镇压贫民起义的牧月恐怖。身为督政官,他的声誉不算很坏,督政官的身份对于政变过程无疑会提供一"合法的形式",他至少在一段时间内是有用的。在塔列朗的安排下,拿破仑与西哀耶斯会见并结成了临时联盟。五百人院出于对拿破仑的敬畏,推选他的弟弟吕西安为五百人院主席。与督政府陆军部长贝尔纳多特的直接谈判,则使其在最后时刻勉强加入了拿破仑一边。

雾月18日(11月9日)，政变按预定计划开始。早晨，元老院在杜伊勒里宫开会，议员科尔涅无中生有地说，有一个"雅各宾阴谋"威胁共和国安全。元老院通过决定，将元老院和五百人院的开会地点迁往巴黎郊外的圣克鲁宫；任命拿破仑为首都地区武装部队司令，负责对付"叛乱"。巴黎的控制权被拿破仑掌握了。

督政府的垮台是和平的。塔列朗担负了"说服"巴拉斯立即发表退职声明的使命，巴拉斯体会到了受骗般的无奈和艰涩，他过去可一直是骗人的啊！被抛弃的督政官签署了声明，在龙骑兵的护送下前往自己的领地。临别时他不无自嘲地说："很高兴回到普通公民的行列。"

共和国的最高执行机构已经垮台，要推翻立法机关却不是先前预料的那样的顺利。雾月19日，元老院与五百人院在圣克鲁宫开会，拿破仑先派兵包围了会场。"打倒暴君！""打倒独裁者！""立即宣布拿破仑不受法律保护！"年轻议员的喊叫声震聋了拿破仑的耳鼓，他在掷弹兵的救助下逃离了会场内愤怒议员们的围攻。这些议员，与那些由于私利而准备出卖、或由于害怕而俯首屈从者截然不同，他们是伟大革命风暴的残存力量。对他们来说，占领巴士底狱，推翻君主专制，与叛徒进行斗争，"自由、平等，或者死亡"都不是放空炮。他们说，在可以用断头台处死暴君的地方，就应该用断头台处死他；在不能用断头台处死他的地方，就用布鲁图斯的匕首刺死他。拿破仑感到他已被困在一场可怕的风暴之中，以至于他想起了他在奥军枪林弹雨下，打着旗帜占领阿尔科拉桥的可怕时刻。

吕西安是这天五百人院会议的主持者，他拒绝将"立即宣布拿破仑不受法律保护"予以表决。他站在了兄长的一边，并以主席的身份鼓动列队以待的军队。掷弹兵跑步进入会场，清洗开始。缪拉元帅的"把这些都给我赶走！"的雷鸣般的喊声和

《拿破仑一世加冕大典》

着掷弹兵前进时的鼓声，对代表们来说是终生难忘、永远回响着的记忆。越窗或夺门而逃的代表被从四面八方逼向会场的军队包围起来。政变需要一件"合法"的外衣，在刺刀威胁下，被抓回来的二十多名代表被迫以"五百人院"的名义宣布将共和国的权力交给以拿破仑为首的三位临时执政，并通过了解散议会的决定。接着，在圣克鲁宫的一个灯火暗淡的大厅里，元老院未经讨论就发布了同样的法令。

深夜两点钟了,拿破仑、西哀耶斯、罗歇·杜尔三位新执政宣誓就职,政变至此已告结束。

从在法国海岸登陆到 11 月 9 日拿破仑成为法国的主宰,其间历时仅 30 天。政变一个月后,依新主宰的意志拟订的共和国八年宪法公布了。按照规定,执政任期十年;第一执政享有全权,第二、第三执政只有评议权。

1800 年初举行了公民投票,法国人民以压倒多数的赞成票接受了新宪法。投票结果是拿破仑获得权力的可靠保证和历史交给他的掌握法国权杖的通知书。1800 年 2 月 7 日,法国第一执政拿破仑乘坐六匹马拉的豪华马车,前呼后拥地进入杜伊勒里宫。从此,这座著名王宫的新主人,成了欧洲大国的统治者,并维持最高权力达 15 年之久。后来,当一位学者问起拿破仑的家谱时,拿破仑意味深长地答道:"我的家谱是从雾月开始的。"

内政改革

在拿破仑看来,进行统治的全部秘密就在于知道在适宜的时候扮演"狐狸"或"狮子"的不同角色。他说"我喜欢权力,就像一位乐师喜欢他的提琴"。而他对权力的运用也确是得心应手的。

督政府留下了一个令人沮丧、忧虑的烂摊子:国内盗贼横行,百业凋敝、民不聊生;国外强敌压境,国家安全受到严重威胁。"革命的浪漫史已经结束了,现在需要切实可行的原则。"第一执政声称。

虽然实际上是他决定一切国家大事,但拿破仑从以往的政治生活中已深知秩序的形式不能被恣意取消的道理。临时执政西哀耶斯、杜科在元老院获得了席位,康巴塞雷斯和勒布伦成为新政权的第二、第三执政。曾经积极参与政变的人物都如愿以偿:塔列朗、吕西安、贝尔蒂埃、富歇分别被任命为外交、内务、陆军、警务各部的部长。

拿破仑夜以继日地让他的国家机器保持良好的运转,以便有效地加强权力、控制全国。"我必须利用晚上使我的铺子生意旺起来……我当然喜欢休息,不过耕牛已经套上了,就应该让它犁地!"春季战争已为时不远了,必须把最紧急的事情处理完。

这个农夫是怎样让他的耕牛犁地呢?

执政府时期,拿破仑建立了最能适应专制君主制度的集中制的国家机构,它确认法国大资产阶级的全部目的为创造条件以能够平稳地经营工商业赚钱,并将它系统地付诸实施。作为资产阶级国家机器的"设计者",拿破仑取消了地方自治机构。地方服从中央的原则在社会生活各方面都被加以自觉贯彻;在改革税制,整顿财政机构,选拔人才,淘汰冗员,严惩贪污盗窃、营私舞弊者等新措施下,形成了一个意志统一、高效能的近代资产阶级政府。

执政府新设了警务部和巴黎警察总署,它们的任务是将一切阴谋和不轨行动

415

都消灭在萌芽状态,保证新体制有一能够完全发挥效能的和平环境。督政府末期在法国中部、南部杀人越货、袭击乡村并以火刑烤人以得其钱财的"烤人者"感到形势大为不妙,行迹骤敛,执政府统治开始半年后,盗匪活动已告肃清。

执政府对死心塌地的保皇党分子予以武装镇压,但又宣布凡效忠新制度、放弃对抗即可获赦免。这一软硬兼施的政治手腕的运用使以旺代为大本营的保皇党分子的公开叛乱得以平息,数万流亡者陆续回国,而国内的统一、稳定得到加强。

执政府还管制舆论,创立工人手册制度。拿破仑认为"三家敌对的报纸比一千把刺刀更可怕","战争时期需要对舆论予以明智的指导"。在他的旨意下,警务部长举起了"鞭子和棍子",幸存无几的巴黎政治性报刊,均成为新政权的极其驯服的喉舌。剑有双刃,作为大资产阶级的"佩剑人",拿破仑禁止人民要求什么"自由"和"民主",禁止工人罢工。《勒·霞不列法》确立的工人手册制度则保证了工商业资本对雇佣劳动的绝对控制——雇主可在各工人所持手册上记载与其雇佣、劳动相关的事项并予以留置。无工人手册就只有失业,并被视同流浪汉可予治罪。

拿破仑坚信"谁有强大的军队,谁就正确"。他在进行内政方面的调整改革的同时,扩充军队,加强训练,使军队处于戒备状态,在地方军队及近卫军中确立起他个人的至高权威。军队也感到自豪和荣耀,确认拿破仑是他们的唯一首领与主人,他们将战无不胜。

拿破仑以非凡的精力解决了一系列迫切的问题,他深知奥地利、英国、俄国和土耳其等国再次组成的反法联盟关系到法兰西存亡和自己掌权时间长久的问题。外交途径的和平努力被倨傲的英国人拒绝了,"和平的……天然保障就是让法国原来的王室复位",只有战争了。

1800年5月,拿破仑率两万军众穿越了险峻严寒的大圣伯纳德山口,七天之后,阿尔卑斯山已在身后,奥军司令梅拉斯发现突然间法军已在自己的后方。相较而言,在联军中承担主攻任务的奥军人多,炮兵弹药也充足,但6月14日在马伦哥,德塞将军率部及时赶到战场,挽救了已在败途中的法军,奥军措手不及至于完全失败,在法军骑兵追击下狼狈溃逃。德塞的战死使胜利蒙上了拿破仑的泪水,刚才还欢欣鼓舞的维也纳宫廷,现在则因第二个信使带来的失败消息而沉寂不安。

叛军舒安党的首领卡杜达尔及其一伙已在肯定波旁将复辟是一确定无疑的事实。波旁王室也在准备返回巴黎了。中立的欧洲也在注意事态的发展,以便在恰当时机加入反法联盟。然而,胜利的炮响来自法军方面,他们的期待落了空。巴黎又在欢庆胜利与新秩序的更加稳固了,杜伊勒里宫周围数不清的人群在向第一执政致意、欢呼。

新胜之后,与奥国订立有利的和约、争取与英国和整个欧洲联盟媾和是两个较为迫切的任务。做到这两点将为法国国内建设提供一个良好的外部环境。

"您的君王和我,我们有责任改变地球的面貌。"从巴黎回国的代表向俄皇保罗详述法国的友好表示。莫斯科回应巴黎,法俄军事同盟订立了。欧洲以日益增长的不安的目光注视着两位皇帝友谊的巩固。直到1801年3月保罗被刺的消息传来,欧洲各国外交官员和王室成员的心跳才恢复正常。法国在外交上对俄政策大转变的这个巨大成就就这样飞散了。"英国人雪月3日(爆炸事件)在巴黎对我的暗算落空了,但他们在彼得堡对我的暗算却没有落空!"拿破仑喊道。

法俄的短期结盟对法奥关系产生了重要影响。1801年2月9日,奥地利代表科本茨在他认为从形式和内容上"都是很可怕的"《吕内维尔和约》上签了字。由于顾及可能的东西方夹击,奥地利显得特别温驯和慷慨。

遭到英国援助的盟国都蒙受耻辱地接受了失败性和约。英国统治集团也被具有和解意愿的阶层所代替,不愿屈服的威廉·皮特下台了。1802年3月26日,新首相艾丁顿、外交大臣霍克斯里爵士代表英国签署了《亚眠和约》。这是延续四分之一世纪的英法战争过程中唯一的一次和解,它令英国感到了沉重,虽然她并未战败。

拿破仑时代的法国和欧洲不会有很长的和平时期,到1803年春与宿敌英国战火再起的两年中,拿破仑主持了十分紧张的因战争而中断的国家行政管理和立法方面的工作。

教会势力在法国是一举足轻重的政治力量,拿破仑尊重客观事实,通过谈判,于1801年7月与教皇庇护七世签订了《政教协议》。拿破仑承认天主教是"大多数法国人的宗教",但主教和大主教必须由拿破仑本人挑选和任命,被任命的僧侣才能得到教皇的教职。同样,主教任命的神父也只有得到政府的批准才能任职。教皇的敕谕、咨文、通告、决定在任何时候都要得到政府的批准才能在法国发表。这样,教会势力在执政府及其后的帝国政权体系中占有了一席之地,并在客观上有利于社会秩序的巩固。《政教协议》被誉为"英明的杰作"。

建立司法部、改组法院、废除陪审制度等司法工作上的改革在马伦哥战役前已告完结,远征归来,中断的立法工作有待继续和加强。时人评述说,"在法国旅行,更换法律如同更换马匹一样频繁"。庞杂混乱的法令难以保证上下一致的行动,对法国资本主义的进一步发展是一个极大的障碍,因此,统一法制已是势在必行。

1800年8月21日,民法法典草案起草委员会依令组建,第二执政、大法学家康巴塞雷斯被委以重任。公务余暇的拿破仑尽可能多地参加法典草案的讨论,并亲自主持了35次会议。草案拟出后的讨论他更是积极参加,早年的学习一切的态度使他能十分内行地引证罗马法典,其中自有其精辟独到之处。

1803年3月,立法院通过法典,1804年3月,拿破仑签署颁行,1852年的敕令确定了"拿破仑法典"的名称。

依法典,所有公平一律平等;婚姻家庭关系方面,否定教会的束缚及封建的父母包办子女婚姻制度,确认妇女享有一定的继承权利;财产所有权关系方面,法典严格保护私有财产神圣不可侵犯的资产阶级原则。但也保护了农民从革命中获得的土地等财产。财产所有关系的稳定、契约自由制度的明定均刺激了资本主义经济活动,从根本上对资本主义的发展产生深远影响。在法国军队对外扩张的同时,法典所确立的这些资产阶级原则也随之传播,动摇了欧洲大陆的封建秩序,促进了各国资本主义的萌芽和发展;而作为多国立法蓝本的法典无疑还是世界法制史上的不朽文献。

基本立法工作中还包括商事专门法典和刑法典,它们松紧程度不同地维护着资本主义生产关系。拿破仑在他生命的最后岁月中曾深情地说:"我真正的光荣并非打了四十次胜仗……有一样东西是不会被人忘记的,它将永垂不朽,那就是我的《民法典》。"

依据《亚眠和约》签订后马上举行的全民投票,以及由此而来的 1802 年 2 月议院做出的"全民决定",拿破仑被宣布为法兰西共和国的"终身执政"。显然,法国成了专制君主国家,拿破仑迟早要宣布为国王或皇帝,法兰西仍有共和国的头衔,它也尽早会成为帝国。不论怎么变换形式与称谓,拿破仑政权总是以反革命的大资产阶级为后盾,政权的性质则是军事独裁。

英法利益的对立性使和约只能够延缓战争而不是带来永久的和平。法国各处的造船厂都热火朝天地锤斧叮当不断了。1803 年 5 月 18 日,英国发出了宣战书,但英国政府仍对保皇党人卡杜达尔组织的袭毙"科西嘉魔鬼"的阴谋抱有希望。随着莫罗将军被流放、皮什格鲁将军被关进牢房、波旁的当甘公爵被处死、卡杜达尔上了断头台,暗杀计划彻底失败。

英国豢养的保皇党阴谋分子惨败之余,发现自己实在是帮了拿破仑一个大忙。富歇已在宣扬波拿巴家族的世袭君主制的必要性——即使拿破仑遭到暗杀,其功业仍将永存。谄媚的请愿书纷沓而至,元老院于 1804 年 5 月 18 日通过决议,授予拿破仑皇帝的称号,法国人民也以压倒多数的赞成票确认拿破仑成为他们的皇帝。

1804 年 12 月 2 日,巴黎圣母院大教堂。数不清的人群都在望着宫廷权贵、文武官员、红衣主教和违背惯例离开梵蒂冈前来参加拿破仑加冕仪式的教皇庇护七世,金碧辉煌的车队驶向教堂。

教皇呆立在惊异与尴尬中了,拿破仑阻止了他的进一步行动,从他手里夺过皇冠戴在自己的头上,约瑟芬的皇冠也是他亲手戴上。加冕仪式中的这一关键性的场景意味着:他只确信根本是宝剑赢得而不是教皇这个所谓的人间的神了赋予他皇权,他只想从自己手里接受皇冠。

惊愕过后仍是欢呼致意:法兰西人在仰望他们那非凡的皇帝。

对外战争

加冕闹剧中,拿破仑听到了远处战车辘辘的声响。重新上台的威廉·皮特主持下的英国政府向盟国悬赏:出动 10 万士兵每年可获 125 万英镑。奥地利首先改组和加强了军队,与俄国组成联军向法国边境推进。革命战争开始后的第三次反法联盟已经得以建立并展开行动。

时移势易,拿破仑放弃了准备已久的侵英计划,帝国大军奉命急行军前往多瑙河,以迎头痛击反法联盟的急先锋奥地利。法军及时插到在多瑙河畔的乌尔姆的奥军和从波兰兼程前来的俄军之间,贝尔纳多特、达武将军以四万兵力出色地在慕尼黑切断俄奥军队的联系。法军方面捷报频传,1805 年 10 月下旬,乌尔姆要塞投降了,16 名将军、三万多奥军主力成了俘虏。前进!法军马不停蹄,20 多天后,拿破仑已住在维也纳奥地利皇宫中了。

从现在起,联盟的希望都寄托在俄国方面了,而与普鲁士国王订有密约及友好宣誓的俄皇亚历山大则把主要希望寄予普鲁士加入联盟这一点上。英奥也都愁眉略展地估计越过鲁特山脉而出现在战场上的普军将怎样的置拿破仑于死地。

但,所有的希望与估计都落了空,拿破仑决定在普军到来前就展开战斗。法军在维也纳得到充分补给,仅用了一营兵力,通向多瑙河左岸的维也纳大桥就在法军控制下了。联军统帅库图佐夫命令后卫队浴血掩护,牺牲万余人而一退再退,但可怕的投降暂时被避免了。法军主力推进到布尔诺,俄皇亚历山大的残部与奥皇弗兰茨合兵一处,决战在即——此即奥斯特里茨战役,又称"三皇会战"。

联军兵力的数量优势及普军可能赶到的危险要求速战速决。初战形势对法军很不利。俄使来访,对拿破仑的印象是信心不足与胆怯——他甚至要求退兵议和,这实在是他施展的悲剧演员角色的技巧的结果。不懂军事、爱好荣誉的年轻沙皇不加严谨分析,自信取胜毫无问题,使他更为轻敌、武断,完全听不进老将库图佐夫关于避开拿破仑从而避免俄军全军覆灭的劝说。"打,现在就打!"奥皇狂喜地附和着。

1805 年 12 月 2 日,正是拿破仑加冕的周年纪念日,俄奥联军在奥斯特里茨村遭到失败各有特色的法国将军们像时钟

反法同盟的三位皇帝:从左到右分别是俄国沙皇亚历山大一世,奥皇弗兰茨一世和普鲁士国王腓特烈·威廉三世,他们是反抗拿破仑的主要推动者。

一样准确地执行来自拿破仑的命令,行动扎实有效。联军占领了法军放弃的普拉岑地后又从高地横扫下来包抄法军,他们中了圈套,战线拉长的联军被迅速行动的法军拦腰切断,高地重新控制在法军手中。联军遭到了歼灭性的打击,退到结冰湖面上的士兵因冰层塌陷而葬身湖底,被俘的、侥幸逃走的……俄奥联军事实上已被消灭,俄奥皇帝在颤抖、痛哭。

第三次反法联盟迅速瓦解了。

法国皇帝拿破仑改绘了由许多封建领地拼镶而成的工艺品般的欧洲地图:以

法国皇帝的名义及旨意,拿破仑成为意大利国王、新组成的莱茵邦联的"保护人",御兄约瑟夫是那不勒斯王国的首脑,御弟路易是荷兰国王……至1806年奥皇弗兰茨被迫取消德意志皇帝称号,存在了近千年的神圣罗马帝国从此寿终正寝了。

"要给'科西嘉暴发户'一个狠狠地教训!"英国提供经费、俄国怂恿下充当第四次反法联盟急先锋的普鲁士在柏林召开军事会议,要求全国总动员,与法决一雌雄。

战争的叫嚣在拿破仑这里总能得到最强的回音:1806年8月13日,拿破仑已在耶拿前线指挥所等待黎明的到来了。14日天色微亮,好战的普鲁士王后骑着一匹雄健的战马出现在普军中间,向军旗致礼以鼓舞士气。封建雇佣兵组成的普军的作战方式过于传统化了——整齐的队形只适合检阅,法军在讲求军事艺术的拿破仑指挥下迂回、配合非常灵活、完美,下午普军就溃败了。普鲁士王后想是已经忘记上午的吹牛言辞,在骑兵护卫下最先逃走。

法军直捣柏林,拿破仑现在又在欣赏、感受普鲁士王宫的舒适程度了,但也没有忘记在宫前举行阅兵仪式以使普鲁士国王感到羞辱。

海涅诗颂"拿破仑呵一口气,就吹掉了普鲁士"。对耶拿战役,恩格斯曾指出它在世界近代军事史上的重大意义:"由拿破仑发展到最完善地步的新的作战方法,比旧的方法优越得多,以致在耶拿战役之后,旧的方法遭到无可挽回的彻底的破产。"

法军离开柏林赶往波兰,为防止再失去波兰,对奥斯特里茨的惨败耿耿于怀的俄军顶风冒雪迎着法军开来,决心与拿破仑决一死战。1807年2月8日,俄法军队在俄境内艾劳相遇。猛烈的炮击宣告战斗开始,曙光初露的隆冬季节,法军达武元帅冒汗率右翼部队以不可阻挡之势高呼猛进,奥热罗率中路法军迫使俄中军后撤,狂飙突至的哥萨克军队冲破了法军的抵抗,直逼拿破仑的战地指挥所。皇帝还是一如既往地镇静、从容,皇家近卫军奉命迎击突袭军,几乎将对方全歼。夜幕下烽烟未净的冰天雪地的战场上,数万将士永远安息了,濒死伤员凄楚的呻吟声划破寒夜,传入拿破仑耳中。"让敌人与我平起平坐同享胜利的荣誉,这是第一次,但决不能再有第二次!"在喘息休整的时间里,士兵又多了一名——拿破仑。十五个昼夜中,靴子都紧匝着他的腿脚,"谁不想当元帅,谁就不是个好士兵!"就是从这时开始流传下去的。

法军增添了大批有生力量,俄军总司令本尼格森率领的俄军在补给之后准备再战。1807年6月14日,弗里德兰镇在炮火中颤抖。俄军向北退到涅曼河上的提尔西特,对岸就是幅员辽阔的俄国了,法军考虑自己后方的巩固停止了追击,皇帝决定与俄皇握手言和。6月25日,法俄皇帝在涅曼河上的华丽船筏上举行了会晤,《提尔西特和约》在谈判后签署。普俄之间新立了一由法国附庸萨克森国王兼任大公的华沙大公国,易北河以西的普鲁士领土被划入新成立的威斯特伐利亚王国,拿破仑之弟热罗姆任国王。更为重要的是,原来是反法联盟重要成员的俄国,现在变成法国的同盟国。

第四次反法联盟失败了,法国皇帝拿破仑更上升到欧洲大陆独裁者的地位。

巴黎的主人要求她为空前强大的法国增添光辉。法国到处都在大兴土木,依令而建的纪念碑、广场、塑像、凯旋门装点了城市,更令人崇尚胜利和荣誉。

从巴黎辐射出一条条大道通向远方。帝国是空前的繁荣与强大,无子嗣的问题日渐困扰着拿破仑,"这一切都留给谁呢?"对约瑟芬那份最初的情爱及多年的夫妻情分使抉择更是痛苦。"帝国的利益需要你我解除婚约。""政治是不讲感情的。"皇后粉泪横流以至于晕倒在地也是无济于事,判决在 1809 年 12 月 14 日宣布了,杜伊勒里宫灯火辉煌,面色苍白的约瑟芬甚至不能完整地宣读放弃皇后王冠的声明。一步一回头地,约瑟芬依恋而无奈地登上马车,驶向马尔梅松,杜伊勒里宫在身后越来越远,远去的还有她的已告结束的令人心醉神往的昨天。

拿破仑准备以切断英国同所有欧洲国家的贸易联系的经济战来扼杀这个最强大的竞争对手。1806 年 11 月 21 日,拿破仑签署了著名的封锁大陆的柏林法令。毋庸置疑,整个欧洲直接由拿破仑统治或由他进行严格的、绝对的监督是这一法令取得实效的保证,任何国家的不服从或疏于执行都将使关于封锁的法令成为一张废纸,但英国商品仍将很快以某种途径流向欧陆各地。

伊比利亚半岛因其漫长的海岸线而成为英国在封锁法令发布后向欧陆走私的重要孔道。法军开入半岛,半岛上两国,葡萄牙不战即溃,其王室在英舰护送下逃向美洲;西班牙王室被拿破仑的阴谋赶下了台,御兄约瑟夫被立为西班牙国王。民族自尊心极强的西班牙人民以起义对付法军,也正是这些被拿破仑视为不堪一击的"群氓",最终使强敌法军陷入失败的境地。1808 年 7 月,法军统帅杜邦向西班牙义勇军投降的意义并不限于事件本身:各被占领国家和地区的人民都看到了救国保家的出路。义军被急忙赶来的拿破仑率领的法军打败,奥地利又在"蠢动"了。西班牙的热土养育了一个坚强不息的民族,长达六年的时间里,近 30 万法军精锐被拖住,东西线同时作战的拿破仑再也无法在兵力上造成绝对优势。1813 年,法军被赶出西班牙。这是一次走上下坡路的战争,在圣赫勒拿岛上的拿破仑多次叹言:"正是这西班牙脓疮,把我毁了。"

1809 年春,英奥等国组成第五次反法联盟。奥地利查理大公率十几万奥军开出国门,向法国宣战。法军在前线向奥军发动猛攻,五天中赢得了五次血战的胜利。5 月 22 日在维也纳附近的埃斯林村,法奥军队展开了殊死拼杀,战斗未结束,12000 多名法军将士已战死沙场,拿破仑抱着被炮弹炸断了双腿的拉纳元帅止不住流下了眼泪……这是他带兵以来第一次真正的惨败。拉纳临终时要他结束战争的忠告并不能阻止他继续战争的决心。风雨交加的夜晚,瓦格拉姆的血战空前激烈,查理大公率部退出战场,法军勉强赢得了胜利。奥皇再次请求休战议和,法军耀武扬威再入维也纳。10 月 14 日,签订了《维也纳和约》。奥地利帝国大大减少了自己的领土,失去了通向海洋的全部通道,并向法国支付巨额赔款。

第五次反法联盟又破产了,但法国统治层中离心离德的情况在日益加深,继续战争的政策将使帝国持续多长时间已成为问题。

为保住自己的权力,拿破仑开始拜倒在"正统"的礼仪下:1810 年 4 月 2 日,奥地利哈布斯堡这个欧洲最古老的皇朝接受了拿破仑这个女婿,新皇后玛丽·路易丝于次年生下一个男孩,礼炮按波旁王朝对太子诞生的惯例鸣了 101 响,尚在襁褓中的婴儿被封为"罗马王"。高官显贵们亦得巨赏,封建作风在宫廷弥漫。以一位被处决的行刺未遂的德意志青年的行动为起点,整个德意志都骚动起来。欧洲人民都看到拿破仑及其军队再也不是"自由平等"的传播者了,他到处掀起战争,压迫弱小国家和民族,已成为蹂躏欧洲的暴君。

作为欧洲大国的俄国不甘心对法束手就范,它率先开放港口恢复与英国的贸易。为一种最终打败英国佬、建立世界大帝国的强烈愿望所驱使,拿破仑命令法军于 1812 年 6 月开过涅曼河。法国皇帝准备速战速决,俄军司令巴克莱一路弃战,且战且退但避免与来势凶猛的法军决战。擅长于一锤定音的法军感到了敌军司令的精明:战线拉长、给养困难,交通线兵力需要大增,沿途农村、城市的坚壁清野及突然袭击更使困难加大。俄皇在贵族、平民的强烈要求下改任 76 岁的库图佐夫将军为俄军司令,将军深解巴克莱战术的高明,但决定进行一场不必要的战争。法军欣喜找到了决战的机会。会战在通往莫斯科的大路上一个叫博罗迪诺的村子展开。异常惨烈的血战!伤亡四万多人后法军夺下了小村,俄军则有秩序地退出了战斗。

1813 年 10 月 16 日在恐怖的莱比锡战场上,拿破仑再次丢下部队逃跑了。这幅画描绘的正是拿破仑从战火硝烟中穿树而走的情景。

9 月 14 日,法军进驻莫斯科,发现它竟是一座死寂的空城! 15 日夜间,莫斯科的占领者突然间发现自己已成了囚徒——到处都是凶猛的火墙!"多么可怕的景象!"撤出克里姆林宫的拿破仑边走边喃喃自语。库图佐夫率领俄军追击拦截败退的法军,农民、哥萨克骑兵组成的游击队则以不断袭杀的方式对付法军。11 月初开始的大雪,更增添了撤退的艰难,法军吃了一连串的败仗。马莱将军在巴黎散布拿破仑战死的谣言掀起了混乱,秩序的动摇使拿破仑顾不得许多,只身兼程前往巴黎。

叛乱者下了狱,但欧洲各国则视侵俄战败为反抗法国统治者的信号:俄普联军在做着入侵法国的最后准备,法国的附属国和占领地的军队随时准备倒戈投向俄国;法军在西班牙已无胜利希望,而死对头英国却增兵西班牙加强了军事攻势;奥地利亦绝不准备给它的女婿多少实惠……比以往任何一次反法联盟规模都要强大的武装力量,又重新组成了。

皇帝不认为帝国已在盛极而衰,他不愿停止他的战争机器:"我要让敌人在法军的鹰旗下屈膝投降!"他重复着这句话,希望人人都和自己一样有坚定的信心。

1814 年和 1815 年的新兵被提前召集。费尽全力拼凑的 30 万人中有年近古稀的老人和尚未成年的孩子,他们都被开上前线。

1813 年 10 月,法军与联军在莱比锡展开血战。法国盟军萨克森军队阵前倒戈,法军败退莱茵河。85 万反法联军四路推进到法国境内。巴黎市民们争先恐后地换上军装,开进首都的各个哨所。前线危在旦夕,众将叛离、诀别妻儿的拿破仑神情坚毅,率领组织起来的三万人的国民自卫军再赴前线。法军停止溃退并在短短数天之中打了几个漂亮仗。奥军统帅甚至致信求和。拿破仑再次展现了他的军事才能,但胜利亦使他对谈判的态度趋于苛刻,以至于谈判根本上就不可能有什么结果而破裂。

拿破仑坚信胜利属于自己,他制订了一个大胆惊人的计划,绕到敌后出击迫使敌人掉头决战而解巴黎之围。但越来越精的联军统帅们只与元帅们的部队作战,避免与他接近,同时保持优势兵力,逼近巴黎。虽然联军的这一策略后来为拿破仑所赞赏,但在当时对他则是一灾难性的事情,它在事实上向联军敞开了通向巴黎的大门,敌后的攻击只能是挠痒而已。

内伊为首的元帅们不愿再冒险了,军队服从了将领。哥萨克骑兵、普鲁士军队、奥地利军队在巴黎显示军威,欢庆胜利。拿破仑仰天长叹:"众叛亲离,大势已去,听天由命吧!"

百日皇朝

1814 年 4 月 11 日,拿破仑签署了逊位声明。

4 月 12 日,苦闷的拿破仑一整天都沉浸在冥想之中,午夜时服毒欲死未能遂愿。

4 月 20 日,枫丹白露宫前,拿破仑在近卫军依恋、伤感的注视下向他们走去,清脆响亮的声音对近卫军是何等的熟悉啊,但场面却不同往昔地让人感伤!

"老近卫军的军官们、士兵们,我向你们告别了。二十年来,你们一直伴随我走在崇高和

枫丹白露宫

光荣的大道上……有你们这样的人,我们的事业绝不会失败……为了祖国的利益,

我牺牲了自己的利益。我要走了！……祖国的幸福是我唯一思念的事情。这也是我今后的愿望。不要怜悯我的命运。……再见了，我多么想紧紧拥抱你们每一个人啊。让我拥抱一下你们的旗帜吧。"

拿破仑将鹰旗捂在胸前，抚摸着："亲爱的鹰旗，这最后一次亲吻将震撼我们所有老近卫军的心。再见了，老战友们，不要忘记我！"

拿破仑在老战士们的呼喊声中登上马车，向流放地厄尔巴岛方向驰去。"世界历史上最庄严的英勇的史诗结束了——他告别了自己的近卫军。"一家英国报纸这样描述 4 月 20 日这一天，但它只说对了一半。

按照占领者的安排：退位后的拿破仑是厄尔巴岛拥有完全主权的领主，年金200 万法郎，并可有近卫军一个营的士兵作为仪仗和护卫队。在权力巅峰上滚落的拿破仑，成了这个在他看来，是一声海浪都能击碎的岩礁般的微型国家的"皇帝"。厄尔巴岛面积仅 233 平方公里，有三个小城市和几千居民。

拿破仑表面很平静地接受了这一切，他以高度的热情和全部精力规划治理这个微型国家。他看起来是那么心满意足，以至于来访的英国代表认为他"除了这个小岛外，对什么都不感兴趣了"。

实际上从 1814 年的秋天，特别是 11 月、12 月开始，拿破仑就注意听取一切有关法国和刚开始的维也纳会议的报告。所有的消息都表明复辟后的波旁王族及其周围诸人的所作所为比预料的还要轻率和荒唐，就是帮助波旁复辟的塔列朗也慨叹"他们什么也没有忘记，什么也没学会"。

联军刺刀保护下重登王位的波旁王族十分仁慈地同意忘掉和宽恕法国的罪过，条件是国家恢复旧日的虔诚与秩序。但波旁尝试后确信要摧毁拿破仑的国家机器并不容易，甚至是不可能的。各省的地方长官、各部的组织、警察、财税制度、拿破仑法典、法院、荣誉勋章、国民教育制度、政教协议，甚至整个官僚机构的结构、军队的组织——拿破仑所创立的一切，都被保留了，区别仅在于一位高高在上的"立宪的"国王代替了专制的皇帝。

路易十八重登王位，随他卷土重来的那一大批最顽固的保皇党亡命分子开始了穷凶极恶的反攻倒算，渴望夺回自己先前失去的一切。路易十六断头台上丧命的 1 月 21 日被定为"国丧日"；波旁的百合花旗取代了象征革命的三色旗；残酷的私刑在各地恢复起来，贵族任意鞭打农民，受害者却申诉无门；反动僧侣高举《圣经》，恣妄引证曾经购买过土地的农民将遭"天罚"，被狗吃掉……

根据和约，法国仅保留了 1792 年疆界以内的国土，丧失了莱茵地区和意大利等广大土地。反法联盟的苛刻和波旁王朝的软弱无力，使从国外撤回或释放归来的士兵愤懑不已。波旁王室在大量裁军和清洗军官的同时，另外组建了一支由六千名贵族和保皇党分子组成的、享有高薪和特权的王室卫队，军队更是怨声载道了……杜伊勒里宫内的流亡人物小丑般地乱作一团，广大民众、士兵及一部分资产阶级的恐惧和愤怒在积累着，人们又开始怀念起拿破仑了。

时势如此，当 1815 年 2 月一天，巴黎兰斯贵区的区长、青年文官夏布隆乔装来到厄尔巴岛时,拿破仑感到了绝处逢生的喜悦和激动。借着英国特派员正在休假、在海上监视的英舰已离开厄尔巴岛的难得机会,拿破仑奇迹般地避开了在海上的英法巡逻舰船,于1815年3月1日,和他的因经常操练还保持着良好战斗力的千余名近卫军,在法国儒安港安全登陆。海关卫兵向他脱帽致敬。康布罗纳将军带领部分老兵去寻找军火,拿破仑则亲率数百名近卫军向北进发。他又做了一次讲演:"士兵们……现在,我回来了……戴上三色帽徽吧,过去你们曾戴着它赢得了辉煌的胜利。我们决定不再像以前那样,去充当其他民族的主人,但我们也决不能忍受其他国家来干预我国的事务……士兵们,在帝国鹰旗下集合吧! 有着我们民族颜色蓝、白、红的雄鹰,将从一座钟楼飞向另一座钟楼,一直飞到巴黎圣母院大教堂! 荣誉归于勇敢的士兵们! 归于我们的祖国法兰西!"

拿破仑的声音响彻了全国,他坚信自己将一枪不发地赢得法国。前进的队伍枪口朝下,沿路的农民大群大群地聚拢并护送这奇异的队伍进到下一个村庄,另外的人群又接力赛般地护送他们前进。一座座城市向拿破仑敞开大门,"只要他一走近","皇帝万岁!"昔日的将士集结起来迎接他们的统领。拿破仑已在前进中发布命令、派遣急使、接收情报、任命指挥官和大臣了。当甘公爵的血影又浮现在波旁王室及其拥护者的眼前了,这个科西嘉的吃人者会怎样对待他们呢? 波旁王室满是无法掩饰的恐惧。路易十八召命被皇帝拿破仑称作"勇士中最勇敢的人"的内伊元帅前去抗击拿破仑。"我要让他成为俘虏,把他关在铁笼带回来。"内伊保证,他认为皇帝归来意味着与欧洲的战争,法兰西将又处在无穷灾难之中。

麦克唐纳元帅镇守里昂,国王的兄弟阿图瓦伯爵发现军队以死寂而不是表白对王室的忠诚那样对待"国王万岁"的呼语,"皇帝万岁! 打倒贵族!"拿破仑的骠骑兵和甲骑兵已经进入城市,守城军队与之相混合,伯爵和元帅先后逃出城去。

在里昂,拿破仑正式恢复了自己的统治,波旁的国王被赶下宝座,他们制定的宪法被废除。拿破仑再次申明他要保护和巩固大革命的原则,使法国获得自由和和平。时代不同了,今后,一个法国对他已满足,不再想到侵略。

内伊在里昂与巴黎之间必经的道路上布防,他决心与皇帝对抗。军队先是沉默,继之部分哗变,跑向皇帝那边。"我将像在莫斯科近郊之战后的第二天那样接见你。拿破仑。"这张纸条结束了元帅的动摇,在士兵们山呼"皇帝万岁! 内伊元帅万岁!"的激情中,来自拿破仑的调遣部队的命令被十分准确地予以立即执行。

逃跑! ——波旁王室在惊惶中闪出的第一个念头。

"科西嘉怪物在儒安港登陆。""吃人魔王向格腊斯前进。""篡位者进入格勒诺布尔。""波拿巴占领里昂。""拿破仑接近枫丹白露。""陛下将于今日抵达自己的忠实的巴黎。"——绝对准确地反映了拿破仑的行程,但出于同一编辑部、一些同一的报纸上的消息连贯起来确实有些可笑:这些接近统治集团的巴黎报纸,从过于自信转为完全地泄气和掩盖不住的恐惧,而最后又变成了谄媚。

3月20日,欢呼声笼罩了杜伊勒里宫,拿破仑又在巴黎了。国王全家已于前一天逃走,群众的欢呼加强成持续不断的、震耳欲聋的欢乐的狂涛是前所未有的景象,即就是在最辉煌的进军和胜利之后也没有见过。"百日皇朝"开始了,直到六月拿破仑兵败滑铁卢。

自由与和平是皇帝的许诺,但他深知刀剑才是立即要拿起的东西。远征俄国时他拒绝了来自"普加乔夫"(农民革命)的帮助,他现在也不要"马拉"的帮助。皇帝当时和以后都十分清楚革命的高涨,而不是温和的自由主义的立宪的文告对他的重大意义,在对 1815 年的回忆中他说:"……必须重新开始革命,使我能够从革命得到它的创造的一切手段。必须激起一切激

在滑铁卢战役中,威灵顿公爵指挥的英军在普鲁士军队的支援下大败法军。

情,以便利用激情的眩感,不这样,我就不能拯救法国。"只有大资产阶级才是他感到亲切并了解其愿望,准备为其利益而战的唯一的他视作自己政权基础的支柱的阶级。

三月奇迹正如滚过头顶的阵阵惊雷,炸响在维也纳会议的上空。关于分赃的争吵沉寂了,各盟国签署了一项联合声明,宣布将运用它们所有的力量与拿破仑决战。远逾百万的干涉军开向法国边境。帝国大军只有十二万六千人。

6 月 14 日,正是马伦哥和弗里德兰两次大捷的同年纪念日,拿破仑侵入比利时,与欧洲的最后一次大厮杀开始了。内伊元帅所指挥的法军左翼行动稍有迟缓,未能牵制住威灵顿率领的英荷联军,戴隆尔将军行动的差池,使两万法军奔走于战场之间,左翼及拿破仑指挥的右翼的胜利终是功亏一篑。17 日、18 日圣让山高地的争夺战即是著名的"滑铁卢之战",天雨地湿,法军的轰炸计划不能奏效,骑兵也不能纵马驰骋,炮火连天的阵地上烟尘蔽地,人喊马嘶,惨烈空前。近卫军也投入战斗对英军做最后的进攻。"近卫军宁死不降!"法国骑兵在英军炮火下接连倒下,但仍以极度的热情前仆后继地投入战斗。威灵顿向英军下达了"与阵地共存亡"的命令,关键时刻,三万普军赶到战场,法军溃退了。

兵败如山倒,陈尸遍野的惨景在无言倾诉着。英普军队损失也不小,但武装起来的欧洲才开始显示它的力量。这一天,雄鹰跌落滑铁卢,即使胜利了,也只是一次胜利而已:连年战争下的法国已是消耗殆尽了,她已不堪重负。

孤岛遗恨

1815 年 10 月 16 日,英舰"诺森伯号"载着拿破仑驶向圣赫勒拿岛。贝尔特朗、蒙竺隆将军等人随行。法国、欧洲是越来越远了。死气沉沉的、一望无际的深

蓝的大西洋上,站在甲板上的拿破仑沉思着,凝视北方的天空,在那片亮丽的湛蓝下,是他纵马驰骋了二十多年的地方。

没有永远在演着的一幕剧。时候到了,演员就要谢幕退场。滑铁卢的炮火将他击下长空,杜伊勒里宫外的人民还是忠诚地、热情地支持他继续战斗,有胆略的大臣也有同样的建议。但是,当他回过头来寻那捧他上台、他亦为之浴血奋斗的大资产阶级,拿破仑心底里掠过一丝苍凉与苦涩。众议院正竭力迫使他退位——他被自己的阶级抛弃了!"皇帝万岁!""不需要退位!""要皇帝和国防!"在巴黎到处回荡着的呼声始终是那样的遥远,不能接近他的心。当年的那个拿破仑早已随着督政府的垮台而消失了,在对权力与荣誉的追逐中,在对世俗封建势力的妥协中,这个曾称赞并准备追随保利一行的科西嘉人已不能接受人民了。1815 年 6 月 22 日,拿破仑再次签署了退位诏书,结束了史称"百日皇朝"的统治。6 月 28 日,路易十八在外国军队护送下又一次重登王位,百合花又在法国全土绽放了。

拿破仑决意听凭敌人安排自己的命运。7 月 15 日,身穿近卫军骑兵制服的拿破仑登上英舰"伯雷勒芬"号。欧洲所有的不满分子能不集结于他的周围,保证刚被恢复的秩序不被扰乱吗?这是令人疑惧的。二十多年来(从土伦战役开始),使世界对任何事情都不感到吃惊的正是这个已在手掌中的人物。英国政府不能压制自己的疑惧,精心挑选了距其最近的非洲西海岸,至少在两千公里外的圣赫勒拿岛,作为拿破仑终其天年的地方。就是当时的大篷船快船也得至少两个半月才能完成英国至该岛的航程。再者,岛上所有着陆点都设有炮台防卫,各处悬崖峭壁上设的信号站则完全排除了外来舰队营救的可能。英国政府总算松了一口气。

圣赫勒拿岛上的大树已不如以前那么多了,但总的来说还是草木繁茂,众多的野禽栖居在密实的灌木丛中,岛上降雨充沛,墨绿色的几近陡直的崖石构成坚固的海岸。

首府是詹姆斯敦,但拿破仑依英政府之命前往易于防守的高地"长林"。1816年 4 月以前,岛上的首长是海军上将科伯恩,其后直至拿破仑逝世,岛上总督是赫德森·洛。有这么个神奇人物做俘房使洛的愚笨展现极致,拿破仑没有与外界联系的自由,不论是人是信件都有严格的限制。周长 12 英里的三角形地带是拿破仑的自由活动区域,再往前就是哨兵的枪口了。命令是这样的,但是,人非草木,卫队官兵对这个英国死敌不仅尊重,有时还表露出难以掩饰的伤感的情绪。士兵们向他献花,请求他的随从人员允许他们偷着去看他,虽然是拿破仑的原因使他们来到这荒远的孤岛,但同情心却总是向着他而产生。驻岛监视的俄国代表巴尔马因伯爵说:"最奇怪的是,这个失去了皇位、被卫兵看守着的人,这个俘房,竟能够影响一切与他接近的人……法国人……英国人甚至那些看守他的人……但谁也不敢和他并列。"

戎马一生、桀骜不驯的拿破仑坚毅地忍受着自己所处的境况,还在"诺森伯号"驶向圣赫勒拿岛时,他已开始对秘书拉斯卡斯口述自己的回忆,在岛上这种工作一直持续到 1818 年拉斯卡期被洛总督逐离小岛。蒙托隆和古戈尔将军后来以日记或回忆录的形式作了有意义的记述。

拿破仑在失意和痛苦的情绪中时,叱咤风云的往昔则使他感到憋闷。相较这个弹丸之地,他曾统治欧洲人口的一半,率法军取得奥斯特里茨等一系列辉煌的胜利,"百日皇朝"时人民对他的热爱亦令他自豪。对埃及的放弃及阿克城的撤围则令他惋惜不已——他始终梦想成为东方的皇帝。但,进攻西班牙、远征莫斯科无疑是错了,并使他的帝国从根基上动摇了。滑铁卢在他的回忆中被反复谈到,思来想去,他总认为是不能预见的偶然性帮助英国人赢得了对他的最后的战斗,这尤其让他感到沉痛。写回忆录外,拿破仑以下棋或演算数学题来消遣时光,他也学习英语、看报纸,有时也种花、散步,甚至骑马。

然而,极富传奇色彩的连年征战、宦海沉浮的生活经历,严重消耗了他的精力,年岁在增长,衰老、多病成了 1819 年以后拿破仑的写照。"这是从我内部起来的滑铁卢",拿破仑这样说他的病。癌是他家族的遗传症,另有医生的确诊。病情急剧恶化的拿破仑在心中掠过小儿子的身影,"一切为了法国人民",他在心中反复嘱咐着,一改病痛所带来的倦怠。1821 年 4 月 15 日,拿破仑将先前的口述遗嘱抄下来并签了字。4 月 21 日,他对蒙托隆口述了改组国民自卫军的方案,以便在保卫领土时能够合理地使用。

1821 年 5 月 5 日,拿破仑在岛上宣布日落的炮声中溘然长逝,终年 52 岁。从他努力张翕的唇中说出断断续续的最后的话语:"法兰西…… 军队……冲锋……"几分钟后,夜幕降临了大地。

葬礼在四天之后依军葬礼的仪式隆重举行了。以总督为首的文官,拿破仑的仆从、卫队人员以及全体水兵和海军军官都加入了送葬的行列。由优秀英军士兵扛着的灵柩下放到墓穴中的时候,礼炮齐发,山谷轰鸣。又远播重洋,告知死者故里:法兰西最伟大的战士和执政者已然长眠。

拿破仑的墓棺